存古開新 平等共享
惜書敬人 盡職奉獻

绍兴图书馆文化中心馆舍（2014 年建成开放）

紹興圖書館史

绍兴图书馆 编

天津大学出版社
TIANJIN UNIVERSITY PRESS

图书在版编目(CIP)数据

绍兴图书馆史 / 绍兴图书馆编. -- 天津 : 天津大学出版社, 2022.11
ISBN 978-7-5618-7347-2

Ⅰ. ①绍… Ⅱ. ①绍… Ⅲ. ①图书馆史－绍兴 Ⅳ. ①G259.275.53

中国版本图书馆CIP数据核字(2022)第221267号

策划编辑：王　硂　刘博超
责任编辑：刘博超
美术编辑：高　原

书　　名　绍兴图书馆史
　　　　　SHAOXING TUSHUGUAN SHI
出版发行　天津大学出版社
地　　址　天津市卫津路92号天津大学内（邮编:300072）
电　　话　发行部:022-27403647
网　　址　www.tjupress.com.cn
印　　刷　北京盛通印刷股份有限公司
经　　销　全国各地新华书店
开　　本　889mm×1194mm　1/16
印　　张　30.5
字　　数　786千
版　　次　2022年11月第1版
印　　次　2022年11月第1次
定　　价　298.00元

《绍兴图书馆史》编委会

主　　　任：何俊杰
副 主 任：葛建民
委　　　员（依姓氏笔画为序）：
　　　　　王以俭、那　艳、李海英、赵任飞、施金虎、龚天力
专家组组长：褚树青、张久珍
专家组成员：徐　雁、苏全有、姚伯岳、王　蕾、赵长海、刘　洪、徐建华、吴汉华

《绍兴图书馆史》编写组

主　　　编：那　艳
副 主 编：李　弘、廖晓飞、宋　嵩
参编人员（依姓氏笔画为序）：
　　　　　丁　瑛、王　通、王芳怡、毛建灿、朱燕平、李文学、张雨浓、张玲琳、陈哲予、赵晓虹、茹笑辈、钮国江、施国权、夏飞凤、徐国洪、唐　微、黄　蓉、屠静琪、葛安凤、韩如凤、韩昭蒙、鲁先进
执行撰稿：鲁先进、茹笑辈

序言（一）

褚树青[①]

自古越国建都至今，绍兴这座有着数千年璀璨历史的文化名城，城址未变，格局依旧，过去和未来在这里交汇，不断向世界展现着古城风情和现代风采。绍兴是一座山灵水秀的江南小城，也是人文底蕴深厚的名士之乡，这里人杰地灵，物华天宝，留下了无数大人物的足迹，却一直不出风头，笑看风云。

绍兴这座城市的文化底蕴，同样表现在它公共图书馆事业的发展脉络中。古越绍兴，是中国近代公共图书馆事业的发祥地。清末，在这块文化积淀深厚的土地上，诞生了我国第一个公共图书馆——古越藏书楼。藏书楼以存古开新为宗旨，变一人书为万人书，开创了国内公共图书馆先河。今日的绍兴图书馆即是由古越藏书楼发展而来，经历了绍兴县立图书馆、绍兴县鲁迅图书馆、绍兴市鲁迅图书馆、绍兴图书馆等发展阶段，如今，这座图书馆迎来了它的 120 周年华诞。

为献礼绍兴图书馆建馆 120 周年，他们特别编修了这部《绍兴图书馆史》。其最突出的特点便是创新性地提出了“史志结合”的体裁设定。《绍兴图书馆史》既有史书的部分，完整、系统、周翔地介绍绍兴图书馆的发展历程，展示出绍兴图书馆的历史贡献与获得成就；又有志书的部分，充分细致的记述绍兴图书馆在市民服务中的专业性工作和工作成绩，兼顾文献学历史上史和志的优势，达到史志内容完美的平衡，兼具科学性和创新性，可以说是当下绍兴图书馆编史修志最合宜的选择。“史志结合”的体裁兼顾了过程性与专题性。2000 年值世纪之交和绍兴图书馆延安路新馆开馆，以此节点，2000 年以前的内容以史的体裁编写，以编年体的形式记载近百年间绍兴图书馆的历史，准确、客观、连贯反映绍兴图书馆在这一时期取得的成就及其内部的关联性；2000 年以后的内容以志的体裁编写，以专题形式全面清晰记述 21 世纪绍兴图书馆的传统业务与新增业务，展示绍兴图书馆人新时代的突出成就，同时还反映了新世纪的特殊时期，如疫情时期的工作开展状况及成就。

《绍兴图书馆史》不仅以丰富的图片资料充实内容，使得读者可以直观感受不同历史时期的绍兴

① 褚树青，浙江图书馆党委书记、馆长，文旅部国家公共文化服务体系专家委员会委员，中国图书馆学会常务理事。

图书馆，而且在编修过程中还重视对各类资料的收集整理。比如，其中收录了徐树兰后人和老馆员的口述资料以及体现图书馆变迁发展的实物资料等，系统生动地呈现了绍兴图书馆 120 年进程中的方方面面，强化了内容的可读性和资料的丰富性。

翻开《绍兴图书馆史》，120 年来绍兴图书馆的历史进程、辉煌成就、工作特色、馆藏情况、服务理念、办馆宗旨、管理制度、人文精神……点点滴滴跃然纸上。这不仅可以作为新员工入馆培训的第一本教材，更是一本授予读者、面向社会宣传绍兴图书馆的优秀读本。

扩而大之，当前我国图书馆事业正在迈入高质量发展阶段，图书馆编史修志工作也将随之进入新的发展时期，《绍兴图书馆史》所采用的“史志结合，以史为主，一史六志，以史命名”编修原则，可以说是在新形势下对图书馆编史修志体裁的有益探索，或将为接下来国内各类型图书馆编史修志在体例上的创新提供示范，为我国图书馆编史修志工作开启新篇。

仅以此序，为绍兴图书馆建馆 120 周年表示祝贺。

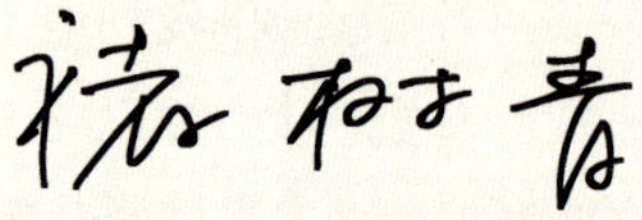

2022 年 10 月

序言（二）

何俊杰[①]

绍兴自古以名士辈出冠绝宇内，素称“盛文之邦”，历代藏书遗风流绪、代有传人，兴建藏书楼更是延绵千载、百代不衰，各类书籍不仅记录了古越大地的历史文脉，而且极大地丰富了中华民族的文化宝库。

越地藏书最早见之于“禹穴藏书”的传说，成书于东汉的《越绝书》《吴越春秋》等书籍记载早在上古时代大禹就在绍兴亲开征藏典籍之风；春秋时期，越王勾践则石室藏书；南朝梁代，绍兴已出现孔休源这样的私人藏书家；隋唐时期，绍兴创办了“丽正书院 ”用于刻书藏书；五代时期徐锴藏书为“天下冠”、吴越国时绍兴则有“裴氏书楼”；南宋时期是绍兴私人藏书发展的第一个高峰，左丞陆氏（陆宰、陆游父子）、尚书石氏、进士诸葛氏三家藏书闻名当时；元代杨维桢也是藏书富户；到了明代绍兴藏书之风愈见其烈，其中祁承㸁所建“澹生堂”以收藏宏富为世称誉；而至清代绍兴私家藏书达到顶峰，有史可稽就有 21 家，其中以徐氏兄弟（徐树兰、徐友兰）最享盛名。古越藏书楼（绍兴图书馆前身）正是徐树兰先生于清光绪二十八年（1902 年）集议创办，此为绍兴数千年的传统藏书史画上了圆满句号。

基于“存古开新”的创建宗旨和致力于“变一人书为万人书”的理念，古越藏书楼于 1904 年正式向公众开放，此举可谓我国传统私家藏书楼由封闭保守、秘而不宣转向开放公用、造福社会的标志，在我国近代图书馆事业发展史上起到了承上启下的作用，具有里程碑意义。

当前的绍兴图书馆，即从古越藏书楼发展而来。在 120 年的历史长河中，历经古越藏书楼、绍兴县立图书馆、绍兴县鲁迅图书馆、绍兴市鲁迅图书馆和绍兴图书馆五个发展阶段，绍兴图书馆积极传承和弘扬“树兰精神”，坚持秉承“存古开新、平等共享、惜书敬人、尽职奉献。”的理念，已从旧时代的藏书楼发展成为现代化的综合性公共图书馆。如今时值古越藏书楼创建 120 周年之际，绍兴图书馆编辑出版《绍兴图书馆史》，这是绍兴继续弘扬古越藏书楼创建宗旨、践行公共图书馆精神，推

① 何俊杰，中共绍兴市委宣传部副部长，绍兴市文化广电旅游局党委书记、局长。

动图书馆事业高质量发展的应时之举、有力之举、有益之举。

当今时代，图书馆以其典藏丰富、涉猎博大、环境清雅、借阅便捷等特点成为文化传承与知识创新的博雅之地，也成为滋养人们心灵、培育文化自信的重要场所。在当前人心浮躁，手机阅读碎片化的大背景下，让图书馆走进平常百姓、走入千家万户、成为滋养心灵的蓄水池，则是时代赋予我们的重要使命。作为开藏书向“开放公用、造福社会”转变之风的首创地，绍兴图书馆应籍此百廿周年契机继续秉承“存古开新”宗旨，推动绍兴继承越地先辈藏书遗风，发扬学以经世学风，促使广大读者构建“心灵上的图书馆”。

今之视昔，我们有感于越地先辈著刻、藏书遗风流绪、泽被今人。而今我们若能在藏书、涤心上存古开新、继往开来，则千秋百代之后，后人亦将有感于我们今人的时代风采。

何俊杰

2022年10月

凡例

一、《绍兴图书馆史》记载的年限，起自1902年绍兴图书馆前身古越藏书楼的创建，讫至2020年。

二、《绍兴图书馆史》以2000年新馆舍建成和正式命名为分界点，分为上下两编。上编为20世纪绍兴图书馆（1902—2000年），下编为21世纪绍兴图书馆（2000—2020年，涉及整体关联的部分内容年份适当上溯）。后附绍兴图书馆大事记。

三、《绍兴图书馆史》上下编，以“史志结合，以史为主，一史六志，以史命名”的编修体例，详略适宜、完整概括地记述绍兴图书馆120年来肇兴发展、成就及现状。上编根据绍兴图书馆在20世纪不同历史阶段的特征与名称，采用章节体史书的写作方式，分为古越藏书楼、绍兴县立图书馆、鲁迅图书馆、绍兴图书馆倡建4章，较为完善地记录绍兴图书馆在20世纪的历史与足迹；下编以21世纪前20年绍兴图书馆的工作与成就为对象，按主题分为机构人物志、设施经费志、管理规章志、馆藏资源志、信息技术志、读者服务志6个部分，分门别类地归纳和总结绍兴图书馆在新世纪的工作特点与所获得的成就。

四、《绍兴图书馆史》以文字记述为主，辅以图片、名录和表格。资料源于绍兴图书馆及绍兴市档案馆所藏资料、档案、年报、工作总结、媒体报道和老馆员的口述资料等。

五、如果引用的原文明显有误，于误字后以[ ]补入正字，疑有误者则以[疑作“”]补入，有漏字处以[增“”]补入。

六、《绍兴图书馆史》涉及不同时期地名与机关单位名等，均按当时名称记述，必要时在括号（ ）内标注今名。

七、《绍兴图书馆史》一律采用1956年国务院公布的《汉字简化方案》和1986年国务院批准发布的《简化字总表》中规定的简化字。

目录

上编　20世纪绍兴图书馆（1902—2000年）

紹興縣立圖書館藏書
古越藏書樓圖記
紹興縣圖書館藏書
紹興圖書館藏

上编

20世纪绍兴图书馆
（1902—2000年）

古越藏书楼创始人徐树兰像（1837—1902），徐树兰之孙徐世燕绘

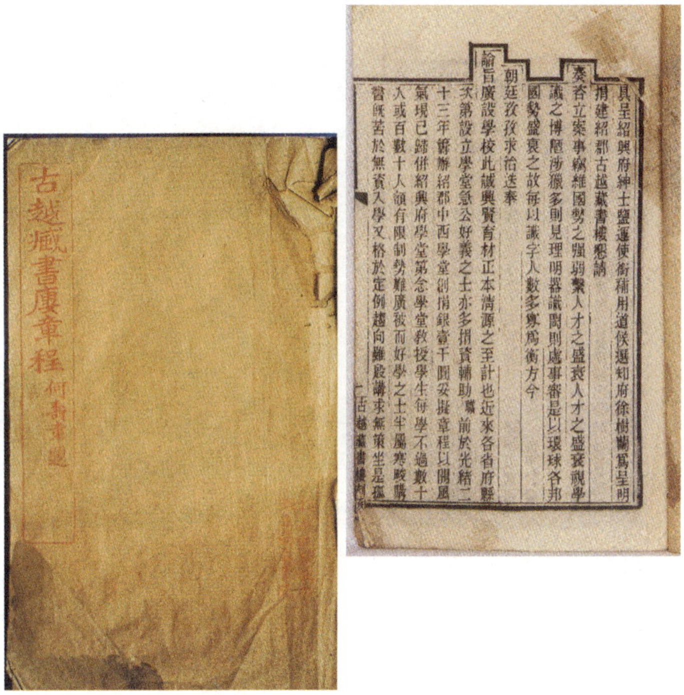

古越藏書廔章程

具呈紹興府紳士鹽運使銜補用道候選知府徐樹蘭爲呈明
捐建紹郡古越藏書樓懇請
奏咨立案事竊維國勢之強弱繫人才之盛衰人才之盛衰視學
識之博陋涉獵多則見理明器識閎則處事審是以環球各邦
國勢盛衰之故每以識字人數多寡爲衡方今
朝廷孜孜求治迭奉
諭旨廣設學校此誠興賢育材正本清源之至計也近來各省府縣
次第設立學堂急公好義之士亦多捐資補助職前於光緒二
十三年籌辦紹郡中西學堂創捐銀壹千圓妥擬章程以開風
氣現已歸併紹興府學堂第念學堂教授學生每學不過數十
人或百數十人額有限制勢難廣被而好學之士半屬寒畯購
書既苦於無資入學又格於定例趨向雖殷講求無策坐是孤

徐树兰于 1902 年手订的《古越藏书楼章程》

徐世南（1900—？），字星门，徐树兰之孙，古越藏书楼第三任馆主

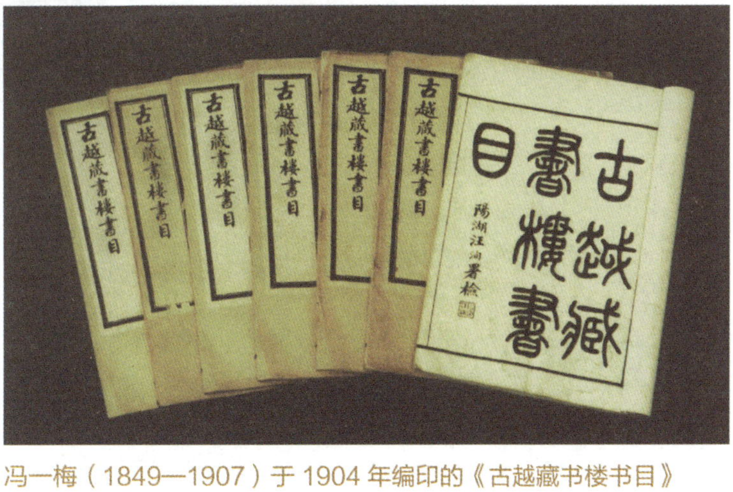

冯一梅（1849—1907）于 1904 年编印的《古越藏书楼书目》

20 世纪 60 年代绍兴县鲁迅图书馆阅览室

1976 年，小学生排队进入绍兴县鲁迅图书馆

1988 年 11 月，绍兴市图书馆学会成立大会

1990 年 5 月，绍兴市鲁迅图书馆举办知识竞赛

20 世纪 90 年代为读者办证借书

20 世纪 90 年代为读者送书上门

20 世纪 90 年代举办书展

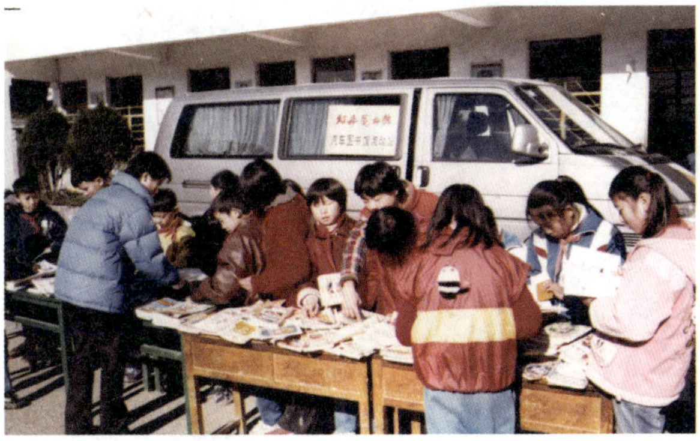

21 世纪初汽车图书馆送书下乡

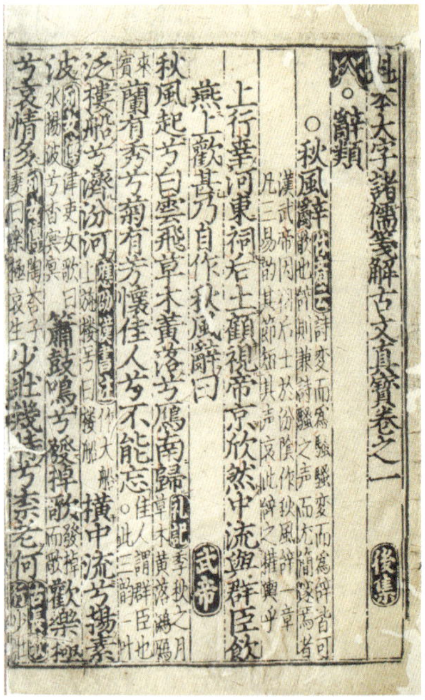

《诸儒笺解古文真宝》元刻本
（入选《国家珍贵古籍名录》
编号：〇一二一五）

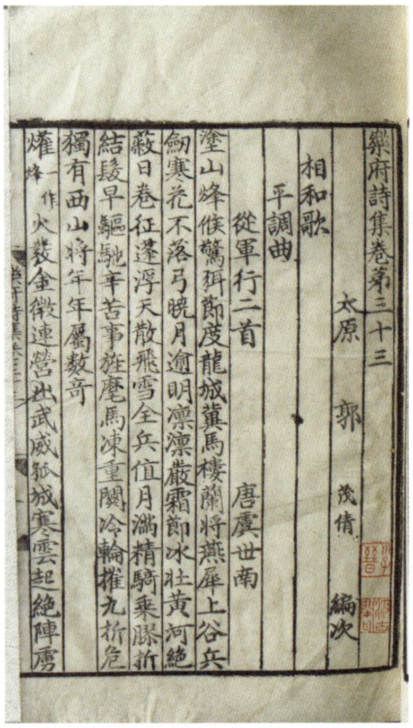

《乐府诗集》元刻本
（入选《国家珍贵古籍名录》
编号：〇一二〇一）

2016 年古籍普查现场

“绍兴古籍珍本再造工程”影印出版书籍

创建于 1902 年的古越藏书楼（绍兴图书馆前身），现存门楼

20 世纪 30 年代绍兴县立图书馆馆舍

20 世纪 60 年代绍兴县鲁迅图书馆周家老台门馆舍

建于 1989 年 10 月的绍兴市鲁迅图书馆都昌坊口馆舍

建于 2000 年 5 月的绍兴图书馆延安路馆舍

少儿借阅区内景

文献借阅区内景

电子阅览室内景

古籍书库内景

第一章　古越藏书楼

（1902—1932 年）

绍兴，可以说是中国近代图书馆事业的发祥地。进入 20 世纪，在这块文化积淀深厚的土地上，诞生了我国第一家具有近代公共图书馆特征的藏书楼——古越藏书楼。今日的绍兴图书馆（又称绍兴市鲁迅图书馆），即由古越藏书楼发展而来。

古越藏书楼，由山阴（今绍兴）乡绅徐树兰独力捐资创办，于清光绪二十六年（1900 年）集议筹建，1902 年建成，1904 年向公众开放。藏书楼有藏书七万余卷，管理人员八名，制定章程，编制书目。徐树兰的这一创举，受到海内有识之士的广泛赞誉和响应。20 世纪 20 年代末，徐氏家道中落，古越藏书楼几度闭馆停办，藏书也有所散佚。1932 年，古越藏书楼转为公办，改称绍兴县立图书馆。

古越藏书楼诞生在绍兴，绝非偶然，而是有其特定的历史背景。绍兴文化积淀丰厚，在漫长的古代社会，尤其是明清两代，私家藏书极为盛行，形成了孕育古越藏书楼的条件。19 世纪末，绍兴明显受到当时维新思潮和改良主义思潮影响，这对古越藏书楼的诞生起到了促进作用。同时，清光绪二十五年（1899 年）绍兴府学堂养新书藏的设立，也在某种程度上推动了古越藏书楼的诞生。

第一节　绍兴古今藏书之风与古越藏书楼

一、绍兴的藏书历史与文化底蕴

历史上的浙江，文化昌盛，人才辈出。探索浙江的文化渊源、文化发展规律，研究浙江在中华文明史上的建树及其在内外文化交流中所起的作用，既是中华文化整体研究的深入，又是历史经验的总结，能为发展文化提供借鉴。

绍兴自古以来是盛文之邦，历代藏书之风甚盛，尤有勤于读书之习尚。成书于东汉的《越绝书》就有禹王“巡狩大越，见耆老，纳诗书”的记载。与《越绝书》差不多同时问世的《吴越春秋》，也有“大禹东巡，登宛委山，发金简玉字，得通水之理”的叙述。这些文字记载说明，早在夏代，大禹就在绍兴亲自开了征藏典籍之风。《越绝书》还记载了这样一个故事：越王勾践为实现消灭吴国、建立霸业的志向，“昼书不倦，晦诵竟旦”，吴国的权臣申胥得知这个消息后，竟为之丧胆，说“是人不死，必得其愿”。这个故事表明，早在春秋时期，作为越国都城的绍兴，已有一定数量的官府藏书，越王勾践还亲自倡导学以经世、读书报国的学风。

据《绍兴府志》记载，南朝梁代，绍兴地方已有藏书家出现。当时有一位叫孔休源的山阴人，官至金紫光禄大夫，“聚书七千卷，手自校练”，称得上是一位藏书家。

据《十国春秋》记载，在五代十国时期，绍兴就有裴氏书楼。入宋之后，随着雕版印刷术的普遍使用，绍兴成为刻书名区，这里的藏书家就更多了，仅绍兴府志、县志所载，就有9人。他们是山阴的陆宰、陆游、陆子遹祖孙三辈；会稽的徐锴、诸葛行仁；新昌的石公弼、石邦哲叔侄；上虞的李光、李孟传父子。9人之中，陆氏最享盛名。

南宋秘府始建，“诏求遗书于天下，首命绍兴府录朝请大夫直秘阁陆宰家所藏书来，凡万三千卷有奇”。到陆游时，“尝宦西川，出峡不载一物，尽买蜀书以归，其编目日益巨”，乃以“书巢”名室，并作《书巢记》，以志藏书之富。陆游嗣子子遹，也喜蓄书，“至辍衣食，不少吝也”。

元代，诸暨的杨维桢也是一位藏书富户，其父杨宏“筑楼铁崖山中”，“藏书数万卷”，“去其梯，俾诵读楼上者五年”。

至明代，绍兴藏书之风愈见其烈，山阴有祁承㸁（音hàn）、祁彪佳父子及王朝子、刘毅，会稽有钮石溪，新昌有胡桢，诸暨有骆象贤、朱长庚等，都是当时的藏书大家。其中最有影响力的是山阴梅墅祁氏澹生堂藏书和会稽皋埠钮氏世学楼藏书。

特别是澹生堂，据祁氏外甥赵昱所记，“澹生堂藏书十万卷，悉人间罕觏秘册”，“藏书充五楹之楼，望若琅嬛秘府”。楼主人祁承㸁编有《澹生堂藏书目》八册，并总结一生藏书管理的经验，为子孙留下了洋洋万余言的《澹生堂藏书约》，在藏书的采购、分编、管理乃至阅读方面，多有理论建树。清代学者周中孚在《郑堂读书记》中指出，祁氏的《澹生堂藏书约》“虽为子孙而设，实可为天下法”。澹生堂藏书卷首钤有多枚藏书章，其中一枚藏书章铭文长达42字——“澹生堂中储经籍，主人手校无朝夕，读之欣然忘饮食，典衣市书恒不给，后人但念阿翁癖，子孙益之永勿失”，以警示子孙后代世守藏书之业。祁承㸁哲嗣祁彪佳，承父志，从事藏书事业，建有“八求楼”“远山堂”，藏书也多达数万卷。清人全祖望在《祁六公子墓碣铭》中称“祁氏自夷度先生以来，藏书甲于大江以南，其诸子尤豪”，近代诗人沈钧业也有“图书十万澹生堂，独乐平泉半已荒”的诗句。祁彪佳子理孙，继承家学，收祖父辈遗书和个人所集藏书，编为《奕庆藏书楼书目》八卷，拥书八千余种，计四万二千余卷。

绍兴私家藏书至清代达到顶峰，有史书可稽的就有21家，山阴有童钰、杨鼎、姚振宗、沈复灿、杜煦、杜春生、金士芳、杜鏊、周星诒、徐树兰、徐友兰；会稽有王永倓、吴爚文、赵之谦、胡介祉、李慈铭；新昌有吕抚、陈谟；上虞有章学诚、张凤翔、王望霖。其中以李慈铭、姚振宗和徐氏兄弟最负盛名。

李慈铭“直以书为妻孥”，在京城做官时“禄糈所入，悉以购书”。姚振宗“肆力聚古册，隐住读书”，40岁将藏书编为《师石山房书录》，“总六万卷”。藏书最多的是徐家兄弟。《绍兴县志资料第一辑》有云：“栖凫徐氏先世居淮上。有名处仪，字尚威者，宋崇宁初进士，官给谏。建炎间与兄处仁扈跸南渡，同居山阴之项里。其裔名德明，字大宏，由项里迁居山阴之栖凫村（今属朱华北乡）。选举表中之徐树兰、徐维则，其裔也。”徐树兰及其子尔谷“皆喜购旧书，书贾多集其门”，设有“熔经斋”“铸史斋”，藏书宏富。其弟徐友兰也是个嗜好收藏的人，“凡旧钞、精刻、石墨古今法帖、书画，有所见，辄购庋”，“复命长子广为搜罗”，“如此者数十年”，设有“八杉斋”“铸学斋”“述史楼”等藏书处，可见徐氏满门都是嗜书成癖的藏书家。徐氏还曾自家印书，蔡元培曾于1886年通过其六叔铭恩任徐家塾师的关系，在徐家校勘图书达四年之久。传世的“会稽徐氏刊本”“铸学斋刻本”“八杉斋刊本”，即徐氏的家刻本。既搜购，又自印，徐家藏书之富便可想见了。

封建时代的藏书家往往深谙书的各种知识，同时也是校勘家、考据家、版本学家和目录学家，而且不少是当时享有盛名的著作家。他们藏书通常除子孙外，宁喂蠹鱼也不示人，具有鲜明的封闭性。

二、古越藏书楼诞生的历史背景

1840 年鸦片战争爆发，西方列强凭着船坚炮利，打开了中国闭关自守的大门，破坏了处于封建社会晚期的中国的自给自足的自然经济，刺激了资本主义因素在中国的增长。面对着千年不遇的震荡，所有国人都在思考、探求救国图存之路。随着对西方文化的深入了解，有识之士大多认识到救亡图强的根本在于发展教育、改变观念，以开民智。西方文化的进入，在改变和影响中国人的思维、观念的同时，客观上也促使中国公共图书馆事业的萌芽得以产生。

（一）外来文化催生我国近代公共图书馆事业

给国人带来最大冲击的应是新型印刷术。它使得文化思潮的传播更加顺畅、便捷，知识更为易得；同时还促进了图书与报纸出版事业的发展，伴随译书的兴盛，西方理论与操作知识东传。为了唤醒民智，更多的能人志士意识到教育的重要性，留学与办学成了获取新知识、传播新知识的重要手段。在此期间，外来的图书馆理念不可避免地被带入中国，中国公共图书馆事业的萌芽得以产生。

1. 新型印刷术对中国思潮的推动

印刷术原是我国的伟大发明，在传到西方国家后，突破了技术桎梏，被改进成为适应西方国家文字特点和机器工业的新技术。19 世纪初，西方印刷术传入我国，逐渐替代了雕版印刷术，这是我国图书出版业中的重要一步①。为绕过清政府的禁令，英国传教士马礼逊在马六甲开设印刷所，并于 1819 年印成了第一部铅活字的汉文书，这是铅字印刷术传入我国的开端②。此后，西方知识在中国获得了急速的传播推广，各类译本和中西方报纸文献量激增。

译书对开阔中国人的视野，沟通中外文化，打破封建传统思想的桎梏，具有重大影响。18 世纪末 19 世纪初，随着资本主义在中国的扩张，西方传教士的活动逐步加紧，除宗教宣传品外，自然科学的相关书籍逐渐增多，随后社会科学、政治、文学作品也开始被翻译成中文①。政府层面从事的翻译工作大约始于 1839 年，当时林则徐在广州组织人员翻译西方的书刊资料。据不完全统计，晚清从事翻译工作的主要政府机关大致有：1862 年在北京成立的同文馆、1867 年在上海江南制造局设立的翻译馆等。

与此同时，日本经明治维新向西方学习，取得了明显成效，于是中国人也开始向日本学习，从 1902—1904 年的译书来看，所译日文书占全部译书的 50% 以上②。

近代报刊也随之出现。近代报刊可以分为两类：一类是外国人办的报刊，另一类是我国自办的报刊。外国人办的报刊又分为：在我国境外出版的中文报刊，如 1815 年 8 月 5 日由英国传教士马礼逊在马六甲创办的《察世俗每月统计传》（*Chinese Monthly Magazine*），是用中文出版的最早的一种月刊；在我国境内发行的外文报刊，如 1822—1824 年发行的葡文《蜜蜂华报》（*A Abelha da China*），是在我国境内（澳门）出版的第一份外文报纸。我国自办的近代化的中文报刊，以 1858 年伍廷芳在香港

① 谢灼华 . 中国图书和图书馆史 [M]. 武汉：武汉大学出版社，1987.

② 程焕文 . 晚清图书馆学术思想史 [M]. 北京：北京图书馆出版社，2004.

创办的《中外新报》为最早[①]。

2. 西方传教士的图书馆活动

从 19 世纪初至 20 世纪初的近百年时间，是西方传教士在华传播西方图书馆观念、开办图书馆的重要时期[①]。尽管传教士本来的目的并不在于发展中国的图书馆事业，但他们在传教的过程中，在中国创办了多所教会图书馆和教会学校图书馆，一定程度上传播了图书馆观念，促进了西学在中国的传播。

（1）教会图书馆和藏书楼

外国教会出于培养人才和传教的需要，以最终达成文化渗透的目的，在中国创办了多所教会图书馆和藏书楼，较为著名的有：1847 年在上海建立的徐家汇天主堂藏书楼；1841 年建成、1913 年改名的工部局公众图书馆；伟烈亚力牧师于 1871 年创办的亚洲文会北中国支会图书馆[①]等。

（2）教会学校创办的图书馆

圣约翰大学是西方传教士在中国境内创设的第一所大学，它初创于 1879 年[②]。圣约翰大学罗氏图书馆发轫于 1894 年，是西方图书馆理念引入中国的一大证明。

3. 洋务运动开启的国人国外考察活动

（1）留学活动

历经两次鸦片战争，随着中国国门的打开，受到魏源“师夷长技以制夷”思想影响的国人，赴欧美学习、访问和工作的越来越多。虽然他们出国的目的主要是学习西方的科学文化和政治思想，而不是研究图书馆学，但是在留学过程中不可避免地会接触到作为西方近代文明标志之一的图书馆，自觉或不自觉地接受西方图书馆的观念。这部分人主要是留学生、学者和出使官员。

被誉为“中国留学生之父”的容闳于 1847 年赴美，1850—1854 年就读于耶鲁大学，并于 1851 年起管理耶鲁大学兄弟会的书籍。从某种意义上来说，容闳是最早在美国从事图书馆工作的中国人。容闳深知教育对于祖国危急存亡的重要性，1854 年毕业后回归祖国，大力推动中国人的留学运动[③]。

19 世纪 70 年代初，出于清政府办理洋务的需要，官方派遣许多中国人出国学习，“中国铁路之父”詹天佑就成为中国近代第一次留学运动中的受益者。但清政府对新知识、新思想仍是十分排斥的，守旧官员唯恐外来思想动摇其统治基础，对留学生并不信任。1881 年，清廷紧急召回詹天佑等留学生[④]。此时这批留学生已在美国生活 8 年以上，他们的思想已经西化，在学习生涯中难免接触到图书馆知识，在回国后，或多或少地将图书馆观念应用在工作学习中。

（2）官员考察

1875 年，清政府派遣出第一个常驻西方国家的中国外交官——郭嵩焘，他受命出任“出使英国钦差大臣”。郭嵩焘试图通晓洋情，对图书馆的观察也相当重视。他曾在 1877 年多次参观大英博物院图书馆，并详细考察过牛津大学图书馆、法国国家图书馆等，且在《伦敦与巴黎日记》中留下感想。尽管郭嵩焘并未详尽认识到国家体制与图书馆发展的关系，但他对中西图书馆在目录编制和图书分类

① 谢灼华 . 中国图书和图书馆史 [M]. 武汉：武汉大学出版社，1987.

② 熊月之，周武 . 圣约翰大学史 [M]. 上海：上海人民出版社，2007.

③ 经盛鸿，经姗姗 . 从留学幼童到铁路之父：中国近代留学运动中的詹天佑 [J]. 炎黄春秋，2018（8）：29-35.

④ 陈曦 . 留美幼童詹天佑的故事 [J]. 留学生，2009（1）：61-63.

法方面的思考已经体现了当时中国知识分子对图书馆观念和管理的兴趣。

（3）明治维新的影响

1868—1890 年，同时代、同样处于封建专制和西方列强压迫下的日本，正进行着一场维新运动，即以西方为榜样进行改革的明治维新[①]。日本的明治维新获得了胜利，改革十分彻底，乃至影响到了 1894 年的中日甲午战争，而我国在战争中的失败宣告中国洋务运动的彻底失败。此后，中国人开始关注日本的发展，留日考察人士日益增多。他们在救国图存之路上逐渐吸收外来知识，在工作学习过程中看到了图书馆发展的新方向，并把日本的图书馆知识带回了中国。

19 世纪 70 年代后期起，中国兴起了一股学习西方、改革现行制度的思潮，并形成了早期资产阶级改良派。他们通过著书立说，在揭露时弊、宣传变法的同时，主张变革官制，废除八股，提倡西学，改革教育制度，兴办新式学校和图书馆等。

4. 戊戌变法与康梁有效读书思想的影响

1895 年以康有为、梁启超为首的资产阶级改良派上书光绪皇帝："请皇上大开便殿，广陈图书。"[②]同时，他们在强学会中成立了第一所新型的图书机构——强学书藏，目的是开启民智、加强教育，使国人能更方便有效地获得读书机会，令大众了解藏书机构、利用藏书机构，以便广求同志，振兴国家。其开放对象不再囿于官员皇族，而是普罗大众。

1896 年，梁启超、康有为两人先后编制了《西学书目表》和《日本书目志》，完全摆脱了经、史、子、集四部分类的羁绊[③]。其中梁启超的《西学书目表》吸收了西方分类的思想，将当时中国所译的西书分为学、政、杂三大类，这也就是如今自然科学、社会科学和综合性图书三大部类的雏形。面对博大庞杂的外来文化，这样的分类方式方便了国人理解不同思想的特点、学术风貌，更深入地了解和借鉴外来先进经验，并将其合理运用到中国的救国图存之路上。

戊戌变法失败后，主张学习西方真理的康梁远走海外。1899 年，流亡日本的梁启超首次在《清议报》17 期上发表《论图书馆为开进文化一大机关（译太阳报第九号）》一文，开启介绍日本图书馆学之先河。《清议报》是他在戊戌变法失败后避难日本时创办的，是其多次介绍日本图书馆学的重要园地[④]。1903 年，梁启超赴加拿大和美国进行了为期一年的新大陆政治旅行。他在游历过程中特别重视对美国图书馆的考察，在考察波士顿（美国公共图书馆的发源地）后认识到：公共图书馆"为公共教育之机关"；公共图书馆的创办方式是"征市税""由议会提款"；公共图书馆起源于美国，为英国所仿效；公共图书馆由总馆、分馆、借书处三级构成。

康梁关注国外图书馆和图书馆观念在中国的传播，尤其是他们在戊戌变法期间创办近代图书馆的一系列思想，推动了学会、学堂图书馆的产生和发展，并为后人带来了理论指导，启发后人深入思考。

5. 民间自发创办的藏书机构

维新派强学会虽然成立不久即遭封禁，但"新学之风既倡，民智渐开"，"各省从风"，"已有

① 井上清，李薇. 中国的洋务运动与日本的明治维新 [J]. 近代史研究，1985（1）：218-244.

② 翦伯赞，刘启弋. 戊戌变法 [M]. 上海：神州国光社，1953：384-443.

③ 胡俊荣. 戊戌变法与中国图书馆的变革 [J]. 山东图书馆季刊，2000（3）：65-67.

④ 范凡. 中日图书馆学 65 年交流史（1899—1964）序说 [J]. 图书情报知识，2015（6）：4-9.

不可抑压之势"[①]。因受康梁维新变法思想的影响，尤其是强学会"开大书藏"的影响，各地的学会、学堂纷纷收集新学西学文献，供阅览使用，亦设立了一些藏书楼或阅览室，这些学会、学堂藏书楼的设立和发展又进一步推动了新的图书馆观念和学术思想的传播与发展。

1897年7月20日，章链、张一麐、孔昭晋等在苏州发起成立苏学会；同年，康有为、唐景崧、岑春煊、蔡希邻等在广西桂林发起成立圣学会，因"借广仁善堂供孔子"，所以圣学会又称"两粤广仁善堂圣学会"[②]。各大学会大都制定了自己独有的章程，设立了藏书楼或阅览室，体现出相应的服务性与进步性，但学会的建立维持得益于参与者筹措的资金以及向其收取的会费，这使具有图书馆性质的藏书机构失去了免费公益性。

6. 官办学校及藏书机构

在西方图书馆学中国本土化过程中，官办图书馆也发挥着重要的作用，构筑了中国高等教育与基础教育的雏形主干。这些图书馆面向学生开放，为学生提供丰富的教育资源。

（1）大学图书馆

成立于1895年10月的北洋大学，是由中国政府建立的中国第一所现代大学，后发展为天津大学。图书馆随学校同时成立，为全国大学图书馆中最先者[③]。1893年，时任湖广总督的张之洞创立了自强学堂——武汉大学的前身。1902年10月，自强学堂改名为方言学堂。据现有资料可知，当时该学堂是有图书室的[④]。南京大学图书馆的发展可上溯至20世纪初建立的中央大学图书馆和金陵大学图书馆。中央大学图书馆始于1902年清政府创办的三江师范学堂[⑤]，学堂设有藏书楼，以供师生浏览藏书。山西大学图书馆，初名山西大学堂藏书楼，成立于1902年，为我国近代最早设立的新型大学图书馆之一，也是我国省立大学图书馆的先声[⑥]。

1896年6月12日，清朝大臣李端棻在《请推广学校折》中，首次提出建立京师大学堂，这是北京大学的前身。1898年7月4日，光绪皇帝正式下令批准设立京师大学堂，任命孙家鼐为管学大臣，并制定了《京师大学堂章程》，其中把藏书楼的建设放在了十分重要的地位，"学者应读之书甚多，一人之力必不能尽购。……京师大学堂为各省表率，体制尤为崇闳，今设一大藏书楼，广集中西要籍，以供士林流览而广天下风气"[⑦]。根据北京大学图书馆古籍编目工作可知，京师大学堂藏书楼在1898

① 梁启超：强学会封禁后之学会、学堂、报馆[M]// 陈学恂. 中国近代教育史教学参考资料：上册. 北京：人民出版社，1986：417.

② 谢灼华. 中国图书和图书馆史[M]. 武汉：武汉大学出版社，1987.

③ 张红雁，张立，田丽娜，等. 从馆藏印章看一个百年老馆的历史变迁：天津大学图书馆馆藏印章考析[J]. 图书馆工作与研究，2010（6）：78-82.

④ 邓珞华，林生. 励精图治，屡厄屡兴：1893—1949年间的武汉大学图书馆[J]. 武汉大学学报（哲学社会科学版），2005（6）：872-879.

⑤ 叶继元，徐雁. 南京大学在西方图书馆学中国本土化过程中的贡献[J]. 中国图书馆学报，2002（5）：16-19，23.

⑥ 张洪亮，李玉文. 山西大学图书馆简介[J]. 晋图学刊，1987（2）：102.

⑦ 李希泌，张椒华. 中国古代藏书与近代图书馆史料[M] 北京：中华书局，1982：85-107.

年与京师大学堂同步开办[①]。《京师大学堂章程》是中国近代高等教育史上产生影响最早也最大的正式文献，同时也是中国近代图书馆史上，尤其是高校图书馆史上最早、最完备的涉及建馆的章程[②]。

（2）中小学图书馆

1898 年，戊戌变法失败，但新学既开便难以阻挡。1901 年，清政府下令将各省所有书院于省城改设大学堂，各府厅及直隶州均设中学堂，各州设小学堂，并多设蒙学堂。至此，多年的书院制度终于走完其历程，书院藏书楼到这时就成了我国早期中小学和大学图书馆以及某些地方图书馆的前身。

（二）徐树兰受维新思想影响——改革教育，务农为本

资产阶级改良主义思潮和由此酝酿的维新变法运动，也波及绍兴。当地的一些乡绅出于救亡图存的爱国之心，也拥护和支持改良派的改革主张，徐树兰就是他们之中的一个代表人物。

清人薛炳撰传文“徐树兰，字仲凡，号检庵，山阴人。光绪二年举人，授兵部郎中，改知府。以母病，归不出。任地方公益，如筑捍海塘，建西湖闸，创设豫仓。每筹本省及各省赈款至数十万金，以及设救疫局，置赡族田，建清节堂，集相验费，皆有案牍可稽。大留意三江口水利，著有《引清刷淤议》，议上官厅，难其事而止。捐千金开办中西学堂，其后改为绍兴中学堂，归官办，树兰垫费至四千余金未偿。复捐资建越中藏书楼，延慈溪冯孝廉一梅纂书目。又至昆山新阳购地开荒，以兴农业。皆粗具规模，未竟其绪。光绪二十八年五月卒，年六十五。子元钊、尔谷、嗣龙、维烈。”（原载《绍兴县志资料第一辑・人物列传》）。

徐树兰维新思想的核心是“求本”。在他看来，改革教育即是本，务农即是本。他在强调教育的重要性时说：“窃维国势之强弱，系人才之盛衰，人才之盛衰，视学识之博陋。涉猎多则见理明，器识宏则处事审，是以环球各邦国势盛衰之故，每以识字人数多寡为衡。方今朝廷孜孜求治，迭奉谕旨，广设学校，此诚兴贤育材，正本清源之至计也。”

1896 年，徐树兰在上海组织务农会，并在当时的维新报刊《时务报》和《知新报》上刊登征求会友的《务农会公启》十条和《务农会章》十二条。其中，《务农会公启》载明务农会的宗旨之一是“翻译农书，并创刻农学报章，专译各国农务诸报，及本会开办后一切情形”，以资考究。他在 1897 年与同人拟定的《务农会章》中开宗明义，第一句话就是“农学为富国之本”。在徐氏看来，中国要发展资本主义，改变穷弱面貌，就要从办教育和务农这两件事做起。于是他身体力行，于 1897 年“倡捐巨资，拟借豫仓”，在府城古贡院创设绍郡中西学堂（后归并绍兴府学堂），自任校董，“延访中西教习，礼聘督课生徒”，开设文学、译学、算学、化学等新学科。每学期招生少则数十人，多则百数十人。1898 年蔡元培受聘为学堂总理兼总校后，对学堂教育作了进一步改革，增设日文、体操、格致等新学科，并创设养新书藏。同年 4 月，徐树兰、徐友兰兄弟又与同人罗振玉、朱祖荣、蒋黼等创办了上海务农会和《农学报》，并在昆山“购地垦荒，开辟种植试验场，以振兴农业”。

徐树兰的这些作为，完全符合当时维新变法的新潮流。近代著名实业家、政治家、教育家，南通人张謇曾赞扬他说：“先生于岁乙未曾创中西学堂于郡城，近并入公立之学校。十年以还，越人知兴学以善俗者，自先生倡也。”翰林院编修马传煦在一个呈文中也说到，徐树兰办中西学堂是一桩使“士

① 姚伯岳．在古籍编目中发现京师大学堂藏书楼的源头 [J]. 大学图书馆学报，2013，31（6）：103-108.

② 吴晞．北京大学图书馆九十年记略 [M]. 北京：北京大学出版社，1992：9.

林钦服”也使自己“尤为心折”的大好事。对徐树兰等创办务农会、《农学报》和种植试验场几件事，梁启超曾在《时务报》上撰文评价说：“起点海上，求友四方，将以荒涨之垦利，抉种产之所宜，肄化学以粪土疆，置机器以代劳力，志愿宏大，条理万端……广开风气，维新耳目。”务农会的活动还引起了当时官府的重视。1898 年，江南道监察御史曾宗彦上奏光绪皇帝：务农会兼中西各法，以树艺畜牧倡导海内，在兴利中最有实际，毫无流弊，建议降旨，亟予激助。从上文可以看出，当时的资产阶级改良主义思潮对绍兴是有深刻影响的，而古越藏书楼正是在这股改革潮流的影响之下，在绍兴这块封建藏书楼星罗棋布的沃土上生长出来的一株新苗。(有关登载在《时务报》和《知新报》上的《务农会公启》和《务农会章》以及《绍兴教育会发起纪事》见下文)

《务农会公启》

一、本会筹集款项在江浙两省地方购田试办，惟需款浩繁，尚冀四方同志解囊慨助，以成此举。所购之田，即作为会中公产。

二、同志捐助之款，统由时务报馆代收，按旬登报，以征信实。

三、拟聘请化学师一人，辨别土宜，并酌购外洋机器农具，为中国所不可少者，以佐人力之不逮。(泰西人工极贵，故事事须用机器，中国工价甚廉，可不借机器之力，然人力不胜之处，亦非机器不可。)

四、农之为义，兼耕牧言。本会除树艺五谷外，博采中外各种植物，一一试种，兼及饲养牲鱼等事，以广利源。

五、每年收款除开支薪水等项外，陆续添置田亩，翻译农书，并创刻农学报章，专译各国农务诸报，及本会开办后一切情形。将来试办有效，即开设制造糖酒等厂，禀请设立农务学堂。

六、每年出入款项，汇录登入本报，以杜浮销，报章未行以前，则登时务报。

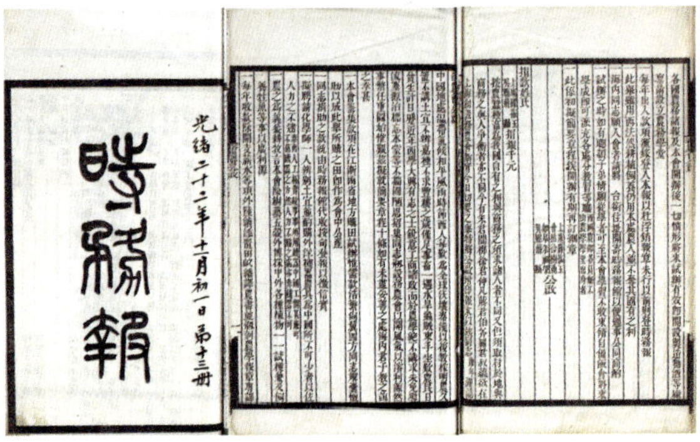

图 1-1　时务报《务农会公启》

七、此举虽用西法，然耕植饲养，仍用本处农人，并不夺其固有之利。

八、海内同志愿入会者，请将台衔住址开寄时务报馆，以便遇事共同商酌。

九、试办之时，如有聪颖子弟情愿从学者，可至本会学习，不收束修，自备饭食，将来学成，即可派充各处分教席等职。(西国农部各员，无不由农学学堂出身者。)

十、此系初拟简要章程，俟开办有期再订细章。

上虞罗振玉　会稽徐树兰　如皋朱祖荣　吴县蒋黼　公启

清光绪二十二年十一月初一日《时务报》第十三册

《务农会章》

农学为富国之本，中土农学，不讲已久，近上海同志诸君，创设农学会，拟复古意，采用西法，兴天地自然之利，植国家富强之原，甚盛举也。兹蒙寄到开办章程，谨登诸报，以供众览。

一、农居四民之一，虽与工商并称，然必地而生材饶裕，方能讲求工作，推广贸易，则农实为工商之本。中国壤土之沃甲地球，乃汉唐以后，民趋末富，不究根源，致士夫不辨菽麦，农民贱于舆台，土壤不辟，水利不修，耕畜之技日拙，收获之效愈微。使再阅数十年，将并从前之农法农理尽失靡遗，可惧孰甚！中国患贫久矣，谋富者颇不乏人，要不出开矿制造经商等事，此固当务之急，然循流溯源，则农尤先务，同人不揣固陋，立会海上，讲求此事，将以广树艺，兴畜牧，究新法，濬利源，上以酬朝廷饥渴之意，下以尽草野芹暴之忱，海内贤达，尚同此怀。

二、农学门径广博，约举其要，厥有六端，曰农、曰圃、曰林、曰泽、水产物及取水藻为肥料之类曰畜牧、豢养六畜及养鱼育蚕养密之类曰酿造、造酒制糖榨油焙茶纺绵剥麻制果割漆制丝熬樟脑作染料之类凡此诸端，肯所讲肄。

三、古人农事最重周礼，地官所载，任土辨物，理教粲然，后世以农为贱业，于是有农事无农学，一切辨土宜、兴水利、制肥料、防螟蝗等事，虽叩之躬亲南亩者，亦茫然不能措对，不知其法，遑论其理。今本会翻译欧美日本各种农书、农报，创立报章，俾中国士夫咸知以化学考地质，改土壤，求光热，以机器资灌溉，精制造之法之理，所有办法，别具细章。

四、易占丽泽，诗咏他山，凡兴大利，贵合众知。同人以蚊负之身，任鳌戴之重，惟愿所冀同志日集，共襄盛举，倘在遐方，亦可时惠尺书，遥商庶事。凡愿与会者，乞赐示衔名住址，俾按先后列入报章。

五、本会应办之事，门类繁多，资用甚巨，势难预筹，兹先捐集款项，创立报章，其他各事，俟创办时酌订章程，先期登报，以期集事。

六、中国旷土所在弥望，蒙满西藏等处无论矣。各行省内地，若山陕、川、粤未辟之利，随在皆是，即腹内各省，江、皖、湘、鄂人烟稠密之所，亦多弃地。盖因粤匪乱后，水利就湮，荒莱失治。又沿海、沿江、沿湖，涨地日出不穷，若皆理而治之，其利不可胜计。本会拟筹款开辟各地，先自就近之地始，将来所辟之田，即为本会公产，以备兴办学堂等一切正用。

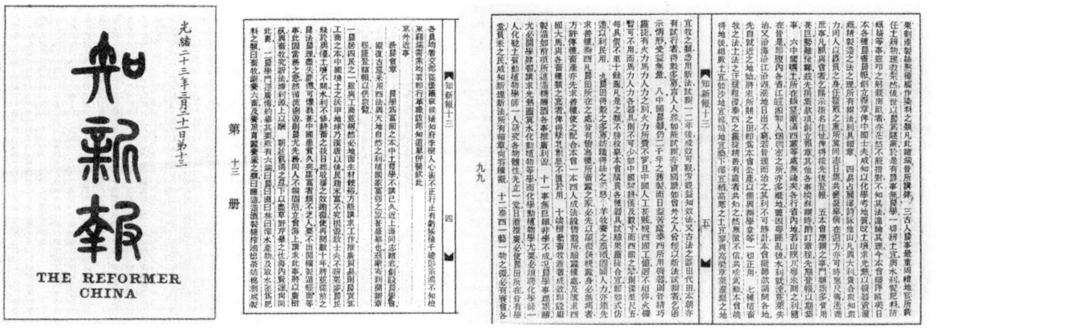
光緒二十三年三月二十一日第十三

知新報

THE REFORMER CHINA

第十三册

图 1-2 《务农会章》影印资料

七、种植畜牧之法，土法之迂缓粗浅，泰西之灵捷精善，有识者共知之。然无征不信，共喻为难，本会俟得地后，相厥土宜，如沙地宜棉，坞地宜桑，下泽宜稻，高寒之土宜麦与高粱，草莱灌聚之地宜牧之类，悉用新法试办，一二年后，成效可观，旁观益知效法。又古法之区田、代田，本朝亦有试行者，得谷多寡，言人人殊，如能试办，亦资阅历。如会外之人，曾经以新法试办者，乞函示情形，受益无量。

八、中国农器，仍二千年之旧制，而日益苦窳。泰西所用机器，则皆精巧灵捷，有火力、马力、人力之别，火力所费不赀，且中国人工甚贱，视西国工值，迥不相侔，火机暂可不用。而马力、人力各器具，则不可少，如中国犁耕仅及数寸，而西国之犁，则深至五尺，每具价不过十余元。凡是之类，不胜枚举。本会购买各种器具，试验果灵捷合宜，即如式仿造，以利民用。

九、农田得谷之多寡，纺织得丝之美恶，牛羊牧养之羸硕，固关人力，亦须先求善种。泰西凡农田所在之处，皆有售嘉种所，畜蚕之家，必先以显微镜视蚕身心无病，方许传种，畜产亦先求善种使之配合。本会一本西人成法，设售谷所，验蚕种处，及购求西国大马与各畜种类之嘉许者，俾得蘖乳繁息，不匮于用。

十、俟树艺畜牧渐著成效，即设厂制造，如前项所述，造糖酿酒各事，推广利源。

十一、事无巨细，非学不成，况农学事理繁颐，尤必开学肄习讲求。光热图算，水化动植物等学，而化学动植物学尤要，必须聘化学师一人，化验土质，动植物学师一人，研究各物体性，先立一堂，日渐推广，必使农田所在，皆有学堂，负耒之民，咸知新理新法，所有细章，尚容续拟。

十二、泰西一艺一物之微，必有赛会，各操所以，以相比赛，褒勤警惰，厥意甚普。本会亦拟分种植蓄牧制造各类，设赛会所以验良苦，以求新理。

清光绪二十三年三月二十一日《知新报》第十三册

《绍兴教育会发起纪事》

壬寅八月，蔡民友、杜海生、杜亚泉在南浔浔溪公学议及绍兴宜立公众学堂。嗣蔡民友至沪与徐培芝议其事，杜海生回绍告诸同志，彼此函商，撰公启一篇分送。

癸卯正月，集同志二十三人，录姓名于下：蔡民友、何豫才、杜山佳、杜海生、宗加弥、徐培芝、徐馥卿、徐显民[①]、何朗轩、何问原、钱荫乔、孙伯圻、徐以懋、祁彦猷、庄绒如、章芝眉、朱端侯、堵子铃、张嘉谋、胡寿恒、杜亚泉、寿孝天、徐伯荪。

是月二十日，同志会议于绍郡老虎桥徐宅。与议者十人。其议决各事如下。

一、借城南能仁寺为校舍，立公学一所，名曰越郡公学。

二、公学拟先办普通速成科，俟学生有合专修资格者，再办专修科。

三、议定公学经理规则。举经理一人，议员十人，每月会议一次。

四、计核捐款。凡认捐者共一千四百一十元，于月内收齐。其已认尚未登者，及未认者陆续募集。

二月，公学议员何豫才赴上海。公学同志嘱以公学规则告于上海同志蔡民友、徐培芝、杜亚泉，议集上海同乡而告之。

二月十八日，上海同乡会于徐园。与会者五十余人。蔡民友以《绍兴教育之关系》对众演说。杜亚泉演说《绍兴设立公学及教育会之意旨》。何豫才演说《绍兴公学创办之情形》。次，蔡民友对众询问设立绍兴教育会之意见。请公决可否，可者举手。众皆举手，乃签名于簿。共四十四人录下：

毛湫泉、马庚渔、魏励劲、赵樊初、史三多、杜杰峰、经莲珊、张迪周、陶七彪、袁春洲、经伯涤、王造周、樊少墨、黄厚夫、郁子青、封燮臣、马孟振、童亦韩、杜亚泉、金鲁、金煊、俞渭臣、俞英崖、沈锡卿、孙蔼人、林蓉圃、马文波、邵文镕、邵葆良、蔡民友、蔡谷卿、薛朗轩、陈养吾、何豫才、陈伯楼、汤癸生、陈俊卿、汪少廷、童洛伯、陈子忭、冯筱村、杜宿凡、王珥卿、屠确安。

是日，草议会事。其决议各事录下。

一、函致绍兴公学同志及各人募集教育会会员。

二、议设教育会本部于郡城，设支部于上海。续设支部于各县。

三、现在会员定每月第一星期集会一次。

四、定会员月捐最低之额为率元。

五、举主计二人，干事二人。

六、一切会章规则由干事起草提议公决可否。

注：①徐尔谷，字显民。

《民国绍兴县志资料第二辑·教育》

（三）中西学堂与养新书藏的启发

1898 年，徐树兰聘请蔡元培出任绍郡中西学堂总理，大力推进新式教育。养新书藏，系绍兴府学堂的图书馆，创设于蔡元培任学堂总理兼总校后的清光绪二十五年（1899 年），馆名取意于清阮元《灵隐书藏记》和学堂已有的刻书之所“养新精舍”。徐树兰、蔡元培办养新书藏，大约出于如下考虑：“甲午以来，屡奉明诏，广厉学官，吾乡士流成改咸兴于有用之学；然而其途至啧，其书致改至繁，非寒士所能具也。爰有巨子创为借书之约，和咻杂出，事遂中辍。元培闻而甚惜之！今年承乏学堂，闵藏书之寡，购之则绌于费，欲饮改佽助于有力者；又念藏书既多，当改与广之，使不但改佢学堂者亦得就而借焉。”

养新书藏对管理人员和读者设置了约法，被称为“略例”，即规定，由蔡元培亲自制定，共有十五条。养新书藏的藏书，来源于绍兴府学堂教职员和社会人士的捐赠，或由他们捐资购置。《光绪二十五年绍兴府学堂征信录》一书对此有详细记载。

蔡元培执掌学堂后，规划藏书室，名曰“养新书藏”。1899 年末，他亲自拟定《养新书藏略例》，认为：“今年承乏学堂，闵藏书之寡，购之则绌于费，欲佽助于有力者； 又念藏书既多，与广之，使不佢学堂者亦得就而借焉。为学堂立法，而即寓借书约之美意于其中，当亦诸君子所许也，遂缮略例，遄企欢成。”这表明养新书藏是蔡元培改革教育、合力办学的一个举措[①]。蔡元培还制定了《借书略例》，一共十五条，其中提道：“凡不佢学堂者，助银十圆以上，皆得借书。……百圆以上者四人，其余以是为差，皆不必助银可以借书。”这里所说的这种形式类似于国外早期民间图书馆的会员集资模式，这也表明养新书藏具备了面向公众开放的基本属性。在为藏书室开放做准备的过程中，蔡元培还拟定了接受社会捐款、捐书的具体操作办法：“凡助银助书改学者，自书姓名、字号、职衔、出身，及书银之数，投于学堂，由学堂检校，出收单一纸，以资综核。……群书略具，则刻书目一册，皆著其直，其助银助书之数及卖书之直，皆详著之。”《养新书藏略例》第十五条规定：“购书之余，如尚有巨款，则推广三事。一刻书。凡切要之书未刻者，刻而已毁者，在丛书中无单行本者，刻之。一译书，凡东西文书，精者译之。一编书，凡书之博而寡要者，散而无纪者，难读而无门径者，各为条例编之。”

① 蔡彦 . 从古越藏书楼到公共图书馆嬗变 [J]. 晋图学刊，2018（5）：62-67.

可见，在蔡元培的思想中，养新书藏不仅能辅翼学堂，而且还是一个学术研究机构。

关于养新书藏，今人蔡彦先生提道：“书藏之义，本阮文达《灵隐书藏记》；曰养新者，以学堂之名名之也。”查蔡元培日记，光绪二十五年（1899年）“三月十有八日乙丑。晴。午后到精舍以切音简表教蒙学斋诸生。注：拟名学堂曰‘养新精舍’，此后皆书精舍”。日记：“十有七日癸巳。晴。晚到精舍。得杏仙书，抄藩署批：‘允于丁漕平余所提省会学堂款内岁拨一千串给绍兴学堂。’”日记中称学堂为养新精舍，养新书藏即学堂图书馆。往后《绍兴府学堂重订详细章程》规定“别订借书助书约可参核”，这里的“借书助书约”就是蔡元培在1899年拟定的《养新书藏略例》（见下文）。

《养新书藏略例》

甲午以来，屡奉明诏，广厉学官，吾乡士流咸兴于有用之学；然而其途至啧，其书至繁，非寒士所能具也。爰有巨子创为借书之约，和咮杂出，事遂中辍。元培闻而甚惜之！今年承乏学堂，闵藏书之寡，购之则细改绌于费，欲饮改佽助于有力者；又念藏书既多，与广之，使不佌学堂者亦得就而借焉。为学堂立法，而即寓借书约之美意于其中，当亦诸君子所许也，遂缮略例，谥企欢成。光绪二十五年正月，蔡元培谨识。

第一条，藏书之室，名曰“养新书藏”（书藏之义，本阮文达《灵隐书藏记》；曰养新者，以学堂之名名之也）。

第二条，守藏之责在学堂司事。

第三条，凡学堂教习及肄业生，不论助银与否，皆得借书。

第四条，凡不佌学堂者，助银十圆以上，皆得借书。

第五条，凡助银五十圆以上者，得援引同学二人，百圆以上者四人，其余以是为差，皆不必助银可以借书。

第六条，凡助书者，以其直为援引多寡之差；如其书非要，或与已藏之书复重者，当卖之，而以其直购有用之书。先事声明，庶无骇怪。

第七条，凡助银助学者，自书姓名、字号、职衔、出身，及书银之数，投于学堂，由学堂检校，出收单一纸，以资综核。

第八条，群书略具，则刻书目一册，皆著其直，其助银助书之数及卖书之直，皆详著之。

第九条，岁六月，则暴书，由学堂总校检校，按目检书；如有缺损，责守藏者偿补。

第十条，凡得借书者，皆题名于册，给凭单，于借书时自填书名、册数，限几日缴。过期始缴，谓之爽约，爽约三次以上，不得复借书。

第十一条，凡借书而遗失者，倍偿价；污损者，偿原价，待购到第二部，以污损之书畀之。

第十二条，凡借书，以一函为限。书在二函以上者，于还第一函时始得借第二函。

第十三条，凡借书者，不得迭借；如甲书未还，欲借乙书者，守藏者不应。

第十四条，购月报、旬报、日报之雅驯有用者，陈于一室，曰“日知室”，凡得借书者，皆就而观焉，不得携出。

第十五条，购书之余，如尚有巨款，则推广三事。一刻书。凡切要之书未刻者，刻而已毁者，在丛书中无单行本者，刻之。一译书。凡东西文书，精者译之。一编书。凡书之博而寡要者，散而无纪者，难读而无门径者，各为条例编之。

清光绪二十五年正月

《光绪二十五年、二十六年绍兴府学堂征信录》

清光绪二十六年绍兴府学堂养新精舍刻本

1900年，绍郡中西学堂更名为绍兴府学堂。藏书章程也从《浙江绍郡中西学堂章程》（见下文）变为《绍兴府学堂重订详细章程》，但均列有藏书章。据《浙江绍郡中西学堂章程》记载："凡经史子集、国朝掌故、舆夫礼乐、兵刑巨册、经济之书以及西学翻译各种格致书籍、中外舆图均由本学堂陆续购储，以供各教习暨各生取阅。并购时务报、广时务报、万国公报各一份，以广见闻。""吾越风气未开，士多守旧。今并为中西学堂，遴选乡人子弟之颖异者，而程课之，以冀其成，亦独十年教训之意尔。"由以上可知，学堂的课程内容非常广泛，鼓励师生阅读的目的尤为明确；且中西学堂不仅注重传统的中华文化教育，而且还为师生提供了西学等科普类、经济类图书和地图、报纸等。

此外，《浙江绍郡中西学堂章程》规定，"各种书籍皆由监董编目，掌管。取阅者向监董挂号检阅，毕仍交监董收存。监董须备册登记，某日某人取某书，某日缴还，不得遗漏，如有失落及墨污火焦等事，须令取阅者赔补。监董收存不谨，致有前端事项，则由监董赔补"[①]。中西学堂的图书馆实际上借鉴了古代藏书楼的管理思想，图书由监董（校长）负责管理，同时还强调专人管理的制度。

《浙江绍郡中西学堂章程》（节录）

吾越人文自昔称盛，有明以来王刘二子。为职识文成公，闻当世士习支离，而经济无闻，乃发明良知，提倡后进，功业彪炳于天下。历时既久，渐复疲苶，忠介公起，救以慎独之学，而气节之士，盛出其门。我朝定鼎后，姚熙之功在台湾，傅重庵泽流苗峒，盖时局变则学问不得不变。道咸以来，习于故常，咿唔占毕，不求实用，而中外通商，藩篱尽撤，时局又一变。今钦奉谕旨推广学校，各省渐次举行，而吾越风气未开，士多守旧。今并为中西学堂，遴选乡人子弟之颖异者，而程课之，以冀其成，亦独十年教训之意尔。爰揭其章程如左。

一　凡经史子集、国朝掌故、舆夫礼乐、兵刑巨册、经济之书以及西学翻译各种格致书籍、中外舆图均由本学堂陆续购储，以供各教习暨各生取阅。并购时务报、广时务报、万国公报各一份，以广见闻。

一　各种书籍皆由监董编目，掌管。取阅者向监董挂号检阅，毕仍交监董收存。监董须备册登记，某日某人取某书，某日缴还，不得遗漏，如有失落及墨污火焦等事，须令取阅者赔补。监董收存不谨，致有前端事项，则由监董赔补。

清光绪二十三年

绍兴县修志委员会《民国绍兴县志资料第二辑·教育》

① 光绪二十三年浙江绍郡中西学堂章程[M]// 民国绍兴县修志委员会.《民国绍兴县志资料第二辑·教育》. 绍兴. 民国稿本 // 转引自：蔡彦. 从古越藏书楼到公共图书馆嬗变[J]. 晋图学刊，2018（5）：62-67.

1900年，《绍兴府学堂重订详细章程》（绍兴县修志委员会《民国绍兴县志资料第二辑·教育》）中还增列了图籍器具约言："凡中外图籍器具，均由学堂陆续择要购储。由监校随时编号，发交司事守藏，以供教习暨学生取阅。别订借书助书约可参核。凡取阅者先于检校处领单，以单交司事，司事依号检付。一面由检校即行登簿，某日某人取第几箱某书共几本。阅毕仍交司事，司事即点明册数，于检校处核对销号，然后装箱。"随着馆藏范围扩大到中外图籍和器具，图书馆有了监校、检校、司事的分工。之后在《古越藏书楼章程》中就有设置三个专职人员负责借还的类似规定。"凡取阅图籍者不得批点，不得裁割。如有墨污、火焦、损坏等事，须令取阅者赔偿。"批点、墨污是当时普遍的学习方法。"六月则暴图籍并检理器具。由总理检校，按目查核。如有缺损，责守藏者偿补。俟十二月更检一次。"①这些都表明，绍郡中西学堂和养新书藏的办馆实践对古越藏书楼有较强启发作用。

对比同时期江浙地区新式学堂的相关章程，1897年的《上海育才书塾章程》没有相关内容；《南京江南储才学堂规条》（1896年）和《杭州求是书院章程》（1897年）仅仅说"洋文书籍、笔墨纸张、仪器等件，均由教习立簿记数"或"院中折一高敞之处，庋藏书籍仪器。如需取阅书籍，由监院另行妥拟"②。《浙江绍郡中西学堂章程》在图书管理方面，还是走在前列的。

1897年何嗣焜亲自制定《南洋公学章程》，其系管理性章程，对图书管理工作人员等的职责作了较为明确的规定。

1898年，蔡元培所创设的养新书藏作为近代学校的图书馆，在国内具有开创性。它的创建过程及略例的制定，为徐树兰于1900年在绍兴首创公共图书馆——古越藏书楼，提供了可资借鉴的经验。

（四）国外图书馆事业繁荣的激励

在《古越藏书楼书目》序中，徐树兰提道："海外列邦，转熟审天演物竞、优胜劣败之故……法国巴黎书楼，藏书至二百零七万二千卷；英国伦敦博物院书楼，藏书一百十二万卷；俄国彼得堡书楼，藏书一百零四万五千卷；德国麻尼希城书楼，藏书八十一万卷；而奥国维也纳书楼、丹国哥本海书楼、美国华盛顿书楼、比国勃罗塞尔书楼，藏书亦皆数十万卷……上野公园，称图书馆，藏书亦数十万卷，岁入楼观书者，亦不下数万人。文学蒸蒸日上，其获与欧美列强并峙也。"

"泰西各国讲求教育，辄以藏书楼与学堂相辅而行。都会之地，学校既多，又必建楼藏书，恣人观览。英、法、俄、德诸国收藏书籍之馆，均不下百数处。伦敦博物院之书楼，藏书之富，甲于环球。一切有用之图画报章，亦均分门藏弆，阅书者通年至十余万人。日本明治维新以来，以旧幕府之红叶山文库、昌平学文库初移为浅草文库，后集诸藩学校书，网罗内外物品，皆移之上野公园，称图书馆，听任众庶观览。其余官私书籍馆亦数十处，藏书皆数十万卷。一时文学蒸蒸日上，国势日强，良有以也。"

这些均表明，徐树兰主动出巨资兴建古越藏书楼更直接的原因是其受到了西方新事物的启发。徐树兰创办古越藏书楼实际是中国人睁眼看世界，受到国外先进图书馆思想启发的结果。

① 光绪二十六年绍兴府学堂重订详细章程图籍器具约言[M]// 民国绍兴县修志委员会.《民国绍兴县志资料第二辑·教育》. 绍兴. 民国稿本 // 转引自：蔡彦. 从古越藏书楼到公共图书馆嬗变[J]. 晋图学刊，2018（5）：62-67.

② 蔡彦. 从古越藏书楼到公共图书馆嬗变[J]. 晋图学刊，2018（5）：62-67.

第二节 古越藏书楼的诞生与发展

一、古越藏书楼的诞生

徐树兰自1897年创设绍郡中西学堂之后，又于1900年“集议”筹建古越藏书楼，1902年藏书楼“粗具规模”，1903年“告成”，1904年向公众开放。创办古越藏书楼耗资“银三万二千九百六十两，常年经费一千元”。张謇《古越藏书楼记》（见下文）有云：“楼成，其乡之人大欢。”

徐树兰为何要不惜巨资创办古越藏书楼呢？他在《为呈明捐建绍郡古越藏书楼恳请奏咨立案事文》的呈文中说得较为明白：

“职前于光绪二十三年筹办绍郡中西学堂……第念学堂教授学生，每学不过数十人，或百数十人，额有限制，势难广被，而好学之士，半属寒畯，购书既苦于无资，入学又格于定例，趋向虽殷，讲求无策，坐是孤陋寡闻，无所成就者，不知凡几。”

接着比较中外：

“泰西各国讲求教育，辄以藏书楼与学堂相辅而行。都会之地，学校既多，又必建藏书楼，恣人观览。……日本明治维新以来，以旧幕府之红叶山文库、昌平学文库初移为浅草文库，后集诸藩学校书，网罗内外物品，皆移之上野公园，称图书馆，听任众庶观览。其余官私书籍馆亦数十处，藏书皆数十万卷。一时文学蒸蒸日上，国势日强，良有以也。”

从呈文的这两段文字来看，徐树兰创立古越藏书楼，是践行他“教育为本”的维新思想的又一个实际步骤。藏书楼与学堂相辅而行，就可以弥补学堂教学的不足，其根本目的仍然是“造就人才”，救亡图存，使“国势日强”。

古越藏书楼在其创办后的近十年间，处于正常发展的状态，馆藏有所增加。这点可以通过分析遗存的近5 000册古越藏书楼旧藏得到证明。这部分图书卷首均钤有“古越藏书楼”的藏书章，只是所加盖的印鉴种类不一。有钤“古越藏书楼图记”“会稽徐树兰捐”“徐氏检奁见本”三种的，也有钤“古越藏书楼图记”“会稽徐树兰捐”两种的，还有仅钤“古越藏书楼图记”一种的。我们分析，第一、第二种情况当是徐树兰生前捐献或亲手购置之本，第三种情况多为徐树兰死后其子孙出资购置的书。在现存的古越藏书楼藏书中，后者所占比例较前者多，这说明，古越藏书楼在其开办初期，藏书还是呈增长趋势的。

《古越藏书楼记》

浙东故多藏书家，旧时海内所艳称而职识之者，曰祁氏澹生堂，范氏天一阁，伟矣哉！謇尝闻郑珍之言曰：非居盛文之邦，或游迹遍名会，或膺朝省硕官，其人自负学好事而雄于财，又亲戚僚友子弟力为罗摘，贵鬻转钞，无不如志，不能名藏书家。夫以贵人而饶于财而藏书，而其家能嬗守如郑珍言亦仅矣，顾何如不私而公，不家守而国与守之为尤美乎？

会稽徐氏，世多贤者，藏书亦有名于时，吾友显民察使之太翁仲凡先生，乃举其累世之藏书，楼以庋之，公于一郡，凡其书一若郡人之书者。其事集议于庚子，告成于癸卯。凡庋古今及域外之书，总七万余卷，图器悉具。将蒇事而先生即世，显民追述先德，襮宣而昌拓之，复鸠后事之所须，岁储若干缗，其事乃大备。楼成，其乡之人大欢，其有司亦为请褒旨于朝。嗟乎！世之号藏书者夥矣，要之琐琐，其贤者或仅著为簿录以飨天下。下此者则深键扃，得一善本，沾沾自喜，秘不使人知。其始也，以私其子孙，而终不能以再世。今先生独捐世舍故，不以所藏私子孙，而推惠于乡人，謇知其咨询必能嬗守而不失，亘千祀历历万劫而无已也。

泰西之有公用之图书馆也，导源于埃及、希腊，迨罗马而益盛，今则与学校并重，都会县邑具有之，无惑乎其民愈聪，国愈丰。籀我国之图籍，列州郡盖亦二百五十有奇矣，使各得一二贤杰，举私家所藏书公诸其乡，犹是民也，何必不泰西若？謇持此说，亦尝有此志焉，欲效先生之所为，而亦欲海内藏书家皆效先生之为也。存古开新，宏愿实同，求诸当世，知必有任之者。先生与岁乙未曾创中西学堂于郡城，近并入公立学校，十年以还，越人知兴学以善俗者，自先生倡也。使郑氏犹在，于先生倾倒而嘉叹之，又何如也。

光绪三十年岁在甲辰夏月，南通州张謇撰。

清光绪三十年

《古越藏书楼书目》清光绪三十年上海崇实书局石印本

二、初创时期古越藏书楼的特征

徐树兰先生在筹办我国最早有近代意义的民间图书馆——古越藏书楼之时，就使其发挥了公共图书馆的职能，“变一人之书为万人之用”。在其起草的《为呈明捐建绍郡古越藏书楼恳请奏咨立案事文》中，徐树兰先生就明确提出面向乡邻之士开放。古越藏书楼虽是私人捐资创设的，但它相较于古代私人藏书楼，已有许多方面的不同，这些不同点恰好是近代图书馆的特征。这些特征如下。

第一，不仅有藏书之所，而且有供公众阅览的场所。徐树兰“于郡城西偏购地一亩六分”，以营造古越藏书楼，“建屋凡四层，前三层皆系高楼，分藏书籍，以中层之厅事为阅书所”，“容客座六十位”，“备日报数种，另储一处，欲阅日报者可至此自行翻阅”。这里说得很清楚，藏书楼占地面积为一亩六分（合 1 067 平方米），除三进楼屋作为藏书之所外，还有一个能容纳六十人看书的阅览厅和一处供读者随意翻阅日报的场所。这与古代的私人藏书楼相比是一个很大的不同。

第二，向公众开放。张謇对古越藏书楼与古代私家藏书楼进行过比较，他评述古代私家藏书楼说：“嗟乎！世之号藏书者夥矣，要之琐琐，其贤者或仅著为薄录以飨天下。下此者则深键扃，得一善本，沾沾自喜，秘不使人知。其始也，以私其子孙，而终不能以再世。”他赞扬楼主徐树兰说：“吾友显民察使之太翁仲凡先生，乃举其累世之藏书，楼以庋之，公于一郡，凡其书一若郡人之书也者。……今先生独捐世舍故，不以所藏私子孙，而推惠于乡人。”藏书供公众阅览，这是古越藏书楼的一个重要特征，正是这个特征使它与“秘不使人知”的古代私家藏书楼从根本上区别开来。

第三，具有丰富的馆藏图书资料。古越藏书楼的建楼宗旨是：“一曰存古，一曰开新。”藏书楼章程对这个宗旨作了如下解释：“学问必求贯通。何谓之贯通？博求之古今中外是也。往者士夫之弊，在详古略今；现在士夫之弊，渐趋于尚今蔑古。其实不谈古籍，无从考政治学术之沿革；不得今籍，无以启借鉴变通之途径。故本楼特阐明此旨，务归平等而杜偏驳之弊。”也就是说，徐树兰办藏书楼一方面是为了继承古代优秀的文化遗产，达到古为今用的目的；另一方面是为了使近代进步的科学文化能在中国得以传播并利用。本着这个宗旨，古越藏书楼在藏书建设上有一个比较明确的指导思想：藏书要为社会服务，适应各方面读者的需要；藏书要为维新图强的事业服务，适应学堂教学、科学研究和办实业的需要。这个指导思想在其搜集和购置图书资料的过程中体现得淋漓尽致。

古越藏书楼在确定收藏范围时特别强调，“东西书籍，一律收藏”，“已译者供现在研究，未译者供将来研究及备译”，“至实业各书，中国此类著作甚少”，自然在收藏之列，“附入此类中”；“各书之外，兼收各种图画，类别为三：曰教科画；曰地图；曰实业图。又收各种学报、日报，以资考求”；“研究科学，必资器械样本，故本书楼兼购藏理化学器械及动植矿各种样本，以为读书之助”；“外国标本器械，各学堂皆有之。兹因学校规模未备，故附入藏书楼，将来经费稍充，即另辟教育博物馆，将此项裁去”。

特别值得提出的是，古越藏书楼收藏了比较多的农学书籍，其中除了中国的古农书如《氾胜之书》《齐民要术》《农政全书》等，还收藏了大量外国近代农学著作，尤以日本人的著作为多。此外，还收藏了不少与农学相关的如“辨土壤”“蓄肥料”“利水道”“植嘉种”“去虫害”等方面的著作。藏书楼收藏如此多的农学著作，是受了楼主人“务农为本”思想的影响。藏书范围扩大，馆藏图书资料显示出多学科、多国别和满足不同层次读者需要的丰富性，这正说明它的职能已在向着近代图书馆转变。

第四，有一套组织机构。藏书楼设“总理一人、监督一人、司书二人、司事一人、门丁一人、庖丁一人、杂役一人”，他们各司其职。

第五，有一套较为完备的管理制度。这些制度集中反映在《古越藏书楼章程》中。这个章程是楼主人“参酌东西规制”，亲手制定的。章程共分七章三十节。第一章讲藏书楼名称的确定；第二章阐明“存古”“开新”的建楼宗旨；第三章是“藏书规程”；第四章是“管理规程”，确定藏书楼的组织机构，明确管理人员岗位职责；第五章是“阅书规程”，是专对读者讲的，包括借阅方法、开放时间以及要求读者遵守的规章制度；第六章是“杂规”，规定藏书楼是为藏书、阅书而设的，不得移作他用，并欢迎助贤捐书，以期完美；第七章是“附则”。虽说这个章程还仅仅是个试办略章，尚待修改完善。但我们从这个试办略章中已可看出，古越藏书楼的规章制度已经比较完备了。

第六，作为一个向公众开放的藏书楼，书源要比私人藏书楼丰富得多。主要的渠道如下。

①徐树兰捐书。藏书楼建成后，徐树兰“以家藏经史大部及一切有用之书，率数捐入”，“所有近来译本新书，以及图画、标本、雅训报章，亦复捐资购备”，“大凡藏书七万余卷”。这部分书因是徐树兰生前捐赠的，故每部书的卷首均钤有“古越藏书楼图记”“会稽徐树兰捐”和“徐氏检盦见本”三种藏书章，或钤有“古越藏书楼图记”“会稽徐树兰捐”两种印鉴。

②徐树兰儿孙辈出资购藏。徐树兰过世之后，由其次子尔谷仰承遗命，“认捐常年经费一千元”，继续经营书楼，其间也购置过一些书。这部分书仅钤有“古越藏书楼图记”的戳记。

③社会向藏书楼捐资赠书。为取得社会各界的支持和赞助，藏书楼的章程特地申明：“以限于赀力，未能完备。有愿出赀助益及助益书籍者，均拜嘉惠。”在捐资购买和赠送来的书上，除加盖“古越藏书楼图记”的藏书章外，均书“某某惠赠”的字样。

④开“存书”之例。鉴于藏书设备和管理条件比较优越，古越藏书楼欢迎他人把闲置书籍拿到藏

书楼来寄存托管，存取自便。在此类书上，一律印上“本楼新设存书之例，如欲取还此书，缴回本楼收据即可发还”及“某某存”之语。

古越藏书楼具有如此多的聚书渠道，是私家藏书楼无法办到的。这也是与它面向公众开放的公共性分不开的。

第七，编目冲破了四部分类的藩篱。只要细心阅读一下徐树兰奏咨立案的呈文和经徐尔谷修正过的书目本章程，便可发现藏书楼曾两度编目，先后印行过两个书目。早出的一个书目，分“经、史、子、集、时务”五部，编为三十五卷，订成“六本”，与书楼章程同为古越藏书楼刻本。此书目当为徐树兰亲手编制，呈文中说的“计呈文章程一本，书目六本，楼图一册”，即是指这个书目。徐氏书目除继承四部分类的传统之外，增设“时务”一部，将四部分类法下未能包容的近出图书归入其中，这是个创新。可惜此种书目疑已无传本，现在能看到的只有清光绪三十年（1904 年）上海崇实书局石印的一种，即书目本章程注文所说的“今分政、学二部，改编为二十卷”的这个书目。

据《绍兴县志资料第一辑》记载，此书目是由慈溪冯一梅编制的。冯一梅（1849—1907），字梦香，清光绪二年（1876 年）举人，曾任绍兴府学堂总教习。冯氏所编的这个书目，吸收了徐氏书目的优点，在分类、编目、书目体例、类目名称上都有更大的创新。它将藏书楼庋藏的图书分为政、学二部。学部包含二十三类：易学、书学、诗学、礼学、春秋学、四书学、孝经学、尔雅学、群经总义学、性理学、生理学、物理学、天文算学、黄老哲学、释迦哲学、墨翟哲学、中外各派哲学、名学、法学、纵横学、考证学、小学、文学。政部包含二十四类：正史兼补表、补志、考证，编年史，纪事本末，古史，别史，杂史，载记，传记，诏令奏议，谱录，金石，掌故，典礼，乐律，舆地，外史，外交，教育，军政，法律，农业，工业，美术，稗史。

书目在学部之中，将中国传统分类法中固有的各类类名，均加一“学”字，不知所依何据，有点令人费解。各种学术书籍的归类，也未免有随意武断之处，但它能打破四部分类的传统做法，创为两部，以适应新旧书籍的分类，并将新学之书与“经”并列，这是一个很大的改革与创新。

此外，这个书目在编目方法上则著录详明，有分析、互著、参见，充分揭示了馆藏的意义。现代著名目录学家姚名达对这个书目有过很高的评价，他在《目录学》一书中说：“谈最早改革中国分类法，以容纳新兴之学科者，要不得不推《古越藏书楼书目》为最早也。”

第八，有便捷周到的读者服务方式。读者要借书，至司事处先行登记，由司事发给发书单和对牌一块。读者将发书单和对牌交给监督，由监督将发书单交给司书检书付阅，对牌暂存监督处，待读者将原书归还，即交还读者。阅书处设六十个座位，每日备一至六十号的对牌。如在六十号之外者，因座位已满，只得暂等，俟六十人中有一人交还对牌外出，即给对牌入内领书。如等候的读者不止一人，则以登号簿先后依次入内。要看报，就到阅报处。看日报，可自行翻阅；看月报，就和看书手续一样。

尤其引起人们兴趣的是，古越藏书楼居然做到了“阅书者如欲饮茶……茶由本楼供应”，“阅书者如欲用膳，其膳资理宜自备。本楼雇有庖丁，亦可承办”。可见，古越藏书楼在为读者服务方面也颇具特色。

从古越藏书楼的上述特征看，它已经完全不是封闭式的封建藏书楼，而是仅以“藏书楼”的名称命名而行使着公共图书馆职能的近代图书馆了。

三、古越藏书楼诞生的意义

在中国图书馆事业发展史上，古越藏书楼是一个重要的里程碑，具有划时代意义。

首先，古越藏书楼胜过封建藏书楼的各方面的优越性以及热心人士的广事宣传，使社会上越来越多的人认识和了解到图书馆的作用。如此而为，一方面促使在中国延续了几千年的“秘不使人知”，“其始也，以私其子孙，而终不能以再世”的封建藏书楼急遽地没落下去；另一方面也推动了“辅翼学堂教学”，“听任众庶观览”的公共图书馆事业迅速发展起来。在古越藏书楼开办后的近十年间，全国各地各种形式的公共图书馆，如雨后春笋，破土而出，办图书馆蔚然成风。

其次，徐树兰是资产阶级改良主义的积极拥护者，创办古越藏书楼是他践行维新思想的一个实际步骤。因此在建设藏书楼的过程中，他始终贯彻了改革精神。他提出“存古”“开新”的建楼宗旨，宣传和收藏新学书籍，而大量新学书籍的入藏，又促使藏书楼在管理方法和管理制度上进行了融汇东西规制的改革。因而，古越藏书楼是国人学习西方图书馆技术和管理制度的开端。特别是徐树兰手订的《古越藏书楼章程》，堪称我国历史上第一部较为完备、系统和科学的图书馆法典，它为我国图书馆工作制度化、规范化提供了宝贵的历史经验，至今不失借鉴意义。

再次，为适应新学书籍的收藏和宣传，徐树兰及古越藏书楼的管理人员，创制了新的图书分类方法和编目条例，从而在打破四部分类法束缚、开拓分类新途径、寻求准确反映藏书、展示最新科学内容的图书编目方法上作出了贡献，对近代图书馆图书分类和目录编制起到了一定的启迪作用。

最后，为读者供应茶水、承办膳食，也是古越藏书楼读者服务工作的一个独到之处。这种多为读者着想、处处方便读者的服务精神，在当今仍有积极的现实意义。

由此我们可以毫不夸张地说：古越藏书楼的创设，是中国图书馆史上一件值得大书特书的事，它意味着伴随着我国近代生产力的发展、社会的进步、新思潮和新学说的传播，图书馆事业已进入了一个崭新的阶段，即由封建藏书楼发展到了近代图书馆的时代。

四、与古越藏书楼同时代的公共图书馆的建设情况

与古越藏书楼同时代的公共图书馆有：1903 年，杭州的浙江藏书楼，湖南的常德图书馆；1904 年，长沙的湖南图书馆，浙江的海宁州图书馆、嘉郡图书馆；1912 年，张謇创办的南通图书馆；等等。这些图书馆都在古越藏书楼建成之后创办，表明国外先进的公共图书馆办馆理念正在传入和深刻影响着国内，我国公共藏书楼、公共图书馆事业蔚然成风。

（一）浙江周边公共图书馆建设情况

浙江省自古富庶，文化氛围浓厚，藏书活动众多，古代藏书之盛闻名全国，受近代西方文化熏陶，是一块适于图书馆成长的土壤。

海宁图书馆是我国创建最早的县级公共图书馆。1904 年，海宁八名开明士绅联名呈请知州，利用盐官海神庙西偏房的水仙阁兴建公共图书馆。是年 5 月，州图书馆成立，成为今天海宁市图书馆的雏形[①]。

1902 年，嘉兴府学改为嘉兴府中学堂。1904 年，清南洋大臣、两广总督陶模之子陶葆霖与前湖

① 蒋连根 . 海宁图书馆走过风雨百年 [N]. 中国文化报，2004-05-29.

南永顺知府金蓉镜在原鸳湖书院藏书的基础上组织成立了嘉郡图书馆[①]，即嘉兴市图书馆的原型。

民国后，首任教育总长蔡元培（1868—1940）提出“必有极广泛之社会教育，而后无人无时不可以受教育，乃可谓教育之普及”。为实现这一主张，教育部先后颁布《图书馆规程》和《通俗图书馆规程》。据 1912 年成立的浙江省教育会调查，“浙省图书馆，除杭垣外，只有古越藏书楼一处”。1916 年，诸暨县立图书馆创建，中华人民共和国成立后称诸暨市图书馆。现有藏书四十万册，古籍一万七千册。1917 年，浙江省上虞县公立图书馆建立，1927 年改为上虞县立中山图书馆，1946 年并入民教馆，后为上虞区图书馆，藏书五十万册，古籍二万一千册。1915 年，嵊县剡溪图书馆建立，它是嵊州市图书馆前身，现藏书三十万册，古籍三万册。1920 年，新昌县图书馆在学宫旧址创办，碑记云“今之图书馆，昔之尊经阁”。绍兴县教育会、绍兴县总商会均设有图书室。1922 年和 1925 年，上虞春晖中学白马湖图书馆、新昌中学图书馆分别随学校创立。春晖中学名师云集，图书馆拥有丰富的藏书，学生们“自由读书，做成笔记交流”。

（二）国内其他公共图书馆建设情况

1901 年，设于安徽省城安庆的皖省藏书楼由何熙年所建。创办过程中，其虽极力保持藏书楼的独立性，但“惟是创之自下，风气未开，虽事已粗成，而力究有限”[②]，不得不借助于官方力量。

1904 年，以“输入文明，开通知识”为宗旨的湖南图书馆建成。1906 年，湖南巡抚庞鸿书所奏《湖南图书馆暂定章程》，是我国第一个省级公共图书馆章程，其在一定程度上也反映了庞鸿书的公共图书馆思想。湖南图书馆的创办是清末新政时期疆臣在地方士绅自发创办公共图书馆的基础上因势利导将“绅办、民办”图书馆变为“官办”图书馆的一个典型的例子。

1909 年，学部奏筹京师图书馆，京师图书馆遂告正式设立，主要目的是对已经设立和正在筹办的各省图书馆起规范和促进的作用[③]。京师图书馆在当时具有某些国家图书馆的性质，它的创办是我国近代图书馆史上的一个重大历史事件。

第三节　古越藏书楼的建设及发展情况

清光绪二十八年（1902 年），徐树兰在绍郡城西购地一亩六分，创办古越藏书楼。徐树兰将家藏经、史大部及一切有用之书率数捐入藏书楼，又捐资购备近代译本新书、图画、标本、雅训报章。藏书达七万余卷。同年，徐树兰逝世，临终前嘱其次子徐尔谷，每年认捐开办经费洋银一千元。徐尔谷仰承遗命，继续经营。清宣统三年（1911 年），尔谷游宦离乡，古越藏书楼停办。民国五年（1916 年），徐尔谷报经北洋政府教育部批准，续办古越藏书楼。1924 年，古越藏书楼再次停办。1926 年，经由徐树兰之孙徐世南整理，重新开放。1930 年复停办。1932 年，绍兴县教育局报经部、厅核定，将古越藏书楼改组为绍兴县立图书馆。

---

① 崔泉森 . 嘉兴市图书馆百年历程 [J]. 图书馆研究与工作，2004（4）：16-18.

② 何熙年 . 皖省绅士开办藏书楼上王中丞公呈（光绪二十七年）[M]// 李希泌，张椒华 . 中国古代藏书与近代图书馆史料 . 北京：中华书局，1982：107.

③ 隋元芬 . 中国近代图书馆事业的兴起 [J]. 浙江社会科学，2000（5）：121-125.

一、机构沿革

（一）馆名及隶属

清光绪二十六年（1900年），绍兴乡绅徐树兰集议捐资创办古越藏书楼，1902年建成，1904年对外开放。

据《古越藏书楼章程》第一章第一节所载："此楼建于绍兴，为地方劝学起见，故名古越藏书楼。"第六章第二十九节："此楼系仲凡徐公独力捐助……"第四章第七节："总理于徐公仲凡嗣君中推举一人为之。"可见此楼是一家具有公共图书馆性质的徐氏私家藏书楼。

民国十七年（1928年）、1929年、1931年《中华图书馆协会会报》中的《全国图书馆调查表》载有"绍兴藏书楼 浙江绍兴城内古贡院""绍兴藏书楼 浙江绍兴古贡院"，此处古贡院的藏书楼即古越藏书楼，故当时此楼又有"绍兴藏书楼"之别称。

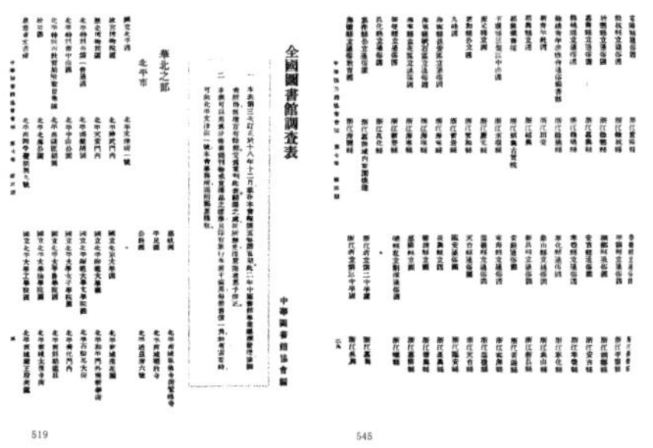

图 1-3 全国图书馆调查表

（二）机构及人员设置

据清光绪二十八年（1902年）印行的《古越藏书楼章程》第四章"管理规程"第七节规定："本楼立总理一人、监督一人、司书二人、司事一人、门丁一人、庖丁一人、杂役一人。"藏书楼成立之时，设管理人员八人，各司其职，并无特定的部门设置。其中总理一人，负责制定章程，稽核经费，统揽楼中一切事务。监督一人，管理财务支出，添购图书，考察司书以下的工作人员，决定他们的去留。司书二人，在开放借阅时，一个收发书籍，一个收发报纸，忙闲彼此照料。司事一人，从事读者出入登记工作。门丁一人，在门口服务，帮助司事登记和监督读者，客到传达。杂役一人，管洒扫、烹茶、购物。庖丁一人，承办读者用膳之事。对管理人员实行聘用制。总理之职，由徐树兰自任。徐树兰去世后，由其嗣子中推举一人充任。监督以下的人选，均由总理延聘。如果总理在外，则司事以下的人选由监督来招聘。

藏书楼有一个阶梯式的管理机构，分工如此严密，岗位职责又如此分明，实令人叹服。

自徐树兰以下，其子徐尔谷1902—1911年、1916—1924年两次出任总理，其孙徐世南1926—1930年任总理。闭楼期间，也曾请人负责管理。民国三年（1914年）《教育周报》载《古越藏书楼之内容》（见下文）记载："嗣因徐氏眷属迁内，所有书籍逐不借阅。现归墨润堂书庄经理谢天爵君兼管云。"

《古越藏书楼之内容》

浙省图书馆，除杭垣外，只有古越藏书楼一处。日前绍兴县知事奉教育司令文，查复该馆情形，以便商议公共管理。兹悉古越藏书楼，在绍城之鲤鱼桥下，系会稽故绅徐树兰捐资独创，内储书籍甚富。计已刊入书目者，约七万八千四百三十一卷。未刊入书目一万五千二百八十卷。向会订定章程，供人借阅。嗣因徐氏眷属迁内，所有书籍逐不借阅。现归墨润堂书庄经理谢天爵君兼管云。

民国三年浙江省教育会

《教育周报》第三十二期

表 1-1 绍兴图书馆（古越藏书楼时期）历任行政负责人一览（1900—1930 年）

馆名	姓名	职务	任职时间
古越藏书楼	徐树兰	总理	1900 年至 1902 年 6 月
	徐尔谷	总理	1902 年 6 月至 1911 年
	徐尔谷	总理	1916 年至 1924 年
	徐世南	总理	1926 年至 1930 年

二、硬件情况

（一）馆舍与设备

古越藏书楼成于 1902 年，徐树兰“谨捐银八千六百余两，于郡城西偏购地一亩六分，鸠工营造，名曰‘古越藏书楼’，以为藏书之所……建屋凡四层，前三层皆系高楼，分藏书籍，以中层之厅事为阅书所，桌椅器物皆备”。藏书楼建在府城绍兴古贡院（今越城区胜利路 135 号），占地一亩六分（合 1 067 平方米），耗银三万两千九百六十两。书楼共四进，三进是楼屋，供藏书用，一进为大厅，是一个可容纳六十人看书的阅览厅。各进之间间隔天井，一概铺以平坦的石板。整个书楼的建筑，庄重典雅而坚固。

藏书楼面阔三间，深为四进，系砖木结构建筑，四面包沿火墙，屋基高达尺余。各进情况如下。

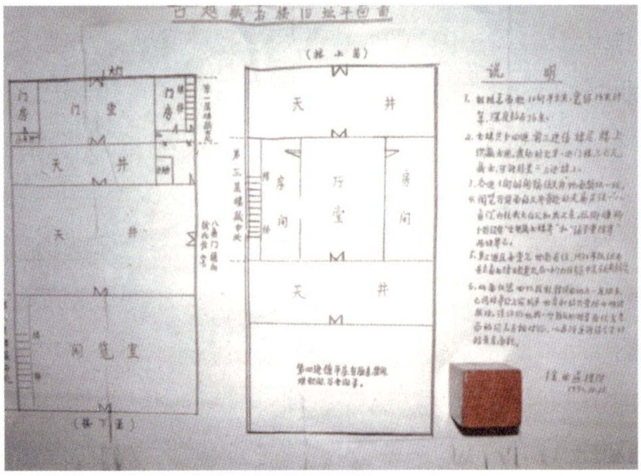

图 1-4 古越藏书楼旧址平面图

第一进，门楼。砖雕楣额“古越藏书楼”为篆书，阳湖汪洵手笔。楼为阁式，一带雕斗窗槛，仿快阁、环翠楼式样，颇为雅致。楼上三间一统。楼下两旁为门房，供管理人员居住。

第二进，书库和阅书厅。楼上为书库，分三间，书橱以“凵”形排列，橱木用樟、楠、木荷樟科植物精制，做工细密。楼下统间阅书厅，门窗全用玻璃，非常明亮。按《古越藏书楼章程》，“中厅阅书之处，仅容客座六十位”。大厅柱子是黑漆的，上挂一块白底黑字书有“诵芬堂”三字的匾，中间挂着蔡元培所题的劝学抱联“吾越多才由实学，斯楼不朽在藏书”，厅内的退堂门是蓝漆的底子，上面有金色的斑纹。前面天井两旁有走廊，西侧设一八角门与徐氏别业相连。

第三进，书库、会客厅和客室。楼上三间，作藏书之用。楼下三间，中间客堂，有罗振玉、俞曲园撰书楹联，布置甚雅。两旁为客室，供研读膳宿。楼前天井两边各建有侧厢。

第四进，仓厨。三间平房，作厨房或堆放杂物之用。

藏书楼时期，设施比较简单，主要是楼房，与图书馆有关的家具有桌椅、书架、书柜等。

（二）经费

1. 经费来源

1902年，徐树兰初创古越藏书楼，建屋、购书、置器等“所需开办经费及常年经费，均由职自行捐备”。楼成，徐树兰病笃，命子徐尔谷等常年经费每年“洋一千元”仍即照捐。古越藏书楼时期（1902—1932年）所需经费皆由徐氏承担。

2. 经费收支

1902年，古越藏书楼成，共耗银32 960余两。按徐树兰遗命，常年经费每年“洋一千元”由徐家承担。因藏书楼时开时停，经费时续时断，具体未详。

三、综合管理

（一）行政管理

古越藏书楼创建时就有一套完整的管理制度。徐树兰参照东西规制手订《古越藏书楼章程》（见下文），共七章三十节，其中第四章为“管理规程”，确定藏书楼的组织机构，明确管理人员岗位职责，规定了人员设定、岗位职责、考勤、离职等。若总理宦游在外，则由监督专主。

《古越藏书楼章程》

第一章　名称

第一节　此楼建于绍兴，为地方劝学起见，故名古越藏书楼。

第二章　宗旨

第二节　本楼创设之宗旨有二：一曰存古；一曰开新。

释义学问必求贯通。何谓之贯通？博求之古今中外是也。往者士夫之弊，在详古略今；现在士夫之弊，渐趋于尚今蔑古。其实不谈古籍，无从考政治学术之沿革；不得今籍，无以启借鉴变通之途径。故本楼特阐明此旨，务归平等而杜偏驳之弊。

第三章　藏书规程

第三节　本书楼所藏书籍分二类：曰古籍部；曰今籍部。凡悖理违道之书，一概不收。

古籍部分二类：曰学类（经、子、集括其中）；曰政类（凡史部及各种行政诸书皆括入）。

释义明道之书，经为之首，凡伦理、政治、教育诸说，悉该焉。包函甚广，故不得已而括之曰学类。诸子六经之支流，文章则所以载道，而骈文、词曲亦关文明，觇世运，故亦不得蔑弃。至实业各书，中国此类著作甚少，附入政类中。

今籍部兼收中外，约分二类：曰普通；曰专门。（普通学指教科各书，专门学兼政、艺、科学各书。）

第四节　凡今籍中分已译未译二部。东西书籍，一律收藏。

释义已译者供现在研究，未译者供将来研究（已通外国文字者）及备译。

第五节　各书之外，兼收各种图画，类别为三：曰教科画；曰地图；曰实业图。又收各种学报、日报，以资考求。

第六节　研究科学，必资器械样本，故本书楼兼购藏理化学器械及动植矿各种样本，以为读书之助。

释义外国标本器械，各学堂皆有之。兹因学校规模未备，故附入藏书楼。将来经费稍充，即别辟教育博物馆，将此项裁去。

第四章　管理规程

第七节　本楼立总理一人、监督一人、司书二人、司事一人、门丁一人、庖丁一人、杂役一人。总理于徐公仲凡嗣君中推举一人为之。监督以下，均由总理延订。（总理或宦游在外，则司事等人之进退，监督亦得专主。）

第八节　总理之职，凡订章程、核款目，统楼中一切事务，皆由一人主持。监督之职，司收支会计，随时添购图籍，兼稽察司书以下诸人称职与否而进退之。司书之职，于开阅时，一司收发书籍，一司收发报章，设事有简繁，彼此帮同照料，不得推诿。司事之职，专司逐日验放阅书人出入。有一人入，即将姓名、别篆、住址登簿，给与发书单及对牌。有一人出，即收回对牌，一刻不能离位。如有要事，暂时离位，则司书二人中择其稍暇者暂代。门丁之职，专司门口伺候，助司事验放出入，兼有客到接帖，每日自开门至闭门，一刻不能离位。如有要事暂离，则须唤杂役暂代。庖丁之职，专司炊爨饭膳。杂役之职，专司每日洒扫及烹茶点灯等事，或有时差出外间，购物件，递信札。

第九节　楼中所备册籍分四类：曰书目册；曰器具册；曰阅书人姓名、别篆、住址册；曰收支会计册。

书目册由监督编定，司书二人各誊一份，一为清本，存司事处，备来阅者共阅；一为稿本，存监督处备查。

器具册由监督检记，日后如有添置，随时登入此册，存楼备查。

阅书人姓名、别篆、住址册由司事逐日登记，每日呈送监督察阅。

收支会计册由监督逐日登记，于每月朔日，将前月所登，送交总理察核。（各人膳资及楼中零用，于每月朔日送册时给领。各人薪水及门丁等工资，于每月终结领。）

第十节　恭届万寿圣节、孔子生日、夏至、冬至及房虚星昴日，皆停阅一日。元宵、端午、中秋，停阅二日（前一日及本日）。清明停阅五日（前二日、后二日及本日）。腊月由祀灶日起至新正初五日皆停阅。除此数日外，监督以下诸人，皆须常川驻楼办事。

第十一节　司书、司事或有要事须归家数日，或偶然患病，必须关照监督，自延代庖。门丁、庖丁、杂役，如欲停歇数日，亦必须自雇替工，但不得代至一月之久。万一代至一月，本人尚不到楼，或虽在一月之内，而代者不能称职，均由监督酌量去留。

第十二节　监督、司书、司事或有要事，欲往他处，或因患病，自知不能胜任，准其自行辞退。监督如自欲辞退，则将书籍及器具点交总理收管，一面关照总理另聘他人接手。司书自欲辞退，则将书籍及器具点交监督收管，亦一面关照总理另聘他人接手。门丁、庖丁、杂役如自欲辞退，则由监督另雇，均须俟接手有人，方得交卸。

第五章　阅书规程

第十三节　凡愿阅书者，须先阅本楼章程，若愿守定章，请先至司事处，以姓名、别篆、住址及今日欲观某书报明，由司事登记号簿，即由司事给与发书单一纸，并对牌一块。本人以发书单与对牌入交监督，即由监督以发书单交司书检书付阅，其对牌暂存监督处，俟阅书人将原书交还，即由监督将对牌仍交本人。本人仍以对牌交还司事，然后出门。对牌六十号，每号三块，以古越藏书楼图记印于骑缝，上块永存监督处，下块永存司事处，中块于领书时凭此发书，于还书后，凭此出门。

发书单首行某先生，印某某，别篆某某，现住某处，今日欲阅某书，次行光绪某年某月某日，古越藏书楼第几号发书单（此单或由本人自填，而司事即照此誊入号簿）。

第十四节　中厅阅书之处，仅容客座六十位，故每日阅书，仅备对牌六十号。如在六十号之外，因座位已满，只得奉屈暂候，待六十人中有一人交还对牌出外者，即给对牌入内领书，如待者不止一人，则以登号簿先后为次。

第十五节　每日阅书，上午自九点钟起，十一点钟止，下午自一点钟起，五点钟止。

第十六节　座位各有字号，阅书者对牌第几号，即坐于座位第几号，以免争竞。

第十七节　楼上藏书，楼下观书，各分地段，以清界限[线]。取书必由监督与司书经手。凡观书者皆不得登楼。

第十八节　所藏之书，均盖用戳记，只准在中厅六十座中翻阅，不得借出门外。倘有遗失污损，查系何人致此，司书随时告知监督，责限一个月内，小部全赔，大部钞补。

第十九节　徐公仲凡之子孙如欲借阅，宜破格以示优异。然亦必关照总理，由总理亲笔开单取书，则司书始能检付。

第二十节　所阅之书，每次但取一本，阅毕然后向监督换阅他本。因本楼之书须备六十人分阅，势不能一人兼阅数册也。

第二十一节　阅书能用摘录工夫最易获益。凡阅书有欲摘录者，尽可随意钞写，惟纸墨笔砚，皆须各人自备。而于本楼书中不得加评语，亦不得加圈点。

第二十二节　阅图有欲影摹者，所用之纸，必交监督一验，方可影绘。因恐用纸太劣，则墨易透纸，或将原图污损故也。

第二十三节　本楼购备日报数种，另储一处。欲阅日报者，可至此自行翻阅。欲阅月报，则与阅书一例，亦须凭对牌发书单，由监督、司书经手检付。

第二十四节　阅书者各宜自重，不得在座中随意谈谑，亦不得雌黄人物，纵论时政及凡与读书不相涉之事。

第二十五节　阅书者如欲用膳，其膳资理宜自备。本楼雇有庖丁，亦可承办。惟须本人自与庖丁面订。欲用早膳，宜前一日向庖丁预订。欲用午膳、晚膳，宜早晨向庖丁预订（均须先付膳资）。有不欲在楼用膳者，听其自便。或所需膳品，庖丁不能承办，亦不得相强。

第二十六节　阅书者如欲饮茶吸烟，宜自备。惟茶由本楼供应，不用者听。

第二十七节　本楼仿照东西各国图书馆章程办理，不设寄宿舍。如四乡及外府县诸君到本楼阅书者，均请自行另觅住宿之处。

第六章　杂规

第二十八节　此地专为藏书及阅书而设，一切人等，不得于此中宴会、赌博、歌唱，以昭郑重。

第二十九节　此楼系仲凡徐公独力捐助，以限于赀力，未能完备。有愿出赀助益及助益书籍者，均拜嘉惠。

第七章　附则

第三十节　此章程系试办略章，以后得随时改良，以冀完善。

清徐树兰

清光绪二十八年古越藏书楼刻本

（二）财务管理

楼成，徐氏每年捐银一千两作为经费，充请人管理和添置新书之用。《古越藏书楼章程》规定，总理之职之一为“核款目”。延请监督司收支会计。由监督逐日登记收支会计册，于每月朔日，将前月所登送交总理察核。各人膳资及楼中零用，于每月朔日送册时给领。各人薪水及门丁等工资，于每月终结领。

（三）人事管理

《古越藏书楼章程》规定，楼中所备册籍有书目册、器具册。书目册由监督编定，司书二人各誊一份，一为清本，存司事处，备来阅者共阅；一为稿本，存监督处备查。器具册由监督检记，日后如有添置，随时登入此册，存楼备查。监督如自欲辞退，则将书籍及器具点交总理收管。司书自欲辞退，则将书籍及器具点交监督收管。另，藏书楼的资产管理人员皆为兼职。

（四）安全与环境管理

古越藏书楼时期的安全与环境管理主要体现在两个方面：一是建筑设计，藏书楼四面包沿火墙，屋基高达尺余，可以防火、防湿、防盗；二是管理人员的分工，有门丁一人、庖丁一人、杂役一人。《古越藏书楼章程》在第四章“管理规程”中对三者所担之职、任换均有详细规定。“门丁之职，专司门口伺候，助司事验放出入，兼有客到接帖，每日自开门至闭门，一刻不能离位。如有要事暂离，则须唤杂役暂代。庖丁之职，专司炊祭爨饭膳。杂役之职，专司每日洒扫及烹茶点灯等事，或有时差出外间，购物件，递信札。”“门丁、庖丁、杂役如欲停歇数日，亦必须自雇替工。但不得代至一月之久。万一代至一月，本人尚不到楼，或虽在一月之内，而代者不能称职，均有监督酌量去留。”“门丁、庖丁、杂役如自欲辞退，则由监督另雇，均须俟接手有人，方得交卸。”

四、文献资源建设

（一）文献发展

1902 年藏书楼建成时，有藏书“七万余卷”，一时称盛东南。楼主徐树兰去世后，其书开始散出，《民国绍兴县志资料第二辑》记及此事云：“顾以时停时开，乏人管理，以致图书年有散佚，迨县立图书馆接收，检点图书，仅存二万三千四百五十册，其中且有丛书残缺而不完者，本地方志如山阴县志、会稽县志，亦复在散佚之列矣。”

（二）文献来源

馆藏文献主要通过接受捐赠、征集、采购三种方式得以收藏。

1. 接受捐赠

古越藏书楼的藏书，主要得之于徐树兰的捐献。楼成后，徐氏“以家藏经史大部及一切有用之书，率数捐入”，“所有近来译本新书，以及图画、标本、雅训报章，亦复捐资购备”，达七万余卷。《古越藏书楼章程》云：“以限于赀力，未能完备。有愿出赀助益及助益书籍者，均拜嘉惠。”可见所藏图书资料，也有社会人士捐献的。这些书除加盖“古越藏书楼图记”的藏书章外，均书有“某某惠赠”的字样。

此外，藏书楼还开“存书”之例，即欢迎他人将家中闲置的书籍拿到藏书楼来寄存托管，供公众阅读，书籍存取自便，这在当时是一个创新，至今仍然有十分积极的意义和可借鉴之处。此类书上，一律印上“本楼新设存书之例，如欲取还此书，缴回本楼收据即可发还”及“某某存”之语。据闻仅钱塘唐咏裳（健伯）一次即存书数百册。

2. 征集

民国六年（1917 年），绍兴县拟编修县志，成立绍兴县修志采访处（主任为徐树兰之侄徐维则），制定了《拟订绍兴县修志采访处办事规则》和《绍兴县修志采访寄籍条例》（均见下文），计划用一年半时间完成采访。这次修志对古越藏书楼地方文献的收集整理起到了促进作用。因修志需要，采访处区向外地的绍兴人士征集著述。修志完毕，书入古越藏书楼保存，唯征集入藏数量不详。

《拟订绍兴县修志采访处办事规则》（节录）

第九条　本处应需图籍应由主管官署商明本邑藏书楼及境内各藏书家随时借阅，妥慎保存，用毕即日送还。

《绍兴县修志采访事例》民国六年铅印本

《绍兴县修志采访寄籍条例》（节录）

宦游之家其本人或后人往往在寄寓地方刊刻著述，风行已久，本地反无从搜求。应请向同乡后人询问，如有先代已刻著述各检一部邮寄本处，将来采访告蒇，即将所寄之书归入古越藏书楼存储，以饷桑梓后贤，而垂永久。如仍欲领回原书，请先行声明，并开示通讯处或凭何人领取。其未刻稿本或别录一部或将原稿还来本处，自当慎重保存，仍照此办理。至著书人姓名、爵里、事实，请开明附录书首。

《绍兴县修志采访事例》民国六年铅印本

3. 采购

徐树兰过世之后，其次子尔谷仰承遗命，“认捐常年经费一千元”，继续经营书楼，其间也购置过一些书，这部分书仅钤有“古越藏书楼图记”的戳记。改制为绍兴县立图书馆之后，财政拨款采购成为馆藏图书的主要来源。

（三）文献构成及特色

1. 文献构成

文献主要以图书为主。图书分两类：古籍部，包括学（经、子、集）、政（史部及行政诸书）两部分；今籍部，兼收中外，包括普通与专门图书。今籍中又分已译、未译二部，凡东西书籍，一律收藏。

除图书外，兼收各种图画，类别为三：曰教科画；曰地图；曰实业图。又收各种学报、日报，以资考求。

2. 文献特色

藏书楼以存古、开新为宗旨，故所藏以服务社会为主，有大量新学之书。值得提出的是，因为楼主徐树兰强调“务农为本”，故藏书楼收藏了比较多的农学书籍，其中除了中国的古农书如《氾胜之书》《齐民要术》《农政全书》等，还收藏了大量外国近代农学著作，尤以日本人的著作为多。此外，还有不少与农学相关的如“辨土壤”“蓄肥料”“利水道”“植嘉种”“去虫害”等方面的著作。

（四）文献分类编目

古越藏书楼曾两度对所藏图书进行分类编目。《古越藏书楼章程》第四章规定：“书目册由监督编定，司书二人各誊一份，一为清本，存司事处，备来阅者共阅；一为稿本，存监督处备查。”

藏书楼初建之时，徐树兰利用购藏的七万余卷图书，编成《古越藏书楼书目》，把藏书分为经、史、子、集、时务五部，将四部未能容纳的新学书籍归入“时务部”。有关内容均在《古越藏书楼书目》的徐树兰自序（见下文）中进行了清晰的阐述。

1904 年，慈溪孝廉、绍兴府学堂教习冯一梅应邀重编书目，将藏书分为政、学两部，以适应新旧书籍的分类。学部二十三类，包含易学、书学、诗学、礼学、春秋学、四书学、孝经学、尔雅学、群经总义学、性理学、生理学、物理学、天文算学、黄老哲学、释迦哲学、墨翟哲学、中外各派哲学、名学、法学、纵横学、考证学、小学、文学。政部二十四类，包含正史兼补表、补志、考证，编年史，纪事本末，古史，别史，杂史，载记，传记，诏令奏议，谱录，金石，掌故，典礼，乐律，舆地，外史，外交，教育，军政，法律，农业，工业，美术，稗史。目录学家姚名达对此书目评价颇高：“谈最早改革中国分类法，以容纳新兴之学科者，要不得不推《古越藏书楼书目》为最早也。”他还评价此书目是近代新旧图书馆并存时“混合庋藏、统一分类派的登峰造极者”（姚名达《中国目录学史·分类篇》）。除图书分类外，从《古越藏书楼章程》第三章“藏书规程”中还可以看到，藏书楼对馆藏图画也进行了分类，“类别为三：曰教科画；曰地图；曰实业图”。

《古越藏书楼书目》序

人才之兴，必由学问。学问之益，端赖读书。盖闻见广，斯智巧出；服习久，斯研究精也。我朝右文稽古，卓越前代。纯庙以天禀圣聪启迪天下士民，向嚮学之涂，特建文宗、文汇、文澜三阁，储秘籍以惠来学。其时，文明之化，如云兴波涌，四滥于幅员，旁薄布濩而无外。西辟新疆，而回部效顺；南定大小金川，而缅、越詟栗。懿铄哉，何其盛欤！近数十年来，环球各国，市舶云集，聘使交通，采风问俗，遍及海外。探知五大洲万国盛衰强弱之由，罔不视文教之兴废以为准。益恍然于圣祖、神宗所以数国家万年不拔之基者，深识远虑，固非海岛群雄所能外此而别图远略也。所可惜者，沿历日久，渐成具文。海外列邦，转熟审天演物竞、优胜劣败之故，各出其全力相争，莫肯相下。法国巴黎书楼，藏书至二百零七万二千卷；英国伦敦博物院书楼，藏书一百十二万卷；俄国彼得堡书楼，藏书一百零四万五千卷；德国麻尼希城书楼，藏书八十一万卷；而奥国维也纳书楼、丹国哥本海书楼、美国华盛顿书楼、比国勃罗塞尔书楼，藏书亦皆数十万卷。且闻法国巴黎书楼，书架积长十八英里；英国博物院书楼，书架积长三十二英里；岁入楼观书者约九万一千人。日本明治维新，仿效西政，亦不遗余力，其旧幕府之红叶山文库、昌平学文库，初移为浅草文库，后集诸藩学校书，网罗内外物品，皆移储上野公园，称图书馆，藏书亦数十万卷，岁入楼观书者，亦不下数万人。文学蒸蒸日上，其获与欧美列强并峙也，岂无故哉！方今朝廷孜孜求治，迭奉谕旨，广兴学校，东南诸行省集资建藏书楼者，已接踵而起。树兰自维绵薄，平日购藏书籍虽仅七万余卷，窃愿公诸同好，于郡城西偏，购地建楼，为藏书观书之所，并酌拟章程。岁需经费，亦由自捐。请诸疆吏，上闻于朝，以垂永久。明知蹄涔之水，不足慰望洋之叹；区区此志，获望后之君子匡其不逮。或出此扩充，则为山九仞，亦一篑之基也。光绪二十八年，岁壬寅四月，会稽徐树兰识。

清光绪二十八年 徐树兰

《古越藏书楼书目》清光绪三十年上海崇实书局石印本

（五）文献管理和保护

1. 普通文献的管理和保护

藏书楼面阔三间，深为四进，砖木结构建筑，为保护文献，四面包沿火墙，屋基高达尺余，可以防火、防湿、防盗。图书管理依照《古越藏书楼章程》第四章“管理规程”和第五章“阅书规程”执行。

2. 古籍文献的管理与保护

除了日常的防火、防湿、防盗，古籍还配有专门书柜。

五、图书阅览服务

1904年，藏书楼正式开放提供图书免费阅览服务，免费供应茶水，并代办膳食。读者对象多为“购书既苦于无资，入学又格于定例”的寒畯好学之士。

书刊只能在楼内阅览，不允许出借，唯徐氏例外，然亦有规矩，《古越藏书楼章程》第五章“阅书规程”第十九节规定：“徐公仲凡之子孙如欲借阅，宜破格以示优异。然亦必关照总理，由总理亲笔开单取书，则司书始能检付。”

藏书楼立司书二人、司事一人，专职阅览管理。“司书之职，于开阅时，一司收发书籍，一司收发报章，设事有简繁，彼此帮同照料，不得推诿。司事之职，专司逐日验收阅书人出入。有一人入，即将姓名、别篆、住址登薄，给与发书单及对牌。有一人出，即收回对牌，一刻不能离开。如有要事，暂时离位，则司书二人中择其稍暇者暂代。”

开放时间为“上午自九点钟起，十一点钟止，下午自一点钟起，五点钟止。”“恭届万寿圣节、孔子生日、夏至、冬至及房虚星昴日，皆停阅一日。元宵、端午、中秋停阅二日（前一日及本日）。清明停阅五日（前二日后二日及本日）。腊月由祀灶日起至新正初五日皆停阅。”

阅览室设在藏书楼中厅，客座六十个。阅者在司事处登记后领取对牌和发书单，向司书领书一本，按对牌号就座，阅毕再换他本。日报另储一处，可直接自行翻阅。藏书楼规定：“阅书者各宜自重，不得在座中随意谈谑，亦不得雌黄人物，纵论时政及凡与读书不相涉之事。”

六、古越藏书楼相关文献

（一）有关古越藏书楼成立的文献

《具呈绍兴府绅士盐运使衔补用道候选知府徐树兰
为呈明捐建绍郡古越藏书楼恳请奏咨立案文》

为呈明捐建绍郡古越藏书楼，恳请奏咨立案事。窃维国势之强弱，系人才之盛衰，人才之盛衰，视学识之博陋。涉猎多则见理明，器识闳则处事审，是以环球各邦国势盛衰之故，每以识字人数多寡为衡。方今朝廷孜孜求治，迭奉谕旨，广设学校，此诚兴贤育材，正本清源之至计也。近来各省府县次第设立学堂，急公好义之士亦多捐资辅助。职前于光绪二十三年筹办绍郡中西学堂，创捐银壹仟圆。妥拟章程，以开风气，现已归并绍兴府学堂。第念学堂教授学生，每学不过数十人，或百数十人，额有限制，势难广被，而好学之士，半属寒畯，购书既苦于无资，入学又格于定例，趋向虽殷，讲求无策，坐是孤陋寡闻，无所成就者，不知凡几。伏念高宗纯皇帝特设文宗、文汇、文澜三阁，备度秘籍，津逮后学，由是江浙人文甲于天下，成效昭然。

泰西各国讲求教育，辄以藏书楼与学堂相辅而行。都会之地，学校既多，又必建楼藏书，恣人观览。英、法、俄、德诸国收藏书籍之馆，均不下百数处。伦敦博物院之书楼，藏书之富，甲于环球。一切有用之图画报章，亦均分门藏弆。阅书者通年至十余万人。日本明治维新以来，以旧幕府之红叶山文库、昌平学文库初移为浅草文库，后集诸藩学校书，网罗内外物品，皆移之上野公园，称图书馆，听任众庶观览。其余官私书籍馆亦数十处，藏书皆数十万卷。一时文学蒸蒸日上，国势日强，良有以也。

近来东南各省集赀建设藏书楼者亦复接踵而起。绍兴统辖八县，缀学之士，实繁有徒。当此科举更章之际，讲求实学，每苦无书。职不揣绵薄，谨于郡城西偏，购地壹亩陆分，鸠工营造，名曰古越藏书楼，以为藏书之所。参酌东西各国规制，拟议章程，以家藏经史大部及一切有用之书，悉数捐入，延聘通人，分门排比，所有近来译本新书，以及图画标本、雅驯报章，亦复捐资购备，大凡藏书七万余千卷，编目三十五卷。建屋凡四层，前三层皆系高楼，分藏书籍，以中层之厅事为阅书所，桌椅器物皆备。延监督一人，总董其事，司事三人，分司其书。规模粗具，以备阖郡人士之观摩，以为府县学堂之辅翼。所需开办经费及常年经费，均由职自行捐备。

当此开办之初，事关阖郡，自应呈请奏咨立案，以期永久。所有拟设绍郡古越藏书楼缘由，理合缮具书目、章程、照绘屋图，呈请大人俯赐察核，奏咨立案施行，实为德便。再职系体念时艰，为造就人才之一助，不敢仰邀议叙。经费均系自行捐备，应请免造报销，合并声明。除呈明绍兴府县核转备案外，谨呈。

清光绪二十八年 徐树兰

录自清徐树兰撰《古越藏书楼章程》一书，清光绪二十八年古越藏书楼刻本

20 世纪初，兴办图书馆蔚然成风，很快席卷全国。其中得风气之先的，当首数徐树兰创办的古越藏书楼。1902 年，徐树兰的《为呈明捐建绍郡古越藏书楼恳请奏咨立案文》是见证这一历史事件的标

志文献。它表明伴随着我国近代新思潮、新学说的传播，社会的进步，图书馆事业已进入了一个新的阶段，即由封建藏书楼时代发展至近代图书馆时代。该文有两种版本，一种出自清光绪三十年上海崇实书局石印本《古越藏书楼书目》，另一种出自清光绪二十八年古越藏书楼刻本《古越藏书楼章程》，今据章程本录存。

《丁忧直隶补用道徐尔谷禀文》

敬禀者：窃职道接准两浙黄运司照会奉护抚宪诚札行。任前部院附片具奏，绍部绅士徐尔谷，仰承先志，独立建屋购藏书籍，裨益地方，请旨奖叙一片，奉朱批：着户部核给奖叙，钦此。恭录札知转行，钦遵查照等因。伏读之下，感激涕零。惟查故父徐树兰，创建古越藏书楼，购储书籍七万数千卷，合捐银三万二千九百余两，均系故父在日一手经理，已于告成后自行呈明在案。职道仰承遗命，认捐常年经费洋银一千元，原期历久弗替。何敢仰邀奖叙？既据绅士翰林院编修马传煦等呈请奏，蒙天恩，饬部给奖，合无仰恳大人俯赐奏咨请为故父徐树兰核给奖叙，以资观感，俾职道为人子者亦可心安理得，不失尊亲之义，则仰戴逾格慈施，殁存同深衔结。谨沥陈下情，吁恳恩准施[实]行。不胜屏营惊切之至，专肃恭请钧安。伏乞垂鉴，职道尔谷谨禀。

《古越藏书楼书目》清光绪三十年上海崇实书局石印本

（二）著作

1932 年之前，有徐树兰、冯一梅等编撰图书，见下表。

表 1-2　徐树兰、冯一梅编撰图书

著者	书名	版本	备注
徐树兰	赈济山会两邑沿海水灾征信录	清光绪十一年刻本	
	种烟叶法	清光绪二十四刻本	
	绍郡平粜征信录	清光绪二十四年刻本	
	绍郡义仓征信录	清光绪二十五年会稽徐树兰刻本	
	山会两邑豫仓征信录	清光绪二十六年、二十八年刻本	
	古越藏书楼章程	清光绪二十八年古越藏书楼刻本	
	古越藏书楼书目	清光绪二十八年古越藏书楼刻本	
	古越藏书楼书目	清光绪间会稽徐氏钞本	2017 年拍卖入藏
	四科简效方四卷	清光绪十一年越州徐树兰刻本	清王士雄选
冯一梅	古越藏书楼书目	清光绪三十年上海崇实书局石印本	

第四节　民国时期的古越藏书楼及其公办改组

据《教育部批审计院核算官徐尔谷呈请续办故父捐设绍兴藏书楼文》及民国《绍兴县志资料第二辑》记载，古越藏书楼建成后，没过几年“因辛亥事变，致暂时停办”。1916 年徐尔谷又呈文教育部，希望能够续办，得到批准（见下文）。

《教育部批审计院核算官徐尔谷呈请续办故父捐设绍兴藏书楼文》

据审计院核算官徐尔谷禀“故父捐设绍兴藏书楼先拟续办”等因，并附送章程、书目一函，均悉。

该员故父徐树兰，在绍兴城内独力捐设古越藏书楼一所，以家藏书籍七万余卷悉数捐入，以供众览，并每年认筹常年经费。在前清时，迭经奏咨有案。该员兄弟仍继承先志，勉力经营，恢崇典籍，嘉惠乡邦。前因辛亥事变，致暂时停办。现该员复拟踵武前规，继续开办，以符原案而彰先德，雅志高谊，洵堪嘉许。至所请立案一节，查图书馆规程，业于民国四年十月二十三日呈准通行，并刊登四年十月二十六日公报在案。应即查照该规程第四条所规定，径向地方长官核明立案，再行咨报本部查核可也。

民国五年

李希泌、张椒华编《中国古代藏书与近代图书馆史料（春秋至五四前后）》

1921 年，徐尔谷游宦离乡，藏书楼又复停办。1926 年，徐树兰之孙徐世南“重整图书，修订章程，又行开放”。1930 年，徐世南“有皖南之游”，藏书楼再度停办。

为什么古越藏书楼会出现时开时停的现象呢？从根本上说，有三个原因。

其一，藏书楼自创办之日起，就存在财产私有与藏书供众人共享的矛盾。这个矛盾在徐树兰在世时当然不成其为问题，但到了他的儿孙辈，矛盾就突出了，表现为开办经费的时续时断。

其二，藏书楼管理上采取的封建世袭制，造成管理的后继乏人。统揽其事的是总理，按照《古越藏书楼章程》规定，总理人选只能“从徐公仲凡嗣君中推举一人为之。监督以下，均由总理延订”。这样一来，藏书楼在徐氏世代相守的过程中，就不可避免地要发生因主事者不得其人、管理不善而藏书年有散佚，乃至闭楼的情况。

其三，藏书楼是资产阶级改良主义思潮的产物，资产阶级改良派在戊戌变法失败后，便走向反面，他们维护清廷，主张君主立宪，所以在民主思想盛行起来，直至辛亥革命把清王朝推翻，建立民国政府的新形势下，藏书楼已满足不了时代的需要。

古越藏书楼的改组势在必行。

对于上述过程，我们从 1916 年（民国五年）教育部的批文中，还是可以看出一丝端倪的。

1932 年，已关闭两年的古越藏书楼，奉民国政府教育部之命，重新整理藏书。而后，绍兴县政府采纳了县教育局的建议，“经部、厅核定”，决定将古越藏书楼改组为“绍兴县立图书馆”，并照“厅令”，将当时的流通书库也纳入图书馆管理。

第五节　古越藏书楼的公共图书馆属性及社会意义

一、公共图书馆的社会属性

1994 年，联合国教科文组织、国际图书馆协会联合会修订的《公共图书馆宣言》中明确，公共图书馆是地区的信息中心，必须向用户提供各种知识和信息，其服务核心应该与信息、扫盲、教育和文化密切相关；公共图书馆原则上应该免费提供服务，建立公共图书馆是国家和地方政府的责任。这一宣言实际描述出了公共图书馆的具体形式，其社会属性主要表现在三个方面。

（一）面向社会公众开放

《公共图书馆宣言》对公共图书馆的服务群体进行了详细规定，即在人人平等的基础上提供服务，不用考虑人们的年龄、种族、性别、宗教、国籍、语言或社会地位的差异。我国 2018 年实施的《中华人民共和国公共图书馆法》对公共图书馆进行了明确的规定：“公共图书馆，是指向社会公众免费开放，收集、整理、保存文献信息并提供查询、借阅及相关服务，开展社会教育的公共文化设施。”这属于对公共图书馆的定义、属性等的较为权威的规定，表明公共图书馆的服务对象应当是全体社会公众，其服务内容应为基础性、普惠性的保障服务。从社会认知上看，“公共”一词并无产权区分的意蕴，是指公有的、共用的，公共图书馆实际是为大家所共同使用的文化机构。

（二）免费开放

依据社会物品的排他性与竞争性等属性划分，社会物品可分为公共物品和私人物品，公共物品又可分为纯公共物品和准公共物品，公共图书馆实际上属于准公共物品，表现出非竞争性和弱排他性的公共物品属性。

公共图书馆的弱排他性主要表现在地理空间覆盖范围受限、馆舍空间容量有限两个方面。从地理空间上看，远距离的读者访问图书馆馆舍较为费时费力，需要在路程上耗费较长时间；从馆舍空间容量上看，当图书馆的读者达到一定数量时，便会产生拥挤效应，读者利用图书馆的舒适度、满意度等会降低。但从公共图书馆自身来看，公共图书馆并无主观地限制读者利用图书馆的动机，读者利用图书馆受限、满意度降低主要是因为图书馆单位服务能力有限。

20 世纪 80 年代，随着市场化改革的深入推进，公共图书馆为克服财政经费紧张的压力，也开始探索市场化收费办馆之路。1984 年，中国图书馆改革学术座谈会在安徽芜湖举办，“有偿服务”也是其中的议题之一，辽宁图书馆、四川图书馆等省级图书馆还在会上分享了经验。

1994 年，修订后的《公共图书馆宣言》正式发布之后，免费开放开始成为公共图书馆服务方面的主流声音，公共图书馆的免费开放也成为社会公众的共识。

2011 年，文化部、财政部联合发布《关于推进全国美术馆、公共图书馆、文化馆（站）免费开放工作的意见》（文财务发〔2011〕5 号）就特地明确了公共图书馆免费开放的具体举措与保障机制。

2017 年，由第十二届全国人民代表大会常务委员会第三十次会议通过的《中华人民共和国公共图书馆法》第二条就强调公共图书馆是向社会公众免费开放的。

（三）开展社会教育

社会教育是公共图书馆的基本职能之一，指的是图书馆面向社会公众提供文献信息服务，以帮助其完善知识体系。图书馆需要通过各种社会教育活动的规划与组织，有针对性地具体开掘馆藏各种文献资源的深层内涵，更好地服务社会公众。图书馆开展社会教育的主体是其自身，客体为社会公众，最适合开展社会教育工作。

民间图书馆也是公共图书馆的一种形式，其社会教育职能主要体现在社区教育上，对社区居民行为习惯的引导与规训，对其世界观、人生观和价值观的塑造。公共图书馆在履行其社会教育职能时，实施形式有多种，既可以是传统的图书借阅、图书推荐、主题讲座、咨询展览等形式，也可以是亲子游学、社区历史记忆采集、乡村文化遗产发现与采集等以亲身参与体验为主的教育形式。

二、古越藏书楼类民间图书馆具备公共图书馆的属性

（一）服务对象为全体社会公众

民间图书馆是指由民间力量自发建成、面向社会公众开放的公益性图书馆。从服务对象上看，民间图书馆的服务对象实际上是全体社会公众，它为公众提供着最基础的保障性公共文化服务。民间图书馆面向全体社会公众开放既有历史依据，也有现实经验。

日军攻占长沙时，教育家周调阳先生携带所藏二十余箱图书返回武冈县避乱。1939 年，他创办了都梁图书馆，以历年私人所购图书一万余册，悉数置存馆中，供众人阅览，所有费用，以薪俸所入，独力支持。

这是社会知名的乡绅等开办公共图书馆并面向社会公众开放的典型例子。而支撑全国各地公共文化服务体系的众多民间图书馆，其办馆人大多属于默默无闻的草根，并非社会知名人士，但服务对象是一致的，都是全体社会公众。

（二）民间图书馆具备公共物品的属性

公共物品是指不能以市场方式来提供，只能通过公共部门以非市场方式供给的物品，其属性主要体现在非排他性和非竞争性。区域性集体物品也是公共物品，只不过物品或服务被限制在某一地理区域内了。依据上述理论，图书馆应属于区域性集体物品，当读者所处位置距图书馆越来越远，读者到图书馆的频次就会越来越低，利用图书馆资源的机会也会越来越少。距离是读者利用图书馆的影响因素。

民间图书馆则主要位于公共图书馆服务范围覆盖薄弱的地方，为当地民众提供最基本的图书馆服务，从这一视角来看，民间图书馆实际上也是一种区域性集体物品，具备公共物品的属性。

（三）民间图书馆的社会教育职能

社会教育是公共图书馆最主要的职能，民间图书馆也在针对不同年龄的群体，开展有针对性的社会教育工作。针对低幼儿童群体，民间图书馆一般以绘本阅读、亲子共读等形式履行其社会教育职能，开展这类活动的较为常见的是城市民间图书馆、公益机构所办的乡村图书馆。如北京朝阳区某小区业主自发建立起绘本馆，其最主要的功能是让小朋友足不出户体验阅读的快乐，同时为一些家庭省下一笔不小的开销。绘本馆的管理员给小朋友们讲绘本，这种活动形式很受欢迎。

立足于城市的民间图书馆实际上担任着社区教育的职能，使社区居民可以便捷地利用城市的各种社会资源。在场地空间资源方面，城市民间图书馆可以利用社区物业所提供的免费场地，或利用街道政府及社区居委会所提供的闲置空间，并对这些闲置空间加以改造，使成为受居民欢迎的社区图书馆。

在人力资源方面，城市人口密度远高于农村，民间图书馆更容易招聘到志愿者，以增强其社会教育方面的服务能力。

三、古越藏书楼类民间图书馆的社会合理性分析

存在即合理，从哲学视角看，任何事物的存在必有其合理性。合理性也称正当性，是社会学和政治学中使用频繁之概念。依据韦伯和哈贝马斯的观点，合理性主要指代社会秩序或规范系统，也是面向特定事物的社会规范，具备合理性表明事物在社会上具有正当的、客观的主体身份。民间图书馆属于社会公众自发建成的图书馆，其存在也遵从这一客观规律。分析民间图书馆的社会合理性，可从社会公众认可、法规制度保障、政府行政认可等方面展开。

（一）社会公众视角的社会合理性

社会公众对民间图书馆开展的社会服务的接受与认可，实际上是对民间图书馆社会合理性的一种意思表达。从社会公众对民间图书馆社会合理性最权威的认证上看，只有国家立法机关在所出台的相关法规、制度、规章中对民间图书馆社会合理性进行了行文表述或意思表达，民间图书馆才具有最权威的合理性认可。从法理上看，各级政府部门及人大常委会所行使的法规制定权力，实际上是社会公众对合理性决策判断权力的一种让渡，即社会公众基于信任关系，委托各级政府部门及人大常委会制定各类法规制度，以加强对其社会合法性的认可。从民间图书馆的机构宗旨、服务内容、社会行为等方面看，其所开展的服务实际上是最基础的保障性公共文化服务，这些也是社会公众对其合理性认可的基础前提条件。社会公众在民间图书馆获取知识、接受教育，实际上是对其合理性作出个人判断之后采取的具体行为，这也是社会公众个人对民间图书馆合理性的一种行为表示。

浙江杭州市余杭区仁和街道的庞汝勋老人，于 2001 年 7 月 1 日创办起西南山少儿图书室，最开始为一间二十多平方米的小屋子，四周是摆满图书的书架，中间是一张长桌子和几把椅子，以供儿童在此看书和写作业。2021 年，已经长大的读者们，自发建成了一座全新的庞爷爷图书室，并将老人的精神传承下去。余杭区云会中心小学教师徐敏敏，在她读小学五年级时，就开始到庞爷爷的图书室里面借书阅读，她在回忆读书经历时感慨道：“老人在物资如此匮乏的年代，倾其所有建立了这样一个图书室，不应该被我们遗忘。”庞汝勋老人所创建的图书室，教育一代人，又获得他们的肯定与回馈，这种肯定与回馈实际上就是周边居民对其社会合理性的一种表示。

（二）法规制度保障的社会合理性

在国家与各级政府部门制定的图书馆法规制度颁布之前，依据法无明文规定不为罪的法理原则，民间图书馆的社会合理性实际表现在符合社会公序良俗等规范，未受其他法律法规的禁止上。当国家与各级政府部门制定图书馆相关法规后，民间图书馆的社会合理性实际表现在法规制度对其正当性的权益保障上，其提供的社会服务也应当遵守法规条例中的相关规定展开。

我国最早的图书馆法规是由清朝政府在清宣统二年（1910 年）制定的，即《京师图书馆及各省图书馆通行章程》，其对私立图书馆的设立、组织结构、业务活动等进行了明确的规定，这也是最早的我国法规制度对民间图书馆社会合理性的保障。

民国时期，民间图书馆的社会合理性也获得了政府法规制度的保障。民国十四年（1925 年），北

洋政府教育部颁布了《图书馆规程》和《通俗图书馆规程》；1927年，国民政府大学院颁布了《图书馆条例》。这些政府颁发的法规制度，在民间图书馆的设立、业务活动、社会捐助等方面均有明确规定，在实际上也是对民间图书馆社会合理性的法规制度保障。

改革开放以来，全国各地兴办民间图书馆，全国各地制定的图书馆工作条例也鼓励自然人、法人或其他社会组织兴办图书馆，如《深圳经济特区公共图书馆条例（试行）》（1997年）、《北京市图书馆条例》（2002年）等法规中均有明文规定。2017年通过的《中华人民共和国公共图书馆法》中明文规定："国家鼓励公民、法人和其他组织自筹资金设立公共图书馆。"

从我国与图书馆相关的法规制度制定与实施来看，自清末以来，国家政府部门对民间图书馆是持肯定支持态度的，并给予其相应的合法身份与社会褒奖、肯定。民间图书馆有其社会合理性。

（三）政府行政认可的社会合理性

民间图书馆不论登记注册与否，都与地方政府存在着某种联系，其面向社会开展活动时，并未受到地方政府的制止，这也表明地方政府在行政上实际是认可民间图书馆的社会合理性的。政府对民间图书馆进行行政认可所表现出的社会合理性实际上是一种社会正当性，即形式合法、合规，其核心关键点在于，民间图书馆是否履行了政府的行政合理性程序。这一行政合理性一般通过程序或惯例表现出来，可以是行政官员出席活动仪式、行政机构发布文书、行政领导人口头同意，也可以是其他具有符号承载性的意思表示活动。民间图书馆要获得政府行政部门的社会合理性认可与支持，就应当主动联络政府行政部门领导人积极参与自身举办的各项活动，以强化他们在行政方面对民间图书馆社会合理性的认可。

当前，民间图书馆政府行政认可的社会合理性的表现形式较多的是：政府官员担任民间图书馆的名誉馆长、荣誉理事，政府惠民工程授牌，表彰大会颁奖等。曾任中共温州市委宣传部副部长、组织部副部长，中共温州市委党校校长，温州市经济体制改革委员会主任等职的李丁富先生，出生于衢州市衢江区云溪村，他在退休后将自己的讲课费和书稿费全部投入家乡，修建百姓书院，免费为村民提供文化服务。李丁富先生所办百姓书院的政府行政认可的社会合理性，并不是因其担任过政府行政官员而获得的，而是衢州市各级政府官员赋予的，因为他从政府官员职位上退休后，其身份已转变成为普通社会公众。李丁富先生于2006年退休，百姓书院于2008年开放，开放时间在他退休之后，书院要获得政府部门行政认可的社会合理性，只能是在筹建与开放后的时间，衢州市各级政府才具有对百姓书院社会合理性认可的条件。

政府对民间图书馆社会合理性的行政认可，也可以通过表彰大会的形式实现，表彰大会更容易为民间图书馆带来广阔的发展机遇。在社会关注度方面，政府表彰大会能够引起各类媒体的关注和报道，提升民间图书馆的社会知名度，以促使其受到更多人关注。政府以表彰大会的形式来宣扬民间图书馆的办馆精神，更容易提升其社会合理性的认知程度。

四、古越藏书楼的公共图书馆性质分析

古越藏书楼创立于1902年，由开明乡绅徐树兰先生创办，是我国近代公共图书馆面向社会开放的转折点，更是我国图书馆事业走向现代化的转折点。古越藏书楼的公共图书馆性质可以从社会评价、

政府行政许可和面向社会开放等方面来进行分析。

（一）古越藏书楼的社会评价

古越藏书楼的创立是我国20世纪之初一次重要的文化创新，不仅对中国近代图书馆事业具有开创意义，而且对中国近代教育事业也产生了积极的影响。

黄少明先生对古越藏书楼的贡献的评价是：第一，引进和践行了西方图书馆的办馆理念，把传统封闭式的藏书楼，办成了对公众开放的图书馆；第二，最先学习和运用西方图书馆的管理制度、方法和技术；第三，打破中国旧有的四部分类法的束缚，创造了适合新式图书馆的分类方法和编目条例。从产权属性上看，古越藏书楼属于民间图书馆，是我国现代意义上的民间图书馆发展的分水岭，更是我国现代意义上的公共图书馆诞生的标志。

（二）政府对其社会合理性行政许可的依据

从创办人身份来看，徐树兰系清光绪二年（1876年）举人，授兵部郎中，后捐钱买了盐运使候选知府的虚职头衔，这些职位都属于政府官员序列，表明创办人的社会行为经受过政府行政合理性的训练。后因其母亲生病，便辞去官职，回家专心照顾生病的母亲，以后也再未出仕。他在家乡以地方乡绅的面目出现，热心地方公益事业，曾组织筑海堤，创设义仓、救疫局，设立绍郡中西学堂。从这方面看，创办人已具备一定的社会公益思想，其所作出的各类社会行为实际是为了造福社会，藏书楼的创设理念具有符合政府对其社会合理性行政许可的前提条件。

从政府行政认可视角看，藏书楼实际是受到政府褒奖认可的。根据史料，翰林院编修马传煦等呈交的折子提出，要对徐树兰建藏书楼的功绩给予奖励，并呈交给绍兴府县备案。这表明，自地方政府至光绪皇帝，对古越藏书楼的开设是持支持认可态度的，即此楼是受政府认可的社会文化教育机构。浙江巡抚任道镕在呈交为古越藏书楼申请奖励的奏折后，也获得光绪皇帝的朱批：着户部核给奖叙。这也是地方政府为藏书楼争取合法身份的一种行政行为。

（三）古越藏书楼面向社会开放的标志

从办馆思想上看，徐树兰创建古越藏书楼实际受国外发达国家影响很大，这也是其藏书楼面向社会开放思想的源头。他提出，泰西各国讲求教育，辄以藏书楼与学堂相辅而行，建藏书楼实为造就人才之一助。徐树兰实际关注到了西方各国教育事业兴盛发达的机制——藏书楼与学校同时运营，强盛人才建设，学生课余时间，能在藏书楼中阅览图书，以增进学识。“英、法、德、俄诸国收藏书籍之馆，均不下数百数处。伦敦博物院之书楼，藏书之富，甲于环球。一切有用之图画报章，亦均分门藏弆，阅书者通年至十余万人。日本明治维新以来，以旧幕府之红叶山文库、昌平学文库初移为浅草文库，后集诸藩学校书，网罗内外物品，皆移之上野公园，称图书馆，听任众庶观览。其余官私书籍馆亦数十处，藏书皆数十万卷。一时文学蒸蒸日上，国势日强，良有以也。”这些都表明徐树兰办藏书楼实际是受西方强国和日本等的影响，认为图书馆能够提高社会公众的文化素养，进而增强国力。因此，他认为需要通过创建面向社会开放的藏书楼来增强国民的文化素养，实现人才强盛、国家富强。

楼内拥有座位数为六十席，满六十人之时，其他晚来读者需在馆外等候座位空出。开放时间为每天上午九点至十一点，下午一点至五点，如遇各种节日，则闭馆数日。这些也是古越藏书楼面向社会公众开放，发挥公共图书馆职能的重要表现。

从社会评价、政府行政许可和面向社会开放等方面看，古越藏书楼完全符合公共图书馆的基本属性要求。由于清朝最早的图书馆法规是在1910年才颁布，而古越藏书楼的创立时间比该法规出台时间要早八年，且已获得官府批准。这些均表明：古越藏书楼的名称虽没有使用“公共图书馆”字样，但却具有公共图书馆的全部属性，是我国最早具有近代公共图书馆特征的藏书楼。

五、古越藏书楼创办的社会意义及后人评价

鉴于古越藏书楼特殊的历史地位，后人对其给予了高度评价，纷纷认可其开创近代公共图书馆先河的地位。

程焕文在《晚清图书馆学术思想史》中写道：“古越藏书楼的设立和徐树兰的公共图书馆思想在一定程度上反映了晚清图书馆事业和图书馆学术思想的进步和发展，它说明了晚清图书馆事业的发展已经开始从在京师和各省都会‘设大书楼’转向了府县设立藏书楼的普及，说明了西方图书馆观念在中国已经开始从宣传传播和有限的尝试转向了具体的实践。”

吴晞所著《从藏书楼到图书馆》一书，其中一节的题目为“近代公共图书馆的先河——古越藏书楼”。在此节中，吴晞经过一番分析，而后总结出了该楼的三大特点，其中第一个特点就是：“古越藏书楼是徐氏以私人之力创办的新型公共图书馆。这在中国图书馆史上是个创举，在世界上也不多见。”

谢灼华在《中国图书和图书馆史》中指出，古越藏书楼在中国近代图书馆史上的地位和贡献有三。首先，它的设立推动了我国近代藏书楼向公共图书馆的过渡。它的建立，并经广泛宣传，使社会各界人士逐步认识和了解图书馆的作用，进而促进这一事业的发展。其次，新学书籍的收藏，促使图书馆管理方法上和管理制度上的改革，因此，古越藏书楼被看作我国学习西方图书馆技术和管理制度的开端。最后，为适应新学书籍的宣传和利用，徐树兰及管理人员创造了新的分类方法和编目条例，在打破四库束缚，开拓分类法新的途径，寻求揭示最新科学内容和图书馆编目法方面作出了贡献。总之，古越藏书楼的建立，表明我国近代由于新思潮、新学说的传播，由于社会的进步，藏书楼已进入了一个新的阶段，即由封建藏书楼发展至近代图书馆的时代。

来新夏在《中国近代图书事业史》中如此评价古越藏书楼：“这些藏书楼虽不具图书馆的名称，但其宗旨、藏书内容以及对社会的开放程度，已反映了它所具有的公共图书馆的特性。从藏书机构自身发展形态来看，公共藏书楼是从封建藏书楼向公共图书馆演变的过渡形式。这一过渡完成，近代公共图书馆的产生便指日可待了。”另外，来新夏在《古越藏书楼百年祭——记徐树兰与古越藏书楼》中写到，从《古越藏书楼章程》考察，“它已具有西方公共图书馆特色，是一座具有开放性质的私人公共图书馆。徐树兰无愧为中国近代图书馆的创始者”。“古越藏书楼开一代风气之功，足以彪炳青史。”

范并思等在《20世纪西方与中国的图书馆学——基于德尔斐法测评的理论史纲》一书中指出：“虽然古越藏书楼起名藏书楼，似乎与古代藏书楼有着千丝万缕的联系。但是，古越藏书楼的藏书却是对社会公众开放的，这又使它具有了近代公共图书馆的性质。古越藏书楼实际上是中国第一所具有公共图书馆性质的藏书楼，它的建立成为中国近代图书馆出现的标志。古越藏书楼的这种名实两重性，也清楚表明了它是一个从古代藏书楼到近代图书馆的变革时期的产物。”“古越藏书楼的诞生是中国图书馆史上一次重大文化创新，不仅对中国近代图书馆事业具有开创意义，而且对中国近代教育，特别

是社会教育事业也产生了积极的影响。古越藏书楼的创办过程，是徐树兰及其后继人学习并融汇古今中外文明成果，创造所处时代先进文化的过程，这个过程是通过理论创新、制度创新和技术创新来实现的。”

吴慰慈所著《图书馆学基础》一书提出：“从藏书楼到近代图书馆有一个过渡阶段，即开放性的藏书楼。其典型代表就是古越藏书楼。古越藏书楼是徐树兰的私人藏书楼，1902 年将其藏书开放，供人人观看借阅。”

南开大学图书馆学系等编写的《理论图书馆学教程》也指出：“徐树兰在浙江绍兴创立私立公共图书馆——古越藏书楼。”

黄宗忠先生提出：“带有封建性质的藏书楼逐步解体，而为公共服务的公共图书馆则不断出现，并得到发展。1902 年，古越藏书楼建立。”

郭星寿先生指出：“在中国近代图书馆事业的发展史上，应当特别提到的是徐树兰创办的古越藏书楼，仿照西方公共图书馆的模式创建。它不仅对社会公众开放，而且对封建藏书楼的一套管理制度进行了重要的革新，采用了西方公共图书馆的一套业务工作方法和管理制度。因此，古越藏书楼的建成和开放，可以看成是中国封建藏书楼向近代图书馆的过渡。”

何华连在《古越藏书楼的存古与开新》中写道：“创建于 1902 年的古越藏书楼是我国最早的私人创办的面向公众开放的图书馆，是我国图书馆事业发展史上第一座具有公共图书馆性质的藏书楼。它的崛起，无疑在我国利用文献资源全方位、多层次地培养人才的历史演进过程中树立了一座丰碑。”

王酉梅认为：“古越藏书楼基本上是仿效东西各国图书馆管理制度。虽然为私人开办，不用图书馆的名称，但实际上已经具有中国近代公共图书馆的性质。它是从中国古代的封建藏书楼到近代图书馆的一种过渡。类似西方早期公共图书馆，在中国图书馆史上的地位和作用值得重视。它成为后来各图书馆建立的参照模式，促进了中国大批近代图书馆的出现。”

王立贵认为：“古越藏书楼基本上是仿效西方各国图书馆先进的管理经验和管理制度。虽为私人开办，但已有很强的近代公共图书馆的性质。它对中国近代图书馆的形成和近代图书馆事业的发展起了巨大的推动作用。”

叶放在《中国近代图书馆的发端——古越藏书楼》中写道：“古越藏书楼成为我国历史上第一个具有公共图书馆性质的藏书楼，它的成立被公认为是从封建藏书楼向近代图书馆发展转化的一个重要里程碑。”

郑伟章、李万健所著《中国著名藏书家传略》指出：“于是他们为了‘兴贤育材’，纷纷起来仿效西方和日本，开办各种类型的图书馆（最初也称藏书楼）。可以说，开办图书馆已成为一时风气。但在这些人中得风气之先的，具有划时代意义的，还是要数徐树兰的古越藏书楼。”“我们说古越藏书楼具有划时代意义，不仅仅在于它的出发点和指导思想是全新的，且还在于它的管理方法以及目录分类体系也是全新的。”

陈源蒸、张树华、毕世栋所编《中国图书馆百年纪事（1840—2000）》中写道：“古越藏书楼以其公开阅览、公共使用为标志，孕育着近代图书馆的萌芽，在从古代藏书楼向近代图书馆的转变中，起了承上启下的作用。”

图 1-5　徐明浩为绍兴一中徐树兰铜像揭牌

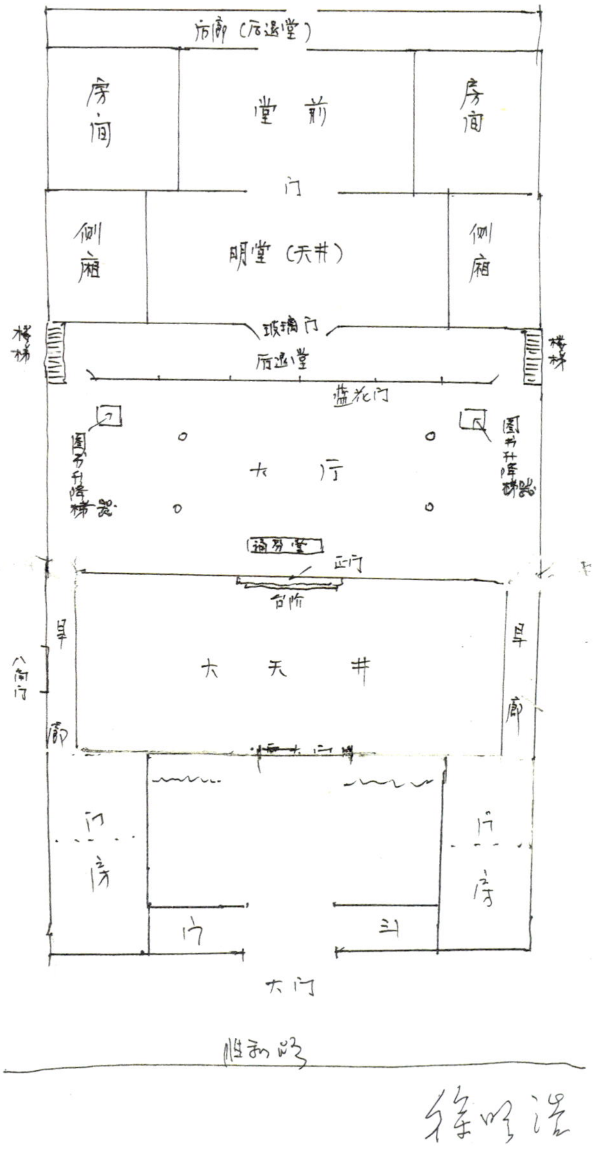

图 1-6　古越藏书楼平面图（徐明浩绘制）

汪林茂编写的《浙江通史·清代》是这样描写的："古越藏书楼虽然仍沿用藏书楼之名，但在很多方面已具备公共图书馆的特性，购置和收藏的图书已摆脱旧式藏书楼的愈古愈好，以及只以版本精良与否为标准的局限，主要以有用与否为标准，不仅收藏古籍，也收藏了许多已译、未译之东西国书籍、近人所写之新书、各种报刊以至动、植物标本、图谱等。在管理上，不仅订有《古越藏书楼章程》，建立对图书及阅览场所的各种管理制度，而且已独立于家族之外，除了总理一职由徐树兰（徐树兰去世后其次子继承）兼任外，另设八名工作人员负责采购书刊、读者出入登记、掌管出借和收还图书，最重要的是古越藏书楼的开放性。""从古越藏书楼的建立可以看到，传统藏书楼已开始向近代图书馆事业演进。"

浙江省地方志编纂委员会办公室所编《浙江历史大事记》中写道："徐树兰创办古越藏书楼，为中国近代公共图书馆之始。"

第六节　办馆人曾孙女徐明浩对古越藏书楼的追忆

徐明浩系古越藏书楼创始人徐树兰先生曾孙女（世系：徐树兰－徐元钊－徐世佐－徐明浩），1917 年 12 月 17 日生，2018 年 4 月 7 日病逝，享年一百零二岁。1932 年绍兴成章小学毕业，同年考入绍兴五中。1939 年考入金华无线电报务员学习班，于 1940 年春分配到重庆国民党军事委员会办公厅无线电总台当报务员。1944 年考入中央通讯社当报务员，于当年冬季离职。1948 年冬至 1949 年 5 月，在上海协助丈夫崔传法从事中共地下党联络工作。中华人民共和国成立后，在上海新华中学任代课教师，至 1955 年 8 月，因丈夫受潘汉年、杨帆冤案牵连，停教，于1956年被迫回绍，以手工缝纫为生。1985年加入绍兴市民革，同年4月成为绍兴市第一届政协委员。

一、古越藏书楼楼内结构及图书馆布局

我祖父母住在藏书楼，我们则住在老房子水澄坊，也就是现在的中国银行，是后来我们卖给中国银行的。当时家境好，每个人都有一个保姆跟着。我11岁的时候祖父去世后，全家才搬进了藏书楼。从藏书楼的大门走进去，首先是放着报纸之类的东西的地方，再往里面走进去，是长的一排房子。进门靠左是楼梯，楼梯上去就是现在的楼上，那时候楼下戏班子唱戏，我们就在楼上看。（进去楼上）大厅里有四根柱子、三个房间，都摆着桌子、凳子，用来看书。中间正门上有花纹，旁边有走廊，看书的人从两边出入。他们如果带着饭，也会有人帮他们蒸。大厅的后面，走过两道门，左右两边有楼梯，楼上是存放书籍的。左右两边各有一个筐，如果要看什么书跟管书的人说，他到楼上拿书，再通过筐把书从楼上吊下来。楼梯的后面是个明堂，明堂旁边有两个正厢房，后面三楼的三间房子，是我三叔叔住的。门后边是厨房，是佣人睡的房子。

藏书楼里的书、报纸都是我三叔叔在管。古时候，像他这种少爷只会花钱不会赚钱，慢慢家族也就衰败了。后来政府请了一个馆长来管（藏书楼）。日本人（侵略）绍兴时，这么多房子就看中了藏书楼，便住了进来。楼里原先存着的书被偷出去卖，渐渐就少了。到房子归国家以后，书还剩下一部分，但好一点的书已经没了。后来有部队的速成班来住，房子还保持着原样。那里原先有很多果树。（女儿）她还很小，速成班的同志很喜欢她，特地爬上树摘橘子和柚子，让她带回来。速成班走了以后，军分区的人住进来了。后来他们把除了门楼以外的老房子都拆了，造了一户户的住宅。

二、蔡元培、钱玄同与徐家及藏书楼点滴

有人将蔡元培介绍给我曾祖父，让他在徐家校书，他大概做了三年多，一边校书，一边教书，我大伯伯拜他为先生。我父亲当时年纪还小，不是正式学生，正式的学生是我大伯伯，而我们都叫他（蔡元培）太先生。那时候祖父去世，按照绍兴的传统要写神位，其中的点主仪式非常隆重。点主，就是在“王”字上面点一点，而这正是由蔡元培来点的。曾祖父的坟在平水，墓碑也是蔡元培亲自题的，可惜这块碑现在已经没有了。

我们是大房，二房的大囡徐婠贞，我叫她大姆妈。二爷爷与朋友聚餐时认识了钱玄同，很喜欢他。当时（钱玄同）家境不太好，二爷爷就把他叫来，在藏书楼里读书。他到藏书楼以后，从不去外面，一天到晚尽看书了，最后跟我大姆妈结婚了。结婚以后，他们住在藏书楼坐南朝北的一间房子，等钱三强出生以后就都搬去了北京。

图 1-7　钱玄同、徐婠贞及子钱三强合影

三、对古越藏书楼地位的评价（节选自《古越藏书楼创办人徐树兰先生》）

古越藏书楼的重要意义还在于它对中国近代图书馆事业发展所产生的重大影响。近人谢灼华于1963年12月16日在《光明日报》发表的《论古越藏书楼在中国近代图书馆史上的地位》认为，古越藏书楼的建立为我国封建藏书楼时代结束和近代图书馆事业趋向成熟的标志。绍兴市鲁迅图书馆高学安同志在《图书馆研究与工作》杂志上撰文详论古越藏书楼“堪称中国最早的一个公共图书馆”。我亦赞同以上两位之说。查“图书馆”一词，是于1896年（清光绪二十二年）从日本介绍到中国的，至1902年（清光绪二十八年）清政府颁发《学堂章程》时有“大学堂当附属图书馆一所”之语，才第一次正式出现。至于曾祖父，则早在筹建藏书楼以前就了解东西规制，遍访了各国的著名图书馆，甚至它们藏书卷数都一清二楚。他在文章中介绍说，“巴黎书楼，藏书至二百零七万二千卷”，“书架积长十八英里”；英国伦敦博物院书楼“藏书一百十二万卷”，“书架积长三十二英里；岁入楼观书者约九万一千人”。曾祖父特别羡慕日本明治维新后，由红叶山文库、昌平学文库逐步演化而成的上野公园图书馆，两次撰文提及，因此，曾祖父可以称得上是中国最早介绍国外图书馆的人之一了。

此外，古越藏书楼的图书分类方法也是前所未有的。它不循“四部法”的传统分类方法，而将图书分为两类：古籍和今籍。古籍又分两类，即学类（包括经、子、集）、政类（包括史部及行政诸书）。而今籍则兼收中外东西书籍，一律收藏，特别对外文书，分已译、未译两部。各书之外，兼收各种图画，又收各种学报、日报，以资考求。同时，书楼还购藏数理化学器械及动、植、矿各种标本，为读者之助。这种分类方法及古今中外书籍、报纸杂志、图谱标本兼收并蓄，统统向读者开放的做法，已使藏书楼完全具备了现代公共图书馆的特征和性质，在当时确属首创。

至于内部管理制度，在曾祖父拟就的《古越藏书楼章程》中也规定得相当具体、明确，分“藏书规程”“管理规程”“阅书规程”“杂规”等。“藏书规程”规定了分类方法和类别；“管理规程”规定了管理人员的岗位职责和分工范围，以利于各司其事、各负其责；“阅书规程”是就读者而言的，详细规定了公共场所阅书必须注意的事项，如“不得在座中随意谈谑”等，又规定了对遗失、污损图书者所采取的措施，即责限一个月内，“小部全赔，大部钞补”。这些条规，正如高学安同志撰文所说的“鲁迅图书馆在制定规章制度时，全部参照上了”。

末了，再谈谈古越藏书楼的印章问题。藏书楼早期启用的藏书章有四种，即“古越藏书楼图记”“会稽徐树兰捐”“徐氏检盦见本”和“检庵购藏旧本”。本人迄今尚珍藏着其中“古越藏书楼图记”一枚，石质，呈四方体，高五厘米，长宽备三厘米，旁有“冯刻”两字，当是刻印者的姓氏，但不能确指何人，可能是慈溪孝廉冯一梅。查《古越藏书楼章程》和《古越藏书楼书目》上都盖有此章，可见该藏书章应该是古越藏书楼最早使用的印章之一了。它的历史也该有近百年左右了。至今文字清晰。（原载中国人民政治协商会议浙江省绍兴市委员会文史资料研究委员会编《绍兴文史资料第三辑》）

第二章　绍兴县立图书馆

（1932—1949 年）

绍兴县立图书馆时期上接古越藏书楼时期，是绍兴图书馆发展史上的第二阶段。

1932—1949 年，绍兴的行政改制情况如下。

清设浙江省，省府之下置杭嘉湖、宁绍台、金衢严、温处四道，绍兴府隶属宁绍台道，治山阴，辖八县。清宣统三年（1911 年），并山阴、会稽为绍兴县。

民国元年（1912 年）2 月，废府、州、厅旧制，实行省、县两级制，原绍兴府辖县均直属浙江省军政府。民国三年（1914 年）于省县间设会稽道，治宁波，时辖地相当于绍兴、宁波、台州三府。民国十六年（1927 年）取消道制，原绍兴府七县直属于省。民国二十四年（1935 年）置绍兴行政督察区，专员公署驻绍兴县，辖绍兴、上虞、余姚、嵊县、新昌、诸暨、萧山七县。民国二十五年（1936 年），改绍兴为第三行政督察区，其驻地、辖县不变。

全面抗战的前期和中期，浙江的敌我态势为：钱塘江以北的杭嘉湖平原地区，由日军占领；钱塘江以南的绍兴、宁波、金华、衢州、温州、丽水等广大地区，仍为国民政府统治。国民政府战时省会驻节于金华永康的方岩，省政府主席为黄绍竑。从 1937 年底杭州失守至 1941 年春宁绍战役发生，虽然其间在钱塘江南岸有一些战斗发生，但国民党军基本能控制钱塘江以南、以东的广大地区，直到 1941 年 4 月绍兴县沦陷。

1948 年，更名为第二行政督察区，专员公署驻余姚，辖十四县（改萧山为省直属，增辖鄞县、慈溪、定海、镇海、奉化、象山、宁海、四明八县）。

在此期间，民国二十一年（1932 年），古越藏书楼转为公办，改组为绍兴县立图书馆，并遵照“厅令”将流通书库纳入图书馆管理。数年之间，绍兴县立图书馆藏书增至 79 000 册，印行书目，在全省图书馆界颇有影响，是 1936 年成立浙江省图书馆协会的发起单位和该协会的常务理事馆之一。绍兴沦陷后，日军侵占绍兴，图书馆遭到严重破坏，图书损失惨重。抗战胜利后，因经费支绌，始终未恢复到抗战前水平。1949 年绍兴解放时，清点馆藏图馆，仅有 29 440 册。

第一节　全面抗战之前的绍兴县立图书馆（1932—1937 年）

一、古越藏书楼的改组过程

1932 年，已关闭两年的古越藏书楼奉国民政府教育部之命，重新整理藏书，绍兴县政府采纳县教育局建议，“经部、厅核定”，将藏书楼改组为绍兴县立图书馆，并照“厅令”，将当时的流通书库也纳入图书馆管理。开办经费为 1 500 元，常年经费为 3 066 元，其中用于图书馆的为 1 530 元，用于流通书库的为 1 536 元。编制 3 人，设馆长 1 名，馆长人选由当地政府部门“呈荐”。绍兴县立图书馆共接收古越藏书楼旧藏 23 000 余册。

绍兴县立图书馆自 1933 年 1 月 24 日开始筹备，经过不到半年时间的努力，于当年 6 月 1 日宣告成立，并向公众开放，县教育局前任第三课课长孙增祺（字仲安）任馆长。成立后的第二年，鉴于专业人才缺乏，便邀请在上海从事图书馆工作的绍兴人宗先谦来馆任职，又延聘海盐人方渊泉“来馆整理图书，主持分类”。县立图书馆启用两种藏书章：一种是“绍兴县立图书馆古越藏书楼”，用于古籍；另一种是“绍兴县立图书馆藏书”，用于现代书籍。

从古越藏书楼到绍兴县立图书馆，是一个很大的进步。由于从私人捐办改为国家公办，且主持人和管理人员都较懂业务，县立图书馆在其成立后数年间，显得很有生气，藏书有较大幅度的增加。藏书楼改组时移交给县立图书馆的藏书为“二万三千四百五十册”，至 1934 年，“庋藏新旧图书逾五万册”。为了向读者充分展示馆藏，县立图书馆编制出版了《绍兴县立图书馆通常类书目》一书，并利用当地的《绍兴民国日报》及时刊登馆藏书目，以加强图书宣传，扩大读者队伍。据 1937 年出版的《绍兴县教育概况》一书记载，当时县立图书馆还在一些机关或会场设立阅借处，帮助绍兴的各区乡设立民众阅报社 49 所、民众阅报牌 64 处；至 1936 年，绍兴的图书流通处所由原来的 4 处增加至 6 处。

县立图书馆在接收藏书楼旧藏的基础上，馆藏图书在数年间增至 79 000 册，通常类图书逾 5 万册，在全省图书馆界影响很大。1936 年，浙江省图书馆协会成立，绍兴县立图书馆成为为数不多的发起单位之一，并被选为协会的常务理事馆。时任馆长孙增祺向大会提交“图书馆设读书会应如何办理，以收优秀效果”的提案。1937 年 5 月，绍兴县立图书馆又当选为浙江省图书馆协会第二届常务理事馆。

二、绍兴县立图书馆的人员结构

1933 年 6 月，绍兴县立图书馆正式开放，由筹建负责人孙增祺担任馆长，此后，馆长均由绍兴县政府任命。

1932—1937 年，绍兴县立图书馆历年人员变化如下。

1932 年，古越藏书楼改组为绍兴县立图书馆，编制 3 人，设馆长 1 名。

1933年6月1日，县立图书馆开放。孙增祺任馆长，先后邀请绍兴人宗先谦、海盐人方渊泉至馆工作。

1934 年 6 月，《浙江全省图书馆概览》记载：编制 3 人，馆长孙增祺，职员宗先谦、张文虎。

1935 年 6 月，《浙江全省图书馆概览》记载：编制 3 人，馆长孙增祺，职员宗先谦、谢伯扬。

1936 年 6 月，《浙江全省图书馆概览》记载：编制 3 人，馆长孙增祺，职员宗先谦、谢伯扬。

1937 年 3 月，马涵叔接任馆长，编制 3 人，职员有朱允坚等。（根据《绍兴文史资料选辑（第七辑）》中朱延锴所作的《记绍兴县修志会》记载：“一九三七年春，马涵叔继任县立图书馆（馆）长，邀我共事，笔者为向先父去请示，故见诸老埋首案头。”故另一职员或为朱延锴。朱延锴为绍兴县修志委员会成员朱启澜之子。）

1941 年 2 月，傅召沛接任馆长。

三、绍兴县立图书馆的馆舍、设施与经费

（一）馆舍

1932 年，经浙江省教育厅批准，古越藏书楼改组为绍兴县立图书馆，馆址依旧。建筑格局未变，但内部功用有所调整。第二进楼下的阅览室两旁分藏新版图书，开架式陈列新书，阅览者可随意取阅。第三进楼上两间书库、楼下两间客房相继变为办公室或家属、职员寝室。1935 年，浙江省督学视察绍兴县教育状况，6 月 9 日形成浙江省教育厅训令第一三一九号，令绍兴县政府“藏书楼楼板有蛀坏处，及应修理以防危险”。

图 2-1　绍兴县立图书馆遗址

《浙江省教育厅训令教字第一三一九号令
绍兴县政府案据省督学视察该县教育状况
报告抑即切实遵办由》（节录）

县立图书馆内部布置整齐；惟查阅览者每日人数不多，平均仅二十余人，应计划举行读书会演讲会等，以鼓励民众读书兴趣。又岁，藏书楼楼板有蛀坏处，及应修理以防危险。

以上各节，仰即知照，并转饬遵照！此令。

教育厅厅长许绍棣

民国二十四年六月二十九日

民国二十四年《浙江省政府公报》第 2381 期

（二）设施设备

县立图书馆继承了古越藏书楼的全部设施设备，主要是馆舍、桌椅和书柜。1932 年 1 月，图书馆对馆舍布局与空间进行改造，在普通阅览室内安置阅览书桌 5 张、藤椅 30 把，在报纸阅览室置斜面报桌 4 张、方凳 12 张。除保留藏书楼留下来的书柜外，又购置了玻璃书柜和陈列架。

（三）办馆经费

在县立图书馆筹备时期，开办经费为 1 500 元，常年经费为 3 066 元，其中用于图书馆的为 1 530 元，用于流通书库的为 1 536 元。据《浙江全省图书馆概览》载，1933 年至 1936 年，绍兴县立图书馆每年经费均为 3 066 元。

四、绍兴县立图书馆的馆藏状况

全面抗战前，馆藏增长较快，初始馆藏为接收的古越藏书楼所遗存的23 450册图书。1935年，图书馆的藏书量为50 000余册，至1936年，其藏书量达到79 000册，其中通常类图书“逾五万册”。

（一）馆藏组织体系

改组为县立图书馆后，即“整理图书并托省立图书馆聘到专家方承谟先生主持分类编目事宜，另雇临时职员二人专任登录图书、粘贴票签、缮写目录等事，至五月终毕事。所整理古越藏书楼旧书共二万三千三百七十册，用四部分类法编目；又整理流通图书库及万有文库，合计二万四千七百册，用王云五中外图书统一分类法分类编目”（《绍兴县立图书馆二十一年度实施报告》）。可见县立图书馆采用了两种图书分类编目方法，古籍采用传统的四部分类法分类，普通图书采用王云五的“中外图书统一分类法”分类。

1934年1月，馆员宗先谦所编《绍兴县立图书馆通常类书目》刊行于世，例言云：“本目录系依照中外图书统一分类法编制，先分为总类，哲学宗教，社会科学，语文学，自然科学，应用技术，美术，文学，史地等，十大类，每大类下，再分若干小类。”同年，他又撰写《图书分类法中的布鲁舍尔分类法》一文，在《绍兴新闻》报上连续刊登，系统介绍了布鲁舍尔分类法的结构特点，并与杜威的十进分类法作了比较。

1935年1月1日，宗先谦在《绍兴新闻》报上发表《绍兴县立图书馆之回顾与展望》一文，该文对县立图书馆在图书选购、阅览服务、巡回书箱流通、编印馆藏书目方面的工作成绩进行回顾总结，并提出未来工作方向，同时呼吁社会民众的帮助与指导。

1936年1月1日，宗先谦又在《绍兴新闻》报上发表《图书馆事业之新希望》，竭力弘扬学风，提倡科学。

宗先谦，号剑夫，绍兴人，先曾祖为乡贤宗稷辰。1932年冬，宗氏自上海回到绍兴，正逢藏书楼改组，馆长孙增祺请其主持图书分类工作等。宗氏到馆伊始，即对馆藏通常类图书进行整理，县党部机关报《绍兴民国日报》逐日刊载相关目录。1934年，这些内容汇编刊印成册，即《绍兴县立图书馆通常类书目》。宗氏著述较多，主要有两类：一类是图书馆研究及推广，除《绍兴县立图书馆通常类书目》外，另著有《民众图书馆图书分类法》《图书目录检索法》，发表过《图书分类法中的布鲁舍尔分类法》《如何赴县立图书馆阅借图书》等文；另一类是史学研究，尤其是太平天国相关研究，著有《明嘉靖间浙江的倭寇》《沧桑劫后话红羊》，撰有《洪杨轶闻》《莲蓬党始末记》《包村余腥录》《太平天国时之绍兴社会》《常胜军之服装》《绍兴民族英雄葛云飞》《会稽与山阴的考证》等文。宗氏也活跃于报刊、通讯界，担任过《绍兴新闻》戏剧栏目主编（1935年6月13日，《戏剧》第8期）；1948年4月，与宋越创建立言通讯社（《绍兴市志》第2 745页），社址设在绍兴城区衙门前。

《绍兴县立图书馆通常类书目》序

二十一年冬，余自沪返里，适古越藏书楼经县接收后，有改组县立图书馆之举，以应知识需求。馆长孙仲安先生，以余曾在沪上管理图书馆者，邀来任职，并聘海盐方渊泉先生整理图书，主持分类。因思图书馆图书尤在能活用，能流通，合乎梅尔维尔杜威以现代之图书馆视为喷水池之妙喻。愿欲达此目的，自非有目录之印行，宣示藏书之种类及数量，不为功盖图书馆为知识之宝库。而目录实启此宝库之锁钥，故有目录，吾人可即类以求书，即书而究学，然后，阅览才有兴趣，修学才有进步。

今者本馆目录，居然借报纸而披示于社会矣，以知识需要之迫切，具求知之渴念者，自必欲一览为快，俾得检寻所欲读之书，以满足其欲望，增加活用，普及阅览，可于此卜之。是为序。

宗先谦 民国二十三年，元旦

《绍兴县立图书馆通常类书目》民国二十三年铅印本

《绍兴县立图书馆通常类书目》启

本目录系依照中外图书统一分类法编制，每大类下再分若干小类，书名下并附有著者出版者之名，但未列入书码（Call Number）。所收书凡三千二百余本，内容以文学书籍为最多。本目录先会按日刊载于绍兴民国日报，其后乃装订成本。

《中华图书馆协会会报》第七卷第三册

《绍兴县立图书馆通常类书目》缘起

目录者，所以综合群书，类居部次，取便检寻也。其功用则为宣示阅众以图书馆于某种类某事项所收集图书之数量。盖图书馆内庋藏之图书，浩如烟云，若无目录以为引导，则欲检查一书，势必赴各书架上，逐一翻寻，且远途阅众，纵阅览有心，而藏书内容，苦难明了，尤须恃目录以为之媒介，宜乎有人谓目录为图书馆之锁钥也。

本馆庋藏新旧图书，数逾五万册。虽自开放以来，阅借者日有增加，然以全县之识字人口而统计之，则尚未能逮三分之一，殊有积极推广阅览之必要。因此屡拟印行目录，增加图书之活用，而应求知之渴望，奈以限於经费，不果所愿。兹承民国日报之赞助，允为逐日刊载报端，诸君欲阅何种图书，即可即类以求，即书以究，快乐、便利，为何如耶？付刊之际，志数言缘起。

孙增祺 民国二十三年，一月一日

《绍兴县立图书馆通常类书目》民国二十三年铅印本

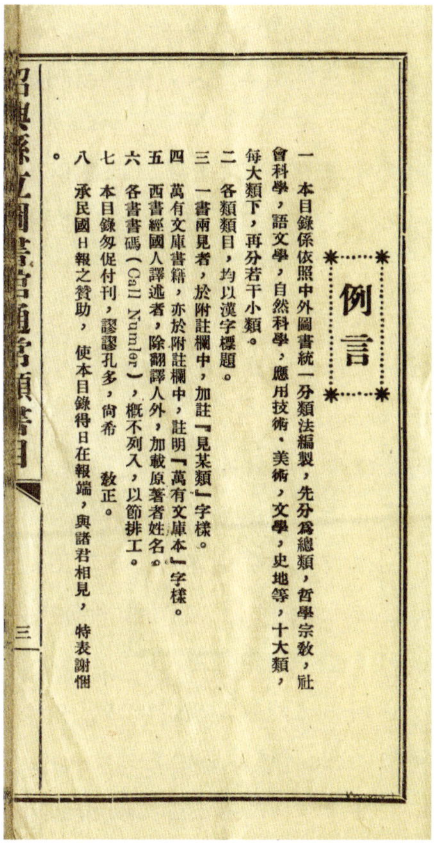
例言

一 本目錄係依照中外圖書統一分類法編製，先分爲總類，哲學宗教，社會科學，語文學，自然科學，應用技術，美術，文學，史地等，十大類，每大類下，再分若干小類。

二 各類類目，均以漢字標題。

三 一書兩見者，於附註欄中，加註『見某類』字樣。

四 萬有文庫書籍，亦於附註欄中，註明『萬有文庫本』字樣。

五 西書經國人譯述者，除翻譯人外，加載原著者姓名。

六 各書書碼（Call Numler），概不列入，以節排工。

七 本目錄匆促付刊，謬謬孔多，尚希 教正。

八 承民國日報之贊助，使本目錄得日在報端，與諸君相見，特表謝悃。

三

图 2-2 《绍兴县立图书馆通常类书目》例言

1934 年 12 月 31 日，有名“廷骥”者到县立图书馆邀宗先谦撰写图书馆 1934 年工作的回顾与 1935 年计划，次日在《绍兴新闻》新年特刊上发表（见下文）。廷骥即章廷骥，上虞道墟镇人，笔名庄汀依，章廷谦之弟。时为《绍兴新闻》之主编。1948 年到 1949 年，任杭州《大华日报》编辑。编有《哲学问题》一书（罗素讲，章廷谦记，赵元任校，北京大学新知书社）。《鲁迅日记》中提及章氏曾两次书信与鲁迅。

所约之文相当于一篇年度总结及下一年度计划，但约稿到发表仅一天时间，所以该文以综合性的介绍为主，数据较少。全文围绕选购、阅览、流通、编印4个方面展开。选购方面，因限于经费，大部丛书不能购入，计划加强本县地方志、乡人著述、清代逸史的采购。阅览方面，重视儿童求知，特设儿童阅览处，增宽成人阅览室，针对读者需要分设一般、儿童、民众3种目录。流通方面，流通方式由固定改为巡回，计划小学生文库巡回小学，由城区推广到乡镇。编印方面，印就通常类书目1种，即《绍兴县立图书馆通常类书目》，计划为古越藏书楼23 000余册旧书编印单本，另外根据需要印行合作书目。

《绍兴县立图书馆之回顾与展望》

廷骥先生昨造本馆，嘱为草《廿三年绍兴县立图书馆之回顾及廿四年之展望》一篇，以实绍兴新闻之新年特刊，不揣笔拙与学浅，用将过去之工作，及今后应有之努力，报告于社会，惟以限于时间及篇幅，未能详焉。

（一）过去之工作

（甲）选购方面

图书馆之在今日，已成为社会之动力，故此选购图书，务在合乎社会之需要，如是来馆阅览者，才能人得其书，书尽其用，而达灌输知识，扶翼教育之使命，合乎杜威，所谓喷水池者，本馆选购图书，向凭省立图书馆之标准，而参以阅览人心理，所购之书，尚能合乎社会之需要，惟因限于经费，致大部丛书，如图书集成，四库珍本等，未克购置，供高深之参考及研究，引为深憾焉。

（乙）阅览方面

儿童时代知识正开，求知之切，甚于成年，本馆鉴及于此，觉从前之桌椅，不适于儿童阅览之用，因特开儿童阅览处一，设置合乎儿童坐阅之桌椅，并于新书陈列架上，多置儿童读物，来馆阅览之儿童，于以激增；至于成人方面，本馆每月换陈新书之时，则将书目另行油印，分发学校机关及送各新闻纸上，刊登公告，收效亦宏。

（丙）流通方面

本馆从前流通图书，多取固定式，故非多备复本，乡镇绝少有阅借之机会，因此改用巡回式，按月巡回，复将书籍，制为便利而巧小之式样，既以减少复本购置，复以便于运带，试用迄今，均称便焉。

（丁）编印方面

图书之能求其现实活用，必须有书本目录之印行，俾求知之士，远离本馆者亦得知所庋藏，前来阅借，故此特编印通常类书目一种，装成单行本，以应需要；复以提倡合作事业起见，另印合作书目一份，以供各合作社及有志者之参考与探讨。

（二）将来之努力

（甲）选购方面

本馆庋藏之图书，新旧合计，数已达五万册以上，差可成为大观；惟关于本县之地志及遗著，收罗尚未能普遍，而逊清逸史，有关参考者，亦收藏无多，此后拟提出一部分经费，专购上述各书，并于每月假定一个研究题目，将有关之参考书，尽量购置，俾于参考，更生兴趣。

（乙）阅览方面

本馆以限于馆舍，故阅览室未能宽大；此后拟将办公室处移居中间，俾占地较少，阅览室自可增宽，至于目录则拟分一般，儿童，民众三种，分别程度，以期阅览者得各按程度而求其书，阅借当更有兴味。

（丙）流通方面

本馆初拟以小学生文库，巡回各区立小学，顾以人少事繁，二十三年内，不克实现；二十四年起，准可依照计划，依次巡回，先就城区试行，再向乡镇推广，庶图书不多之小学，儿童亦有阅览之机会。

（丁）编印方面

本馆接管之古越藏书楼旧书，计二万三千余百册，于学术方面，关系殊大，现拟仿照通常类书目，编印单本，俾好学之士知所研究；此外则拟仿合作书目，另印教育书目，分发各校，以利进修。

以上所言，为本馆预拟之工作中，较为重大者，故特撮而述之，至于其他，则秉“为政不在多言”之旨，略而未陈，惟期尽所有之棉力，使渐臻于完善之地位。顾县立图书馆系为全县民众所设，为全县民众所享，亦为全县民众所有，尚祈热心君子，予以扶助及指导焉。

宗先谦

《绍兴新闻》民国二十四年元旦专号，第二张

1936 年元旦，宗先谦在《绍兴新闻》上又作《图书馆事业之新希望》（见下文）一文，对县立图书馆寄托了新的希望。他强调图书馆的重要作用，针对当时国内外形势，大力倡导科学救国。宗氏认为图书馆的从业者，应引导读者的学习方向从文艺方面转向科学方面，这样才能起到强国作用。基于此，县立图书馆在 1935 年 11 月就组织了读书会，注重科学研究。此文又提出 1936 年计划整理读书会笔记，为科学类图书撰写提要，附之书端，以引起读者对科学研究的兴趣，并倡议出版界能提供合适的科学书籍。

《图书馆事业之新希望》

光阴容易，又是二十五年元旦，当此春回岁首，万象更新之际，吾人固均具有一种新希望，兹以笔者服务于图书馆，为言对于图书馆之事业。

图书馆之在今日，为世界各国视为社会动力者，要不外乎其有导扬学风，扶翼教育，保存文化之功，吾人从事于此事业者，宜如何力谋其普遍之实现，务使此知识之宝库，人人咸得有开启之机会，换言之，亦即使图书馆充分而被人利用。

当此国难严重，外侮紧迫之秋，吾人欲言救国，自当本乎总理救国不忘读书之旨，以竭力导扬学风，提倡科学，以养成知识宏富，明了时势之士，俾得秉其所知，以供献于国家。

顾环视图书馆中，阅借人数，非不日有增加，奈所借阅之图书，殊多关于文艺方面者，夫文学所以传达感情，固值得吾人研究，而科学则能示吾人以社会之情状，事物之发明，尤有努力从事之必要，故办理图书事业者，自应力矫此弊，使阅借者对于文学之研究，渐移而向科学方面去，以为科学落后之中国，作急起直追之企图。

县立图书馆有鉴于此，特于此岁十一月间，组织一读书会，注重科学之研究，所拟目录，均系有系统之图书，俾资循序而渐近，以抵于大成；今岁，复拟就读书会中之笔记，作成提要，附贴书端，以供一般阅借之人，可一览而知其内容，引起其研究之兴趣，此等工作，殊有意义，吾绍学风，将可以之而振兴，科学，亦可以之而提倡矣，故自二十五年起，绍兴人士赴图书馆阅借图书，吾人可谓其由无目的，而渐成为有目的者，阅览宗旨，既得以变更，图书馆之效用，乃益增其宏大，故于希望努力以赴，到目的以外，更希望同人一致起而提倡；出版界能充分供给以适合需要，达含有兴味之科学图书也。

宗先谦

《绍兴新闻》民国二十五年元旦特刊，第二张

图书馆的另一馆员朱允坚在《古越藏书楼与县立图书馆》一文中也提到了图书分编：

“藏书楼藏书的分类，因当时徐氏受新潮流影响，思想趋新，一破前人成例，曰存古，曰开新，分古籍部、今籍部两大类，古籍部又分学类（包括经、子、集）、政类（包括史及政治），今籍部分普通、专门（包括中外科技等书）二类，这是图书馆史上的创举。”

“图书馆接收后，为便于检索，仍分经、史、子、集及丛（丛书）、新（新学）六部排列。新版书则参照杜威十进分类法和王云五中外统一分类法，加以精简，比较合适，使读者容易掌握。总的说来，分 0（总类包括丛书、全集）、1（哲学）、2（宗教）、3（社会科学）、4（语文学）、5（自然科学）、6（应用技术）、7（美术）、8（文学）、9（史地）共十大类，再用三位数或附加小数点以下二位细分，归纳明晰，已足以应付裕如。如丛书类别纷繁，就用子目，分见日列名，属于中国专有学科，加十、廿符号标明，参考工具书加“△”号另列，以便检索。”

“图书排列按四角号码的著者号为次序，姓取二码，名各取一码（单名二码），而且必须用著者原名，如鲁迅用 7742（周树人）、曹禺用 4433（万家宝）等。外国文学，也是如此（不用译名），以免笔名有不同，或译者书名各异，致同书分列，难以觅取。”

“图书馆没有编印过书目，只有目录卡，仅列书名、著者、册数、版本，过于简单。虽曾建议参照四部提要，简介内容，编成目录，以满足读者需要，但因工作浩繁，经费所限，未能成书，这也是现代一般图书馆所不足之处。”

“分类编目工作，先后仅宗先谦及笔者一人担任，人手不够，大批新书，均未经盖章贴签编目，给盗窃者以容易变卖之便利。”

（二）馆藏管理与服务

为保护馆藏，县立图书馆制定了《绍兴县立图书馆阅览规则》《绍兴县立图书馆借书规则》（均见下文）等制度，以制度的形式来规范读者借书与阅览的行为，并对破损图书进行修补。朱允坚在《古越藏书楼与县立图书馆》一文中有此描写：“通第二进两房有宽阔走廊。楼上藏古籍，书橱分三间作凵形排列，橱木都用樟、楠、木荷樟科植物精制，做工细密。每岁伏夏闭馆翻晒一次，从未发现过蛀蚀霉变现象。”

《绍兴县立图书馆阅览规则》

1933 年 11 月

第一条　本馆备有阅览室，为阅览人阅览之所。

第二条　本馆每日开馆时间分别规定如下。

1. 自四月起至九月止，每日上午八时至十二时，下午一时至五时。

2. 自十月起至翌年三月止，每日上午九时至十二时，下午一时至五时。

第三条　本馆于左列各日停止阅览：

1. 应行休假之纪念日；

2. 每个星期一日；

3. 曝书日（在夏季，这当期内以二十天为限）。

除前项各日外，如有特别事故，得临时通告停止借阅。

第四条　阅览人须先向发筹处领到阅览筹，如欲阅览通行图书杂志即可进入通常藏书室，检取图书，再至出纳处领取阅览券，按照券内规定事项填写明白，仍交该处存查，然后阅览。阅毕，将原书缴还。如欲阅览古越藏书楼图书，应先领取阅览券，按照券内规定事项填写明白，交由出纳处职员检取发阅。

阅览室内各种图书及杂志，阅览人得自由阅览之。前项图书，非经本馆许可，不得携出室外。

第五条　每次阅览册数应照下列各款之限度：

1. 书籍以二种为限；

2. 图书卷轴大者，以二幅或一册为限。

第六条　阅览人阅毕后，欲改阅他种图书时，应向出纳处换取阅览券，重新填写后检取阅览，但以二次为限。

第七条　阅览人指定阅览之图书，如因借出未还，或先有人在馆阅览时，应改期阅览，或换阅他种图书。

第八条　阅览人欲暂离阅览室时，将所阅之图书点交出纳处保管。

第九条　阅览人如有在图书或杂志上圈点涂抹，加盖私章，以及折绉污损，或缺少册数页数情事，应照价赔偿。

第十条　关于阅览室内应行注意事项，别以规约定之。

第十一条　阅览人如有左列各款情事，得拒绝其阅览：

1. 违背本规则及阅览室规约，经劝告不从者；

2. 酗酒及有传染病、精神病者。

第十二条　阅览人于本馆设备之图书，或关于图书阅览上设施事项，如有意见，得以口头或书面建议于本馆。

《绍兴县立图书馆借书规则》

1933年11月

第一条　本馆开馆期内，得照本规则出借书籍。

第二条　下列各书不得出借：

1. 保管图书类；

2. 寄存图书；

3. 字典辞书及新闻杂志；

4. 未满一月之新到图书。

第三条　借书手续规定于左：

1. 借书人须先向出纳处领取借书证，加盖商铺书柬，交由本馆查明认可；

2. 每次借书时，应领填借书券，连同借书证，交由本馆检借；

3. 无借书证者，应缴纳与书价相同之现金保证，方准借出。

第四条　每次借书以十本为限，惟在此规定册数以上，应分次借阅。

第五条　借阅图书时间以两星期为限，到期得声明理由，请求续借一星期，但以一次为限。逾期不还，凭保追缴。

第六条　凡以机关名义借书，得免用借书证或保证金，但须备具正式钤印公文，由主任长官具名盖章，送馆核明认可，方可出借。

第七条　借书人指借之图书，如因借出未还，或已有人在馆阅览时，应改期借阅，或换借他种图书。

第八条　书籍归还时，如查有阅览规则第九条情事，应凭保赔偿损失。

宗先谦写于民国二十三年（1934年）的《如何赴县立图书馆阅借图书》（见下文）首先介绍了现代图书馆的作用，其次重点介绍了到县立图书馆如何办理借阅手续等，叙述十分清晰，读者读后可知：

①当时馆藏新旧图书达5万册。新书开架式阵列，以中外图书统一分类法分类，目录分活页及卡片两种；旧书为古越藏书楼捐置，采用四部分类法，书式目录，仅限馆内阅览；

②借书方式分为两种，办理借书证的要填各项信息，自己觅商铺担保，没借书证的以现金作抵。其中借书证以红、蓝、白三色来区分男、女、儿童；

③借期为两星期，册数上限为10册，可续借1次；

④阅览只需领竹筹1支交出纳台即可。

《如何赴县立图书馆阅借图书》

本篇系去年十二月十三日赴塾师训练班讲词，特为整理之付。载于新年报端，以备社会人士，欲往图书馆阅借，而不知手续者，资以参考，幸勿以明日黄花视之。

昔楚左史倚相，能读三坟五典，八索九丘当时即称为良史；今日科学繁复，人事纷纭，出版之刊物，日新月异，真有庄子所谓：“吾生也有涯，而知也无涯”之感。在求学时代，遇有不能明了者，尚可举其难以问师，盖师可所以传道受业解惑也；如已脱离求学，进而趋于任教时代，则于学术有不知者更将何处以求解？然则其无求知之机会乎？曰：有，即图书馆是，良以图书馆收藏古今中外之典籍。实成人类知识之源泉，吾人于宗教有问题焉，则有宗教之书，以解吾人之惑；于科学有研究焉，则有科学书，以供吾人之用，一言以蔽之，凡人类所不能知者，求之图书馆中，均能得一相当之回答，故此吾人于图书馆，殊可视为——大学校，其中执鞭任教者，胥古今之大学问家，宜乎英国陶逊谓为知识之诊断宝。

阅览图书，不仅可增人知识，且可涵养性情，使不致趋于堕落，故希腊柏拉图谓“知识为造就人类至于高等之用”。沙罗门箴言中亦谓：“知识之途者，即快乐之途也。”吾人既知知识之切要更不得不阅览图书以培养高尚思想，而应付一切疑问，因此就当时时往图书馆去，满足其求知之欲望，兹所欲言者，即为：如何赴县立图书（馆）阅借图书，俾能明其手续，将来赴馆阅借，如在自己架上捡取一般，便利，快乐，为何如耶？

欲言本馆之内容，须先以现代之所谓图书馆者，以及其发展之顺序。考老子为周守藏之吏，是吾国周代已立图书馆之雏形，自是而后，历史之石宝兰台，以迄清之文潇［渊］等七阁，虽公家藏书事业，代有进展，顾只尽收藏之责，未具活用之旨，不合现代之所谓图书馆也。

现代图书馆者，乃搜集有益之图书，随大众之知识欲望，用最经济时间，自由活用之场所，一方因在保存，一方尤在流通，务使图书馆所备图书，合乎社会之需用，社会所需用者，备乎图书馆中，复为便利阅众检选起见，除编制各种目录外，并于管理采用开架，因此现代图书馆之宗旨，不复如古代之专限于收藏一方面。美国杜威谓“古代之图书馆如蓄水池，现代之图书馆如喷水池，以其所集之书，能循环活用，流通不息”者，此言良有以也。

本馆自去年六月一日正式开放，即取开架式，以便阅众欲阅何种图书，可就架上自己检取，免除先取阅览券，依目录上所检得之书名，及其他要件记入，交付出纳台，然后等待数分钟，或数十分钟，方始得到图书之时间上虚耗；且可免取得图书以后，其内容不合于用，又须履行回样手续，另借他种图书之烦，沮丧阅览兴趣，尚有某种图书或阅众曾经见过，始因书名记忆不清，翻遍目录，迄无类似，则检架上，当依其形式，获得其书也。

本馆庋藏新旧图书，达五万册，新书采用王云五氏中外图书统一分类法分类，其在架上排列，亦依类码之次序，而类码所代表者，则 000 为总类，100 为哲学，200 为宗教，300 为社会科学，400 为语言学，500 为自然科学，600 为应用技术，700 为美术，800 为文学，900 为史地，架上各书之书脊下端，均有其类码之标签贴焉，阅者欲就架上检取何类图书，可注意其类码。

新书目录，计分活页及卡片二种，前者用于通常类图书，依分类而排列，每页之旁并以类名标题，俾便翻寻，后者为万有文库所固有，依字典之单字而排列，其检查方法，则用四角号码检字法，此项目录之优点，在仅记得书名，类名，或著者之前一字均可检得其书。

如系在馆阅览者，于检得书后，依次填明阅览券上交由本馆职员存查，阅毕，将书交还馆员，而销去其阅览券。如系借出馆外者，则填写于借书券上，随同借书证交付馆员。

图书之出借，分为两种手续，一系凭借书证出借，一系以纳书价相同之保金，借书证可向本馆索取，惟须先声明领证人性别，盖是项借书证，分有三种颜色，男性用者红，女性用者蓝，儿童用者白。取得借书证后，觅盖商铺保章，并填写各项应有之记载，送交本馆覆查，如认为合格者，即可凭保证书，是项借书证于借书时交馆，还书时索回；如无借书证者，则当纳现金作抵。

借书期间为两星期，如有不能阅毕者，得请为展限一星期，惟以一次为度，且来馆声请续借时，必须随带原书；出借册数，以十册为限，如自问借去之书两星期未能阅毕者，宁将其书退还数册，俟下次再借，俾便阻碍流通。

本馆旧书采用四部分类，编制书式目录，是项图书，系旧古越藏书楼所捐置，而由本馆接收保管者，故不采取开架式，且只许在馆阅览，其手续为先填就阅览券交付馆员检取，然后领阅。

新书架上之图书，陈列在阅览室内者，可自由取阅，无庸何种手续；至于进内手续，尤为简单，只须在门侧领取竹筹一支，男红，女蓝，儿童白，送交出纳台，即可在室内阅览所需之图书。

赴馆阅借，手续大略如是，敬知乎此，则知识之宝库，可任取用而不竭，其乐当远胜于获黄金也。

宗先谦

《绍兴商报》民国二十三年元旦增刊，第三张

五、绍兴县立图书馆的读者服务

（一）传统读者服务工作

古越藏书楼时期，馆藏图书只供在馆阅览，不允许外借出馆。

1932 年，改组为绍兴县立图书馆后，增加了图书外借与集体外借业务，并设立流通处。读者可凭商铺书柬领取借书证，也可缴纳与书价相同之现金，办理借书手续。读者对象“多为附近中学学生”。

1935 年，浙江省教育厅训令图书馆采取措施以鼓励民众读书。图书馆通过组织读书会、举办图书流通活动、购置小学生文库巡回各小学、开设儿童阅览区和编制重要图书索引目录等为读者服务。馆内虽增设了儿童阅览处，但考虑远道儿童不便来馆利用，是以借助于巡回书箱，将小学生文库、各书局的儿童读物约 50 册送至各小学陈列，先送的为南门、保佑桥两个小学。《绍兴新闻》对此进行了报道。

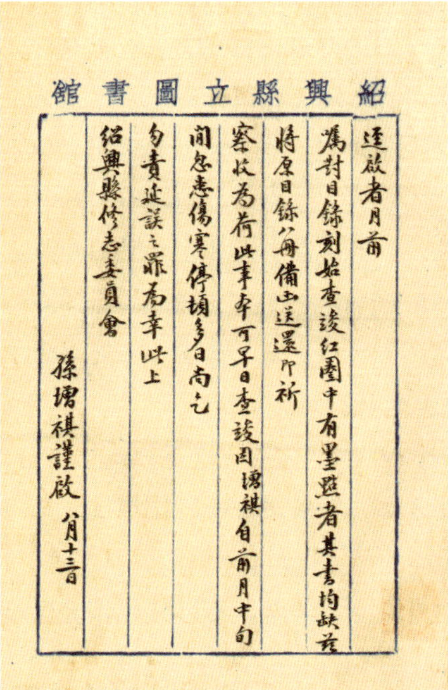
紹興縣立圖書館

逕啟者月前
爲封目錄刻始查該紅圈中有墨點者其書均缺茲
將原目錄八冊備函送還即祈
察收為荷此事本可早日查該因璠祺自前月中旬
間忽患傷寒停頓多日尚乞
勿責延誤之罪為幸此上
紹興縣修志委員會
孫璠祺謹啟 八月十三日

图 2-3　绍兴县修志委员会向绍兴县立图书馆致函咨询修志相关事宜（1935 年）

《图书馆流通儿童读物》

第一次发出计五十册左右

在南门小学及保佑桥小学

本县县图书馆为养成儿童自学习惯起见，曾于阅览室内开设儿童阅览处一所，兹因远道儿童尚有不克赴馆阅览。该馆更为推广计，特置巡回小书箱，装书约五十册，包括小学生文库及其他各书局出版之儿童读物，送交本城各区立小学陈列，以供小朋友课余阅读。第一次发出者为南门及保佑桥二校，以后当挨次流通云。

《绍兴新闻》民国二十四年三月二十一日，第一张

至今绍兴图书馆的民国书库仍收藏着一批盖有绍兴县立图书馆印章的小学生文库图书，分地理、历史、自然科学、短篇小说、寓言、传记、童话、游戏等类，如《江西省》《中国文化小史》《奇象》《怎样研究历史和地理》《儿童外国短篇小说》《伊索寓言》《郑和》《肥料》《俄国童话》《手影术》《中山故事》等。

1935 年 6 月，浙江省教育厅训令教字第 1319 号："县立图书馆内部布置整齐；惟查阅览者每日人数不多，平均仅二十余人，应计划举行读书会演讲会等，以鼓励民众读书兴趣。"据《浙江全省图书馆概览》记载，县立图书馆通过编制索引目录、组织读书会进行阅读指导，例如 1935 年，组织有读者参加的以科学研究为宗旨的读书会，依托图书馆开展学术研究。

在图书馆的图书外借业务中，读者凭借书证（亦可交纳与书价相同的保证金）借书，借期 2 周，可续借 1 次（限 1 周），出借册数以 10 册为限。

早在 1932 年，县立图书馆即已遵照浙江省教育厅的指示，将原有流通书库纳入图书馆管理，当时流通书库的图书借阅以单位借阅为主，是图书馆集体借书服务项目之始。开馆时间依照冬季与夏季进行切换，夏季（每年 4—9 月）开放时间是 8：00—12：00 和 13：00—17：00；冬季（每年 10 月—次年 3 月）开放时间是 9：00—12：00 和 13：00—17：00。每次阅览书籍为 2 次，每次借阅书籍以 10 本为限。

（二）参考咨询服务

从历史档案视角来考察，县立图书馆用于参考咨询服务工作的档案资料非常少。其具体参考咨询工作是通过读者到馆咨询或使用信件咨询开展的，例如《羊山韩氏宗谱》的编辑就充分利用了图书馆的多种图书与资料。民国二十四年（1935 年），绍兴县修志委员会向馆长孙增祺、馆员宗先谦致函咨询修志相关事宜，对此图书馆对古越藏书楼 8 册旧书目录与实物进行一一核实，送奉《通志》《养新录》《铃山堂集》等书。

（三）延伸服务

20 世纪 30 年代的县立图书馆就已有馆属的流通书库存在了。民国二十五年（1936 年）有流通书库 14 处，其中的小学生文库还在各小学巡回。1933 年用于流通书库的经费达 1 536 元，占常年经费的一半。

据 1937 年出版的《绍兴县教育概况》一书介绍，当时与县立图书馆有横向联系的县民众教育馆的藏书达到 3 837 种 8 249 册。图书馆还"在机关或会场设立阅借处"，帮助绍兴各地设立民众阅报社 49 所、民众阅报牌 64 处。至 1936 年，绍兴图书流通处所由原来的 4 处增加到 6 处。

绍兴图书馆的业务研究、辅导工作始于这一时期。1936 年 4 月，浙江省图书馆协会成立，孙增祺馆长向大会提交"图书馆设读书会应如何办理，以收优秀效果"的提案。县立图书馆作为协会的发起单位和常务理事馆之一，指导基层图书流通工作，开展协会活动。中华人民共和国成立后，图书馆的宗旨、读者成分起了变化，辅导工作备受重视。

（四）宣传普及服务

收录标准为发表在报刊、图书的文章，不分正式刊物、内部出版。

表 2-1　报纸文章

著者	篇名	刊物	发表时间
宗先谦	图书分类法中的布鲁舍尔分类法	绍兴新闻	不详
	绍兴县立图书馆之回顾与展望	绍兴新闻	1935 年 1 月 1 日
	图书馆事业之新希望	绍兴新闻	1936 年 1 月 1 日

表 2-2　学术著作

著者	书名	时间
宗先谦	图书目录检索法	民国二十二年
	绍兴县立图书馆通常类书目	民国二十三年
	沧桑劫后话红羊	民国
	莲蓬党始末记	民国
	洪杨轶闻	民国
	民众图书馆图书分类法	民国

注：《莲蓬党始末记》辑入社科院《太平天国文献史料集》，也见于《太平天国遗事》二卷。

第二节　全面抗战时期的绍兴县立图书馆（1937—1945 年）

一、绍兴县立图书馆在全面抗战时期的损失与恢复工作

正当县立图书馆步入正常发展轨道时，日寇发动全面侵华战争，国难降临，图书馆也陷入困境。1941 年 4 月 17 日，绍兴沦于日寇的铁蹄之下，图书馆遭到严重破坏，图书损失惨重。抗日战争胜利后，在各方助资捐书的支持下，绍兴县立图书馆得以重新开放，但远未恢复到全面抗战前水平。

在日伪统治时期，“绍兴教育文化事业弄到乌烟瘴气，几乎不可收拾”，图书馆事业受害尤深。抗日战争胜利后绍兴县参议会的一份公报指出：查县立图书馆自经战乱，损失惨重，所藏图书多遭敌伪摧毁，即移藏在山乡的书籍亦均荡然无存，现有流通者仅及战前的十分之三。

图书馆经过这次兵燹后，元气大伤，一蹶不振。抗战胜利后虽也有几任馆长力图恢复地方图书馆事业，在他们的努力下，绍兴县立图书馆也曾出现过短暂复苏的气象，但终因“危机四起，国运日衰，经费支绌”，始终未能恢复到全面抗战前水平。虽然如此，但当时所采取的一系列恢复措施还是有可取之处的。

陈训慈先生是浙江地区抗战时期文献书籍保护的代表人物。陈训慈（1901—1991），字叔谅，浙江慈溪官桥村（今属余姚市）人，名人陈布雷之弟。1932 年至 1941 年任浙江图书馆馆长；1938 年至 1940 年兼任浙江大学史地系教授、校图书馆主任、龙泉分校主任。抗日战争全面爆发后，他联络浙江大学、杭州艺术专科学校、西湖博物馆等单位，创办《抗敌导报》，呼吁抗日，并主持浙江图书馆藏文澜阁《四库全书》及其他善本书、外文书和宁波“天一阁”藏书迁移保存工作，以避战争烽火。

“七七事变”后，浙江省立图书馆将所藏的文澜阁《四库全书》分装140箱，馆藏其他古籍善本分装88箱，共计228箱，迁出转移到浙江偏僻山区，先抢运至富阳，后辗转迁至永康、丽水、龙泉和青田。在流亡过程中，转运人员每到一地，便在当地开展图书借阅服务。文澜阁《四库全书》后来被运至贵阳地母洞存放6年，1944年12月又因战争形势紧张，被转运至重庆青木关。1945年2月19日，文澜阁《四库全书》保管委员会在重庆成立，陈训慈身为委员和常务委员，又竭力促成了将文澜阁《四库全书》运回浙江。1946年7月5日，文澜阁《四库全书》从重庆被安全迁回杭州。

据日本学者松木刚《掠夺了的文化——战争和图书》所言，杭州沦陷后不久，日本的“占领地区图书文献接收委员会”曾于1938年2月22日派9个人从上海到杭州寻找文澜阁《四库全书》，但因该书已经转移而未得逞。假设当时未及时迁出转移，必将落入敌手无疑。

最初运书以及后来再度转运的情况，恰巧在《竺可桢日记》中有两处提到。

《竺可桢日记》

1938年1月22日：

昨吉安《明耻日报》载浙大于十六号为五十日本兵所焚，图书馆仪器迁往日本云云。查浙大图书馆本无专屋，各图书馆亦无仪器之存在。校中重要仪器亦均移出，显非事实。或系省图书馆之误，因图书馆中尚存多量之图书也。乃电教部陈立夫，报告运仪器之近况，并报告文澜阁《四库全书》硕果仅存，虽由浙大帮同运严（州），似更运内地为是云云。

1938年3月25日：

叔谅（即陈训慈）来，知文澜阁《四库全书》于日内可由龙泉起运赴湘。

二、绍兴县立图书馆的人员结构

在这一时期，先后有两名馆长任职。

表2-3　绍兴县立图书馆历任行政负责人一览（1937—1945年）

馆名	姓名	职务	任职时间
绍兴县立图书馆	马涵叔	馆长	1937年3月至1941年2月
	傅召沛	馆长	1941年2月至1945年9月

1941年4月17日，绍兴陷于日寇之手。据馆藏《绍兴县图书馆藏书目录》《绍兴县图书馆第三进楼上新编书籍目录》两册书籍目录的移交手续名单，民国三十二年（1943年）至1945年，李士铭、陈东皋、朱涧南、陈炳煌、陈伊思5人先后出任日伪政府时期的馆长。

1941年2月，国民政府任命傅召沛为馆长，图书馆职员增至9人，其中馆长1人、主任干事2人、干事3人、会计1人、工友2人。

1941年4月17日，绍兴沦陷，日军侵占绍兴，图书馆遭到严重破坏，图书损失惨重，馆员逃离。日本人在当地扶植了伪政府，图书馆另有人管理。

据馆藏《绍兴县图书馆藏书目录》《绍兴县图书馆第三进楼上新编书籍目录》上的图书移交记录可知，当时人员结构如下：

1943 年 5 月前，先是馆长李士铭，馆员任云从；后是馆长陈东皋，馆员胡家俊、邹余庆；

1943 年 5 月，馆长朱涧南，馆员胡家俊、邹余庆；

1945 年，馆长陈炳煌，馆员胡家俊、邹余庆；

1945 年 8 月 16 日，馆长陈伊思，馆员胡家俊、邹余庆。

1945 年 9 月，抗战胜利后，傅召沛调离图书馆，国民政府又任命叶树芳任馆长，管理人员有朱允坚、叶树芳妻子及其弟。

三、绍兴县立图书馆的设施与经费

在这一期间，古越藏书楼仍然是县立图书馆的馆舍。经费主要由国民党绍兴县政府教育局拨给（1941—1945 年日伪统治期间除外），也有一部分是通过募捐及县款划拨得来的。

1937 年，图书馆经费是 3 066 元。1945 年，绍兴光复，县立图书馆复馆，求助于慈善事业机构学谷会，“呈准拨补学谷”，用这笔款购置了一批图书。

四、绍兴县立图书馆的馆藏资源建设

（一）馆藏的发展

全面抗战时期，县立图书馆的文献资源损毁严重。经历过这一时期的图书管理员朱允坚回忆时讲到，最令人痛惜的是“八一三事变”以后的一次移藏损失，当时善本不少，明版累累，《册府元龟》即其中之一，其他或是高丽纸朝鲜、日本版的，或是官书局版的，纸质印刷都很精美，作为第一批移运，共装十五大箱，均由其亲自押运，先运藏至袍渎敬敷小学，国民党军队过境驻扎时，因天寒用于取暖烧毁了。战乱中，藏书如此被毁，加之日军抢掠去的，使图书馆的藏书锐减到“不及战前的十分之三”。据 1947 年 7 月统计，藏书仅存 16 652 册，其中古籍 11 475 册。

抗日战争胜利至绍兴解放前夕，图书馆通过向社会各界募集购书经费和书刊资料等办法，使馆藏图书略有增加，1949 年绍兴解放时，图书馆进行馆藏清点，共有藏书 29 440 册。

（二）馆藏的来源

朱允坚在《古越藏书楼与县立图书馆》中介绍了县立图书馆的采购情况：“图书馆成立后，一次拨款购置新书数千册，以后开办流通图书库，又拨特款，购置百余种，每种十册，数又几千。在常年经费中，每月有图书购置费，可添书几百册（月四十元），积累十余年，数量是可观的。记得全面抗战前书价甚廉，因日产纸张大贱，上海中央、民智、大达、文化等十数家投机出版商，大量翻印旧书，粗制滥造，大卖折扣书，每册贱至几分钱，图书馆对此类书虽不采购，但商务、中华、世界、开明等出版的，书价也相应降低。一九四五年，得到学谷会巨额拨款，馆长傅召沛又在上海向旅沪同乡捐募，购入了大批新书，这批书尽是鲁迅著作，苏联文学，马、恩、列、斯、毛论著，后来地方政府当局下令销毁。当时笔者正代理馆务，认为未免可惜，只将书移藏内室封存，熟人还是可以借阅的。到鲁迅图书馆接收时，可能尚有留存。总计起来连藏书楼旧籍在内，积聚当在二十万册（卷）左右。”

五、绍兴县立图书馆的读者服务工作

1941年，日寇入侵绍兴，图书馆的读者服务暂时中止。1945年抗日战争胜利后，因战乱停办的县立图书馆复馆。复馆后的县立图书馆，先后开设报刊阅览室、儿童阅览室等，但起色不大。

第三节　解放战争时期的绍兴县立图书馆（1945—1949年）

一、抗战胜利后绍兴县立图书馆的恢复工作

1947年7月14日《越声报》报道：绍兴县立图书馆整理图书工作已将结束，现有藏书16 651册（实为16 652册），其中古籍书11 475册，杂志20种，报纸16种。由此可见，在日伪统治期间，图书馆的藏书损失非常惨重。

1945年抗日战争胜利后，县立图书馆随即宣布复馆，由叶树芳出任馆长，第二年改由傅召沛接任馆长。这两位馆长，在其任上都“积极筹划恢复”图书馆，尤其是傅召沛，“对整理馆务，不遗余力”。他们所采取的恢复措施，归纳起来，有如下几项。

第一，刻不容缓地整理图书馆劫后尚存的图书资料，在“佚失颇多，凌乱殊甚，一时未能出借”的情况下，迅速在当地和杭州、上海等地订得“十余种报纸”，将阅览部门先行开放。并增订报刊，在惠兰桥聚训馆分设阅览室，以便利远近读者阅览。又求助于慈善机构学谷会，“呈准拨补学谷”，用这笔款购置了一批图书，“然以书价高昂，所增有限”。

第二，要求政府加拨经费。1945年绍兴县参议会第一届第二次大会通过“拟请审查预算时于教育经费下增加县立图书馆购书经费预算，以充实文化事业，发展图书馆教育”的提案。次年12月，县政府批准了这个提案，给县立图书馆加拨40万元的购书费。

第三，募捐。傅召沛接任馆长后，为充实设备，补充藏书，亲自去上海向旅沪同乡募捐，“承前任绍兴县县长郑重为赞助，又广为劝募，并慨先垫款二百万元”。同时，争得县党团、民政和士绅的支持，向社会各界募捐，承董和甫、沈顺昌等“捐助国币五十万元”。得到这笔款后，随即从上海购得一批书籍，其中不乏较进步的文艺及社会科学著作，并选择数百种进行分类，逐日将书名刊登在当地《绍兴民国日报》上，以广流通。

第四，在《绍兴新闻》报上，开辟由图书馆负责编辑的《图书园地》专栏。专栏内容丰富，每期大体都有5个栏目，即“园丁的话”“新书介绍”“陈列杂志”“绍兴县立图书馆书目录”及图书管理人员的文章，最后一期又增加了“图书馆讯”这个栏目。《图书园地》自1946年12月5日创设，至1947年1月15日登完第三期后就停止了，虽只刊出三期，但其意义不可磨灭。首先，通过图书管理人员发表的文章，宣传办好图书馆的意义，加强了当地政府部门和社会各界对图书馆的了解和支持。其次，通过“新书介绍”“陈列杂志”等栏目，充分展示馆藏，为图书馆招徕读者。最后，通过举办由图书馆馆员介绍图书分类法等的业务讲座，使更多的读者懂得怎样利用图书馆。

第五，鉴于战乱期间百姓离乡背井，儿童失教情况严重，便积极筹备儿童阅览室，至1948年12月5日就绪并开放，“除星期日开放外，其余则暂定为每日下午一时至四时开放”。

第六，扩大编制，增加管理人员，在叶树芳任上管理人员增加到4人，在傅召沛任上增加到9人，

到 1948 年余廉堂当馆长时，又增加到 12 人，其中馆长 1 名、组主任 3 名、会计员 1 名、干事 4 名、助理干事 1 名、工役 2 名。

由于采取了上述恢复措施，绍兴县立图书馆得以从濒临闭馆的困境中生存下来，恢复正常开放。这在书荒比粮荒更严重，充满“精神的饥馑”的战后年代，是一件极为难得的事。

1945 年抗战胜利，叶树芳接手图书馆工作，对图书稍加整理后即对外开放。傅召沛接任后继续整理图书，至 1947 年 6 月馆藏图书整理完毕，随即在《越声报》上刊登《介绍县立图书馆》一文（见下文），向社会介绍县立图书馆简史和现状，以求推广。此文从沿革、重要设施、图书分类、组织、借书办法、工作困难、现有藏书、现有日报、现有杂志等 9 个方面对县立图书馆进行了全方位介绍。

《介绍县立图书馆》

◎馆主◎

沿　革

清光绪二十三年，邑绅徐仲凡先生捐资创办古越藏书楼，收藏图书七万余卷，订定章程延请专员负责管理，终年开放，后因主持不得其人，藏书年有散佚，民十三年起停闭二年，民十五年复由徐氏后裔世南先生整理图书，重行开放，民国十九年，世南先生因事游皖，又告停顿，邑人鉴于学术机关时停时开，似非妥善，呈请教部收归公办，当由部转省下县查明情形，二十一年冬准令县办，遂于二十二年春委员筹备改组为县立图书馆，六月一日筹备完竣，正式开放，三十年敌陷绍城，善版图书迁藏山乡，全部损失，旋由伪县府派员接管，损毁尤多，迨抗战胜利，越城重光，县府派叶树芳先生负责接收，略加整理，即行开放，现在整理工作已告完竣，正从事筹募经费，采购新书，进入推广阶段。

重要设施

经常：1. 办理图书出借及阅览；2. 办理巡回流通；3. 编印图书园地；4. 研究及辅导。

临时：1. 举办学术讲座；2. 举办儿童读书竞赛。

图书分类

1. 普通图书采用王云五中外图书统一分类法。

2. 前古越藏书楼藏书采用四部分类法。

组　织

分设采编，阅览，推广，总务四组。

借书办法

分保证及现金保二种，借书期限规定城内一星期，乡区二星期，必要时得请续借，每次限借三册。

工作困难

1. 沦陷时期散失图书无法追偿。

2. 经费短少新书无法补充。

现有藏书

分　类	册数
总　类	一三五

哲　学	二〇二
宗　教	四七
社会科学	一二七一
语文学	八〇
自然科学	三〇四
应用技术	四〇二
艺　术	九八
文　学	七二二
史　地	五七六
小　计	
经部	一六二四
史部	四三九七
子部	一三三五
集部	四一一九
小　计	
儿童读物	八四〇
小学生文库	五〇〇
合　计	一六六五一［一六六五二］

现有日报

出版处	报　名	数份［份数］
上　海	大公报	一
上　海	东南日报	一
上　海	申　报	一
上　海	前线日报	一
上　海	中央日报	一
上　海	新夜报	一
杭　州	东南日报	一
杭　州	工商报	一
杭　州	正　报	一
杭　州	天行报	一
本　县	越　报	一
本　县	绍兴新闻	一
本　县	绍兴民国日报	一
本　县	青锋报	一
本　县	越声报	一

本　县	绍兴商业日报	一
本　县	其　　他	一
合　计		一六

现有杂志

刊　别	名　　称	份数
周　刊	世界知识	一
周　刊	经济周报	一
周　刊	时　　代	一
周　刊	新闻资料	一
周　刊	时 与 文	一
周　刊	评 论 报	一
周　刊	世纪评论	一
周　刊	宁绍新报	一
旬　刊	妇女旬刊	一
半月刊	胜　　流	一
半月刊	现代经济文摘	一
半月刊	文　　摘	一
半月刊	中苏文化	一
月　刊	科学大众	一
月　刊	现代妇女	一
月　刊	中国建设	一
其　他	（不定期者）	四

《越声报》民国三十六年六月廿六日，第二版

这里需要说明两点：一是该文误把徐树兰在1897年（清光绪二十三年）创建的绍郡中西学堂的日期当作了古越藏书楼的创办时间；二是现有藏书的合计数是16 652册，其中古籍11 475册，约占69%，普通类图书3 837册，约占23%，少儿读物1 340册，约占8%。另有杂志20种，上海、杭州、绍兴本地报纸16种。

1949年5月7日，绍兴解放。6月11日，绍兴市军事管制委员会接管绍兴县立图书馆，封存藏书，停止借阅服务。清点图书，制成《绍兴县立图书馆概况表》，注明馆舍及馆产：馆舍计阅览室3间，儿童阅览室3间，藏书楼3间，门房、会客室、寝室、餐室、厨房、草间等11间；馆内资产计桌椅用具433件；藏书29 440册。

二、绍兴县立图书馆的人员结构

在这一时期，先后有5任馆长。其中，傅召沛两次担任馆长。

表 2-4　绍兴县立图书馆历任行政负责人一览（1941—1949 年）

馆名	姓名	职务	任职时间
绍兴县立图书馆	傅召沛	馆长	1941 年 2 月至 1945 年 9 月
	叶树芳	馆长	1945 年 9 月至 1946 年 9 月
	傅召沛	馆长	1946 年 10 月至 1948 年 1 月
	沈鼐	馆长	1948 年 1 月至 1948 年 10 月
	余廉堂	馆长	1948 年 10 月至 1949 年 5 月

1945 年 9 月，抗战胜利后，傅召沛调离，叶树芳任馆长。有管理人员 4 人。

1946 年 9 月，叶树芳调离。

1946 年 10 月，傅召沛再任馆长，向旅沪同乡和当地社会各界募捐图书经费 250 万元，从沪选购一批新书。

1948 年 1 月 1 日，沈鼐接替傅召沛任馆长。

1948 年 10 月，余廉堂任馆长。职员 12 人（含兼职人员），其中馆长 1 人、组主任 3 人、会计员 1 人、干事 4 人、助理干事 1 人、工役 2 人。

1949 年 5 月 7 日绍兴解放，《绍兴新闻》为傅召沛、李又芬接办。当年 10 月 15 日终刊。

三、绍兴县立图书馆的经费

1946 年 10 月，馆长傅召沛向旅沪同乡募捐，“承前任绍兴县县长郑重为赞助，广为劝募，并慨先垫款二百万元”，又在绍兴本地发起募捐经费的活动，董和甫、沈顺昌等“捐助国币五十万元”，共计 250 万元，全部用于购书。同年 12 月，县政府批准了 1945 年县参议会第一届第二次大会“拟请审查县预算时于教育经费下增加县立图书馆购书经费预算，以充实文化事业，发展图书馆教育”的提案，向县立图书馆增拨购书经费 40 万元。

四、绍兴县立图书馆的管理工作

1945 年，抗日战争胜利后，管理人员为 4 人，1946 年则增加到 9 人，至 1948 年，增加到了 12 人。管理工作包括分类编目、借阅服务、馆外流通等。人员的具体岗位安排与管理，均由馆长负责。图书馆中有专职的财务工作者。

在 1947 年 7 月 19 日《越声报》上，还曾有过这样一篇介绍县立图书馆的妙文。

《县立图书馆——智识是幸福的源泉　图书是生命的宝库》

重光后回到绍兴二年了，在最近的半年里，我才知道这里也有一个精神食粮的仓库，在以前虽然时常过图书馆的门口，也时常看见墙壁是刷新的，还写着“智识是幸福的源泉，图书是生命的宝库”这么二行大字，可是我总以为这里一定冷落了，一定已经变成了住屋。

原因实在是却要转一个湾［弯］，（向右转），才能看到图书馆的真面目，所以在不知道底细以前，我是怕［不］敢进去的，现在我却可以大眼［胆］地进去，阅阅书报了（除了星期一）。这里所有的书，虽然比不得沪杭那么的充实，在我们到［倒］也认为可以应付的，现在还有配购着的一大柜新书，最使人触目的是一部《鲁迅全集》（这部书不能借到室外去）。

这里定［订］着的报，除当地的以外，京沪的有《中央》、《大公》、《申》、《新》、《夜》、《东南》、《前线》、《和平》诸报，杭州的有《天行》、《东南》、《正》、《工商》诸报，杂志有《评论报》、《改造杂志》、《文摘》、《世纪评论》、《中国建设》、《科学大众》、《妇女旬刊》、《新闻资料》、《经济周报》、《胜流》、《现代妇女》、《中苏文化》、《世界知识》、《时与文》、《时代》、《时代经济文论》等，这些，你尽可以在那里看上半天，或者几个钟头。

假使你要把图书借回家里去看的话，那么你得向图书管理先生索取一张借书证，觅一个般实铺保，（或机关），填好了缴［交］上去过一个对好保的时期，你就可以实行借书了，新书限一本，旧书可借三本，（这样的借法也可以，一本新书，二本旧书）。

可是你得纪［记］牢借期，这里规则倒是很严的，超过一星期就得以停借处罚，还有，假使你要查查以前的老报，你就可以向一位老头子随时取阅，你要是在图书室看图书，先要填就一张临时借书单，看这坐着的一群，是肃静无哗的，可是这位老头子，有时候哼几句小调，有时候这样地怪叫“还有几分钟？”“钟头已到”“天天报：天天报到者”（这是称《天行》的绰号），倒也使读者调剂寂寞的心情不少。

潘熊

《越声报》民国三十六年七月十九日，第二版

此文作者潘熊，生平不详，从“向右转”到图书馆来看，估计其居住在西小路一带。这是一篇以读者的身份来感受绍兴县立图书馆的文章，我们从中可以获取以下信息：

①当时县立图书馆墙上贴有“智识是幸福的源泉，图书是生命的宝库”的标语；

②星期一不能阅书报，可能是闭馆日；

③图书馆报刊清单基本与史料《介绍县立图书馆》对应，报纸多了一份《和平》，杂志多出《改造杂志》《时代经济文论》两种；

④城内读者办理借书证的手续，要找店铺或者机关担保，借书限3册（新书不能超过1册），借期1周。

五、绍兴县立图书馆的馆藏资源建设

（一）馆藏的发展

据1947年7月统计，馆藏图书仅存16 652册，其中古籍11 475册。抗日战争胜利至绍兴解放前夕，图书馆通过向社会各界募集购书经费和书刊资料等办法，使馆藏略有增加。1949年绍兴解放时，进行馆藏清点，共有藏书29 440册。

由于全面抗战期间图书损失严重，抗战胜利复馆后，对图书的借书期限管理很严，甚至曾以登报形式公开向借书逾期读者催还图书。如1947年3月24日，县立图书馆就在《绍兴新闻》上向4位读者催还1946年6月至1947年2月借去未还的图书6册，内容涉及教育、物理、化学、经济4个门类。

以这种极端方式催还逾期不还的图书，现在已绝无可能了。

《县立图书馆催还借书》

黄身栋

续爱的教育　一本

卅五年十月卅日借去

青春期的女子心理与教育　一本

王声洋

直流电原理　一本

卅五年六月廿六日借去

林　达

无机化学原理　一本

化学故事　一本

卅六年二月廿七日借去

丁　毅

经济学　一本

卅六年一月十日借去

《绍兴新闻》民国三十六年三月二十四日，第二版

（二）馆藏的来源

馆藏的来源主要有两个。

第一，社会捐资采购。抗战胜利后，绍兴县立图书馆为充实馆藏资料，在 1946 年举办过一次大的募捐活动，先是赴上海向旅沪同乡募得 200 万元，又在当地向社会各界募得 50 万元，用这笔款项从上海、杭州等地购得图书 700 余种，日报、期刊 50 余种，使图书馆得以继续开放。同年 12 月，县政府增拨购书经费 40 万元。

第二，广泛征集。1947 年 5 月 6 日，馆长傅召沛在《青锋报》上刊登启事，向社会各界广泛征集新旧图书、杂志、报纸。

据《绍兴市志》《从古越藏书楼到绍兴图书馆》《绍兴一中建校 120 周年史略》，朱允坚《古越藏书楼与县立图书馆》等的介绍，1943 年，日寇四处“扫荡”，不少青年求学无门，陶茂康向县府塘东南办事处主任傅召沛提出建议，在县长郑重为的帮助下，于汤浦镇白牧岙九莲寺筹办绍兴县舜阳中学，1944 年 2 月开学。1945 年，抗战胜利，该校迁往绍兴县，改办为绍兴县立初级中学。同年，县立图书馆复馆。其间，傅召沛任教育科长。1946 年 10 月，傅召沛接任县立图书馆馆长，后因被控于塘东南办事处主任任期内犯有刑事罪，于 1948 年 1 月辞去馆长一职，任职于绍兴县立初级中学。1949 年春，中共绍南办事处通过省立绍兴中学校长施伯侯发展傅召沛为工作对象，负责萧山、绍兴一带调查联络工作，收集军事、政治情报和城市地图。4 月，绍兴县立初级中学改为绍兴县立锡麟初级中学。5 月 7 日，

绍兴和平解放，傅召沛接办《绍兴新闻》报纸。7月，锡麟初级中学并入绍兴中学（即现在的绍兴一中），傅召沛被列在教员名录之中。

下文是傅召沛以馆长之名于1947年5月6日在《青锋报》上发表的一则文献征集启事，缘于1941年日寇占领绍兴城前后，图书馆图书损失严重，由1934年元旦的50 000册锐减到1947年的16 652册，损失达2/3。傅召沛接任馆长，在摸清馆藏家底后，向社会征集图书、报刊。同时，此文也提供了另外一个重要信息，即县立图书馆当年坐落于古贡院廿五号。

《绍兴县立图书馆征求图书杂志报纸启事》

本馆自三十四年九月复馆以来，整理残存，搜求散失，致力于文化之复兴，然以播迁数次，沦陷五年，旧藏书籍损失惨重，虽经竭力募购补充，徒以车薪杯水，聚沙匪易，集腋未成，欲求恢复旧观，殊感心余力绌。当兹教育事实日趋发展，文化供应实为迫切，本馆因经费所限，设备难周，未能尽厌来馆人士所求，良深遗憾，爰特登报，广事征募。敬请地方首长，社会贤达暨各界名流慨予捐赠，无论新旧图书，报纸杂志，均受欢迎，多多益善。赐件请迳寄古贡院廿五号。本馆除标名陈列，供众阅览外，当分别复函，登报答谢，爱护文化，嘉惠士林，盛举美名，曷胜钦企。

馆长 傅召沛

《青锋报》民国三十六年五月六日

第三章　鲁迅图书馆

（1949—1997 年）

1949 年 5 月 7 日绍兴解放，图书馆各项工作暂停，馆藏图书仅有 29 440 册。

中华人民共和国成立后，原绍兴县立图书馆财产辗转移交给绍兴市人民文化馆图书室。

1956 年，绍兴县图书馆成立。

1958 年，绍兴县、市合并。是年 6 月，绍兴市文化馆图书室和绍兴县图书馆合并，成立绍兴县鲁迅图书馆。

20 世纪 60 年代初，图书馆业务建设步伐加快。1964 年，藏书增加到 114 893 册，各种规章制度逐步建立起来，农村辅导工作也颇见成效。之后十年，图书馆业务工作基本处于停滞状态。

1978 年中国共产党十一届三中全会以来，特别是 1980 年 5 月中共中央书记处批转《图书馆工作汇报提纲》后，国家加强了对图书馆工作的领导，图书馆的发展进入了一个新的历史阶段。

1980 年 1 月，鲁迅图书馆单独建制。

1983 年 7 月 27 日，绍兴地区行政公署撤销，建立绍兴市，实行市管县体制。当年 12 月 28 日，鲁迅图书馆升格为绍兴市（地）馆。

20 世纪 80 年代，鲁迅图书馆有了很大的发展，主要表现在都昌坊口新馆落成，藏书结构得到改善，馆藏增至 35 万册，读者服务工作有所拓展，开始重视文献的开发利用及信息服务。

第一节　绍兴县鲁迅图书馆的前身（1949—1959 年）

1949 年 5 月 7 日，绍兴解放。6 月 11 日，绍兴市军事管制委员会接管县立图书馆，封存图书，停止借阅服务。清点所有图书，制成《绍兴县立图书馆概况表》（见下文），收入《绍兴概况调查》一书，该概况表中注明了图书馆的馆舍及馆产情况：共有阅览室 3 间，儿童阅览室 3 间，藏书楼 3 间，门房、会客室、寝室、餐室、厨房、草间共 11 间；桌椅用具共计 433 件，藏书 29 440 册；聘有职员 6 人。

《绍兴县立图书馆概况表》

馆址　城内古贡院

馆舍及馆产　馆舍计阅览室三间，儿童阅览室三间，藏书楼三，门房二，会客室一，寝室四，寝室一，餐室一，厨房一，草间一所。馆产计桌椅用具编号共计四三三件。

馆　　长　余廉堂，男，五十一岁，绍兴人，杭州高等师范毕业，曾任县中教师，地方院法官，参议院等职。

员工及薪给　现有管理员六人，内主任二人、干事四人、工友二人。职员每人每月薪谷三市石，工友一石八斗。

经　　费　为伪县政府发给，办公费底数四五元。

图书设备　共计书本二九四四〇册。

活动状况　1. 每日上午八—十二，下午二—五开放阅览室借阅图书。

2. 每日借阅图书计四五十人，大半为附近中学学生。

1949 年 6 月 11 日

绍兴市军事管制委员会《绍兴概况调查》

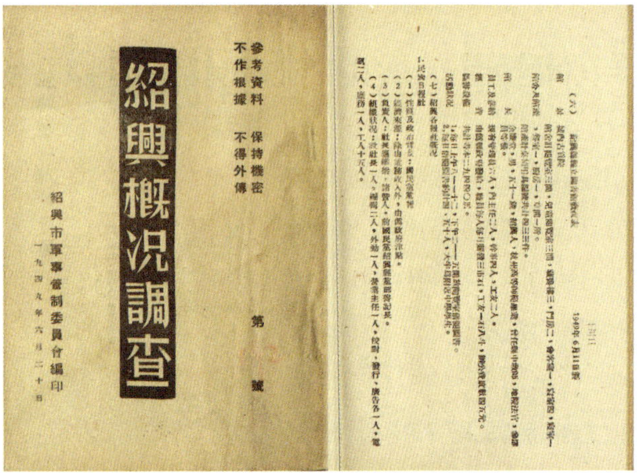

图 3-1　《绍兴县立图书馆概况表》

1949 年 9 月，绍兴地区建立绍兴鲁迅文化馆。

1950 年 1 月，绍兴鲁迅文化馆改称浙江省立鲁迅文化馆，接收原绍兴县立图书馆图书和设备。

1951 年，浙江省立鲁迅文化馆图书室将原有的鲁迅文库改为鲁迅阅览室。

1952 年 11 月，浙江省立鲁迅文化馆并入绍兴市文化馆，下设有图书馆对外开放。

1956 年 12 月，绍兴县图书馆成立，行政上由县文化馆兼管，开办经费由县文化局拨文化馆统一管理。

1958 年 2 月，绍兴县、绍兴市合并为绍兴县。4 月，绍兴市文化馆（包括图书馆）并入绍兴县文化馆。6 月，中共绍兴县委决定在此基础上筹建绍兴县鲁迅图书馆。

1959 年 7 月 1 日，绍兴县鲁迅图书馆正式成立并开放。

一、鲁迅图书馆的孕育

在百废待兴的中华人民共和国成立初期，绍兴专署成立鲁迅文化馆，绍兴市和绍兴县均成立人民文化馆，各文化馆内设有图书室，开展图书借阅服务。包括藏书在内的原绍兴县立图书馆财产被移交给浙江省立鲁迅文化馆。

1956 年 12 月，绍兴县人民委员会发布《关于本县成立“图书馆”机构的通知》（绍文字第 2634 号），宣告绍兴县图书馆正式成立并开放，启用“绍兴县图书馆”印章。通知阐明办馆的宗旨是“加强图书流通和辅导农业社图书室，以满足广大读者对图书阅览的需要，进一步提高群众的文化水平”。这说明，新成立的绍兴县图书馆既不同于古越藏书楼，也有别于原绍兴县立图书馆，已是一个为人民服务、为社会主义服务的崭新的公共图书馆了。

绍兴县图书馆成立伊始，浙江图书馆馆长张宗祥为之题写馆牌。

当时的图书馆还不是一个独立建制的单位，行政上由县文化馆兼管。开办经费由县文化局拨给，由县文化馆统一管理。

据统计，绍兴县图书馆成立当年的藏书为 33 445 册，多为未经整理的古旧图书，仅有一批花费几千元购置的新书供读者借阅。

20 世纪 50 年代初、中期，绍兴县图书馆在区文化站的协助下，从乡下征集到一批古籍，馆藏有所增加。

鲁迅图书馆的诞生，可用下图来表示。

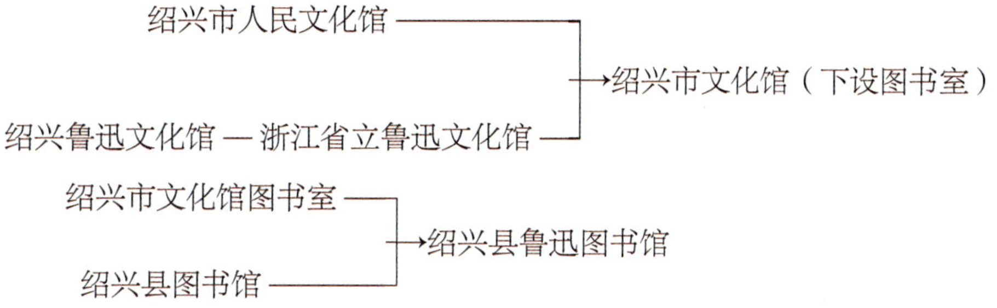

图 3-2　绍兴县鲁迅图书馆诞生历程

二、鲁迅文化馆的人力资源与管理制度

1950 年 1 月，绍兴鲁迅文化馆改称浙江省立鲁迅文化馆，设文化馆图书室，负责人为蒋新源，有管理员 6 人、工友 2 人

1952 年 11 月，浙江省立鲁迅文化馆并入绍兴市文化馆。

1956 年 6 月，县图书馆成立，有管理人员 4 名，王廷吉主持馆务。

1958 年 2 月，绍兴县、市合并为绍兴县。4 月，绍兴市文化馆并入绍兴县图书馆，王廷吉为负责人。6 月，筹建绍兴县鲁迅图书馆。

1959 年 7 月 1 日，绍兴县鲁迅图书馆正式成立并开放，并重新制定各项规章制度。

表 3-1　鲁迅文化馆时期的历任行政负责人（1949—1958 年）

馆名	负责人	任职时间
浙江省立鲁迅文化馆图书室	蒋新源	1950 年 1 月至 1952 年 11 月
绍兴市文化馆图书室	寿静涛	1953 年 1 月至 1954 年 4 月
	刘晓	1954 年 5 月至 1956 年
绍兴县图书馆	王廷吉	1956 年至 1958 年

三、鲁迅文化馆的硬件设施与经费

（一）馆舍

1949 年 6 月 11 日，绍兴市军事管制委员会派员接管县立图书馆，馆舍在古越藏书楼。据《绍兴县立图书馆概况表》记载，共有20间房。

1949年9月，绍兴专署应绍兴市、县各界知名人士倡议建立绍兴鲁迅文化馆，馆址设在三味书屋，12月迁址都昌坊口周家新台门。

1956年12月，绍兴县图书馆成立，馆址在市区新建路93号（土谷寺对面），馆舍面积150平方米，设借书室（包括新书库）1间，阅览室1间，办公室1间。

1957年8月，绍兴市人民委员会公布古越藏书楼为首批文物保护单位之一（不定级别）。

1959年7月1日，绍兴县鲁迅图书馆正式成立并开放。馆址最初在县前街，后迁至后观巷。

（二）设施设备

古越藏书楼时期，馆内设施比较简单，主要是楼、桌椅、书柜等。

1949年，绍兴市军事管制委员会派员接管绍兴县立图书馆，经清点制成《绍兴县立图书馆概况表》，馆内财产主要是桌椅用具，共计433件，藏书29 440册。

（三）经费

1949年，据《绍兴县立图书馆概况表》中的经费项可知，经费由“伪县政府发给”，“职员每人每月薪谷三市石，工友一石八斗”，“办公费底数四五元”。

1958年6月，绍兴县鲁迅图书馆开始筹建，开办经费由县文化局拨给，由县文化馆统一管理。

四、鲁迅文化馆的文献资源

（一）馆藏文献资源的发展

1949年绍兴解放时，经清点馆藏，共有藏书29 440册。

1956年绍兴县图书馆成立时，有藏书33 445册。

1957年，绍兴市文化馆的藏书为55 901册。

1958年，绍兴县、市合并后筹建绍兴县鲁迅图书馆，接收了原县图书馆和市文化馆图书室藏书，使馆藏文献增至66 121册。

（二）馆藏文献的来源

馆藏文献主要来自捐赠、移交、征集、采购、自建。中华人民共和国成立后，社会各界人士对图书馆的捐书助资更是连续不绝。

1949年，绍兴县前观巷鲍家将建于绍兴解放前夕的家庭图书馆——绍兴联合图书馆的百来册藏书捐给人民政府，后这些藏书被转入图书馆。

1956年，绍兴县图书馆开办伊始，接受了浙江省图书馆赠予的一批报刊合订本。

1956年，绍兴县图书馆在当地区政府和文化站的协助下，从农村征集到一大批古籍充实馆藏。

五、鲁迅文化馆的读者服务

（一）图书借阅服务

1949年6月，绍兴市军事管制委员会接管县立图书馆，暂停开放。时有阅览室3间、儿童阅览室3间、藏书楼3间，开放时间为每日上午8—12时、下午2—5时。每日借阅图书的读者计四五十人，大半为附近中学学生。

1950 年 1 月，浙江省立鲁迅文化馆接收县立图书馆的图书和设备，恢复图书借阅业务。

1951 年，浙江省立鲁迅文化馆图书室将原有的鲁迅文库改为鲁迅阅览室，对外开放。

1956 年，绍兴县图书馆成立，设阅览室 1 间，报刊阅览开始与图书外借分开，报刊以半开架式陈列，读者凭阅览证入室阅览报刊；设借书室（包括新书库）1 间，为方便读者，图书外借开始实行半开架借阅，读者也可通过检索目录借书。除书刊个人借阅外，图书馆还向县文化馆和区文化站图书室提供图书资料。区文化站图书室的读者多为农民群众，这是图书馆今后集体借阅发展农村读者的开始。

1958 年，读者服务工作有意向农村倾斜。20 世纪 60 年代初，办理的借书证读者的比例为：工人占 30%，农民占 30%，干部占 20%，民办企业职工占 10%，居民占 10%。

（二）延伸服务

1950 年 10 月 19 日，为纪念鲁迅逝世 14 周年，浙江省立鲁迅文化馆图书室举办“鲁迅文物、照片、书刊展览”。

县图书馆建成后，对于基层图书馆（室），其辅导工作中的重点先是扶持县属各区文化图书室，之后转向扶持农村图书室，推动区、公社、大队三级图书流通网络的形成。

1958 年组建的绍兴县鲁迅图书馆，把扶持县属各区文化站图书室作为业务辅导工作的重点。图书馆组织管理人员下乡，帮助公社设立图书室，帮助大队设立图书流通站，并适度提高适合农民阅读的连环画、通俗读物和农业科技读物的采购比例。

第二节 绍兴县鲁迅图书馆的成长（1959—1976 年）

1958 年 2 月，中共浙江省委决定，将绍兴县和绍兴市合并，新的绍兴县产生。同年 6 月，中共绍兴县委决定在绍兴市文化馆图书室与绍兴县图书馆合并的基础上筹建绍兴县鲁迅图书馆。当月 28 日的《绍兴日报》对此事作了报道。

一、绍兴县鲁迅图书馆所取得的成绩

经过一年的筹备，1959 年 7 月 1 日，绍兴县鲁迅图书馆正式成立并对外开放。馆址最初在县前街，后迁到后观巷，1960 年再迁至都昌坊口周家老台门。1961 年阅览和外借部门迁至百岁堂（周恩来祖居），1964 年 12 月重新迁回周家老台门。管理人员有 3 人，开办经费由县文化局拨给，由县文化馆统一管理。至 1964 年底，藏书统计为 55 901 册。

图书馆一经开放，就显得很有生机。据统计资料记录，开馆当年光 11 月一个月，就办理个人借书证 110 个、集体借书证 4 个，来馆阅览读者达 830 人次。

刚成立时管理人员虽少，但各项业务活动开展得颇有声色。如：重新制定图书馆的各项规章制度；整理压架的古旧图书资料；通过征集，配齐中华人民共和国成立后的报刊资料，装订成册入藏；挑选出一批书刊资料参与“绍兴十年成就展”；帮助农村建立图书室或图书流动站；等等。据 1960 年底统计，全年外借读者达 20 000 人次，阅览读者达 84 000 人次。

20 世纪 60 年代初期，陆续调入数名有专业知识的管理人员，使图书馆的管理水平有所提高，业务建设步伐加快。

在藏书建设方面，采用“中小型图书馆图书分类法”分编图书，至 1962 年 5 月，建立图书分类目录和书名目录各一套，还编制了专题目录《鲁迅研究资料索引》《饲养家禽和疫病防治书目索引》等。同时，调整购书比例：文学、艺术类图书的比例由过去的 66% 调整为 40%；自然科学类图书的比例由过去的 13% 调到 30%，并适当提高农业科技图书的比例；社会科学类图书的比例从过去的 21% 调到 30%。对新书做到“四随”：随采购、随登记、随分编、随流通。

在读者工作方面，1962 年 5 月，实行图书资料半开架借阅；同年，开始举办文学讲座和组织读者开展鲁迅研究。1963 年 4 月，开辟为读者查阅图书资料的服务。

在辅导工作方面，送书下乡，帮助农村建立图书室或图书流通站。

1964 年底，图书馆对 1961 年至 1964 年上半年几项主要业务工作的开展情况做过如下统计。

①藏书建设方面：馆藏从 1961 年的 95 500 册增至 1964 年的 114 893 册，其中古籍 69 324 册；杂志从 72 种增加到 142 种，报纸从 11 种增加到 40 种。1965 年，总馆藏为 120 000 册。

②图书借阅方面：首先是图书外借人次和册次，1961 年和 1962 年未保留统计数据，1963 年为 26 904 人次，33 979 册次；1964 年仅上半年达 206 400 人次，405 203 册次；其次是报刊阅览人次，1961 年为 8 400 人次，1964 年仅上半年达 29 710 人次。

③图书宣传方面：1961 年举办讲座等各种形式的图书宣传活动共 10 次，受教者达 20 000 人次；1964 年增加到 15 次，受教者达 14 400 人次。

④农村辅导方面：1961 年，整个绍兴县有农村图书流通站 16 个；1964 年增加到 225 个，普及到 10 个区，图书流通量达 7 714 册。

20 世纪 60 年代上半期，图书馆业务工作的各个方面都了有长足进步。但之后十年，绍兴的文化事业发展受阻，图书馆的正常工作也因此无法顺利发展。直到粉碎“四人帮”，经过拨乱反正，图书馆才重新回到健康发展的轨道。

当时记录下的藏书建设成果如下：1970 年，馆藏为 230 000 册；1971 年，馆藏为 320 000 册。

二、绍兴县鲁迅图书馆的人力资源与管理制度

1959 年 7 月 1 日，绍兴县鲁迅图书馆成立并开放。开办经费由县文化局拨给，由县文化馆管理。

1963 年 2 月 28 日，绍兴县文教局决定，图书馆划归绍兴县文化馆管理，对外单独挂牌，人员编制、事业经费单列。

20 世纪 50—70 年代，因管理人员少，仅有岗位分工。

（一）人力资源

1959 年 7 月 1 日起，负责人为寿静涛。

表 3-2　绍兴县鲁迅图书馆历任行政负责人一览（1959—1976 年）

馆名	姓名	任职时间
绍兴县鲁迅图书馆	寿静涛	1959 年 7 月至 1965 年 4 月
	施如棠	1965 年 5 月至 1969 年 1 月
	赵钜清	1969 年 10 月至 1980 年 4 月

1960 年底，图书馆有干部 1 名，新进馆人员为林华彬。

1961 年，有职工 1 人。

1962 年 3 月 5 日，浙江省文化局分配给绍兴县文化事业的预算指标为：图书馆机构 1 个，人员 3 人。年底统计，图书馆有干部 3 名，新进馆人员：郑宝一。

1963 年，新进馆人员：袁子环。

1964 年底，工作人员 4 人，其中编制人员 3 人，进馆人员：卢香霄；离馆人员：袁子环。

1965 年底，有干部 6 人，进馆人员：施如棠、徐怊英。

1966 年至 1970 年，据《绍兴图书馆历史统计资料》，人数均为 5 人。

1969 年进馆人员：赵钜清；离馆人员：郑宝一、施如棠、徐怊英。

1971 年底，工作人员 8 人，其中干部 5 人，职工 3 人，进馆人员：王英士、谢宝森。

1972 年底，工作人员 8 人，其中干部 7 人，职工 1 人，进馆人员：翟淑珍、孙培英。

1973 年至 1977 年，据《绍兴图书馆历史统计资料》，人数均为 7 人。

表 3-3　绍兴县鲁迅图书馆入馆馆友录（1959—1976 年）

姓名	在馆时间
郑宝一	1962 年 1 月至 1969 年 1 月
袁子环	1963 年 3 月至 1964 年 8 月
卢香霄	1964 年 8 月至 1979 年 10 月
施如棠	1965 年 4 月至 1969 年 1 月
徐怊英	1965 年 11 月至 1969 年 1 月
王英士	1971 年 3 月至 1980 年 11 月
谢宝森	1971 年 7 月至 1980 年 2 月

注：按进馆时间排序

绍兴县鲁迅图书馆曾与绍兴县文化馆共同构建党支部。1973 年 10 月 10 日，图书馆负责人赵钜清任党支部委员。

（二）管理制度

新建的绍兴县鲁迅图书馆于 1959 年 7 月 1 日开放后，重新制定各项规章制度。

“文化大革命”期间，图书馆正常工作秩序受到影响，直到粉碎“四人帮”，经过拨乱反正，才重新回到健康发展的轨道。

20 世纪 70 年代图书馆因管理人员少，仅有岗位分工，财务人员均为兼职的。

1968 年，图书馆开始注重保存档案，也形成了较为系统的档案管理体系。

三、绍兴县鲁迅图书馆的硬件设施与经费

（一）硬件设施

1959 年 7 月 1 日正式成立并开放时，馆址在县前街，后迁到后观巷。

1960 年 4 月，馆舍迁至都昌坊口周家老台门。周家老台门原是鲁迅祖宅，前后三进，前面两进是平房，第三进和东西侧厢为楼屋，图书馆用房坐落在中轴和西厢房，使用面积约 1 800 平方米。

1961 年 2 月，根据中共绍兴县委决定，图书馆迁往周恩来祖居（百岁堂），在大厅设阅览室，退堂间设借书室。

1961 年 8 月，绍兴县人民委员会公布古越藏书楼为县级重点文物保护单位。

1963 年 8 月 11 日，收到郭沫若“鲁迅图书馆”手迹，依此制作馆牌。

1964 年 12 月，馆舍重新迁回周家老台门。

1966 年 8 月，外借、阅览书刊搬入东街的县文化馆内，古籍图书仍留在周家老台门。

1970 年 1 月 1 日，图书借阅服务恢复，设外借室 1 个，综合阅览室 1 个。

1972 年，设有 2 个阅览室——综合阅览室和鲁迅著作学习室。

1973 年 7 月 1 日，建立资料室。

1974 年 11 月 1 日，从馆内各部门调集图书，建立农村流通书库。

（二）经费

1958 年 6 月，绍兴市文化馆图书室和绍兴县图书馆合并，筹建绍兴县鲁迅图书馆，开办经费由县文化局拨给，由县文化馆统一管理。

1963 年 2 月，绍兴县文教局决定，图书馆划归县文化馆管理，对外单独挂牌，事业经费单列。1962 年以来图书馆经费、员工工资、购书经费见下表。

表 3-4　绍兴县鲁迅图书馆经费、工资、专用图书费一览（1962—1976 年）　单位：元

年份	全年经费	工资	专用图书费
1962	4 900.00		2 880.00
1964			3 135.98
1965	7 332.00		
1966	7 332.00	3 012.00	
1967	7 332.00	3 012.00	
1971	21 222.20	5 002.00	
1972	23 960.20	5 610	3 600.00
1973	15 560.20	3 400.20	
1974	17 000.20	3 400.20	
1975	15 400.20	3 400.20	

续表

年份	全年经费	工资	专用图书费
1976	14 780.20	3 400.20	

注：数据来源于历年《鲁迅图书馆资料表》，缺 1963 年、1968—1970 年资料，空白为不详。

四、绍兴县鲁迅图书馆的文献资源建设

（一）文献资源的发展

1958 年，绍兴县鲁迅图书馆，接收了原县图书馆和市文化馆图书室的藏书，馆藏文献增至 66 121 册。

至 1961 年，馆藏图书已达 95 500 册。

至 1963 年，馆藏图书为 101 188 册。

据 1965 年统计，馆藏总数为 12 万册，其中古籍 87 600 余册。

中华人民共和国成立，绍兴县鲁迅图书馆经历了几次较大规模的馆藏图书调拨、赠送、清退、剔除。

1971 年 5 月 28 日，卢香霄、沈作霖接收绍兴县革命委员会移交的图书 146 634 册。

至 1971 年，馆藏图书为 320 000 册。

“文化大革命”结束后，调回古籍图书 4321 册，尚有 247 册古籍图书未能收回。

（二）文献资源的来源

图书馆步入稳定发展轨道之后，馆藏文献，主要来自社会捐赠、移交、自主采购等。

第一，接受社会捐赠。1962 年，乡贤陶冶公将个人家藏近 6 000 册，捐赠给图书馆。

第二，接收移交的图书。1969—1971 年，多次接受不同单位移交的书籍。

第三，自主采购。中华人民共和国成立初期，购书经费相对较少。1964 年，购书经费为 3 135. 98 元，其中报刊的订购数量有所增加。

（三）文献资源的特色

1963 年，调整购书比例：文学艺术类图书的比例从过去的 66% 调整为 40%；自然科学类图书的比例从过去的 13% 调到 30%，适当提高农业科技图书资料的比例；社会科学类图书的比例从过去的 21% 调到 30%。对新书做到“四随”：随采购、随登记、随分编、随流通。

20 世纪 70—80 年代，图书馆接收了一批移交图书资料，其中有一大批民国时期的文献。

（四）文献资源的组织整理

中华人民共和国成立初期，图书馆新书分编采用由“中小型图书馆图书分类法”改造而成的“小型图书馆图书分类法”。

绍兴县鲁迅图书馆成立后，从 1960 年起，现代中文图书分类依据《中小型图书馆图书分类表草案》，书次号采用著者的四角号码编制。

1961 年 5 月，根据中共浙江省委《关于古旧图书史料和字画的保管情况和今后加强保管工作的意见》精神，浙江省文化局副局长徐律带队一行 5 人到馆调研馆藏古籍，对古籍编纂工作进行业务指导。

1963 年 5 月 1 日，在采编部和外借部首次设置卡片分类目录和书名目录各一套，在报刊阅览部门

设报纸名、刊名目录各一套。同年，馆藏古籍的史部、地方资料和部分丛书的分类编目工作基本结束，采用分类排架法。2 691 册脱线的线装书装订完毕。外借读者达 26 904 人次，外接图书达 33 979 册次；阅览读者达 59 826 人次。帮助建立农村图书流通站 65 个；开展图书宣传活动 25 次。

1970 年开始接收移交图书，并设专职管理人员负责。古籍管理和保护是当时的工作重点。

1972 年 11 月 10 日，建立报纸目录、期刊目录各一套。

1973 年 7 月 1 日，建立资料室，设置书名目录一套。

五、绍兴县鲁迅图书馆的读者服务

（一）读者图书借阅服务

1958 年，读者服务工作向农村倾斜。图书馆组织管理人员下乡，帮助公社设立图书室，帮助大队设立图书流通站，并提高适合农民阅读的连环画、通俗读物和农业科技读物的采购比例。

1961 年 2 月 25 日，根据中共绍兴县委决定，图书馆从周家老台门迁往周恩来祖居（百岁堂），在大厅设阅览室，在退堂间设借书室。

1963 年 1 月 1 日，借书证办理实行“保证金”制度（每证 1 元）。5 月 1 日，部分图书实行半开架借阅。

1966 年 8 月，外借、阅览书刊搬入东街绍兴县文化馆内，古籍仍留在周家老台门。读者服务工作停滞中断，图书流通业务也几近瘫痪。其间，虽有零星读者借阅记录，却时断时续。

1968 年，受相关图书清查工作影响，图书馆开放受到一定影响。

1970 年 1 月 1 日，图书馆开放恢复正常，设外借室 1 个，供流通图书 4 570 种，首批办理借书证 1 126 张。设综合阅览室 1 个，陈列图书、报纸、杂志，供读者室内阅览。

1972 年 5 月 15 日，新开辟“鲁迅著作学习室”，陈列鲁迅著作及鲁迅研究资料。

1974 年 1 月，馆内设立了一个农村流通书库，实行全开架借阅。农村图书室和流通站的管理员定期来馆办理图书借阅手续。

在此期间，图书借阅规则如下。

①外借室藏书凭借书证均可外借，一次出借一册，借期两星期。如确实需要或遇有特殊情况，可以续借一次（科技书可以续借两次），限期两星期，逾期不还，逾期几天停借几天。超期三个月者，吊销借书证。

②爱护图书，妥善保管。损坏与遗失图书原则上应补还原书。如不能补还原书，须按原价或加倍赔偿；如发现读者有意破坏、污损图书，除赔偿外，情节严重的还要收回借书证。

③借书证限本人使用，遗失不补，如发现被冒借，造成的损失仍由遗失者负担。

④内部书刊、报纸资料，凭单位介绍信注明查阅内容方可查阅，但不得外借。

（二）参考咨询与图书目录服务

20 世纪 50—70 年代，因管理人员少，参考咨询工作相对薄弱。然绍兴人文荟萃，国内外多有研究绍兴人文的学者，图书馆早期为此提供了咨询和信息服务，主要是通过服务台、书信、电话的方式向读者提供文献资料，解答读者咨询。

1963 年 4 月，为读者开辟查阅图书资料的参考咨询服务项目。

1962 年，在采编部和外借部首次设置卡片分类目录和书名目录各一套，在报刊阅览部门设报纸名、刊名目录各一套。

1963 年 1 月 28 日，与鲁迅纪念馆等单位合作成立绍兴鲁迅研究小组，合编《鲁迅研究资料索引》。

1972 年 11 月 10 日，建立报纸目录、期刊目录各一套。

1973 年 7 月 1 日，精选图书，建立资料室，设书名目录一套。

1973 年 7 月 5 日，与鲁迅纪念馆合编《鲁迅研究资料选辑 2》。

（三）阅读推广服务

中华人民共和国成立以后到延安路馆成立初期，读者活动数量不多，规模相对较小，主要是组织读者读书、举办群众性读书和少儿读者活动、组织读者座谈会等。

1963 年，联合鲁迅纪念馆、绍兴县文化馆，成立由学者和业余作者组成的“绍兴鲁迅研究小组”，后又在图书馆内开辟“鲁迅著作学习室”，推动人们对鲁迅著作的学习和研究。

1963 年 5 月 17 日，与鲁迅纪念馆联合在绍兴一中举办“鲁迅的治学精神”专题讲座，有 400 多名学生参加。

20 世纪六七十年代，管理人员虽少，但仍有专人负责读书辅导工作。

（四）农村图书室建设辅导

20 世纪 60 年代前期，将业务辅导重心放在帮助农村社队建立图书室上，以便形成以县鲁迅图书馆为中心，区、公社、大队三级图书室为纽带的城乡图书流通网络。为实现这一目标，1962 年，先后组织人员赴嘉兴、义乌等地参观学习，回来后结合馆内实际，制订出一套帮助农村各大队成立图书流通站的计划，并深入漓渚、柯桥两个区进行试点，先后建立了 6 个图书流通站。

在摸索出建站经验后，馆里仅有的 3 名干部全部下乡，分片包干，在全县 10 个区有计划地开展建站工作。1963 年，全年建站 65 个。至 1964 年，全县农村的大队图书流通站增加到 225 个。工作做得最好的齐贤区，全区 58 个大队，有 55 个大队设立了图书流通站，普及率达 94.8%。

随后十年，图书馆正常工作秩序受到影响。农村图书流通网瘫痪，之后才逐渐恢复。

1974 年 11 月 1 日，为与农村图书室、流通站建立较稳固的集体借阅关系，从馆内各部门调集图书，建立了农村流通书库和农村集体外借处，实行全开架式借阅，专供农村图书室、流通站的管理员定期来借阅图书。

1975 年，为构建完整的农村图书网络体系，派 3 名干部对绍兴县农村社队图书室进行了一次比较全面深入的调查，并写成调查报告《创办公社图书室的情况调查》。

1976 年 3 月，确定钱清、夏履、袍谷、灵芝、青陶、樊江、合作等公社的农村图书室为重点辅导单位。6 月，调查报告《创办公社图书室的情况调查》送交绍兴县文教局审阅。8 月 26 日，相关部门根据调查报告下达《迅速地建立起一个完整的农村图书流通网》的文件，要求以普及大队图书室为重点，同时积极创办公社一级图书室。

1977 年，在绍兴地区文化工作会议上，图书馆的代表作了题为《大力普及农村图书室，为实现大寨县作贡献》的发言。随后，根据政府部门的要求，图书馆把业务辅导工作的重心放在农村，即帮助

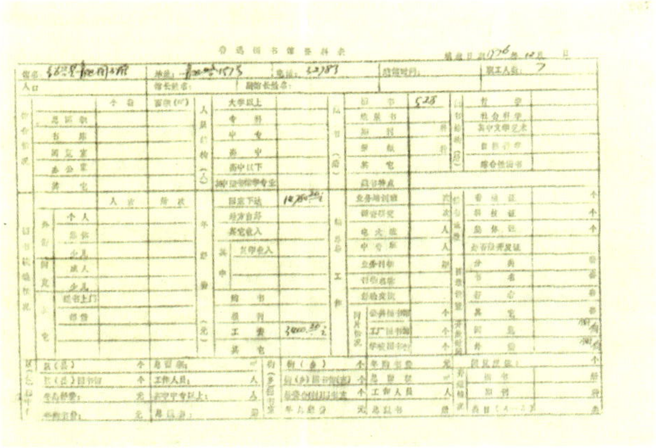

图 3–3　1976 年创办公社图书室的情况调查表

经济条件好的大队建立图书室，帮助经济条件较差的大队建立图书馆流通站，并帮助公社筹建文化站图书馆。

《大力普及农村图书室，为实现大寨县作贡献》

（节录）

我们绍兴县鲁迅图书馆是在 1958 年建立的……于 1971[1970] 年元旦重新开放。现有藏书 52 万册（其中开放出借的 8.5 万册），订有 39 种报纸，93 种刊物，供读者借阅。馆内设有城镇出借室、阅览室、农村出借室、资料室等。全县 69 个公社已建立公社图书室的有 32 个，占 46%，1 088 个大队已建立大队图书室（或图书流通站）649 个占 60%，有一支以党团员为骨干的一千余人的业余图书管理队伍。从事农村图书活动。农村图书室，在各级党组织领导下，密切配合党的中心任务，积极开展图书活动。宣传马列主义、毛泽东思想，占领农村思想文化阵地，为三大革命运动服务，为农业学大寨、普及大寨县服务，成为各级党组织进行政治工作、生产科技工作的有力助手。

第三节　绍兴县鲁迅图书馆的发展（1976—1983 年）

1978 年中国共产党十一届三中全会胜利召开，1980 年中共中央书记处转发《图书馆工作汇报提纲》。

1964 年，图书馆的购书经费为 3 136 元，1983 年增加到 15 903 元。编制逐步扩大，1964 年全馆工作人员仅 4 名，1983 年增至 18 名，其中干部 7 名、职工 11 名。

在新的历史条件下，从 20 世纪 70 年代末 80 年代初开始，图书馆的建设步伐明显加快。国家和浙江省有关部门领导对绍兴县鲁迅图书馆十分重视和关心，北京图书馆（今中国国家图书馆）副馆长丁志刚，浙江省文物管理委员会副主任张英田，文化部图书馆司司长杜克，浙江省文化局副局长毛昭晰和图书馆处处长赵佃岙、苏尔启等，先后多次来馆视察指导工作。当地政府部门也更加重视图书馆的建设。

一、绍兴县鲁迅图书馆的发展概况

1980 年 1 月 4 日，图书馆恢复单独建制，隶属绍兴县文化局；是年，绍兴县改为绍兴市，图书馆转而隶属绍兴市文化局。5 月，负责馆务的赵钜清被任命为副馆长。与此同时，政府增加了对图书馆的投入，常年购书经费逐年增加，1983 年为 15 903 元。编制也逐步扩大，1983 年有工作人员 18 名。

1978 年，为了规范化管理，连续出台了《农村图书借阅规则》《图书借阅规则》和《报刊阅览室规则》，以方便读者借阅。

《农村图书借阅规则》规定：“一、社队图书管理员要积极选择各类图书资料，为提高社队干部、群众科学文化水平、实现农业现代化作出贡献。一般借阅政治、科技、文艺、连环画各 20 本。”“四、大队图书室集体借阅时间一般为二个月调换一次。如确实需要或有特殊情况可以续借一次。借书证只限于集体使用，不得转让个人使用。”

《图书借阅规则》规定：“一、本馆外借室之书凭借书证均可外借，一次出借一册，借期二星期。如确实需要或有特殊情况可以续借一次，科技书可以续借二次，限期二星期。逾期不还，逾期几天停借几天。超期三个月者，吊销借书证。”

《报刊阅览室规则》规定：“一、凡本室报刊资料，均可凭证在室内阅览，不得带出室外。”“三、因工作需要查阅本馆的报刊资料，读者可凭单位介绍信在本馆查阅，但不外借。”

1979 年开始，报刊阅览室天天开放。

进入 20 世纪 80 年代，业务建设有了长足的进步，特别是读者服务和辅导工作多有改善。

为解决借书难的问题，1980 年起，图书馆一面逐年大幅度增加借书证的发放数量，一面采取按单位发放与个人领取相结合的发证办法，以确保科技读者和书迷能得到借书证。同时，延长开放时间，为读者创造更多的借阅机会。

1981 年开始，外借室、阅览室、古籍部、资料室等窗口部门，为便利读者，推行预约借书、资料代查、馆际邮借等服务方式。

1982 年起，阅览室增加每晚两个小时的夜场开放。同年 5 月起，阅览室由闭架借阅改为开架阅览，外借室扩大半开架区域，并增设少儿借阅处。

1982 年 8 月，浙江省文化局在定海召开浙江省县（市）图书馆工作经验交流会，会上绍兴县鲁迅图书馆的代表作了题为《我们是怎样做好读者服务工作的》发言，受到与会者的一致好评，发言稿被收入省文化局 1982 年编印的《浙江省县市图书馆工作经验交流会材料选编》一书。

为加强图书宣传，图书馆经常配合各种纪念活动，进行书刊资料展阅。1980 年 12 月，为配合科普宣传，举办“科技期刊、情报资料展览”，展出资料 277 种，查阅资料的读者达 755 人次。

1981 年 9 月，举办“纪念鲁迅诞辰 100 周年大型图书资料展览，展出各种不同版本的鲁迅著作和鲁迅研究专著 595 种。

1982 年 6 月，为纪念毛泽东《在延安文艺座谈会上的讲话》发表 40 周年，举办“中国四十年来优秀文学作品展”等。

为促进群众业余读书活动的健康发展，图书馆曾于 1981 年成立有 32 位读者参加的书评小组，以写书评、办专栏的形式，推荐新书、好书，指导读者阅读。同年 12 月，还开展读者积极分子评选活动。此外，还经常举办各种专题讲座，召开各类读者座谈会等。据档案资料记录，仅 1982 年上半年组织的读者活动就多达 13 次。

在这一时期，图书馆的辅导工作也颇有起色。1979 年 10 月至 1980 年 3 月，协助绍兴县文化局、教育局、科委、团委四部门成功召开了绍兴县首届农村社队图书室先进集体、先进个人代表会议，到会代表 35 名，县委宣传部部长赵锋作报告，县文化局副局长崔琴华主持会议，袍谷公社党委等 8 个先进集体、先进个人分享了如何办好农村图书室的工作经验。这次总结评比活动，进一步推动了绍兴县农村图书馆事业的发展。

据统计，至 1981 年底，绍兴全县有公社图书室 40 个、图书流通站 503 个、大队自办图书室 220 个，借阅图书的农民达 178 911 人次。至 1982 年底，全县有超 60% 的人民公社办起了图书室，68% 的生产大队办起图书流通站。

1982 年 5 月，浙江省文化局在慈溪召开浙江省县（市）图书馆农村辅导工作座谈会，绍兴县鲁迅图书馆工作《努力帮助办好农村图书室》（后发表于《图书馆研究与工作》1982 年第 2 期）的发言，受到与会者的一致肯定。

1980 年 6 月，图书馆承办了绍兴地区图书管理员培训班，61 名来自农村或基层的图书管理员参加学习。此外还于 1982 年 10 月受绍兴地区文化局委托，再次承办绍兴地区图书馆干部业务培训班，聘请浙江图书馆中高级职称专业人员授课，绍兴县鲁迅图书馆和来自所属各县及地区直属单位图书馆的 39 名业务干部参加培训。

藏书建设在这几年也有所发展。1981 年 8 月，对馆藏近现代图书资料进行了一次彻底清理，共剔除陈旧、破损和过量复本资料 65 738 册，从而提高了现有藏书的整体质量。剔旧之后，1983 年，用“中国图书馆图书分类法”改编原先采用“中小型图书馆图书分类法”分类的图书 5 627 册。与此同时，还对馆藏 87 000 余册古籍进行整理编目，按四分法分类，实行固定排架。

这一时期，学术研究也取得了一定成绩，管理人员结合自己和图书馆的工作实践，撰写论文 4 篇，即《努力帮助办好农村图书室》《我们是怎样做好读者服务工作的》《我们是怎样做好藏书的剔旧剔复工作的》《古越藏书楼点滴》，均在省级专业刊物和出版物上发表。

绍兴图书馆在历史上曾有过多次搬迁。大略言之，古越藏书楼及由其改组的绍兴县立图书馆馆址，同在城区古贡院，今门楼犹存，为省级文物保护单位。绍兴县鲁迅图书馆馆址在都昌坊口周家老台门。

1983 年 7 月，绍兴地区行政公署撤销，建立绍兴市，实行市管县体制。是年，绍兴县鲁迅图书馆升格为绍兴市鲁迅图书馆，但馆址馆舍一仍其旧。但周家老台门是住房结构，本不适合作馆舍，加之是文物保护单位，不能改建，由此图书馆升格后，迫在眉睫的任务是解决馆舍问题。而此前其原主管部门绍兴县文化局对建造新馆一事已有筹划，馆址选定在原址西首，即都昌坊口 15—17 号地段。

1983 年 12 月 15 日，都昌坊口馆舍建筑工程破土动工。整个工程分 3 期完成。

同年 12 月 28 日，图书馆改由绍兴市文化局管辖。绍兴市文化局副局长江浩和绍兴县文化局副局长崔琴华等共同商议移交工作。

据 1983 年底统计，图书馆有干部 7 人、职工 11 人；藏书 356 543 册，其中新购图书 14 667 册，期刊 33 219 册（合订本）；全年接待外借读者 60 203 人次、67 715 册次，阅览读者 92 836 人次（其中少儿读者 6 239 人次）；全年经费 27 544 元，其中工资 11 641. 34 元，购书经费 15 903.66 元。

从此，绍兴市鲁迅图书馆作为地市级公共图书馆开始了新的征程。

二、绍兴县鲁迅图书馆的机构设置与人力资源

（一）机构设置

1980 年，图书馆单独建制后，在编职工增至 15 名，设业务机构四组一室，即采编组、辅导组、外借组、古籍组和资料室，四个组分设组长。外借组下设社科书外借、科技书外借、报刊阅览三个室。1982 年，

辅导组下设集体外借处，科技外借室下设少儿借阅室。

（二）人力资源

1978 年底，有工作人员 9 人。

1979 年底，有工作人员 9 人。

1980 年 1 月，单独建制，赵钜清被任命为副馆长，在编职工 15 名。年底统计，有工作人员 17 人，其中干部 8 人、职工 9 人。进馆人员：沈定庵、黄伟、沈大晟、龚杏娟、王燕飞、蒋替征、丁鹏敏、陆平、冯华中、叶放、董礼彬。离馆人员：谢宝森、王英士、沈定庵（退休）。

1981 年底，有工作人员 17 人。

1982 年底，有工作人员 17 人。

1983 年底 12 月，改为绍兴市鲁迅图书馆，赵钜清任副馆长。有工作人员 18 人，其中干部 7 人、职工 11 人。

表 3-5　绍兴县鲁迅图书馆离退休职工名录（1976—1983 年）

姓名	性别	出生年月	在馆时间	离退休时职称（务）	备注
沈定庵	男	1921 年 2 月	1980 年 9 月至 1980 年 10 月	副高	
翟淑珍	女	1931 年 2 月	1972 年 3 月至 1983 年 3 月	副科	离休，中共党员
孙培英	女	1933 年 2 月	1972 年 11 月至 1983 年 3 月	副科	

注：按离退休时间排序。

表 3-6　绍兴县鲁迅图书馆馆友录（1977—1983 年）

姓名	在馆时间
王建国	1979 年 5 月至 1982 年 3 月
黄　伟	1980 年 9 月至 1987 年 10 月
陆　平	1980 年 11 月至 1991 年 3 月
冯华中	1980 年 11 月至 1985 年 8 月
叶　放	1980 年 12 月至 1991 年 12 月
蒋建中	1983 年 12 月至 1989 年 4 月

注：按进馆时间排序。

三、绍兴县鲁迅图书馆的硬件设施与建设经费

（一）硬件设施

1977 年，据当年所填的《浙江省、市图书馆工作情况调查表》记录，房屋情况如下。业务用房面积 840 平方米，其中书库 800 平方米，阅览室 40 平方米。计划基建业务用房面积 600 平方米，其中书库 400 平方米，阅览室 100 平方米，办公室 100 平方米。馆内有阅览室 1 个。

1979 年 7 月，古越藏书楼被重新公布为县重点文物保护单位。

1979年8月，资料书库（13间328平方米）防潮地面全部做好，并购置消防器械，新建石池4口，以防火患。

20世纪80年代初，古越藏书楼被改建为绍兴军分区官兵宿舍，共3幢21套住宅。这一时期鲁迅图书馆周家老台门馆舍的门牌号码有所变更：70年代原为鲁迅路197号，80年代起为都昌坊口9号。

1982年2月23日，新设少年儿童借阅处。1983年2月3日，在土谷祠新辟“寒假少年儿童阅览室”并对外开放。3月2日，少年儿童阅览室改为读者自学室。

1983年，县鲁迅图书馆升格为市鲁迅图书馆。因周家老台门面积狭小，500平方米的书库不能满足40万册藏书的需要，兼之又是文保单位，不能改建，新图书馆建设提上日程。3月27日，新馆基建班子建立，并着手在城区选址。9月30日，绍兴市城乡建设局批准都昌坊口15—17号为新馆舍的定点位置，位于周家老台门西首。

1983年12月15日，馆舍建筑动工，设计单位为绍兴市建设设计院，施工单位为绍兴市古建筑工程公司。前期工程分3期完成，包括阅览室、书库和外借室工程；后期为综合楼工程等。

（二）建设经费

20世纪80年代始，除财政拨款外，图书馆尚有各种预算外收入，如开办电大，开展打字、复印、图书加工用品销售等业务获得的收入。为响应事业单位“多产助文”的号召，实施“以文补文，多业助文”措施，相继成立服务社、图书公司、商行等三产企业。

表3-7　表3-7 绍兴县鲁迅图书馆经费、工资、专用图书费一览（1977—1983年）　单位：元

年份	经费	工资	图书购置费
1977	17 285.45	3 400.20	
1979	19 672.99	4 898.82	9 196.00
1980	15 206.85	6 289.62	8 917.23
1983	27 544.00	11 641.34	15 903.66

注：数据来源于历年《鲁迅图书馆资料表》，缺1978年、1981—1982年的数据。

四、绍兴县鲁迅图书馆的综合管理

（一）行政管理

1980年中共中央书记处转发《图书馆工作汇报提纲》。

1980年1月4日，图书馆单独建制，开始制定《鲁迅图书馆规章制度》。

1982年，制定《鲁迅图书馆业务工作细则》，内容包括各业务工作部门岗位责任、工作条例和规章制度3部分，有关条文参照上级业务主管部门颁布的条例、规定，结合实际工作基础编制而成，作为开展业务工作的实施准则。该细则既可作为工作人员学习业务、提高业务水平的参考之一，也可作为检查工作、总结工作的依据。

（二）环境管理

20世纪80年代初，浙江省文化厅、绍兴市政府先后多次拨给图书馆古籍保护费，图书馆均用于

改善古籍保护设施。馆藏古籍全部用樟木制作的书柜庋藏，书库内配置除湿机和防盗报警器。伏天季节，对书库进行自然通风。书柜内放置樟脑精块、烟叶等，防止虫蛀。

五、绍兴县鲁迅图书馆的文献资源建设

（一）文献资源的发展

1977 年至 1978 年，政府分两次将原先借调的古籍归还移交，保存在古籍书库。

1979 年，为了改善书库空间紧张状况，对馆藏过多复本和陈旧图书进行剔复、剔旧，共剔除图书 65 738 册。

1981 年 5 月 20 日，正式接收移交的图书、报刊、碑帖等 125 140 册（件）（其中碑帖 4 529 件）。

（二）文献资源的来源

文献资源主要来自移交、征集、采购。

除上述 3 次较大规模的归还移交之外，20 世纪 80 年代初图书馆单独建制后，经费单立，图书采购经费逐年增加，新购图书的数量有所增长。

1983 年，新购图书 14 667 册。

（三）文献资源的组织方法

1979 年，依据《中国古籍善本书目分类表》分编古籍，将馆藏古籍资料分为经、史、子、集、丛五部，按书品大小上架，以书之部别和上架顺序为索书号。

同年 2 月，开展馆藏古籍善本的鉴定、著录工作，至 4 月结束。编制馆藏古籍善本财产目录，分甲、乙两编。甲编收录古籍善本 454 种 3 045 册，乙编收录古籍善本 231 种 850 册。

1981 年 9 月 1 日，依据《中文普通图书统一著录条例》，采用“中国图书馆图书分类法”对馆藏图书进行分类与著录，书次号由原来的 3 位改为 4 位，同时改编原来按“中小型图书馆图书分类法”分类的 67 319 册图书。改编工作至 1987 年结束。馆藏现代中文图书终于有了一个比较统一的藏书体系。

1982 年，编印《鲁迅图书馆善本书目》1 册。

（四）文献资源的管理与保护

1981 年 8 月 21 日，图书馆从采编组、借阅组抽 7 人组成图书清理小组，开始第一次全面书刊剔除和清点工作，对馆藏现代图书进行了全面清理，至 12 月 20 日，共剔除并处理图书 65 738 册。此项剔除工作至 1985 年结束，剔除书刊 15 万余册。剔除的书刊除部分赠送各县乡镇文化站图书室外，其余作报废处理。

1983 年，馆藏图书 356 543 册，其中新购图书 14 667 册，期刊 33 219 册（合订本）。而 1978 年图书馆馆藏图书约为 480 000 册。

古籍管理和保护是图书馆的重点工作。20 世纪 70 年代开始接收政府移交的图书，设专职管理人员负责。1979 年 10 月 19 日之前，古籍书库管理人员为卢香霄，之后是高学安。1980 年，设古籍组。

20 世纪 80 年代，浙江省文化厅先后多次拨给图书馆古籍保护专项经费，累计 3.5 万元。

古籍修复工作起步于 20 世纪 70 年代末。1979 年，为配合省文化厅古籍善本书目编辑工作，图书馆对馆藏善本进行鉴定和著录，编制了古籍善本财产目录。1979 年 4 月，由卢香霄主持的馆藏善本

鉴定和著录工作结束，上报全国古籍善本编目委员会的善本书为 196 种。

六、绍兴县鲁迅图书馆的读者服务

（一）基础服务

1. 图书借阅服务

1981 年 1 月 1 日，图书馆改进借书证办理办法，采取按单位分配与读者申领相结合的做法。当年办理借书证 3 758 个，接待城镇外借读者 48 429 人次、阅览读者 188 500 人次；农村外借图书 189 876 册次、读者 178 911 人次。

1982 年 2 月 23 日，外借室、报刊阅览室增加夜晚开放服务，每周 3 个晚上共开放 6 个小时，达到并超过了《浙江省县（市）图书馆工作条例》所规定的开放时间。又在外借部辟出 20 平方米作少儿借阅处，并从阅览、外借部门调集和专门购置少儿读物 5 000 余册、报刊 33 种，向少儿开放；同时规定，每年用于购置少儿读物的经费不得少于 2 000 元，每周开放时间为 16 小时。6 月 4 日，报刊阅览室实行开架阅览。

1983 年 2 月 3 日，在土谷祠新辟的“寒假少年儿童阅览室”对外开放。3 月 2 日，少儿阅览室改为读者自学室。

12 月 28 日，县鲁迅图书馆升格为市鲁迅图书馆，读者服务工作的重点转向市区，并采取了一系列改进措施：改变借书证办理办法，办证向社会敞开，积极发展集体读者；改进借阅方法，扩大半开架借阅范围，开展预约借书和馆际互借。

2. 参考咨询服务

1977 年 7 月 1 日，由图书馆主办的《绍兴图书通讯》创刊号试刊发行。

改革开放后，来馆查询文献的读者日益增多。1981 至 1985 年，年均接待来馆查询的读者达 500 人次。与此同时，函询读者也逐年增多，多系从事绍兴人文研究的外地读者，也有侨居异国他乡来绍寻根访祖的游子。

1980 年，图书馆建立为函询读者代查资料的制度，即根据来函要求读者解决的问题，由馆员代为查阅文献，摘录有关史料，并及时函告读者。

（二）延伸服务

1. 阅读推广服务

1981 年，图书馆组织 32 位读者，成立读者书评小组，通过办板报形式开展读者书评活动，引导更多的读者读书。到 1982 年底，共出“读者园地”板报 6 期。

1983 年 4 月 27 日，开展“全国红领巾读书读报知识竞赛”活动。

2. 展览与讲座服务

1980 年 12 月 25 日至 30 日，举办“科技期刊、情报资料展览”，展出资料 277 种，接待读者 755 人次。

1981 年 9 月 20 日至 10 月 2 日，举办纪念鲁迅诞辰 100 周年大型图书资料展览，展出各种版本的鲁迅著作和研究鲁迅的专著 596 种 1 280 册。

1982 年 6 月 23 日至 30 日，为纪念毛泽东《在延安文艺座谈会上的讲话》发表 40 周年，举办“中国四十年来优秀文学作品展”。

20 世纪 80 年代初期，受重视教育、尊重知识的社会风尚的影响，举办讲座的场次有所增加。据统计资料记载，仅 1981 年至 1982 年，就举办文学讲座 11 场次，每场听众都在 150 人以上。

七、绍兴县鲁迅图书馆的学术交流与业务辅导

（一）学术交流

1980 年，图书馆单独建制，业务机构中增设辅导组，1984 年 9 月改为辅导部。

1982 年 8 月 6 日起，集中一个月时间，组织全馆干部、职工学习图书馆学基础、图书分类、图书馆目录、目录学概论、科技文献检索、中文工具书使用等业务知识。

1983 年 5 月，举办中文工具书使用讲习班，全体职工参加。

馆外学术交流活动主要有会议、培训、学习。

会议方面，1979 年 2 月 14 日至 19 日，卢香霄参加省文化局在杭州召开的古籍善本书目编辑工作会议。1980 年 11 月 25 日至 12 月 13 日，赵钜清参加省文化局在绍兴举办的全省市（县）公共图书馆馆长讲习会，县鲁迅图书馆管理人员听取业务讲授。1981 年 4 月 1 日至 4 日，董礼彬、蒋替征、丁鹏敏等参加省文化局在宁波召开的图书馆读者工作座谈会；5 月 26 日至 31 日，林华彬、陈启中、龚杏娟等参加省文化局在嘉兴召开的图书分类、编目研讨会。1982 年 5 月 1 日至 4 日，黄伟参加省文化局在慈溪召开的浙江省县（市）图书馆农村辅导工作座谈会，代表图书馆作题为《努力帮助办好农村图书室》的发言；8 月 10 日至 16 日，省文化局在定海召开浙江省县（市）图书馆工作经验交流会，董礼彬代表图书馆作《我们是怎样做好读者服务工作的》经验介绍。在这次会议上，图书馆被评为省图书馆工作先进集体，受到大会表彰；12 月 11 日至 30 日，丁鹏敏参加省文化局、省教育厅和共青团浙江省委在杭州联合举办的少儿图书馆（室）工作讲习会。1983 年 9 月 1 日至 21 日，冯华中参加省文化厅在金华召开的浙江省县市图书馆藏书建设研讨会，并代表图书馆先后作“我们是怎样搞图书剔除工作的”“我们是怎样进行藏书清点的”经验介绍。

培训与学习方面，1981 年 3 月 7 日至 10 日，馆领导和采编组全体人员赴浙江图书馆、嘉兴图书馆学习参观，交流“中国图书馆图书分类法”的使用情况。1983 年 11 月 1 日，沈大晟前往浙江图书馆古籍部参加文化部举办的古籍修缮培训班，期限 1 年。

（二）业务辅导

中华人民共和国成立后，鲁迅图书馆对基层图书馆（室）建设的辅导重点先是扶持县属各区文化图书室，之后转向农村图书室，推动区、公社、大队三级图书流通网络的建立。

1983 年，业务辅导的重点逐渐向农村以外地区延伸。

1977 年 5 月，先后帮助绍兴县 32 个公社建立图书流通站。

1979 年底，协助绍兴县政府部门开展先进农村图书馆（室）的评比活动，选出袍谷公社党委、王化公社团委、青陶公社越联大队党支部、夏履公社图书室、袍谷公社跃进大队图书室、樊江公社图书馆管理员顾宝生、合作公社陶家埭大队图书室管理员谢云根和鉴湖公社鲁东大队代销店营业员严伯毛

等 8 个先进集体和先进个人，促成绍兴县文化局、教育局、科委和团委四部门联合召开绍兴县农村社队图书室先进集体、先进个人代表会议。这次总结表彰，推动了农村图书馆事业的发展。

至 1982 年，全县建有 10 个区文化站图书馆、40 个公社文化站图书馆、220 个大队图书室、530 个大队图书流通站，图书流通的覆盖率达 60%，这一年农村流通的图书达 71 000 册，在全县初步形成了以县鲁迅图书馆为中心的区、社、大队图书流通网络。

1983 年，随着市县机构改革，县鲁迅图书馆升格为市鲁迅图书馆，辅导范围相应扩大，辅导组工作人员从 1 人增加到 3 人。

1983 年 4 月，会同绍兴师专图书馆、工人文化宫图书室研讨图书馆业务建设、协作网构建和馆际互借等事宜。

1982 年 10 月 14 日至 15 日，受绍兴地区文化局委托，举办绍兴地区图书馆干部业务培训班，有 39 名干部参加学习，浙江图书馆项弋平等 4 位专业干部应邀来培训班授课。

1983 年 5 月 9 日至 14 日，邀请杭州大学图书馆副研究馆员洪湛侯为图书馆主办的“中文工具书使用法讲习班”授课，有 50 多人听课。

（三）学术工作

这一时期，馆员的学术工作主要体现在学术论文的发表上，下表收录的为发表在报刊、图书上的文章，不区分是否发表在正式或内部出版物上。据不完全统计，这一时期馆员发表文章 6 篇。

表 3-8　绍兴县鲁迅图书馆馆员学术论文一览（1976—1983 年）

著者	篇名	刊物（图书）	发表时间	期数（出版社）
王英士	古越藏书楼	图书馆研究与工作	1980 年	第 1 期
高学安	我们是怎样做好读者服务工作的	浙江省县市图书馆工作经验交流会材料选编	1982 年 9 月	浙江省文化局编印
赵钜清	我们是怎样做好藏书剔旧剔复工作的	图书馆研究与工作	1982 年	第 2 期
高学安	努力帮助办好农村图书室	图书馆研究与工作	1982 年	第 2 期
裘式言	开架借阅是图书馆服务工作方向	图书馆研究与工作	1982 年	第 4 期
高学安	古越藏书楼点滴	图书馆研究与工作	1983 年	第 3 期

1979 年 10 月 21 日至 25 日，浙江省图书馆学会成立大会暨第一次学术讨论会在绍兴召开。大会通过了《浙江省图书馆学会章程》，选举产生了理事会。图书馆承担大会的后勤和服务工作，馆领导赵钜清当选为中华人民共和国成立后浙江省图书馆学会的首届理事会理事。

第四节　绍兴市鲁迅图书馆的兴盛（1983—1997 年）

1983 年 7 月 27 日，绍兴地区行政公署撤销，建立绍兴市，实行市管县体制。当年 12 月 28 日，绍兴县鲁迅图书馆升格为绍兴市鲁迅图书馆，从此其作为地市级公共图书馆，开始了新的征程。

整个20世纪80年代，图书馆有了很大发展，主要表现在都昌坊口新馆的落成，藏书结构得到完善，馆藏增至35万册，读者服务工作有所拓展，开始重视文献的开发利用及信息服务等。

图书馆先后获得绍兴市文明单位、绍兴市文化系统先进集体、省图书馆先进集体、市级文明单位等称号。

1987年，向浙江省文化厅上报“园林管理处青年职工黄河清利用图书馆自学成才”等7项服务成果，这些成果均被列入“浙江省公共图书馆服务成果展览”展出。

进入20世纪90年代，图书馆的发展更快：读者服务工作继续深化，设施得到更新，地方文献工作开展得有声有色，成立了读者互助性质的树人读书社和吸收外资开办的姚氏少儿图书馆，还设有送书下乡的“汽车图书馆”，创办了绍兴图书公司、图兴商行等以文补文的经济实体。尤其令人瞩目的是90年代末再建了一处占地2万平方米、建筑面积1.3万平方米、具有多种功能和现代化设施的延安路新馆。

随着图书馆事业的飞速发展、管理手段的日趋现代化、藏书及读者的迅速增加、服务领域的不断拓宽，加之信息时代知识更新的加速，图书馆在20世纪80年代建造的都昌坊口馆舍已显得相对落后，不能满足各方面的需要，建造一座规模更大、设施更齐备的新馆已成为社会各界的共识。90年代末，具有多种功能和现代化服务设施的延安路新馆立项。

1995年4月19日，图书馆向市文化局报送《绍兴市鲁迅图书馆至2000年及2010年总体目标和实施对策》，这是一份在绍兴图书馆发展史上较为重要的文件，全文收录于下。

绍兴市鲁迅图书馆至2000年及2010年总体目标和实施对策

一、前言

绍兴市鲁迅图书馆是绍兴市中心图书馆，面向市区及绍兴县开放，又担负着本市各县（市）图书馆及市区文化站图书室业务辅导工作。

它的前身“古越藏书楼”是国内第一个具有公共图书馆特征的藏书楼，在图书馆界占有举足轻重的地位。

图书馆现有建筑面积3 216平方米，工作人员32人，藏书35万余册（其中古籍16万余册，在全省市级馆中名列第一）。

随着时代的进步和科技的发展，图书馆为社会服务的职能显得越来越重要，既是广大群众进行社会终身教育的最主要场所，又是收藏和提供文献信息的重要阵地。

根据绍兴市社会经济发展总体规划，特制定《绍兴市鲁迅图书馆至2000年及2010年发展规划和实施对策》。

二、指导思想

图书馆的发展方向是面向现代化，面向世界，面向未来。发展的立足点是适应世界新技术革命，适应经济发展，适应社会发展，适应图书馆自身发展规律。

原则和方针是：

①坚持把图书馆体制改革放在首位，改变传统的图书馆观念，树立现代图书馆思想，担负起管理

职能、教育职能、情报职能，成为传授知识，传递信息的中心；

②坚持图书馆的社会主义方向，积极开发信息资源，更好地为国民经济建设，科学研究和教学工作作出贡献；

③坚持“读者第一”“用户第一”的服务思想，充分发挥图书馆工作社会功能；

④积极采用新技术，开展声像技术、缩微技术、复制技术和计算机技术服务，逐步实现图书馆工作现代化；

⑤不断扩大图书馆的国内外学术交流与业务合作，认真借鉴有益经验，促进事业发展；

⑥坚持图书馆事业同科学、教育、经济与社会协调发展的原则，适当地增加对图书馆事业的投资，不断改善服务环境和条件，为读者创造文明、方便、舒适环境。

三、发展目标

第一阶段（1996—2000）

加强自身建设，改善硬件设施，加强软件建设，争取达到全国地市级公共图书馆一级馆标准。为今后10年发展积蓄力量，创造条件，奠定基础。

1. 设施建设

新建馆舍10 000平方米（具体规划另附）。

应用电子计算机，实现全馆的计算机业务管理和办公管理，达到采访、编目、检索、流通、书目自动化。

建立声像、缩微阅读等多种形式资料服务。

建立汽车图书馆。

2. 藏书建设

藏书数量，从现有的35万册增至40万册（年均购书1万册）；报刊数量逐步增加到1 500种。

在藏书结构上，要形成本馆藏书特色，打破目前现代资料利用率低的格局，开辟藏书建设工作新路子，加强地方文献征集工作，建立具有地方特色的综合性藏书体系。

在藏书内容载体形式上，根据时代发展需要，收藏特种文献、缩微资料、机读文献、视听资料、立体形象资料和特殊类型出版物，满足不同层次的读者需求。

3. 队伍建设

建设一支具有一定规模的、适应现代化文献情报工作需要的、结构合理的、素质良好的专业队伍。

①人员编制：职工在编人数从目前的35人逐步增加到72人。

办公室、馆领导	9	外借部	14
采编部	6	阅览部	10
辅导部（汽车图书馆）	4	技术部	5
地方文献组	3	古籍部	5
情报咨询部	6	经营服务	5
少儿图书馆	5		

②专业人才结构：专业类型上形成一定比例的计算机、声像、缩微、管理人才及理、工、农、医外语等学科专业人才。

③学历层次结构：研究生、本科生、大专生、中专生4个学历层次要按一定比例协调发展。

④职称分布：高级、中级、初级3个层次总体上应为1：5：4。

4. 科学管理

科学管理是实现发展目标的重要条件和动力，目的在于充分调动工作人员的积极性和创造性，使图书馆内部产生更大的生机和活力。科学管理的重点和方向应当是：

①深化改革，继续实行岗位目标责任制，对各个环节和岗位定编、定责、定期考核，提高工作效率和工作质量；

②合理安排和改善人员结构，提高工作人员业务素质，年龄结构、职称结构要大体同所担负的任务相适应，同时还要求掌握相关学科专业知识，为开展文献加工利用创造条件；

③从传统的管理转向以计算机为核心的现代化管理；

④加强地区各类型图书馆横向联系，建设地区和全国的横向联系网络，组织协作，实行资源共享。

5. 文化经济

提高自身活力，争取有2个效益好、有相当规模的文化经济实体，保证创收年递增率在15%以上。

第二阶段（2001—2010）

协调地区性图书馆事业发展，以市馆为中心，建立地区性图书馆网络，成为全市的文献情报中心、社会教育中心，实现文献情报一体化，使图书馆建设达到国内一流、国际先进水平。

2010年的图书馆事业必将会面临世界范围内迅猛兴起和蓬勃发展的新技术革命的严峻挑战，图书馆事业的性质、任务、手段和方法必须冲破传统的理论、概念和现状模式，向着与社会发展总需求相适应的崭新的理论、概念和模式转变。

1. 完善组织机构，加强系统领导

加强网络建设，实行行业管理。文献情报，要实行网络建设，打破过去各馆之间的“自供自给”“小而全”的体制。事业建设要实行行业管理，作为市中心图书馆，明确行使中心馆地位的职能，集中领导，集中建设，实现地区性图书馆事业统一管理。

2. 文献情报一体化建设

①加强文献情报中心建设，进一步加强情报职能，加快从传统图书馆向现代化文献情报中心的转变，与全国信息高速公路联成网络。

②进一步完善以计算机技术为核心的文献情报工作自动化建设。

③加强全市地区性文献情报工作协作协调，形成全市文献情报一体化中心。

四、实施对策

1. 加强自身建设

以邓小平同志建设有中国特色社会主义的理论为指针，紧紧围绕经济建设这个中心，深化改革、优化管理，提高质量，扩大功能，更好地面向社会，服务社会，发挥图书馆工作整体效能，提高社会效益、新经济效益。拓宽挖潜，积极搞好文化经济工作，弥补事业经费的不足，增强事业发展后劲。

2. 争取领导重视

积极争取各级领导对图书馆事业的重视和支持。成立绍兴市图书馆事业管理委员会，加强对图书馆工作的领导和指导。

积极争取政府增加对图书馆事业的经费投入，并在返还税利、资金贷款、减免设施建设相关税费等方面给予政策倾斜，并允许企业对图书馆的捐资税前列支，鼓励和引导其资助图书馆这类公益事业。

3. 依靠社会力量

争取社会各界对图书馆事业的关心和支持，形成社会文化社会办的氛围。依靠政府有关部门牵线搭桥，争取海外侨胞的捐赠。充分发挥图书馆自身优势，在服务于经济建设的同时，争取企业更多地资助图书馆事业。

一九九五年四月

一、绍兴市鲁迅图书馆的硬件设施与自动化建设

（一）馆舍发展状况

1. 都昌坊口馆舍

鲁迅图书馆在历史上有过多次搬迁。

古越藏书楼及由其改组的绍兴县立图书馆馆址同在城区古贡院，今门楼犹存，为省级文物保护单位。县鲁迅图书馆馆址在都昌坊口周家老台门。1983 年，升格为市鲁迅图书馆，但馆址馆舍一仍其旧。周家老台门原是鲁迅祖宅，前后三进，前面两进是平房，第三进和东西侧厢为楼屋，图书馆用房坐落在中轴和西厢房，使用面积约 1 800 平方米。因周家老台门是住房结构，面积不大，本不适合作为馆舍使用，加之是文保单位，不能改建，因此在改为市鲁迅图书馆之后，迫在眉睫的是解决馆舍问题。而此前其原主管部门绍兴县文化局对建造新馆一事已有筹划，馆址选定在原址西首，即都昌坊口 15—17 号地段。

1983 年 9 月，绍兴市城乡建设局批准都昌坊口 15—17 号为新馆舍的建设用地。

1983 年 12 月，新馆舍建筑动工。

都昌坊口馆舍主体的建造分 3 期进行。

依据鲁迅图书馆 1984—1986 年的“基建决算报告”内容，第 1 期为阅览室工程：1983 年 12 月 15 日至 1984 年 10 月 20 日，工程建筑面积为 698 平方米；概算投资总额 128 000 元，实际支出 136 203.20 元。第 2 期为书库工程：1984 年 11 月 25 日至 1985 年 10 月，工程建筑面积为 825 平方米；概算投资总额 285 000 元，实际支出 276 929.87 元。第 3 期是外借楼工程：1986 年 8 月 6 日，经绍兴市副市长陈祖楠和市文化局局长金兴华等来馆研究新馆平面布局，原配套工程由 900 平方米扩到 1 700 平方米；调整了外借书库面积，改两层楼为三层楼；工程日期为 1986 年 12 月中旬至 1988 年 6 月 7 日，工程建筑面积为 1 136 平方米；概算投资总额 298 000 元，至 1987 年 5 月，实际支出累计 25 万元。

在后期工程中，又对综合楼进行了改造。综合楼建筑面积达 455 平方米，砖混结构，1~2 层，高度为 6.5 米，一幢。开竣工日期为 1987 年 12 月 25 日至 1988 年 5 月 30 日（实际至 1991 年 1 月 17

日完工）。预算造价 81 445 元，工程决算 134 330.67 元。浴厕、书刊服务部等的开竣工日期为 1988 年 6 月至 1989 年 6 月，建筑面积达 517 平方米。

1989 年 6 月 10 日，都昌坊口新馆舍落成暨开放庆典举行。

都昌坊口馆舍为四进一侧厢低层楼群，颇具民族风格，总建筑面积为 3 216 平方米，大门朝南临街，为台门式样。第一进二层，为行政综合楼；第二进三层，为外借楼，面积为 1 186 平方米，设社科外借室和科技外借室；第三进二层，为阅览楼，面积为 695 平方米，设座位 372 个；第四进三层，为藏书楼，面积为 1 960 平方米，用于庋藏古今文献和报刊资料。西侧厢楼上设有演讲厅，楼下为图书采编用房。在外借楼与阅览楼之间凿有一口深数米的长方形水池，池中有假山，池周植有花木，兼有防火和美化环境之功能。

绍兴市政府为图书馆都昌坊口馆舍的建设总共投资 80 余万元。新馆舍的建成，使图书馆空间紧张的状况得到缓解。

1992 年 10 月 20 日，第一进增建两厢搭建用房，由绍兴县古建筑工程队承建。

1993 年 2 月 28 日，行政综合楼下搭建传达室。5 月 21 日，主大门两侧小门进行门面扩大改造。

1994 年，齐贤镇人民政府捐资 1 万元。5 月 6 日，绍兴纺织机械集团公司董事长谢如炎以单位名义捐款 3 万元，资助图书馆筹建少儿图书室。5 月 27 日，在演讲厅举行少儿图书室开放仪式，绍兴市人大常委会副主任章天祥，市政府副秘书长费水根，市委宣传部副部长黄文泽，市文化局局长鲍贤伦、副局长张关鑫等及谢如炎到场祝贺。

1995 年，经浙江大学图书馆副馆长夏勇教授牵线，已故美籍绍兴人姚守成的遗孀吴毓文及其子女姚诗斌、姚诗凯、姚诗训捐资 1.5 万美元，在少儿图书室基础上组建少儿图书馆，名为姚氏少儿图书馆，1996 年 2 月 10 日建成开放，面积达 160 平方米，有少儿读物 8 000 多册，设有儿童知识乐园、少儿图书室、少儿视听室。

1996 年 11 月 25 日，又对厕所、部分花坛进行改建。

2. 筹建延安路新馆

随着图书馆事业的飞速发展，建造一个规模更大、设施更新的图书馆，已成为从绍兴市委、市政府领导到图书馆工作人员及各界人士和广大读者的共识，绍兴市人大代表、市政协委员们也多次提议建设一个与历史文化名城相称的新图书馆。

1996 年 4 月 30 日，中共绍兴市委书记鲁志强视察图书馆，对新馆建设提出了指导性意见。10 月 14 日，绍兴市市长纪根立在听取馆长龚天力关于新馆建设的设想后，即与有关部门负责人实地踏看，选定延安路“十三亩头”作为新馆建设用地。

3. 古越藏书楼

古越藏书楼现存首进石库墙门和临街门楼，坐北朝南，两层三开间，通面宽 12.40 米，通进深 6.09 米，南单檐、北重檐硬山顶，两侧为风火墙。其于 1956 年和 1989 年先后被公布为绍兴市和浙江省重点文物保护单位。

1998 年，浙江省文物局、建设厅联合发文划定古越藏书楼的保护范围为藏书楼现存门斗及天井，原藏书楼屋基地为恢复区。其建设控制地带分为二类控制地带和三类控制地带。相应范围如下。

二类控制地带：东离东围墙 14 米，南至胜利路北侧，西离西围墙 14 米。

三类控制地带：东西至二类地带外 11 米，北至保护范围处 10 米。

2001 年 3 月，绍兴市文物管理局对古越藏书楼门楼进行落架大修。

（二）硬件设施状况

图书馆原有设备与古老的馆舍一样陈旧简陋。在改为市馆之前，馆里仅有一台打字机。延安路新馆建成后，家具得到彻底更新。古籍书库的书柜，均用上等木料仿古制作，显得特别精致古雅。

1985 年 4 月 11 日，鲁迅图书馆自筹资金 1 940 元，购买日本三洋牌录音机 1 台。1986 年 8 月 16 日，购静电复印机 1 台，价格为 1.69 万元。

1989 年，都昌坊口新馆舍建成后，政府出资 13 万元，新做了一批书架、阅览室桌椅，其中双面七格书架 188 只、期刊书架 40 只。

1991 年 7 月 8 日，图书馆购置一套 CWS 桌面印刷系统。1993 年，购买空调（窗式）1 台，档案文件柜 1 只。

1994 年，古籍书库安装除湿机 2 台，防盗报警器 1 套，制成古籍书橱 70 只、樟木书夹板 1 000 副。接受浙江图书馆技术部赠送的缩微阅读机 1 台。为姚氏少儿图书馆配西湖彩电 2 台，购买小霸王学习机 2 台，佳能相机 1 只。

1995 年，购置书夹板 1 043 副。为姚氏少儿图书馆馆配 TCL 王牌彩电 2 台，VCD（Video compact disc，影音光碟）机及功放机各 1 台，音箱 4 只。

1996 年，利用姚氏少儿图书馆第一、二期资金 1 万美元（各 5 000 美元），用于购置少儿智力开发玩具设施、视听设施（电机机 2 台、放像机 1 台）、空调（春兰立柜空调 2 台、三菱 325 挂壁空调 1 台）等。另制成古籍樟木善本书橱 32 只，购置采编编目软件 2 套、松下 2 型放像机 1 台，制成写字台 3 个、凳子 11 把、书架 15 只、梯形架 20 只等。

1992 年 6 月，图书馆进行资产清查并记录，这反映了都昌坊口 1989 年开馆以来的资产情况，具体见下表。

表 3-9　绍兴市鲁迅图书馆 1992 年固定资产明细（编报时间：1992 年 6 月 26 日）

固定资产名称	在用		闲置	
	数量	原值（元）	数量	原值（元）
写字台	31	2 102.00		
茶几	11	330.00		
阅览桌	53	6 360.00	11	1 320.00
参考咨询桌	12	2 400.00		
出纳台	14	4 200.00		
课桌	82	1 968.00		
装订桌	1	120.00		

续表

固定资产名称	在用		闲置	
	数量	原值（元）	数量	原值（元）
花架	21	420.00	3	60.00
其他桌	1	20.00		
打字桌	5	750.00		
藤折椅	44	704.00		
木折椅	17	204.00	17	204.00
钢折椅	99	3 564.00		
藤椅	32	1 250.00		
阅览椅	160	4 000.00	140	3 500.00
沙发	14	1 610.00		
其他椅	10	180.00		
办公柜	8	1 120.00		
档案柜	4	560.00		
玻璃展柜	17	408.00		
四库全书柜	14	4 620.00		
目录柜	26	910.00	5	175.00
画柜	2	280.00		
其他柜	3	375.00		
玻璃柜	5	700.00		
古籍书箱	165	7 590.00		
双面木书架	160	9 600.00		
报刊架（木）	91	5 460.00		
双面铁书架	218	37 060.00		
铁报刊架	20	3 400.00	19	32.20
半开架书架	27	2 700.00		
木杂志架	4	320.00		
其他	3	30.00		
GF-777 收录机	1	1 940.00		
黑白电视机	1	580.00		
复印机	1	16 900.00		
中文打字机	2	1 000.00		
英文打字机	1	615.60		
桌面系统	1	1 600.00		
保险箱	1	350.00		
电扇（台）	8	860.00		
电话机	1	200.00		

续表

固定资产名称	在用		闲置	
	数量	原值（元）	数量	原值（元）
吊扇	32	3 469.50		
现代书	147 607	1 180 856.00		
报纸	11 442	57 210.00		
期刊	13 223	132 230.00		
古籍书	164 781	无价		
字画、贴等	4 529	无价		
床	2	48.00	1	24.00
棚梯	1	100.00		
三轮车	1	457.78		
馆舍	3 255.85 ㎡	931 923.00		
职工宿舍	169.24 ㎡	50 400.00		

资料来源：会计档案 D1992-2。

表 3-10　绍兴市鲁迅图书馆资产与固定资产汇总（1987—1996 年）　单位：元

年份	资产	其中：固定资产
1987	1 654 236.73	1 562 549.80
1988	1 783 037.56	1 562 549.80
1989	1 563 369.80	1 562 549.80
1990	1 618 321.60	1 617 701.60
1991	1 638 144.99	1 617 701.60
1992	2 571 760.29	2 562 074.68
1993	2 643 161.65	2 640 094.65
1994	2 829 727.18	2 795 887.85
1995	2 980 695.03	2 921 230.21
1996	3 813 934.44	3 591 652.38

（三）计算机自动化建设

图书馆自动化建设始于 1996 年底。1988 年 12 月，图书馆派两名管理人员赴杭州图书馆，学习由深圳图书馆研制出的图书馆业务管理自动化集成系统（简称“ILAS”），学习 ILAS 5.0 系统（包括采访、编目、流通服务、连续出版物、参考咨询等管理子系统）的操作。

1996 年 8 月，美籍华人姚诗凯赠送姚氏少儿图书馆计算机 1 台。浙江省文化厅拨 3 万元、绍兴市财政局拨 10 万元支持计算机管理项目建设。图书馆购买卓越 5133（16M）1.2 G 电脑 1 台、STQN-510 终端机 8 台、PS3005/12016M 电脑 1 台、富士通光盘刻录机 1 台、PE518 卡 1 张、1000WSTK

后备 UPS1 台、AR5400 打印机 1 台。

二、绍兴市鲁迅图书馆的业务管理与人力资源

（一）业务管理

县鲁迅图书馆于 1983 年 12 月 28 日升格为市鲁迅图书馆后，隶属于市文化局管理。

1984 年 9 月，经市文化局同意，图书馆实施《业务工作施行方案》，将原 4 组 1 室的业务机构调整为 3 部，即采编部、辅导部和借阅部，各部设部主任。借阅部下设古籍和近现代资料室、外借处、报刊阅览室。

1984 年 10 月制定《鲁迅图书馆业务工作试行方案（初稿）》，其中明确考核内容分考勤、考绩两部分，总分为 100 分。其中考勤 40 分，考绩 60 分。

1985 年，据《1985 年全国公共图书馆概况调查》的数据资料显示，组织机构在馆长领导下分 4 个大组，具体为：采编组、借阅组、辅导组和行政后勤组。

1986 年，业务机构调整，分为 5 部，即采编部、借阅部、辅导部、参考咨询部和技术服务部。为了开创图书馆工作的新局面，从本当起实行岗位责任制和考勤评奖制，岗位责任制包括：馆长岗位责任制、采编工作（采购工作、分类工作、编目工作）岗位责任制、流通工作（借书工作、还书工作、阅览工作）岗位责任制、书库工作岗位责任制、业务辅导工作岗位责任制、古籍工作岗位责任制。

1988 年，设四个业务机构，即外借部、阅览部、采编部、辅导部。11 月 21 日，增设图书馆办公室。

1989 年 5 月 27 日，成立经济技术咨询部。

1991 年 1 月，设 1 室 6 部：办公室（含财务、经济技术咨询）、辅导部、采编部、外借部、图书阅览部、报刊阅览部、技术服务部。7 月，增设科技部和文献资源开发室。11 月，成立树人读书社。

1992 年 2 月 14 日，业务机构再次调整，分为采编部、辅导部、外借部、报刊部、参考咨询部、树人读书社、馆办公室。

1994 年 5 月，建立少儿图书室，隶属外借部。

1995 年 1 月，撤销辅导部，其职能划入咨询辅导部。12 月，实施综合配套改革，业务机构定为采编部、外借部、报刊部、参考咨询部、姚氏少儿图书馆、树人读书社、财务部、办公室。

（二）人力资源

1983 年 12 月，升格为市级图书馆，赵钜清任副馆长。1992 年 1 月，龚天力接任副馆长。1993 年 2 月，设馆长，由党支部书记马岁发兼任。此后一直设馆长、副馆长。

表 3-11　绍兴市鲁迅图书馆历任行政负责人一览（1983—1997 年）

馆名	姓名	职务	任职时间
绍兴市鲁迅图书馆	赵钜清	副馆长	1983 年 12 月至 1992 年 1 月
	龚天力	副馆长	1992 年 1 月至 1994 年 10 月
	马岁发	馆长	1993 年 2 月至 1994 年 6 月
	龚天力	馆长	1994 年 11 月至 2006 年 3 月 15 日
	袁涛	副馆长	1994 年 11 月至 2003 年 6 月

从历年人员变化来看，图书馆人员呈缓慢增加趋势，且新进人员多于退休人员，具体如下：

1983 年底，有工作人员 18 人，其中干部 7 人、职工 11 人。进馆人员：朱燕、蒋建中；离馆人员：翟淑珍（离休）、孙培英（退休）。

1984 年底，有工作人员 23 人，其中干部 9 人、职工 14 人。进馆人员：陈淑文、汪丽华、周岚岚、郭红云、胡瑛。

1985 年底，有工作人员 21 人。离馆人员：冯华中。

1986 年 11 月，绍兴市编制委员会批准图书馆编制为 35 名。年底统计，干部、职工共 20 人：赵钜清、黄伟、董礼彬、陈淑文、高学安、陈启中、陆平、王燕飞、胡瑛、沈大晟、龚杏娟、丁鹏敏、蒋替征、朱燕、周岚岚、郭红云、黄彩燕、蒋建中、汪丽华、叶放。进馆人员：黄彩燕；离馆人员：郭珍玉（退休）、林华彬（退休）。

1987 年底，有工作人员 26 人，其中固定职工 21 人、合同制职工 5 人。进馆人员：谢丽娟、邵虹慧、杨军、何焱、马志军、王红霞、潘力军；离馆人员：黄伟。

1988 年底，有工作人员 28 人，其中固定职工 22 人、合同制职工 6 人。进馆人员：杭勇、裘式言。

1989 年底，有工作人员 31 人，其中固定职工 23 人、合同制职工 8 人。进馆人员：高祥宏、龚天力、钟成贤、翁映、谢荣伟；离馆人员：谢丽娟、蒋建中。

1990 年底，有工作人员 33 人，其中固定职工 24 人、合同制职工 9 人。进馆人员：金蕾、张宇红。

1991 年底，有工作人员 32 人，其中固定职工 23 人、合同制职工 9 人。离馆人员：陆平、叶放；进馆人员：马岁发。

1992 年底，有工作人员 33 人，其中固定职工 24 人、合同制职工 9 人。进馆人员：陆丽茵、黄国平、谢维智。

1993 年底，有工作人员 34 人，其中固定职工 24 人、合同制职工 10 人。进馆人员：陈健；离馆人员：钟成贤、马志军、陈淑文（退休）。

1994 年底，有工作人员 31 人，其中固定职工 22 人、合同制职工 9 人。进馆人员：吕江英、袁涛；离馆人员：杭勇、王红霞、马岁发（病故）。

1995 年底，有工作人员 29 人，其中固定制职工 20 人、合同制 9 人。进馆人员：赵伟达；离馆人员：潘力军、郭红云、黄彩燕、赵钜清（退休）。

1996 年底，有工作人员 33 人。进馆人员：陈琦、钮国江、黄蓉、任雷、陈玲玲。

表 3-12　绍兴市鲁迅图书馆馆友录（1983—1997 年）

姓名	在馆时间
蒋建中	1983 年 12 月至 1989 年 4 月
郭红云	1984 年 10 月至 1995 年 8 月
黄彩燕	1986 年 7 月至 1995 年 9 月
谢丽娟	1987 年 3 月至 1989 年 1 月
邵虹慧	1987 年 5 月至 1998 年 8 月
马志军	1987 年 12 月至 1993 年 11 月
王红霞	1987 年 12 月至 1994 年 7 月
潘力军	1987 年 12 月至 1995 年 5 月
杭　勇	1988 年 11 月至 1994 年 5 月
钟成贤	1989 年 6 月至 1993 年 4 月
朱　燕	1983 年 8 月至 2003 年 2 月
龚天力	1989 年 5 月至 2008 年 10 月 27 日
吕江英	1994 年 8 月至 2015 年 3 月 2 日
袁　涛	1994 年 12 月至 2003 年 6 月 20 日
任　雷	1996 年 9 月至 2015 年 3 月 2 日

注：按进馆时间排序。

不少工作人员通过继续深造、不断提升自己的方式来获得较高职称的评聘资格。

1987 年 6 月 24 日，绍兴市文化局决定将绍兴市鲁迅图书馆作为文化系统职称评聘工作试点单位。至年底，有馆员 3 人、助理馆员 9 人、管理员 4 人。

1996 年 3 月，图书馆制定《关于鼓励职工进行业余学习的规定及奖励办法》，激励职工通过各种途径提高业务素质和文化水平。

（三）党团工会建设

图书馆的中国共产党党员总量呈现持续增加的趋势。

1984 年 8 月 31 日，赵钜清、翟淑珍、董礼彬党组织关系由绍兴县迁入，绍兴市鲁迅图书馆成立党支部，赵钜清任支部副书记，有党员 3 名。

1985 年 2 月 6 日，增加 2 名预备党员：陈淑文、冯华中。减少 1 名预备党员：冯华中。年底统计共有党员 4 名。

1987 年 7 月，赵钜清改任支部书记，董礼彬任纪检委员。

1988 年 10 月，增加 1 名党员：裘式言。

1989 年，增加 2 名党员：龚天力、钟成贤。减少 1 名党员：蒋建中。

1991 年 12 月，增加党员 1 名：马岁发。

1992 年 1 月 3 日，党支部举行换届选举，并成立支部委员会，产生第一届支委，马岁发任书记，钟成贤任组织、宣传委员。4 月 4 日，增补龚天力为党支部委员，钟成贤任组织委员，龚天力任宣传委员。

年末有党员 10 名。

1993 年 7 月 6 日，增补裘式言为党支部宣传委员。9 月 27 日，陈健任党支部副书记。新增党员 3 名：陈健、潘力军、王燕飞。减少党员 1 名：钟成贤。

1994 年 12 月 13 日，换届产生第二届支委，龚天力任书记，陈健任副书记兼组织委员，袁涛任宣传委员。增加党员 1 名：袁涛。减少党员 2 名：王红霞、马岁发（病故）。

1995 年，减少 1 名党员：潘力军。

1998 年 1 月 10 日，换届产生第三届支委，委员由龚天力、袁涛、周岚岚组成，龚天力任书记，袁涛任组织委员，周岚岚任宣传委员。

表 3-13　绍兴市鲁迅图书馆历任党支部书记一览（1984—1997 年）

姓名	性别	职务	任职时间
赵钜清	男	支部副书记	1984 年 8 月至 1987 年
赵钜清	男	支部书记	1987 年 7 月至 1992 年
马岁发	男	支部书记	1992 年 1 月至 1994 年 6 月
陈健	男	支部副书记	1993 年 9 月至 1998 年 2 月
龚天力	男	支部书记	1994 年月 12 至 2006 年 3 月 15 日

绍兴市鲁迅图书馆在重视党组织建设的同时，也非常注重中国共产主义青年团的建设。

1981 年，建立团支部，陆萍任团支部书记。

1985 年，有团员 14 名。

1986 年，叶放任第二届团支部书记。

1987 年 11 月，叶放被选为共青团文化局第二届委员会委员。

1990 年 2 月，团支部第三次换届，朱燕任团支部书记。

1994 年 1 月 20 日，团支部进行换届选举，团支部委员会由王红霞、杨军、何焱组成。2 月 5 日，绍兴市文化局团工委批复同意王红霞任团支部书记，杨军任组织委员，何焱任宣传委员。7 月，王红霞调离图书馆，杨军接任团支部书记。

1996 年 12 月 20 日统计，有团员 9 名：杨军、张宇红、翁映、谢荣伟、任雷、黄蓉、陈琦、钮国江、袁涛。杨军为团支部书记，袁涛为团工委书记。

1997 年，任雷任团支部书记。

表 3-14　绍兴市鲁迅图书馆历任团支部书记名单（1983—1997 年）

姓名	性别	任职时间	备注
陆萍	女	1981 年	第一届
叶放	女	1986 年	第二届
朱燕	女	1990 年 2 月	第三届
王红霞	女	1994 年 2 月	第四届

续表

姓名	性别	任职时间	备注
杨军	女	1994 年	因王红霞调离
任雷	男	1997-2000 年	第五届

图书馆工会成立于1988年7月，自成立以来组织开展了许多有益的活动，增强了职工的集体意识，调动了职工的积极性和创造性。工会工作主要有提出合理化建议，组织争创“巾帼文明示范岗”、捐资赠物献爱心、文娱活动、体育竞赛、旅游疗养、慰问（职工生日蛋糕、职工结婚庆祝、生病住院慰问、职工亲属过世慰问、离退休慰问）、业务辅导等活动。

自 1995 年始，每年底工会都要组织一次辞旧迎新联欢晚会。

表 3-15　绍兴市鲁迅图书馆历届工会主席、委员一览（1983—1997 年）

时间	届次	主席	副主席	其他成员
1988 年 8 月 —1992 年 5 月	第一届工会	董礼彬	叶放	
1992 年 5 月 —1995 年 2 月	第二届工会	裘式言		
1995 年 2 月 —1998 年 4 月	第三届工会	陈启中		朱燕任宣传财务委员 沈大晟任女工委员

在改善职工生活条件方面，图书馆努力通过多种途径解决职工住宅问题，具体如下。

1. 东咸欢河岸住宅

地点：东咸欢河沿 30 号。建设单位：绍兴市绍剧团；设计单位：市水利水电设计室；施工单位：绍兴市古建筑公司。1984 年 8 月开工，12 月完工。建筑面积为 903 平方米，3 层，造价 99 363 元。此楼为绍剧院二团与鲁迅图书馆联合翻建，分配给图书馆 2 套，无产权。其中 2 楼为职工董礼彬按房改政策购得。3 楼在房改时，职工陈淑文自愿退出，一直作为集体宿舍使用。2005 年，经图书馆领导班子讨论，将 2 楼中的一间分配给董礼彬使用。

2. 望花畈区

为改善职工住宅条件，1986年12月，文化系统住宅工程筹建组成立，定点望花畈。该工程由文化局、新华书店、电影公司、经济日报社、市鲁迅图书馆共同建设，资金由各单位自行筹资投入，该工程由绍兴市二建承建，总投资金额达611 724.47元。1987年4月8日动工打桩，1988年5月16日竣工验收。总面积为 2 302.73 平方米，建筑面积为每套 55.44 平方米不等。其中图书馆 4 套，169.24 平方米，价值 50 400 元。

三、绍兴市鲁迅图书馆的经费收支与管理制度

（一）经费收支状况

自 20 世纪 80 年代始，图书馆除获得财政拨款外，还有各种预算外收入。

20 世纪 90 年代，创收项目增多，如场地租赁创收、部门（书画社、市志办、通达公司、振华文化服务部、外借部、采编部、参考咨询部、阅览部、树人读书社等）创收。

1992 年 7 月 8 日，制定并执行《鲁迅图书馆关于创收工作若干问题的决定》。本着“要积极创造条件，创办有一定规模的第三产业经济实体，以作为本馆创收的支柱”和“思想要解放，步子要加快，工作要稳妥”的方针，图书馆采取了多种创收措施。

①创办经济实体。主要有以经营文化用品和办公用品为主的振华文化服务部第一营业部（东街店面），以经营旅游用品为主的振华文化服务部第二营业部（图书馆门面），以经营书刊零售、批发为主的书刊营业部（越州书苑）。

②以图书工作为依托，开辟有偿性系列服务。主要有以打字、复印为主的技术服务，以促进经济发展、推动市场建设为主的现代经济技术、情报信息咨询服务。

③利用工作渠道的业余创收。

表 3-16　绍兴市鲁迅图书馆经费、工资、专用图书费一览（1983—1996 年）　单位：元

年份	全年经费	工资	专用图书费
1983	27 545.00	11 641.34	15 903.66
1984	50 000.00	16 199.09	18 046.45
1985	64 587.00	23 461.99	27 898.49
1986	125 000.00	25 154.79	35 191.91
1987	229 000.00	25 973.50	37 513.78
1988	116 000.00	32 278.62	48 109.84
1989	188 036.00	48 084.65	73 619.36
1990	173 950.00	59 586.72	55 366.92
1991	181 920.00	67 710.70	61 483.10
1992	187 700.00	97 023.40	50 433.80
1993	258 900.00	133 246.02（至 11 月）	72 919.97
1994	470 600.00	220 632.87	76 583.80
1995	475 900.00	234 769.00	93 087.36
1996	891 800.00	196 897.00（至第三季度）	482 702.12

注：经费数据来自图书馆历年财务年度报表，工资数据来自《全民所有制单位全部职工人数与工资月报》。

（二）管理与激励制度建设

1986 年 11 月 29 日，绍兴市编制委员会为图书馆定编，确定其工作人员数量为 35 人。

1991 年 4 月 17 日，《绍兴鲁迅图书馆规章制度》（第四次修改稿）经研究讨论，开始实施。规章制度以总则、职责范围、工作细则、读者规则、行政管理制度（考勤、奖惩制度，财务管理制度，财产管理制度，本馆人员借书制度，绿化安全制度）等 5 个方面归类，主要依据本馆已有的各种规章制度编制。

1. 激励制度

1993 年，为调动全体职工的积极性，图书馆进行了人事分配改革，对部室实行双目标考核制，即鼓励业务部门在出色完成业务工作的同时，也要做好“以文补文”的创收工作，因而需要对原有分配制度稍做改进。

1995 年，根据绍兴市政府〔1995〕94 号《关于绍兴市事业单位人事制度综合配套改革实施意见》等文件精神，结合单位实际情况，图书馆开始进行综合配套改革工作。当年 9 月，建立由龚天力、裘式言、董礼彬、陈启中、龚杏娟 5 人组成的综合改革工作小组，制定《绍兴市鲁迅图书馆馆长负责制实施细则》《绍兴市鲁迅图书馆全员聘任制实施细则》《鲁迅图书馆考核分配制度实施细则》（均见下文）等制度。

当年 12 月 12 日，图书馆发布并执行《关于实施本馆综合配套改革的意见》。19 日，职工双向选择聘任工作开始，至 26 日结束。

《绍兴市鲁迅图书馆馆长负责制实施细则》

第一条　鲁迅图书馆是独立的法人，馆长是法定代表人。

第二条　馆长由市文化局考察聘任，向市文化局负责，对全馆的业务、人事、行政、经营等全面工作实行统一领导，全面负责。

第三条　副馆长由馆长提名，经市文化局审核同意后，由馆长聘任。副馆长受馆长委托，向馆长负责，分管馆内部分工作。

第四条　根据馆内实际工作的需要，馆长可以决定聘任馆长助理。各部门负责人（企业负责人）由馆长聘任，各部门（企业）职工（在编人员）由部门负责人提名，馆长聘任。

第五条　馆长每年向市文化局签订年度工作目标责任书，年终由市文化局组织考核，根据责任书签订的工作目标完成情况，决定对馆长的奖励和处罚。

第六条　建立馆长领导下的行政决策系统，以馆长办公会议处理全馆的日常业务、人事、行政、经营工作，办公会议由馆长主持，党政正副职、馆长助理、办公室主任参加，根据需要，办公会议可扩大到有关人员列席、参加。

第七条　馆长办公会议的主要任务是：

①传达上级的有关文件和指示精神，提出贯彻上级重要指示的意见；

②审定全局性的事业发展规划、规章制度、工作意见和总结；

③审定本馆的经费预算、经费执行情况，决定较大的经费开支；

④决定对干部、职工的行政奖励和处分；

⑤馆长认为需要研究的其他重要事项。

第八条　为使行政决策民主化、科学化，以保证馆长负责制的实施和完善，重大问题应有单位党组织一道参与决策，同时也注意征求工会等群众团体的意见，充分发挥群众团体的作用。

第九条　馆长的聘任期，由市文化局确定；副馆长的聘任期由馆长确定，其聘任期至多与馆长聘任期相同。

一九九五年十二月十日

《绍兴市鲁迅图书馆全员聘任制实施细则》

第一条　聘任的原则

（1）按照公开、平等、择优和双向选择的原则，实行全员聘任制。

（2）根据图书馆的性质、任务和实际情况，重新"定编、定岗、定责"；对全体员工进行聘任合同化管理。

第二条　聘任的对象

聘任对象系本馆在编的正式干部、职工和合同制工人。

第三条　聘任程序

（1）根据干部管理权限，馆长由市文化局考察聘任。

副馆长由馆长提名，经局审核后聘任；各部室主任与馆长签订目标责任书；各部室工作人员由各部室主任提名，报馆长办公会议审核后由馆长聘任。

（2）根据各部门的工作性质和任务，核定各部室人员编制，由单位公布岗位、条件、聘期和聘用方法。

（3）被聘者向馆长递交书面申请，说明自己志愿的岗位及工作设想；部室主任聘任采取个人申请、民主推荐和领导提名相结合的办法。

（4）各部室由已被确定受聘的部室主任与被聘者进行双向选择，双方意见一致，由馆长与受聘者签订书面聘约。

第四条　聘任期限

除馆长、副馆长外，部室主任聘任期为两年，其他受聘人员的聘任期限均为一年，聘任期满后，经聘约双方同意，可以续聘。并重新签订聘约书。对即将离退休的干部、职工，聘用期限不得超过法定的离退休年龄。

第五条　聘约双方的权利与责任

（1）聘方的权利与责任

①聘方对受聘方有聘任权和解聘权，同时须按聘约规定的有关条款保障受聘方的合法权益；

②聘方有权对受聘方在聘任期内进行严格的管理，根据受聘方的工作业绩和表现给予奖励和处罚。

（2）受聘方的权利与责任

①受聘方对聘方有应聘、拒聘、辞聘的权利，在聘任期内有享受聘约所规定的各项待遇的权利；

②受聘方必须对聘方负责，严格履行聘约规定的岗位责任；

③受聘方在聘任期内享受规定的政治、经济和相应的劳保福利待遇；

④聘任为各部室副职以上人员，每月给予相应的职务津贴：

⑤受聘方在聘任期满后，有优先续聘的待遇。

第六条　几种聘任形式的规定

（1）单位工作需要、而本人不愿签订聘用合同的职工视为拒聘，拒聘者可给予两个月的留岗时间，留岗期间可自找出路，并发给本人固定工资的80%，逾期仍不签订聘用合同，作自动离职处理。

（2）对因业务水平和工作态度等原因未被聘用视为等聘，自等聘之日起发给本人固定工资，并由单位安排临时性工作，如不服从安排，可在一个月内自找出路，超过一个月自动离职处理。

（3）等聘人员在等聘期间允许停薪留职，停薪留职按有关规定执行。

（4）单位在下列情况下可与职工解除聘用合同。

①聘用期内，不履行聘用合同，在被警告后六个月内拒不改正的；

②一年内不完成工作任务、年度岗位考核不称职，又不愿服从组织分配改做其他工作，或虽能服从组织分配，但转岗后一年内仍不能完成工作任务的；

③无正当理由连续旷工时间超过 15 天，或一年内累计旷工时间超过 30 天的；

④未经聘方同意自费考入学校脱产或半脱产学习的；

⑤因失职、渎职等原因，侵害单位权益，造成严重后果的；

⑥因体制改革、单位撤并等原因、需要减员而本人拒绝组织安排的；

⑦违法乱纪情况严重的。

凡因上述情况被解聘的人员，自解聘之日起发放本人固定工资的 70%，并限于三个月内改正。如逾期不改正者，则作自动离职处理。

（5）职工在下列情况下可与单位解除聘用合同。

①经有关部门确认，单位不履行聘用合同或违反国家政策法规侵害职工合法权益的；

②经聘方同意，自费考入学校脱产或半脱产学习的；

③按管理权限，经批准离岗的（如工作调动、离岗退养、提前退休）；

④法律、法规另有规定的。

（6）被聘用人员在聘用期内要求辞去岗位职务，须提前一个月向聘方提交辞呈，聘方在收到辞呈后，二个月内作出书面答复，被聘方在未接到聘方的书面答复前，必须继续履行岗位职责。

（7）职工在单位终止、解除聘用合同后，必须办妥工作交换，不得私自带走单位的内部资料、设备等，不得侵犯单位权益。

（8）在全员聘任中凡本人提出要求留职停薪者，按管理权限经聘方及主管部门同意后，允许留职停薪，并按有关规定执行。

（9）对因身体原因而未被聘用的人员，单位应给予安排力所能及的工作；对经劳动鉴定委员会签订完全丧失劳动能力的，可予以提前退休或离岗休养。

（10）对男年满 55 周岁，女（干部）年满 50 周岁、（职工）年满 45 周岁，本人申请，经单位批准，可予以内部离岗退养，退养期间由单位按同类退休人员的水平发给生活费，并享受退休职工福利待遇。

第七条　附则

（1）本实施细则的其他未尽事宜，由聘任双方进行具体磋商。

（2）本实施细则自一九九六年一月一日起执行。

一九九五年十二月十日

《鲁迅图书馆考核分配制度实施细则》（节录）

为认真贯彻执行绍市文［1995］第 10 号《关于市直文化单位行政首长负责制和全员聘用制的实施

意见》，强化内部管理，采取平时与定期考核相结合的方法、对全馆工作人员及部门进行考勤、考绩，真正做到奖勤罚懒，奖优罚劣，充分调动工作人员积极性，特制定本实施细则。

凡在考勤、考核中牵涉到需扣除的年终考核奖和创收奖，一律在部门考绩、考核分配后，直接从个人奖额中扣除，直到扣完为止。所扣奖额留馆统一调配。

各企业考核分配制度可参照本制度并根据实际情况具体制定。

本分配细则自1996年1月1日起实施，本实施细则由馆长室负责解释。以前各项考核分配制度中与本实施细则相抵触的，以本实施细则为准。

一九九五年十二月十日

2. 财务管理制度

图书馆在1980年单独建制后，一直由其他工作人员兼职处理财务工作，一直持续到1985年专职会计人员进入图书馆，才得以改变。

1987年，又招录了专职出纳人员。

1988年，增设了图书馆办公室，将财务管理工作确定为其职责范围内的工作。

1995年12月，实施综合配套改革，重新设定业务机构时设立了财务部，由朱燕任主任。随着图书馆的不断发展和壮大，财务相关规定也越来越明确，图书馆严格执行国家有关财务法规和本馆财务规章制度，有着严格的财务管理规章制度，按馆务公开实施办法定期公开财务执行情况，建立“政务公开工作小组”“纪检员”队伍等以实施监督，并进入绍兴市财政国库集中支付系统，不定期接受上级部门的审计。

1991年《绍兴市鲁迅图书馆规章制度汇编》（第四次修改稿）在办公室职责中明确指出，其负责全馆财务管理，执行财务制度，协助馆领导搞好人事、劳资工作。财务管理制度的具体内容如下。

①年度经费确定后，办公室应根据经费情况，协助馆长做好全年经费预算。会计每月按时做好财务月报表，搞好年终决算和报表。

②按批准出差地点和有关文件报销差旅费。出差人员应在回馆三天内办理报销手续，特殊情况不应超过一周。对于超出规定的差旅费，会计有权拒绝报销。

③严格执行现金管理制度，收入及时入库，上交银行。

④对财务实行民主监督检查制度。

3. 资产管理制度

市馆初建时，负责资产管理的工作人员都是兼职的。1988年，图书馆对资产管理制度进行改革，组建馆长领导下的行政后勤组，管理后勤事务。同年增设了图书馆办公室后，财务、资产管理工作就由图书馆办公室专职负责了。

1991年制定的办公室规章制度中，有如下条文：（图书馆办公室）负责全馆行政办公用品的采购、保管及发放，各项财产的保管、调配。

在行政管理制度的财产管理制度中也有以下规定。

①本馆所有物资财产均由馆办（即图书馆办公室）统一管理，主管人员应分门别类登记造册。

②建立固定财产登记清册，分甲、乙两册。甲套由使用部门签字交主管人保管，乙套由使用部门保管。

③添置物品和设备，必须填写请购单或在月报表上提出计划，经馆领导同意方可购置。

④健全物资入库、领用登记制度。

⑤本馆人员借用公物，须经馆办同意，并办理借用手续，但借用时间不宜过长，如有损坏也当赔偿。

图书馆在相当一段时间内，和国内其他图书馆一样，开展“以文补文，多业助文”的工作。

1984 年 8 月，创办了以经销书刊为主、独立核算、集体性质的振华文化服务社，主要业务范围是：经济技术信息，咨询科技中介。服务社设在都昌坊口馆舍。1992 年 4 月 1 日迁至市区东街租用房营业。

1992 年 10 月，创办绍兴图书公司，经营图书批发业务。公司设在都昌坊口馆舍，裘式言任公司经理。

1993 年 7 月，图兴商行开业，王燕飞任经理，符合一定时期事业单位“多产助文”的潮流，经营文化体育用品、办公用品、工艺礼品、化妆品、食品，取得了一定的经济效益。

此后，随着社会主义市场经济的发展，振华文化服务社、图兴商行均改由馆外人员租赁承包，后均于 2002 年 3 月注销。

表 3-17　绍兴市鲁迅图书馆创收实绩（1991—1996 年）

年份	创收收入（万元）
1991	3.77
1992	3.78
1993	6.80
1994	5.05
1995	14.56
1996	17.01

4. 档案管理制度

1987 年 1 月 22 日，图书馆档案室建立。

1991 年印行的《绍兴市鲁迅图书馆规章制度汇编》中，尚无档案管理制度一项，仅在图书馆馆办公室职责范围里提到“及时收集各部门的统计材料，搞好全馆的档案工作”。

1993 年，馆建立综合档案室，负责整理、立卷、归档工作，档案分文书、会计、科技、声像四大类，案卷共 1 085 卷，其中行政管理案卷 169 卷、党群活动案卷 65 卷、人事保卫案卷 96 卷、会计案卷 535 卷、科技案卷 15 卷、图书馆业务案卷 164 卷、声像案卷 41 卷，底片共 940 张。12 月 10 日，经绍兴市档案局、市文化局考核验收，综合档案室被定为绍兴市一级档案室。

1994 年 10 月 30 日，综合档案室首次向绍兴市档案馆移交了 1968 年至 1989 年永久、长期档案共 92 卷。

5. 安全与环境管理制度

1989 年，新馆舍开放，在外借楼（第二进）与阅览楼（第三进）之间凿有一口深数米的长方形水池，池中有假山，池周植有花木，兼有防火和美化环境之功能。

此后，浙江省文化厅、绍兴市政府先后拨给图书馆古籍保护费，均用于改善古籍保护设施。馆藏古籍全部用樟木制作的书柜庋藏，书库内配置除湿机和防盗报警器。伏天季节，对书库进行自然通风。书柜内放置樟脑精块、烟叶等，以防虫蛀。

1991 年 1 月，制定的《绍兴市鲁迅图书馆规章制度汇编》（第四次修改稿），内有《本馆卫生绿化安全管理规则》（见下文），共三条。实行卫生、绿化、安全三包责任制，由馆落实到部，再由部落实到个人，做到定人、定时、定位；实行卫生检查、评分、奖惩制度，通过检查给予奖惩，评分中卫生占 60%（一旬一检）、绿化 20%、安全 20%。

《绍兴图书馆卫生绿化安全管理规则》

为了加强馆容环境卫生安全管理，把鲁迅图书馆建成整洁、优美、文明的图书馆，给读者创造一个良好、幽静的学习场所，根据市卫生管理实施细则，制定本馆实施规则。

第一条　搞好本馆卫生、绿化、安全管理是全馆同志的共同责任，凡本馆人员必须严格遵守管理规则。

第二条　实行卫生、绿化、安全三包责任制，由馆落实到部，由部落实到个人，做到定人、定时、定位。

第三条　实行卫生检查、评分、奖惩制度。对工作成绩显著的部（室）个人，通过检查评比给予表扬、奖励。反之要加以批评教育，直至扣发奖金。

附：考绩记分标准　卫生、绿化、安全三者共 100 分

（一）卫生 60%

一月三次，每旬不定期检查，每次检查得 20 分。（地面 5 分，四角 5 分，门 2 分，玻璃窗 5 分，办公室或书库 3 分。）

（二）绿化 20%

绿化管理得好，得 20 分，杂草丛生，不及时浇水，花草枯萎，按情扣分。

（三）安全 20%

1. 书库内不准吸烟、点蚊香，如违反扣 5 分。

2. 平时不准使用“消防桶”，特殊情况使用后不放（回）原处扣 5 分。

3. 下班后，门窗不关闭者扣 5 分。

4. 下班后，不切断电源，不关好灯者扣 5 分。

1992 年，绍兴市鲁迅图书馆被评为“浙江省文明单位”，此后每两年复评一次。

1997 年，实现计算机管理，外借书库首次安装防盗监控器，流通图书均贴有磁条，从而有效防止了图书的丢失。

四、绍兴市鲁迅图书馆的文献资源建设

（一）文献资源的总体状况

从 1983 年至 1990 年，馆藏图书增长了近 3 万册。

1984 年，新购图书 13 256 册，期刊 327 种，报纸 60 种。

1985 年，馆藏图书 350 000 册。

1986 年，馆藏图书 346 832 册，报纸 169 种，杂志 490 种，新购图书 14 216 册。

1987 年，古籍 87 734 册（其中善本 3 897 册），新购图书 12 750 册、报纸 274 种、期刊 562 种，征集资料 1 406 册。

1988 年，新购图书 10 452 册、报纸 218 种、期刊 606 种，征集图书资料 170 种 827 册。

1989 年，新购图书 8 103 册、报纸 177 种、期刊 549 种。

1990 年，馆藏图书 386 523 册，其中古旧图书 164 781 册，内有善本 685 种 3 895 册，碑帖 4 929 件，新购图书 9 348 册、报纸 170 种、期刊 579 种。

在图书总量增长的过程中，图书馆也注重剔旧工作。1981 年至 1985 年，剔旧、剔复工作持续，前后共剔除书刊 150 000 余册。剔除的书刊除部分赠送各县乡镇文化站图书室外，其余作报废处理。

1984 年 1 月，将原用于农村图书室流通的图书 55 774 册（其中连环画 24 965 册）调拨给绍兴县文化馆。9 月 17 日，收回鲁迅纪念馆从图书馆调拨去的书刊 92 册。

1984 年 3 月至 1986 年 8 月，清退政府部门存放在图书馆的书籍共 48 099 册，其中古籍善本书 18 册。

1985 年统计，馆藏总数达 35 万册。

1989 年，清退图书 1 774 册。

1989 年至 1990 年，剔除复本图书 7 377 册，全部赠送乡镇图书馆。

1987 年至 1996 年，多次向绍兴市劳教学校赠送图书计 2 000 余册。

1992 年，进行藏书清点，馆藏总数为 339 995 册，其中现代中文图书 149 049 册，古籍 166 281 册，报纸合订本 11 442 册，期刊合订本 13 223 册。此外，藏有碑帖 4 500 余幅、缩微资料 11 种 75 卷。

1996 年底，馆藏总数为 365 377 册。

2001 年底，馆藏总数为 439 834 册。

1996 年至 2000 年，为配合绍兴市“文化扶贫工程”和浙江省“东海明珠工程”的建设，图书馆向绍兴、上虞、诸暨等县（市）的文化站赠送图书 4 000 余册。

表 3-18　绍兴市鲁迅图书馆馆藏文献统计（1992—1996 年）

年份	总数（册）	图书（册）	期刊（册）	报纸（册）	古籍（册）
1992	339 995	149 049	13 223	11 442	166 281
1993	343 901	152 955	13 223	11 442	166 281
1994	350 106	159 156	13 223	11 442	166 285
1995	353 926	162 976	13 223	11 442	166 285

年份	总数 （册）	图书 （册）	期刊 （册）	报纸 （册）	古籍 （册）
1996	363 619	170 843	15 049	11 442	166 285

（二）文献资源的来源

文献资源的主要来源大致有社会捐赠、接收移交、社会征集、公开采购等。

1. 社会捐赠

1985 年 4 月，退休中学教师袁子环捐赠 1964 年就存放在图书馆的 389 册古籍。6 月，美籍华人沈家桢回故乡绍兴，赠送暂存于图书馆的先父手稿《沈钧业日记（1928—1949 年）》一部 62 册。

图 3-4　绍兴市鲁迅图书馆接受台湾之江出版社社长郑竞，全国政协委员、香港汉荣书局董事长石景宜捐赠

1986 年，上海戏剧学院教授叶长海寄赠著作《王骥德〈曲律〉研究》。

1989 年 1 月，丹麦驻华使馆寄赠《丹麦概况》《安徒生》和英文版《丹麦历史》等书；9 月，绍兴籍作家柯灵先生赠个人专著 18 种；10 月，绍兴籍部队作家、南京军区政治部文艺创作室副主任徐志耕上校赠送个人创作的《南京大屠杀》等 7 部文艺作品；11 月，北京理工大学教授冯长根先生寄赠专著 2 部。

1992 年 9 月，中共绍兴市委副书记成志伟来馆视察，赠送个人专著和参与编撰的著作共 20 种。

1994 年 5 月，全国政协委员、香港汉荣书局董事长石景宜捐赠港台版图书 6 645 册；10 月，台湾之江出版社社长郑竞赠送个人专著 2 种。

1996 年，绍兴茶叶专家吕增耕捐藏书 300 余册；10 月，辽宁省绍兴籍研究员马蹄疾遗孀薛贵岚寄赠马先生 11 种鲁迅专著。

2. 接收移交

1984 年 9 月 17 日，收回鲁迅纪念馆此前从图书馆调拨去的书刊 92 册。

3. 社会征集

1988 年，图书馆在采编部下设地方文献办公室，并与全国各地 85 个单位和个人建立了资料互赠关系。当年收到资料 170 种 827 册。

1989 年上半年，以“鲁迅图书馆地方文献资料征集办公室”的名义向有关单位和个人发出信函，进行广泛征集，此后又通过登门采访、邮购和代购的形式进行图书资源的收集。收到单位编印出版的绍兴地方资料 182 种，绍兴籍著名学者柯灵、徐志耕、吴觉农等个人著作 72 种。

1990 年，征得各类地方文献资料 387 种 634 册。

1991 年，发函 65 件，征集到地方文献资料 307 册，其中有中国水墨画家、中国美术家协会会员李世南先生的《李世南画集》等 4 种珍贵画册。

1993 年，地方文献办公室移至参考咨询部，设专人负责地方文献的征集工作。10 月，绍兴市政府办公室批转市文化局《关于征集绍兴市地方文献资料的意见》，文件规定凡属地方文献的出版物，编著者有义务向图书馆赠送每种 2 部，从而在全市范围内确立起地方文献缴送本制度；同时成立绍兴市地方文献征集领导小组，由主管文化的副市长任组长，领导小组下设地方文献办公室，由图书馆馆长任主任，又组建了一支有全市各系统 62 人参加的联络员队伍。11 月，召开全市第一次地方文献工作会议。当年共征集到地方文献 200 多册，绍兴名家画 29 件。地方文献的征集工作由此成了绍兴市鲁迅图书馆文献征集中的重点。

1995 年 5 月，绍兴市第二次地方文献工作会议在绍兴市鲁迅图书馆召开。5 月 30 日至 6 月 9 日，“绍兴市地方文献展览”举办。当年，共发出地方文献征集函 495 件，联系全国各地绍兴籍专家，征集到地方文献 248 种 329 册。

1996 年，发函 85 件，征集到地方文献 205 种 290 册。

表 3-19　绍兴市鲁迅图书馆文献征集统计（1987—1997 年）

年份	征集情况
1987	资料 1 406 册
1988	资料 170 种 827 册
1989	地方文献 254 种
1990	地方文献 387 种 634 册
1991	地方文献 307 册
1992	资料 157 册，其中地方文献 104 册
1993	地方文献图书 200 多册，绍兴名家画 29 件
1994	书刊 525 种 883 册，报纸 15 种 300 张
1995	地方文献图书 248 种 329 册
1996	地方文献图书 205 种 290 册
1997	地方文献图书 302 册

4. 公开采购

1983 年，新购图书 14 667 册。

1984 年至 1988 年，每年采购新书均保持在 13 000 册左右。

1989 年至 1999 年，每年采购新书均在 1 万册左右。图书购置费由 1984 年的 18 046.45 元增至 1999 年的 303 830.89 元。

1994年1月7日，向浙江图书馆技术部购置民国时期绍兴地方报纸缩微资料11种75卷，这是绍兴市鲁迅图书馆收藏缩微资料的开始。

1996年8月23日，绍兴市市长纪根立来图书馆视察，同意由市政府拨款购置价值36万元的《四库全书存目丛书》，并就图书馆新馆建设作出重要指示。

表3-20 绍兴市鲁迅图书馆书刊购进统计（1984—1996年）

年份	图书		报纸	期刊	古籍
	种	册	（种）	（种）	（册）
1984	3 706	13 256	60	327	
1985	4 178	13 960	71	350	
1986	4 208	14 216	196	490	
1987	4 441	12 750	274	562	
1988	3 856	10 452	218	606	
1989	3 452	8 103	174	549	1 500
1990	4 464	9 348	170	579	
1991	2 845	5 985	176	586	
1992	2 916	7 557	170	550	
1993	2 107	5 118	165	555	
1994	2 746	6 460	154	495	
1995	1 889	3 990	160	501	
1996	3 449	8 304	79	651	1 270

（三）文献的构成与特色

1. 文献的构成

据《1985年全国公共图书馆概况调查》，馆藏图书数量为351 466册，其中中文图书351 000册，文艺书籍占30%，科技书籍占30%，其他书籍占40%，重点收藏本地经济建设和科学研究需要的图书资料及地方资料。

20世纪90年代，流通图书中社科类图书基本占59.30%，科技类图书占40.70%。

2. 文献的特色

1988年，图书馆成立地方文献办公室。

1993年，绍兴市地方文献征集领导小组成立，下设地方文献办公室，由图书馆馆长任主任。随着馆藏数量的增多，地方文献成为图书馆的特色文献。

民国时期的文献中的线装书作为古籍收藏于古籍书库。

1994年1月7日，接收浙江图书馆技术部赠送的缩微阅读机一台，同时向其购置民国时期绍兴地方报纸缩微资料11种75卷，包括：《越铎日报》39卷（1912—1927年）、《绍兴新闻》2卷（1929—1948年）、《绍兴民国日报》2卷（1927—1948年）、《大明报》1卷（1945—1948年）、《诸暨

续表

国民新闻》10 卷（1933—1948 年）、《越报》2 卷（1945—1948 年）、《正风报》2 卷（1946—1947 年）、《儿童时报》2 卷（1931—1934 年）、《上虞报》3 卷（1935—1948 年）、《上虞声三日报》1 卷（1926—1934 年）、《剡声日报》11 卷（1932—1938 年）。

20 世纪七八十年代，政府移交的文献中有一大批民国时期的文献。

绍兴市鲁迅图书馆还建立了特藏专柜。

①周恩来专柜。以与周恩来相关的文献为主，在朱夏良捐赠的基础上建成。

②柯灵专柜。系基于 1989 年 9 月柯灵捐赠的 18 种个人专著建成的。

③朱夏良专柜。朱夏良 1959 年出生，绍兴人，绍兴县齐贤镇环保污水处理中心职工；长期热心于社会公益事业，为中国红十字会名誉会员，绍兴市无偿献血志愿队队长，市、县慈善总会理事，市慈善会创始会员，荣获过“首届市十大社会慈善活动家”称号，向馆里捐赠了许多地方文献。

④任桂全专柜。任桂全 1989 年起任《绍兴市志》主编，主持编纂出版的《绍兴市志》。在方志领域有许多重大突破和创新，1997 年被中国地方志指导小组、中国社会科学院评为全国地方志奖一等奖，其享受 1998 年政府特殊津贴。

⑤邵梦龙专柜。邵梦龙，绍兴资深媒体人，曾任《绍兴日报》总编，编有《绍兴新闻事业九十年》等。其生前向图书馆捐赠 1984—1992，《绍兴日报》合订本、文史资料、地方文献三箱文献。

除上述专柜外，还建有四库系列丛书专柜。

1996 年，利用绍兴市政府拨给的专项经费 37 万元，购买《四库全书》（1 500 册，收书 3 400 种）、《四库全书存目丛书》（1 200 册，收书 4 508 种）、《四库全书存目丛书补编》（100 册，收书 219 种）等新版古籍。

（四）文献的分类编目

1985 年，馆藏中文图书按国家标准《普通图书著录规则》著录。

1989 年，馆藏期刊按国家标准《连续性出版物著录规则》著录。馆藏目录重新设置，在采编部设公务分类目录、书名目录、财产登记目录各一套，外借部设读者分类目录、书名目录和书库清点目录各一套，参考咨询部设读者分类目录、书名目录各一套，报刊部设报名目录、刊名目录各一套。

1986 年，编印《鲁迅图书馆古籍地方文献目录》一册。

至 1987 年 10 月，将“文化大革命”前入藏的古籍 87 734 册分编完毕，按四部分类法编制了财产目录及书本式和卡片式分类目录。

1990 年 4 月 25 日，制定《中国图书馆图书分类法（第三版）》实施方案，馆藏图书开始据此分类。

1992 年，编印《绍兴地方文献目录》一册，并对原《鲁迅图书馆古籍地方文献目录》作了修订重印。

1997 年，馆藏现代中文图书、连续性出版物、非书资料均采用《中国文献编目规则》著录。

（五）文献的管理与保护

1. 普通文献的管理

1989 年，绍兴市鲁迅图书馆都昌坊口馆舍落成开放，第四进三层为藏书楼，面积 1 960 平方米。

1991 年，组织第二次书刊清点工作，对馆藏图书文献的数量、分布情况作全面清点调查，这项工作于 1992 年结束。

据调查统计，当时馆藏文献共计 339 995 册，其中现代中文图书 149 049 册、古籍 166 281 册、报刊合订本11 442册、期刊合订本13 223册，并在各书库建立了图书交送、图书注销等一整套规章制度。

藏书清点工作的开展，对提高藏书质量、及时堵住藏书管理中的漏洞、保护藏书，起到很好的监督作用。

2. 古籍文献的保护

20 世纪 80 年代，浙江省文化厅先后多次拨给图书馆古籍保护专项经费，累计 3.5 万元。

1992 年 2 月，绍兴市白蚁防治所与浙江农业大学合作，对馆藏古籍进行药物熏灭虫害的试验，获得成功。4 月 25 日，浙江农业大学教授来馆察看古籍书库图书状况并指导杀虫工作。

1994 年起，绍兴市政府分期拨给图书馆古籍保护费。第一期 10 万元，1994 年 11 月，制作樟木书柜 70 只，樟木书夹板 1 000 副。至 1999 年，累计拨款 36 万元，均用于完善古籍保护设施。

绍兴市鲁迅图书馆的古籍修复工作起步于20世纪80年代。至90年代初，修补元刻本《唐柳先生集》43 卷 15 册、善本《东坡集》40 卷 5 册等。

五、绍兴市鲁迅图书馆的学术活动与业务辅导

（一）学术活动

1. 馆内学术活动

1984 年5月23日，华东师范大学副教授马兴荣应邀来馆作题为《怎样学习古典文学》的学术讲座。

1985 年 12 月 23 日至 28 日，绍兴市鲁迅图书馆全部初级人员参加由本馆承办的全市图书分类编目培训班。

1988 年，先后举办了助馆业务研讨会、面向新进馆同志的管理员培训班、理论与实际操作相结合的业务竞赛。助馆业务研讨会以“业务机构设置和人员合理安排”“如何深化读者服务工作”“文献资料的开发与利用”“有偿服务与增强图书馆活力”为主题开展了理论研讨。管理员培训班则请本馆员工分别讲授了“图书馆概论”“分类与编目”“中文工具书的使用法”等课程。

1989 年 3 月 2 日，成立文献资源开发小组，成员有裘式言、高学安、王燕飞 3 人。

1990 年 8 月 15 日至 29 日，绍兴市鲁迅图书馆举办绍兴市中学图书馆管理员培训班，有 9 名职工参加学习。

1990 年 12 月 3 日至 6 日，绍兴市图书馆学会一届二次年会暨学术交流会在嵊县召开，绍兴市乡镇万册图书馆工作研讨会同时进行。

1991 年 8 月，组织全体职工学习图书馆学概论、图书分类、图书编目、中文工具书使用等图书馆学知识。9 月 11 日，开展“图书馆学概论”等知识竞赛。10 月 24 日至 26 日，在绍兴市公共图书馆首届业务知识竞赛中，绍兴市鲁迅图书馆代表队获团体第一名，陈启中、郭红云、汪丽华分别获得“图书分类”“图书编目”“中文工具书使用”三个单项的第一名。

1996 年 12 月 1 日，召开中级职称以上管理人员会议，着重研讨读者服务工作。

2. 馆外学术活动

馆外学术活动主要有参加会议交流、参加培训交流、参与考察学习交流。

（1）参加会议交流

1984 年 7 月，参加浙江省文化厅在宁波召开的全省公共图书馆系统为科研和生产服务研讨会，作题为《图书馆要为科研和生产服务》的书面发言。

1985 年 10 月，参加浙江省文化厅在龙泉召开的全省公共图书馆系统地方文献工作研讨会，作题为《鲁迅图书馆地方文献工作汇报》的大会发言。11 月 12 日至 15 日，馆领导赵钜清参加在新昌召开的浙江省图书馆学会二届二次理事会暨第三次学术讨论会。

1986 年 5 月 26 日至 29 日，浙江省文化厅在绍兴召开全省公共图书馆咨询协作网络研讨会。10 月 24 日至 29 日，高学安参加浙江省文化厅在龙泉召开的全省公共图书馆地方文献工作研讨会，并作题为《鲁迅图书馆地方文献工作》的大会发言。

1988 年 5 月 27 日至 29 日，馆领导赵钜清参加浙江省文化厅和省教委、省科委在杭州联合召开的全省图书馆工作座谈会。10 月 11 日至 26 日，赵钜清参加浙江省文化厅在海盐举行的浙江省市县图书馆馆长研讨会。

1989 年 11 月 16 日至 18 日，陈淑文赴临安参加浙江省文化厅和省图书馆学会联合召开的浙江省乡镇图书馆建设研讨会。

1990 年 9 月 24 日至 28 日，钟成贤赴杭州参加全省农村图书事业发展战略研讨会。

1992 年 3 月 4 日至 7 日，馆领导龚天力、裘式言赴平湖参加浙江省市级公共图书馆馆长联席会议。5 月 30 日至 31 日，陈启中、郭红云赴奉化参加浙江省图书分类编目学术研讨会。6 月 17 日至 19 日，馆领导龚天力赴义乌参加浙江省公共图书馆地方文献工作会议。12 月 7 日至 11 日，龚天力赴海盐参加浙江省文化厅图书馆处召开的部分图书馆馆长会议。

表 3-21　浙江省市级公共图书馆馆长联席会议统计（1992—1996 年）

届次	日期	地点	绍兴市鲁迅图书馆参会人员
第一届	1992 年 3 月 4 日至 7 日	平湖	龚天力、裘式言
第二届	1993 年 3 月 3 日至 6 日	桐庐	龚天力
第三届	1994 年 11 月 23 日至 26 日	宁波	龚天力
第四届	1995 年 11 月 20 日至 22 日	湖州	龚天力
第五届	1996 年 10 月 15 日	舟山普陀	龚天力

1993 年 1 月 1 日，馆领导龚天力赴安徽铜陵参加全国中小型图书馆建筑设计学术研讨会。

1994 年 1 月 27 日至 2 月 1 日，馆领导龚天力出席浙江省文化厅图书馆处在德清举行的公共图书馆定级评估标准研讨会。9 月 14 日至 17 日，龚天力赴杭州参加全国图书馆学会管理研讨会。11 月 21 日至 24 日，陈健赴宁波参加华东地区科社综合和浙江省科社学会年会。

1996 年 4 月 7 日至 17 日，馆领导龚天力赴黑龙江省牡丹江市参加图书馆建筑评估标准审定会。

6 月 17 日，龚天力赴杭州参加浙江省文化厅组织的图书馆现代化建设馆长讲习会。8 月 23 日至 9 月 1 日，龚天力赴北京参加第 62 届国际图联大会。

（2）参加培训交流

1984 年 9 月 7-25 日，蒋替征参加文化部在湖南长沙举办的静电复印技术培训班。12 月 20 日，冯华中、郭红云参加浙江省文化厅在杭州举办的文献标准化著录讲习班。

1986 年 11 月 5 日至 25 日，王燕飞赴湖州南浔参加浙江图书馆主办的古籍整理培训班。

1990 年 4 月，派员参加在杭州由浙江省图书馆学会与浙江工学院联合举办的学习《中国图书馆图书分类法（第三版）》培训班。

1993 年 9 月 13 日至 18 日，绍兴市文化局副局长张关鑫和绍兴市鲁迅图书馆馆长马岁发、副馆长龚天力赴嵊县图书馆参加全省公共图书馆馆长培训班开学典礼，龚天力作“图书馆任期目标管理”专题讲座。

（3）参与考察学习交流

1989 年 1 月 26 日至 28 日，馆领导赵钜清率董礼彬、蒋替征、龚杏娟、叶放、陈启中等赴湖州市图书馆参观学习，交流图书馆实行改革的经验。

1991 年 3 月 6 日至 7 日，组织全馆人员参观宁波市图书馆。12 月 4 日至 6 日，在温州举行的浙江省公共图书馆业务知识竞赛中，陈启中、郭红云、汪丽华等组成的绍兴市公共图书馆代表队获“图书馆学概论”项目的团体第一名，郭红云获“图书馆编目”个人第三名。

1992 年 1 月 15 日至 20 日，馆长马岁发率 13 名职工赴上海静安区、嘉定县图书馆参观学习。3 月 22 日至 27 日，副馆长龚天力率 15 名职工赴苏州、无锡市图书馆参观学习。

同年，组队代表绍兴市公共图书馆系统参加在宁波举行的全省公共图书馆业务知识竞赛，获团体总分第二名，文史知识、图书馆知识两个单项第三名，综合笔试单项第六名。

1993 年 11 月 30 日至 12 月 4 日，馆领导龚天力及陈淑文、郭红云、汪丽华、王红霞一行 5 人参加在宁波召开的全省公共图书馆知识竞赛，获团体总分第二名，郭红云、汪丽华分获文史知识、图书馆知识单项第三名，王红霞获综合笔试第六名。

1994 年 3 月 2 日至 5 日，馆领导龚天力与龚杏娟、高学安等赴嘉定县图书馆考察地方文献工作。8 月 17 日，组织职工赴北京考察学习，26 日，赴厦门考察学习。

1995 年 6 月 18 日，馆领导龚天力等 11 人赴西安学习考察。

1996 年 3 月 9 日至 15 日，馆领导龚天力及部主任 11 人赴南京金陵图书馆、上海静安区图书馆、南市区图书馆考察学习。6 月 20 日，副馆长袁涛参加绍兴市文化局党委组织的凝聚力工程考察团，赴上海考察学习。

3. 图书馆工作人员取得的学术成绩

（1）学术论文

工作人员的学术论文成绩具体见下表，表中收录的为工作人员发表在报刊、图书上的文章，不区分是否发表在正式或内部出版物上。

表 3-22　绍兴市鲁迅图书馆馆员学术论文一览（1984—1996 年）

著者	篇名	刊物（图书）	发表时间	期数（出版社）
高学安	澹生堂藏书理论试析	图书馆研究与工作	1984 年	第 1 期
高学安	改善读者工作，促进群众读书活动发展	图书馆研究与工作	1984 年	第 2 期
高学安	从古越藏书楼到鲁迅图书馆	图书馆研究与工作	1984 年	第 4 期
朱允坚	古越藏书楼与绍兴县立图书馆	绍兴文史资料选辑	1985 年 12 月	第 3 辑
高学安	刘文蔚小传	唐诗合选	1986 年 2 月	广西人民出版社
裘式言	论农村图书室的生存	图书馆研究与工作	1986 年	第 2 期
高学安	古越藏书楼成楼年代考辨	图书馆研究与工作	1986 年	第 3 期
高学安	从开禧北伐看陆游的联合抗金思想	陆游论集	1987 年 11 月	吉林文史出版社
龚天力	图书馆建筑设计问题刍议	图书馆研究与工作	1989 年	第 1 期
高学安	古越藏书楼的改组和绍兴县立图书馆的厄运	图书馆研究与工作	1990 年	第 3 期
高学安	古越藏书楼诞生的前前后后	绍兴学刊	1990 年	春季号
叶放	鲁迅图书馆所藏“绍兴师爷”文献记录	图书馆研究与工作	1991 年	第 2–3 期
龚天力	“敞开发证”异议	图书馆建设	1992 年 3 月	第 1 期
叶放	我国最早的公共图书馆——古越藏书楼	人民日报（海外版）	1992 年 9 月 8 日	
陈淑文	试论文艺的党性原则	绍兴学刊	1992 年	第 2 期
陈淑文	增强图书馆服务功能	图书馆研究与工作	1992 年	第 2 期
陈淑文	陈鹤琴在国外的活动与贡献	绍兴学刊	1992 年	第 3 期
王燕飞	发掘馆藏为编史修志服务	绍兴师专学刊	1993 年	第 1 期
邵虹慧	图书馆的困难及其出路	图书馆研究与工作	1993 年	第 2 期
龚杏娟	浅谈图书馆的人才问题	绍兴学刊	1993 年	第 4 期
陈淑文	青年毛泽东与图书馆	绍兴学刊	1993 年	第 5 期
陈淑文	试论公共图书馆业务辅导工作的属性与特点	图书馆研究与工作	1993 年	第 5 期
陈淑文	陈鹤琴立志求学为幼教	绍兴学刊	1993 年	第 6 期
丁鹏敏	人员素质与藏书利用率	绍兴学刊	1994 年	第 2 期
邵虹慧	服务社会宣传自身	图书馆研究与工作	1994 年	第 4 期
龚天力	现代图书馆建筑设计规划	论图书馆设计(国情与未来）	1994 年	
陈淑文	陈鹤琴传	中国各民主党派史人物传（第六卷）	1995 年	
龚天力	对新时期公共馆建筑环境的认识	图书馆建设	1996 年 11 月 15 日	第 6 期
叶放	中国近代图书馆的发端——古越藏书楼	中国文物报	1996 年 11 月 24 日	

续表

著者	篇名	刊物（图书）	发表时间	期数（出版社）
蒋替征	谈谈图书馆的让利	绍兴学刊	1996 年	第 1 期
陈淑文	吴觉农传	中国各民主党派史人物传（第七卷）	1996 年	
高学安	气雄业精的文学家杨维桢	绍兴百贤图赞	1996 年	
高学安	只留清气满乾坤的王冕	绍兴百贤图赞	1996 年	
高学安	以治学为乐事的陶望龄	绍兴百贤图赞	1996 年	
高学安	近代图书馆的开拓者徐树兰	绍兴百贤图赞	1996 年	
高学安	勇猛有谋的姚启圣	绍兴百贤图赞	1996 年	
高学安	元刻古籍五种	绍兴百贤图赞	1996 年	

注：以发表日期为序，无月份的按期数，无期数的置后。

（2）学术著作

20 世纪 80 年代，馆员高学安与绍兴文理学院佘德余合作点校两书：

《快园道古》（点校本），浙江古籍出版社 1986 年版，2013 年再版；

《禅真逸史》（点校本），浙江古籍出版社 1987 年版，1998 年再版。

自 20 世纪 90 年代始，对馆藏资源的整理、出版日渐重视，成果不少。其间也有员工参与其他单位的编书工作，如高学安、鲁先进、张玲琳参加《绍兴市志》的编写，戴晓红参与《绍兴通史》等的编写，王燕飞参与《浙江省家谱总目提要》的编写，唐微参与《浙江省古籍善本联合目录》等的编写。

（二）业务辅导工作

1980 年，图书馆单独建制时，就在其业务机构中增设了辅导组。至 1984 年 9 月，将辅导组改为辅导部。1988 年 11 月，绍兴市图书馆学会成立，秘书处设在绍兴市鲁迅图书馆内。1995 年起，业务辅导工作由图书馆办公室负责。

1. 基层图书馆（室）建设的辅导

1983 年，升格为市级图书馆后，在继续辅导农村图书流通站建设的同时，图书馆的工作重点逐渐向农村以外延伸。

1986 年 1 月 10 日，在绍兴市劳动教养所（简称“劳教所”）设立图书流通站，这既是绍兴市鲁迅图书馆、同时也是全省地市级图书馆的第一个馆外流通站。

在取得劳教所建站经验后，图书馆积极发展图书流通站。1994—1998 年，先后在绍兴市自行车厂、绍兴县织编厂、绍兴县武警支队、绍兴市消防支队、绍兴市武警支队、绍光市交警支队、绍兴市聋哑学校等设立图书流通站。

图书馆也继续在农村开展图书流通站建设的辅导工作。1984 年，辅导组深入基层调研，撰写市属各县图书馆和农村图书室调查报告，市政府批转了报告并发了文，为加强绍兴市图书工作领导，提出了战略性措施。同时，辅导组协助办好振华文化服务部，利用下基层辅导的契机宣传推销书刊，帮助基层图书室挑选图书、进行图书分类。

1987 年，针对全市中小学图书馆（室）进行实地问卷调查，撰写调查报告，还两次实地调查新昌、上虞、诸暨、嵊县 4 县的重点乡镇图书室，为图书馆网络建设打下良好的基础。

1989 年，又针对绍兴县农村图书室进行问卷调查，深入上虞谢塘、汤浦两个文化中心和市区府山街道、绍兴钢铁厂、浙江涤纶厂、丝绸印花厂等单位进行实地了解，掌握了基层图书室的基本情况，并派 3 名工作人员去诸暨枫桥镇文化中心图书室具体辅导图书分编等业务工作，还分别赠书给乡镇图书室，共 3 934 册。

帮助农村乡镇建设万册图书馆（简称“万册馆”），是图书馆业务辅导工作的内容之一。按主管部门的要求，图书馆于 1989 年 9 月、1990 年 10 月，先后两次召开市县两级图书馆辅导工作会议，重点研究建设乡镇万册图书馆问题。1992 年，牵头组织全市 15 名辅导干部及乡镇文化站同志赴苏南考察学习万册馆建设经验，对 1991 年乡镇万册馆建设进行了验收。5 月 3 日至 6 月 15 日，为帮助乡镇建设万册图书馆，促成绍兴市文化局等 9 个部门或单位联合发起在全市范围内开展“赠书献爱心”活动，有 116 个单位或社团积极响应这项活动，赠书人数达 68 286 人次，收到赠书共计 136 573 册。图书馆经授权将整理后的赠书，分送给绍兴市所属各县（市）的农村乡镇图书馆和学校图书馆。通过这次活动，全市新增乡镇万册图书馆 12 个，新昌县万册图书馆建设从无到有，诸暨市牌头镇办起了万册少儿图书馆，文化部《文化简报》对此作了报道。

1993 年，共资助乡镇各类图书 5 000 余册。

1996 年 2 月 12 日，派员参加市文化局组织的文化扶贫活动，赴绍兴县稽东乡官田头村调研探讨办好农村图书室问题。同年 9 月 26 日，向官田头村图书室赠送图书 400 册、阅览椅 12 把。

2. 基层业务培训工作

1984 年 11 月 21 日至 24 日，图书馆召开全市农村图书馆（室）管理干部座谈会，专题研讨关于如何开创图书馆工作新局面等问题，到会代表 20 余人。同时配合绍兴市文化局和市工人文化宫，两次举办图书管理员培训班，以提高基层管理员的业务水平和科学管理能力。

1985 年 9 月 1 日，绍兴市电大图书馆学教学班在馆开学，馆员陈淑文任班主任，有学员 94 名，其中正式学员 11 名，内有 5 名学员为图书馆职工；自费学员 83 名，图书馆职工占 7 名。12 月 23 日至 28 日，又举办全市图书分类编目培训班，参加学习的有市县图书馆和大专院校、厂矿企事业单位图书馆（室）的工作人员 39 名。

1986 年 9 月，在馆内开设两个图书馆专业的浙江省电大教育班，有学员 98 名。12 月，举办图书分类编目进修班，有学员 39 名。

1988 年 6 月 16 日至 25 日，受绍兴市经委、文化局职改办委托，举办图书馆基础理论知识培训班，47 名基层图书管理干部参加学习。当年，还组织各县图书馆辅导部干部赴杭州、苏州等兄弟馆学习取经。

1989 年 9 月 22 日至 23 日，召开绍兴市县两级图书馆辅导工作会议，重点研究建立乡镇万册图书馆工作。11 月 27 日至 28 日，召开绍兴市县（区）图书馆辅导干部会议。

1990 年 4 月 27 日，召开绍兴市县两级公共图书馆及师专、高专、党校图书馆采编人员座谈会，对《中国图书馆图书分类法（第三版）》的学习、实施进行研究讨论。5 月 23 日至 25 日，受绍兴县文化馆委托，举办绍兴农村基层图书室管理员培训班。8 月 15 日至 29 日，举办绍兴市中学图书馆管理员培训班，有 9 名职工参加学习。9 月，配合浙江图书馆在绍兴开设图书馆学中专班，有学员 20 名。

1991 年 2 月 26 日至 7 月 2 日，绍兴市职工中等专业学校聘任副馆长龚天力讲授“图书馆学概论”。4 月 8 日至 20 日，协助越城区文化局举办图书馆管理员培训班。4 月 12 日至 13 日，召开绍兴市县公共图书馆辅导干部会议。8 月 12 日至 22 日，应绍兴市教育委员会要求，举办绍兴市第二期中学图书馆业务培训班，有 26 人参加学习。

1991 年 9 月 2 日至 1992 年 1 月 10 日，绍兴市职工中等专业学校聘请陈启中、周岚岚讲授“图书分类”和“图书馆编目”。

1992 年 2 月，在柯桥镇举办了一期绍兴县部分乡镇文化站图书管理员培训班。

1994 年 10 月 18 日至 20 日，应越城区政府部门邀请，协助举办图书管理员学习班。10 月，鲁迅中学图书馆成立伊始，又派员帮其分编新书 2 216 种 11 443 册，历时 3 个月。

1995 年 10 月 26 日，咨询辅导部举办市属学校第二期图书馆工作人员业务培训班，为期 5 天，有学员 36 名。

1996 年 10 月 10 日，绍兴县钱清镇文化站举办绍兴县乡镇文化站干部图书业务知识培训班，陈启中、沈大晟和裘式言 3 人应邀讲授业务辅导课。12 月 2 日，裘式言、陈启中为市总工会主办的市直厂矿图书馆管理员培训班讲授图书馆业务技术相关内容。

（三）参考咨询与信息服务

1. 参考咨询服务

20 世纪 80 年代，随着修志业的兴盛，来绍兴图书馆查询资料的读者剧增。

1989 年 11 月起，图书馆开始建立重点读者队伍，至 1996 年，发展到 308 人，年均接待重点读者达 1 000 人次以上，收到了很好的社会效益。

1987 年，浙江省文化厅举办“浙江省公共图书馆服务成果展览”，图书馆有 7 项服务成果入选。

1989 年 5 月 27 日，图书馆成立经济技术咨询部。同年，为方便修志，《绍兴市志》编纂办公室设在图书馆内，图书馆一方面提供必要的文献资料，部分常用文献资料和参考工具书设专架陈列，另一方面为修志人员举办“如何利用文献资料”的专题讲座，进行专业支持与辅导。

2. 信息服务

20 世纪 80 年代，随着改革开放和社会主义现代化建设的深入推进，信息服务越来越为社会所需要。

1986 年 7 月 1 日，由图书馆主办的《信息参考》经过 1985 年 6 月 21 日以来的试刊，正式出版创刊号。此刊为内部旬刊，摘编外地对本市实行改革开放的反馈信息，兼载外地改革经验和经济信息。每期印送百数十份，供有关领导部门参阅。7 月 7 日，又创刊《科技信息》，为半月刊，发至乡镇企业。1989 年 8 月以后，两刊合一，改为半月版铅印报纸，侧重经济科技信息的刊载。

新合刊后的《信息参考》广采博览全国 200 份报纸，集信息精华于一身，向读者及时提供国家的政策方针、各地的改革态势以及市场新产品等信息，辟有“政策信息”“改革视角”“乡镇企业纵横”“市场信息”“新产品快讯”等栏目。《信息参考》为旬刊，每月 5、15、25 日出刊，全年 36 期，收费 72 元（含邮资）。

3. 科研与经济建设等服务

1984 年，图书馆在为普通读者服务的同时，采取多种形式，为科研读者服务：一是与科委合作，举办科技书刊展览，编印科技书目，分发到有关单位给搞科研的读者参考；二是在目录柜中增设科技新书目专门抽屉，让读者及时了解新书情况；三是实行预约登记及与浙江省图书馆建立邮借关系，以满足科研读者需要，弥补本馆缺藏。

1985 年 3 月 9 日，创办《经济信息文摘》刊物。

1986 年 7 月 7 日，创办《科技信息》刊物，为半月刊，发至绍兴市、县有关领导和乡镇企业。1987 年 5 月，浙江省公共图书馆信息询服务协作网会议在绍兴召开。会议期间，绍兴市鲁迅图书馆联合绍兴市科委、浙江图书馆举办科技信息发布会。

1988 年，成立经济咨询部，扩大工作范围和服务对象，服务项目延伸到传递经济情报和市场流通领域。发展了信息员，建立信息网络。到 1990 年，有网络成员 260 余家。服务成果显著：绍兴化纤毛纺厂经经济咨询部牵线搭桥，换回了 2 万余元的流动资金；绍兴阮服装厂经网络单位和经济咨询部的通力协作，1989 年在国内轻纺市场疲软的情况下，把产品投向国际市场，1990 年 3—5 月，该厂一个只有 50 余名职工的外贸车间就出口外贸服装 13 000 余打，实现产值 60 余万元，人均创汇 11 000 余元。

1991 年 5 月 27 日—6 月 2 日，图书馆会同绍兴市经委等 7 个部门联合举行“91 中外科技资料产品信息发布会”，展出资料 400 余种，最新技术转让项目 200 余个，国内新产品实物样品、样本 400 余种。发布会共接待观众 2 000 余人次，接受咨询 177 项，有意向接受技术转让项目 35 个，产品引进项目 71 个，复制声像 18 部，复印资料 400 余件。绍兴日报、市电视台、市广播电台先后进行了报道。

六、绍兴市鲁迅图书馆的行业协调

（一）本地区协调工作

1989 年 12 月 18 日至 21 日，图书馆协助绍兴市文化局和市总工会联合在诸暨召开全市基层图书室工作经验交流会，绍兴市总工会主席杨忠鲁、市文化局副局长陈阳参加会议。

1990 年 5 月 9 日至 10 日，绍兴市县两级公共图书馆辅导干部会议召开，研究部署开展全国第二个图书馆服务宣传周活动事宜。

1991 年 5 月 16 日至 18 日，绍兴市公共图书馆采编工作研讨会在新昌举行。

1992 年 6 月 22 日，牵头组织全市县图书馆及部分乡镇图书室管理干部 15 人赴苏南地区考察乡镇万册图书馆建设。

1993 年 4 月 6 日至 8 日，和绍兴图书公司部分人员赴上虞区协助参加上虞图书馆承办的科技信息发布会。10 月 15 日，绍兴市人民政府发布《关于建立绍兴市地方文献征集领导小组的通知》。领导小组由 9 人组成，副市长沈才土任组长，市委宣传部副部长黄文泽、市文化局副局长张关鑫任副组长，成员有市社科联朱顺佐、市人大常委会朱楚庭、市政协阮庆祥、市档案局章红林、市文联朱元桂，领导小组下设办公室，由绍兴市鲁迅图书馆副馆长龚天力任主任。11 月 16 日，绍兴市地方文献工作会议在馆召开，浙江省文化厅图书馆志编纂办公室主任苏尔启、绍兴市地方文献领导小组成员及地方文献征集联络员70余人参加会议。

1995年5月29日，绍兴市第二次地方文献工作会议在馆召开，与会人员68人，副市长、市地方文献征集领导小组组长庄惠春，市委宣传部副部长、市地方文献征集领导小组副组长黄文泽，以及市文化局局长鲍贤伦等出席会议。

《关于征集绍兴市地方文献资料意见的通知》

地方文献是一个地区历史发展的缩影，记载着当地政治、经济、文化及自然资源等的翔实情况，有着不可替代的经济和社会价值。因此，迫切需要花费一定的精力、物力、财力、时间进行征集、整理，以使地方文献得以永久保存，将这些珍贵资料及时提供社会利用，为振兴绍兴，促进我市“两个文明”建设服务，造福子孙后代。为了搞好我市地方文献资料的征集工作，特提出如下意见。

一、加强领导，广泛宣传，争取社会重视

征集地方文献资料是一项难度较大的工作，各级政府要加强领导，有关部门要支持配合，并争取社会各界的重视。建议成立“绍兴市地方文献征集委员会”，下设地方文献征集办公室，负责统筹协调地方文献的征集、收藏工作，努力畅通征集渠道。

二、广开渠道，全面征集，建立呈交本制度

地方文献的收集须利用各种渠道，采取多种办法进行。应建立呈交本制度。凡我市（五县一区）各单位和个人出版、印发的公开及内部发行的出版物，均应由编印单位和个人免费及时送市（县、市）图书馆2套，然后集中送交市地方文献征集办公室。

三、系统调查，建立联系，扩大征集成果

鲁迅图书馆作为全市书刊资料中心，担负着收集、整理、保存和开发利用本市地方文献资料的任务，各县（市）公共图书馆是征集地方文献的职能机构。鲁迅图书馆要在摸清馆藏地方文献家底的基础上，有目的、有计划、有重点地搞好社会调查。通过多种途径，广泛了解我市地方文献资料出版、收藏信息，逐步建立起以宣传、文化、教育、工业、农业、财政、金融等系统为主体的征集网络，并与外地绍兴籍文人、学者、科技人员等建立经常的联系，以进一步扩大征集成果。

四、重藏重用，藏用并举，充分发挥地方文献的作用

对征集的地方文献资料要建立专藏，妥为保管。做到及时登记，及时整理，及时上架，及时开发利用，更好地为我市经济建设和科学研究服务。

附：《绍兴市地方文献资料征集办法》

绍兴市文化局

一九九三年七月二十三日

《绍兴市地方文献资料征集办法》

为切实做好地方文献的征集、收藏工作，制定本办法。

一、绍兴（市）鲁迅图书馆是绍兴市中心图书馆，为绍兴市地方文献搜集、保管单位。

二、地方文献征集范围、内容：

1. 我市各县（市、区）、各部门、各单位公开和内部发行的地方性出版物；

2. 已出版和发表的古今绍籍和外地在绍工作人士的著作、技术专利资料及有价值的手稿、抄本；

3. 古今外地人士研究、介绍绍兴和绍籍人士的论著；

4. 绍兴重大事件的记述资料，如行政区域及名称的变更，重要社会机构的产生或变更，重点市政建设和基本建设项目，较大型的社会公共设施建设等；

5. 重要的历史文化考古资料。

三、地方文献征集办法：

1. 建立地方文献征集工作联络员制度，各有关部门及相应一级机构指定一名同志担任本部门、本系统的联络员（可由档案员、文书兼），协助做好本系统的地方文献征集工作；

2. 属于地方文献征集范围的资料，各单位或个人应向绍兴市地方文献征集办公室免费送交一式两份，以前已发行但尚未送交的，如还有存本的应予补交；

3. 非本地作者的地方文献资料，由市地方文献征集办公室负责征集；

4. 在外作者的作品如寄赠有困难的，由市地方文献征集办公室酌情有偿征收；

5. 凡送交、寄赠地方文献资料的单位和个人，由市地方文献收藏单位发给收藏凭据或证书。对绍兴地方文献积累有贡献的作者，其事迹和赠送书目录入绍兴市地方文献收藏专辑。

（二）学会协调与交流

1984 年 5 月 8 日，在鲁迅图书馆的积极筹划之下，浙江省图书馆学会绍兴会员小组宣告成立，有会员 11 名，副馆长赵钜清任组长，绍兴师专图书馆副馆长魏仕良任副组长。会员小组决定与鲁迅图书馆合办会刊《图书馆工作》。绍兴市文化局副局长江浩出席会员小组成立大会。

1. 绍兴市图书馆学会的成立与发展

1988 年 11 月 14 日至 16 日，绍兴市图书馆学会在鲁迅图书馆举行成立大会，与会人员 48 名，浙江省文化厅图书馆处处长苏尔启代表浙江省图书馆学会致贺。大会选出首届理事会，学会秘书处设在鲁迅图书馆。市县两级图书馆、高校、中专、厂矿、医院等系统 33 个单位 88 人成为学会会员。绍兴市图书馆学会第一届理事会成员有：名誉理事长，陈阳（绍兴市文化局副局长）；理事长，赵钜清（鲁迅图书馆副馆长）；副理事长，魏仕良（绍兴师专图书馆副馆长）；秘书长，陈淑文（鲁迅图书馆）；副秘书长，叶放、董建明。

1991 年 12 月 12 日至 14 日，绍兴市图书馆学会第二次会员代表大会在上虞图书馆召开，产生了第二届理事会。理事长：张关鑫（绍兴市文化局副局长）；副理事长：赵钜清（鲁迅图书馆）、魏仕良（绍兴师专图书馆副馆长）；秘书长：龚天力（鲁迅图书馆）；常务理事：董必君、商新光、邵强、裘雅贤。

1995 年 11 月 29 日，市图绍兴市图书馆学会第三次会员代表大会在诸暨图书馆召开，产生了第三届理事会。理事长：张关鑫（绍兴市文化局副局长）；副理事长：龚天力（鲁迅图书馆）、魏仕良（绍兴师专图书馆副馆长）、陈培其（绍兴市教委）；秘书长：裘式言（鲁迅图书馆）；常务理事：董必君、商新光、邵强、裘雅贤。

2. 绍兴市图书馆学会的工作

（1）组织学术研究和交流

1988 年，绍兴市图书馆学会成立之日，召开了图书馆学理论研讨会。此后在会员代表大会或专题讨论会上，市图书馆学会经常性地组织开展学术交流。同时积极组织会员参加中国图书馆学会、浙江省图书馆学会、浙江省高校图书馆工作委员会等组织的研讨会、年会、讲习班、论坛等学术活动；鼓励会员撰写学术论文、申报课题，提高会员的理论研究水平。

1988 年 11 月 14 日至 6 日，首次图书馆学理论研讨会在馆举行。鲁迅图书馆叶放、陈启中，绍兴卫校裘雅贤，绍兴师专舒炎祥、季水娟，诸暨中学何为人等在大会上进行论文宣读和交流。

1989 年 10 月，绍兴市图书馆学会组织各县图书馆 7 名会员赴江西考察，参观了九江市图书馆、庐山图书馆和南昌市图书馆，学习、交流开展学会工作的经验。11 月 16 日至 18 日，陈淑文赴临安参加浙江省文化厅和浙江省图书馆学会联合召开的浙江省乡镇图书馆建设研讨会。12 月 25 日至 27 日，市图书馆学会第二次学术交流会在馆召开，围绕 13 篇论文作大会交流。

1990 年 12 月 3 日至 6 日，市图书馆学会在嵊县图书馆召开学术讨论会，鲁迅图书馆会员在会上交流论文 3 篇，分别是《敞开发证异议》《如何征集地方文献》《按中图法三版改编图书的几点看法》。

1991 年 12 月 12 日至 14 日，市图书馆学会在上虞图书馆召开学术讨论会，鲁迅图书馆领导龚天力，绍兴师专谢鸣敏、赵华生，绍兴卫校裘雅贤等代表在会上宣读论文。

1992 年 6 月，由鲁迅图书馆牵头，以市图书馆学会名义，组织全市县（市）图书馆和部分乡镇图书馆（室）的管理干部 15 人赴苏南地区考察，学习建设乡镇万册馆的经验。

1994 年 9 月 14 日至 17 日，副馆长龚天力赴杭州参加全国图书馆学会管理研讨会。

1995 年 11 月 29 日，市图书馆学会在诸暨图书馆召开学术讨论会。鲁迅图书馆陈启中、龚杏娟的两篇论文在会上作交流并分获论文一、二等奖。

1996 年 8 月 23 日至 9 月 1 日，鲁迅图书馆馆长龚天力赴北京参加第 62 届国际图联大会。

（2）举办业务培训、专题讲座、报告会

1990 年 8 月，市图书馆学会邀请《中国图书馆图书分类法（第三版）》编委、上海市图书馆采编部主任曹汉新到绍兴讲学，并结合业务培训召开一次座谈会。这次讲学活动，对全市各图书馆按《中图图书馆图书分类法（第三版）》改编图书起到了促进作用。

1996 年 6 月 13 日，市图书馆学会在绍兴文理学院举办图书馆现代技术演示暨学术报告会，浙江医科大学教授周子荣、浙江大学副教授学赵敏应邀作学术报告。这次学术活动推动了绍兴市公共图书馆和高校图书馆的自动化建设。

3. 编辑会刊

自 1984 年绍兴市成立浙江省图书馆学会绍兴会员小组以来，鲁迅图书馆一直与市图书馆学会合办会刊。会刊开始称《图书馆工作》，1989 年 4 月，改刊名为《绍兴图苑》。

1997 年 3 月 17 日，龚天力参加绍兴市文化系统先进表彰会，并代表图书馆在会上以《上下同欲求发展，齐心协力创事业》（见下文）为题作了经验交流。这篇报告可以说是绍兴市鲁迅图书馆被正式命名以来的最全回顾与总结。

同年，鲁迅图书馆被评为绍兴市文化系统先进集体。

《上下同欲求发展，齐心协力创事业——绍兴市鲁迅图书馆五年工作回顾》

鲁迅图书馆其前身为建于1902年的“古越藏书楼”，被誉为是中国近代第一个公共图书馆。现有馆舍建筑面积3 616 ㎡，藏书36万余册。在职职工34人，其中大专以上文化程度占全馆职工人数的70 %，具有高级职称专业人员2名，中级职称专业人员12名。馆内现有机构为5部1馆1室及下属经济实体2个。近年来，在上级领导的关心支持下、通过图书馆全体职工的努力，分别获得“省级文明单位”“省文明图书馆”“市级文明单位”“绍兴市社会治安综合治理先进单位”“二、五普法教育先进单位”“文化系统先进党支部”等荣誉称号。

几年来图书馆始终坚持牢固树立发展的观念，突出两个重点，抓住3个环节，使图书馆各项工作取得较大的发展，为促进我市的“两个文明”建设作出了应有的贡献。

一、牢固树立发展观念，事业发展有了突破性的进展

事业要发展，规划是前提。1992年根据市文化局的要求，图书馆专门建立了事业发展规划小组，通过广泛的学习、调查研究，制定了发展规划初稿，在以后的几年中，根据绍兴市经济建设和社会发展目标的要求，联系图书馆实际情况，图书馆又几易其稿，于1995年完成了“鲁迅图书馆至2000年及2010年发展规划”，总体发展目标是“九五”期间加强自身建设，软硬件同步发展，争取达到全国（地市级）公共图书馆一级馆标准，后十年重点是指导协调地区性图书馆事业发展，以市馆为中心，建立地区性图书馆网络。就现在看来，这个规划是较切合实际，又充满发展意识的。我馆的事业发展说明了这一点。

1. 图书馆新馆建设得到市委、市政府领导的高度重视及社会各界的关心

自1993年起图书馆就开始进行各方面的调查，请专家论证制定图书馆新馆建设规划，同时广泛联系社会各界人士，征得他们的支持，共同的呼吁已赢得了市领导的高度重视，市委书记、市长已先后来馆对新馆建设作了重要指示，图书馆建设已列入市领导的议事日程。图书馆已先后几次修改制定了“图书馆新馆建设方案”，新馆设计草图也已制定，相信一座现代化的国内一流的图书馆在“九五”期间能在绍兴这座历史文化名城矗立。

2. 争取社会支持协建“少儿图书馆”

图书馆由于无独立的少儿服务区域，在全省一轮创建中失分，根据市领导及市文化局的要求，我们把建立少儿图书室作为一项重要的基础工作来抓，通过全馆同志的努力，我们争取到了绍兴纺织机械集团公司谢如炎总经理的支持。公司出资三万元在1994年帮助图书馆建立了60平方米的少儿图书室。在此基础上，通过浙江大学图书馆副馆长夏勇的热心联系，在1995年我们又得到了美籍华人绍兴籍人士姚守成先生遗孀及子女的支持，首期出资1.5万美元和电脑一台协建“姚氏少儿图书馆”。少儿馆以其优良的设施，优美的环境，优质的服务得到了全市小朋友及家长的肯定，图书馆又出现了已多年不见的排队领证现象。该少儿馆利用社会力量兴办文化事业的举动也得到了省市有关领导的肯定。

3. 争取政府支持，改善基础设施，实现图书馆现代化管理

几年中，通过图书馆全体职工的广泛宣传、社会各界的支持、市领导的关心，我们已投资20万元改善古籍保护条件，添置高档的书柜书架，防盗、防潮设施，大大改变了原有的恶劣条件；投资36万元购置了迄今本馆最昂贵的大型丛书《四库全书存目丛书》；在省、市、局领导的支持下，投资15万元的图书馆计算机管理系统业已启动，今年下半年即可部分投入使用，计算机的使用标志着我馆已向现代化图书馆过渡。

4. 加强队伍建设，重视人才培养

专业人才的培养是图书馆事业得以持续发展的关键，为促进专业人才的培养，图书馆相继制定了《关于职工开展学术研究和宣传报道的几项规定及奖励办法》《关于鼓励职工进行业余学习的规定及奖励办法》，明确规定图书馆专业人员必须普遍达到大专以上学历水平这一目标。同时积极引进专业人员，先后两次通过人才市场引进大、中专毕业生4名。几年来通过图书馆的培养、职工的努力，图书馆中级以上专业人员从1991年占全馆职工人数12%，提高到1996年的48%，整体素质有了较大的提高。1993年在全省公共图书馆知识竞赛中本馆名列团体第二。

5. 注重馆藏特色建设，地方文献工作跃上新台阶

地方文献作为公共图书馆最具特色的资源，历来是公共图书馆藏书建设的一大重点。1993年为加强我市的地方文献工作，提高全社会对地方文献工作重要性的认识，经本馆多方努力，在市政府领导的重视、关心和市文化局的支持帮助下，市政府发专题文件二只，成立了由分管市长任组长的市地方文献征集领导小组，设立了市地方文献征集办公室，建立了有68名同志组成的市地方文献联络员队伍，召开了市地方文献工作会议，使我市地方文献工作上了一个新台阶， 按省文化厅领导的话说：如此完善健全的机构组织在全省其有开创性。辛勤的工作带来了丰硕的成果，至1996年底，4年共征集地方文献2 090册（件）。

二、突出“服务”“宣传”两个重点，取得了较好的社会效益和一定的经济效益

1. 拓宽服务领域，突出服务效果

“读者第一，服务至上”，图书馆始终坚持这一工作宗旨，积极努力探索搞好读者工作。几年来，图书馆年接待读者均在16万人次以上，5年共接待读者85万人次。读者持证数量也在不断增加，1996年发证数比1995年增加50%，达到7千余本。在搞好阵地服务的同时，积极拓宽服务渠道，开辟新的服务项目，相继开辟了集体借书、重点读者开架入库、期刊外借等多项服务方式。

1992年图书馆外借部新开辟集体借书服务项目，在一年中向社会团体发放借书证达110余本，其经验得到了各流通部门积极推广，这一创新项目的实施所带来的效益：一是在当前读者普遍减少的形势下，我馆的读者人数始终没有下降；二是提高了服务质量，为单位职工上下班借书难提供了方便；三是通过收取一定的费用，创造了较好的经济效益。

图书馆十分注重为重点读者的重点课题提供特殊的咨询服务。几年来，分别为绍兴市的重大文化设施建设提供咨询服务。如为绍兴市市志的撰修，为公祭大禹活动、吼山桃花节活动等提供了大量翔实的资料。还积极认真地为绍兴县咸亨酿酒集团、市医疗器械厂、县饲料公司、绍兴硫酸厂等10余家企业的企业技改工作推行专题咨询，为社会的两个文明建设作出了贡献。

自1986年以来，图书馆建立了市劳教学校图书流通点。10年来图书馆始终坚持无偿为劳教学校送书上门，赠书，举办座谈会、展览等，至今已赠书千余册，提供借阅图书万余册，在改造劳教人员方面作出了卓有成效的成绩。近年来，图书馆又相继建立了市消防大队二中队、县武警中队、县计算机职高、市聋哑学校等多个图书流通点，为这些特殊部门的读者提供特种服务。

图书馆还结合社会中心工作，不失时机地把图书画册送下乡，近年来每年均在有关乡镇举办多个主题的图书画册巡回展，1994年在绍兴县5个乡镇举办“爱祖国爱家乡图书画册展”、1995年举办“纪念抗战胜利50周年图片展”、1996年举办“纪念红军长征50周年图片画册展”，巡回展每到一处都受到当地政府和群众的欢迎。

1993年为支持乡镇万册馆及边远山区贫困小学图书室的建设，我馆策划承办了“赠书献爱心活动”，其间50天共收到全市各机关团体、学校、企事业单位、个人赠书136 573册，参与赠书活动的单位及社团共116个。利用这批赠书在全市帮助建立了12个万册图书馆，特别是消灭了新昌县无乡镇万册馆的空白点。文化部图书馆司专文通报，介绍了我市的“赠书献爱心活动”，省文化厅也专门调查了解活动情况作为推广经验，可以说这一活动为文化部在1993年底号召全国进行此类赠书活动帮助农村图书室建设提供了经验。

2. 加强宣传力度，扩大图书馆的社会影响

一直以来，图书馆工作默默无闻，图书馆人的意识是甘于做无名英雄，为人甘做嫁衣。改革开放后，图书馆人已深切感受到社会形象宣传对图书馆效益的更加发挥、社会对图书馆的重视所起的重要作用。因此几年来，图书馆加大了社会宣传力度，图书馆工作见诸各级新闻媒体报道的每年均在30次以上。图书馆的重大宣传活动在社会上引起了较强烈的反响，每年均有一项较大声势的宣传活动。1992年的“赠书献爱心活动”、1993年的“纪念毛泽东同志诞辰100周年大型资料展”、1994年的“台湾原版图书展”、1995年的“纪念抗战胜利50周年知识竞赛”、1996年的“一、二、三全市群众性读书看报活动”等等。

1993年是毛泽东同志诞辰100周年，馆年初就制订计划举办好纪念毛泽东同志诞辰100周年大型资料展，这一计划经过全馆同志共同参与、献计献策，对资料筹集、展览内容、观众组织等作了周密部署，在“七一”前夕正式向社会开放。由于内容丰富，形式多样，吸引了众多观众。许多学校、机关、企事业单位把参观这次展览作为进行政治教育、组织生活的一项重要活动，有关单位还在展馆内举行了新党员宣誓仪式。展览因观众要求一再延期，在半个月时间内共接待观众2万多人次，各新闻单位相继作出报道，社会反响强烈，图书馆因此取得了较好的社会效益和经济效益，该展览的成功举办，其意义还在于这是图书馆在举办活动中两个效益相结合的首次有效尝试。

1996年初，图书馆配合中央提出的“讲学习”要求，及市三轮创建活动，提出了在全市进行群众性读书看报活动的设想，制定了“奔向新世纪知识工程——1996读书系列活动”方案，此项活动方案得到了市委宣传部、市文化局领导的重视。5月份，我们首先在两个居委会、一个单位进行试点工作。试点工作除了提倡一户家庭拥有一只书橱、二份报刊、三百册图书外，还包括以居民小组（台门）为单位开展周末读报活动，举办“热爱家乡”的征文比赛，结合三轮创建的有奖智力竞猜、书法美术讲座及作品展和以红军长征为主题的演讲比赛等活动。根据读书活动试点情况，市委宣传部等十二家单

位在9月份联合发起以“弘扬继承美德，倡导读书看报，提高整体素质，培养‘四有’新人”为宗旨的“全市一、二、三群众读书看报活动月”活动，我馆作为发起单位之一参与举办了大型书市，同时进行现场发证、咨询活动，举办了题为“发展中的鲁迅图书馆”大型展览。读书看报活动在市区各个部门得到了普遍的响应，形成了较浓的“读书热”气氛，省市新闻媒体相继连续作出专题报道，该项活动得到了中宣部领导的肯定，很好地配合了全市的三轮创建工作。

三、深化改革，增强活力，提高凝聚力，促进图书馆事业全面发展

1. 抓住深化改革环节，提高工作效益，促进图书馆事业发展

1992年始，图书馆开始进行目标责任制改革，即馆年初制定工作总目标（包括业务和创收双目标），并根据各职能部室工作职责将总目标分解到各部室，年终再报据目标完成情况进行考核，最后将分配与实绩、考核挂起钩来，拉开分配档次，奖优罚劣。

由于目标明确，且具弹性，因此实施后充分调动了职工的积极性和创造性，如集体借书、期刊外借、图书画册下乡巡回展、帮助基层图书室进行业务指导、图书加工等均是各部门的创新工作。

1993年，根据主管局要求，图书馆实施事业单位人事制度综合配套改革。综合配套改革是关系到图书馆事业发展的重大举措，也关系到全馆同志的切身利益。在1995年年中，馆首先成立综合改革工作小组，经过4个月的反复征求意见，制定了《绍兴市鲁迅图书馆馆长负责制实施细则》绍兴市《鲁迅图书馆全员聘任制实施细则》《鲁迅图书馆考核分配制度实施细则》及部室主任聘任条件、步骤等具体方案，由于工作细致，当方案公布后，全体职工都积极投入此项综改工作，综改工作圆满顺利地完成。综改后，干部职工的积极性、自觉性有了加强，工作效率有了提高，如在图书馆职工队伍人数没有增加情况下，图书馆又开辟了少儿图书馆阵地及计算机管理项目。

2. 抓住发展三产、增强活力环节，保证图书馆工作的正常开展

为增强事业发展后劲，1992年馆创办了绍兴图书公司，从馆抽调4名同志，在既无资金，又无经验的情况下，通过4年多的努力，为图书馆创利近30万元。

1993年又创办了经济实体“绍兴图兴商行”，同时图书馆又积极鼓励各部门围绕主业工作抓创收，其结果是创收工作促进和保证了业务工作的正常开展，业务工作的创新突破又带来了一定的经济效益。

自1992年始，图书馆用创收资金弥补事业经费缺口的资金已达50万元，保证了图书馆工作的正常开展。

3. 抓住思想政治工作环节，以凝聚力工程为抓手，创造良好的事业发展环境

图书馆历来比较重视思想政治工作，职工队伍思想稳定，职工之间团结互助，积极向上，风气较好。在商品经济的大潮中，随着利益的不断调整，图书馆这一清贫单位的“清贫”现象越来越凸显，职工心理有波动，也会失衡，因此思想政治工作必须常抓不懈。图书馆首先抓好班子“一班人”的思想作风建设，同时加强对工团妇组织的领导，积极支持这些组织独立开展各种丰富有益的活动，调动全体职工的积极性，增强全馆的凝聚力。

1994年图书馆原馆长马岁发同志被发现身患癌症，图书馆职工利用各种关系，联系有关对口医院、医生，并陪同上上海、下宁波四处求诊，往往一去离家几天，在其住院期间，则是经常探访，从不间断，直到其病逝。在其病危时，单位职工更是日夜值班、特别是单位男同志较少，女同志主动报名担起值

夜班的任务，这一同志间团结互助的精神确是难能可贵。

1995 年市文化局决定将我馆作为“凝聚力工程”试点单位，班子领导认为这是一股加强组织建设，进一步融洽党群关系，团结职工的强劲东风，我们有必要借这股东风，进一步抓好文明馆风建设。

我们着重抓住了解人这一基础环节，通过调查、走访、谈心，对全馆 30 多位职工（包括离退休职工）的情况进行了详细了解，并对了解的情况进行全面分析、归纳，基本上摸清了全馆职工有些什么困难和要求等情况。根据归纳情况，分成几类分别给予解决答复，通过分门别类针对不同情况采取不同办法，使绝大多数职工比较满意。通过一年多凝聚力工程的实施，馆内团结互助、争先向上的风气得到进一步发扬。如 1996 年初，由于报刊经费大幅度上涨，报刊订数大幅度减少，读者呼声强烈。面对此情况，工会组织发动全馆职工开展“为图书馆事业尽一点力”的捐款活动，全馆职工（包括 1 名退休职工、1 名临时工）共 31 人捐款，共计 3 295 元，全部用于报刊订购；又如随着人事制度改革的实施，人员的双向选聘工作必然会给一些年老体弱的老同志带来冲击，班子领导全面考虑，主动找这些老同志了解情况，听取他们的意见，在双向选聘中特殊安排力所能及的工作岗位，该举动得到了全馆职工的肯定和理解。

“凝聚力工程”实施一年多来，效果明显，进一步提高了全馆凝聚力，为事业发展创造了良好的环境。

回顾五年来的工作，我们感到事业建设离不开牢固的事业发展意识，离不开改革创新这一动力，离不开思想政治工作这一保证措施。事业建设只要上下同欲，齐心协力，就能不断发展，不断进步。

一九九七年三月

七、绍兴市鲁迅图书馆员工回忆图书馆开展的特色工作

绍兴市鲁迅图书馆时期的少儿部主任、绍兴图书馆时期的副馆长龚杏娟曾满怀深情地回忆了鲁迅图书馆少儿馆的建立及发展情况：

“1996 年的时候，通过浙江大学图书馆夏勇馆长牵线，一位名叫姚诗凯的美籍华人捐赠了一台电脑和一部分购买设施设备的经费，帮助我们建立少儿图书馆。当年就建起来了，就叫‘姚氏少儿图书馆’。之后有了新的发展空间，‘姚氏少儿图书馆’慢慢变成了少儿馆。虽对外称‘少儿馆’，我算第一任馆长，其实是少儿部主任。当时这个‘少儿馆’非常有影响力，对图书馆读者群体的扩充有极大帮助。因为小朋友来了以后，很多家长也跟着来了，他们把孩子放在少儿馆，自己也需要活动的空间，就去成人借阅场所，比如报刊部、借阅部，慢慢也喜欢看书了。记得少儿馆刚成立的时候还是排队领证，《绍兴晚报》《绍兴日报》连续报道说少儿馆一证难求，我们也把‘排队领证’‘一证难求’作为一个工作亮点。但姚诗凯先生看了这个报道之后，却很难过。他说报道让人心酸，说明我们的服务没有跟上，应该把它作为我们工作没有做好的一个督促的点。国外建立图书馆，步行几分钟就有一个图书馆，图书馆的辐射面大小都是有规定的。图书馆是作为一个民族建设的标志来做的，民族建设搞得好不好就看图书馆建设得怎么样，（图书馆）是为人民服务的一个点。正因为我们的服务没跟上，才会出现‘一证难求’‘排队领证’的现象。可当时少儿馆就 3 个人，我、吕江英，再加上现在已退休的董老师，馆舍全天开放，一天下来有将近 200 个读者来看书、阅览。我们还设了低幼室，用经费买了一些大型

的玩具，为年龄偏小的小朋友服务。

“我和吕江英两个人在少儿馆的时候比较会折腾。有一个定期要更换内容的橱窗，我们就办少儿的作品展览，把他们的作品，比如摄影、图画、看书的作品，一期一期地换。其中还包括一些家长的寄语，小孩子来了图书馆以后，他们发现孩子的一些变化，都一条条地写给我们，我们也把它展览出来。

“后来到新馆（延安路馆），我当了馆长助理，分管少儿、报刊、外借的读者服务。吕江英成了少儿馆主任，延续了我们原来的工作作风，哪怕是工作热情、工作方式都延续了原来的传统。我们把老读者邀请过来，给新读者讲解读书对他们的影响。

“培训是我们在少儿馆的时候开始的，慢慢地有了 3 个很简单的培训课：英语、书法和写作。开始搞培训的时候，我们也没想着赚钱，纯粹是读者有这个需要，而我们一部分的职工子女也有这个需要，就慢慢搞起来了。记得第一个培训班好像是书法培训，我叫上好友汪淑萍，由她来教二十几个小朋友。后来我们又增加了写作课。当时少年宫的培训做得很好，我们就把少年宫的老师请过来。有一位老师叫梅雪芳，培训写作比较有名，我们就把她请过来任教。后来她又带了一位老师过来，慢慢地这个培训班影响就越来越大。

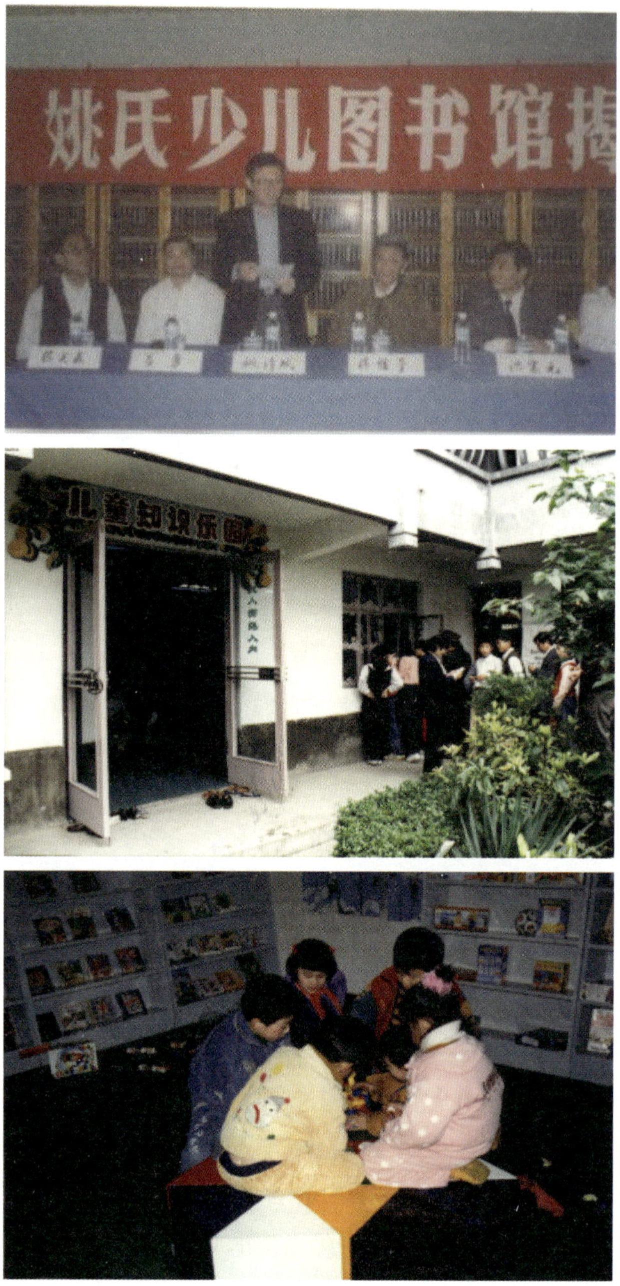

图 3-5　姚氏少儿图书馆开馆、办证及举办的活动

“后来发现培训班不仅创造了社会效益，还能带来经济效益，就进一步扩大了。当时有种说法叫‘以文养文’，吕江英很会想办法，就把培训越做越大。但后来回想起来，对于公共图书馆来讲，培训实际上是一个很尴尬的事情。培训做大了，场地或多或少受到影响，主业受影响是必然的。比如我们总共只有 1.3 万平方米，哪怕 2 万平方米，办培训占掉一部分，读者的场地不就缩小了吗？而且培训还收费，公共图书馆是为公众提供服务的，不应该收费。直到 2010 年，文化部、财政部发文，事业单位不能搞任何的收费性项目，培训就全部停掉了。

“可培训对于当时帮助扩大图书馆的影响力，非常有利。在我儿子这一代已经是 30 多岁的人的印象中参加培训班就到图书馆。家长送小孩子来图书馆，他会发现原来有这么一个阅读的场所，是可以把小孩子放到图书馆里来读书的。后来我们搬到镜湖新馆，虽然培训已经停掉了，路也相对比延安路馆要远一些，但不少家长知道图书馆里面有这么多免费的阅读资源，仍然愿意把孩子送到馆里来。”

龚杏娟副馆长还曾回忆起鲁迅图书馆设立图书流通站的过程：

图 3-6　绍兴图书馆培训中心暑期组织的联欢会、游园活动

“馆外服务这一块绍图（绍兴图书馆）做得比较早，大规模开展可以追溯到二零零几年甚至九几年以前，是龚天力馆长那时开始的。到我们这里来取经的兄弟图书馆非常多。

“1986 年我们就在绍兴市劳教所成立了一个图书流通站，延续了很长时间。每年去两次劳教所，不仅给他们送书，还为他们做一系列辅助的服务活动，比如组织征文、阅读比赛。”

关于为弱势群体服务，龚杏娟副馆长回忆道：

“为弱势群体服务这方面，我们也做得比较早。当时办借书证要收费，少儿好像是 50 元。我和吕江英 1997 年就调研了市区 21 所小学的残疾学生的情况，为他们登记，免费服务。1998 年还在聋哑小学设立了图书流通站，定期给他们送书，鼓励聋哑学生参与到我们的读者活动中来，包括哑语的培训。”

关于汽车图书馆，龚杏娟副馆长是这样回忆的：

“1998 年，我们有了一辆小的面包车，当时称之为‘汽车图书馆’，后来在绍兴县漓渚镇一个农村小学建立了汽车图书馆的第一个少儿流通站。除了省馆，我们算是省内第一个搞汽车图书馆的。……那时候是陈威开车，每个月的第一周就载着书去，小朋友们盼星星、盼月亮地盼着，等书到了，他们把原来的书还掉，再挑新的书。这件事现在想来也十分有意义。校长跟我们像朋友一样，有时还会把笋和一些农产品送给我们。后来慢慢地，平水镇成人流通站做起来了，兰亭镇一个完小流通站也建立起来了。”

绍兴图书馆原采编部主任周岚岚曾回忆过绍兴市鲁迅图书馆开展的地方文献征集工作：

“和任桂全老师、还有一位电视台的老师聊到地方文献对图书馆的重要性，当时赵钜清馆长也很赞同。我主动说地方文献我们采编部可以来做。那个时候我负责采访，主要通过写信，发现某位院士或名人是绍兴人，就给他写信。有的收到信之后不仅回信，还把自己写的书或手上与绍兴相关的书一并寄来。第一次在阅览大厅举办地方文献展览时，我刚学会打字，把他们的简历都打在纸上。那次展览影响还挺大，局领导都来了。”

“那时候联系比较多的是柯灵先生。他是绍兴人，也是大名人，寄信给他，想不到他还回信了。但柯老年纪大了，寄书不方便，就让我们自己去取。那时候我年纪还轻，激动得不得了，跑去柯灵家把书拿回来。还有很多绍兴籍的专家、学者、作家、名人也都寄书给我们。”

“我跟老裘（式言）两个人还到上海嘉定去取经，他们当时做得更好，说可以按照人物关系做一张卡片，方便联系。……地方文献最早是由采编部负责，但因为采编部主要工作是分类和编目，地方文献工作慢慢多了以后就独立出去了，现在更是壮大了。”

第四章　绍兴图书馆的倡建

（1997—2000 年）

进入 20 世纪 90 年代，根据绍兴市社会经济发展总体规划，鲁迅图书馆于 1995 年制定的《绍兴市鲁迅图书馆至 2000 年及 2010 年总体目标和实施对策》获得通过。整个发展分两个阶段，第一阶段（1996—2000 年）的发展目标是："加强自身建设，改善硬件设施，加强软件建设，争取达到全国地市级公共图书馆一级馆标准。为今后 10 年发展积蓄力量，创造条件，奠定基础。"落实到具体的设施建设方面，即新建一处 10 000 平方米的新馆舍。

具体到当时的绍兴市，从前文中可以看到，鲁迅图书馆无论是在管理手段方面，还是在服务意识、服务领域方面都走在国内公共图书馆的前列，同时馆藏图书量和读者需求的急速增长，都不是 20 世纪 80 年代建造的都昌坊口馆舍所能承担和满足的。由此，新建一个规模更大、设施更新，能够与绍兴市的城市形象相匹配的全新图书馆，已基本成为所有绍兴市民的共识，除了图书馆人不断呼吁之外，当时的绍兴市人大代表、政协委员们也多次提到应建设一个与历史文化名城相称的全新图书馆。

全市图书馆人的专业呼吁、社会精英人士以及全体绍兴市民的心声终于有了回应。1997 年 8 月 9 日，根据绍市府办发〔1997〕71 号文件，以副市长为组长、市政府副秘书长和文化局局长为副组长，成员包括市城建局、财政局、土地局、劳动局、文化局等部门负责人的绍兴图书馆新馆筹建领导小组成立。新图书馆建设进入实际操作阶段。1997 年 9 月 1 日，绍兴市委常委会议审议了新图书馆建设工作。接着，绍市计委〔1997〕185 号文件，批复同意建设绍兴图书馆。

1998 年 5 月 18 日，绍兴图书馆奠基暨开工典礼举行，一年多后竣工。1999 年 9 月 10 日，经绍兴市机构编制委员会批准，原"鲁迅图书馆"馆名仍予保留，同时启用"绍兴图书馆"新馆名。

1999 年 10 月 8 日，在新建的图书馆前举行了绍兴图书馆工程落成典礼暨授牌仪式 。

2000 年 5 月 8 日，延安路新图书馆开馆典礼举办，一个全新的、占地面积 20 000 平方米、建筑面积 17 000 平方米的图书馆正式面向读者开放。

绍兴图书馆新馆的建成，直接推动了绍兴市图书馆工作的全面进步，图书馆事业面貌一新，绍兴图书馆成为全国百家"读者喜爱的图书馆"之一。

第一节　绍兴图书馆的建设过程

一、延安路馆建设进程

（一）延安路馆建设的缘起

1996 年 4 月 30 日，中共绍兴市委书记鲁志强视察图书馆，对新图书馆建设提出指导性意见。

1996 年 8 月 23 日，绍兴市市长纪根立来图书馆视察，同意由市政府拨专款购置 36 万元的《四库全书存目丛书》，并就图书馆新馆建设作了重要指示。

1996 年 10 月 14 日，市长纪根立在听取馆长龚天力关于建造新馆设想的汇报后，即与市土地局局长到延安路“十三亩头”实地勘察，最终确定此处为新馆的建设用地。

1996 年 11 月 28 日，新馆设计方案、设计草图送交绍兴市政府办公室审阅。

（二）延安路馆建设的筹备

1997 年 6 月 11 日，馆长龚天力随绍兴市文化局局长黄松保向市长纪根立汇报新馆筹备工作情况。

1997 年 7 月 30 日上午，馆长龚天力列席绍兴市政府常务会议，汇报有关新馆建设事宜。

1997 年 8 月 9 日，根据绍市府办发〔1997〕71 号文件，绍兴图书馆新馆筹建领导小组成立，组长：副市长李露儿；副组长：市政府副秘书长杜世大、文化局局长黄松保；成员：市城建局、财政局、土地局、劳动局、文化局等部门负责人陈君铨、钟华华、常建华、陈长林、赵泽良、蒋其华、张关鑫。下设办公室，由文化局副局长张关鑫任主任。图书馆也抽调得力人员，组成由馆长龚天力主持的新馆基建工作班子。

1997 年 9 月 1 日，馆长龚天力列席绍兴市委常委会议，汇报新馆建设工作。

绍市计委〔1997〕185 号文件，批复同意建设绍兴图书馆。

新馆建设规划和设计方案获得市计委批准，其界东靠县委党委，西至市博物馆，南临延安路，北靠居民区，征地 30 亩（合 20 000 平方米），被立为绍兴市“九五”计划的重点建设项目。

1997 年 10 月 10 日，新馆规划方案论证审定会在越城大酒店召开，邀请绍兴市政府、市计委、市文化局、市城建委、市消防支队及规划处、设计院的领导专家与会，还特邀浙江图书馆林祖藻、浙江大学图书馆夏勇和杭州市图书馆李明华等专家出席评审会。

1997 年 11 月 17 日，绍兴市文化局局长黄松保、副局长张关鑫，市城建委副主任吉振海及拆迁办领导来馆参加新馆建设拆迁工作协调会议。

（三）延安路馆建设的奠基开工

1997 年 12 月 7 日，新馆建设拆迁动员大会在县委党校礼堂召开，次日，拆迁安置工作正式开始。

1997 年 12 月 13 日，中共绍兴市委书记沈跃跃和市城建委主任钟华华、市文化局局长黄松保一行 5 人踏看延安路新馆馆址。

1998 年 3 月 14 日，绍兴图书馆筹建办公室成立，朱燕任综合科科长，裘式言任设备材料科科长。

1998 年 5 月 18 日上午，绍兴图书馆奠基暨开工典礼举行。全国人大常委会委员毛昭晰、全国政协常委沈祖伦、省文化厅副厅长沈敏，市领导董君舒、阮顺泉、杨明志、李露儿、陈惟于等出席典礼。

1998 年 7 月 16 日，绍兴市市长董君舒及市有关部门领导在市文化局局长黄松保陪同下视察新馆建筑工地。

1999年1月16日，绍兴市市长冯顺桥、副市长李露儿和副秘书长邵田田等在市文化局局长黄松保陪同下视察延安路新馆建设工地，详细了解工程建设进展情况。市领导对工程质量及施工进度表示满意，对今后工作提出了具体要求。

1999年3月19日，新馆大厅、报告厅装修工程设计方案评审会议召开，应邀参加会议的有市文化局、省建筑设计研究院、市重点建筑工程办公室、市建筑设计研究院、绍兴文理学院及8家设计单位的领导和专家共26人。大家对8家单位的设计方案进行评审，最后确定绍兴市现代设计装潢有限公司与绍兴市第一建筑安装工程公司的两个设计方案为最佳推荐方案。

1999年3月29日，新馆工程主体结构验收会议召开，绍兴市质监站专家对工程进行了实测检查，确认主体工程优质。

1999年8月17日，中共绍兴市委书记董君舒、副市长马忠和市计委主任谢鑫泉、市城建局局长钟华华等一行在市文化局局长黄松保陪同下视察新馆工程，详细了解工程建设的情况，并要求确保主体工程于9月底竣工。

在新馆施工期间，中共绍兴市委、市政府领导包括中共绍兴市委前后两任书记沈跃跃、董君舒，两任市长董君舒、冯顺桥和副市长李露儿等多次到工程现场督察指导，加之全体施工人员的努力，新馆工程质量达到优质，并如期竣工。

（四）延安路馆建设的竣工授牌

1999年9月10日，经绍兴市机构编制委员会批准，原“鲁迅图书馆”馆名仍予保留，同时启用“绍兴图书馆”新馆名。

1999年9月17日，绍兴市领导董君舒、冯顺桥、瞿素芬、袁长寿、陈章方、沈云姑、吴鹏飞、阮顺泉、马忠等在市文化局领导陪同下，检查新馆工程建设。

1999年10月8日上午，绍兴图书馆工程落成典礼暨授牌仪式举行，参加仪式的有全国政协常委沈祖伦，浙江省政府副秘书长蒋泰维，省文化厅副厅长沈敏，市委书记董君舒，市政协主席沈云姑，市委常委阮顺泉，副市长李露儿，市领导蒋耀根、郑淳理及相关部门负责人等。仪式由市委常委、宣传部部长阮顺泉主持，李露儿副市长代表市委、市政府对绍兴图书馆工程顺利落成表示热烈祝贺，市文化局局长黄松保汇报工程建设情况，副市长李露儿为绍兴图书馆授牌。

（五）延安路馆正式开馆

1999年10月11日，绍兴市市长冯顺桥在市文化局局长黄松保陪同下视察新图书馆，详细了解工程建设质量、进度及资金投入与运行情况。

1999年10月15日，绍兴市政协副主席陈雪樵、原市政协主席戴本妥与政协委员视察新馆建设。馆长龚天力介绍了新馆工程建设情况，并就今后新馆运作设想作了汇报。

2000年4月1日，文化部办公厅主任邢志良、浙江省文化厅厅长沈才土在绍兴市副市长李露儿和市文化局局长黄松保陪同下，视察新馆。

2000年4月3日，浙江省政协委员视察新馆，了解经费落实情况。

2000年4月6日，绍兴市政府秘书长何国梁、副秘书长邵田田在市文化局局长黄松保陪同下视察新馆。

2000年4月7日，全国人大常委会委员毛昭晰由绍兴市人大常委会副主任杨明志、副市长李露儿陪同视察新馆。

2000年4月16日，绍兴市市长冯顺桥、副市长李露儿及各有关部门领导视察新图书馆，在听取新馆建设资金和开办经费使用情况的汇报后，决定本年度追加基建经费1 000万元。

2000年4月18日，图书馆发动全体职工为新馆建设捐款9 500元。

2000年4月20日，文化部副部长潘震宙由浙江省文化厅厅长沈才土和绍兴市副市长李露儿陪同视察新馆。

2000年4月22日，由绍兴市政协等9家单位联合发起的全市为绍兴图书馆赠书捐款活动在市人民广场拉开序幕。本次赠书捐款活动累计收到捐款37万元、赠书7 000余册。原市政协副主席陈惟于陪同台胞陈佩曾女士等参观新馆。陈先生捐款1 000元人民币，陈女士捐款5 000美元。

2000年5月1日，新馆试开放，当天读者达3 000余人次。

2000年5月4日，国家计委主任曾培炎一行在绍兴市市长冯顺桥等陪同下，视察新馆。

2000年5月8日上午，新馆开馆典礼举行，全国人大常委会委员毛昭晰、文化部社文司图书馆事业处处长刘小琴，浙江省文化厅副厅长沈敏及市领导袁长寿、杨明志、李露儿、郑淳理等出席典礼。浙江图书馆及各地（市）图书馆和绍兴市所属各市（县）图书馆负责人参加了开馆仪式。

二、绍兴图书馆工作人员对延安路馆建设的回忆

（一）1994—2006年在任馆长龚天力回忆建设延安路馆过程

我来的时候还叫“鲁迅图书馆”，当时在都昌坊口，3 200多平方米，比较小，刚建好也算是个新馆，但里面设施比较陈旧。

契机是我1996年8月参加国际图联会议，当时很想采购一套《四库全书存目丛书》。书价36万，可谓是天文数字，因为当时图书馆一年的经费也就三十几万。我向财政申请，批不下来。可这套书实在重要，我又通过文化界人士包括政协帮忙提议，仍旧批不下来——因为这种采购必须单独列专项经费。实在走投无路，我就以个人名义给当时的市长纪根立写了一封信，说明购买此书的重要性。两天以后，应该是8月8日，当时他的办公室主任、也就是后来我们的局长——黄松保给我打电话，说纪市长要到我这里来。那天上午纪市长看到我说的第一句话就是“这套书要买，财政会单独拨款”。既然来了，他就想在图书馆看看，于是我陪他参观。

纪市长看到图书馆陈旧的设施，建议另造新馆。说实在的，我当时没太放在心上。没想到两个月后市府办就打电话来，说纪市长要我汇报图书馆新馆建设的思路进展。我很紧张，还好之前做过浙师大图书馆新馆建设，便带上一些资料书，到他办公室汇报去了。

汇报以后，纪市长便带上建设局、土地局、规划局的领导，到延安路（那时还是十三亩头）现场勘察；勘察之后马上跟当时的国土资源局（当时叫土地局）领导说，这块地不能动了，要造图书馆。当时十三亩头前面一排都是民房，后面大约有15亩的空地，算下来总共可以给图书馆30亩土地。我记得当时土地局局长说了一句话：“纪市长，这块土地很值钱的。”

可当时市委、市政府又想在宋梅桥建一个大的文化中心，图书馆就是其中之一。就这样新馆建设

便又搁置了下来。

图 4-1　延安路馆建设奠基典礼、招标答疑会及董君舒市长视察工地

直到 1997 年 6 月，市府办阮主任打电话让黄松保局长和我过去，一起向纪市长汇报新图书馆建设工作。这次纪市长明确要建，还要赶快建。8 月份市政府正式发文，单独为图书馆新馆成立筹建领导小组。市政府出面筹建领导小组，可见对图书馆的重视程度。筹建领导小组组长是分管市长李露儿，副组长是黄松保局长，还有一位市政府秘书长和两位副秘书长，下面七八个成员都是一把手，包括财政局局长、建设局局长、土地局局长、人事局局长、发改委副主任。

新图书馆正式建设启动是在 1998 年下半年，1999 年 10 月 8 日竣工，2000 年的 5 月 8 日正式开放。

建设过程中发生了很多故事。在新馆建设的项目造价、经费如何支出都还没确定之前，纪市长就调到省里去了。还有就是动迁问题，当时有 108 户人家需要拆迁，都是塔山村的村民。直到后来拆迁正式开始，馆里通过媒体报道了此事。一天晚上政府班子开会，把黄局长和我叫去，说董君舒市长要给我们开会。当时的市政府副秘书长徐继平看到我和黄局长，就问我们怎么乱宣传、这个钱怎么弄，搞得我们都很紧张。还好那天的会议上董市长拍板：经费主要由市财政出，财政保证 3 000 万元，不够的部分由市政府帮我们到国家发改委去对接。再后来是冯顺桥市长，又给我们追加了 1 200 万元。总共 5 300 万元，新图书馆就这样建成了。

说到新图书馆的馆名——“绍兴图书馆”，倒也不算改名，应该是启用了新的名字。因为“鲁迅图书馆”还是保留的，但大家更多地用“绍兴图书馆”这个名字。

这个馆名其实在我被调来当馆长之后就一直有在考虑。“鲁迅图书馆”在我们绍兴一大批文化界人士里面比较容易接受，认为用这个名称，就好像鲁迅一直在我们身边。但我作为图书馆专业人员，当时更多的是想做专业图书馆。很多时候，别人会误以为我们是专门研究鲁迅或者收藏鲁迅相关作品的图书馆，而绍兴图书馆实际上是一个综合性图书馆。综合性图书馆一般就是以地方名命名的，如北京图书馆、国家图书馆等，因此一直想改这个名。但要改这个名并不简单，当时一批老同志不大肯接受，觉得改名没必要。于是我也只是考虑，没有直接提出来。

还是 1996 年我去北京参加的那次国际图联大会，在和很多国家的图书馆在交流过程中，他们问我"鲁迅图书馆"是不是专门研究鲁迅的、收藏了多少与鲁迅相关的作品，问得我哑口无言。"鲁迅图书馆"要想面向世界、走向世界，必须要改名字，这样更容易与世界融合。于是我在回来后更坚定了改馆名的想法。

怎么改呢？打算利用新馆建设启动这一契机。在新馆竣工的前一年，1998 年馆正式向市里打报告，具体内容记不清了，大约是说为了跟国内和国际接轨，我们要再启用一个"绍兴图书馆"的馆名，同时保留原来的馆名。1999 年 9 月份正式批文下来了，在 10 月份的新馆落成典礼上，我特别安排了一个内容，就是馆名揭牌仪式，从那个时候开始正式启用了"绍兴图书馆"的名字。

（二）时任绍兴图书馆后勤保障部主任徐国洪回忆

我进绍兴图书馆工作，是一个很偶然的机会，那是 1998 年 3 月，我刚好 30 岁。当时图书馆要在延安路十三亩头筹建一个 1.3 万平方米的新馆，因为缺少建筑方面的管理人员，而我恰好从事这个专业，就有幸被借调并参与到这个新馆的筹建工作中。

经过 3 年的建设准备，2000 年 5 月，位于延安路上的绍兴图书馆新馆顺利落成，向读者开放。也是那一年，我正式成了绍兴图书馆的一员。

绍兴图书馆新馆建设，当时属绍兴市重点工程，设筹建办，共有 5 名成员，主任由当时的主管副局长兼任，馆长龚天力兼任筹建办副主任，主管筹建办日常工作，下设财务科、设备科和现场管理科。我负责现场管理科工作，职责是现场工程质量、安全、工期等监督、协调、管理。工作中需要监督、协调工程监理单位，共同督促施工单位落实各项工程管理，落实筹建办的各项工作指令；同时协调监理施工单位在项目施工管理中遇到的各类事宜。现在回想，当初真是初生牛犊不怕虎，就凭着工作热情和本心，投身新馆建设工作；凭着专业能力，与各个项目管理人员为图书馆争取最大利益。幸运的是，筹建办的同事们比较团结，龚天力馆长也是一个很开明的领导，对我提出的意见与建议都给予支持。

印象较深的一件事是项目基础土方开挖后的土方外运。当初施工方提出，要将基础挖出的土方全部外运，监理方也同意了。筹建办讨论这个项目联系单位时，馆长征求我的意见，我表示，基础开挖土方全部外运虽然在一定程度上能为施工现场环境管理提供方便，但会大大增加建设成本，基坑开外深度有 1.5 米，基坑回填土和室内外高差的回填土需求较大，如果这部分土方现在外运，下次回填时还要从外面运进来，一来一回需要不少费用。从节约建设成本方面考虑，我提出要求施工方核实回填土方的量，在满足回填土方需求的前提下，多余土方再外运。馆长听了，直接采纳了我的方案。

其实，如果仅从节约项目建设成本方面考虑，当初的土方也可以全部不外运，因为后期场外绿化工程还是有需求的，但考虑到项目现场的环境管理，再加上要争创市级样板工程，我综合平衡后最终下了运走多余土方的方案。

这个事情的处理反映了当初筹建办人员，无论是馆长，还是其他几位同事，在项目管理方面的处事方式都是很理性的，没有乱指挥和先入为主的思想。在随后的工程现场管理工作中，大家都各抒己见，为新馆建设尽心尽力。正是有了大家的付出以及监理、施工方的共同努力，新馆建议项目在中间结构验收中得到市质监站的首肯，被评为结构优质工程，成为了市级结构优质项目工程样板观摩会现场。新馆竣工后，更荣获年度浙江省建设工程“钱江杯”（优质工程）奖。

第二节　绍兴图书馆的世纪成就

本章的叙述对象在 1999 年 9 月 10 日之前，称为绍兴市鲁迅图书馆，1999 年 9 月 10 日绍兴市机构编制委员会批准启用“绍兴图书馆”馆名，但还保留“鲁迅图书馆”的馆名。为叙述方便与清晰计，我们从本节开始使用“绍兴图书馆”的名称。

一、绍兴图书馆的馆舍与服务设施

（一）绍兴图书馆的馆舍

1. 古越藏书楼的保护措施

1998 年，浙江省文物局、建设厅联合发文划定古越藏书楼的保护范围：藏书楼现存门斗及天井，原藏书楼屋基地为恢复区。其建设控制地带包括：

①二类控制地带，东离东围墙 14 米，南至胜利路北侧，西离西围墙 14 米；

②三类控制地带，东西至二类地带外 11 米，北至保护范围外 10 米。

2. 都昌坊口馆舍的后期改造工程

1997 年 6 月 1 日，为实施计算机管理，图书馆进行区域调整：参考咨询部移入阅览大楼二楼西侧；报刊部移入阅览大楼二楼东侧；外借部移入阅览大楼一楼，社会科学和自然科学两个外借室合并为一个，实行全开架借阅；办公室、采编部、馆领导办公室、计算机部移入外借楼。

1997 年 7 月 30 日，绍兴县二建公司（江南建工集团）董事长陈永根以单位名义向绍兴图书馆捐款 10 万元，协助建立电子阅览室。

1997 年 10 月 28 日，电子阅览室试开放。

1997 年 11 月 29 日，电子阅览室正式向读者开放。

3. 延安路馆舍的落成

1997 年 8 月 9 日，绍兴市府办发〔1997〕71 号文件，成立绍兴图书馆新馆筹建领导小组。绍兴市计委（1997）185 号文件，批复同意建设绍兴图书馆。

1998 年 5 月 18 日，举行新馆奠基暨开工典礼。

1999 年 9 月 10 日，经绍兴市机构编制委员会批准，原“鲁迅图书馆”馆名仍予保留，同时启用“绍兴图书馆”新馆名。

1999 年 10 月 8 日，“绍兴图书馆工程落成典礼暨授牌仪式”举行。

2000 年 5 月 8 日，举办新馆开放典礼，正式开馆。

（二）绍兴图书馆的服务设施

绍兴图书馆在发展过程中，自觉使用电子计算机，以实现全馆的计算机业务管理和办公管理，实现采访、编目、检索、流通、书目自动化。

1997 年 7 月，购置电脑 8 台，建起电子阅览室。

在延安路新馆建设中，用于信息化建设的经费约 250 万元。

1. 图书馆自动化建设

1997 年 2 月，组织 7 名管理人员，集中时间学习掌握计算机系统，并着手回溯建库工作，历时 4 个月，建成书目数据 78 000 条。同时，为配合 ILAS（图书馆业务管理自动化集成系统）的使用，对外借书库图书进行剔旧、清理工作，为 10 万册图书贴上条码，作馆藏确认。

1997 年 7 月下旬，正式为读者办理带有条码的新借书证，实行馆内一证通用。至此，计算机管理在图书采访、编目、流通和检索工作中全面运用。

2000 年 4 月，在延安路新馆计算机网络平台构建完成的基础上，及时将 ILAS 5.0 升级为 ILAS Ⅱ 1.0 网络版。该系统较原系统更具科学性、完整性和开放性。先是派员去深圳图书馆学习，4 月底，深图又派人来新图安装调试，将原来 ILAS5.0 上的数据比较完好地导入 ILAS Ⅱ中。5 月上旬，ILAS Ⅱ 1.0 正式投入使用。

2001 年 11 月上旬，又顺利地将 ILAS Ⅱ 1.0 升级至 ILAS Ⅱ 2.0，读者可以便捷地在网上注册、查询、预约续借图书等，使图书馆的传统服务在网络环境下得到了延伸。

2. 数字图书馆建设

1998 年初，在实现自动化管理的基础上，迈出了数字化建设的步伐，并把建设的重点放在开发特色信息资源上。

（1）特色数据库

绍兴是国务院首批公布的 24 个历史文化名城之一，素来人文荟萃、名人辈出、经济发达，而绍兴图书馆又是百年老馆、典藏宏富，这就有必要也有条件通过数字技术向世界展示绍兴的这些优势，扩大其影响力，促进其发展。于是，绍兴图书馆就有意识地将馆藏中最具有地方特色的资料进行整理加工，形成各种专题数据库，使全国乃至世界各地的读者都能在互联网上看到。据不完全统计，已上线的特色数据库有《绍兴古桥》《绍兴戏曲·绍剧》《绍兴方志·〈越绝书〉·〈吴越春秋〉·〈嘉泰会稽志〉·〈宝庆续会稽志〉·〈绍兴地志述略〉》《绍兴兰花》《绍兴名士·〈历代名人〉·〈院士风采〉·〈科研第一人〉》《绍兴风俗》《绍兴土特产》《绍兴水乡》《今日绍兴》《绍兴书法》《绍兴老照片》《绍兴文物》《绍兴黄酒》《绍兴名胜》《城河风采》等。

在数据库建设过程中，为了强调信息的权威性、系统性和观赏性，有关资料内容都由专家把关审订，并充分运用现代化技术和设备进行网页制作，使数据库图文并茂、层次清晰，图、文、声、像兼具。

（2）书目数据库

为满足读者在线上了解馆藏的需要，不断将馆藏书目上网，建成书目数据库 11 万余条。

（3）共享数据库

资源共享是扩大信息资源利用的有效措施。与浙江图书馆达成协议，共享《万方数据库》等数据库。

（4）光盘数据库

自购的光盘数据库有《人民日报 50 年》《中国法律法规大全》《中国名城风采写真》《环球旅游杂志》《看世界》《东方家园》等。

3. 图书馆网络化

绍兴图书馆的整个计算机网络系统，以快速以太网技术为基础，采取结构化的设计，由中心机房及设备、数据交换、互联网连接、光盘检索及 VOD 点播系统四部分组成。其主体功能是为业务管理、办公管理自动化及情报检索和电子出版物阅读提供网络环境，并实现 Intranet 与 Internet 的互联，从而提高图书馆业务管理的质量和效率，承担起数字图书馆网站的开发和管理，并向读者提供信息咨询服务。

二、绍兴图书馆的机构设置与人力资源

持续努力建设一支具有一定规模、适应现代化文献情报工作需要、结构合理、素质良好的专业化队伍。

（一）绍兴图书馆的机构设置

1997 年 1 月，树人读书社撤销，其职能划入外借部。

1997 年 11 月，增设计算机部。

1998 年 3 月 14 日，撤销财务部，其职能划入办公室。

（二）绍兴图书馆的人力资源

1997 年底，有工作人员 34 人。

1998 年底，有工作人员 33 人，1 人离馆。

1999 年 9 月 10 日，绍兴市编制委员会重新对绍兴图书馆定编，编制为 80 人。

自 1999 年 9 月起，龚天力任馆长、袁涛任副馆长。

1999 年底，有研究馆员 1 人、副研究馆员 1 人、馆员 11 人、助理馆员 13 人、管理工作人员 6 人。1999 年底统计数据显示，图书馆在编职工 33 人。

2000 年 1 月，通过组织笔试、面试、政审和体检，招进首批新职工，共 21 人。

（三）绍兴图书馆的党团与工会建设

1997 年，任雷担任绍兴图书馆第五届团支部书记。

1998 年 1 月 22 日，市文化局党委批复同意绍兴图书馆支部换届选举结果，第三届党支部委员会委员由龚天力、袁涛、周岚岚组成，龚天力任书记、袁涛任组织委员、周岚岚任宣传委员。

工会建设也获得较大发展，1998 年 4 月，陈启中担任第四届工会主席、周岚岚任组织委员、沈大晟任财务委员、陆丽茵任经费审查员。

三、绍兴图书馆的硬件设施与经费收入

（一）绍兴图书馆的硬件设施

1997 年，定制收藏古籍的樟木箱 2 只、书柜 2 个，采购春兰空调 1 台。

1998 年，定制古籍书柜 35 个。

1997 年 7 月，绍兴县二建公司（江南建工集团）捐赠 10 万元，帮助图书馆用于建设电子阅览室。

表 4-1　绍兴图书馆的资产汇总（1997—1999 年）

年份	总资产	固定资产（元）
1997	4 671 682.14	4 086 782.13
1998	4 704 845.47	4 326 532.50
1999	5 129 057.69	4 630 363.39

（二）绍兴图书馆的经费收入

20 世纪 90 年代，创收项目增多，如场租、打字、复印、图书加工、咨询、书画社、通达公司、振华文化服务部、树人读书社等。

1998 至 1999 年，收入来源有财政补助、上级补助、附属单位缴款、事业收入、其他收入、经营收入、拨入专款等。延安路馆建成后，创收主要通过信息服务、教育培训、会展服务、馆舍开发等多种渠道。

表 4-2　绍兴图书馆经费、工资、专用图书费一览（1997—1999 年）　单位：元

年份	全年经费	工资	专用图书费（元）
1997	679 200.00	351 270.00	168 949.75
1998	1 058 467.27	410 049.80	212 427.87
1999	1 199 694.80	427 679.90	303 830.89

（三）绍兴图书馆的多业助文收入

1998 年，根据市场形势和 10 多年来创收工作的实践经验，制定了《绍兴市鲁迅图书馆文化产业发展调研规划》，重新调整和确立创收工作思路，发扬文化创新精神，充分认识和发挥图书馆的自身优势，以人事分配制度改革作为杠杆，调动每一个职工的创造性和积极性，不断拓展和深化读者服务工作，特别是在发挥图书馆社会教育职能和情报信息服务职能方面，逐步引入市场机制，使之成为图书馆创收工作的主要支柱。

表 4-3　绍兴图书馆创收实绩（1997—1999 年）

年份	创收收入（万元）
1997	17.4
1998	23. 52
1999	21. 93

四、绍兴图书馆的综合管理

科学管理是实现发展目标的重要条件和动力，目的在于充分调动工作人员的积极性和创造性，使图书馆内部产生更大的生机和活力。深化改革，继续实行岗位目标责任制，对馆内各个环节和岗位定编、定责、定期考核，提高工作效率和工作质量；合理安排和改善人员结构，提高工作人员业务素质。年

龄结构、职称结构要大体与所担负的任务相适应，同时还要求掌握相关学科专业知识，为开展文献加工利用创造条件；从传统的管理转向以计算机为核心的现代化管理；加强地区各类型图书馆横向联系，建设地区和全国的横向联系网络，组织协作，实行资源共享。

（一）绍兴图书馆的行政管理

自1998年起，按照绍兴市实行以聘用合同为主要内容的用人制度改革，通过聘用合同的形式（劳动、人事、分配三项制度）确定单位和职工的人事关系。同时根据市场形势和10多年来创收工作的实践经验，制定了《绍兴市鲁迅图书馆文化产业发展调研规划》，调动每一位员工的创造性和积极性，逐步引入市场机制，搞好图书馆的创收工作。

（二）绍兴图书馆的其他管理

1998 年 3 月，撤销财务部，其职能划入办公室。

1999 年 9 月，绍兴市编制委员会将绍兴图书馆定编为 80 名。

2000 年延安路新馆开放，人员增至 73 名。

在档案管理方面，1997 年底，绍兴图书馆综合档案室通过浙江省二级档案工作目标管理达标验收。1998 年 1 月 22 日，绍兴市档案馆对图书馆综合档案室进行浙江省二级档案室达标验收。5 月，绍兴图书馆被评为浙江省文化系统档案工作省级达标先进集体。

五、绍兴图书馆的文献资源建设

在藏书结构上，要形成本馆独有的藏书特色和特色馆藏，是绍兴图书馆人的基本认识。要真正做到这一点，就必须打破现有资料利用率低的格局，开辟藏书建设工作新路子，加强地方文献征集工作，建立具有地方特色的综合性藏书体系。在藏书内容载体形式上，根据时代发展需要，收藏特种文献、缩微资料、机读文献、视听资料、立体形象资料和特殊类型出版物，满足不同层次的读者需要。

（一）文献资源的发展状况

1997-1999 年，从文献藏量上看，馆藏文献始终处于稳定增长态势，具体见表 4-4。藏书总册数处于稳定增长趋势，图书、期刊均处于稳定增长，馆藏量逐年提升，信息服务能力逐年增强。报纸、古籍已处于稳定态势，而电子读物呈增加趋势。

表 4-4　绍兴图书馆馆藏文献统计（1997—1999 年）

年份	总数（册）	图书（册）	期刊（册）	报纸（册）	古籍（册）	电子读物（种）
1997	359 538	163 074	17 307	11 442	167 555	160
1998	368 707	170 774	18 581	11 442	167 555	355
1999	378 250	179 326	19 572	11 442	167 555	355

（二）文献资源的状况

馆藏文献来源途径多种多样，除了自行采购以外，还有接收捐赠、面向社会征集等途径。

1997 年，征集地方图书 302 册。

1997 年 1 月 2 日，绍兴文理学院钱鸿彬赠送个人收藏图书 164 册；同年，绍兴市志办公室赠予《绍兴市志》15 部。

1998 年 10 月 11 日，原中国地质大学高级工程师吴焕仁寄赠藏书 220 册。

绍兴图书馆的书刊采购情况，具体见表 4-5。

表 4-5　绍兴图书馆书刊购进统计（1997—1999 年）

年份	图书		报纸	期刊	电子出版物
	种	册	（种）	（种）	（种）
1997	3 960	8 578	79	464	160
1998	3 924	7 700	84	438	195
1999	4 378	8 552	84	450	—

（三）特色文献资源的建设

周恩来专柜是在朱夏良捐赠的基础上建成的。

任桂全专柜主要以任桂全先生的文献为主。

（四）文献资源的组织与管理

1997 年，馆现代图书分编工作进入自动化阶段，引进深圳图书馆开发研制的 ILAS 系统软件进行机器编目，开始了馆藏中文书目数据库建设，按照《中国机读目录格式使用手册》将原手编的中文书目全部录入计算机。

1997 年 2—5 月，中文图书回溯建库工作完成，录入书目数据 7.8 万余条。图书采访预订也采用计算机管理，建成图书预订书目数据库。

1997 年，实现计算机管理，外借书库首次安装防盗监控器，流通图书均贴上磁条，有效防止了图书的失窃。

1998 年 9 月 10 日—1999 年 2 月 27 日，参考咨询部对馆藏政府移交的古旧书进行清理，作了简单的登记造册，其中将近现代版的旧书装入袋中，袋上写明第几袋及起讫序号。

1999 年 10 月 4 日，“中图法”4 版正式开始实施，采编部依照新版调整需要变动的类目，对 3 版修订类目进行图书改编。

（五）历史文献的管理与保护

1998 年 1 月 7 日—2000 年 12 月 26 日，黄蓉担任古籍书库管理员。

1998 年 9 月 10 日—1999 年 2 月 27 日，聘用 3 名退休人员整理政府移交图书，进行财产清理登记（仅著录书名、册数），计 11 112 部，58 531 册，上架 18 个书柜，装箱 38 箱，旧书 13 058 册（分装 88 袋），旧外文书 2 092 册，旧杂志 100 册。

民国文献为民国时期非线装的图书、报纸、期刊、契约、地图等，不包括线装民国文献（线装的存放于古籍书库，属于古籍保护对象）。

（六）数字资源建设

1997 年 2 月 15 日，绍兴图书馆计算机数据库建设工作正式启动。

1998 年，数字资源建设开始起步，通过采购、自建、共享等方式获取资源，采取镜像、包库、账号登录等形式为读者提供服务。年初确定数字资源的建设重点是开发特色信息资源。6 月 18 日，绍兴市文化局及有关单位领导在绍兴图书馆召开“绍兴戏曲”数据库建设的协调会议，由计算机部负责建设。

六、绍兴图书馆的信息化与网络化建设

（一）绍兴图书馆的信息化工作

早在 1996 年就实现了图书馆业务的自动化管理，自动化、网络化与数字化建设主要由技术服务部负责实施。1997 年 11 月增设计算机部，由蒋替征负责。

1997 年 9 月 5 日，副馆长袁涛带领电子阅览室管理人员一行 4 人赴上海虹口区图书馆、上海图书馆考察学习。10 月 28 日，由江南建工集团出资赞助的电子阅览室试开放。对外试运行 1 个月，其间 825 位读者上机阅读。11 月 29 日，电子阅览室正式向读者开放。

1998 年，在读者光盘阅读的基础上，增加上网浏览、操作练习和培训等服务项目，并于 10 月和 11 月，举办读者 Windows95 操作培训、Internet 上网培训。

1997 年 2 月，组织 7 名人员集中学习，利用该系统着手回溯建库工作，历时 4 个月，建成书目数据 78 000 条，为 10 万册图书贴上条码。7 月，正式为读者办理带有条码的借书证，实行馆内一证通用。1999 年 6 月 28—30 日，派计算机部、采编部员工赴温州市图书馆学习 ILAS Ⅱ管理系统。

（二）绍兴图书馆的网络化建设

图书馆网站是馆履行职能、面向社会提供服务的专业网站，是为服务广大读者所搭建的网络平台，是公众在互联网上获取公共文化服务的重要渠道。

1998 年，绍兴图书馆网站（http：//www.sxlib.com.com）创建，绍兴图书馆开始利用互联网开展读者服务。

七、绍兴图书馆的学术活动与辅导工作

（一）绍兴图书馆的学术活动

1998 年 11 月 11 日，邀请西安交大郑庆华博士在会议室举办《数据图书馆》讲座，组织绍兴师专部分学生及本馆有关工作人员听讲。12 月 21 日，绍兴图书馆召开中级职称以上专业技术人员会议，进行学术研讨和工作研究，重点研讨藏书建设。

馆外学术活动主要有会议、培训、学习交流等方式。

表 4-6　浙江省市级公共图书馆馆长联席会议统计（1997—2000 年）

届次	时间	地点	参会人员
第六届	1997 年 9 月 28 日	金华	龚天力
第七届	1998 年 11 月 23 日—27 日	温州	龚天力

续表

届次	时间	地点	参会人员
第八届	1999 年 11 月 15 日	绍兴	省文化厅郑永富、尤炳秋，绍兴市文化局张关鑫等
第九次	2000 年 10 月 9 日—13 日	丽水	龚天力

在会议方面，1997 年 5 月 8 日，馆长龚天力和裘式言赴绍兴县马山镇参加全省乡镇图书馆研讨会。

1998 年 4 月 21 日，副馆长袁涛赴义乌参加浙江省地方文献工作经验交流会。

1999 年 11 月 9—11 日，副馆长袁涛赴金华参加由高校图书馆、科研单位图书馆和公共图书馆参加的浙江省情报信息咨询服务学术研讨会，并作了重点发言。

在参与学术培训方面，1998 年 3 月 2 日，周岚岚参加浙江省图书馆举办的“中国文献编目规则”培训班，为期一周。7 月 25 日，周岚岚赴北京参加北京图书馆举办的“图书分类主题一体化标引”培训班。2000 年 9 月 16 日，周岚岚赴北京参加北京图书馆联合编目中心举办的“中文图书计算机著录规则”培训班学习。

在学术交流方面，1997 年 3 月 23 日—4 月 3 日，馆长龚天力率部主任 10 人赴山东等地及大连市公共图书馆考察学习。4 月 18 日，副馆长袁涛率采编部人员（计算机组）赴嘉兴图书馆参观学习。5 月 12 日，谢维智到杭州参加全省文化系统档案员业务学习。9 月 5 日，副馆长袁涛带领电子阅览室工作人员一行 4 人赴上海虹口图书馆，上海市图书馆考察学习。1998 年 3 月 18 日至 24 日，副馆长袁涛率胡瑛、蒋替征、任雷去深圳、广州等图书馆考察学习。1999 年 6 月 28—30 日，绍兴图书馆计算机部、采编部部分工作人员去温州市图书馆学习 ILAS Ⅱ 管理系统。1999 年 7 月，副馆长袁涛赴大连参加中国图书馆学会成立二十周年暨 1999 年年会。

（二）绍兴图书馆的业务辅导活动

1997 年 1 月 22 日，向绍兴县稽东乡官田头村赠送图书 698 册。5 月 16 日，邀请绍兴城区各文化站站长商谈图书馆业务发展问题。8 月 14 日，向诸暨璜山镇文化站赠送图书 200 册。

1998 年 7 月 7 日，协助绍兴市社区教育办公室在市区五个街道一个区设置图书流通站的工作，赠送图书 2 000 册，多为中外名著、科普图书、爱国主义读物，赠书仪式在塔山街道举行。

（三）绍兴图书馆的学术成果

学术成果收录标准为发表在报刊文章、出版的图书。

1999 年，影印出版《赵撝叔印谱》，由华宝斋影印出版，线装 1 函 8 册。

绍兴图书馆员工的论文出版情况具体见表 4-7。

表 4-7　绍兴图书馆馆员学术论文一览（1997—1999 年）

著者	篇名	刊物（图书）	发表时间	期数（出版社）
高学安	古越藏书楼与近代图书馆事业	绍兴日报	1997 年 5 月 14 日	
高学安	我与绍兴市志	修志文存	1997 年	浙江人民出版社
高学安	古越藏书楼与中国近代图书馆事业	浙江学刊	1998 年	第 3 期

续表

著者	篇名	刊物（图书）	发表时间	期数（出版社）
高学安	古越藏书楼与近代图书馆事业	绍兴日报	1997 年 5 月 14 日	
高学安	《胜国传略》《本朝诸公传》两书考录	图书馆工作与研究	1998 年	第 4 期
陈启中	我馆数据库的建设	图书馆研究与工作	1998 年	第 4 期
陈启中	市级公共图书馆如何优化藏书结构	图书馆研究与工作	1999 年	第 2 期
陈启中	经费短缺如何搞好藏书建设	绍兴学刊	1999 年	第 2 期
龚杏娟	强化少儿图书馆服务功能积极参与社区教育	中国社区教育	1999 年	第 3 期
陈启中	漫说绍兴古代藏书	观察与思考	1999 年	第 4 期
陈淑文	帝王名士酒典佳话	中国绍兴黄酒	1999 年	

注：以发表日期为序，无月份的按期数，无期数的置后。

下编

21世纪绍兴图书馆

（2000—2020年）

2000 年 5 月，延安路新馆落成开放，启用“绍兴图书馆”馆名

2001 年 11 月 1 日，建立市区第一家社区图书流通站

2001 年 11 月 30 日，与丹麦欧登塞中心图书馆建立友好交流关系

2002 年 10 月 29 日，徐树兰后人参加百年馆庆活动

2005 年 3 月 17 日，“越州讲坛”首场讲座开讲

2013 年 4 月，开展市“两会”现场信息服务

2013 年 10 月 27 日，绍兴数字图书馆开通仪式

2014 年 12 月 28 日，绍兴图书馆新馆开馆

2015 年 7 月 26 日，绍兴图书馆举办“百万图书大家荐”活动

2016 年 5 月 18 日，承办 2016 年全国图书馆未成年人服务提升计划——浙江站暨开展“少儿阅读推广人”培育行动（基础级）会议

2017 年 4 月 22 日，“树兰书院”少儿国学公益培训开班

2018 年 6 月 21 日，“王阳明之路”图书馆联盟成立

2018 年 11 月 18 日，“册府千华——绍兴市古籍保护成果展”开幕

2019 年 8 月 28 日，“清白泉”清廉图书馆开馆

2019 年 11 月 1 日，“文献名邦 书香绍兴——越地历史文脉展”在国家典籍博物馆开展

2020 年 4 月 23 日，绍兴市阅读联盟启动仪式在沈园举行

2020 年 9 月 19 日，“天籁浙江 · 印象诗路”朗诵大会暨“云游兰亭”直播推广活动在兰亭举行

1998 年，绍兴市鲁迅图书馆的延安路新馆舍正式开建。1999 年 9 月 10 日，经绍兴市机构编制委员会批准，在保留绍兴市鲁迅图书馆馆名的同时，启用新馆名“绍兴图书馆”，实行两块牌子、一套班子；10 月 8 日，举行新馆落成暨授牌仪式。2000 年 5 月 8 日，举办延安路新馆舍开馆典礼，正式开启绍兴图书馆时代。

绍兴图书馆这 20 年的历程正好与中国图书馆事业的升序路径相吻合，并借助党和政府对公共文化服务体系持续重视的契机，不断发展壮大。2006 年 6 月，绍兴图书馆新少儿图书馆正式落成并投入使用。2014 年 12 月，绍兴图书馆位于洋江西路 530 号绍兴市文化中心北侧，建筑面积约 3.5 万平方米的新馆舍建成开放，总面积达到 4.6 万平方米，位居国内地市级公共图书馆的前列。

绍兴图书馆以新馆舍建设为契机，本着“读者第一，服务至上”的宗旨，坚持“存古开新、平等共享、惜书敬人、尽职奉献”的绍图精神，倡导和践行全民阅读、文化惠民，突出新理念、新服务、新内容，致力打造现代化的求知、交流、休闲中心。服务范围不断扩大，服务内容日益深化，服务载体不断延伸。曾获中共浙江省委、省人民政府和绍兴市委、市人民政府授予的“文明单位”“图书馆先进集体”“全国百家读者最喜爱的图书馆”“全国图书馆全民阅读先进单位”等光荣称号；先后被评为国家一级公共图书馆、全国古籍重点保护单位、中华优秀传统文化实践基地、“中华古籍保护计划”试点单位等，实至名归。

《绍兴图书馆史》下编为“21 世纪绍兴图书馆（2000—2020）”，是以专题形式记述进入 21 世纪以后至 2020 年绍兴图书馆的工作内容与成就。通过总结内在规律，将诸多工作内容，规范地划分为六个专题，以六志的形式呈现，分别为机构人物志、设施经费志、管理规章志、馆藏资源志、信息技术志和读者服务志。

①与绍兴图书馆内部机构、部门和人员、党群组织、学会活动等有关的内容整合为机构人物志；

②馆内各种管理规章制度、运作规程、议事原则等归总为管理规章志；

③馆内一般设施，包括馆舍、书架、桌椅、电梯、空调等设施与经费集中为设施经费志；

④馆藏数字资源和传统纸质资源合并为馆藏资源志；

⑤图书馆自动化、数字化系统与软件专门设立信息技术志；

⑥图书馆围绕读者开展的各类服务及其所获得的成就升格为读者服务志。

六志之间在内容上可能发生的重叠，则按照所属各志的内容特点进行了分割，如机构人物志中机构的划分与管理规章志中管理体制中可能出现重合的部分内容，处理原则是与机构变迁划分有关的内容划入机构人物志，与管理及其体制相关的划入管理规章志；馆藏资源志中的数字资源部分易与信息技术志中的图书馆自动化部分重合的内容，则严格按资源与系统区分。

一、机构人物志

绍兴图书馆20世纪初由古越藏书楼发展而来，“绍兴图书馆”的馆名于1999年9月10日启用，伴随着时代共同迈入充满生机的21世纪，其机构设置与人员情况在这20年的快速发展过程中经历了诸多变化，党群组织、学会活动等也得到了良好的发展，焕发出新的活力、展现出新的面貌，并在活动创建、业务竞赛和学术研究中取得了诸多荣誉。

机构人物志，主要从机构组成、人员构成、党群组织、学会活动和获得荣誉等5个方面介绍绍兴图书馆在21世纪的新面貌。

（一）机构

1.机构沿革

2000年以前，馆名及隶属变更详见上编。

2000年5月8日，绍兴图书馆举行延安路新馆舍开馆典礼。

2014年12月，绍兴图书馆位于洋江西路530号绍兴市文化中心北侧新馆舍（由于靠近镜湖湿地公园，故亦称“镜湖馆”）建成开放，延安路馆易名为绍兴图书馆历史文献馆。

2.部门设置沿革

2000年以前，部门设置沿革详见上编。

2000年5月，延安路新馆舍开放，机构部分调整，设办公室、物业管理部、采编部、参考咨询部、外借部、报刊部、少儿馆和计算机部。

2001年起，按绍兴市制度改革，推出《全员聘用制与分配制度改革实施办法》。内部机制改革原则上两年进行一次，特殊情况适当延迟。每次改革，部门设置均有适当的调整。截至2020年，调整主要有9次，分别在2001年、2003年、2006年、2008年、2010年、2012年、2015年、2017年和2020年。

2001年1月，重新设定机构为10个部门，即办公室、物业管理部、社会教育部、采编部、外借部、报刊部、少儿馆、古籍部、计算机部和信息部。

2003年12月，部门重新组合，信息部和计算机部合并成信息技术部，物业部并入办公室，财务从办公室分离出来单独成部，培训中心和社会教育部合并成社会教育部，古籍部更名为特种文献部。

于是共9个部门，即办公室、财务部、采编部、特种文献部、信息技术部、外借部、少儿馆、社会教育部和报刊部。

2006年4月，增设了后勤保障部。共计10个部门，即办公室、财务部、后勤保障部、采编部、外借部、报刊部、特种文献部、信息技术部、少儿部、社会教育部。

自2008年3月，财务部并入办公室，社会教育部一分为二：宣传推广部、教育培训部。故共计10个部门，即办公室、后勤保障部、宣传推广部、采编部、特种文献部、外借部、报刊部、技术服务部、少儿部和教育培训部。2009年1月，成立绍兴图书馆办证中心，为办公室下设机构。

2010年1月，特种文献部改名为历史文献部，技术服务部改名为信息技术部，教育培训部改名为社会教育部。故共计10个部门，即办公室、后勤保障部、宣传推广部、采编部、历史文献部、外借部、报刊部、信息技术部、少儿部和社会教育部。

2011年，根据市文广局《关于要求绍兴图书馆、绍兴群艺馆停止营业性培训的通知》（绍兴市文社〔2011〕20号）的精神，绍兴图书馆有偿教育培训工作于2011年8月13日全部停办，9月1日起撤销社会教育部。

2012年4月，宣传推广部改名为读者活动部。故共计9个部门，即办公室、后勤保障部、读者活动部、采编部、历史文献部、外借部、报刊部、少儿部和信息技术部。

2014年，因镜湖新馆搬迁准备、人员招聘、越城区图书馆人员调配等因素，经绍兴市文广局批准同意，原定于3月进行的内部机制改革，延后至2015年。2015年5月绍兴图书馆完成内部机制改革，信息技术部一分为二：信息咨询部、技术服务部。故共计10个部门，即办公室、后勤保障部、读者活动部、采编部、历史文献部、外借部、少儿部、信息咨询部、技术服务部和报刊部。

2016年6月，外借部与报刊部合并成立外借（报刊）部。为推进全市公共图书馆总分馆体系建设，加强分馆、图书流通站工作管理，11月成立馆外流通部。

2017年1月，经馆长办公会议研究决定，读者活动部与馆外流通部合署办公；为确保历史文献馆音像资料室有效开展工作，读者活动部负责的电视图书馆视频资源拍摄、复制、格式转换等工作和信息咨询部负责的电视图书馆总体工作策划、内容安排、协调等相关工作，调整为由历史文献部负责。6月进行内部机制改革，读者活动部、馆外流通部合并为社会教育部，采编部调整为业务管理部。故共计9个部门，即办公室、后勤保障部、社会教育部、业务管理部、历史文献部、借阅部、少儿部、信息咨询部和技术服务部。

2020年5月内部机制改革实施完毕，新设宣传推广部，业务管理部调整为采编部。故共计10个部门，即办公室（综合办）、宣传推广部、后勤保障部、社会教育部、采编部、历史文献部、借阅部、少儿部、信息咨询部和技术服务部。

3. 理事会的成立及其发展

绍兴图书馆于2015年开始筹备成立理事会，经过一年多时间，完成了《绍兴图书馆章程》拟定、理事会成员招募等工作。

2016年12月23日，绍兴图书馆首届理事会成立大会在绍兴图书馆召开，陈显明当选为绍兴图书馆首届理事会理事长。

理事会是绍兴图书馆的决策和监督机构，由9名理事组成，理事经举办单位审核聘任，每届任期3年。理事会设秘书1名，负责理事会的会议筹备、文件保管等具体事宜，行使以下职权：

①拟定章程修正案，并报举办单位核准；

②审定本馆的基本管理制度，并报举办单位备案；

③审核本馆的发展规划、年度工作计划、年度工作报告、预算报告、决算报告和重大业务事项，并按规定报举办单位批准或备案；

④根据馆长提名，审议本馆副馆长人选；

⑤根据需要组建咨询委员会；

⑥监督管理层执行理事会决议，并对管理层等工作进行考核；

⑦法律、法规和规章等规定的其他职权。

图1–1　绍兴图书馆首届理事会成立

表1–1　绍兴图书馆历届理事会成员名单

	第一届理事会（2016年12月）	第二届理事会（2020年12月）
理事长	陈显明（浙江明显律师事务所主任）	陈显明（浙江明显律师事务所主任）
执行理事	王以俭（绍兴图书馆馆长）	那艳（绍兴图书馆馆长）
理事	于静（剑桥第二幼儿园园长） 张彩霞（绍兴市文广局文艺处副处长） 任桂全（绍兴市志总纂，国务院特殊津贴专家） 陈林苗（绍兴市财政局教科文处处长） 寿林芬（浙江越生联合出版印刷有限公司董事长） 宋嵩（绍兴图书馆办公室主任） 周圆（绍兴日报社《树人导报》编辑部主任）	任桂全（绍兴市志总纂，国务院特殊津贴专家） 陈永明（绍兴市历史文化名城保护服务中心主任） 邱志荣（绍兴市鉴湖研究会会长） 余珍（绍兴市文广旅游局公共服务处副处长（挂职）） 宋嵩（绍兴图书馆党总支委员、副馆长） 周圆（绍兴市新闻传媒中心专题部主任） 秦绍波（浙江越生文化创意有限公司总经理）
秘书	屠静琪（绍兴图书馆办公室副主任）	屠静琪（绍兴图书馆宣推部主任）

（二）人员

1. 人员结构

（1）管理层沿袭

2000年以前，管理层沿袭详见上编。

至2020年底，市图书馆有馆长1名，副馆长4名。

绍兴图书馆馆长、副馆长由主管部门（绍兴市文化广电旅游局）发文任命。

表 1-2　绍兴图书馆历任行政负责人一览（2000—2020 年）

馆名	馆长（任期）	副馆长（任期）
绍兴图书馆	龚天力（1999.9.2006.3）	袁涛（1999.9—2003.6）
		朱燕（2002.6—2003.2）
		龚杏娟（2003.1—2013.8）
		何青（2003.12—2007.12）
	俞苗荣（2006.3—2007.5）	王以俭（2006.9—2016.2）
	（代馆长）张仁忠（2007.5—2007.12）	俞斌（2007.12—2010.10）
	赵任飞（2007.10—2016.2）	廖晓飞（2010.10 至今）
		那艳（2013.8—2018.2）
	王以俭（2016.2—2020.3）	许金辉（2016.2—2020.3）
		陈琦（2016.2—2020.3）
	那艳（2020.3 至今）	李弘（2020.3 至今）
		宋嵩（2020.3 至今）
		赵刚（2020.3 至今）

（2）历年人员变化

1999 年 9 月 10 日，绍兴市编制委员会重新对绍兴图书馆定编，为 80 名。年底在编职工 33 名。

2000 年，因延安路馆开放需要，图书馆采取公开招聘或调入的方式，引进人员 41 名。2000 年底统计，在编干部、职工 73 名，其他人员 16 人。进馆人员：宋嵩、杨敏、郭炬、赵鲤、韩卫刚、王伟、高志刚、倪海青、张微平、金剑、蔡彦、李兆丰、屠芳、潘为华、韩瑛、沈平军、吕佩华、.唐微、施国权、周莉莉、朱光明、陈竹晓、陈威、徐解英、戴晓红、马国娟、徐萍、鲁铁骏、项元峰、钱燕华、沈萍萍、陆晓欣、梁志玲、韩霞、陶金彪、骆陶陶、胡力红、廖晓飞、鲁先进、徐国洪、王舒囡。离馆人员：董礼彬（退休）。

2001 年底，在岗职工 71 人，其他人员 24 人。离馆人员：高学安（退休）、陈启中（退休）。

2002 年底，在岗职工 71 人，其他人员 32 人。进馆人员：夏飞凤、谢潘佳。离馆人员：陈竹晓、谢维智（退休）、潘为华。

2003 年底，在岗职工 74 人，其他人员 32 人。进馆人员：施金虎、李文学、张东雄、杨妮娜、刘安民、黄斌、何青。离馆人员：朱燕、袁涛。

2004 年底，在岗职工 77 人，其他人员 23 人。进馆人员：陆晓樱、毛建灿。离馆人员：陈健（退休）。

2005 年 11 月，因少儿图书馆之需，绍兴市机构编制委员会同意增加编制 5 名，总数为 85 名。2005 年底统计，在岗职工 79 人，其他人员 12 人。进馆人员：孙祝丽、张伟、那艳、邵炎炎；离馆人员：刘安民。

2006 年 3 月，绍兴市文化市场行政执法支队增挂绍兴市广播电视监测中心牌子，增加编制 2 名，名额从绍兴图书馆划入，绍兴图书馆事业编制由 85 名调整为 83 名。2006 年底统计，在岗职工 82 人。

进馆人员：张玲琳、张鋆、龚勇芳、陈哲予、王以俭。离馆人员：邵炎炎、陶金彪。

2007年底，在岗职工83名，其他人员121人（主要是培训中心）。进馆人员：张仁忠、鲍芳。离馆人员：裘式言（退休）。

2008年底，在岗职工81人，其他人员186人。进馆人员：赵任飞、葛伟良、孙国君、王雪峰、俞斌。离馆人员：龚天力、何青、韩霞、李兆丰（辞退）、骆陶陶（退休）、陈玲玲（退休）。

2009年底，在岗职工81人，其他人员188人。进馆人员：屠静琪、沈钊亮。离馆人员：梁志玲（病故）。

2010年底，在岗职工80人，其他人员282人。离馆人员：俞斌（仍占编）、孙国君。

2011年底，在编人员82人（实际81人）。进馆人员：杨利铭、吴丹娟。离馆人员：王燕飞（退休）。

2012年底，在编人员80人（实际79人），劳务派遣2人。进馆人员：朱婷婷、邓娜、丁瑛。离馆人员：施金虎（退休）、胡力红（退休）、杨妮娜、杨利铭。

2013年7月，为确保镜湖馆投入后正常运用，绍兴市机构编制委员会同意增加绍兴图书馆事业编制18名；核准编外用工20名。调整后编制为事业编制101人，编外20人。2013年底统计，事业编制人员80人（俞斌外借），退休人员16人，编外用工3人（高配1人，司机2人）。

2014年2月，新招6名人员。4月，新招17名编外用工。7月，新招硕士以上研究生9人。2014年底统计，事业编制人员93人，退休人员17人，编外用工20人。进馆人员如下。①事业编制：徐勇、朱燕平、韩如凤、沈珊珊、李佳奇、陈华星、施婧娴、余倩倩、许武智、郭钦逸、王静、劳琴瑶、崔月、吴春宏、葛安凤。②编外用工：宋铨、王露彬、阮玮栋、傅凌枫、王丽娜、蔡诗慧、李旭莹、王沈飞、陈梦云、唐芸、汪旦、王勇娣、周韵韵、桂东晨、戴腊梅、王洁莲、韩毅、赵华婷。离馆人员如下。①事业编制：郭钦逸、龚勇芳。②编外用工：韩毅。

2015年1月，绍兴图书馆事业编制10个名额划转给越城区图书馆，事业编制由101名变为91名。3月，10人划至越城区图书馆。2015年底统计，事业编制人员83人，退休17人，编外用工20人。进馆人员如下。①事业编制：包瑜萍、茹笑辈。②编外用工：王冰清。离馆人员如下。①事业编制：王舒囡、任雷、吕江英、朱婷婷、沈萍萍、陆晓欣、陈华星、钱燕华、屠芳、谢潘佳（以上10人调越城区馆）、李佳奇、高祥宏（退休）。②编外用工：王露彬。

2016年底，事业在编84人，编外用工19人。进馆人员如下。①事业编制：叶康伟、蔡诗慧、傅家琪、平嘉捷、赵晓虹。②编外用工：沈颖颖、丁亚娣、单玉凤、金钟。离馆人员如下。①事业编制：邓娜、王静、鲍芳、余倩倩。②编外用工：蔡诗慧、王洁莲、宋铨、周云、孙喻荣、王云龙。

2017年底，事业在编88人，编外20人。进馆人员如下。①事业编制：许金辉、金雅萍、陈烨樱、邵龙峰、周韵韵、张瑶。②编外用工：徐炯、傅赛青。离馆人员如下。①事业编制：俞斌、沈大晟（退休）。②编外用工：周韵韵。

2018年底，事业在编88人，编外20人。进馆人员如下。①事业编制：汪旦、黄蒙、王小妍。②编外用工：任寒怡。离馆人员如下。①事业编制：张伟、那艳、马国娟（退休）。②编外用工：汪旦。

2019年底，事业在编85人，编外20人。离馆人员如下。①事业编制：赵任飞（退休）、王小妍、劳琴瑶。

2020年底，事业在编85人，编外20人。进馆人员如下。①事业编制：那艳、赵刚、张城龙。②编外用工：杨丹怡。离馆人员如下。①事业编制：杨军（退休）、许金辉、张微平。②编外用工：单玉凤。

表1-3　绍兴图书馆2020年工作人员名录

姓名	政治面貌	学历	进馆时间	行政职务	专业技术资格
那艳	党员	本科	2005.9	馆长	副研究馆员
李弘	党员	本科	2020.4	副馆长	副研究馆员
廖晓飞	中国民主建国会会员	本科	2000.10	副馆长	高级信息系统项目管理师
宋嵩	党员	本科	2000.1	副馆长	馆员
赵刚	党员	本科	2020.4	副馆长	管理八级
王以俭	党员	研究生	2006.10	协理员	研究馆员
龚杏娟	中国民主促进会会员	本科	1980.11	协理员	研究馆员
钮国江	党员	本科	1996.9	主任	馆员
崔月	党员	研究生	2014.7	副主任	馆员
陆丽茵	群众	大专	1992.5	主办会计	高级经济师
杨敏	党员	本科	2000.1		政工师
赵晓虹	党员	大专	2016.1		馆员
沈钊亮	党员	研究生	2009.10		馆员
郭炬	党员	本科	2000.1		会计师
傅家琪	群众	本科	2016.2		助理会计师
陈威	群众	本科	2000.9		馆员
金钟	群众	高中	2016.11		—
徐解英	群众	本科	2000.9		副研究馆员
唐芸	群众	本科	2014.4		助理馆员
徐国洪	党员	本科	2000.10	主任	工程师
赵鲤	群众	本科	2000.1		馆员
韩瑛	党员	大专	2000.2		工程师
韩卫刚	群众	大专	2000.1		助理馆员
葛伟良	群众	高中	2008.5		—
屠静琪	党员	本科	2009.10	主任	馆员
沈珊珊	党员	本科	2014.2		助理馆员
平嘉捷	群众	本科	2016.2		助理馆员
黄斌	群众	本科	2003.11		馆员
汪旦	党员	本科	2014.4		助理馆员
邵龙峰	群众	本科	2017.1		助理馆员
夏飞凤	群众	本科	2002.9	主任	副研究馆员

续表

姓名	政治面貌	学历	进馆时间	行政职务	专业技术资格
王雪锋	党员	本科	2008.11	副主任	馆员
吴春宏	党员	研究生	2014.7		馆员
高志刚	群众	本科	2000.1		馆员
周韵韵	群众	本科	2017.10		助理馆员
蒋怡	群众	本科	2020.3		助理馆员
傅赛青	群众	本科	2017.11		—
李文学	群众	本科	2003.8	主任	副研究馆员
张东雄	党员	本科	2003.8		馆员
翁映	党员	本科	1989.12		馆员
张宇红	群众	大专	1990.7		馆员
吕佩华	群众	大专	2000.2		馆员
鲁先进	群众	本科	2000.10	主任	副研究馆员
丁瑛	党员	研究生	2012.9	副主任	馆员
唐微	群众	本科	2000.2		副研究馆员
施婧娴	群众	博士研究生	2014.8		馆员
韩如凤	群众	本科	2014.2		中教一级、馆员
张玲琳	党员	本科	2005.12		研究馆员
戴晓红	群众	本科	2000.9		副研究馆员
倪海青	党员	本科	2000.1		馆员
赵伟达	党员	本科	1995.4		副研究馆员
许武智	群众	研究生	2014.7		馆员
谢荣伟	群众	大专	1989.12		馆员
胡瑛	群众	大专	1984.12		副研究馆员
包瑜萍	党员	本科	2015.2		助理馆员
张瑶	群众	本科	2017.10		助理馆员
茹笑辈	党员	本科	2015.2		助理馆员
施国权	党员	本科	2000.2	主任	副研究馆员
王伟	群众	本科	2000.1	副主任	馆员
周莉莉	群众	本科	2000.2		副研究馆员
陈烨樱	党员	研究生	2017.1		馆员
陆晓樱	党员	本科	2004.8		馆员
金蕾	群众	大专	1990.5		馆员
沈颖颖	党员	本科	2016.6		—
陈梦云	群众	本科	2014.4		助理馆员
沈平军	群众	本科	2000.2		馆员
朱光明	群众	本科	2000.2		馆员

续表

姓名	政治面貌	学历	进馆时间	行政职务	专业技术资格
任寒怡	群众	本科	2018.2		—
丁亚娣	群众	本科	2016.6		—
李旭莹	群众	本科	2014.4		助理馆员
戴腊梅	群众	专科	2014.4		助理馆员
傅凌枫	群众	大专	2014.4		助理馆员
赵华婷	党员	本科	2014.7		助理馆员
徐炯	群众	本科	2017.1		—
蒋眷征	群众	本科	1980.11		副研究馆员
黄国平	党员	本科	1992.12		馆员
汪丽华	群众	大专	1984.7		副研究馆员
周岚岚	党员	本科	1984.10		副研究馆员
陈哲予	群众	研究生	2006.9	主任	馆员
葛安凤	群众	研究生	2014.7	副主任	馆员
朱燕平	群众	本科	2014.2		助理馆员
金雅萍	群众	本科	2017.1		馆员
王沈飞	群众	本科	2014.4		助理馆员
王勇娣	群众	专科	2014.4		—
王丽娜	群众	本科	2014.4		助理馆员
徐萍	群众	本科	2000.9		副研究馆员
桂东晨	群众	专科	2014.4		助理馆员
黄蓉	党员	本科	1996.9	主任	馆员
孙祝丽	群众	本科	2005.7	副主任	馆员
蔡诗慧	党员	研究生	2016.2		馆员
何焱	群众	本科	1987.10		副研究馆员
丁鹏敏	党员	本科	1980.11		副研究馆员
毛建灿	党员	研究生	2004.9	主任	软件设计师
徐勇	群众	本科	2014.2		高级网络规划设计师
黄蒙	党员	本科	2018.1		馆员
金剑	党员	本科	2000.1		馆员
张城龙	群众	本科	2020.3		助理馆员
阮玮栋	群众	大专	2014.4		—
项元峰	群众	本科	2000.9		软件设计师
蔡彦	中国农工民主党党员	本科	2000.1		副研究馆员
鲁铁骏	群众	本科	2000.9	副主任	馆员
叶康伟	群众	本科	2016.1		助理馆员
张鋆	群众	本科	2006.8		助理工程师

续表

姓名	政治面貌	学历	进馆时间	行政职务	专业技术资格
王冰清	群众	大学	2015.5		—

注：赵刚挂职局推广交流处副处长，项元峰借调市大数据发展管理局来绍重点人员管控专班，蔡彦借调局资源转化与产业发展处，鲁铁骏借调局资源转化与产业发展处，叶康伟借调局推广交流处，张鋆借调局数字化转型工作专班，王冰清借调局计财处。

表 1-4 绍兴图书馆历年离退休职工名录

姓名	性别	出生年月	在馆时间	离退休时职称（务）	备注
沈定庵	男	1921 年 2 月	1980.9 至 1980.10	副高	
翟淑珍	女	1931 年 2 月	1972.3 至 1983.3	副科	离休，党员
孙培英	女	1933 年 2 月	1972.11 至 1983.3	副科	
郭珍玉	女	1930 年 9 月	1981.7 至 1986.3	中级	
林华彬	女	1930 年 9 月	1960.6 至 1986.7	中级	
陈淑文	女	1938 年 11 月	1984.7 至 1993.11	副高	党员
赵钜清	男	1935 年 8 月	1969.10 至 1995.8	中级	党员
董礼彬	男	1940 年 2 月	1980.12 至 2000.3	中级	党员
高学安	男	1941 年 1 月	1979.8 至 2001.6	研究馆员	
陈启中	女	1951 年 6 月	1979.6 至 2001.8	副高	
谢维智	女	1952 年 3 月	1992.12 至 2002.12	中级	
陈健	男	1943 年 12 月	1993.9 至 2004.1	中级	党员
裘式言	男	1946 年 12 月	1988.11 至 2007.1	副高	党员
骆陶陶	女	1958 年 3 月	2000.9 至 2008.4	中级	
陈玲玲	女	1958 年 10 月	1996.12 至 2008.11	助级	
王燕飞	女	1961 年 11 月	1980.11 至 2011.12	研究馆员	党员
施金虎	男	1952 年 1 月	2003.5 至 2012.2	正厅	党员
胡力红	女	1957 年 8 月	2000.9 至 2012.9	中级	党员
龚勇芳	女	1971 年 2 月	2006.9 至 2014.8	助级	党员
高祥宏	女	1960 年 10 月	1989.1 至 2015.11	中级	
沈大晟	女	1962 年 6 月	1980.10 至 2017.7	副高	
马国娟	女	1963 年 8 月	2000.9 至 2018.9	中级	
杨军	女	1969 年 12 月	1987.10 至 2019.12	中级	党员

注：按离退休时间排序。

表 1-5 绍兴图书馆馆友录

姓名	在馆时间	姓名	在馆时间
郑宝一	1962.1 至 1969.1	沈萍萍	2000.9. 至 2015.3.2
袁子环	1963.3 至 1964.8	韩霞	2000.9. 至 2008.12.23

续表

姓名	在馆时间	姓名	在馆时间
芦香霄	1964.8 至 1979.10	钱燕华	2000.9. 至 2015.3.2
施如棠	1965.4 至 1969.1	王舒囡	2000.10 至 2015.3.2
徐怊英	1965.11 至 1969.1	谢潘佳	2002.9.30 至 2015.3.2
王英士	1971.3 至 1980.11	杨妮娜	2003.7.11 至 2012.8.16
谢宝森	1971.7 至 1980.2	刘安民	2003.7.14 至 2005.6.30
王建国	1979.5 至 1982.3	何青	2003.12. 至 2008.10
黄伟	1980.9 至 1987.10	张伟	2005.11. 至 2018.3.8
陆平	1980.11 至 1991.3	邵炎炎	2005.11. 至 2006.4
冯华中	1980.11 至 1985.8	张仁忠	2007.7. 至 2007.12.5
叶放	1980.12 至 1991.12	孙国君	2008.5.15 至 2010.11.9
蒋建中	1983.12 至 1989.4	鲍芳	2007.9. 至 2016.10
郭红云	1984.10 至 1995.8	俞斌	2008.10.27 至 2016.12
黄彩燕	1986.7 至 1995.9	孙喻荣	2009.3.1 至 2016.8.26
谢丽娟	1987.3 至 1989.1	杨利铭	2011.9.15 至 2012.9.24
邵虹慧	1987.5 至 1998. 8	王云龙	2012.1. 至 2016.8.26
马志军	1987.12 至 1993.11	朱婷婷	2012.3. 至 2015.3.2
王红霞	1987.12 至 1994.7	邓娜	2012.8. 至 2016.4.8
潘力军	1987.12 至 1995.5	李佳奇	2014.2.11 至 2015.9.14
杭勇	1988.11 至 1994.5	陈华星	2014.2.11 至 2015.3.2
钟成贤	1989.6 至 1993.4	王露彬	2014.4.16 至 2015.1.23
朱燕	1983.8 至 2003.2	蔡诗慧	2014.4.16 至 2016.1.13
龚天力	1989.5 至 2008.10.27	王洁莲	2014.4.16 至 2016.4.15
吕江英	1994.8 至 2015.3.2	宋铨	2014.4.16 至 2016.4.30
袁涛	1994.12 至 2003.6.20	周韵韵	2014.4.16 至 2017.10
任雷	1996.9 至 2015.3.2	韩毅	2014.4.16 至 2014.7
潘为华	2000.1 至 2002.12	郭钦逸	2014.7.1 至 2014.8.6
屠芳	2000.1 至 2015.3.2	王静	2014.7.1 至 2016.4.30
李兆丰	2000.1 至 2008.7.2	余倩倩	2014.7.1 至 2016.9.19
张微平	2000.1 至 2019.2.26	劳琴瑶	2014.7.1 至 2019.9.2
陈竹晓	2000.7 至 2002.3.15	汪旦	2014.4.16 至 2018.2.1
陶金彪	2000.9 至 2006.4	周云	2016.4.1 至 2016.5.27
梁志玲	2000.9 至 2009.8.7	单玉凤	2016.7. 至 2020.5.12
陆晓欣	2000.9 至 2015.3.2	王小妍	2018.10.31 至 2019.6.14

注：按进馆时间排序，周韵韵、汪旦后录用在编。

2. 专业技术人员

（1）专业人员的培训与培养

2000 年 10 月，绍兴图书馆集中 40 天时间，开展以“创建优良服务环境、塑造文化名馆形象”为主题的职业道德教育，并制定了有关规章制度。

2001 年 8 月 17 日，制订了《关于实施图书馆岗位专业知识教育轮训的计划》作为岗位聘任和职称晋升的重要依据。是年 12 月 10 日，举办岗位专业知识首轮培训班，由浙江大学人文学院副教授李超平讲授“图书馆工作概论”“参考咨询工作”等课程。

自 2002 年起，有计划、有组织地对全体员工进行为期 3 年的图书馆专业课程的理论学习，当年岗位培训人均 62 学时，在职职工继续教育人均 39 学时，共计人均 101 学时。出台《关于鼓励职工业余学习的管理规定》，对优秀人员予以优先推荐，图书馆承担一定比例的学费。

2003 年，在职职工 68 人，其中高级职称有 4 人，中级职称有 24 人，占总数的 39.7%。

2006 年 7 月 1 日，颁发《关于印发绍兴图书馆专业学术研究奖励办法的通知》，11 月 17 日，成立绍兴图书馆学术委员会，俞苗荣任主任。同日召开学术委员会第一次全体会议和馆业务研讨会。

2008 年 11 月 17 日，推荐俞斌、陈琦、倪海青参加副县（处）级后备干部竞争性选拔，推荐黄斌、李文学参加乡镇（街道）党政班子副职竞争性选拔。

2009 年 6 月 11 日，推荐赵任飞、俞斌、龚杏娟、王以俭、王燕飞、周岚岚、吕江英、廖晓飞、蒋替征、周莉莉、张玲琳、丁鹏敏、沈大晟、赵伟达、何焱、汪丽华、胡瑛等 17 人入选绍兴市宣传文化专业人才库。

2011 年 9 月，组织员工 15 人赴上海图书馆、上海浦东图书馆、厦门图书馆学习。

2012 年 6 月 14 日，制定《绍兴图书馆员工业务学习方案》。10 月 8—28 日，开展新一轮员工业务学习计划，40 名馆员分 4 批赴深圳、重庆、吉林、陕西各馆进行业务学习和交流。

2013 年 7 月 19 日，经推荐，专家评审，社科联党组审核，那艳被评为首届绍兴市“社科新人”。

2014 年 3 月 21 日，制定《绍兴图书馆职工业务培训制度》。6 月，赵任飞、龚杏娟、丁鹏敏、王以俭、周岚岚、张玲琳、沈大晟、何焱、吕江英、周莉莉、赵伟达、唐微、蔡彦被推荐为绍兴市专业技术资格评审委员会评委库成员。12 月 31 日，经图书馆学术委员会研究，确立对我馆 10 项科研项目予以立项，参与人有赵任飞、王以俭、廖晓飞、那艳、陈琦、张琳玲、徐国洪、鲁先进、施国权、黄蓉。

2019 年 7 月 19 日，绍兴图书馆出台了《绍兴图书馆项目管理办法（试行）》。

（2）专业技术职称评审聘用

表 1-6　绍兴图书馆专业技术人员一览（1987—2020 年）

年份	高级	副高	中级	初级	备注
1987 年			3	13	
1999 年	1	1	11	13	
2001 年	1	2	14	19	
2003 年	1	3	28	41	

续表

年份	高级	副高	中级	初级	备注
2006 年	1	12	30	31	作家 1
2007 年	1	12	36	28	同上
2008 年	1	12	37	26	同上
2009 年	1	14	44	17	同上
2010 年	2	14	53	10	同上
2011 年	2	13	52	10	同上
2012 年	2	16	50	9	同上
2013 年	2	20	49	5	
2014 年	2	21	49	5	
2015 年	3	21	40	9	
2016 年	4	20	44	5	
2017 年	4	20	42	11	
2018 年	4	21	45	13	
2019 年	3	21	46	13	
2020 年	3	22	45	14	

（三）党群组织

1. 党团组织发展

（1）中国共产党

2000 年以前，党组织发展详见上编。

2001 年 6 月，换届产生第四届支委，委员由龚天力、袁涛、周岚岚组成，龚天力任书记，袁涛任组织委员，周岚岚任宣传委员。

2002 年 1 月，更名为“中共绍兴图书馆支部委员会”，新增党员 7 名：胡力红、王舒囡、丁鹏敏、徐国洪、钮国江、韩瑛、赵伟达，至年底统计有党员 18 名，其中在职党员 14 名，离退休党员 4 名；另有组织挂靠 1 名：工似麟。

2003 年 7 月 4 日，施金虎调入图书馆，任支部副书记；新增党员 4 名：施金虎、何青、张东雄、刘安民。减少党员 2 名：袁涛、朱燕。至年底统计有党员 20 名，其中在职 16 名、离退休 4 名。

2004 年 8 月 18 日，换届产生第五届支委，委员由 3 名增至 5 名，由龚天力、施金虎、何青、周岚岚、王燕飞组成，龚天力任书记，施金虎任副书记，何青任组织委员，周岚岚任宣传委员，王燕飞任纪检委员。新增任雷、毛建灿等党员 4 名。年底统计有党员 24 名，其中在职党员 19 名、离退休党员 5 名。

2005 年新增党员 7 名：那艳、邵炎炎、张玲琳、杨敏、郭炬、金剑、杨军。减少党员 1 名：刘安民。

2006年3月15日，何青任副书记。4月29日，俞苗荣任支部书记，新增党员4名：陈琦、翁映、王以俭、龚勇芳。减少党员1名：邵炎炎。8月，换届产生第六届支委，俞苗荣任书记，何青任副书记，施金虎、王燕飞、周岚岚为支部委员。

2007年12月5日，俞斌借调图书馆任副书记。新增党员2名：赵任飞、俞斌。新增离退休党员1名：裘式言。

2008年3月11日，赵任飞任支部书记；10月24日，换届产生第七届支委，委员由赵任飞、俞斌、王以俭、周岚岚、施金虎等5人组成，赵任飞任书记、俞斌任副书记兼青年委员、施金虎任组织委员、王以俭任宣传委员、周岚岚任纪检委员。新增党员2名：宋嵩、王雪峰。减少党员3名：龚天力、何青、韩霞。至年底统计有党员34名，其中在职党员28名，离退休党员6名。

2009年新增党员2名：屠静琪、沈钊亮。

2010年10月20日，俞斌调离图书馆，免去副书记职务。减少党员2名：翟淑珍（病故）、俞斌。

2011年4月28日，通过“公推直选”方式选举产生第八届支委，委员由赵任飞、王以俭、陈琦、周岚岚4人组成，空缺委员1名，赵任飞任书记、王以俭任宣传委员、陈琦任组织委员、周岚岚任纪检委员。6月，增补毛建灿、那艳为支部委员。10月9日，王以俭任副书记。新增党员4名：黄蓉、倪海青、吴丹娟、杨利铭。减少1名退休党员：赵矩清（病故）。

2012年新增党员2名：邓娜、丁瑛。减少党员1名：杨利铭。

2014年因镜湖馆舍建造，新图书馆招一批员工，党员人数增至50名以上，11月10日，支部升为中共绍兴图书馆总支部委员会；11月28日，换届产生第一届总支委，委员由王以俭、那艳、陈琦、金剑、赵任飞5人组成，赵任飞任书记、王以俭任副书记、金剑任组织委员、那艳任宣传委员、陈琦任纪检委员；同时即日启用“中国共产党绍兴图书馆总支部委员会”印章，原支部委员会印章作废。新增党员13名：王露彬、沈珊珊、李佳奇、陈华星、王丽娜、汪旦、赵华婷、崔月、吴春宏、王静、王洁莲、余倩倩、劳琴瑶、蔡诗慧，减少党员1名：屠静琪。至年底统计有党员50名，其中在职党员42名、离退休党员8名。

2015年8月，总支委下设3个党支部委员会。第一党支部：陈琦任支部书记，毛建灿任组织委员，王雪峰任宣传委员。第二党支部：宋嵩任支部书记，张东雄任组织委员，劳琴瑶任宣传委员。第三党支部：金剑任支部书记，丁瑛任组织委员，杨敏任宣传委员。新增党员2名：茹笑辈、包瑜萍。减少党员5名：王舒囡、任雷、陈华星、李佳奇、沈珊珊，至年底统计有党员47名，其中在职党员39名、离退休党员8名。

2016年2月26日，王以俭任总支部委员会书记。7月底，第一、二党支部改选，并产生新的委员会并调整了分工。第一党支部：宋嵩任支部书记，毛建灿任组织委员，王雪峰任宣传委员。第二党支部：钮国江任支部书记，张东雄任组织委员，崔月任宣传委员。新增党员3名：赵晓虹、沈珊珊、屠静琪。减少党员6名：王静、王洁莲、邓娜、余倩倩、劳琴瑶、吴丹娟。至年底统计有党员44名，其中在职党员36名、离退休党员8名。

2017年3月3日，赵任飞不再担任党总支委员，增补宋嵩为党总支委员。3月8日，总支重新进行了分工：王以俭任总支书记，那艳任宣传委员，陈琦任学习委员，金剑任纪检委员，宋嵩任组织委员。

新增党员 2 名：陈烨樱、沈颖颖。至年底统计有党员 46 名，其中在职党员 38 名、离退休党员 8 名。

2018 年 2 月 27 日，那艳调离图书馆，不再担任总支委员。3 月 27 日，选举产生新一届绍兴图书馆总支部委员会，委员由王以俭、陈琦、宋嵩、金剑、劳琴瑶 5 位同志组成，王以俭任总支部书记、陈琦任宣传委员、宋嵩任组织委员、金剑任纪检委员、劳琴瑶任青年委员。4 月 14 日，馆党总支下设 3 个党支部完成换届，产生新一届支部委员会。第一党支部：杨敏任支部书记，毛建灿任组织委员，王雪峰任宣传委员。第二党支部：钮国江任支部书记，张东雄任组织委员，蔡诗慧任宣传委员。第三党支部：茹笑辈任支部书记，丁瑛任组织委员，倪海青任宣传委员。新增党员 2 名：黄蒙、施国权。减少党员 1 名：那艳。至年底统计有党员 47 名，其中在职党员 39 名、离退休党员 8 名。

2019 年减少党员 3 名：赵任飞、劳琴瑶、杨军。新增离退休党员 2 名：赵任飞、杨军。至年底统计有党员 47 名，其中在职党员 37 名、离退休党员 10 名。

图 1-2　开展丰富多彩的党员活动

2020 年 3 月 23 日，那艳任总支部委员会书记，李弘任副书记。5 月 27 日，选举产生新一届绍兴图书馆总支部委员会，委员由那艳、李弘、宋嵩、钮国江、施国权 5 位同志组成，那艳任总支部书记、李弘任总支部副书记兼纪检委员、钮国江任组织委员、宋嵩任宣传和学习委员、施国权任群团委员。7 月 10 日，馆党总支下设 3 个党支部完成换届，产生新一届支部委员会。第一党支部：杨敏任支部书记，沈珊珊任组织委员，蔡诗慧任宣传委员。第二党支部：黄蒙任支部书记，吴春宏任组织委员，陈烨樱任宣传委员。第三党支部：茹笑辈任支部书记，张东雄任组织委员，倪海青任宣传委员。新增党员2名：那艳、李弘。减少党员1名：陈琦。至年底统计有党员46名，其中在职党员38名（名单详见表1-3绍兴图书馆2020年工作人员名录）、离退休党员8名（陈健、陈淑文、董礼彬、施金虎、王燕飞、赵任飞、袭勇芳、杨军）。

表1-7　绍兴图书馆历任党支部书记一览（1994—2014年）

姓名	性别	职务	任职时间
龚天力	男	支部书记	1994.12 至 2006.3.15
施金虎	男	支部副书记	2003.7.4 至 2006.3.15
何青	男	支部副书记	2006.3.15 至 2007.12.5
俞苗荣	男	支部书记	2006.4.29 至 2007.5.31
俞斌	男	支部副书记	2007.12.5 至 2010.10.20
赵任飞	女	支部书记	2008.3.11 至 2014.12.8
王以俭	男	支部副书记	2011.10.9 至 2014.12.8

表1-8　绍兴图书馆历任党总支书记一览（2014—2020年）

姓名	性别	职务	任职时间
赵任飞	女	总支书记	2014.12.8 至 2016.2.26
王以俭	男	总支副书记	2014.12.8 至 2016.2.26
王以俭	男	总支书记	2016.2.26 至 2020.3.23
那艳	女	总支书记	2020.3.23 至今
李弘	男	总支副书记	2020.3.23 至今

（2）民主党派

绍兴图书馆有民主党派成员，而无民主党派组织。民主党派成员有中国民主同盟成员高学安，中国民主促进会成员龚杏娟、中国民主建国会成员廖晓飞、中国农工民主党党员蔡彦。

龚杏娟曾担任绍兴市第四、六、七届政协委员。

（3）中国共产主义青年团

2000年以前，团支部发展详见上编。

2000年7月6日，团支部换届选举后钮国江任团支部书记，张微平任组织委员，杨敏任宣传委员，屠芳任文体委员。至年底统计有团员25人。

据2002年统计有团员28人，其中本科生4人，大专生12人，中专、职高生12人。同年绍兴图书馆被评为市级先进团支部。

2003年，任雷、黄蓉、朱光明、吕佩华等4名团员到龄退团。

2004年9月14日，刘安民、金剑、夏飞凤等3人组成新一届团支部委员会，刘安民任书记、金剑任组织委员、夏飞凤任宣传委员。

2005 年 8 月 12 日，因刘安民调离图书馆，选举产生新一届团支部委员：谢潘佳、金剑、项元峰、夏飞凤、张伟。谢潘佳为书记，金剑为副书记。

2008 年 9 月 25 日，团支部换届选举，陈哲予、张伟、张鋆 3 人当选为新一届支部委员会成员。张鋆任团支部书记兼组织委员、陈哲予任宣传委员、张伟任文艺委员。至年底统计有团员 9 人：张鋆、陈哲予、鲍芳、谢潘佳、赵鲤、陆晓樱、孙祝丽、黄斌、张伟。

2009 年，文广局团委换届选举产生新一届成员，张伟当选委员。

2012 年 1 月，绍兴图书馆全体团员职工均已年满 28 周岁并退团，经上级团组织批准，绍兴图书馆团支部仍保留。

2015 年，团支部委员：宋铨、王沈飞、陈梦云，其中宋铨为书记。

2016 年，因宋铨辞职，王沈飞为书记，叶康伟增补为支委。

2017 年 8 月，团支部委员组成：叶康伟、平嘉杰、陈梦云，其中叶康伟为团支部书记。10 月，傅凌枫到龄退团。

2018 年，王勇娣、李旭莹、丁亚娣、王冰清、王沈飞、王小妍等 6 位团员到龄退团。

2020 年 5 月，团支部换届选举，张城龙任团支部书记。平嘉捷、陈梦云、叶康伟、傅家琪、单玉凤等 5 名团员到龄退团。至年底统计有团员 4 名：张城龙、傅赛青、任寒怡、周哲楠。

表 1-9　绍兴图书馆历任团支部书记名单（2000—2020 年）

姓名	性别	任职时间	备注
钮国江	男	2000—2004.9	第六届
刘安民	男	2004.9—2005.8	第七届
谢潘佳	女	2005.8—2008.9	因刘安民离馆
张鋆	男	2008.9—2012.1	第八届
宋铨	男	2015—2016.6	第九届
王沈飞	女	2016.6—2017.8	因宋铨离馆
叶康伟	男	2017.8—2020.5	第十届
张城龙	男	2020.5 至今	第十一届

2. 工会、职工代表大会发展

（1）工会的建立与发展

绍兴市鲁迅图书馆工会成立于 1988 年 7 月。

自 1995 年始，每年年底绍兴市鲁迅图书馆工会都要组织一次辞旧迎新联欢晚会。

2002 年 1 月 1 日，成立绍兴图书馆女工委员会，委员 3 人：吕江英、潘为华、陈琦；3 月 8 日，周岚岚任绍兴市教育工会第三届女教职工委员会。

2004 年 2 月 10 日，绍兴图书馆产生新一届女工委员会委员：陈琦、骆陶陶、吕江英；同日，小组调整为 6 个，会员 74 人。

2016 年 6 月 21 日，印发《绍兴图书馆职工代表大会制度》；7 月 8 日，召开第一届职工代表大会第一次会议，会议审议通过了《绍兴图书馆章程（草案）》，通过无记名投票选举宋嵩为职工理事；9 月 27 日，选举产生第八届工会委员会，陈琦任主任，钮国江任副主任，韩如凤任女职工委员会主任，制定了《绍兴图书馆第八届工会委员会工作制度》和《绍兴图书馆第八届工会委员会工作思路》。

2017 年 8 月 10 日，经各工会小组民主推荐，屠静琪、王伟、何焱、倪海青、崔月担任相应工会小组组长。5 个小组，会员 105 人。

2018 年 3 月 6 日，绍兴图书馆工会印发《绍兴图书馆第八届工会委员会工作制度（修订稿）》。

2020 年 7 月 16 日，绍兴图书馆第九届工会会员代表大会召开。34 位会员代表参加会议，选举产生了新一届工会委员会。

图 1-3　开展丰富多彩的工会活动

表 1-10　绍兴图书馆历届工会主席、委员一览（1998—2020 年）

时间	届次	主席	副主席	其他成员
1998.4—2001.11	第四届工会	陈启中		周岚岚任组织委员 沈大晟任财务委员 陆丽茵任经费审查员

续表

时间	届次	主席	副主席	其他成员
2001.11—2008.7	第五届工会	周岚岚		周岚岚兼任组织委员 陈琦任文体生活委员兼女工委员 徐国洪任财务委员 陆丽茵任经审委委员：
2008.7—2013.4	第六届工会	王以俭	张玲琳	张玲琳兼任生活委员 翁映任组织委员兼女工委员 徐国洪任财务委员兼安全劳动委员 张伟任宣传委员兼文体委员
2013.4—2016.9	第七届工会	廖晓飞	沈萍萍	沈萍萍兼任生活委员 赵伟达任财务委员兼安全劳动委员 张伟任文体委员兼宣传委员 吕江英任组织委员兼女工委员
2016.9—2020.7	第八届工会	陈琦	钮国江	钮国江兼任财务委员 赵晓虹任生活委员兼安全劳动委员 鲁铁骏任文体委员兼宣传委员 韩如凤任组织委员兼女工委主任 郭炬任经审委员
2020.7 至今	第九届工会	宋嵩	钮国江	钮国江兼任财务委员 王伟任组织委员兼生活委员 赵晓红任安全劳动委员兼女工委员 汪旦任文体委员兼宣传委员 郭炬任经审委员

图 1-4　第一届职工代表大会

（2）职工代表大会建立与发展

2016 年 6 月 21 日，制定了《绍兴图书馆职工代表大会制度》，共 5 章（总则、职权、职工代表、组织制度、附则）19 条。工会委员会是职工代表大会的工作机构，负责职工代表大会的日常工作。职工代表大会每三年为一届，现为第二届，每年至少召开一次会议。

表 1-11 职工代表名单

第一届职工代表大会代表名单（按姓氏笔画排序）							
丁　瑛	王以俭	王勇娣	王雪锋	平嘉捷	许武智	那　艳	孙祝丽
李文学	沈平军	宋　嵩	张东雄	张　伟	张玲琳	张微平	张　鋆
陆丽茵	陆晓樱	陈　威	陈哲予	陈梦云	陈　琦	周岚岚	周莉莉
项元峰	赵伟达	赵华婷	赵　鲤	钮国江	施国权	徐国洪	徐　勇
徐　萍	徐解英	高志刚	黄　蓉	葛安凤	鲁先进	廖晓飞	戴腊梅
计 40 人。							
第二届职工代表大会代表名单（按姓氏笔画排序）							
丁亚娣	王以俭	王　伟	王沈飞	王雪锋	毛建灿	吕佩华	朱燕平
许武智	孙祝丽	吴春宏	汪　旦	宋　嵩	陈　威	陈哲予	陈梦云
陈　琦	周韵韵	赵　鲤	茹笑辈	钮国江	施国权	夏飞凤	倪海青
徐国洪	徐　炯	徐　勇	翁　映	唐　芸	黄国平	黄　蓉	崔　月
屠静琪	韩如凤	傅家琪	鲁先进	鲁铁骏	蔡诗慧	廖晓飞	
计 39 人。							

（四）学会

绍兴市图书馆学会是由绍兴市各类型图书馆及相关行业或机构科技工作者自愿结合、依法登记成立的地区性、学术性、非营利性的社会组织，是党和政府联系图书馆工作者的桥梁和纽带，是引导绍兴市图书馆行业全面落实科学发展观，科学管理，推动科技进步，建设创新型国家，发展我国图书馆事业的重要社会力量；旨在团结和组织全市图书馆工作者，加强学术交流，繁荣和发展图书馆事业。其业务范围主要包括：组织学术研究和学术交流活动，普及图书馆学基础知识，介绍和推广图书馆学的研究成果，编辑出版图书馆学刊和专业图书资料，开展对会员和图书馆工作者继续教育和培训等工作。

绍兴图书馆作为绍兴市的中心图书馆，在学会工作中起着组织、开展的主导作用。2004 年 7 月起，绍兴图书馆网站建立了学会网页专版，内有机构设置、学术动态、业务培训、会刊等栏目。

1. 学会的成立与发展

2000 年以前，学会成立与发展详见上编。

（1）第四次会员代表大会

2000 年 11 月 6—8 日，绍兴市图书馆学会第四次会员代表大会在绍兴文理学院图书馆召开，与会代表共 38 人，会议总结了第三届五年工作，听取了关于《绍兴市图书馆学会章程（修改草案）》的说明以及学会第三届财务工作报告。选举产生了由 16 人组成的绍兴市图书馆学会第四届理事会。学会秘书处设在绍兴图书馆。

第四届理事会名单如下。

理事长：张水安（绍兴市文化局社文处处长）。

副理事长：龚天力（绍兴图书馆）、寿永明（绍兴文理学院）、马神光（绍兴市教委）。

秘书长：王燕飞（绍兴图书馆）。

常务理事：董必君、商新光、邵强、裘雅贤。

2004 年 4 月 20 日，经中国图书馆学会批准，绍兴图书馆学会成为中国图书馆学会事业团体会员。

（2）第五次会员代表大会

2005 年 12 月 13—14 日，绍兴市图书馆学会第五次会员代表大会在绍兴图书馆召开，与会代表 60 人，产生了由 15 名理事组成的第五届理事会。

第五届理事会名单如下。

理事长：金一波（绍兴市文广局副局长）。

副理事长：龚天力（绍兴图书馆）、张炎兴（绍兴文理学院）、顾利萍（绍兴市电教馆）。

秘书长：陶金彪（绍兴图书馆）。

副秘书长：舒炎祥。

常务理事：金一波、龚天力、龚杏娟、陶金彪、张炎兴、舒炎祥、顾利萍、张少宁、王芝琴。

理事：金一波、龚天力、龚杏娟、陶金彪、张炎兴、舒炎祥、陈淼、顾利萍、张少宁、王芝琴、李鸿翔、王萍霞、葛晓燕、裘友人、徐志宏。

2006 年 3 月 15 日，因龚天力工作单位调动，由俞苗荣（绍兴图书馆馆长）担任副理事长；6 月 15 日，因陶金彪工作单位调动，由张玲琳（绍兴图书馆办公室主任）担任学会第五届理事会理事、常务理事、秘书长；2008 年 6 月 26 日，因俞苗荣同志调离图书馆系统，由绍兴图书馆馆长赵任飞担任副理事长，并同意绍兴图书馆理事人选由李鸿翔变更为陈关根。

（3）第六次会员代表大会

2010 年 12 月 6—7 日，绍兴市图书馆学会第六次会员代表大会在绍兴图书馆召开，与会代表 50 余人，大会审议通过了第五届理事会工作报告、财务报告及章程修改报告，选举产生了第六届学会理事。会上选出 17 名理事、13 名常务理事。

图 1-5　绍兴市图书馆学会第六次代表大会

第六届理事会名单如下。

理事长：胡华钢（绍兴市文化广电新闻出版局副局长）。

副理事长：赵任飞（绍兴图书馆）、顾利萍（绍兴市电教馆）、舒炎祥（绍兴文理学院）。

秘书长：张玲琳（绍兴图书馆）。

副秘书长：陈淼。

常务理事：王以俭、王萍霞、张玲琳、苏晓英、陈淼、陈关根、胡华钢、赵任飞、徐志宏、顾利萍、舒炎祥、葛晓燕、裘友人。

理事：王以俭、王萍霞、张炎兴、张玲琳、苏晓英、陈淼、陈关根、查长美、胡华钢、赵任飞、徐志宏、顾利萍、龚杏娟、舒炎祥、葛晓燕、裘友人、廖晓飞。

2013 年 9 月 5 日，根据《中共绍兴市委组织部转发省委组织部〈关于对党政领导干部兼任社会团体领导职务进行清理规范的通知〉的通知》规定，经会议审议通过，同意胡华钢辞去理事长职务的请求，由赵任飞担任学会理事长。

（4）第七次会员代表大会

2015 年 11 月 30 日，绍兴市图书馆学会第七次会员代表大会在稽山宾馆召开，与会代表 74 人。大会审议并通过了《绍兴市图书馆学会第六届理事会工作报告》《关于修改绍兴市图书馆学会章程和会员会费收费标准的报告》《学会财务收支说明》。会上选举产生了由 19 人组成的第七届理事会。

第七届理事会名单如下。

理事长：赵任飞（绍兴图书馆）。

副理事长：顾利萍（绍兴市电教馆）、舒炎祥（绍兴文理学院）。

秘书长：陈琦（绍兴图书馆）。

副秘书长：陈淼。

常务理事：王以俭、郑永、张淑瑛、赵任飞、顾利萍、徐志宏、黄旭伟、葛晓燕、彭燕、韩桢涛、舒炎祥。

理事：王以俭、王盛、那艳、宋少平、陈关根、陈琦、陈淼、郑永、张淑瑛、赵任飞、顾利萍、徐志宏、黄旭伟、葛晓燕、彭燕、韩桢涛、舒炎祥、廖晓飞、薛定贞。

2016 年 12 月 15 日，因人事调整等原因，会议选举绍兴图书馆馆长王以俭为理事长，绍兴图书馆副馆长廖晓飞为秘书长，同意越秀外国语学院图书馆理事人选由薛定贞变更为俞晓凡。

2017 年 4 月 1 日，七届三次理事会议召开，同意绍兴市工人文化宫主任章玲萍担任学会理事。

2020 年 5 月 26 日，因人事调整等原因，推选绍兴图书馆馆长那艳为理事长，增选绍兴图书馆副馆长李弘、宋嵩为理事。

2. 学会成员

至 2020 年底，绍兴市图书馆学会共 11 个小组，会员 492 人，包括绍兴图书馆学会小组 105 人、绍兴高校图书馆学会小组 144 人、柯桥区图书馆学会小组 28 人、上虞区图书馆学会小组 32 人、诸暨市图书馆学会小组 47 人、嵊州市图书馆学会小组 19 人、新昌县图书馆学会小组 36 人、越城区图书馆学会小组 28 人、越城区教师发展中心学会小组 32 人、绍兴市电化教育馆学会小组 10 人、绍兴市医院图书馆学会小组 11 人。

其中浙江省图书馆学会成员 52 人、中国图书馆学会成员 28 人。

3. 学会工作

通过对 2002 年、2005 年、2015 年《绍兴市图书馆学会章程》中的业务范围进行比较，可以看出，绍兴市图书馆学会的工作与时俱进，但基本工作没有变化，兼之学会工作有一大部分是配合图书馆其他业务工作展开的，因此本节内容主要是以图书馆学会为主的重要工作。

（1）组织学术研究和交流

2000年11月6—8日，绍兴市图学会在绍兴文理学院图书馆召开学术讨论会，8位代表论文进行交流，分获一二三等奖。是年学会提交或发表论文52篇。

2001年，浙江省图书馆学会举办第八届学术研讨会征文活动，绍兴市图学会共征集论文80余篇，5篇获优秀奖，5篇获入选奖。绍兴图书馆袁涛《绍兴图书馆数字化信息资源建设探析》、王燕飞《谱牒资源的调查与开发》、龚杏娟《浅析图书馆与素质教育的关系》获优秀奖，入选本次研讨会论文集《文化大省建设中的图书馆现代化》。研讨会11月5—8日在杭州召开，龚天力及获奖者3人参加。

2002年，中国图书馆学会、浙江省文化厅、绍兴市人民政府联合主办，绍兴图书馆承办“纪念古越藏书楼创建百年”系列活动，其中10月29日举行“开放的藏书楼开放的图书馆——纪念古越藏书楼创建100周年学术研讨会”。来自全国25个省、市、自治区的专家、学者和图书馆工作者提交论文125篇，其中60篇结集出书，绍兴市图书馆学会有5篇论文入选该会论文集。是年绍兴市图书馆会员论文发表19人次，共18篇。

2002年，在中国图书馆学会年会论文征集活动中，绍兴市图书馆学会共有5篇论文入选。绍兴市图书馆学会还组织会员参加江浙沪晋中青年论坛征文，2篇文章获优秀论文。是年有11位会员在省级学术刊物上发表文章。

2003年，绍兴市图书馆学会共有78位会员在省级刊物发表论文，其中核心期刊19篇。绍兴图书馆吕江英《试论公共图书馆少儿服务工作的创新》获华东地区少年儿童图书馆工作协作委员会2003年学术研讨会优秀论文奖。

2004年，在全国图书馆部室主任工作学术研讨会的论文评比中，绍兴图书馆裘式言《论现代公共图书馆的物业管理》获一等奖。何焱《基于www网站建设》在晋浙沪青年论坛上获三等奖。绍兴市图书馆学会共有9篇论文入选浙江省图书馆学会第九次学术研讨会论文集，入选论文篇数列全省前列。11月5—9日，中国图书馆学会第二届青年学术论坛在绍兴图书馆举行，论坛以“新青年、新主题、新秩序——知识传播与图书馆变革”为主题。11月14—16日，馆长龚天力与6位论文入选的代表赴嘉兴参加浙江省图书馆学会第九次学术研讨会。

2005年10月，在第二届长江三角洲城市图书馆发展论坛上，绍兴市图书馆学会有多篇论文获奖。是年，会员共发表论文近30篇。

2006年，绍兴市图书馆学会会员在全国各类公开刊物上发表论文90篇。绍兴图书馆周岚岚《公共图书馆提升服务品位之我见》、蔡彦《蔡元培与故乡图书馆事业》和鲁迅中学图书馆章晴霞《中学图书馆亟须合格的工作人员》在2006中国图书馆学会年会征文中分获一二三等奖；在10月份召开的浙江省第十次学术研讨会上，绍兴地区有11篇论文入选。是年，绍兴市图书馆学会会员获得3项浙江省图书馆学会资助课题，包括绍兴图书馆龚杏娟的课题“城市化与社区图书馆建设”。

2007年，绍兴市图书馆学会会员在全国各类公开刊物上发表论文70余篇，其中核心期刊15篇，学会4项课题全部结题。7月，周岚岚参加中国图书馆学会组织的全国图书馆“志愿者行动”，赴广西志愿讲学。

2008年11月11—13日，浙江省图书馆学会第十一次学术研讨会在绍兴县举行，年会主题“现代图书馆服务”。来自全省各系统图书馆的150多名代表参加。11月13—14日，浙江省图书馆学会第七次代表大会在绍兴举行。是年，绍兴市图书馆学会会员在全国各类公开刊物上发表论文近80篇，成功申报浙江省图书馆学会立项资助科研课题1项（赵任飞“明清以来绍兴藏书家和藏书楼研究”），绍兴市哲学社科研究“十一五”规划重点课题1项（张玲琳“公共图书馆为民工提供文化服务研究”）。绍兴图书馆蔡彦《李慈铭与蔡元培》获中国图书馆学会第二届地方文献工作研讨会征文三等奖。

2009年7月17日，浙江省图书馆学会·读者服务与用户研究分委会主办的践行《图书馆服务宣言》演讲比赛在温州市图书馆举行，绍兴图书馆选手陈琦获一等奖。是年，绍兴市图书馆学会会员共发表论文74篇，其中核心期刊12篇，获奖论文42篇，完成研究课题5项。

2010年3月23日，绍兴图书馆馆长赵任飞赴永康参加浙江省图书馆学会地方文献专业委员会2010年度专题研讨会。6月13日，由浙江省图书馆学会主办，浙江省图书馆学会理论研究与教育培训分委会、嘉兴市图书馆学会联合承办的“创新与发展——中美图书馆服务讲座”在嘉兴市图书馆举办，绍兴市图书馆学会一行9人前往听讲。

2011年4月，绍兴图书馆馆长赵任飞赴山东泰安参加中图学会阅读推广委员会举办的“图书馆阅读的影响因素”学术研讨会。是年，绍兴市图书馆学会会员在全国各类公开刊物上发表论文110余篇，其中绍兴图书馆有9篇在核心期刊发表。绍兴图书馆学会小组的《“十二五”绍兴文化产业发展重点及其提升对策的研究》《绍兴市未成年人课外阅读情况调查及对策》《绍兴市电视图书馆建设研究》获绍兴市哲学社会科学研究“十二五”规划2011年度重点课题立项，是年，亦有8项课题结题。

2012年4月21日，绍兴图书馆馆长赵任飞赴郑州参加中图学会举办的“图书馆科学管理与服务创新研讨班”。5月10日，绍兴市图书馆学会邀请南开大学信息资源管理系徐建华教授作“课题申报与实施”学术报告。7月2日，邀请上海《图书馆杂志》常务副主编王宗义作“专业学术论文：选题、写作与投稿”学术报告。11月10日，为纪念绍兴古越藏书楼创建110周年，“百年回眸——公共图书馆与社会阅读”研讨会在绍兴图书馆举行。天津南开大学教授来新夏、深圳市图书馆馆长吴晞、上海图书馆副馆长刘炜、浙江省图书馆学会秘书长袁逸分别作题为“开放的藏书楼对民众阅读的影响”“图书馆精神与大众阅读”“未来图书馆发展方向”“阅读传统的民间表达——以晚清民国为主要考察”等主旨报告。是年，绍兴市图书馆学会有6项课题获绍兴市哲学社会科学研究“十二五”规划2012年度重点课题的立项，王以俭《绍兴市公共图书馆分馆建设模式研究》入选立项资助课题，绍兴图书馆学会选送的《王阳明在绍兴的文化遗产开发与利用的研究》《清末民初绍兴徐树兰家族研究》入选重点课题。周岚岚《县级公共图书馆馆藏策略调研》荣列浙江省图书馆学会2012年度立项资助科研课题。

2013年7月10—14日，首届全国阅读推广高峰论坛在绍兴县举行，本次论坛主题为“免费开放背景下图书馆的阅读推广”，10月8—12日，龚杏娟赴苏州参加中国图书馆学会举办的“城市图书馆服务体系建设研讨会”。10月23—24日，王以俭赴台州参加“浙江省图书馆学会第十三次学术研讨会暨图书馆建设与服务提升高研班”。是年，绍兴市图书馆学会会员有9项课题获绍兴市哲学社会科学研究“十二五”规划2013年度重点课题的立项，另有1项荣列浙江省图书馆学会2013年度立项资助科研课题。浙江省共享工程办公室的“绍兴名人数据库”“绍兴方志数据库”结题，另有多项绍兴市社科联和浙江省图书馆学会的课题结题。会员发表论文总数54篇，获奖5篇。

图 1-6　绍兴市图书馆学会主办的各类会议

2014 年 10 月 10 日，绍兴图书馆与常州图书馆在北京国际饭店会议中心联合举办 2014 中国图书馆年会学术会议第 9 分会场——《电视图书馆建设的实践与探索》会议。文化部公共文化司文化事业处处长白雪华、文化部全国公共文化发展中心主任助理罗云川、北京大学教授李国新、浙江图书馆副馆长刘晓清、南京图书馆副馆长许建业等领导、专家及 100 多名参会代表参加了会议。馆长赵任飞在会上作了题为“电视文化超市，百姓精神家园——绍兴电视图书馆建设的实践与思考”的主题报告。是年，绍兴市图书馆学会会员有 6 项课题列为绍兴市哲学社会科学研究“十二五”规划 2014 年度重点课题，1 项列为浙江省图书馆学会 2014 年度立项学术研究课题。同时上年度各类课题全部结题。

2015 年 10 月 21 日，绍兴图书馆和浙江省图书馆学会资源建设与共享分委会联合承办的 2015 年浙江省图书馆学会学术年会“互联网 + 时代图书采访从封闭走向开放”学术分会场设在海宁图书馆。上海图书馆副馆长周德明、浙江图书馆副馆长贾晓东、浙江大学副教授李超平等领导、专家以及来自全省的 60 多位同行参加了会议。绍兴图书馆馆长赵任飞在会上作了题为“互联网 + 时代图书采访从封闭走向开放”的主题报告。12 月 16 日，绍兴图书馆在广州市白云国际会议中心举办了 2015 中国图书馆年会学术会议“图书采访在‘互联网 + 时代’的创新模式”分会场，上海图书馆副馆长周德明，国家公共文化服务体系建设专家委员会委员、上海社会科学院研究员巫志南，中山大学图书馆与资讯科学研究所副所长、中山大学资讯管理学院教授、中图学会资源建设与共享专业委员会成员潘燕桃等领导、专家及 200 多位代表参加了会议。绍兴图书馆馆长赵任飞就绍兴图书馆图书采访创新的总体情况进行了介绍，副馆长廖晓飞作题为“互联网 + 时代图书采访从封闭走向开放”的主题报告。

2016 年 5 月 17—20 日，绍兴市图书馆学会承办了中国图书馆学会主办的“2016 年少儿阅读推广人培训班”。绍兴图书馆就近年来未成年阅读推广工作开展情况作了专场介绍，中国图书馆学会授予绍兴图书馆示范基地铜牌。10 月 25—28 日，绍兴图书馆张东雄作为华东赛区代表团成员赴安徽铜陵参加“信息时代数字未来——2016 年数字图书馆业务技能菁英”决赛，获团体三等奖。另有 10 人获中国图书馆学会颁发的“2016 年数字图书馆业务技能能手”称号。12 月 14 日，绍兴图书馆廖晓飞、杨敏赴嘉兴参加浙江省社会科学信息学会 2016 年度学术年会。是年，绍兴市图书馆学会会员全年共发表论文 9 篇，申报各类课题 4 个。

2017 年 6 月 15—16 日，绍兴图书馆廖晓飞参加浙江省图书馆学会举办的图书馆新业态研讨会。

10月31日，廖晓飞、徐国洪赴丽水参加浙江省图书馆学会第十五次学术年会及分委会会议。11月8—10日，中国索引学会第五次全国会员大会暨学术研讨会在绍兴举行，会议由中国索引学会、复旦大学图书馆主办，浙江大学图书馆、绍兴图书馆承办，来自全国不同地区和单位的133位会员代表以及日本索引学者松浦崇出席会议。是年，绍兴市图书馆学会会员发表论文4篇，立项课题2个。

2018年1月18日，由中国图书馆学会阅读推广委员会主办、中国图书馆学会图书馆与社会阅读专业委员会和绍兴图书馆联合承办的茶文化特色资源建设暨《中国茶文化资料集成》编纂工作第一阶段工作会议在绍兴图书馆举行。12月24日，由绍兴市图书馆学会主办的“2018年绍兴市图书馆员业务知识竞赛”在柯桥区图书馆举行，来自全市10个代表队参加，柯桥区图书馆荣获团体一等奖，绍兴图书馆、上虞区图书馆、嵊州市图书馆获得团体二等奖。是年，绍兴图书馆会员发表论文11篇。

2019年6月6日，绍兴市图书馆学会正式推出面向绍兴地区图书资料专业技术人员的继续教育在线平台——“绍兴市图书馆馆员在线学习平台”。该平台为浙江省首个图书资料专业技术人员继续教育在线平台。11月20日上午，由绍兴市图书馆学会主办的“2019年（第二届）绍兴市图书馆员业务知识竞赛”在新昌举行，共有36名馆员参加，绍兴图书馆、新昌县图书馆、嵊州市图书馆荣获团体一等奖，70余名馆员参加本次业务知识学习。是年，绍兴市图书馆学会会员发表论文9篇，立项课题2个。

2020年在疫情期间，各小组参加“党员进社区，打赢防控阻击战”等专项抗疫行动，党员带动全体馆员深入防疫抗疫第一线参加联控值勤；组织线上培训，在绍兴图书馆在线教育平台上传18部课程，402位会员参加了学习，共计6 006学时。8月7日，绍兴市图书馆学会举办“2020年图书资料专业技术人员继续教育线上培训班”，邀请南京大学教授徐雁作《“疗愈系”文献资源建设及其阅读推广》业务培训并现场直播，300余位馆员在线收看。是年，绍兴市图书馆学会会员发表论文3篇，立项课题1个，参编《地方文献与阅读推广》著作1部。

（2）举办业务培训、专题讲座、报告会

自2000年起，绍兴市图书馆学会通过各种渠道，邀请省内外图书馆专家、学者为会员进行业务培训、做学术讲座和报告。

2011年根据绍兴市文广局《关于加强群众文化、图书资料专业技术人员继续教育的通知》精神，每位专业技术人员每年应接受不少于12个课时以上的继续教育，绍兴市图书馆学会更是将培训、讲座、报告会列入年度日常工作，并不定期进行业务知识竞赛。

据不完全统计，2000—2020年绍兴市图书馆学会组织的培训、讲座及报告会见表1-12。

表1-12　绍兴市图书馆学会培训、讲座、报告会一览（2000—2020年）

年份	内容	主讲人
2000	图书馆计算机现代化发展	
2001.5	中文图书机读目录格式	
2001	《图书馆概论》《参考咨询工作》	李超平（浙江大学教授）

续表

年份	内容	主讲人
2002.6.24	文献编目工作	刘露（浙江图书馆采编部主任）
	读者工作	贾晓东（浙江图书馆副馆长）
2002.11.25	学术论文的写作与结构	周子荣（浙江医科大学研究馆员）
	论文写作的标准和发表	赵达雄（浙江图书馆数字资源部主任）
2003	Apabi 电子书库专业知识实务培训	
2003.9.8	地方文献和地方文献工作	袁逸（浙江图书馆地方文献部主任）
2003.11.17	公众利用网络文献的最佳途径	刘晓清（浙江图书馆副馆长）
2004.5.17	ILASII 的规范操作与功能详解	翁映（绍兴图书馆）
2005.5	网络资源的利用和开发	徐克庄（原浙江信息情报所副所长）
2005.7.11—12	建立什么样的图书馆职业道德	李超平（浙江大学人文学院教授）
2006.7.17	公共图书馆读者心理分析	李黎（绍兴文理学院副教授）
2006.9	迈向小康社会的城市礼仪	周一农（教授）
2007.6	浙江省图书馆业务基础知识培训班，《图书馆工作》《图书馆学导引》等	9 位图书馆界专家和业务骨干
2007.8.8	服务礼仪与规范用语	袁鸿娟（绍兴市汽运集团五星级站务员）
2007.5	职业礼仪知识	亓威（绍兴越秀外国语副教授）
2008.5.12	课题选择与论文撰写	王宗义（《图书馆杂志》常务副主编、教授）
2008.11.3	数据库的应用与查询	姜晓霞（同方知网培训经理专家）
2009.4.27	读秀数据库使用	盛秋敏（中国知网公司）
2009.12.28	公共图书馆队伍建设的思考与实践	周德明（上海图书馆副馆长）
2010.4.12	浙江网络图书馆使用指导	詹利华（浙江图书馆共享工程办公室主任）
2010.10.25	CNKI 中国知网产品介绍与使用	盛秋敏（中国知网公司）
2010.12.7	“十二五”中的图书馆事业	李国新（中国图书馆学会学术研究委员会常务副主任、北京大学信息管理系教授）
2011.11.14	公共图书馆职业漫谈	应长兴（浙江图书馆馆长）
	谈谈地方文献工作的体会	钱斌（绍兴文理学院图书馆研究馆员）
2011.11.19	王阳明致良知说的当代意义	董平（浙江大学哲学系教授、博士生导师）
2012.5.25	加强非物质文化遗产保护建设中华民族共有精神家园	周和平（国家图书馆馆长）
2013.6.3	图书馆服务礼仪	仇杨坪（温州市图书馆副馆长、研究馆员）
	现代图书馆技术应用创新与发展	刘晓清（浙江图书馆副馆长、研究馆员）
2013.10.27	数字图书馆建设实践与服务体系构建	魏大威（国家图书馆副馆长）
2014.5.19	数字文献检索	舒炎祥（绍兴文理学院图书馆馆长）
	图书馆发展热点问题和第三文化空间	褚树青（杭州图书馆馆长）
	图书情报学术前沿及专业论文写作	金晓明（上海《图书馆杂志》常务副主编）
2014.10.27	图书馆基本理念与读者权利的保障	蒋永福（黑龙江大学教授）
	阅读推广工作漫谈	陈瑛（浙江图书馆读者活动推广部主任）

续表

年份	内容	主讲人
2015.7.27	图书馆读者资源的开发与建设	王子舟（北京大学教授）
	基于图书馆核心价值的阅读推广	范并思（华东师范大学教授）
2015.11.30	怎样讲一个故事——论案例撰写	李超平（浙江大学公共管理学院副教授）
2016.9.12	读者的需要就是我的追求	曾玉琴（中国图书馆榜样人物）
	快乐工作幸福生活——塑造阳光心态	林慧莲（绍兴文理学院教授）
2017.7.17	读者活动的创新及案例	蔡冰（东莞图书馆副馆长、研究员）
	图书馆的功能演变和未来发展	姜爱蓉（北京高校图书馆研究会理事长、研究员）
2017.9.29	担当全面阅读推广创新读者服务工作	徐雁(中国图书馆学会阅读指导与阅读推广委员会主任，南京大学教授）
	基层图书馆如何推销自己	慎志浩（德清县图书馆馆长）
2017.11.20	快乐工作，幸福生活	田国强（绍兴市第七人民医院主任医师）
	《公共图书馆服务规范》编制与解读	徐洁（浙江图书馆副书记、研究馆员）
	绍兴市公共图书馆窗口服务规范解读	那艳（绍兴图书馆副馆长、副研究馆员）
	浅谈智慧图书馆	周铁雷（上海万方数据有限公司总经理）
2018.5.14	智能时代与图书馆创新发展	刘晓清（浙江图书馆首席专家、原浙江图书馆副馆长）
	学术论文的写作与投稿	朱小燕（《图书馆研究与工作》编辑部主任）
2018.10.29	阳光心态与压力管理	李萍(中共绍兴市委党校文化学与社会学教研室副主任）
	智慧图书馆—进展，实践与展望	刘柏嵩（宁波大学图书馆馆长）
2019.5.27	全媒体时代图书馆多元阅读的实践与思考	许建业（南京图书馆副馆长）
	职工心理保健	陈吉良（高级心理咨询师）
2020.8	2020 年图书资料专业技术人员继续教育线上培训班	徐雁（见上）
2020.10	2020 年基层文化和旅游公共服务队伍线上培训—公共图书馆创新发展系列培训班	

（3）编辑会刊、资料汇编

1）会刊

自 1984 年绍兴市成立浙江省图书馆学会会员小组以来，绍兴图书馆一直与学会合办会刊，始称《图书馆工作》。1989 年 4 月，改刊名为《绍兴图苑》。至 2001 年初，共出版 144 期。

自 2001 年起，《绍兴图苑》改刊为报，8 开 4 版，每年 4 期，无固定栏目，有本学会动态、其他业界信息和征文通知等。

2002 年 3 月 15 日，《绍兴图苑》首期少儿馆专刊出刊。至 2008 年 4 月，《绍兴图苑》共发行 29 期。

2008 年 6 月，《绍兴图苑》改名为《绍兴市图书馆学会工作通讯》，版面由“报纸型”改成“简报型”，A4 纸 8 版，每年 6 期，分学会动态（或图书馆动态）、他山之石（或业内采风）、学术通知（或学术园地）、图林短讯 4 个栏目，至 2020 年底，共发行 76 期。

自 2006 年起，发送范围由原来面向浙江省内公共馆、省外少量市级馆扩大到所有省级图书馆和省会城市图书馆。

会刊的组稿、编辑、出版、发行工作，由绍兴图书馆辅导部门承担，各学会小组通讯员协助。因绍兴图书馆部门变化及职责调整，会刊的具体负责部门与人员也有所变化，详见表 1-13。

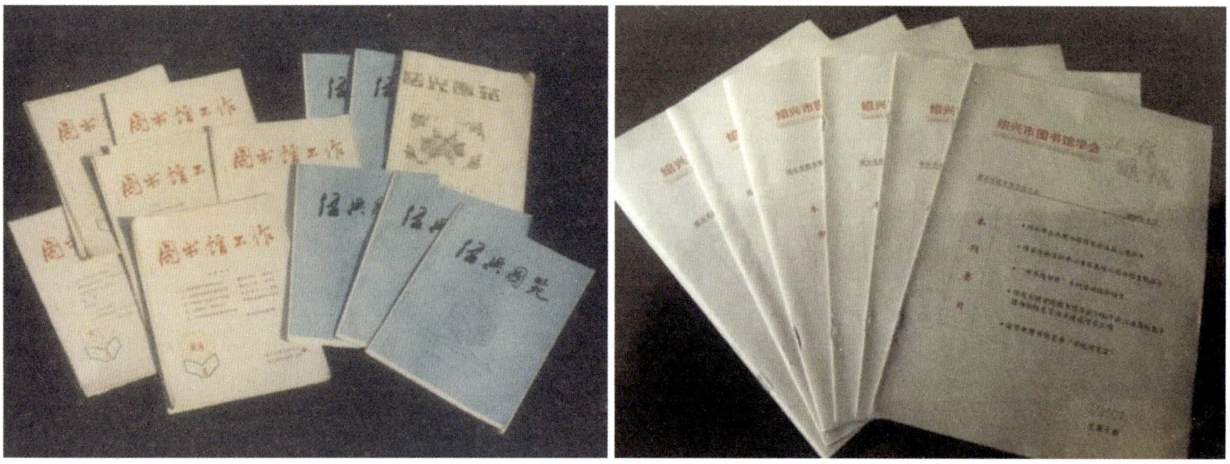

图 1-7　学会刊物《图书馆工作》和《绍兴图苑》（后改名为《绍兴市图书馆学会工作通讯》）

表 1-13　绍兴市图书馆学会会刊编辑一览（2000—2020）

序号	时间	刊名	部门	编辑
1	2001 年—2008 年 3 月	绍兴图苑	综合办公室	裘式言、王燕飞、赵伟达、倪海青、蒋替征
2	2008 年 4 月—2010 年 1 月	绍兴图苑 / 绍兴市图书馆学会工作通讯	宣传推广部	夏飞凤
3	2010 年 2 月—2015 年 5 月	绍兴市图书馆学会工作通讯	宣传推广部、读者活动部	周莉莉
4	2015 年 6 月—2017 年 10 月	绍兴市图书馆学会工作通讯	综合办公室	周岚岚
5	2016 年 11 月—2017 年 6 月	绍兴市图书馆学会工作通讯	综合办公室	黄斌
6	2017 年 7 月—2020 年 1 月	绍兴市图书馆学会工作通讯	业务管理部	陈烨樱
7	2020 年 2 月—2020 年 4 月	绍兴市图书馆学会工作通讯	业务管理部	倪海青
8	2020 年 5 月至今	绍兴市图书馆学会工作通讯	采编部	翁映

2）论文集

历年来，绍兴市图书馆学会多次组织会员参加各种征文活动。特别是在 2002 年，由中国图书馆学会、浙江省文化厅、绍兴市人民政府联合主办，绍兴图书馆承办“纪念古越藏书楼创建百年”系列活动中，包括了 10 月 29 日举行的“开放的藏书楼开放的图书馆——纪念古越藏书楼创建 100 周年学术研讨会”，共收到论文 125 篇，其中 60 篇由绍兴图书馆结集出书《开放的藏书楼开放的图书馆》。

3）教材

2017 年 12 月，根据中国图书馆学会阅读推广委员会要求，“阅读推广人系列教材”第三辑之《地方文献与图书馆阅读推广》分册由绍兴图书馆负责编辑。由王以俭、廖晓飞、夏飞凤、黄蓉、许武智等参与编辑，并邀请嘉兴市图书馆古籍地方文献部主任郑闯辉参加，于 2019 年由朝华出版社出版。

（五）荣誉

1. 获得的荣誉

进入 21 世纪之后，绍兴图书馆在绍兴市政府的大力支持下，以及两次增盖新馆舍的加持，全体员工工作的积极性、能动性、创造性获得了很大提高，在图书馆的读者服务和全体市民的信息保障方面作出了非常多的创新性的努力，获得了来自各级政府以及行业组织的表彰与荣誉。据不完全统计，绍兴图书馆及其工作人员 2000—2020 年所获得的各种荣誉见表 1-14。

表 1-14　绍兴图书馆获得荣誉一览（2000 年—2020 年）

年份	创建活动荣誉
2000 年	6 月，由文化部在全国范围内组织开展的“读者喜爱的图书馆”评选活动中，被评为“全国百家读者喜爱的图书馆”。
2001 年	3 月，被中共浙江省委、省人民政府授予“文明单位称号”。外借部被绍兴市妇联授予“巾帼文明示范岗”称号。 4 月，计算机部网上阅览室被共青团绍兴市委授予 2000 年度“青年文明号”称号。
2002 年	获绍兴市直文体系统“先进集体”（年终考评一等奖），市直文体系统“先进党组织”等荣誉称号。 被越城区关心下一代工作委员会、越城区社区教育委员会授予先进集体荣誉称号。
2003 年	获优秀党组织和先进集体双荣誉称号。 被市档案局授予“2003 年度市直档案系统先进集体”荣誉称号。
2005 年	被国家文化部评为一级图书馆。 获市直文广系统保持共产党员先进性教育知识竞赛组织奖。
2006 年	少儿馆获绍兴市未成年思想道德建设先进集体称号。 被评为“十五”时期绍兴市文广系统文化先进集体。
2007 年	绍兴图书馆被授为中国图书馆学会全民阅读先进单位。
2008 年	被评为全国古籍保护试点单位。 外借部被评为浙江省“巾帼文明岗”。
2009 年	被评为第二批全国古籍重点保护单位。 顺利通过国家一级图书馆的评估定级。 通过浙江省文明单位复评。

续表

年份	创建活动荣誉
2010 年	浙江省社会科学普及周先进集体。 党支部被评为绍兴市直文广系统“五好”基层党组织。 “推出 RFID 智能图书自助借还服务”被评为 2010 年度绍兴市直文广系统十件大事之一。 被绍兴市爱国卫生运动委员会定为“绍兴市无烟单位”。
2011 年	获浙江省文化共享工程先进集体和浙江省公共图书馆“两会”信息服务工作优秀服务奖。 参与复评“浙江省文明单位”，保留称号。 被中共绍兴市委互联网管理工作领导小组评为“2011 年度绍兴市网络传播创新项目”，被中共绍兴市委组织部和绍兴市总工会联合评选的 2011 年度绍兴市“三级联创”示范基层工会。 “关爱农民工子女特制借阅卡服务项目”被评为绍兴市优秀志愿服务项目。
2012 年	少儿部获得由浙江省巾帼建功双学双比活动协调小组办公室授予的“2012 年度浙江省巾帼文明岗”荣誉称号。 获全省公共图书馆“两会”信息服务工作优秀服务奖。 获绍兴市优秀志愿服务集体，绍兴市第四届未成年人思想道德建设“希望奖”。 “绍兴电视图书馆”被评为绍兴市宣传思想工作创新奖，绍兴市文化创新奖。 获绍兴市直文广系统第 21 届中国金鸡百花电影节贡献奖，市直档案工作先进集体，市直文广系统节能降耗工作先进单位。 被绍兴市社科联命名为绍兴市社会科学普及基地。 电视图书馆及一卡通开通被评为 2012 年度绍兴市文广系统十件大事之一。
2013 年	顺利通过文化部第五次公共图书馆评估定级，继续保持国家“一级图书馆”称号。 被中国图书馆学会授予“全民阅读示范基地”称号。 绍兴电视图书馆获批第二批国家公共文化服务体系示范项目。 被浙江省文化厅授予“全省公共图书馆地方文献工作考评示范馆”“浙江省古籍普查先进单位”和“全省公共图书馆开展‘两会’信息服务工作优秀服务奖”荣誉称号。 顺利通过了浙江省一级档案目标管理复查认证和省文明单位复评。 被浙江省视障信息无障碍服务联盟授予“2013 年度视障信息服务工作优秀奖”称号。 学会获绍兴市社科联学会、研究会双“十佳”社团称号。 被绍兴市老龄工作委员会评为获第一届绍兴市“敬老文明号”单位。 被授予越城区卫生先进单位（越城区爱国卫生委员会）。 被授予绍兴市文广系统信息工作先进单位。 数字图书馆、电视图书馆被评为“绍兴市文广系统十件大事”。 少儿部被授予“巾帼文明岗”荣誉称号。
2014 年	被浙江省文化厅授予开展“两会”信息服务工作优秀服务奖和“优秀信息产品（编辑）奖”。 被评为绍兴市社科联“优秀社科知识普及基地”。 被绍兴市爱国卫生运动委员会评为绍兴市卫生先进单位。 被评为绍兴市文广系统信息工作先进单位。

续表

年份	创建活动荣誉
2015 年	被确认为第一批省级古籍修复中心。 被浙江省文化厅授予开展“两会”“信息服务工作优秀服务奖”和“优秀信息产品（编辑）奖”。 绍兴市文化中心建成开放（绍兴图书馆）被评为“绍兴市直文广系统十件大事”。 被评为绍兴市社科联“科普活动组织示范基地”，文广系统政务信息工作先进集体，市直文广系统安全生产工作先进集体。
2016 年	被浙江省文化厅授予开展“两会”信息服务工作优秀服务奖和优秀信息产品（编辑）奖。 被评为绍兴市直文广系统先进集体，文广系统信息工作先进集体，市直文广系统先进党组织。 被评为社科联“科普活动组织示范基地”，绍兴市城区生活垃圾分类工作先进集体提名奖。
2017 年	被浙江省文化厅授予开展“两会”信息服务工作优秀服务奖和“两会”专题信息产品合作编辑优秀奖。 获绍兴市档案和文广系统档案优秀单位。 被命名为浙江省和绍兴市第二批公共机构节水型单位。 在绍兴市直文广系统“两先一优”评比中幼儿读者接待岗获集体共产党员先锋岗。
2018 年	被浙江省文化厅授予“两会”信息服务工作优秀服务奖和“两会”专题信息产品合作编辑优秀奖。 被国家古籍保护中心授予中华优秀传统文化实践基地。 被绍兴市总工会命名为工人先锋号。 获绍兴市直文广系统 2017 年度政务信息工作先进集体，2017 年度市直文广系统先进基层党组织。 获 2016—2017 年绍兴市无偿献血先进单位。
2019 年	获 2018 年度助残服务工作先进集体。 获 2018 年度绍兴市直机关“巾帼文明岗”。
2020 年	获绍兴市无偿献血先进单位。 获评文津图书奖联合评审单位。 获评第三批省级民族团结进步重点培育单位。 获 2020 年度绍兴市直文广旅游系统优秀基层党组织，获 2020 年度绍兴市直文广旅游系统先进集体二等奖单位。

2. 业务竞赛荣誉

绍兴图书馆 2020—2020 年所获得的各级各类业务竞赛荣誉见表 1-15。

表 1-15　绍兴图书馆参加各类业务竞赛所获荣誉一览（2000 年—2020 年）

年份	业务竞赛荣誉
2001 年	12 月，在全省公共图书馆计算机应用知识竞赛中，由翁映、廖晓飞、项元峰组成的绍兴市公共图书馆代表队获团体二等奖，廖晓飞获个人二等奖，项元峰、翁映获个人三等奖。廖晓飞又作为浙江省公共图书馆代表队成员之一参加在北京举行的全国公共图书馆计算机应用知识大赛，浙江队获团体第一名，受到文化部嘉奖。
2005 年	获浙江省文化厅、省档案局《浙江家谱总目提要》编纂工作先进集体，王燕飞荣获先进个人。
2007 年	获第三届浙江省未成年人读书节组织奖。
2008 年	获第四届浙江省未成年人读书节创新奖。 采编部获浙江省图书馆文献 2006—2007 年度数据质量奖。

续表

年份	业务竞赛荣誉
2009年	获全国少儿阅读年系列活动优秀组织奖、优秀辅导员奖。 获第五届浙江省未成年人读书节创新奖、组织奖。 获浙江省文化系统“优秀讲座品牌”，浙江省“2007—2008年度数据质量监督奖”2009浙江省公共图书馆文献采编工作研讨会论文组织奖、文化共享杯——全国文化共享工程知识与技能竞赛（浙江）团体冠军。 在浙江省图书馆学会2009年践行《图书馆服务宣言》演讲比赛中，陈琦荣获一等奖。 廖晓飞参加的绍兴代表队获文化共享杯——全国文化共享工程知识与技能竞赛（浙江）冠军。 张玲琳被评为浙江省讲座工作先进个人。 获市第六届“全民读书月”活动先进单位；蒋替征被评为先进工作者。
2010年	获全国文化共享工程少年网页设计竞赛优秀组织奖。 获2009—2010年度“星星火炬”全国少年儿童英语风采展示活动组织工作先进单位。 获第六届浙江省未成年人读书节组织奖。 获浙江省共享工程十佳网站优秀奖获奖单位优秀奖和最佳口碑奖。 被评为绍兴市第七届“全民读书月”活动先进单位。 被评为绍兴市未成年人思想道德建设希望奖。
2011年	获第七届浙江省未成年人读书节组织奖、优秀活动案例。 获由绍兴市文化广电新闻出版局和共青团绍兴市委组织的绍兴市未成年人“读经典书籍，看经典影片，写真实感受”活动优秀组织奖。 获浙江省第二届文化信息资源共享工程知识与技能竞赛优秀组织奖。
2012年	获中国图书馆学会颁发的“全民阅读优秀组织奖”。 获第八届未成年人读书节组织奖、创新奖，第八届未成年人读书节优秀活动案例。 获绍兴市第九届“全民读书月”活动先进单位。 张伟参加浙江省图书馆学会举办的“读者主导型活动案例”比赛，荣获三等奖。
2013年	获浙江省文化厅“第九届浙江省未成年人读书节组织奖、创新奖”。 在第九届浙江省未成年人读书节比赛中，获“‘十万儿童百万书’全城少儿阅读行动”优秀活动案例。 在浙江省首届公共图书馆信息服务产品创作大赛有关奖项中，荣获浙江省首届公共图书馆信息服务产品创作大赛组织奖，“信息与参考”获浙江省首届公共图书馆信息服务产品优秀奖。“看绍兴”获浙江省首届公共图书馆信息服务产品金参考奖。 在全省公共图书馆读者服务工作研讨会培训班服务形象展演图书馆选送的“快乐老年、快乐生活”获优胜奖，“绍兴图书馆老年爱心卡服务”获三等奖。 获绍兴市第十届“全民读书月”活动先进单位。

续表

年份	业务竞赛荣誉
2014 年	获浙江省文化厅“三以六区”建设经典案例征文比赛优秀奖。 被中国图书馆学会授予开展全国少年儿童经典绘本剧视频大赛活动优秀组织奖。 被浙江省文化厅授予“第十届浙江省未成年人读书节”组织奖。 在中国图书馆学会组织的“全国少年儿童经典绘本剧视频大赛”活动中，绍兴图书馆选送的作品《石头汤》《爱新村》分别荣获“拍摄、提供场地”二、三等奖。 在“全国少年儿童绘本创作大赛”中，特授优秀组织奖；钮国江获指导奖。 在“全国图书馆员绘本讲读大赛”中，获浙江赛区优秀组织奖；《憋不住了，憋不住了，快要憋不住了》获浙江赛区二等奖。 “馆校联动创新服务”项目获绍兴市公共文化服务项目创新奖。 在“浙江省未成年人读书节系列活动－浙江省少年儿童绘画绘本创作大赛”获优秀组织奖，获浙江省少年儿童原创本大赛中荣获优秀组织奖。 在绍兴市第十二届“全民读书月”中，“朗诵团阅读推广系列活动”获书香绍兴系列先进典型——绍兴市全民阅读优秀项目。 蔡彦在第十二届“全民读书月”——“悦读·印象”读书风景摄影比赛中获奖。 蔡彦在绍兴市第五届未成年人思想道德建设活动中，“金苹果系列少儿活动”获“希望奖”。
2015 年	被评为“第十一届浙江省未成年人读书节”组织奖、创新奖。
2016 年	获“全国图书馆未成年人服务提升计划”示范基地称号（中国图书馆学会）。 微信公众号获绍兴市网上文化家园文化服务类优秀项目。 在浙江省图书馆阅读推广案例大赛中，“美文品读”在阅读推广中的应用获二等奖。 在全国少年儿童（浙江地区）故事大赛中，“童声里的红色记忆”获优秀组织奖。 获浙江省公共图书馆全民阅读节系列活动“年度优秀组织奖”。 “绍兴电视图书馆”绍兴模式获批第二批国家公共文化服务体系示范项目。 施国权被评为“浙江省公共图书馆优秀阅读推广人”。 在“浙江省图书馆员信息检索大赛”中，孙祝丽获二等奖，黄蓉、丁鹏敏、叶康伟获三等奖。 在浙江省公共图书馆全民阅读节“图书馆随手拍”活动中，王雪锋获三等奖。 张东雄代表华东赛区参加“信息时代数字未来——2016 年数字图书馆业务技能竞赛”决赛，获团体三等奖。 “读者接待岗”和“越州讲坛岗”获绍兴市直文广系统先锋岗。
2017 年	在“跟随名家诵诗文”全国少年儿童诵读大赛中，获优秀组织奖。 《信息与参考》获优秀图书馆服务品牌卓越影响奖。 《美文品读栏目》获 2017 年度绍兴市网上文化家园示范项目；参与浙江省阅读推广活动创意策划大赛，绍兴图书馆获创意大赛三等奖。 在绍兴市第十三届“全民阅读”活动中，绍兴图书馆“好书天天荐”项目被评为全民阅读优秀项目。 在绍兴市公共图书馆全民阅读节获绍兴市未成年人朗诵大赛小学组优秀奖，周莉莉获优秀阅读推广人，“金苹果”少儿系列活动获优秀阅读推广品牌。 那艳获绍兴市直文广系统优秀调研文章一等奖。 王沈飞在全国少儿阅读年活动中获优秀组织个人奖。

续表

年份	业务竞赛荣誉
2018 年	在 2018 年浙江省“发现图书馆阅读推广特色人文空间”评选中，获二等奖。 在浙江省公共图书馆读者服务技能竞赛中，获团体二等奖。 在浙江省展览创意策划大赛决赛中，获三等奖。 获 2018 年“绍兴市图书馆员业务知识竞赛”团体二等奖。 获批 2018 年度绍兴市网上文化家园示范项目。 陈梦云获绍兴市级宣传文化系统《我最喜爱的习总书记的一句话》主题宣讲比赛三等奖。 张东雄《一条船的中国梦》在《高歌奋进新时代　风清气正谱新篇》主题诗歌大赛中获三等奖。
2019 年	获全国少年儿童阅读年“绘画作品征集大赛”优秀组织奖。 获“风雨 70 年　荣耀在我心”——我与阅读的故事主题征集活动优秀组织奖。 “绍兴图书馆微信小程序与朗读亭”案例获 2019 年浙江省公共数字文化工程优秀数字阅读推广案例大赛十佳案例。 获韬奋基金会阅读组织联合会文化行走阅读中国优秀组织奖。 “越州讲坛”项目获 2018 年度绍兴市全民阅读优秀项目。 获 2019 年长三角阅读马拉松大赛优秀组织奖。 平嘉捷、葛安凤、傅赛青获 2019（第二届）“绍兴市图书馆员业务知识竞赛”团体一等奖。 张瑶获浙江省古籍保护中心古籍修复技术考核一级。 赵鲤《嘉绍大桥的诞生过程》获《我和我的祖国》全市职工摄影比赛三等奖。 张东雄获绍兴市委直属机关工作委员会《弘扬胆剑精神、勇于担当作为》主题征文活动三等奖。
2020 年	获阅读 TA 力量青少年演讲大赛决赛小学组二等奖、中学组二等奖。 获《天籁浙江印象诗路》朗诵大会决赛青少年组二等奖、成人组二等奖。 叶康伟、平嘉捷、崔月获青春建功重要窗口公文写作比赛三等奖。

3. 学术研究荣誉

2020—2020 年绍兴图书馆所获得的各种学术研究荣誉见表 1-16。

表 1-16　绍兴图书馆所获学术研究荣誉一览（2000 年—2020 年）

年份	学术研究荣誉
2001 年	10 月，在浙江省图书馆学会第八次学术研讨会上，绍兴图书馆袁涛的《绍兴图书馆数字化信息资源建设探析》、龚杏娟的《浅析图书馆与素质教育的关系》、干燕飞的《绍兴谱牒资源的调查与开发》3 篇论文获得优秀论文奖。
2012 年	2012 年出版的民国《绍兴县志资料》，填补了民国时期绍兴府志空白，被评为全国古籍优秀图书一等奖； 荣获中国图书馆学会二等奖 2 个，三等奖 1 个；荣获浙江省图书馆学会优秀奖 1 个和绍兴市文广局一等奖 1 个。
2013 年	在绍兴市文广局举办的“三思”“三观”征文比赛中，沈钊亮、李佳奇获二等奖，夏飞凤、翁映、张东雄获三等奖。
2014 年	浙江省图书馆学会第六届优秀学术论文（2013—2014 年）评奖中，王以俭获一等奖，陈琦获三等奖； 在“我为绍兴构建现代公共文化服务体系献一”金点子评选中，邓娜获二等奖，崔月三等奖。
2015 年	张玲琳《试论地方文化和地方文献管理体系同一性——以绍兴市为例》获中国图书馆学会 2015 年年会征文三等奖。

续表

年份	学术研究荣誉
2016 年	蔡彦在“留住绍兴记忆，书写绍兴历史”照片征集活动中获得最具社会价值奖。 蔡彦在绍兴“治水故事”征集活动中获三等奖。 许武智在“弘扬大禹精神、传承大禹文化”征文比赛中获三等奖。
2017 年	那艳撰写的《绍兴图书馆阅读推广工作现状调查与研究》获绍兴市直文广系统优秀调研成果一等奖。
2018 年	王以俭、陈琦、宋嵩、金剑、劳琴瑶、杨敏撰写的《创新学习方式促进党建工作初探》获绍兴市直机关工作委员会二等奖。
2019 年	茹笑辈撰写的《探索本地资源借力外力腾飞——以绍兴图书馆“绍兴记忆口述史”项目为例》获中国图书馆学会学术论文和业务案例征集活动二等奖案例。
2020 年	叶康伟、平嘉捷、崔月在绍兴市直文广系统青春建功重要窗口青年公文写作比赛获三等奖。

二、设施经费志

设施与经费是做好图书馆工作的基本保障，进入 21 世纪以来，随着政府对公共文化服务体系重视程度的提高，绍兴图书馆的设施与经费逐年提升，尤其是 2000 年和 2014 年，前后两次新建馆舍，给绍兴图书馆开展创新性工作提供了空间保障。与此同时，添置和更新了大量自动化与信息化设备，绍兴图书馆的服务质量也获得很大提高，不断出奇出新。

本章将从馆舍、设备和固定资产、经费的角度，记述进入 21 世纪以来绍兴图书馆发展的基本状况。

（一）馆舍

2000 年以前，馆舍变迁详见上编。

2000 年 5 月 8 日，绍兴图书馆延安路新馆舍正式开放。

2002 年，古越藏书楼门楼成为绍兴图书馆分馆。

2003 年，因鲁迅故里保护工程需要，绍兴图书馆都昌坊口馆舍被拆。

2010 年，浙江省重点建设项目绍兴市文化中心由绍兴市发改委立项，其中北区分给绍兴图书馆作为新馆舍；同年 5 月开工。

2012 年完成主体建筑。

2014 年 4 月 25 日通过竣工验收，工程质量获绍兴市兰花杯评审第一名；同年 12 月 28 日，绍兴图书馆镜湖新馆舍正式开放。

2015 年，延安路馆改造为历史文献馆。

2020 年底，绍兴图书馆的馆舍包括古越藏书楼分馆（门楼）、延安路历史文献馆、镜湖馆，共计建筑面积 47 316 平方米。

表 2-1　绍兴图书馆现有馆舍一览表　　单位：平方米

馆舍名称	地址	建筑面积	产权面积	备注
镜湖馆舍	洋江西路 530 号	34 827	—	产权属于绍兴市城市建设投资集团有限公司
历史文献馆 / 延安路馆舍	延安路 565 号	12 374	16 880.13	4 523.92 平方米划归越城区图书馆使用

续表

馆舍名称	地址	建筑面积	产权面积	备注
古越藏书楼	胜利西路 503 号	115	—	产权属于绍兴军分区
合计		47 316	16 997.15	

1. 古越藏书楼

1998 年，浙江省文物局、建设厅联合发文划定古越藏书楼的保护范围：藏书楼现存门斗及天井，原藏书楼屋基地为恢复区。其建设控制地带包括：二类控制地带，东离东围墙 14 米，南至胜利路北侧，西离西围墙 14 米；三类控制地带，东西至二类地带外 11 米，北至保护范围外 10 米。

2001 年 3 月，绍兴市文物管理局对古越藏书楼的门楼进行落架大修。

2002 年，绍兴图书馆百年馆庆之际，经绍兴市政府协调并同意，古越藏书楼门楼划归绍兴图书馆使用，绍兴图书馆对古越藏书楼进行了全面整修；10 月 29 日，绍兴图书馆古越藏书楼分馆对外正式开放，总面积 115 平方米，为市民提供图书借阅、报刊阅览服务。

开放之初，楼上通间为报刊阅览室，楼下东侧为外借室。由于房屋结构特殊，所在区域城市排水存在一定缺陷，环境潮湿，至 2012 年，一楼东侧书库木质地板出现严重腐烂和沉降等问题，西侧墙面粉刷基本脱落，砖石裸露。

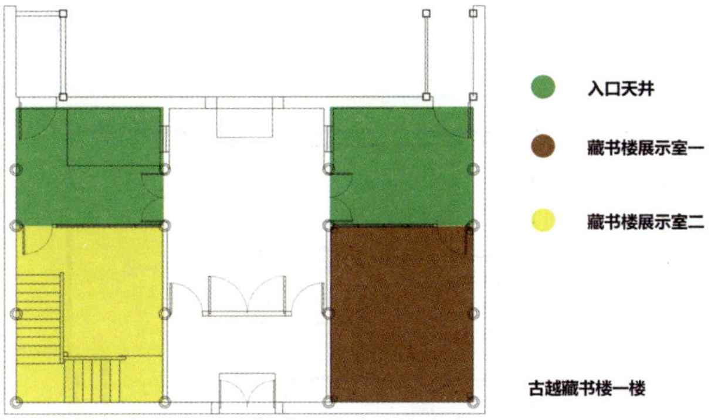

图 2-1　古越藏书楼分馆一楼结构

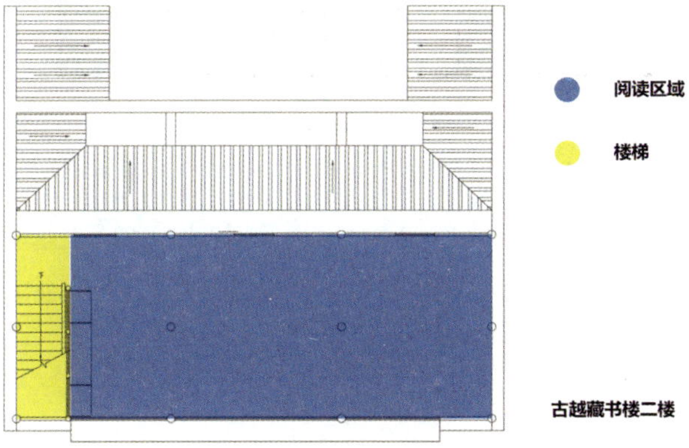

图 2-2　古越藏书楼分馆二楼结构

2013 年 6 月，绍兴图书馆向绍兴市文物局提交《绍兴图书馆关于申请维修古越藏书楼的报告》；10 月 7 日，古越藏书楼分馆因维修停止图书借阅业务，东侧外借室暂做库房使用，二楼报刊阅览继续开放。

2. 都昌坊口馆舍

都昌坊口馆舍自 1983 年底破土动工至 1989 年 10 月建成开放，承担着绍兴市鲁迅图书馆的主要功能，并不断进行改扩建。

2000 年 5 月，绍兴图书馆延安路馆建成开放，都昌坊口馆舍停止读者接待工作。

2002 年，根据绍兴市政府有关城市发展规划，因鲁迅故里一期工程所需，都昌坊口馆舍被纳入征用拆迁范围，2003 年初腾空拆除。

图 2-3　都昌坊口馆舍采编外借楼、阅览楼、演讲厅

3. 延安路馆舍

延安路馆舍，1996 年倡建，1997 年立项，1998 年奠基并开工，1999 年 10 月竣工，2000 年 5 月 8 日正式开放，当时征地 30 亩。

2014 年，绍兴图书馆镜湖新馆舍开放。

2015 年，延安路馆舍改造成为绍兴图书馆历史文献馆，部分馆舍划归越城区图书馆使用。

2020 年底，绍兴图书馆延安路馆舍的建筑面积是 12 374 平方米，包括主楼（不含一楼展厅、学术厅）、设备用房等。

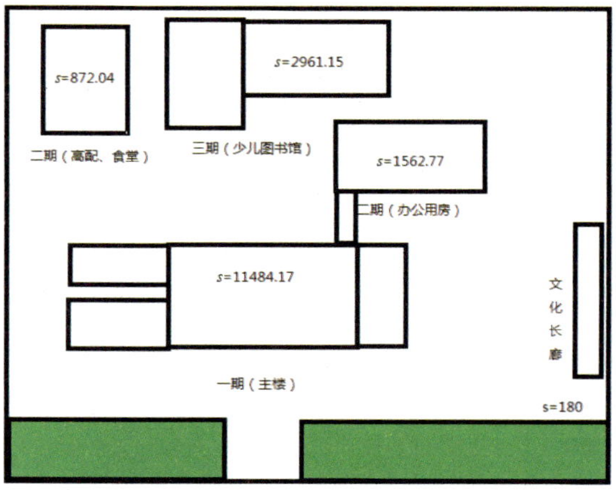

图 2-4　延安路馆舍基本布局图

（1）主体建造

绍兴图书馆延安路馆舍位于绍兴市延安路 565 号，分三期建设：第一期为主楼建设，第二期为办公用房（培训楼）、设备用房（高配、食堂）建设，第三期为少儿馆建设。

后期又建有文化长廊、自助图书馆门厅（原办证大厅）等项目。

表 2-2　绍兴图书馆延安路馆舍第一期和第二期建设

	第一期	第二期	
工程名称	绍兴图书馆主楼	绍兴图书馆办公用房	绍兴图书馆设备用房
建设单位	绍兴图书馆筹建办		
设计单位	浙江省建筑设计研究院	绍兴市建筑设计研究院	
施工单位	绍兴市第一建工集团有限公司		
建筑面积	11 484.17 平方米	1 500 平方米	900 平方米
结构类型	框架	框架三层	框架二层
工程预算	13 636 700 元	1 660 245 元	1 326 113 元
工程决算	—	—	—
开工日期	1998 年 10 月 8 日	1999 年 12 月 14 日	1999 年 12 月 14 日
竣工日期	1999 年 11 月 8 日	2000 年 7 月 18 日	2000 年 7 月 4 日
验交日期	1999 年	2001 年 9 月 17 日	

注：资料来源于单位工程竣工验收记录。

1）第一、二期建设

绍兴图书馆延安路馆舍总投资5 500万元，占地面积2万平方米，建筑面积1.3万平方米，由主楼（一期工程）和东西两副楼（二期工程）组成。主楼五层，东西长约88.8米，南北宽约55米，层高均为4.5米，楼最高点为31.5米。

新馆舍建设确立“以人为本”的开放式服务理念，提供开放式的服务环境。在建筑表现形式上，按照绍兴出土的春秋时期“伎乐铜房”形态加以简化与提炼，体现了绍兴悠久的历史和丰富的文化内涵。建筑物采用“三统一”模数化大开间设计，跳出了以往图书馆藏书、阅览严格分区的设计传统。

功能区域的安排根据不同文化层次和年龄结构的读者群，自下而上分层布置，满足各类读者的知识需求和环境要求，有248个座席的报告厅和580平方米的展览厅，设有无障碍通道和残疾人洗手间。另外，还配备供读者使用的公共电话、小卖部、饮水间、餐厅、书店等。新馆舍绿化面积达43%，筑有绕楼水渠。

新馆舍可藏书100万册，设有读者坐席1 000个。配置有计算机网络系统，实现了内部局域网与互联网的互通，通信系统还包括卫星电视和闭路电视接收系统。

图2-5 延安路馆舍大厅一角、外借阅览室和报告厅

2）第三期建设

2003年，浙江省人民政府颁布的《浙江省公共图书馆管理办法》规定：“市及有条件的县（市、区）应当设立少年儿童图书馆。”2004年4月，绍兴图书馆提出在延安路馆舍北侧建设用地范围内扩建绍兴图书馆少年儿童图书馆（三期工程）的申请。随后，绍兴市规划局、市土地局、市发计委等5部门联合进行现场踏看。8月19日，经绍兴市发展计划委员会批复立项：项目用地面积3 397平方米，建筑面积2 961.15平方米（规划审批3 000平方米）。11月16日，少儿图书馆扩建项目开始地质勘探。

2005年3月底动工，12月竣工。2006年6月1日，举办绍兴图书馆少年儿童馆馆庆10周年暨新馆开放仪式。

绍兴图书馆少年儿童馆主体建筑为二至三层的框架结构，层高3.9米，设有亲子活动室、幼儿借阅室、少儿借阅室、动漫室、语音室、多媒体室和多功能厅，总投资518万元。

3）后期建设

①文化科普长廊。2008年，为发挥绍兴图书馆的公益性作用，宣传、普及文化科普知识，根据绍兴市文广局要求，经绍兴市规划局批准，绍兴图书馆对东面围墙进行改造，建造文化科普长廊。2009年5月20日，文化科普长廊、宣传窗验收，建筑面积188平方米，投资40多万元（其中绍兴市科协投资5万元）。文化科普长廊内外设有宣传窗三面，宣传窗总长108米，可放置60×90厘米规格的展板112块。宣传窗主要介绍绍兴图书馆概况及主要业务，并与绍兴市科协合作，进行科普知识的宣传。

②办证中心。因原办证中心仅11平方米，窗口窄小，条件简陋，位置隐蔽。于是，绍兴图书馆向绍兴市规划局申请，在图书馆大厅西侧原小卖部基础上进行改建，主要职能为办证、咨询等服务，并提供部分报纸杂志供读者查阅。新办证中心于2009年3月20日启用，面积81平方米，投资10余万元。大厅内安装了电子显示屏，有5个服务柜台，配置新电脑，工作人员统一着装上岗，并制定了严格的服务规范。

（2）馆舍历年变动情况

2005年，主楼西南角一楼原少儿馆调整为乒乓球馆，原少儿馆搬迁至西北角一楼原自修室；三楼报刊库分隔两区，东区350平方米改为自修室。

2006年，6月1日，少儿图书馆新馆正式开放，位于三楼的自修室移至原一楼位置，三楼自修室调整为基藏书库Ⅰ；信息部与技术部合并办公，三楼原信息部办公室调整为基藏书库Ⅱ。

2007年5月24日，中心机房搬迁、网上阅览室改造完工，投资约122 500元；6月26日，新网上阅览室正式开放，读者接待面积扩大1倍。

2008年9月4日，三楼古籍书库恒温恒湿改造工作进行验收，根据特藏书库建设要求，投资150万元，增添书柜、空调、消防等。

2009年，一楼原休闲区改建新学术厅。租用府山西路武勋坊18号原绍兴县教师进修学校部分房屋，作为少儿分馆和培训分部。8月28日，少儿分馆正式开馆。9月17日，培训分部正式开课。延安路馆少儿馆进行门面改造，馆名位置由草坪悬挂于大门入口处，拓宽了少儿馆门前小广场的面积，门口进行绿化改造。

2010年，拓展培训场地，主楼五层改为培训场地，五楼学术厅改建为教室（后因绍兴市文广局提出主楼不得办培训，培训退出主楼）；主楼一、二、四层的公共卫生设施范围内的地面、墙面、吊顶饰面、卫生洁具、隔断等拆除改造。

2011年，先后两次对馆舍进行维修。5月11日，绍兴市文广局发文《关于要求绍兴图书馆、绍兴市群艺馆停止营利性培训的通知》。8月，对图书馆房屋重新安排：原培训A楼（二期办公用房）暂作为设施设备安置区域，原培训B楼为少儿馆所用。文明城市创建结束后，未成年人阅览室改为自然科学书库，与办证大厅打通成一体。原基藏书库Ⅰ改建为绍兴地方文献馆。

2012年3月25日，绍兴书法文献馆在绍兴图书馆延安路馆舍内开馆，面积近500平方米，设展示区、文献区、阅览区、交流区4个区域；9月完成主楼、办证中心、少儿馆等入口的不锈钢大门安装工程。四楼办公区域装修改造，办公室整体搬迁到五楼，少儿馆场馆功能调整，修复室由四楼迁到三楼怀贤堂，西室改为民国文献临时书库。

2013 年 11 月 30 日，绍兴家谱馆在绍兴图书馆延安路馆舍内开馆。

2014 年，根据浙江省文化厅《关于开展第一批浙江省“省级古籍修复中心和古籍修复站”申报工作的通知》，绍兴图书馆于 7 月采购了净化水设备、古籍清洗槽、纸张测厚仪等专用设备，并扩建修复场地，修复中心为三楼南面东侧二室，面积达 200 平方米。

2015 年，镜湖馆舍开放之后，延安路馆舍定位为历史文献馆。当年对二、三楼进行了重点改造。12 月 25 日，历史文献馆开馆，建筑面积 1.2 万平方米，下设绍兴市古籍保护中心和绍兴市地方文献保护中心两大中心，设置阅览座席近 200 座。二楼南区为地方文献室，北区为参考文献室；三楼南区为古籍查阅室，北区为新版古籍查阅室和民国文献书库。基藏书库Ⅱ改为报纸库，期刊库搬到了四楼原采编部办公室。向越城区图书馆移交部分馆舍，包括少儿馆、办公用房 A 楼（绍兴书法文献馆、家谱馆撤销）。

2016 年 11 月 28 日，绍兴市文广新局与越城区文广新局签订《绍兴图书馆历史文献馆部分馆舍移交协议书》，移交范围为历史文献馆一楼展厅、学术厅、原自然科学借阅室、美工室部分用房、文化长廊外墙橱窗。与越城区图书馆在原自然科学借阅室、办证中心联合建造读者自助图书馆。在主楼一楼原电子阅览室建造绍兴音像资料室。延安路图书馆消控中心、监控中心外移至现物业服务处。

2017 年 9 月，启动延安路图书馆流通、基藏书库的建设。

2018 年 12 月，延安路图书馆流通、基藏书库全部建成并投入使用。

表 2-3　绍兴图书馆延安路馆舍建筑物结构情况

年份	馆舍面积（平方米）	说明
2004—2006	14 041	其中办公用房 1 563 平方米，业务用房 11 484 平方米，附属用房 872 平方米，职工宿舍 122 平方米
2007	14 036	其中办公用房 1 563 平方米，业务用房 11 484 平方米，附属用房 872 平方米，职工宿舍 117 平方米，年末实际占有土地面积 20 000 平方米
2008—2020	16 997.15	其中办公用房 1 563 平方米，业务用房 14 445.15 平方米（增少儿馆 2 961.15 平方米），附属用房 872 平方米，文化长廊 180 平方米，职工宿舍 117 平方米，4 524 平方米划归越城区图书馆使用

注：资料来源历年《单位固定资产情况表》（摘录）。

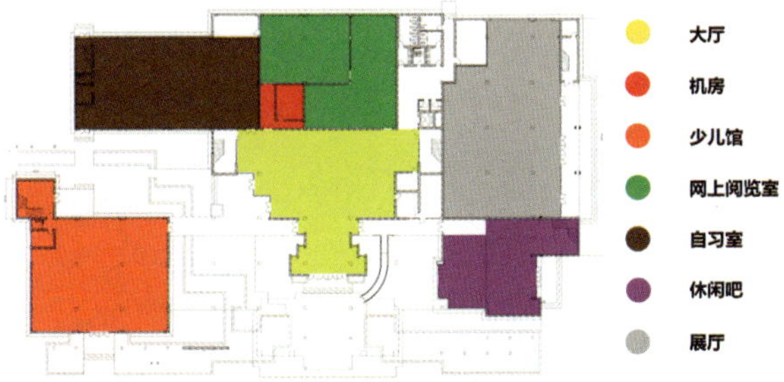

图 2-6　延安路馆一楼平面图

（3）馆舍布局（2000 年）

一楼：大厅、机房、少儿图书馆、网上阅览室、自习室、休闲吧、展厅。

二楼：报告厅、借阅室、报刊阅览室、老报纸库。

三楼：基藏书库、老报刊库、善本书库、普通古籍书库、古籍查阅室、地方文献室、古籍修复室。

四楼：行政办公室、采编部。

五楼：专家包厢 6 间、108 座的学术报告厅。

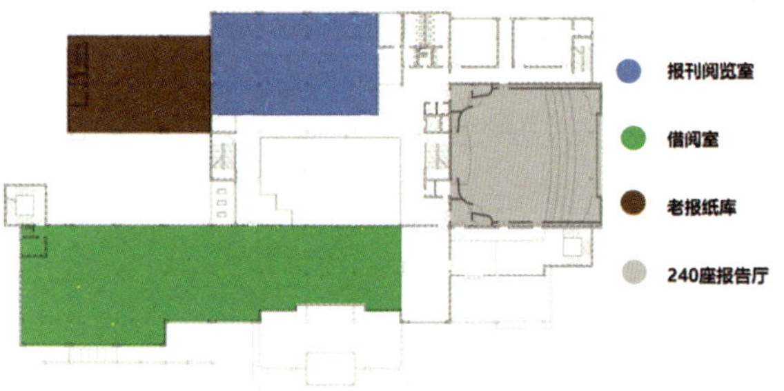

图 2-7　延安路馆二楼平面图

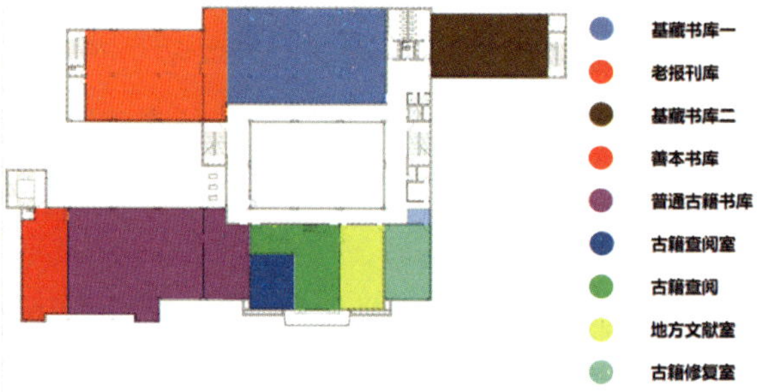

图 2-8　延安路馆三楼平面图

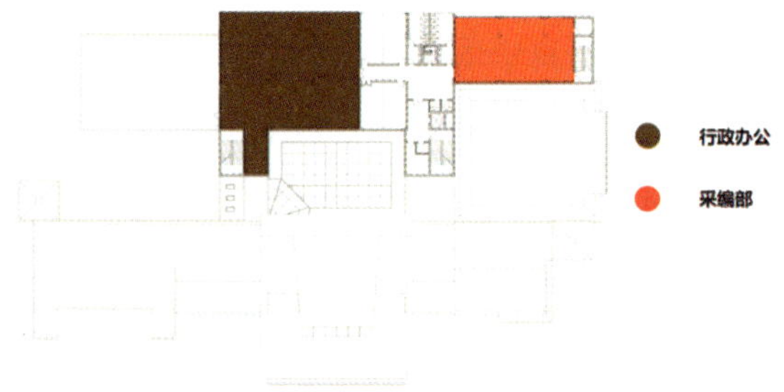

图 2-9　延安路馆四楼平面图

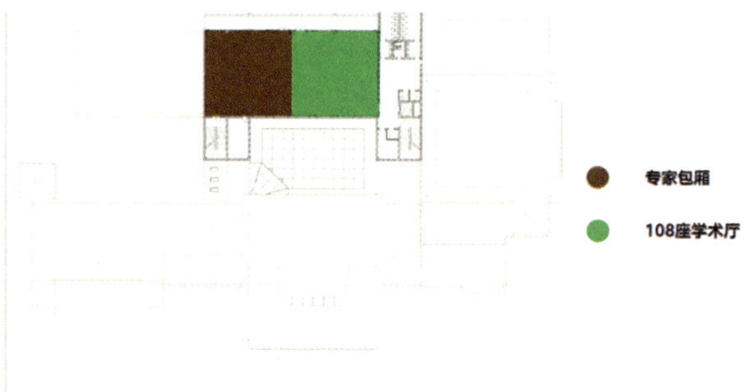

图 2-10　延安路馆五楼平面图

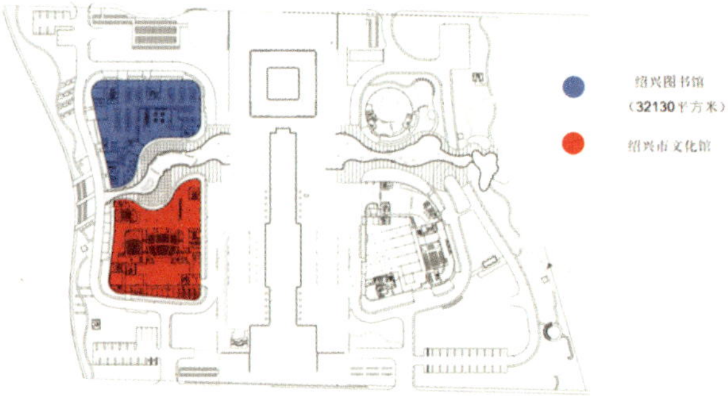

图 2-11　绍兴市文化中心示意图

4. 镜湖馆舍

绍兴图书馆镜湖馆舍坐落于绍兴市镜湖新区的核心区域梅山湿地公园南侧洋江西路 530 号的绍兴市文化中心的北区。绍兴市文化中心是绍兴文化的新地标，与绍兴市科技中心、绍兴市奥体中心合称镜湖新区三大中心。

绍兴市文化中心占地面积约 60 亩，地上建筑面积 45 500 平方米，地下 9 664 平方米，建筑高度 23.75 米，总投资约 3.64 亿元，体量庞大，设施齐全；主要由图书馆和文化馆两大部分组成，北区为图书馆，南区为文化馆，两部分在建筑形态上连为一体，在地下及五层通道相连，既相互独立，又相互贯通。整个文化中心以“仁者乐山”为设计理念，意寓绍兴的会稽山，建筑造型以流畅飘逸的遮阳板曲线为特征，形成独特的韵律，风格体现现代化和个性化。

绍兴市文化中心是浙江省重点建设项目，2010 年由绍兴市发改委立项，5 月开工建设，2012 年完成主体建筑，2014 年 4 月 25 日通过竣工验收，工程质量获绍兴市兰花杯评审第一名，并将参与钱江杯、鲁班奖的评审。8 月，镜湖馆舍正式移交给绍兴图书馆。12 月 28 日，举行绍兴图书馆新馆开馆仪式。

（1）镜湖馆舍主体建造和装修

2014 年 8 月，签订镜湖馆舍的移交协议并完成移交。9 月，新馆环境装饰项目启动施工。12 月 28 日，绍兴图书馆镜湖馆正式对读者开放。

绍兴图书馆镜湖馆建筑面积 34 827 平方米，五层建筑，设计藏书 150 万册，阅览座位 1 200 个，可同时容纳近 4 100 名读者借阅图书，设有少儿馆（约 2 000 平方米，其中低幼 500 平方米，少儿 1 500 平方米）、外借室（2 350 平方米）、报刊阅览室（3 000 平方米）、数字阅览室（1 500 平方米）、高 6 米的大空间展厅（800 平方米）、228 座报告厅、近 900 平方米密集书库、图书周转基藏库 450 平方米及近 600 平方米的休闲服务配套用房等服务功能区域。

绍兴图书馆新馆舍旨在打破传统图书馆在人们心目中的固有印象，注重休闲、交流、互动以及体验，引进新的服务理念，馆内实行藏、借、阅一体化服务。

（2）馆舍历年变动情况

2015 年 3 月，启动四楼展厅项目，5 月竣工。7 月 10 日，镜湖馆舍北面一楼读者自助图书馆正式开放，分为成人图书借阅区、期刊阅览区、自修区等。7 月，启动 U 空间（专题阅览室）项目，于 2016 年 9 月通过验收并投入使用。

（3）服务与布局

绍兴图书馆镜湖馆舍的楼层布局如下：

一楼设置有大厅、幼儿阅览室、少儿阅览室、国学馆阅览室、少儿活动室、少儿网上阅览及视障阅览区、24 小时自助图书馆、书吧以及休闲吧。

二楼设置有成人借阅区、数字视窗墙、“徐树兰与古越藏书楼”主题文化墙、读者休闲阅览区、报告厅、读者活动室以及“越州讲坛”名师墙。

三楼设置有报刊阅览区、专题文献阅览区、数字视窗墙、U 空间及文创展示区。

四楼设置有展览厅、电子阅览区、阅读新技术体验区、多媒体视听体验区、有声阅读、电视图书馆展示区、影音体验区、音乐视听资料区、基藏书库以及文献采编室和办公区。

图 2-12　镜湖馆一楼平面图

图 2-13　镜湖馆二楼平面图

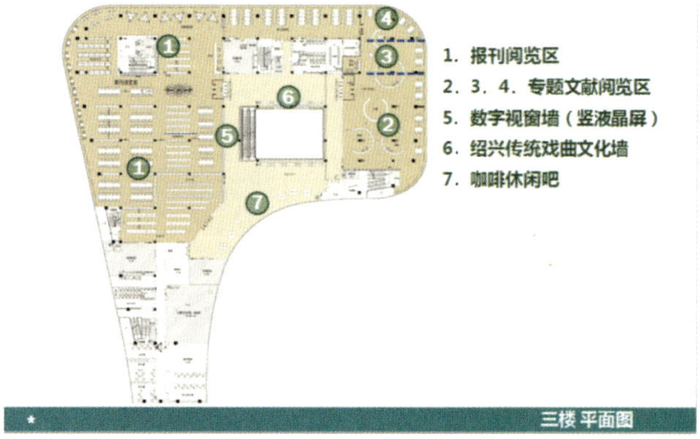

图 2-14　镜湖馆三楼平面图

图 2-15　镜湖馆四楼平面图

（二）设备和固定资产

1. 设施建设

（1）办公设备及一般设施

1）延安路馆舍设施

绍兴图书馆延安路馆建成后，图书馆家具、计算机、消防监控、摄录等设施设备均得到了更新。

2000 年，购少儿滑梯 1 架，文档管理软件 1 套。

2001 年，购入 Office 2000 软件 1 套，交换机 2 台，奔月 2000 联想电脑 5 台，双子恒星电脑 24 台，笔记本电脑 1 台，EPSON 打印机 5 台，实达打印机 1 台，摄录机 1 台，东芝笔记本电脑 1 台。到 2001 年底，图书馆拥有服务器 4 台，PC 机 100 台，配有扫描仪 2 台，激光打印机和喷墨打印机各 1 台，数码摄像机 1 台，数码相机 1 只。

2008 年，按照《图书馆古籍特藏书库基本要求》要求，对古籍书库进行全面改造，增添恒温恒湿空调系统 4 套等。

2011 年，采购古籍拍摄架 2 台，配置计算机、校色板、DVD 刻录机、刻录光盘、U 盘、数据延长线、外接电源适配器等，用于古籍书影拍摄。

2015 年，历史文献馆改造，增添了七氟丙烷气体灭火设备、民国文献库恒温恒湿设备、监控消防设备、民国文献书架、绍兴人著作捐赠书柜等。

2）镜湖馆设施

2014 年，绍兴图书馆新馆舍设施、设备类采购项目总计经费 3 360 万元，分家具及信息化专项设备两大类，其中家具类 1 060 万元，信息化设备 2 300 万元。

2015 年，购置图书杀菌消毒仪 8 台。

2016 年，购置 3 套红外线安检设备，分别用于镜湖新馆大厅、少儿馆及历史文献馆大厅。

2017 年，增设读者自助饮水设备 2 台。4 月，大厅、少儿馆门厅增设安检机设备。

2020 年，购置 3 套热成像测温仪设备，分别放置镜湖新馆大厅、少儿馆及历史文献馆大厅，用于疫情监控。

（2）交通运输设备

1990 年 4 月，购置杭州天鹅牌汽车 1 辆。

1997 年 12 月，购置三星太空旅行车 1 辆。

2004 年，购置大众康比小汽车 1 辆。

2006 年，添置帕萨特小轿车 1 辆。

2008 年，购置金龙大中型客车 1 辆。

（3）古籍修复设备

2009 年，购置自控式真空杀虫防霉机 1 台。

2010 年 5 月 19 日，向国家图书馆古籍馆采购古籍修复压平机 1 台。

2011 年 3 月 1 日，收到国家古籍保护中心赠送设备 3 件：古籍文献除尘修复工作台、中国字画拷贝修复工作台、中国字画超声乳化修复仪。

2014 年 7 月，购买净水设备、纸张测厚仪等设备，进行水槽安装、修复板制作等。

2018 年 6 月，收到杭州众材科技有限公司赠送的纸张测酸仪 1 台。

2019 年 10 月，添置修复桌 2 张、台灯 2 只。

（4）音像设备

2000 年 5 月 8 日，延安路馆二楼报告厅配置了音响、调音台、功放、投影机、摄录机等。

2009 年 5 月，延安路馆一楼原休闲区改建成新学术厅，配置了桌椅、音响、调音台、投影等设备。

2013 年 1 月 22 日，购买一套摄录播设备。

2014 年 12 月 28 日，镜湖馆对外开放，二楼报告厅配置了音响、调音台、功放、投影机、摄像机等。

2016 年 12 月，地方音像资料室建成开放，配置桌椅、音响、功放、调音台、灯光等设备。

（5）数字化设备

2002 年 9 月 18 日，绍兴图书馆延安路馆接入浙江省电信公司绍兴市分公司光纤 10M 端口及一条 64Kbps DDN 上网专线。

2002 年，为贯彻落实国务院办公厅转发《文化部国家计委财政部关于进一步加强基层文化建设指导意见的通知》和全国基层文化工作会议精神，根据文化部、财政部《关于实施全国文化信息资源共享工程的通知》和浙江省文化厅、财政厅《关于实施浙江文化信息资源共享工程的通知》要求，绍兴图书馆采购一批设备用于全国文化共享工程。

2007 年底，绍兴市级共享工程支中心有共享工程专用服务器两台，投影仪两台，存储空间 6TB，100M 光纤带宽（与图书馆合用），配备了卫星接收设备用于数据的更新。中心还设立了共享工程阅览室（与图书馆电子阅览室合并），阅览室占地 200 平方米，有计算机 70 余台。

2008—2009 年，更新了部分设备，主要包括 80 余台电脑（用于电子阅览室）、UPS 电源、交换机、VPN 网关、部分服务器和存储设备。

2010 年，启用 RFID 自助借还书系统，购置标签转换装置 7 套、自助借还书机 3 台、室外 24 小时还书机 1 台、RFID 防盗安全门 2 套以及馆员工作站系统软件、键盘仿真系统软件、自助借还系统软件、图书安全检测系统等配套软件。10 月 20 日完成了 UHF RFID（无线射频识别）系统设备跟标项目一批。

2011 年 5 月 5 日，安装了浙江省共享工程“国际视频数据库”镜像。采购了服务器、防火墙、网络存储等主要设备。

2012 年 6 月，增设触摸屏设备 2 台（单点触控触摸屏一体机 42 寸），可访问方正数字资源平台——中华数字书苑。

2013 年 5 月，绍兴图书馆与中国电信绍兴分公司合作，完成馆内 WIFI 无线局域网建设。

2014 年，绍兴图书馆镜湖新馆开馆。采购了 RFID 自助设备，其中门禁 7 套（RFID 双通道门禁 6 个，普通门禁 1 个）、自助借还机 17 台、自助图书馆联动门系统一套、24 小时自助还书机一台、数据转换装置 20 台、RFID 智能层、架标 6 000 张，三维导航软件一套，智能盘点车 8 台，自助办证机 2 台，图书自动分拣线一台、自动升降书车 20 台。采购了 3D 打印体验系统。为广大视障读者购置了电子助视器、盲文刻印机、盲文点显器等先进的视障数字阅读设备。

2015 年 7 月，镜湖馆一楼读者自助图书馆建设完成投入使用，购入相关配套设备。

2016 年 12 月，延安路历史文献馆一楼读者自助图书馆建设完成投入使用，购入相关配套设施。

2017 年 5 月 25 日，增加 3D 打印设备。

2. 固定资产

本节选择了 2002 年和 2020 年的固定资产数据来反映绍兴图书馆不同时期的固定资产情况。

2002 年的固定资产清单反映了绍兴图书馆延安路馆 2000 年开馆后的资产情况。

2020 年的固定资产清单是本志截止年限，反映绍兴图书馆固定资产的整体情况。

2020 年期末固定资产账面余额 15 690 万元，比 2019 年增加了 374 万元。

2020 年期末无形资产账面余额 719 万元。

（1）2002 年固定资产明细表

表 2-4　绍兴图书馆 2002 年固定资产明细（房屋建筑物类）

建筑物名称	建筑面积（㎡）	使用面积（㎡）	清查数	原值清查数（元）
阅览厅	679.50	543.36	1	196 912.73
藏书楼	825.35	660.28	1	239 178.68
外借楼	1 208.00	966.40	1	350 067.07
综合楼	503.00	402.40	1	145 764.69
望花畈职工宿舍	122.34	88.02	1	33 724.97
合计	3 338.19	2 660.46	5	965 648.14

表 2-5　绍兴图书馆 2002 年固定资产明细（交通运输工具类）

具体型号及名称	牌照号码	排气量（L）	购买日期	清查数	原值清查数（元）
三星太空汽车	浙 D04822	2.40	1997 年 12 月	1	327 100.00
杭州天鹅牌	浙 D1564		1990 年 4 月	1	
合计				2	327 100.00

表 2-6　绍兴图书馆 2002 年固定资产明细（通用及专用设备类）

具体型号及名称	数量（台、件）		原值（元）	
	账面数	清查数	账面数	清查数
合计	457 854	271 935	49 685.77	4 642 154.84

注：资料来源于会计档案 D2002-1。

（2）2020 年固定资产清单（补充明细表）

表 2-7　绍兴图书馆 2020 年固定资产清单

项目	资产原值（元）	累计折旧（元）	资产净值（元）
栏次	10	11	12
一、房屋及构筑物	47 172 979.12	32 031 293.33	15 141 685.79
二、专用设备	1 100 013.00	664 344.64	435 668.36
三、通用设备	27 898 966.62	20 431 669.87	7 467 296.75
四、文物和陈列品	0	0	0
五、图书、档案	71 418 736.52	0	71 418 736.52
六、家具、用具、装具及动植物	9 312 887.25	5 068 381.28	4 244 505.97
非公共基础设施合计	156 903 582.51	58 195 689.12	98 707 893.39

表 2-8　绍兴图书馆资产与固定资产汇总（2000—2020 年）　单位：元

年份	资产	固定资产
2000	6 399 682.21	5 386 538.75
2001	7 549 767.67	6 271 267.91
2002	9 490 634.30	7 083 811.47
2003	19 998 217.09	7 500 496.68
2004	67 367 706.67	58 117 392.32
2005	65 942 702.93	59 311 048.26
2006	68 385 973.27	60 889 816.56
2007	71 186 813.18	63 141 393.70
2008	84 320 414.30	71 927 407.96
2009	87 532 961.47	75 421 080.93
2010	85 528 842.36	79 128 986.66
2011	87 858 195.42	85 032 444.17
2012	98 723 046.77	91 675 037.85
2013	104 658 620.47	97 693 005.92
2014	129 175 378.89	108 239 221.12
2015	145 195 736.31	117 439 347.53
2016	152 418 872.61	123 655 205.57

续表

年份	资产	固定资产
2017	156 364 270.94	144 339 678.36
2018	162 094 457.17	147 161 791.77
2019	110 920 183.16	96 171 940.84
2020	111 027 714.78	98 707 893.39

注：资料来源于历年《资产负债表》。

（三）经费

进入 21 世纪，绍兴图书馆的办馆经费主要来自财政拨款，在前 10 年，间或有一些其他收入来源。

2000 年绍兴图书馆的办馆经费是 241.7 万元，2020 年增加到 3 973.8 万元；购书经费也从 72.8 万元增加到 488 万元。

1998—1999 年绍兴图书馆的收入来源有财政补助、上级补助、附属单位缴款、事业收入、其他收入、经营收入、拨入专款等。2000 年延安路新馆建成后，创收主要是通过信息服务、教育培训、会展服务、馆舍开发等多种渠道。

2000—2005 年，绍兴图书馆的经费来源有财政拨款、事业收入、附属单位上缴收入和其他收入四类。

2006 年，因附属单位撤销，绍兴图书馆经费来源只有财政拨款、事业收入和其他收入三类。

2008 年实行免费开放后，绍兴图书馆的事业收入主要来自读者书刊误期费。

2011 年 8 月 15 日起，绍兴图书馆根据绍兴市文广局要求，停办有偿培训。

2017 年因税务核算口径变化，绍兴图书馆其他收入中的自主创收并入事业收入。

2000—2007 年，绍兴图书馆的经费支出主要是基本支出、项目支出和上缴上级支出 3 项。2008 年支出仅剩基本支出与项目支出两项。

2010 年，国家要求全国公共图书馆逐步实现免费开放，上缴上级支出也相应取消，绍兴图书馆作为市级公共图书馆，完成了从“自己创收补贴图书馆事业”向“财政全额保障图书馆事业”的转型。

绍兴图书馆 2000—2020 年经费收支情况见表 2-9。

表 2-9　绍兴图书馆经费一览（2000—2020 年）　单位：元

年份	收入	支出	其中：人员经费	图书购置费
2000	2 417 247.66	2 417 247.66	1 131 457.15	728 000
2001	4 898 996.74	4 867 413.26	2 123 275.97	477 000
2002	6 479 482.55	6 478 224.13	2 282 942.42	415 000
2003	7 202 697.43	6 727 338.11	2 911 183.72	536 000
2004	8 970 532.28	8 906 443.23	4 035 661.47	796 000.00
2005	11 129 299.19	11 251 120.32	4 145 040.85	757 000

续表

年份	收入	支出	其中：人员经费	图书购置费
2006	11 421 282.34	11 815 311.87	4 300 313.14	1 004 000
2007	12 585 025.15	12 569 167.34	4 578 360.86	1 137 000
2008	18 336 224.51	18 332 050.45	6 474 529.30	1 348 000
2009	19 575 831.79	19 017 052.37	6 382 305.43	2 252 510.36
2010	22 705 443.98	22 946 060.03	6 228 182.61	3 005 910.52
2011	21 185 362.63	21 523 112.28	5 916 591.01	4 308 668.00
2012	21 098 804.45	21 098 804.45	8 235 166.04	4 699 856.14
2013	21 437 593.11	21 437 593.11	8 517 170.61	4 699 880.00
2014	46 807 576.25	33 481 777.63	10 044 363.87	8 548 075.77
2015	37 148 426.73	49 606 875.13	12 079 366.92	5 148 631.97
2016	34 796 278.64	35 537 778.29	14 949 928.16	49 999 887.76
2017	35 594 003.44	35 515 611.51	16 473 215.08	5 999 997.19
2018	45 775 008.39	45 642 826.00	26 137 066.92	5 999 999.39
2019	38 477 299.18	37 184 252.64	21 250 242.96	5 998 894.37
2020	39 526 022.98	39 737 764.05	21 060 265.98	4 879 945.02

注：数据主要来源于绍兴图书馆历年《收入支出决算表》。其中 2000—2008 年的图书购置费数据来源于《公共图书馆基本情况年报》，2011 至 2020 年的图书购置费数据来源于《行政事业类项目收入支出决算表》。

三、管理规章志

进入21世纪以来，绍兴图书馆多次进行管理体制的调整与改革，使得馆里的日常管理工作日趋科学，各项规章制度逐渐完善。

管理规章志，主要是从体制改革、规章制度、管理工作3个方面分别介绍绍兴图书馆21世纪内在管理规章方面的努力与成就。

“体制改革”章节主要介绍21世纪绍兴图书馆管理体制改革的过程；“规章制度”章节主要记述绍兴图书馆有关行政、财务和资产管理制度的发展；“管理工作”章节主要叙述绍兴图书馆在人事、档案、安全、环境和多业助文等方面开展的管理工作。

（一）体制改革

20世纪90年代，绍兴图书馆进行了人事分配改革、综合配套改革和用人制度改革等一系列改革工作。进入21世纪以后，绍兴图书馆又开展了几轮内部机制改革。

2000年7月，绍兴图书馆首先在计算机部门进行改革试点。

2001年，绍兴图书馆作为绍兴市文化体制改革试点单位之一，正式推行实施“全员聘用制与分配制度改革实施办法”，内部机制改革原则上两年进行一次，有特殊情况则适当延迟。全面推行全员聘用合同制，分别从用人机制、分配制度和机构、岗位设置上进行了改革。增加了社会教育部和古籍部，全馆共为10个部门。

2003年，绍兴图书馆认真贯彻绍兴市政府《关于深化文化事业单位改革的实施意见》精神，集思广益，总结前二轮改革经验，依照有利于改革的继续深化，有利于图书事业稳定发展的原则，制订了《绍兴图书馆全员聘用制与分配制度改革实施细则》等，充分调动和发挥职工的积极性和创造性，用良好的机制保证图书馆事业的健康发展。

2006年1月开始，绍兴图书馆进行了为期4个月的内部机制改革，增设了后勤保障部。

2009年1月，进一步深化体制改革，成立绍兴图书馆办证中心，进行优质服务示范窗口试点管理。

2018年10月，为推进在全馆实施岗位绩效考核工作，经馆长办公会议研究同意，绍兴图书馆决定在综合办公室、少儿部、信息咨询部3部门试行岗位绩效考核工作，印发了《关于在综合办公室、少儿部、信息咨询部试行岗位绩效考核的通知》，试行岗位绩效考核。从2018年11月1日起，实行虚拟考核制度。

2020年5月，进行了一轮内部机制改革，新设宣传推广部，重点突出绍兴图书馆对外宣传推广功能。

在几轮内部机制改革中，对于中层干部年龄、结构方面的要求以及岗位设置等方面根据当时的实际情况有一定变动。

2008年2月，根据《绍兴图书馆2008年改革实施方案》，对图书馆中层领导年龄进行了调整：正职年龄要求50周岁以下（1958年1月1日以后出生），副职年龄要求42周岁以下（1966年1月1日以后出生）；部门主任、职工的聘任期限均为两年。部门主任上岗一年期满，经全体职工评议，称职者可继续聘任，反之，免去中层一职，由图书馆领导班子讨论重新安排岗位；职工上岗一年期满，经部门评议并报图书馆领导班子审核，称职者可继续聘任，不称职者重新安排岗位。考虑到办公室主任涉及党务，因此，要求正副主任其中有一名是党员。同时对考核分配也做了调整，增加了图书馆中层以上人员的职务补贴。第二次取得上岗资格人员，岗位系数和考核奖为80%。

2010年1月，根据《绍兴图书馆2010年内部机制改革实施方案》，对图书馆中层领导的年龄有所调整：要求正职48周岁以下、副职40周岁以下。

2011年，绍兴图书馆根据浙江省委办公厅、省政府办公厅《关于印发〈浙江省事业单位岗位设置管理实施办法（试行）〉的通知》和《关于事业单位岗位设置管理有关问题的处理意见》等有关文件精神，按照统一部署，开展专业技术岗位和管理岗位的设置工作，制定了《绍兴图书馆岗位设置实施方案》，设置岗位83个，其中：管理岗位7个（4位馆领导拟“双肩挑”）、专业技术岗位73个、工勤技能岗位3个。主体岗位是专业技术岗位，占岗位总量的87.9%；其他两类岗位比例分别是管理岗位占8.4%、工勤技能岗位占3.6%。专业技术主系列是图书资料系列，主系列专业技术岗位设置数是62个，占专业技术岗位设置总量的84.9%，辅系列岗位为工程、经济系、会计、档案、教师系列。

管理岗位参照管理岗的7—9级；高级职称的专业技术岗位参照专业技术岗的3—7级，中级职称的专业技术岗位参照专业技术岗的8—10级，初级职称的专业技术岗位参照专业技术岗的11—13级；工勤技能岗位参照技术工的3—4级。

根据馆内各级别可聘岗位的数量来确定拟聘数量，当符合条件的人员数量超过可聘人数时，再按专业技术职务任职时间先后依次排序（专业技术职务任职时间，是指专业技术人员受聘担任同一级别专业技术职务的实际工作时间），最后确定拟聘人选；聘任时间相同时，以工作时间长者优先；同等条件下，由图书馆岗位设置工作领导小组集体讨论，确定拟聘人选；聘任次年将办理退休手续的人员，在可聘岗位空缺的情况下，按其退休时间先后在所聘层级优先排序。

2012年4月，绍兴图书馆进行内部体制改革，又对中层干部年龄作了调整，以年度计算，要求男性1960年12月31日以后出生，女性1963年12月31日以后出生。在考核上将“第二次取得上岗资格人员，岗位系数和考核奖为80%”，改为“第二次取得上岗资格人员，其待遇在分配方案中另行制订”。

2015年的绍兴图书馆内部机制改革，对中层干部年龄又作了调整，要求男性1963年12月31日以后出生，女性1966年12月31日以后出生；中层副职编外人员亦可竞聘。在考核上将“第二次取得上岗资格人员，其待遇在分配方案中另行制定”，改为“第二次取得上岗资格人员，其待遇按馆绩效工资分配方案有关规定执行”。

2017 年 6 月，绍兴图书馆内部机制改革中又将中层干部年龄调整为：男 54 周岁以下（1963 年 1 月 1 日以后出生）；女 51 周岁以下（1966 年 1 月 1 日以后出生）。为培养年轻干部，选拔的年龄在 35 周岁以下（1982 年 1 月 1 日以后出生）的中层副职人员，原则上不少于 4 人。

2019 年 8 月 5 日，绍兴图书馆印发《绍兴图书馆岗位聘任管理办法》。设置岗位总量 90 个，其中：管理岗位 4 个，占岗位总量的 4.4%；专业技术岗位 86 个，占岗位总量的 95.6%。主体岗位是专业技术岗位，专业技术主系列是图书资料系列。其中：高级专业技术岗位 32 个，占专业技术岗位比例 37%；中级岗位 41 个，占专业技术岗位比例 47.7%；初级岗位 13 个，占专业技术岗位比例 15.1%。

（二）规章制度

1. 行政管理制度

绍兴图书馆自古越藏书楼创建时就有一套较为完整的管理制度，鲁迅图书馆成立后逐渐完善，并在 1991 年制定了《绍兴鲁迅图书馆规章制度》。

2001 年 9 月，在内部体制改革后，各部室相继制定了业务细则、管理制度。

2002 年 5 月，印发《绍兴图书馆行政规章制度汇编》，分人事分配制度（3 项）、行政管理制度（13 项）、账务管理制度（4 项）、后勤保障制度（16 项）4 类。

2007 年，进一步健全工作制度，强化劳动纪律。修订了《行政规章制度》，印发了《绍兴图书馆行政管理规章制度汇编》，分行政管理制度汇编、财务管理制度、后勤保障管理制度、上级规章制度摘选 4 类。出台《工作联系单制度》，用制度管人，按制度办事。

2009 年 1 月起，根据国务院 198 常务会议《关于职工带薪年休条例规定》，绍兴图书馆调整职工年休制度，每年年休使用至当年农历年底，部门内统筹安排合理使用。同年，为提高办公组织的日常运作和管理效率，推行无纸化办公模式——OA 系统。

2012 年 9 月 1 日起，试运行员工上下班指纹签到，12 月 4 日正式启用指纹，由部室主任做好考勤登记，月底报办公室汇总，并出台《绍兴图书馆请假考勤制度》。

2015 年 1—10 月，为方便行政事务联系，绍兴图书馆决定馆行政作息时间与局机关单位同步。后经权衡再三，自 11 月起，图书馆行政工作时间调整为周二至周六上班，工作日作息时间不变，周日安排人员值班。同年，印行《绍兴图书馆规章制度汇编（行政管理）》，共 21 项。

2016 年 3 月，提炼出 24 字绍兴图书馆精神：“存古开新，平等共享，惜书敬人，尽职奉献”，完善和增补 50 余项规章制度。

2016 年 6 月 21 日，印发《绍兴图书馆职工代表大会制度》，并于 7 月 8 日，经绍兴图书馆职工代表大会讨论通过了《绍兴图书馆章程（草案）》。

2017 年，印行《绍兴图书馆规章制度汇编》，分上下两册，上册为行政制度、工会、学会制度；下册为业务、技术、保障制度。4 月《绍兴图书馆值班管理办法》出台并实施，值班分为馆领导值周和中层干部总值班两类：每周确定馆领导为值周领导，全天候负责全馆突发事项处理；每天安排一名中层干部值班，负责馆舍巡查、处理读者意见、排查安全隐患、突发事件处理协调等。11月14日，改进员工（含编外）指纹考勤，在镜湖馆地下一层电梯入口处、一层电梯入口处、办证中心与地下室通道楼梯处以及历史文献馆物业管理处设立考勤机。考勤可以用指纹或面部识别；又于12月27日起开通手机考勤功能，并修改《绍兴图书馆考勤管理办法》。

2018年3月29日，印发《关于修订月工作检查制度的通知》。规定每月由一名馆领导带队，另抽取6位部主任组成检查小组开展检查，采取明察与暗访相结合的方式。根据检查结果小组集体讨论确定评分，填写《月工作检查评分表》，检查结果在OA上公布。9月20日，为规范加班管理，加强劳动纪律，提高工作效率，馆相继印发《绍兴图书馆工作人员加班管理办法（修订）》及《绍兴图书馆请假制度（修订）》。

2019年3月13日，为加强绍兴图书馆业务信息系统管理，规范业务信息系统操作，保障业务信息系统有序运行，相继印发《绍兴图书馆业务信息系统操作规范》《绍兴图书馆系统维护操作规范》。

2020年2月12日，图书馆印发《绍兴图书馆新型冠状肺炎病毒防范工作应急预案》。6月，制定了《中共绍兴图书馆总支委员会关于加强领导班子自身建设有关制度》《中共绍兴图书馆总支部委员会议事规则》《绍兴图书馆党总支党员学习制度》等15项党总支规章制度，汇编成册。12月17日，为了进一步规范本馆公务接待管理，图书馆又印发了《绍兴图书馆公务接待管理规定》。

2. 财务管理制度

从古越藏书楼到绍兴图书馆，随着图书馆的不断发展和壮大，对财务的规定也越来越明晰，要求严格执行国家有关财务法规和本馆财务管理规章制度，按馆务公开实施办法，定期公开财务执行情况，设立纪检员，建立“政务公开工作小组”“纪检员”队伍等，实施监督，并进入绍兴市财政国库集中支付系统，不定期接受上级部门的审计。

2002、2007、2015、2017年，绍兴图书馆在印行的《绍兴图书馆行政规章制度汇编》中，有关财务管理制度有四项。为健全工作制度，进一步强化劳动纪律，在修订《行政规章制度》时，对财务管理制度也重新制定。

2002年绍兴图书馆制定了《工作人员差旅费报销规定》（4月1日起执行），此后新规定只列变动之处。7月9日，为规范财务制度，严肃财务纪律，图书馆自修室改由办证处统一收费，并办理证卡手续，自修室凭票进入。

2007年，绍兴图书馆对费用报销作了补充规定，明确了审批原则，规定各部门使用费用必须事先填写“费用使用申请单”，经相关领导批准后方可使用，并严格按照预算执行，不得超支。费用使用实行“一支笔审批”制度。费用报销须经部门主任、分管领导、财务处、办公室审核。对手续不全，发票不规范，用途不明的原始凭证予以退还。同时规范了审批程序和费用报销程序，此规定自2007年8月1日起执行。

2009年4月，绍兴图书馆根据《绍兴市市级行政机关和事业单位工作人员差旅费开支规定》文件精神，在原有基础上制定了《绍兴图书馆差旅费报销制度》。

2010年7月，在实施国库集中支付后，绍兴图书馆根据绍兴市财政要求，积极实施统一的预结算制度，严格控制支出，节约成本，执行财务公示制度，加强监督，在年度审计、“小金库”治理自查自纠中均未发现违规行为。

2012年9月，为贯彻绍兴市纪委、市财政局等五家单位联合下发的《关于重申开支标准严肃财经纪律的通知》精神，绍兴图书馆对原有差旅费报销制度又一次作出调整。

2013年1月，因医保制度改革，财政不再给图书馆划拨医疗经费。经研究决定，《医疗费管理制度》自2013年1月1日起废止。

2016年8月，为规范员工午餐补贴管理，制定《绍兴图书馆职工午餐补贴发放办法》，为图书馆正式员工和编外员工，午餐补贴按规定发放标准发放午餐补贴。9月，为加强图书馆“三公经费”的管理，规范“三公经费”的支出，制定《绍兴图书馆“三公经费”管理暂行办法》。同时，根据《绍兴市市级机关培训费管理规定》和《绍兴市财政局关于规范市级预算单位劳务费等支出管理的通知》文件，制定《绍兴图书馆劳务费支出管理细则（试行）》，对讲课费、咨询（指导）费、评审费、监考（考务）费等作出明确规定，对其他劳务费种类支出标准参照绍市财预〔2015〕27号文件规定。12月，根据财政对图书馆财务管理的调整，为加强财务收支管理工作，重新制定了《绍兴图书馆财务收支管理办法》，各项收入全部纳入预算，实行统一核算，统一管理。全馆所有经费开支，实行预算审批制度。

2017年8月，为加强绍兴地方文献的抢救、保护和利用，进一步丰富绍兴图书馆馆藏体系，设立绍兴图书馆地方文献征集专项经费，制定了《绍兴图书馆地方文献征集专项经费使用管理办法（试行）》。

2018年8月30日，绍兴图书馆印发《关于报请审批绍兴图书馆公车使用和公务用车费使用管理办法的请示》。9月20日，为进一步规范本馆公务接待管理，根据《党政机关厉行节约反对浪费条例》及《浙江省党政机关国内公务接待管理办法》，制定了《绍兴图书馆公务接待管理规定》，该规定指出公务接待应根据“三公”经费预算及管理的规定，加强公务接待经费管理，合理限定接待费预算总额。实行先审批、后接待的制度。按照统一管理、对口接待的原则，根据规定的接待范围，全部纳入预算管理，单独列示。并就住宿、就餐标准及交通费用等相应内容也作了规定。

2020年4月27日，为进一步规范本馆小型项目采购的招投标管理，依据绍兴市财政局《关于公布绍兴市区2019年度政府集中采购目录及采购限额标准的通知》以及《绍兴市文广局小型项目采购招投标管理暂行办法》精神，结合本馆实际，制定了《绍兴图书馆小型项目采购招投标管理办法（修订稿）》。6月23日，为进一步规范讲座讲课费支出管理，确保讲座工作顺利开展，根据《关于调整省级机关会议费培训费有关规定的通知》和《绍兴市市级机关培训费管理规定》等文件精神，结合馆讲座工作实际，制定《绍兴图书馆讲座讲课费支付实施办法（修订稿）》，对支付标准、支付办法作了相关规定。

3. 资产管理制度

绍兴图书馆固定资产管理制度是在绍兴市财政局下发的《行政事业单位国有资产管理制度汇编》的基础上，结合自身特色所制定的。统一登记在行政事业单位资产管理系统，对资产的主要信息作相应的记录，国有资产管理台账即从中导出，未到之处，辅以电子设备管理台账、图书管理台账。主要分为财务收支管理制度、专项资金管理办法、固定资产管理制度、小型项目采购投标管理办法、评标及验收工作管理办法。

2002年6月，根据《浙江省行政事业单位清产核资管理办法》和绍市清办〔2002〕2号文件精神，绍兴图书馆成立“清产核资领导小组”，全面开展清产核资工作。

2005，绍兴图书馆每年都将全面固定资产清理，按定额以下和定额以上分别进行固定资产清理核销，并上报上级部门。

2007年3月，绍兴图书馆成立清查工作小组，制定资产清查工作方案、工作目标、主要内容、工作步骤、工作分工与职责，并确定清查基准日。

2008年3月，绍兴图书馆根据《绍兴市政府采购管理办法》，规定达到一定数额的物品进入政府采购程序，包括空调、电脑、古籍用木柜、打印机、复印机及文化共享工程的各种类设备设施，文化共享工程运用软件、部分数据库等，都须进入政府采购招标。为使招标工作规范化、程序化，成立了“招标项目工作小组”，其主要职责是组织招标项目的前期考察和论证，对潜在投标人员资格进行审查，修订招标文件、谈判文件等，确定投标人名单，组织开标、评标、定标、评标结果等与招标有关的工作；建立物品询价采购管理制度，厉行节约，少花钱，多办事，使各个环节有监督而不失效率，确保图书馆日常工作正常运行。

2009年4月，绍兴图书馆根据固定资产管理制度，成立“固定资产核查领导小组”，全面负责本馆固定资产的监督与定期核查工作。为加强固定资产管理，规范采购工作，提高资产使用效率，还制定了《绍兴图书馆数据库采购管理办法》《绍兴图书馆车辆使用管理办法》《绍兴图书馆评标及验收工作管理办法》《绍兴图书馆数字资源采购管理办法》《绍兴图书馆计算机设备采购管理办法》《固定资产管理制度》《设备管理制度》《绍兴图书馆集体宿舍租赁管理办法》《绍兴图书馆文献剔旧规范》《绍兴图书馆小型项目采购招投标管理办法》《绍兴图书馆采购项目实施操作程序》《绍兴图书馆小型项目采购招投标管理办法（修订稿）》《绍兴图书馆工程项目实施流程》等。由后勤保障部专人负责设备物资管理，根据资产台账进行一年一次的固定资产清查核实，结合政府采购管理办法，做好国有资产的申报、采购、验收、调配、报废等工作，账实相符。

2020年，绍兴图书馆实行国有资产制度管理常规化，根据《小型项目采购招投标管理办法》《财务收支管理制度》《评标及验收工作管理办法》《固定资产管理制度》《专项资金管理办法》《图书报废馆内审批》《国有资产处置》等文件要求，从项目申报审批，经合同签订执行，由验收入库，及结算报销，直至资产处置，均严格遵守相关制度及上级单位文件，采取公开招标（2014）、自行采购馆内招标（2015）、自行采购集中谈判（2016）等三种具有代表性的采购方式；国有资产清查与处置及图书报废都实行审批、公示，国有资产均有台账等执行情况。

（三）管理工作

1. 编制管理

1999年9月10日，延安路新馆舍建成，绍兴市机构编制委员会将绍兴图书馆定编为80人。

2005年11月，因少儿图书馆之需，绍兴市机构编制委员会同意增加绍兴图书馆编制5人，总编制数调整为85人；年底统计在编职工为80人。

2006年3月，绍兴市文化市场行政执法支队增挂绍兴市广播电影电视监测中心牌子，增加编制2

人（从绍兴图书馆划入），绍兴图书馆事业编制由 85 人调整为 83 人；年底在编职工 82 人。

2013 年 7 月，为确保镜湖馆舍投入后正常运用，绍兴市机构编制委员会同意增加绍兴图书馆（绍兴鲁迅图书馆）事业编制 18 人；核准编外用工 20 人。调整后编制为事业编制 101 人，编外 20 人；年底统计，事业编制人员 80 人（外借 1 人），编外用工 3 人（高配 1 人、司机 2 人）。

2015 年 1 月，绍兴图书馆将全额拨款事业编制 10 名划转给越城区图书馆，划转后，事业编制由 101 人变为 91 人；3 月，10 人划至越城区图书馆；年底统计事业编制人员 83 人，编外用工 20 人。

2020 年底统计，事业编制人员 85 人，编外用工 20 人。

2. 档案管理

绍兴图书馆的档案形成于 1968 年。1987 年建立鲁迅图书馆档案室之后，档案工作取得较大发展，先后被评定为绍兴市一级档案室，浙江省二级档案室，浙江省文化系统档案工作省级达标先进集体等。

2000 年 5 月，绍兴图书馆建立了全综档案室，库房面积 25 平方米，档案阅览室面积 20 平方米，添置档案柜、自动灭火装置、自动监测控制系统、自动监视系统、红外线防盗系统、中央空调、温湿度机、除湿机、防蛀药、JI-100 型档案管理软件以及电脑、打印机、复印机等。

2001 年，绍兴图书馆开始计划申报浙江省一级档案工作目标管理。

2002 年 3 月 10 日，绍兴图书馆成立档案工作省级达标领导小组，在原有一名专职档案管理人员的基础上，设立由各部门责任人组成的兼职档案员组织队伍，并抽调一人对 1997—2001 年的档案文件及条目进行数据录入、文书打印、归档整理等工作；修订完善了《绍兴图书馆立卷归档制度》《档案人员岗位责任制》《保管保密制度》《利用统计制度》等各项相关制度；增订补充了有关档案的书刊 19 种，如《中国档案》《浙江档案》；开发利用本馆档案资源，组织专人撰写编研材料，续写 1997 年到 2001 年图书馆组织机构沿革、大事记等，为纪念古越藏书楼创建百年，重新对馆史内容进行核实修改补充等。8 月，绍兴图书馆向浙江省档案局、省文化厅提出省一级考评的请示。9 月 17 日，由浙江省档案局、省文化厅、绍兴市档案局、市文体局组成的档案管理验收组对绍兴图书馆的档案目标管理工作进行达标考核验收，经考评总得分为 98 分，符合省一级档案目标管理要求，同意晋升省一级。

2002 年 5 月，印行《绍兴图书馆行政规章制度汇编》，分人事分配制度（3 项）、行政管理制度（13 项）、账务管理制度（4 项）、后勤保障制度（16 项）四类。行政管理制度第 6 项为《文书档案管理制度》，共 6 条，其中规定各部门于每年第一季度将上年档案移交综合档案室统一保管。9 月，绍兴市档案局关于印发《绍兴市市直机关、企事业单位档案室电子目录数据库结构与交换格式》的通知，要求建立统一、标准、规范的档案数据库，作为档案年检的一项重要内容。

2003 年 3 月 27 日，绍兴市直文体系统档案管理工作协作会议在绍兴图书馆召开。会议传达了立卷改革的有关精神和提出做好 2002 年度档案归档工作的有关要求。同年又购置了 JI-110 型最新款档案管理软件，一台档案专用缝纫机。

2004 年 1 月 13 日，绍兴图书馆被绍兴市档案局授予“2003 年度市直档案系统先进集体”荣誉称号。

2005 年，绍兴图书馆荣获浙江省文化厅、浙江省档案局颁发的《浙江家谱总目提要》编纂工作先进集体，王燕飞获先进个人称号。2005 年再次出资升级档案软件。

2007 年，绍兴图书馆向绍兴市档案局递交年检材料，被定为年检优秀单位。同年印行的《绍兴图书馆行政管理规章制度汇编》中收录有《档案管理制度》，4项29条，对文件、资料归档内容（16条）、立卷归档（5条）、档案借阅（6条）、档案管理（2条）作了明确规定。

2008年，据《浙江省文化艺术档案工作基本情况调查表》（2008年11月4日）载，绍兴图书馆当时的档案数量：文书档案279卷，会计档案863卷，业务档案85卷，个人档案83卷，特种载体档案118卷。绍兴图书馆获2008年度绍兴市直档案工作先进集体。

2009年，绍兴图书馆成立档案管理领导小组，设专职和兼职档案员负责档案工作。获“档案工作目标管理省一级”称号。严格按国家档案局《机关文件材料归档范围和文书档案保管期限规定》，采用一文一件方式归档，立卷准确，装订整齐，内容齐全。

2010年，绍市委办发〔2010〕30号、100号，要求进行数字档案室建设、档案登记备份工作。

2012年6月29日，绍兴图书馆王雪锋赴杭州参加省档案干部教育培训中心组织的“全省档案工作目标管理认定培训班”。绍兴图书馆获2012年度绍兴市直档案工作先进集体。

2013年1月15日，绍兴市档案局副局长梁国灿一行来绍兴图书馆审查省一级档案复查工作，检查组一行一致认为绍兴图书馆档案工作进行得扎实有效，顺利通过复查，为绍兴市7家档案省一级单位之一。5月23日，绍兴图书馆档案员、信息员召开培训会议，各部门兼职档案员、信息员参加培训。

2014年3月18日，绍兴市文广局印发《关于加强市直文广系统人事档案管理工作的意见》，要求各直属单位人事档案分正本和副本，正本由市文广局保管，副本由各单位人事部门保管，并将每年的3月定为人事档案归档整理月，集中整理，附详细的人事档案13项内容：履历、自传、鉴定考核考察、学历学位培训技术职务、政审、党团、奖励、违纪处分、任免调动录用聘用转业离退休、工资待遇、出国（境）、会议代表登记证工会会员登记表、其他等材料。

2015年，印行《绍兴图书馆规章制度汇编》，所收《档案管理制度》基本与2007年相同，在归档内容上有所调整，删除了原来“本馆职责范围内经营发证单位的开办报告、申请、审批、核发许可证等管理工作的文件材料”，增加“本馆的实物档案，如证书、奖牌等”。

2016年初，绍兴图书馆整理文书档案4 152件、业务档案87件、科技档案13卷、特种载体1 473件、人事档案由市文广局统一管理。6月23日，绍兴图书馆2001年到2012年的文书档案移交至档案局，并进行电子化扫描工作。

2017年，印行《绍兴图书馆规章制度汇编》，所收《档案管理制度》沿袭2015年版本。根据绍兴市档案局《关于进一步加强市直数字档案室建设的通知》精神，绍兴图书馆计划在2017年建成规范数字档案室。

2018年，据绍兴市档〔2018〕33号文件，绍兴图书馆被评为2018年度市直“规范化数字档案室”。

2019年4月22—25日，绍兴图书馆综合办赵晓虹赴杭州参加机构改革档案工作培训班。6月12日，综合办赵晓虹赴市档案局参加2018年档案工作年检和登记备份工作培训。

2020年底，绍兴图书馆有综合档案室3间（档案室、阅档室和档案工作间），其中库房面积20平方米，配备档案柜17套、计算机1台、复印机1台、去湿机1台、空调机1台、PDE档案综合信息管理软件1套等。专职档案员1名，各部室兼职档案员9名。文书档案145卷4969件，业务档案815卷，科技档案28卷，会计档案742卷。特种载体档案：照片档案1 523张、光盘193盘，实物档案 170 件。档案电子目录：文书档案案卷级 145 条，文书档案文件级 2 685 条，文书档案一文一件 4 969 条，会计档案案卷级 742 条，科技档案案卷级 28 条，业务档案案卷级 815 条，照片档案文件级 1 523 条。

表 3-1　绍兴图书馆历届档案管理领导小组及成员名单（2000 年—2020 年）

年份	组长	副组长	专职档案员	兼职档案员
2002 年	分管领导：龚天力；行政管理：朱燕；党群活动：周岚岚；人事保卫：陶金彪；会计档案：陆丽茵；基建设备：裘式言；图书馆业务：袁涛；声像档案：谢维智（专职档案员）			
2006 年	俞苗荣	何青、龚杏娟、任雷	骆陶陶	蒋替征、陆丽茵、徐国洪、丁鹏敏、陈琦、夏飞凤、项元峰、沈大晟、唐微、孙祝丽、李文学
2008 年	赵任飞	俞斌、龚杏娟、王以俭	倪海青	赵鲤、夏飞凤、沈大晟、唐微、宋嵩、陆晓樱、项元峰、陆晓欣、那艳
2010 年	赵任飞	俞斌、龚杏娟、王以俭	王雪锋	陈琦、徐国洪、张玲琳、周岚岚、鲁先进、蒋替征、丁鹏敏、翁映、廖晓飞、吕江英
2012 年	档案员队伍调整：王雪锋（专职）、赵鲤、杨敏、周岚岚、鲁先进、谢潘佳、陆晓樱、陆晓欣、张微平			
2015 年	档案员队伍调整：王伟（专职）、李佳奇、陈哲予、沈钊亮、夏飞凤、黄斌、陆晓樱、王勇娣、杨敏、张微平			
2017 年	档案员队伍调整：赵晓红（专职）、王冰清、朱燕平、孙祝丽、吴春宏、张东雄、陆晓樱、周韵韵、屠静琪、张微平			
2020 年	档案员队伍调整：赵晓虹（专职）、赵鲤、汪旦、翁映、周韵韵、倪海青、陆晓樱、金雅萍、孙祝丽、黄蒙			

3. 安全管理

绍兴图书馆的安全管理工作主要有治安保卫、防火防盗、网络安全及日常检查等。

绍兴图书馆的治安保卫一开始主要由图书馆内部工作人员负责，2000 年延安路馆开放，特别招聘保安人员维护图书馆的治安保卫工作，同时馆里又成立了以一把手任组长的治安保卫领导小组，并专门成立了以中青年骨干为人选的保安班，实行 24 小时治安保卫值班工作制度，图书馆领导小组采取了定期和不定期的督查，并制定了一系列的相关制度，如“绍兴图书馆治安保卫领导小组”“保安班职责”以及《保安班巡逻制度》《保安工作流程图》《危机处理程序》《电梯管理制度》等。并要求保安工作人员严格执行，为此还专门制定了《保安班考核制度》对其进行约束，把平常的保安工作与年终考核挂钩，有力地保证了各项制度的贯彻落实。

绍兴图书馆防火防盗措施主要是靠人防与技防。

（1）防火

在延安路馆建设消防工程中，严格核照绍兴市消防支队、浙江省建筑设计研究院的规范要求设计，大楼内设火灾自动报警系统、火灾事故广播通信系统、自动喷淋灭火系统、消火栓系统，二氧化碳灭火系统和疏散应急照明系统。

为切实做好消防安全工作，普及消防安全知识，提高自防自救能力，绍兴图书馆每年不定期邀请相关消防专家来我馆进行消防知识演讲和消防演习，并于 2016 年发布员工消防基础知识培训 16 条，供员工学习。同时，委托专业的消防维修保养企业和消防器材维护单位对馆消防设备、灭火系统进行维修保养。

（2）防盗

2001 年，绍兴图书馆投入约 8 万元，增设了红外线防盗监控系统，从技防上进一步增强了治安防范能力。

2014 年，绍兴图书馆镜湖馆舍开放之后，采购了 190 万元 RFID 自助设备，门禁 7 套（RFID 双通道门禁 6 个，普通门禁 1 个）、全馆安装防盗监控系统及消防设施，确保图书流通安全和防火安全。

绍兴图书馆的网络安全工作主要通过制度予以保障。

2016 年 4 月 22 日，绍兴图书馆印发《绍兴图书馆业务系统故障应急预案》的通知，要求技术服务部各位员工认真学习《技术服务部系统维护手册》，按手册对馆内各系统进行巡查、故障排除。技术服务部每年至少进行一次应急演练，并做好记录。

2019 年 11 月，绍兴图书馆颁布了《关于进一步加强网络与信息安全工作的通知》，并组织员工认真学习《中华人民共和国网络安全法》《绍兴图书馆信息系统（网络）安全管理制度》等相关法律和制度，切实增强员工网络信息安全的法律意识和责任感，提高员工在网络与信息系统使用中的安全防护和自我约束意识，提高网络与信息安全事件处置能力。

2020 年 2 月 13 日，为有效控制和消除图书馆网络安全事件的危害，针对事件迅速采取正确和有效的措施，保障信息系统的安全、稳定、可靠运行，根据《绍兴市关键信息基础设施网络安全事件应急处置指南》等有关规定，颁布了《绍兴图书馆网络安全事件应急处置预案》。根据预案要求，对相应的网络安全事件进行应急处理。

绍兴图书馆领导通过不定期的日常安全管理检查，对全馆安全工作查漏补缺。

2013 年 7 月，绍兴图书馆开展“安全生产大检查大整治专项行动”。

2015 年 7 月 23 日，馆长赵任飞、副馆长廖晓飞带队对馆舍进行全面安全检查。重点对延安路老馆及古越藏书楼存在的安全隐患进行了排查。在对古越藏书楼的检查中，赵任飞就藏书库的防火安全及安全用电作重点指示，并要求对检查中存在的问题进行及时落实整改。

2016 年 7 月 5 日，由馆长王以俭带队，各副馆长、部门主任共 12 人组成的检查组对绍兴图书馆所属的镜湖新馆、延安路历史文献馆及藏书楼等 3 处馆舍进行摸排检查，检查项目包括消防安全、环境卫生及工作规范等 3 个方面。

2016 年 12 月 2 日，制定《绍兴图书馆安全生产管理办法》，从“总则”“管理体制和职责”“管理制度”“事故报告及调查处理”“考核和表彰”“奖励”“责任追究”“有关释义”等七个章节分三十条规范安全管理行为。

2018 年，开始实行月度工作检查制度，主要检查内容为：1. 安全工作落实情况；2. 本馆各项劳动纪律及窗口服务规范执行情况；3. 环境卫生情况。

绍兴图书馆在安全管理方面规定：不使用自带的大功率电气设备；不乱拉乱接电源线；插座（插线板）等电源严禁超负荷使用；未使用的通道地插应当关闭。消防设备完好；消防设备前方不得有遮挡物；不擅自移动消防器材。疏散类指示标识完好；疏散通道畅通无堆积物。

4. 环境管理

2001年，绍兴图书馆在创建文明城市和创建卫生城市过程中，坚持发挥文明窗口的示范作用。先后获得浙江省级“文明单位”，绍兴市级“爱国卫生先进单位”的荣誉称号。

2006年，绍兴图书馆大力推进单位文明创建，单位内部建设进一步加强。积极开展文明单位创建活动，顺利通过省级“文明单位”复查验收。

2010年，绍兴图书馆积极做好物业管理和新馆设计工作，积极参与镜湖新区新馆建设的图纸设计工作，对新馆的建筑结构及功能布局进行多次论证、研讨和修改。

2012年，浙江省精神文明建设委员会命名表彰了第十批浙江省文明社区，公布了省级文明单位、文明镇的复评结果（浙文明〔2011〕5号文件），通过复评，绍兴图书馆继续保留“浙江省文明单位”称号。馆内各部门注重清洁卫生工作，要求窗口部门对工作台、书架、阅览座椅、地面一日一清洁，随脏随清，专门配备工作人员在每一楼层进行执勤、捡垃圾。安排专门的卫生工作人员对楼道、电梯、图书馆外围地面进行清洗，对室内屋顶进行除尘，对部分墙面进行粉刷，时刻保持全馆清洁环境。

2015年12月，为加强对全馆垃圾分类工作的领导，成立绍兴图书馆垃圾分类工作领导小组，领导小组下设办公室，负责全馆垃圾分类的具体工作。办公室设在后勤保障部。

2017年5月，绍兴图书馆制定《绍兴图书馆垃圾分类工作实施方案》《绍兴图书馆生活垃圾分类工作考核办法》，成立“绍兴图书馆生活垃圾分类工作领导小组”，由后勤保障部具体负责，各部门联动配合。实行垃圾分类，在馆内做好相关宣传推广，并不定期进行检查与监督。

2018年，绍兴图书馆开始实行月度工作检查制度，规定每月由一名馆领导带队，另抽取6位部主任组成检查小组开展检查，采取明察与暗访相结合的方式。根据检查结果小组集体讨论确定评分，填写《月工作检查评分表》，检查结果在OA上公布。主要检查内容包括：①安全工作落实情况；②馆各项劳动纪律及窗口服务规范执行情况；③环境卫生情况。环境卫生方面主要包括：办公区域地面、墙面、工作台整洁干净，各类业务用品摆放有序，不乱张贴；垃圾分类投放及宣传引导做到及时、准确，垃圾分类正确率不低于85%；不在禁烟区吸烟，未见烟灰缸、烟蒂等禁烟物品。

5. 多业助文

从20世纪80年代开始，绍兴图书馆先后创办了振华文化服务社、绍兴图书公司、图兴商行等经营机构。随着社会主义市场经济的发展，振华文化服务社、图兴商行两个实体均改由馆外人员租赁承包，并于2002年3月注销。

1998年，根据市场形势和10多年来创收工作的实践经验，绍兴图书馆制定了《绍兴市鲁迅图书馆文化产业发展调研规划》，重新调整和确立创收工作思路，发扬文化创新精神，充分认识和发挥图书馆的自身优势，以人事分配制度改革作为杠杆，调动每一个职工的创造性和积极性，不断拓展和深化读者服务工作，特别是在发挥图书馆社会教育职能和情报信息服务职能方面，逐步引入市场机制，使之成为图书馆创收工作的两个主要支柱。

延安路新馆建成后，绍兴图书馆充分利用馆舍优势和图书馆的品牌优势，坚持以文补文做好创收工作，重新确定了创收工作发展方向，落实了奖惩措施。通过信息服务、教育培训、会展服务和馆舍开发等多种渠道进行创收，通过打字、复印、图书加工用品、电脑、咨询、书画社、市志办、通达公司、振华文化服务部、外借部收入、采编部收入、参考咨询部、阅览部、树人读书社、信息参考、其他等预算外收入项目创收，使这项工作跃上一个新台阶。经济效益突破百万元，较好地弥补了图书馆运作的经费缺口，为绍兴图书馆的发展提供了可靠保障。后因公共图书馆逐步实现免费开放，绍兴图书馆作为公共图书馆，从“自己创收补贴图书馆事业”向“财政全额保障图书馆事业”转型，相关经营性活动在2010年逐步停止。

20世纪90年代至2010年，绍兴图书馆教育培训工作经过10多年的探索和实践，在向规范化、多元化方向发展，通过完善的各项制度和规范的教育方式以及科学的管理手段，承担社会教育、青少年素质教育和传统项目的教育培训，开办了小主持人培训和初中以上高年级的培训教育，并为外来民工子女提供优惠条件和有关方便措施，鼓励外来民工子女参加培训教育，培训业已成为图书馆事业发展的重要支柱。举办各类培训班2 000余个，培训人员达10万多人次，有效满足了少年儿童的求知求新需要。同时，社会教育经济效益明显增长，有力地促进了图书馆事业的进一步发展。

自2011年8月15日起，绍兴图书馆根据绍兴市文广局《关于要求绍兴图书馆、绍兴群艺馆停止营业性培训的通知》精神，停办有偿培训，有20余年历史的绍兴图书馆有偿教育培训服务正式成为历史。

四、馆藏资源志

从采访、藏书补充、藏书建设到文献资源建设以及当今丰富的信息资源建设[①]，馆藏资源的建设和拓展一直是理论界和实业界共同关注的图书馆事业发展的重要内容。绍兴图书馆作为百年老馆，又处于浙东中心，自古人文荟萃，藏书丰富。生存在其中的绍兴图书馆，在古籍文献、地方文献收集整理上历来颇有建树，21 世纪以来也逐步加快了数字化资源的建设步伐，积极购入精品数据库，并自主完成了极具地方色彩的黄酒、古桥、兰亭书法节、古越藏书楼与徐树兰、家谱、老报纸、地方音像资料、口述历史等数字资源库建设。

馆藏资源志，是在广泛收集 2000—2020 年绍兴图书馆的工作日志、档案资料、地方志、新闻报道等资料，重点介绍绍兴图书馆在传统文献资源建设、数据库建设和网络信息资源建设等成就。具体而言，是分为“传统资源”和“数字资源”两个部分，分别详细讲述绍兴馆资源建设的历程和成就。

（一）传统资源

进入 21 世纪后，随着延安路馆舍开放，绍兴图书馆 2000 年购书经费增至 50 万元，采购图书 12 838 种，25 532 册；报纸 200 种；期刊 923 种。

馆藏资源建设不断发展，至 2020 年底，绍兴图书馆文献购置专项经费已达 488 万元，总藏量为 2 045 206 册。

1. 文献来源

当前绍兴图书馆的纸质文献主要来自采购、征集、接受捐赠等方式。

（1）采选

在古越藏书楼时期，徐树兰次子徐尔谷仰承遗命“认捐常年经费一千元”，并将藏书钤有“古越藏书楼图记”的戳记。绍兴县立图书馆改制后至今，政府财政拨款就成为图书馆藏书增长的主要渠道。

2000 年，绍兴图书馆延安路馆舍开放，当年购书经费增至 50 万元。

2015 年，绍兴图书馆号召读者参与馆藏资源建设，划出百万元购书经费支持读者荐书购买服务。

2020 年，绍兴图书馆总文献购置费为 487.99 万元（包含万方数据库、CNKI 数据库等 30 余个数据库的采购），全年订阅报纸杂志 1 170 份，购置书籍 99 867 册，质量符合馆藏要求，无盗版书，

① 高波，吴慰慈.从文献资源建设到信息资源建设[J].中国图书馆学报，2000（5）：22-25.

基本满足主馆、分馆、汽车图书馆和各图书流通站的开放服务需要。

绍兴图书馆今后还将继续承担起完善绍兴市的信息资源体系的使命，保障市民阅读需求，创造良好阅读环境，提高市民文化素质，提升市民文化涵养。

以下为截至2020年绍兴图书馆文献采购的详细情况。

1）采选办法

2003年，制定《文献采选方针》，规定采购工作按此执行。

2005年，制定《绍兴图书馆采编部文献采选办法》《绍兴图书馆文献采选工作细则》，规定采编部负责全馆电子图书、纸质图书的采选，10月，号召绍兴市社会科学和自然科学界中知名学者代表和读者组成“文献建设指导委员会”，重视文献采购工作的用户视角。

2009年，规定采购工作按修订后的《绍兴图书馆文献采选工作条例》执行，包括文献采选原则、文献采选方式、文献采选范围、各类图书的采选比例、各类图书的复本数、工作注意事项等6项内容。

2012年，修订《绍兴图书馆采编部业务工作条例》《细则》。

2016年，制定《绍兴图书馆馆藏资源发展政策》《发展规划》，另配有《绍兴图书馆业务管理部业务工作条例》《绍兴图书馆文献采选工作细则》《历史文献部中文图书、地方文献收藏范围》。

2017年，出台《绍兴图书馆地方文献专项经费使用管理办法（试行）》，实行专项经费管理办法。

2）采购对象

绍兴图书馆的纸质文献采购对象主要包括纸质图书、报纸、期刊以及专项地方文献资料等，由采编部主持资源采访，报纸以及地方文献等部分资源的采购部门则根据实际情况有所调整。

a. 纸质图书

2000—2006年，绍兴图书馆的纸质图书主要由本地新华书店直接提供。

2006年12月15日，绍兴图书馆开始第一次纸质图书招标，标的为2007年纸质图书，新华书店中标。

之后每年进行公开招标，少量文献根据实际情况另行订购。

b. 报纸、期刊

2000年以后，绍兴图书馆的报纸、期刊的采购主要通过每年的《报刊征订目录》进行征集选订，每4年进行一次公开统一招标。

c. 其他

绍兴图书馆由于部门调整，2000年后地方文献的采购工作主要由古籍部负责，还有部分专项文献由历史文献部自行采购，当前已实现购回《古越藏书楼书目》一套（4册30卷）、《绍兴地区主要商品历年价格资料汇编1950—1980》《明嘉靖间浙江的倭寇》等珍贵历史文献，同时绍兴图书馆还根据专项经费管理办法，采集了新昌调腔、绍兴平湖调等地方特色资料。

3）采购数量

自2006年中宣部、新闻出版总署等11个部门发出《关于开展全民阅读活动的倡议书》，并联合成立全民阅读组织协调办公室后，“全民阅读”行动正式开始，并在近十年间实现了从活动到战略、从理念到实践的迅速发展，得到了国家的高度重视和民众的大力支持。绍兴市作为“书画之乡”和“名士之乡”，绍兴图书馆顺应时代的发展与人民的美好生活需求，积极承担起文化传承的使命，通过不断增加文献采购的经费以实现文献采购数量和质量的同步飞跃，表 4-1 为近年来的文献采购数据。

表 4-1 绍兴图书馆新购藏量统计（2000—2010 年）

年份	新购藏量（册、件）	其中：新购图书（册、件）	报刊（种）
2000	27 752	27 265	1 123
2001	21 524	20 439	1 124
2002	27 463	23 604	1 236
2003	41 606	35 052	1030
2004	52 536	22 931	1 030
2005	47 573	30 220	1 032
2006	52 553	36 339	1 223
2007	51 313	39 389	1 193
2008	83 005	62 593	1 151
2009	85 823	67 432	1 181
2010	97 084	94 148	1 457

资料来源：2000—2010 年《公共图书馆基本情况年报》。

表 4-2 绍兴图书馆新购藏量统计（2011—2020 年）

年份	新购藏量（册、件）	报刊（种）	新增电子图书（册）
2011	171 637	1 225	44 815
2012	144 354	1 196	14 939
2013	102 179	1 195	17 529
2014	235 207	1 184	12 859
2015	98 920	5 766	17 298
2016	115 775	2 918	106
2017	141 650	2 933	5 414
2018	122 635	2 893	7 186
2019	109 223	2 334	11 352
2020	92 970	2 079	5 880

注：图书年购置费参见经费志。数据库采购通过镜像或包库的方式，进行一次性采购或按年支付。历年采购情况详见数字资源志。

（2）征集

古籍文献、地方文献和实物资料等的征集，也是绍兴图书馆馆藏建设非常重要的一种方式。进入 21 世纪以来，绍兴图书馆的征集对象主要有绍兴市委、市政府、宣传部、史志办、政协文史委、文联、统计局、民政局、文广局、文化馆、博物馆、社科联、县（市）政府机关、医院、学校、企业、民间团体、档案馆、水利局、各级公共图书馆及个人。主要通过每年不定期上门征集、信函联系、媒体报道等途径，借助节会与数据库建设等进行针对性的专题资料征集，并不断完善相关制度，征集数量呈稳步增长趋势。

至2020年底，绍兴图书馆近现代地方文献总量11 504册，其中图书10 944册、报纸杂志560册。

绍兴图书馆在每年都开展的常规征集之外，还会根据当年的工作重点，提出专门的征集主题，以增加绍兴地方文献征集的专指性。以下为近年来绍兴图书馆的主要征集活动与成果。

2001年7月15日，绍兴图书馆接受绍兴古旧书店一批文献，共计图书1 514部6 562册；报刊11种139册件；砚台100余方，新字画约50件。

2002年，绍兴图书馆以百年馆庆为契机，面向全国发放地方文献征集函177封，收到书籍、地图和光盘221种264册；全年共征集到地方文献文本资料456种559册；地图2种8张。

2003年，绍兴图书馆征集主题为1990—2002年绍兴黄酒节的相关资料，共收获文字资料7函、黄酒节照片200余张。

2004年，绍兴图书馆新建“绍兴书法节”资料库，收集到1981—2003年书法节各届文字资料10万字、图片约200张。完善“绍兴黄酒节”专题资料库，补充收集文字资料2万字。

2005年，绍兴内部报刊征集得到重视，除单期外，一批合订本入藏绍兴图书馆。如《绍兴学刊》（1989—1998年、2004年），《大地党刊》（1995—2004年）、《绍兴宣传》（1990年、1993—2000年），《绍兴政报》《野草》等2004年合订本。

2006年，绍兴图书馆收集主题主要集中在与文化遗产相关的资料，共征集到4万余字“遗产保护国际会议”文献和10万余字“大禹祭典”文字资料及100余幅图片。

2007年12月26日，绍兴图书馆在绍兴市各相关部门重新组织新地方文献联络员队伍，以增加征集工作的效率。共19人参加，依次为：李能成（绍兴市志办编二处）、赵钜清（绍兴市越文化研究会）、金松（绍兴市节会办）、邬立明（绍兴市建设局）、裘伯芹（绍兴市教育局）、余珍（绍兴市旅游局）、蒋立明（绍兴袍江工业区管委会办公室）、孙吉（绍兴经济开发区管委会）、钱斌（绍兴文理学院图书馆特藏部）、洪忠良（绍兴市政协文史委）、宋汉其（绍兴市文联）、杨琼（绍兴市社科联）、陈芳芳（上虞图书馆）、王秀娟（诸暨图书馆）、孟洁瑾（绍兴县图书馆）、王炎南（新昌图书馆）、吴德焕（嵊州图书馆）、张钧德（绍兴市文物局）、沈建乐（绍兴市委党校）。

2009年，聘请陈桥驿等13人作为地方文献工作顾问，并在绍兴日报上刊登《关于征集古越藏书楼相关史料的启事》。

2010年，绍兴图书馆地方文献征集专职人员增加至2人，起草了《内部资料性出版物征集意见》，加大对绍兴市内部资料的征集，征集到《越地春秋》《嵊州春秋》《会稽星火》《兰亭艺丛》等绍兴企事业单位主办的报纸、期刊。同时还专门向绍兴籍的两院院士发出文献征集函。

2011年5月中旬至6月初，向新昌、嵊州、诸暨、上虞、绍兴县等公共图书馆征询《绍兴市公共图书馆地方文献工作协作网》意见，设立绍兴地方文献QQ群（15 334 815）。6月7日，经绍兴市政府同意，绍兴市文广局向市级机关各部门、团体、县市文广局及市直各企事业单位发文《关于做好地方文献资料征集工作的通知》，使全市地方文献征集工作更趋制度化和标准化；征集重点为校史、校刊（绍兴一中、稽山中学、建功中学、文理学院附中）、上市公司等。

2012年，根据浙江省地方文献资源建设考核细则，重点征集年鉴、方志、家谱等资料。

2013年，绍兴图书馆被浙江省文化厅授予“全省公共图书馆地方文献工作考评示范馆”。

2014 年，绍兴图书馆通过绍兴市文广局新闻出版处向相关单位发放《内部报刊征集启事》，加强内部报刊的征集力度。当年除单期报刊外，还征集到《绍兴通讯》《绍兴政报》《绍兴宣传》《大地党刊》《万安报》《回音必报》《漓铁报》《平铜报》《盾安报》《绍兴水报》《绍兴传媒》《五洋报》《上虞日报》《越文化研究》等不同年份的合订本，《绍兴学刊》《三味书画》《慢生活》等刊物的创刊号。11 月，为庆贺镜湖馆舍开放，绍兴图书馆举办了绍兴书画作品展，特向绍兴书画家征集个人作品，收到 88 人 111 幅书画作品。

2015 年，为了配合历史文献馆开馆，绍兴图书馆向全市各单位、市民开展资料征集活动。绍兴图书馆历史文献馆共藏有图书 22 万余册，其中古籍藏品 16 万件，民国文献 2 万余册，年鉴、方志、文史资料、绍兴人著述、绍兴当地报纸期刊等地方文献 2 万余册，新修家谱近 1 000 册，参考工具书近 2 万册。在地方文献保护中心专门开辟了乡贤捐赠区，拥有捐赠图书 6 000 余册。

2016 年 6 月，配合“绍兴人著作典藏室”的筹建，开展绍兴人著作征集活动，通过新闻媒体跟踪报道宣传，采取对外地绍籍人士去函、去电等方式，向绍兴籍的两院院士、绍兴籍专家学者征集著作，至 9 月，共收到著作 457 种 720 册。10 月，与绍兴市乡土文化研究会签订合作协议，聘任 11 名地方文史专家为历史文献馆研究馆员，参与历史文献馆文献资源征集、保护和研究开发等工作。12 月，成立地方音像资料室，扩大对地方音像资料的征集和采购力度，征集到绍剧老唱片音频资料 300 余种、新昌调腔视频 27 种以及非常珍贵的平湖调视频 3 种。当年建立了绍兴市公共图书馆地方文献联合征集网。

2000—2020 年，绍兴图书馆通过每年定期与不定期上门征集、信函联系、媒体报道、借助节会与数据库建设等进行有针对性的征集，以及常规开展的大范围征集，在不断完善相关制度的基础上，征集数量呈稳步增长趋势。至 2020 年底，绍兴图书馆近现代地方文献总量 11 504 册，其中图书 10 944 册、报纸杂志 560 册。

表 4-3　绍兴图书馆文献征集统计（2000—2020 年）

年份	征集情况
2000	地方文献图书 75 种 128 册（截至 11 月）
2001	地方文献图书 266 种 432 册
2002	地方文献图书 733 种 947 册
2003	地方文献图书 183 种 343 册
2004	地方文献图书 156 种 240 册
2005	地方文献图书 220 种 378 册
2006	地方文献图书 194 种 378 册
2007	地方文献图书 192 种 270 册
2008	地方文献图书 213 种 338 册
2009	地方文献图书 316 种 747 册
2010	地方文献图书 542 种 708 册
2011	地方文献图书 927 种 1 596 册

续表

年份	征集情况
2012	地方文献图书 890 种 1 051 册
2013	地方文献图书 602 种 845 册
2014	地方文献图书 980 种 2 344 册
2015	地方文献图书 791 种 1 061 册
2016	地方文献图书 1 584 种 2 307 册
2017	地方文献图书 767 种 1 673 册
2018	地方文献图书 981 种 1 752 册
2019	地方文献图书 705 种 1 371 册
2020	地方文献图书 989 种 1 215 册

（3）接受捐赠

绍兴图书馆作为本地区的文献资源收藏中心。自建馆以来，承蒙社会各界支持，接收了大量个人、团体惠赠的各类文献。社会人士的慷慨捐赠是绍兴图书馆馆藏建设的重要渠道之一。

当前受捐文献的主要类型包括：反映绍兴各地区各时期历史概况、民俗风情的地方文献资料（史志、名录、纪念册、报纸、家谱、碑文、经卷、书画、票证等），各个历史时期绍兴知名人士的档案资料（手迹、信函、自传、日记及照片等），绍兴人士著述（专著、译著、丛书、论文集、资料汇编、工具书等），古籍、民国文献与 1949—1978 年的现代文献。

2000 年 4 月，北京丁元捐赠其先父丁名楠（中国社会科学院研究员）个人家藏 6 000 余册，其中现当代图书 3 432 册，外文图书 430 册，民国图书 223 册，期刊 521 册；8 月，车越乔以其先父车恂如名义捐资 50 万元，用于图书馆新馆建设；9 月，浙江省新闻出版局捐赠新书 4 202 册。同年，绍兴市政协等 9 家单位在城市广场联合发起为图书馆赠书捐款活动，本次赠书捐款活动累计捐款 37 万元，赠书 7 000 余册。

2001 年 2 月，收到绍兴市侨办转来车越乔第二笔捐款 5 万元；3 月，车越乔捐赠画册、书籍 32 册；5 月，车越乔再次捐赠大型画册 32 册。至此，车越桥已捐赠给图书馆书籍 64 册。5 月，浙江少年儿童出版社向绍兴图书馆捐赠少儿书籍 5 850 册。6 月，台北市富之江出版社发行人兼总编辑郑竞将该社发行的《众香词》《小檀栾室汇刻闺秀词》《艺术三钥》3 种书赠予绍兴图书馆。11 月，柯灵夫人陈国容捐赠柯灵主编的文献 10 册。

2002 年 11 月，绍兴县齐贤镇污水处理中心职工朱夏良将近 10 年收集的有关周恩来的自

图 4-1 绍兴图书馆获赠周恩来文献报道（2001 年）

传、自述及纪念文集和部分战友们的文稿，共计 339 种 471 册捐赠给绍兴图书馆。同年，陈鹤琴子女捐赠《陈鹤琴全集》；浙江大学教授陈桥驿先生捐赠《水经注》研究专著多种。

图 4-2　单观雅捐赠其已故丈夫著名编剧高型先生所编近 50 个剧本稿（2006 年）

2003 年，台湾诗人沈达夫回乡探亲，捐赠个人著作 10 余种，包括《风人诗选》《风人诗》《风人律诗》《风人绝句》《风人诗话》《风人梦忆》《风人全集》等。

2004 年 4 月，接受夏丏尊之孙原工商银行上海市分行副行长夏弘宁先生捐赠的《晋唐宋元书画国宝特集》《淳化阁帖最善本》《世界传世名画》等有关书画、金融、散文书籍 45 册。12 月，接受浙江中成控股集团乔迁捐赠 50 万元。

2005 年，赵之谦侄孙赵而昌捐赠一批文史专著。

2006 年 12 月，单观雅向绍兴图书馆捐赠其已故丈夫著名编剧高型所编《无影灯下颂银针》《等到满山红叶时》等近 50 个剧本稿。

2007 年 9 月，俞斯晟捐赠俞家骥族谱《绍兴潭底俞氏家谱》和《俞氏宗谱》；齐白石之孙齐子如捐赠《齐子如画集》；年底，任桂全捐赠的方志 10 多种。

2008 年 4 月 14 日，单观雅赠送高型相关资料。5 月，车越乔捐赠书画类图书 20 种。12 月，诸暨籍浙江大学教授黄寿波向图书馆捐赠《黄寿波文选》一套。

2009 年 1 月，周幼涛向图书馆捐赠个人藏书 40 种。2 月，陈秋强捐赠图书 20 种。

2010 年 4 月，绍兴地区医院技术顾问、市人民医院专家朱学熹捐赠医籍类图书百余册、稿抄本及老照片若干。7 月，东浦镇陈云德捐赠个人藏书 78 种。10 月，已故绍籍摄影名家王祖铨的夫人捐赠其部分作品及资料；钱建民市长转赠绍兴市顾问、韩国前副总理赵淳《纪念文集》1 套；上海人大代表樊芸至馆赠送 4 套《绍兴齐贤镇西徐巷村（下方桥）樊氏家谱》；12 月，杨长岳捐赠《金萧地区抗日战争长编》一套。

2011 年 1 月，浙江医药股份有限公司俞瑾森捐赠藏书 30 种。2 月，举办《青春暖流—关爱农民工子女》绍兴首届连环画展，由虞琦与刘鑫提供连环画 20 部 162 册，活动结束后捐赠本馆。3 月，萧山临浦自由孔村赠送《觉山孔氏宗谱》1 套；同庆寺同修捐赠《乾隆大藏经》1 套（121 册）；绍兴兰亭书会会长谢有才捐赠《心灵之旅（谢有才诗翰）》《草书经典古文名句》。5 月，徐利成捐赠新修《上虞管溪徐氏宗谱》1 套（线装 20 册）。7 月，吴传来赠送《绍兴民间文化丛书》2 套（20 册）；袁世平赠书《知青回忆录》；车越乔将拍卖所得《书谱》期刊 27 册捐赠给图书馆，绍兴图书馆先后 4 次收到车越桥捐赠的各类藏书，以书画类书籍居多，共计 500 余册。

2012 年 2 月，陈鹤琴子女陈秀云、陈一飞姐弟捐赠图书 21 种，陈鹤琴相关资料 10 种。3 月，顾秋麟捐赠书法《草书秋瑾诗条屏》，郭子美捐赠手书对联一副。8 月，萧山沈明奎、沈元德赠送《萧山长巷沈氏宗谱》1 套（4 函 38 册）；市粮食局退休干部袁世平捐赠自制《绍兴粮油票证集萃》图册

1套。

2013年1月，邢国然捐赠个人藏书110种。2月，李永鑫捐赠个人藏书547种。7月，凌洁琴女士捐赠动漫书《华丽的挑战》1套（32册）。11月，绍兴籍学者王嘉良赠送个人著述12种。12月，老画家李继渊捐赠名人肖像画5幅，包括4幅周恩来肖像画和1幅朱德肖像画。同年，绍兴书画院将赖祖国书画作品2件、田国华书法1件、鲍永耀对联1件、林文彪书法作品2件捐赠我馆。

2014年1月，绍兴市委政法委副书记、绍兴市枫桥经验研究会副会长马永定捐赠枫桥经验50周年资料10余种。4月，袁长寿捐赠华镇《会稽咏古》、（清）李慈铭《初秋夜还柯山村寓》两幅书法作品。5月，绍兴籍画家徐佩瑾捐赠其获奖作品《老区村舍》。6月，绍兴市鉴湖研究会捐赠《汤氏族谱》；新昌籍文史专家杨眉良捐赠个人藏书19种；徐洁捐赠佛学经典70种；12月，原绍兴市广播电视局局长、党组（委）书记屠福浪赠送《剡北鹿山屠氏宗谱》（线装8册）和《嵊州市屠家埠村志》（1册）。

据不完全统计，2009—2014年，绍兴图书馆共收到个人和社会团体赠书3000余种。其中长期捐赠者有：周幼涛，原绍兴市社科院副院长，文史专家，大禹研究会会长，2009—2012年将其珍藏的《绍兴学刊》（自创刊号起近20年）捐赠绍兴图书馆，并长期帮助征集地方文献，共计200余种。谢一彪，绍兴文理学院越文化研究所所长，文史专家，2010—2014年捐赠个人著述及越文化研究所编撰发行的地方文献200余册。陈秋强，上虞乡贤研究会会长，2008—2012年捐赠上虞地方文献40余种。王伟，绍兴市委《绍兴通讯》主编，在绍兴市委市政府搬迁间，因其协调，在送往打浆处理的内部资料中抢回近千种珍贵的地方文献。娄国忠，柯桥区科协主席，2009—2014年捐赠个人著述20多种。

截至2016年，向绍兴图书馆捐赠的公民和各类社会组织数量共506个、包括各县史志馆、博物馆、企业、学校、文化馆、市级单位等，捐有地方文献855册、书面29件，金额达516 842.25元，内容包括史志、名录、单位纪念册、报纸、期刊、内刊、节会资料、典籍掌故、家谱、族谱、碑文、经卷、书画、史稿、老照片等。绍兴图书馆为规范文献捐赠工作，专门制定了《绍兴图书馆地方文献捐赠管理办法》。

2017年3月，袁世平捐赠《军垦岁月总是情——纪念支疆五十周年画册》《绍兴县粮食志（续）1990—2013年》。5月，丁元赠送其母亲周妙中著述的《清代戏曲史》以及启功、黄宾虹等知名书画家对其母书画作品点评的再造墨迹一卷，绍兴籍书画家周少白作品选粹集一册。7月，馆长王以俭、副馆长廖晓飞、馆志办副主任鲁先进、历史文献部员工赵伟达一行4人赴兰州接受绍籍专家、原兰州大学教授齐陈骏教授赠书及手稿，计3 623种3 753册。同年，卞志军捐赠家藏图书、上虞水利局退休老同志毛士英捐赠《绍兴水利》期刊66册（1988年创刊号）、绍剧老艺人陈顺泰捐赠绍剧、莲花落、鹦哥戏等正式出版的戏曲光盘、王云根捐赠绍兴地方戏曲视频资料。

2018年7月，绍兴文理学院退休教师、文史专家钱茂竹捐赠55种地方文献；寿镜吾孙女寿纪瑜捐赠珍贵版本的《马克思恩格斯全集》及珍藏的书籍共198种。9月，绍剧老艺人陈顺泰遗孀捐赠《绍剧名伶录》48册、《绍兴传统戏录》60册。10月，谢善饶捐赠书籍745种，手稿49种以及唱片光盘等；张大卫捐赠书籍2 133种，期刊176种。

2019年1月，胡文炜向绍兴图书馆捐赠其个人著述10种；任桂全捐赠志书15种。2月，绍兴籍学者宋志坚捐赠 50 套其个人著述《未了情》。

2020 年 1 月，冯长根捐赠个人著述及藏书 32 种，乡贤捐赠区设冯长根专柜。4 月，罗萍遗孀向我馆捐赠戏曲资料书籍 500 余种。5 月，中成集团总工程师邢国然捐赠医学书籍 119 种。7 月，浙江省文史馆捐赠一批文史资料。12 月，来新夏遗孀焦静宜先后向我馆捐赠《萧山丛书》1-4 辑，共 40 册。

（4）其他

1）馆际移交

绍兴图书馆历经百年变迁，接受改制前或相关单位资料的移交也是馆藏建设的内容之一。

2001 年 7 月 15 日，绍兴图书馆接受绍兴市古旧书店转制后的拍卖所剩物品，共计图书 1 514 部 6 562 册；报刊 11 种 139 册；砚台 100 余方，新字画约 50 件。

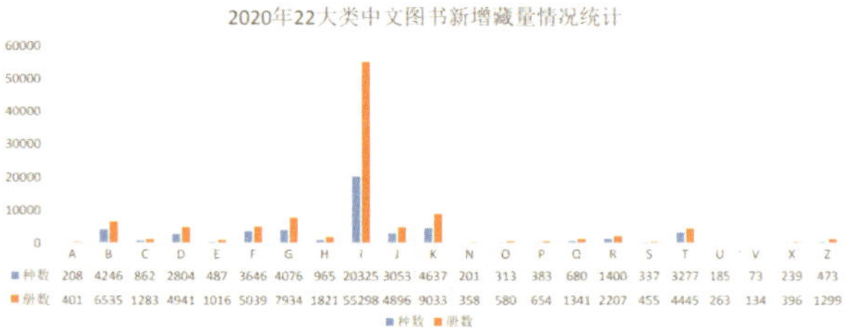

图 4-3　2020 年中文图书新增藏量

2005 年 4 月，绍兴市委宣传部将《二十四史》（清光绪十年上海同文书局石印本）1 套 709 册，连同 15 只书箱、两把木凳移存绍兴图书馆。

2011 年 8 月，绍兴图书馆对武勋坊分馆书籍进行打包整理，运回延安路总馆，并清点相关资产与相关单位做好移交善后工作。

2016 年 2 月 3 日，绍兴市文广局将 20 世纪 90 年代主办的系列书法活动中的 86 件书画作品移交绍兴图书馆保管、存放。

在文献的整理与开发方面，绍兴图书馆一向重视自行出版、合作出版、底本提供等方式。目前已自行出版古籍再造二期《馆藏古籍地方文献书目提要》《现当代地方书目提要》《珍贵古籍图录》《古籍普查登记目录》《民国绍兴县志资料》《古越藏书楼研究资料集》《越风》等近 20 种，合作出版《绍兴水利文献丛集》《绍兴家谱总目提要》《闸务全书三刻》等。

此外，绍兴图书馆还与本地区其他公共文化服务机构进行资料的交换、或与其他地区公共图书馆开展馆际互借与文献复制等，也是辅助本馆馆藏建设的补充方式。2007 年 2 月 17 日，绍兴图书馆与黄酒博物馆正式签订《陈列文献资料古籍复制、加工协议》，正式展开相关工作。

2）内部资料

该部分主要收录 2000—2020 年绍兴图书馆工作人员参与图书馆学术报告发言、会议论文集、以及发表在内部出版物（以 2016 年之前的《图书馆研究与工作》为主）的相关文献资源。

表 4-4　绍兴图书馆馆内非公开出版文献一览（2000—2020 年）

著者	篇名	刊物（文集）	出版日期	期数
丁鹏敏	绍兴图书馆 1998—1999 年读者工作统计分析	图书馆研究与工作	2000 年 7 月	第 3 期
吕江英	知识的乐园成才的沃土	图书馆研究与工作	2001 年	第 3 期
高学安	惠风长存——社会向绍兴图书馆捐资赠书述略	图书馆研究与工作	2001 年	第 4 期

续表

著者	篇名	刊物（文集）	出版日期	期数
袁涛	绍兴图书馆数字化信息资源建设探析	文化大省建设中的图书馆现代化——浙江省图书馆学会第八次学术研讨会论文集	2001 年 11 月	
龚杏娟	浅析图书馆与素质教育的关系	文化大省建设中的图书馆现代化——浙江省图书馆学会第八次学术研讨会论文集	2001 年 11 月	
王燕飞	绍兴谱牒资源的调查与开发	文化大省建设中的图书馆现代化——浙江省图书馆学会第八次学术研讨会论文集	2001 年 11 月	
袁涛	关于基层公共图书馆信息化建设若干问题的思考	《开放的藏书楼开放的图书馆》论文集（浙江人民出版社）	2002 年 10 月	
龚杏娟	对公共图书馆形象魅力的思考	《开放的藏书楼开放的图书馆》论文集	2002 年 10 月	
王燕飞	“志书”应著录“谱牒”	《21 世纪中国图书馆建设与发展》	2002 年 12 月	
龚杏娟	绍兴图书馆世纪历程	图书馆研究与工作	2002 年	第 1 期
蒋替征	绍兴图书馆网络系统设计	图书馆研究与工作	2003 年 3 月 15 日	第 1 期
高学安	读蔡元培《养新书藏略例》的启示	图书馆研究与工作	2003 年 6 月 15 日	第 2 期
翁映	关于使用 ILAS Ⅱ网上流通系统进行分馆建设之我见	图书馆研究与工作	2003 年 12 月 15 日	第 4 期
张宇红	地方文献的主题标引——以绍兴图书馆为例	图书馆研究与工作	2004 年 6 月 15 日	第 2 期
高学安	古代绍兴的雕版印刷事业	图书馆研究与工作	2004 年 6 月 15 日	第 2 期
汪丽华	试论社区图书馆建设	图书馆研究与工作	2004 年 9 月 15 日	第 3 期
何焱	文化信息网的建设和实践——以绍兴文化体育信息网为例	图书馆研究与工作	2004 年 9 月 15 日	第 3 期
王燕飞	浅议新旧谱牒学的价值观	新世纪的图书馆与信息服务——浙江省图书馆学会第九次学术研讨会论文集	2004 年 11 月 1 日	
汪丽华	以人为本做好特殊读者的服务工作	新世纪的图书馆与信息服务——浙江省图书馆学会第九次学术研讨会论文集	2004 年 11 月 1 日	
沈平军	公共图书馆亲民性浅析	新世纪的图书馆与信息服务——浙江省图书馆学会第九次学术研讨会论文集	2004 年 11 月 1 日	

续表

著者	篇名	刊物（文集）	出版日期	期数
李文学	网络环境下制约中小型公共图书馆发展的因素与应对策略——兼谈绍兴图书馆的建设	图书馆研究与工作	2005年6月15日	第2期
沈平军	文献利用制约因素探讨及对策	图书馆研究与工作	2006年3月30日	第1期
戴晓红	绍兴图书馆地方文献工作概况	图书馆研究与工作	2006年6月30日	第2期
汪丽华	公共图书馆应重视外来民工的精神文化生活	图书馆研究与工作	2006年6月30日	第2期
廖晓飞	用PHP+MySQL构架数据库驱动的图书馆网站	图书馆研究与工作	2006年6月30日	第2期
倪海青	为未成年人服务：公共图书馆的责任和使命	图书馆研究与工作	2006年9月30日	第3期
吕江英	绍兴图书馆的讲座工作	图书馆研究与工作	2006年9月30日	第3期
蔡彦	新时期地方文献信息资源的共建共享	公共文化服务与图书馆实践的创新——浙江省图书馆学会第十次学术研讨会论文集	2006年11月	
何焱	关于公共图书馆网站结构和交互性探讨	公共文化服务与图书馆实践的创新——浙江省图书馆学会第十次学术研讨会论文集	2006年11月	
沈平军	大众阅读与和谐社会浅析	公共文化服务与图书馆实践的创新——浙江省图书馆学会第十次学术研讨会论文集	2006年11月	
周岚岚	网络环境下公共图书馆文献采访工作变革的思考	公共文化服务与图书馆实践的创新——浙江省图书馆学会第十次学术研讨会论文集	2006年11月	
俞苗荣	试谈中国传统读书方式对阅读疗法的借鉴作用	《思考·探索·创新——2006年首届浙江省公共图书馆馆长论坛论文集》	2006年12月	
蔡彦	蔡元培与故乡图书馆事业	第一届图书馆史学术研讨会	2006年	
张宇红	文献阅读对象的主题标引	图书馆研究与工作	2007年3月30日	第1期
高志刚，赵伟达	为外来务工者子女服务心得	图书馆研究与工作	2007年6月15日	第2期
龚杏娟	鲁迅对图书分类的实践与研究	图书馆工作与研究	2007年7月15日	第4期
龚杏娟	公共图书馆开展“阅读疗法”浅议	图书馆研究与工作	2007年9月15日	第3期
张宇红	《中国图书馆分类法》第四版“K81传记”若干类目规范标引探讨	图书馆研究与工作	2007年9月15日	第3期
周莉莉	公共图书馆讲座的品牌构筑——以绍兴图书馆为例	图书馆研究与工作	2007年9月15日	第3期

续表

著者	篇名	刊物（文集）	出版日期	期数
王以俭	关于做好公共图书馆工作的十点思考	图书馆研究与工作	2008年3月15日	第1期
朱光明	引导健康的动漫文化——图书馆动漫阅览室的工作与思考	图书馆研究与工作	2008年6月15日	第2期
赵任飞	试论地方文献对地方文化的延续功能——以绍兴图书馆为例	图书馆研究与工作	2008年9月15日	第3期
蔡彦	学术性与平民性——中国图书馆社会价值的百年求索	现代图书馆服务：浙江省图书馆学会第十一次学术研讨会论文集	2008年11月11日	
何焱	现代图书馆采编部服务意识创新	现代图书馆服务：浙江省图书馆学会第十一次学术研讨会论文集	2008年11月11日	
孙祝丽	公共图书馆报刊开发利用的思考	现代图书馆服务：浙江省图书馆学会第十一次学术研讨会论文集	2008年11月11日	
张玲琳	提升公共图书馆服务品位的探索——以绍兴图书馆为例	图书馆研究与工作	2008年12月15日	第4期
王以俭	做好公共图书馆的地方文献工作之管见	图书馆研究与工作	2009年9月15日	第3期
高祥宏	期刊阅览室的管理和服务	图书馆研究与工作	2010年3月15日	第1期
鲁先进	绍兴人物生卒考三十则	图书馆研究与工作	2010年5月20日	第2期
戴晓红	公共图书馆在非物质文化遗产保护中的作用——以绍兴图书馆为例	图书馆研究与工作	2010年6月15日	第2期
赵任飞，张玲琳	绍兴藏书史话	图书馆研究与工作	2010年12月15日	第4期
沈平军	略论农家书屋的阅读引领	第九届中国社区乡镇图书馆发展研讨会	2010年	
戴晓红	地方特色馆藏建设中的文献采访方式刍议	2010年全国图书馆文献资源建设研讨会	2010年	
陈琦	强化公共文化服务，构建成才沃土——绍兴图书馆为未成年人服务探索与实践	第九届中国社区乡镇图书馆发展研讨会	2010年	
鲁先进	绍兴墨润堂创建人及创建年代考述	图书馆研究与工作	2011年6月15日	第2期
赵任飞，鲁先进	民国绍兴县志修纂述略	图书馆研究与工作	2011年12月15日	第4期
施国权	读者为本——文献标引工作再认识	图书馆研究与工作	2011年12月15日	第4期
黄斌	进一步发挥公共图书馆社会教育职能努力促进未成年人健康成长	托起明天的太阳：浙江省未成年人读书节论坛征文优秀作品选	2011年6月	
黄斌	关于“十二五”时期图书馆理论创新的思考	第十届中国社区乡镇图书馆发展战略研讨会征文	2011年9月	

续表

著者	篇名	刊物（文集）	出版日期	期数
戴晓红	构建地方文献资源体系的几个要素——以绍兴地区为例	第十届中国社区乡镇图书馆发展战略研讨会论文集	2011 年 9 月	
王以俭	电视图书馆建设研究	第十届中国社区乡镇图书馆发展战略研讨会征文	2011 年 9 月	
蔡彦	从《丁忧直隶补用道徐尔谷禀文》看古越藏书楼的建立时间	浙江历史文化研究（第三卷）	2011 年 11 月	
黄斌	倪元璐绍兴救荒述略	浙江历史文化研究（第三卷）	2011 年 11 月	
黄斌	面向“十二五”的图书馆理论研究	图书馆学理论的使命与担当——第六次全国图书馆学基础理论研讨会论文集	2011 年 12 月	
黄斌	明季绍兴藏书业述略	天一阁文丛（第 9 辑）	2011 年 12 月	
黄斌	面向“十二五”时期的图书馆信息服务	图书馆信息技术的应用、服务和创新学术研讨会暨第三届数字图书馆与开放源代码软件学术研讨会	2011 年	
王以俭	做好地方文献工作的体会与思考	图书馆研究与工作	2012 年 6 月 15 日	第 2 期
那艳	关于建立地市级图书馆员职业阅读机制的几点思考	图书馆研究与工作	2012 年 6 月 15 日	第 2 期
戴晓红	绍兴图书馆服务城市文化建设略述	图书馆研究与工作	2012 年 9 月 15 日	第 3 期
何燚	拓展图书采编职能提升读者服务理念	浙江省“图书馆发展论坛——2012”论文集	2012 年 11 月	
黄斌	李钟岳与大通党案	浙江历史文化研究（第四卷）	2012 年 12 月	
蔡彦	绍兴第一中学清末新学书籍述	浙江历史文化研究（第四卷）	2012 年 12 月	
王舒囡	图书馆环境与读者阅读	图书馆研究与工作	2013 年 3 月 15 日	第 1 期
鲁先进，张玲琳	钱玄同和古越藏书楼	图书馆研究与工作	2013 年 3 月 15 日	第 1 期
赵任飞，鲁先进	浙东运河古文献整理及保护措施	2013 年中国水利学会水利史研究会学术年会暨中国大运河水利遗产保护与利用战略论坛论文集	2013 年 11 月 30 日	
蔡彦	清末民初萧绍海塘的管理——以西湖底闸为例	2013 年中国水利学会水利史研究会学术年会暨中国大运河水利遗产保护与利用战略论坛论文集	2013 年 11 月 30 日	
朱婷婷	如何提高公共图书馆数字资源的利用率	图书馆研究与工作	2014 年 3 月 15 日	第 1 期
王以俭	公共图书馆绩效管理工作探析	图书馆研究与工作	2014 年 6 月 15 日	第 2 期

续表

著者	篇名	刊物（文集）	出版日期	期数
周岚岚	网络环境下图书馆的联合编目	新世纪的图书馆与信息服务——浙江省图书馆学会第九次学术研讨会论文集	2014 年 11 月	
赵任飞、王以俭	电视图书馆建设的实践与思考——以“绍兴电视图书馆”为例	图书馆研究与工作	2014 年 12 月 15 日	第 4 期
许武智	“禹”是如何大起来的	“大禹与中国传统文化”国际学术研讨会论文集	2016 年 4 月	
王以俭	谈公共图书馆组织文化建设	图书馆研究与工作	2016 年 11 月 10 日	第 5 期
鲁先进	乾隆《绍兴府志·经籍志》校记	图书馆研究与工作	2017 年 1 月 10 日	第 1 期
王以俭	“电视图书馆绍兴模式”的实践与创新	图书馆研究与工作	2018　年 10 月	
李文学	好书天天荐——PDA 采购的绍兴经验	图书馆研究与工作	2018　年 12 月	
陈琦	图书馆 + 旅游：绍兴图书馆“走读人文绍兴”案例研究	图书馆研究与工作	2019 年 9 月	
孙祝丽、黄蓉	“图书馆 + 拓展课程”：未成年人传统文化阅读推广的探索与实践——以绍兴图书馆为例	图书馆研究与工作	2020 年 4 月	
孙祝丽、黄蓉、宋嵩	公共图书馆“阅读 + 研学”课程的开发与实践	图书馆研究与工作	2020 年 11 月	

2. 文献管理

（1）文献管理制度

1）普通文献管理

纸质文献资源是重要的国有资产，是图书馆重要的知识服务资源，对提升市民文化素质、提高人才培养质量具有不可或缺的价值。纸质资源的保护是文明素养的充分体现，图书馆要人性化地制定管理规定，做到既方便市民使用，充分发挥纸质文献资源体系的知识共享作用，也要保障纸质资源的良好保存和可持续发展。

绍兴图书馆自按照《古越藏书楼章程》中的管理规程和阅书规程执行，到绍兴县立图书馆时期制定《绍兴县立图书馆阅览规则》《绍兴县立图书馆借书规则》，再到如今通过公开规章制度，规定了图书借阅、丢失图书的处理、污损图书的处理、超期图书的处理、其他物品情况的处理得等详细指南，方便用户规范使用。

在文献入藏方面，各类文献的管理一直受到绍兴图书馆的高度重视，除了在加工和流通环节予以严格程序规范外，书库的上架、放置、进出文献的登记核查管理等，一直严格按规定执行。进馆文献无论何种类型，都实行注册登记制度，按严格的程序执行，有相关人员进行验收，并由部门主任核准，拒绝盗版和非正式渠道图书进入入藏文献序列。购买的文献曾长期延续个别登录与总括登录并行制度。

在技术实现方面，当前绍兴图书馆的普通文献管理规定依据国家相关规范制定，尤其重视技术保障和设备更新方面。

2000 年，绍兴图书馆延安路馆开放，普通书库配有水喷淋管网系统，并安装 8 只摄像探头，伏热季节，对书库进行自然通风，同时采用天然樟脑、鼠药等防虫防鼠。

2010 年，绍兴图书馆启用 RFID 自助借还书系统，配备图书安全检测系统等配套软件。

2014 年，绍兴图书馆镜湖馆舍开放之际，再次采购 190 万元 RFID 自助设备，7 套门禁（RFID 双通道门禁 6 个，普通门禁 1 个），以及全馆安装防盗监控系统及消防设施，确保图书流通安全和防火安全。

2016 年，绍兴图书馆购置 3 套红外线安检设备，分别用于镜湖新馆大厅、少儿馆及历史文献馆大厅，安全措施再次得到升级。镜湖馆开放后，延安路馆舍定位为历史文献馆，并于 2015 年改造完成对外开放，而后于 2017 年 9 月，启动延安路图书馆流通、基藏书库的建设并于 2018 年 12 月全部建成投入使用。

表 4-5　绍兴图书馆书架单层总长度（2000—2020 年）

时间	书架单层总长度（米）
2000—2006 年	6 116
2007 年	6 316
2008 年	6 437
2009—2010 年	7 304
2011 年	9 806
2012—2013 年	9 926
2014—2015 年	33 273
2016—2017 年	35 461
2018 年	41 948
2019 年	42 649
2020 年	43 323

资料来源：绍兴图书馆历年《公共图书馆基本情况年报》。

2）档案资料管理

绍兴图书馆的档案于 1968 年开始形成，到 1987 年的鲁迅图书馆档案室建立，1991 年《绍兴市鲁迅图书馆规章制度汇编》印行，尚无档案管理制度一项。

进入 21 世纪，绍兴图书馆延安路馆正式开放，建立了全综档案室，库房面积 25 平方米，档案阅览室面积 20 平方米，添置档案柜、自动灭火装置、自动监测控制系统、自动监视系统、红外线防盗系统、中央空调、温湿度机、除湿机、防蛀药、JI-100 型档案管理软件以及电脑、打印机、复印机等。

2001 年，绍兴图书馆开始计划申报浙江省一级档案工作目标管理。

2002 年 3 月 10 日，绍兴图书馆成立档案工作省级达标领导小组，组长龚天力，在原有一名专职档案管理人员的基础上，设立由各部门责任人组成的兼职档案员组织队伍，并抽调一人对 1997—

2001年的档案文件级条目进行数据录入、文书打印、归档整理等工作。修订完善了《绍兴图书馆立卷归档制度》《档案人员岗位责任制》《保管保密制度》《利用统计制度》等各项相关制度。9月17日，由浙江省档案局、省文化厅、绍兴市档案局、市文体局组成的档案管理验收组对绍兴图书馆的档案目标管理工作进行达标考核验收，经考评总得分为98分，符合省一级档案目标管理要求，同意晋升省一级。

2002年5月，绍兴图书馆印行《绍兴图书馆行政规章制度汇编》，分人事分配制度（3项）、行政管理制度（13项）、账务管理制度（4项）、后勤保障制度（16项）四类。其中行政管理制度第6项为文书档案管理制度，共6条，其中规定各部门于每年第一季度将上年档案移交综合档案室统一保管。

2003年3月27日，绍兴市直文体系统档案管理工作协作会议在绍兴图书馆召开。

2004年1月13日，绍兴图书馆被绍兴市档案局授予“2003年度市直档案系统先进集体”荣誉称号。

2005年，绍兴图书馆荣获浙江省文化厅、浙江省档案局颁发的《浙江家谱总目提要》编纂工作先进集体，王燕飞获“先进个人”称号。

2007年，绍兴图书馆被定为年检优秀单位。同年印行的《绍兴图书馆行政管理规章制度汇编》中收录《档案管理制度》，4项29条，对文件、资料归档内容（16条）、立卷归档（5条）、档案借阅（6条）、档案管理（2条）作了明确的规定。

2008年，据《浙江省文化艺术档案工作基本情况调查表》（2008年11月4日），当时绍兴图书馆档案数量为：文书档案279卷，会计档案863卷，业务档案85卷，个人档案83卷，特种载体档案118卷。2008年度绍兴图书馆获绍兴市直档案工作先进集体。

2009年，绍兴图书馆成立档案管理领导小组，设专职和兼职档案员负责档案工作。获“档案工作目标管理省一级”称号。

2010年，绍兴市委办发30号、100号文件，要求进行数字档案室建设、档案登记备份工作。

2012年6月29日，绍兴图书馆王雪锋赴杭州参加浙江省档案干部教育培训中心组织的“全省档案工作目标管理认定培训班”。绍兴图书馆获2012年度绍兴市直档案工作先进集体。

2013年1月15日，绍兴市档案局副局长梁国灿一行来绍兴图书馆审查档案省一级复查工作，检查组一致认为绍兴图书馆档案工作扎实有效，顺利通过复查。绍兴图书馆为全市7家档案省一级单位之一。

2014年3月18日，绍兴市文广局印发《绍兴市文广局关于加强市直文广系统人事档案管理工作的意见》，要求各直属单位人事档案分正本和副本，正本由市文广局保管，副本由各单位人事部门保管，并将每年的3月定为人事档案归档整理月，集中整理。

2015年，绍兴图书馆印行的《绍兴图书馆规章制度汇编》，所收《档案管理制度》基本与2007年相同，在归档内容上有所调整，删除了原来“本馆职责范围内经营发证单位的开办报告、申请、审批、核发许可证等管理工作的文件材料”，增加“本馆的实物档案，如证书、奖牌等”。

2016年初，绍兴图书馆整理文书档案4 152件、业务档案87件、科技档案13卷、特种载体1 473件、人事档案由市文广局统一管理。6月23日，绍兴图书馆2001—2012年的文书档案移交至绍兴市档案局，并进行电子化扫描工作。

2018年，据绍市档〔2018〕33号文件，绍兴图书馆被评为2018年度绍兴市直“规范化数字档案室”。

2020年底，绍兴图书馆有综合档案室3间（档案室、阅档室和档案工作间），其中库房面积20平方米，配备档案柜17套、计算机1台、复印机1台、去湿机1台、空调机1台、PDE档案综合信息管理软件1套等。专职档案员1名，各部室兼职档案员9名。文书档案145卷4 969件，业务档案815卷，科技档案28卷，会计档案742卷，特种载体档案：照片档案1 523张、光盘193盘，实物档案170件。档案电子目录：文书档案案卷级145条，文书档案文件级2 685条，文书档案一文一件4 969条，会计档案案卷级742条，科技档案案卷级28条，业务档案案卷级815条，照片档案文件级1 523条。

（2）文献标引与组织

绍兴图书馆的文献组织与标引是采用国家统一规范的分类方法，自1999年因《中国图书馆分类法》第4版正式实施，绍兴图书馆开始对第3版修订类目进行图书改编。进入21世纪以来，绍兴图书馆十分注重馆藏文献管理制度与技术的与时俱进和更新迭代。

2000年，绍兴图书馆馆藏期刊全部按《中国图书馆分类法·期刊分类表》分编，录入期刊数据千余种，馆藏文献形成了一个方便检索的统一藏书体系。

2001年，绍兴图书馆古籍部根据《中国家谱总目》浙江省编纂工作小组的要求，按照《中国家谱总目》著录编目规则，编制了书本式目录《绍兴市公藏家谱总目》。

2003年，绍兴图书馆文献标引与著录标准为：图书依据《中图法》标引，依据《普通图书著录规则》著录；期刊依据《中图法期刊分类表》标引，依据《连续出版物著录规则》著录。

2004—2007年，绍兴图书馆开始对馆藏的散纸碑帖与拓片进行著录。完成馆藏碑帖拓片2 000余种，其中地方文献拓片600余种的著录。

2006年6月16日，在浙江图书馆善本编纂小组的统一协调下，启动《浙江省古籍善本联合目录》绍兴地区工作。至2007年6月，共完成695种3 910册古籍善本的分类编目，其中经部32种，史部134种，子部236种，集部284种，丛书9种，编制卡片及书本目录各一套。

2007年，国务院办公厅提出“十一五”期间实施“中华古籍保护计划”。2011年开始全面推进古籍普查登记工作。2012年，按照浙江省古籍保护中心编制的《浙江省古籍普查手册》要求，在普查平台上对馆藏古籍、线装民国文献进行分类著录，于2016年完成。

2008年12月2—22日，绍兴图书馆完成中华人民共和国成立以来馆藏日报、晚报、商业经济、生活类近400种报纸近万条机读目录数据的输入，馆藏报纸数据库建设工作基本完成。同年，完成馆藏信札书本目录编制，著录信札140种，250余通，著录依据参照浙江图书馆的相关标准。

2009年，绍兴图书馆汉文普通图书编目规范程度为：①使用《中国文献编目规则（第二版）》规范著录；②使用《新版机读目录格式使用手册》编制规范数据；③使用《中国图书馆分类法》（第4版）进行分类标引；④使用《中国分类主题词表（第2版）》进行主题标引。中文报刊编目规范程度：以中国文献编目规划编撰小组编写的《中国文献编目规则（第2版）》为文献编目依据，并使用深圳图书馆的自动化集成系统（ILAS）软件，根据机读目录格式（CNMARC）进行计算机文献著录；使用《新版机读目录格式使用手册》编制规范数据；使用《中国图书馆分类法》（第4版）或《中国图书馆分类法·期刊分类表》（第2版）进行分类标引。

2012 年 4 月 1 日，根据《中国图书馆分类法》第 5 版使用方案进行规定调整并实施。

2013 年 1 月 15 日，制定《绍兴图书馆地方文献图书分编工作细则》，分类根据《中国图书馆分类法》和本馆特定的分类规则（使用本），编目依据《中文图书机读目录格式使用手册》，部分字段据馆藏情况有具体规定著录。而后，绍兴图书馆普通图书文献分编为：根据《新版中国机读目录格式使用手册》和《中国图书馆分类法》编目著录，依据《绍兴图书馆中文图书分类标引细则》类分新书；依据《绍兴图书馆中文图书主题标引细则》进行主题标引；依据《绍兴图书馆中文图书编目工作条例》《绍兴图书馆计算机中文书目数据录入细则》进行编目。期刊、报纸文献分编为：根据《中文连续出版物机读目录著录细则》标准进行编目，依据《绍兴图书馆中文连续出版物编目工作条例》分编连续出版物，期刊、报纸在到馆当天完成记到、上架。视听文献编目为：根据《电子资源著录规则电子资源机读目录格式》标准进行编目，依据《绍兴图书馆电子资源分编细则》分编电子资源，保证编目数据规范一致。

2016 年 12 月，绍兴图书馆与民国文献保护中心签订协议，对馆藏已编民国文献进行改编，未编的进行新编。分类依据《中国图书馆分类法》（第 4 版）。

2017 年，绍兴图书馆现代文献分类编目按照本馆自定的《绍兴图书馆中文图书分类细则》（采用《中国图书馆分类法》（第 5 版）作为图书分类依据）、《中文图书主题标引细则》（采用《中国分类主题词表》和《汉语主题词表》增词表为图书主题标引的依据）、《中文图书编目工作细则》（以中国文献编目规划编撰小组编写的《中国文献编目规则》为文献编目依据，并使用广州图创计算机软件开发有限公司的图创系统，根据机读目录格式（CNMARC）、《计算机中文书目数据录入细则》（参照全国图书馆联合编目中心、国家图书馆采选编目部编著的《中文图书机读目录格式使用手册》进行数据录入）、《视听资源分编规则》（按《中国图书馆分类法》（第 5 版）、《中文连续出版物编目工作条例》（以《中国文献编目规则》和《新版中国机读目录格式使用手册》为依据）、《电子资源 CNMARC 格式著录规则》（依据《电子资源著录规则》、《电子资源机读目录格式》进行著录）等执行。同年，在古籍普查的基础上，出版《绍兴图书馆古籍普查登记目录》。

2017 年，对转制后存放本馆数年的原绍兴市古旧书店的古籍、民国书籍及书画拓片等进行编目。

2017 年 2 月—2018 年 3 月，完成古旧书店旧藏古籍全国普查平台著录 1 514 条、6 562 册。

2018 年 4 月，完成古旧书店旧藏书画登记 70 种、拓本登记 15 种 15 册。5 月，开始馆藏拓本著录登记工作。

2019 年，出版《绍兴图书馆馆藏现当代地方文献书目提要》，至 2020 年 1 月，共计完成拓本登记 422 种 546 册。

（3）现有文献构成

1）文献构成

古越藏书楼时期，文献主要以图书为主。图书分两类：古籍部包括学（经、子、集）、政（史部及各种行政诸书）两部分；今籍部兼收中外，包括普通与专门图书。今籍中又分已译、未译两部，凡东西书籍，一律收藏。除图书外，兼收各种图画，类别为三：曰教科画，曰地图，曰实业图。又收各种学报、日报，以资考求。

20 世纪 90 年代，绍兴图书馆流通图书中社科类图书占 59.30%，科技类图书占 40.70%。外借书库的藏书利用率由 1994 年的 15.30% 提高到 1998 年的 205.80%。

2005—2006 年，绍兴图书馆的文献采选，5 大部类中马列毛邓（A 大类）、哲学（B 大类）、社会科学（D-K 大类）、自然科学（N-X 大类）、综合（Z 大类），采选比例为 1∶3∶70∶24∶2，电子书采选以教育类和科技类为主，弥补纸质图书在自然科学大类的不足。

2007 年，绍兴图书馆文献采选比例为社会科学 74%，自然科学 26%，实际情况是纸质图书中社会科学 70%，自然科学 30%；电子图书中社会科学 66%，自然科学 34%。

2008 年，绍兴图书馆考虑到外借部、少儿馆读者以借阅文学休闲类为主的实际情况，I 大类的图书采购比例增加较大。2009 年，I 大类占总经费的 41%。

2010—2020 年，采购图书以满足大多数读者的阅读需要为主，于是调整了复本，即减少各大类理论类及自然科学类图书的复本，一般只采购一个复本，提高了入藏图书的种类，增加了社科类图书的比重。

至 2020 年底，绍兴图书馆文献资源主要由纸质图书和数字资源构成。纸质图书由古籍、民国文献、地方文献、普通图书等组成，数字图书由电子书、数据库、视听资料等组成。馆藏纸质图书 5 大类文献所占比率为：0.35∶3.88∶78.9∶14.98∶1.89。

表 4-6　绍兴图书馆各类文献经费采购分配方案（2011—2020 年）

年份	纸质图书	数字资源	其他
2011	72%	22%	6%
2012	73%	21%	6%
2013	66%	27%	7%
2014	64%	29%	7%
2015	64%	30%	6%
2016	65%	29%	6%
2017	68%	27%	5%
2018	69%	26%	5%
2019	67.2%	27.7%	5.1%
2020	72.6%	17.8%	9.6%

2）文献特色

2016 年制定的《绍兴图书馆馆藏发展政策》，总结了当时绍兴图书馆的馆藏特色：古籍藏量突出，在地市级图书馆中处于前列；地方文献丰富，建成全国首家地市级图书馆地方文献资料馆；主题特色明显，地方文献、佛学、民国等资源特色明显。至 2020 年，馆藏特色文献集中在古代藏品、民国文献、地方文献、大型丛书等。

a. 古代藏品

绍兴图书馆历史悠久，古代藏品丰富。在 20 世纪 80 年代初，古代藏品即达到 20 万余册。

绍兴图书馆现有古代藏品 16 万册（件），其中碑拓 4 000 余件，馆藏善本 2 000 余种 18 000 册；舆图 25 件，书画 150 件，扇面 117 件，信札 300 余通。截至 2020 年全国古籍普查统计，馆藏古籍 29 996 部，148 838 册（含民国线装文献），居省内地市馆前列。馆藏古籍中不乏珍本，收录于《中国古籍善本书目》的古籍 112 种，入选第一批至第四批《国家珍贵古籍名录》的古籍 23 种，入选第一至三批《浙江省珍贵古籍名录》44 种。通过古籍普查，原古越藏书楼旧藏有 652 种 8 049 册。

古籍文献中的地方特色明显，据普查平台统计，绍兴图书馆古籍地方文献 4 505 种 10 092 册（部分文献放在善本、普通古籍之中，实际数量大于上述数字），包括历代乡贤稿本遗著、明清及民国初期绍兴雕版印刷之书，以及历代方志和地方族谱（家谱 248 部 1 378 册）等（王子余的绍兴县志资料，除县志资料外，尚有许多档案、信札、会议记录、账簿等）。

b. 民国文献

绍兴图书馆民国文献的线装书是作为古籍藏于古籍书库。此处民国文献是非线装形式的民国文献，包括图书、报纸、期刊、缩微胶卷等。

2001 年，绍兴图书馆接受绍兴市古旧书店一批文献，其中有《民权报》《笑报》《新闻报》《越州报》《真报》《东南日报》《杭州民国报》《时代日报》《铁报》等民国报纸 11 种 139 册。

2012 年，绍兴图书馆开始对馆内打包的民国文献进行登记在册。

2016 年，与国家民国文献保护中心签订协议，对民国文献进行规范著录登记。至 2020 年底，著录民国图书 13 088 册，民国报纸 28 种，152 册，民国期刊 4171 期，外文图书（英、日、俄、德）1707 册。

绍兴图书馆所藏民国文献有多种丛书，如《丛书集成初编》《东方文库》《万有文库》《国学基本丛书》《开明青年丛书》《故事一百种》等，亦收录有鲁迅、蔡元培、秋瑾等绍兴人的相关著作，还有不少政府公报和涉及学校教育、医学、农工商的地方文献期刊。

民国绍兴地方报刊缩微资料

片卷号	文献名称	目录索引	片卷号	文献名称	目录索引
1	越铎日报	1912.01.09~1912.05.20	2-1	绍兴新闻	1929.11.21~1948.01.30
2	越铎日报	1912.05.21~1912.11.04	2-2	绍兴新闻	1948.02.01~1948.12.03
3	越铎日报	1912.11.11~1914.03.19	2-1	绍兴民国日报	1927.05.26~1947.06.30
4	越铎日报	1914.04.04~1915.01.05	2-2	绍兴民国日报	1947.07.01~1948.12.08
5	越铎日报	1915.01.06~1915.05.31	1-1	大明报	1945.07.08~1948.08.01
6	越铎日报	1915.06.01~1915.12.10	10-1	诸暨国民新闻	1933.08.01~1934.01.20
7	越铎日报	1915.12.11~1917.02.10	10-2	诸暨国民新闻	1934.01.21~1934.06.30
8	越铎日报	1917.02.11~1917.05.05	10-3	诸暨国民新闻	1934.07.01~1934.11.30
9	越铎日报	1917.05.06~1917.07.25	10-4	诸暨国民新闻	1934.12.01~1935.05.10
10	越铎日报	1917.07.26~1917.10.15	10-5	诸暨国民新闻	1935.05.11~1935.10.10
11	越铎日报	1917.10.16~1918.01.05	10-6	诸暨国民新闻	1935.10.12~1936.03.30
12	越铎日报	1918.01.06~1918.04.10	10-7	诸暨国民新闻	1936.04.02~1936.08.31
13	越铎日报	1918.04.11~1918.09.30	10-8	诸暨国民新闻	1936.09.01~1937.01.31
14	越铎日报	1918.10.01~1919.03.15	10-9	诸暨国民新闻	1937.02.01~1937.06.30
15	越铎日报	1919.03.16~1919.07.20	10-10	诸暨国民新闻	1937.07.01~1948.06.30
16	越铎日报	1919.07.21~1919.10.10	2-1	越报	1945.06.19~1946.09.30
17	越铎日报	1919.10.12~1920.01.05	2-2	越报	1946.10.01~1948.09.22
18	越铎日报	1920.01.06~1920.04.30	2-1	正风报	1946.08.05~1947.01.20
19	越铎日报	1920.05.01~1920.07.25	2-2	正风报	1947.02.03~1947.07.16
20	越铎日报	1920.07.26~1920.10.15	2-1	儿童时报	1931.04.01~1931.06.28
21	越铎日报	1920.10.16~1921.01.31	2-2	儿童时报	1931.09.04~1934.10.19
22	越铎日报	1921.02.01~1921.05.05	3-1	上虞报	1935.04.09~1940.01.25
23	越铎日报	1921.05.06~1921.07.25	3-2	上虞报	1940.01.26~1946.08.31
24	越铎日报	1921.07.26~1921.10.15	3-3	上虞报	1946.09.01~1948.08.04
25	越铎日报	1921.10.16~1922.01.10	1-1	上虞声三日报	1926.06.03~1934.01.30
26	越铎日报	1922.01.11~1922.04.10	11-1	剡声日报	1932.08.15~1933.04.20
27	越铎日报	1922.04.11~1922.06.30	11-2	剡声日报	1933.04.21~1933.07.31
28	越铎日报	1922.07.01~1922.09.20	11-3	剡声日报	1933.08.01~1933.12.31
29	越铎日报	1922.09.21~1922.12.13	11-4	剡声日报	1934.01.01~1934.06.30
30	越铎日报	1922.12.19~1923.04.05	11-5	剡声日报	1934.07.01~1934.12.20
31	越铎日报	1923.04.06~1923.06.25	11-6	剡声日报	1934.12.21~1935.05.31
32	越铎日报	1923.06.26~1923.09.15	11-7	剡声日报	1935.06.01~1935.11.10
33	越铎日报	1923.09.16~1923.12.05	11-8	剡声日报	1935.11.11~1936.04.30
34	越铎日报	1923.12.06~1924.03.10	11-9	剡声日报	1936.05.01~1936.09.30
35	越铎日报	1924.03.11~1924.08.05	11-10	剡声日报	1936.10.01~1937.03.31
36	越铎日报	1924.08.06~1924.10.25	11-11	剡声日报	1937.04.01~1938.12.29
37	越铎日报	1924.10.26~1925.01.19			
38	越铎日报	1926.03.01~1926.06.20			
39	越铎日报	1926.06.21~1927.02.28			

图 4-4　绍兴图书馆藏民国时期缩微文献

c. 地方文献

地方文献的收藏一直是绍兴图书馆重视的一项工作，经历年积累和征集，已形成较为完整的地方文献收藏体系，包括绍兴市级文献、辖属县（市、区）级文献、浙江省级文献、特色文献等，资源品种丰富，门类基本齐全。收集有绍兴市各党政机关调研资料、会议资料、绍兴兰亭书法节、黄酒节等各大节会资料、学校校庆资料、20 世纪 70 年代知青资料、非物质文化遗产资料、各机关企事业单位期刊和报纸等。绍兴各姓氏族宗谱多有收藏，另收集到获“中国电影终身成就奖”和“夏衍电影荣誉纪念奖”的著名电影编剧高型（绍兴籍）电影剧本手稿，还有绍兴籍历史学家丁名楠的书信手稿，以及绍兴籍中国工程院院士孟执中留苏学习笔记等，较为珍贵。

至2020年，绍兴图书馆有现当代地方文献21 053种34 076册，地方报纸70余种，合订本1 686册，地方刊物109种，合订本890册，并有零散未装订成册的1 000余册，地图65张，光盘182种，书画147幅。建有绍兴师爷、绍兴黄酒、绍兴戏曲（217种）、越医、方志专题（339种）、年鉴专题（272种）、戏曲专题、辛亥革命专题（133种）、非物质文化遗产专题（269种）、家谱专题（家谱和相关工具书300余种，其中新修家谱240种）等具有地方特色文化专题10余个，另有绍兴名人专题20余个，包括鲁迅专题（967种近2 000册）、周恩来专题（485种）、蔡元培专题（125种）、阳明心学专题（249种）、陆游专题（97种）等。

乡贤捐赠文献也是绍兴图书馆馆藏特色之一。2003年，设立周恩来研究、鲁迅研究、车越乔捐献图书3个专题书架。之后根据捐赠情况增添专题。

2015年，绍兴图书馆历史文献馆建成，在二楼地方文献室专门辟出乡贤捐赠区，陈列历年来重要乡贤捐赠的文献，20余只书架。

至2020年，收有柯灵、陈桥驿、丁名楠、车越乔、陈鹤琴、齐陈骏等10余位绍兴乡贤及其后代捐赠的家藏图书、著作、日记、手稿、画集等10 000余册，其中不乏古籍典藏、重要地方文献。

d. 新版大型文献

绍兴图书馆在文献建设中，根据实际情况，结合专家意见、读者需要，采购一些新版的大型文献来充实馆藏。到2020年，已形成四库、方志、民国、家谱等系列文献。

（a）四库系列

1996年，利用绍兴市政府拨出的专项经费37万元，购买《四库全书》（1 500册，收书3 400种）、《四库全书存目丛书》（1 200册，收书4 508种）、《四库全书存目丛书补编》（100册，收书219种）等新版古籍。

2008年，入藏《四库未收书辑刊》（300册，收书1 328种，十辑）、《续修四库全书》（1 800册，收书5 213种）。

2010年，购买《四库禁燬书丛刊》和《补编》（401册，收书924种）。

2016年，购买《故宫博物院藏四库全书撤出本汇编》（37册）、《四库全书卷前提要四种》（22册）。

2017年，入藏《文澜阁四库全书提要汇编》（30册）。

（b）方志系列

2011年，采购《上海图书馆藏稀见方志丛刊》（240册），《中国地方志集成·浙江府县志辑》（68册）。

2012年，购买《地方志人物传记资料丛刊》（255册）、《浙江图书馆藏稀见方志丛刊》（62册）。

2013年，采购《南京图书馆藏稀见方志丛刊》（170册）。

2015年，采购《地方志·书目文献丛刊》（40册）。

（c）民国系列

2010 年，采购《民国期刊资料分类汇编》（21 册）。

2012 年购买《中国经济年鉴：1 934—1 936》（22 册）、《民国浙江史料辑刊》（54 册）。

2014 年，入藏《民国史料丛刊》（1 128 册）、《民国史料丛刊续编》（1 140 册）、《东方杂志》（200 册）。

2015 年，采购《晨报》及《晨报副镌》（105 册）、《民国珍稀期刊》（272 册）。

2016 年，购买《民国时期浙江省地方会议史料汇编》（40 册）。

2017 年，采购《民国珍稀专刊特刊增刊纪念号汇编》（223 册）。

2019 年，采购《中国近代各地地方小报》（120 册）。

2020 年，采购《中华民国史史料长编》（70 册）。

（d）家谱系列

2013 年，采购《明代家谱》（32 册）、《清代民国名人家谱选刊续编》（107 册）。

2014 年，采购《中华族谱集成》（100 册）、《思绥草堂藏稀见名人家谱汇刊》（第二辑）（全 31 册）。

2016 年，采购《中国珍稀家谱丛刊：彩绘宗谱》（全 49 册）。

2020 年，采购《浙江家谱丛刊》（50 册）。

e. 其他大型文献

2006 年，采购《二十四史全译》（213 册）。

2007 年，购买《罗雪堂合集》。

2008 年，采购《全宋文》。

2011 年，通过上海香港三联书店有限公司采到《陶百川全集》（33 册）和《汉语大词典》（13 册）2 套台版图书。

2012 年，采购 2 套台版图书：《大清会典》（36 册）、《明代传记丛刊》（164 册）。

2013 年，采购《中国古代吏治文化文献集成》（110 册）。

2014 年，采购《清代科举人物家传资料汇编》（101 册）、《中国大运河历史文献集成》（80 册）、《中国水利志丛刊》（70 册）。

2015 年，购买《毛奇龄全集》（40 册）。

2016 年，采购《绍兴地方戏曲老唱片及文献资料》《清代缙升录集成》。

2018 年，采购《中华传世藏书》（166 册）。

2019 年，采购《阳明文献汇刊二编》（60 册）、《中国书法全集》（74 册）、《浙学未刊稿丛编》（第一辑 100 册）、《阳明学文献大系》（第一辑 68 册，第二辑 68 册，第三辑 72 册）、《星云大师全集》（108 册）。

2020 年，采购《绍兴商会档案》（30 册）、《晚清会稽徐氏辑刻丛书三种》（30 册）、《琳琅秘室丛书》（10 册）、《中国大运河历史文献集成·续编》（80 册）、《中国历代绘画大系（元画全集）》（16 册）。

3. 特藏文献

（1）古籍保护工作

绍兴图书馆为全国古籍重点保护单位、浙江省省级古籍修复中心。绍兴市古籍保护中心以绍兴图书馆馆藏古籍、民国文献为基础，打造一个集古籍（含民国文献）查阅利用、编目、修复、数字化建设等功能于一体的全市性古籍保护中心。它是绍兴市最大的古籍庋藏之地，除了负责自身资源的藏、用、保护和宣传外，还承担着全市古籍收藏单位或个人的指导、综合利用功能。

2009 年，绍兴图书馆以深厚的文化积淀及完善的古籍保护条件，入选第二批全国古籍重点保护单位。目前，经数次古籍普查工作，馆藏除线装古籍外，拥有碑帖拓片 4 000 余件、信札 200 余通、绍兴籍书画家作品近 400 幅、近代扇面 117 幅。元刻本《诸儒笺解古文真宝》等 22 部古籍入选国家珍贵古籍名录，29 部入选浙江省珍贵古籍名录。

2005 年，绍兴图书馆开始实施“绍兴古籍珍本再造工程”，十年来，影印出版《吴越春秋》《于越三不朽图赞》《会稽三赋》《越谚》《于越先贤传》《越绝书》《民国绍兴县志资料》等，整理出版《绍兴图书馆馆藏地方文献碑拓选》《绍兴图书馆馆藏古籍地方文献书目提要》《抱经堂丛书》《越风》等。

绍兴图书馆是首批浙江省重点古籍修复中心，古籍修复工作起步于 20 世纪 80 年代，现有专职修复人员 2 名，有专门的古籍修复室，陆续添置了 50 L/HR 纯水系统、中国字画拷贝修复工作台、超声乳化修复仪、古籍文献除尘修复工作台、真空杀虫机等相关设备。迄今已完成馆藏古籍家谱的修复工作，古籍善本的修复已完成 2/3。

1）古籍保护与管理

古籍管理和保护是绍兴图书馆的重点工作。2001 年，古籍部成立。2003 年，古籍部更名为特种文献部；2010 年改名为历史文献部。多年来，绍兴图书馆对古籍保护的力度不断加强，保护经费得到保障，书库、制度建设和修复、整理编目、数字化等工作都得到稳步前进。2009 年 6 月，经国务院批准，成为第二批全国古籍重点保护单位。2015 年，由浙江省古籍保护中心确定为第一批省级古籍修复中心。2016 年 9 月 25 日，成为中国古籍保护协会会员。至 2020 年，有 22 部古籍入选国家珍贵古籍名录，44 部古籍入选浙江省珍贵古籍名录，并配套制定《绍兴图书馆古籍保护制度》《绍兴图书馆古籍查阅制度》《绍兴图书馆古籍书库保护制度》《安全保卫制度》等规章。

图 4-5　消防设备

a 设备设施

2000 年绍兴图书馆延安路馆舍开放，三楼设有古籍特藏书库 2 个，面积 450 平方米，其中善本特藏书库 50 平方米，普通书库 400 平方米。樟木书柜 216 只，善本统一配置樟木夹板。书库内配置除湿机。善本特藏书库配置消防报警系统、防盗报警系统、二氧化碳灭火系统。

2007 年，国务院办公厅发布《关于进一步加强古籍保护工作的意见》，提出“中华古籍保护计划”。当年 8 月，经全国古籍保护工作部际联席会议审定，绍兴图书馆被文化部列为全国古籍保护试点工作单位。

2008 年，绍兴图书馆向绍兴市财政申请专项拨款 150 万元，对照国家文化行业标准《图书馆古籍特藏书库基本要求》（WH/T 24-2006）的规定，对古籍书库进行全面改造。8 月底完成改造，书库在温湿度、光照、消防、安防等方面达到规定要求。具体改造和措施如下。

①配备独立古籍库房 600 平方米，其中善本特藏书库 100 平方米，普通古籍书库 500 平方米。

②配备风冷恒温恒湿机 4 台（KAH080BD 1 台，KAH150BD 3 台），机组配有惠林全热交换式新风换气机，整个系统共有出风口 33 个，新风口 5 个。

③配备火灾报警系统、水灾报警系统。善本特藏书库配有二氧化碳气体灭火系统，有 40 千克装的 11 个二氧化碳气体瓶与 3 个 6 升装驱动氧气瓶；普通古籍水喷淋管网系统拆除，换成 85 个悬挂式 8 千克 ABC 灭火器。供应商定期上门检查及气体到期更换。

④配备监控报警系统，实行 24 小时不间断录像监控（共 11 只摄像头，其中善本特藏书库设带红外的摄像探头 3 只，普通古籍书库配 8 只摄像探头）。安双层复合防盗铝合金窗。

⑤配备防紫外线措施、有空气净化装置、温湿度监测仪。

⑥增添装置，善本特藏书库书柜 48 只，书盒 50 只；普通古籍书库樟木书柜 250 只。利用芸香草防虫防蛀，每两年更换一次药材。

⑦库房灯、窗帘均配备防紫外功能。

⑧设置健全的制度建设，包括《绍兴图书馆古籍保护制度》《绍兴图书馆古籍查阅制度》《绍兴图书馆古籍书库保护制度》《安全保卫制度》等。

2009 年 1 月，向浙江省古籍保护中心提交第二批国家重点古籍保护单位申报材料。6 月 9 日，国务院公布第二批全国古籍重点保护单位名单，绍兴图书馆成功入选。

2010 年，购买自控式真空杀虫防霉机、古籍修复压平机、数码单反机等古籍保护设备。

2011 年 11 月，古籍书库管理员由 1 人改为 2 人。

2014 年 5 月，与华宝斋富翰文化有限公司签订 500 副樟木书夹板供货合同。

2015 年，绍兴图书馆历史文献馆改造，原四库专室成为普通古籍书库一部分，拆除水淋系统，改为悬挂式气体灭火系统，增添 85 只悬挂式 8 千克 ABC 灭火器、58 只书柜、民国文献库恒温恒湿设备，更换高分辨率监控设备 3 只，增加 8 只。古籍书库大门增加密码管理。

b. 保护经费

绍兴图书馆 2005—2020 年古籍保护经费见表 4-7。

表 4-7 绍兴图书馆古籍保护经费一览（2005—2020 年） 单位：元

年份	合计	财政拨款	其他资金	备注
2005	50 000	50 000		
2006	150 000	50 000	100 000	绍兴市委宣传部古籍再造费用 10 万元
2007	370 000	50 000	100 000+220 000	绍兴市委宣传部古籍再造费用，本馆购书专项经费 22 万（包括四库未收 18 万，数据库 4 万）
2008	1 865 000	950 000	550 000+365 000	绍兴市文广局 55 万 + 购书经费 36.5 万
2009				
2010			省拨古籍日常保护专项：132 000 元	2013 年评估：每年 10 万元古籍专项保护经费
2011	100 000	100 000		
2012	100 000	100 000		
2013	98 430	98 430		
2014	203 393.20	85 000	118 393.2	古籍保护、普查
2014	22 000	22 000		古籍保护费
2015	185 000	185 000		
2015	1 156 485	1 156 485		古籍馆改造专项 244 万中列支
2016	373 375	373 375		
2016	1 009 668	1 009 668		古籍保护 244 万余款中列支
2016	447 378	447 378		中央古籍 200 万
2017	97 806	97 806		古籍馆改造专项 244 万中列支
2017	300 100	300 100		古籍日常保护及数字化
2017	1 486 809	1 486 809		浙财教〔2015〕32 号 \ 地方文献维修改造
2018			196 248.38	古籍保护成果展览
2018	256 400	256 400		古籍日常保护及数字化
2019	74 541		74 541	古籍保护成果展览
2019	4 000	4 000		古籍书库渗漏修复
2019	349 822	349 822		浙财文〔2017〕36 号 \ 古籍书库渗漏修复
2019	185 000	185 000		古籍日常保护
2020	135 000			古籍日常保护

资料来源：会计档案《行政事业类项目收入支出决算表》古籍日常保护专项（2011—2020）。

2）古籍整理与编目

2003 年，绍兴图书馆开始进行碑拓分类著录编目，历时两年半，完成碑拓 1 200 余种，其中与绍兴相关的约 600 种，年代上讫秦汉下至民国，种类包括摩崖石刻、墓碑、墓志、杂刻、造像、钟鼎铭文等。

2008 年，绍兴图书馆完成馆藏信札书本目录编制，著录信札 140 种，250 余通。

2009 年，绍兴图书馆出版《绍兴图书馆馆藏古籍地方文献书目提要》。

2016 年，绍兴图书馆建立绍兴市古籍书目数据库。

2017 年，绍兴图书馆出版《绍兴图书馆藏珍贵古籍图录》和《绍兴图书馆古籍普查登记目录》。

2007 年，“中华古籍保护计划”实施。在整理编目上，绍兴图书馆根据要求做了两件事。

a. 申报珍贵古籍名录

2007 年 9 月 20 日，绍兴图书馆填写《国家珍贵古籍名录》表，申报古籍 23 部。

2008 年 3 月，国家古籍保护中心公布首批名录，绍兴图书馆 11 部古籍入选。

2009 年 1 月 24 日，绍兴图书馆申报 31 部。有 5 部古籍入选第二批国家珍贵古籍名录。

2010 年，绍兴图书馆申报 30 余部。6 月，有 4 部入选第三批国家珍贵古籍名录。

2012 年 4 月，绍兴图书馆申报 14 部。

2013 年 3 月，绍兴图书馆有 2 部入选第四批国家珍贵古籍名录。

2020 年 6 月，绍兴图书馆有 1 部入选第六批国家珍贵古籍名录。至此，绍兴图书馆共 23 部古籍入选第一至六批国家珍贵古籍名录（见表 4-8）。其中《唐柳先生集》和《乐经元义》分别在 2008 年 6 月 13 日至 7 月 20 日、2009 年 6 月 13 日至 7 月 3 日参加由文化部主办、国家图书馆、国家古籍保护中心承办的“国家珍贵古籍特展”。国家古籍保护中心为每部入选的古籍下拨 2 000 元保护费用。

2012 年 9 月，根据浙文社〔2012〕45 号文件要求，绍兴图书馆填写《浙江省珍贵古籍名录》表，申报 52 部。

2013 年，绍兴图书馆有 29 部古籍入选第一批浙江省珍贵古籍名录。

2014 年 1 月，绍兴图书馆申报 27 部，有 7 部入选第二批珍贵古籍名录。

2015 年，绍兴图书馆申报 23 部。

2016 年，绍兴图书馆有 8 部入选第三批珍贵古籍名录。至此，绍兴图书馆共 44 部古籍入选第一至四批浙江省珍贵古籍名录（表 4-10）。其中《新校注古本西厢记》于 2016 年 6 月参展由省古籍保护中心举办的“浙江省古籍保护成果展”。浙江省古籍保护中心为每部入选的古籍下拨 2 000 元保护费用。

b. 古籍普查

2009 年，浙江省中华古籍保护计划展开。绍兴图书馆派员相继参加浙江省古籍保护中心的古籍普查培训。

2011 年，国家古籍保护中心开始全面推进古籍普查登记工作。3 月，绍兴图书馆通过浙江省古籍保护中心向上海斯能数码摄像系统有限公司订购古籍拍摄架两台，配置计算机、校色板、DVD 刻录机等普查相关设备。9 月 3—4 日，绍兴图书馆召开全市古籍普查工作会议。12 月 16 日，填报浙江省文化厅、省古籍保护中心《古籍普查项目》申报工作。

2012 年 3 月，浙江省古籍保护中心发布《关于公布 2011 年浙江省古籍普查项目立项的通知》，绍兴图书馆古籍普查工作全面展开。11 月 22 日，成立绍兴图书馆古籍普查小组，制定《绍兴图书馆古籍普查管理办法（暂行）》《普查管理细则》《普查审校实施细则》《出入库登记》等制度。

2013 年，为推动绍兴地区古籍保护进程，绍兴图书馆起草了《绍兴市人民政府办公室关于进一步加强古籍保护工作的意见》《关于印发〈绍兴地区“中华古籍保护计划”实施方案〉文件的通知》。9 月 10—11 日，在上虞召开绍兴市古籍普查工作会议，促进和推动绍兴市古籍普查发展。

2014 年 4 月，浙江省文化厅授予绍兴图书馆“浙江省古籍普查先进单位”称号。7 月，引进 4 位硕博生加入普查队伍。

2016 年 7 月 12 日，绍兴图书馆向浙江省古籍保护中心提交《绍兴图书馆古籍普查结题申请》和《普查目录》，计 29 661 种 148 919 册（不含古旧书店移交的古籍），其中民国线装书 11 402 种 44 311 册。通过普查，使得许多残本零册成为完帙，不少稀见品种被发现。馆藏善本由以前的近 4 000 册，增加到 18 000 册左右。

表 4-8　绍兴图书馆入选“国家珍贵古籍名录”的古籍名单

批次、公布日期、文件	数量（部）	书名	编撰	版别
第一批 2008 年 3 月 1 日 国发〔2008〕9 号	11	增广注释音辩唐柳先生集四十三卷别集二卷外集二卷附录一卷	（唐）柳宗元撰（宋）童宗说注释（宋）张敦颐音辩（宋）潘纬音义	元刻本
		国朝文类七十卷	（元）苏天爵编	元刻本
		乐府诗集一百卷目录二卷	（宋）郭茂倩辑	元至正元年（1341）集庆路儒学刻本
		魁本大字诸儒笺解古文真宝前集十卷后集十卷	（元）黄坚辑	元刻本
		重广补注黄帝内经素问二十四卷	（唐）王冰注（宋）林亿等校正（宋）孙兆改误	明嘉靖二十九年（1550）顾从德影宋刻本
		唐雅二十六卷	（明）张之象辑	明嘉靖三十一年（1552）无锡县刻本
		新刻校正古本历史大方通鉴四十一卷首一卷	（明）李廷机叶向高辑	明嘉靖周时泰刻本
		五灯会元二十卷	（宋）释普济撰	明嘉靖四十年（1561）嘉兴径山寺募刻本
第一批 2008 年 3 月 1 日 国发〔2008〕9 号	11	新刊地理紫囊书八卷	（明）赵袺撰（明）郑复初评（明）戴圣胤圈点	明万历四十三年（1615）舒一泉刻本
		世说新语八卷	（刘宋）刘义庆撰（梁）刘孝标注（宋）刘辰翁刘应登（明）王世懋评	明凌瀛初刻四色套印本
		庄子南华真经四卷	（明）闵齐伋辑	明闵齐伋刻朱墨套印三子合刊本

续表

批次、公布日期、文件	数量(部)	书名	编撰	版别
第二批 2009年6月9日 国发〔2009〕28号	5	乐经元义八卷	(明)刘濂撰	明嘉靖刻本
		支道林集一卷	(晋)释支遁撰	明嘉靖十九年(1540)皇甫涍刻本
		书法钩玄四卷	(元)苏霖撰	明嘉靖三十六年(1557)严嵩刻本
		资治通鉴纲目五十九卷	(宋)朱熹撰	明成化九年(1473)内府刻本
		百家词□□□卷	(明)吴讷编	明抄本
第三批 2010年6月11日 国发〔2010〕20号	4	产孕集二卷	(清)张曜孙撰	稿本
		雷州公日记不分卷	(清)宗圣垣撰	稿本
		桂洲诗集二十四卷	(明)夏言撰	明嘉靖二十五年(1546)曹忭、杨九泽刻本
		健修堂诗录二十二卷	(清)边浴礼撰	清抄本(鲁:普查为稿本)
第四批 2013年3月8日 国发〔2013〕12号	2	南疆绎史勘本三十卷首二卷摭遗十八卷恤谥考八卷	(清)温睿临撰(清)李瑶勘定	清道光十年(1830)泥活字印本
		诗余画谱不分卷	(明)汪□辑	明万历四十年(1612)汪氏刻本
第五批 2020年6月23日	1	性理大全七十卷首一卷	(明)胡广辑	明嘉靖十四年广德书堂刻本
合计	23			

表 4-9　绍兴图书馆入选“浙江省珍贵古籍名录”的古籍名单

批次、公布日期、文件	数量（部）	书名	编撰	版别
第一批 2013 年 7 月 9 日 浙政发〔2013〕37 号	29	史抄不分卷	（清）傅以礼撰	稿本
		胜国传略不分卷本朝诸公传不分卷	（清）沈冰壶撰	清施溶抄本
		救荒全书十六卷	（明）祁彪佳撰	清沈复粲鸣野山房抄本
		[万历]会稽县志十六卷	（明）杨维新、张元汴等纂修	明万历三年（1575）刻本
		虱小志六卷	（清）莫栻撰	清乾隆三十四年（1769）稿本
		本草思辨录八卷	（清）周岩撰	稿本
		血症全集要不分卷	（明）孙光裕辑	明末沈应辰刻本
		便产须知二卷		明崇祯十四年（1641）会稽王万祚刻本
		调经法门一卷	（明）吕献策撰	明崇祯二年（1629）刻本
		小柴桑喃喃录二卷	（明）陶奭龄撰	明崇祯八年（1635）李为芝刻本
		沈氏弋说六卷	（明）沈长卿撰（明）黄可师等评	明万历刻本
		快园道古二十卷	（清）张岱撰	清道光抄本
		沧海遗珠不分卷	（清）周师濂撰	稿本
		稷山论书诗不分卷	（清）陶浚宣撰	稿本
		云门显圣寺散木禅师宗门或问一卷	（明）释圆澄撰（明）陶望龄校正（明）柳涢、朱嘉谟辑	明万历刻本
		杨铁崖先生文集十一卷附铁笛清江引一卷	（元）杨维桢撰	明万历四十三年（1615）诸暨陈善学刻本
		屠长卿集十九卷	（明）屠隆撰	明万历刻本
		歇庵集二十卷附录三卷	（明）陶望龄撰	明万历乔时敏刻本
		谑庵文饭小品五卷	（明）王思任撰	清顺治十五年（1658）王鼎起刻本
		余忠节公遗文一卷附录一卷	（明）余煌撰徐维则辑	清光绪二十五年（1899）稿本
		忆雪楼诗三卷爹衡游草一卷并乡集一卷还庚集一卷少作偶存一卷	（清）王煐撰	清抄本

续表

批次、公布日期、文件	数量（部）	书名	编撰	版别
第一批 2013年7月9日 浙政发〔2013〕37号	29	洛思山农骈枝集八卷	（清）沈堡撰	清抄本
		菽畹集七卷	（清）毛远公撰	清康熙刻本
		兀壶集一卷	（清）王石如撰	清康熙十五年（1676）稿本
		浣香山房吟草一卷	（清）董滋本撰	清同治元年（1862）会稽董氏行余讲舍抄本
		寄盘诗稿不分卷	（清）陶在铭撰	稿本
		懒云楼诗草一卷	（清）释岵香撰	稿本
		拙怡堂文稿二卷	（清）马赓良撰	稿本
		新校注古本西厢记五卷汇考一卷	（元）王实甫撰（明）王骥德校注、撰	明万历四十二年王氏香雪居刻本
第二批 2014年11月13日 浙政发〔2014〕43号	7	补读斋日记不分卷		稿本
		信摭一卷		清道光八年（1828）山阴沈复灿抄本
		禅悦内外合集十卷		清宁澹书屋抄本
		九曲山房诗钞十六卷		稿本
		瘦吟庐诗草不分卷		清道光稿本
		邻彭山馆诗钞四卷		稿本
		稷庐信稿一卷		清光绪三十四年（1908）稿本
第三批 2016年5月19日 浙政发〔2016〕18号	8	刘蕺山弟子考不分卷		清末会稽董氏行余学舍抄本
		莲衢自订年谱一卷	（清）杜联撰	稿本
		盘珠集口口卷	（清）施雯、严洁、洪炜撰	清嘉庆九年（1804）雪香书屋木活字印本
		霞西过眼录八卷	（清）沈复粲撰	清末抄本
		霞西过眼录八卷	（清）沈复粲撰	清光绪会稽董氏行余学舍抄本
		越中闺秀诗二卷		清末会稽董氏行余学舍抄本
		借庵诗一卷	（清）童钰等撰	清乾隆刻本
		集珍楼偶钞十二卷		清道光十八至十九年（1838—1839）梦仙抄本
合计	44			

3）古籍修复

绍兴图书馆古籍修复工作起步于20世纪80年代。至90年代初，修补、装帧元刻本《唐柳先生集》43卷15册，《东坡集》40卷5册等善本。

2000年，绍兴图书馆延安路馆舍开放，修复工作得到加强。

2015年1月5日，绍兴图书馆成为浙江省第一批省级古籍修复中心（省文化厅发布《关于公布第一批省级古籍修复中心和古籍修复站的通知》）。

2013 年 4 月 27 日，绍兴图书馆与浙江图书馆古籍修复中心联办古籍修复体验活动，浙江图书馆阎静书、汪帆现场指导读者制作线装书与拓片，60 余人参与活动。

2014 年—2019 年，绍兴图书馆每年举办古籍修复体验活动。

2017 年，绍兴图书馆举办两期“小小古籍修复师”系列体验活动，让体验者学习仿制线装书，体验传拓过程。塔山中心小学、树人小学等学校的 10 余名中小学生参与。

2018 年 9 月—2020 年 2 月，绍兴图书馆与塔山中心小学合作开展了两期“小小修复师之塔小拓展课程”活动。

2020 年，因新冠肺炎疫情，绍兴图书馆转而开展古籍和修复知识竞赛线上答题活动。

表 4-10　绍兴图书馆古籍年修复统计（2007 年—2020 年）

年份	数量（页）	年份	数量（页）
2007	1 609	2014	2 678
2008	1 029	2015	1 675
2009	2 482	2016	2 543
2010	986	2017	3 697
2011	2 604	2018	2 679
2012	2 534	2019	2 044
2013	2 524	2020	1 320

图 4-6　绍兴图书馆古籍再造珍本工程启动仪式

4）古籍再造

2005 年 4 月，绍兴图书馆正式启动“绍兴再造古籍珍本工程”，旨在“继绝存真，存本扬学”。中成控股集团赞助 50 万元。5 月 20 日，首发第一期《吴越春秋》《会稽三赋》《三不朽图赞》。

2006 年出版第二期《越绝书》《越谚》《於越先贤传》。

2007 年出版《绍兴图书馆馆藏地方碑拓选》和《馆藏精品拓片》。

继“绍兴再造古籍珍本工程”之后，2008—2020 年，我馆又先后整理出版《民国绍兴县志资料》《越风》《国朝嵊诗钞 · 鹿山吟社集》《绍兴图书馆藏王阳明专题拓片》等。

（2）地方文献工作

绍兴图书馆一直以来非常重视地方文献的征集和保护工作，无论是地方文献的收藏种类还是收藏质量都位于全省前列。

2000年，因部门调整，绍兴图书馆地方文献工作归属于古籍部（至2020年，古籍部先后更名为特种文献部、历史文献部）。

2012年，绍兴图书馆被评为浙江省公共图书馆地方文献资源建设示范馆。目前已形成较为完整的收藏体系。

跨入2016年，绍兴图书馆新建立的绍兴市古籍保护中心和绍兴市地方文献保护中心两个中心，正式向广大读者开放。绍兴图书馆前任馆长王以俭评价道："（绍兴市）古籍保护中心和（绍兴市）地方文献保护中心两大中心的建立，不仅传承了绍兴的历史文脉，也让绍兴的地方文献爱好者找到精神家园，两大专题馆开创了国内公共图书馆专题馆建设的先河。"绍兴市地方文献保护中心集绍兴地方文献采购、征集、专题建设、文献整理和保护、数字化建设和二次开发等为一体，重点打造独具绍兴特色、涵盖各种类型的地方文献收藏体系，保存绍兴历史，弘扬古越文化，保护、开发、利用绍兴地方文献，为党政机关、新闻媒体、企事业单位、科研院所、地方文献爱好者提供查阅、咨询等服务。

绍兴图书馆绍兴市古籍保护中心是绍兴目前最大的古籍藏有之地，它以绍兴图书馆馆藏的古籍、民国文献为基础，打造了一个集古籍查阅、编目、修复、数字化建设、出版再造等功能于一体的全市性古籍保护中心。绍兴市地方文献保护中心建有鲁迅研究、戏曲、名士、非物质文化遗产（简称非遗）等多个文献专题，此外还专门开辟了乡贤捐赠区，目前已获捐图书6 000余册。乡贤社会各界等来馆捐赠的书籍资料可为与绍兴经济和社会发展、绍兴历史文化相关的文献（资料）及绍兴籍人士的著述等，绍兴图书馆还提供文献资料保存、典藏、托管等服务。绍兴市图书馆依托丰富的馆藏资源和协作网络，也为读者提供文献检索咨询、文献资源复制、数字资源查阅等服务。

地方文献作为绍兴图书馆的收藏特色，为采购重点。

2013年起，绍兴图书馆专门划出部分经费由历史文献部自行采购。2017年7月17日通过竞拍的方式，绍兴图书馆在西泠印社古籍善本拍卖专场拍回《古越藏书楼书目》一套（4册30卷）。2018年，为配合筹建"绍兴人著作典藏室"，绍兴图书馆于孔夫子网购买图书150种163册。所购图书包括《绍兴地区主要商品历年价格资料汇编1950—1980》、《谈浦东开发的战略、政策及其管理》（黄奇帆）、《中国印刷史》（张秀民）等。

2020年，绍兴图书馆增设"大运河""南宋"等地方文献专题文库，于孔夫子网购买图书301种381册。所购图书包括《明嘉靖间浙江的倭寇》（宗先谦）、《中国运河史料选辑》、《南宋京城杭州》等，同时绍兴图书馆还根据现有馆藏特色设立了众多专柜。

1）研究专题

绍兴图书馆作为全国古籍重点保护单位、浙江省省级古籍修复中心，在古籍保护、修复和利用方面走在了浙江省前列。历史文献馆藏有古代地方文献3 000余种，包括乡贤稿本遗著、明清及民国初期绍兴雕版印刷书籍、历代方志和地方族谱等，还藏有地方碑拓500多种。目前，历史文献馆馆藏有图书22万余册，其中古籍藏品16万件，民国文献2万余册，年鉴、方志、文史资料、绍兴人著述、绍兴当地报纸、期刊等地方文献2万余册，家谱近1 000册。收藏的文献已涵盖绍兴市级及辖属县（市、区）级，除了纸质书籍、连续出版物外，还有音像资料、地图、书画作品、票证等，内容涵盖政治、经济、社会、文化、教育、艺术等方面。

最值得一提的是，经历年征集和积累，绍兴图书馆地方文献的收藏已形成较为完整的地方文献收藏体系，省级文献、市级文献、辖属县（市、区）级文献、特色文献等资源品种丰富，门类基本齐全；绍兴图书馆收集有各党政机关调研资料、会议资料，绍兴兰亭书法节、黄酒节等各大节会资料，学校校庆资料，20 世纪 70 年代知青资料，非物质文化遗产资料，各机关、企事业单位期刊和报纸，绍兴各姓氏族宗谱等，另收集到获“中国电影终身成就奖”和“夏衍电影荣誉纪念奖”的著名电影编剧高型（绍兴籍）的电影剧本手稿，还有绍兴籍历史学家丁名楠的书信手稿以及绍兴籍中国工程院院士孟执中留苏时的学习笔记等，史料较为珍贵。至 2020 年，有现当代地方文献 21 053 种、34 076 册，地方报纸 70 余种、合订本 1 686 册，地方刊物 109 种、合订本 890 册以及零散未装订成册的 1 000 余册，地图 65 张，光盘 182 种，书画 147 幅。建有绍兴师爷专题、绍兴黄酒专题、绍兴戏曲专题（217 种）、越医专题、方志专题（339 种）、年鉴专题（272 种）、戏曲专题、辛亥革命专题（133 种）、非物质文化遗产专题（269 种）、家谱专题（家谱和相关工具书 300 余种，其中新修家谱 240 种）等地方特色文化专题 10 余个，另有绍兴名人专题 20 余个，包括鲁迅专题（967 种近 2 000 册）、周恩来专题（485 种）、蔡元培专题（125 种）、阳明心学专题（249 种）、陆游专题（97 种）等。

2）乡贤专柜

绍兴乡贤捐赠文献的专柜建设也是绍兴图书馆馆藏特色之一。2003 年，绍兴图书馆设立周恩来研究、鲁迅研究、车越乔捐献图书 3 个专题书架。之后根据捐赠情况增添专题。

2015 年，绍兴图书馆历史文献馆建成，在地方文献室专辟出乡贤捐赠区，陈列历年来收集到的重要乡贤文献，设置 20 余只书架。至 2020 年，收有柯灵、陈桥驿、丁名楠、车越乔、陈鹤琴等 10 余位绍兴乡贤及其后裔捐赠的家藏图书、著作、日记、手稿、画集等 10 000 余册，其中不乏古籍典藏、重要地方文献。绍兴图书馆设立的乡贤专柜包括如下几个。

a. 柯灵专柜

柯灵（1909—2000 年），原名高季琳，笔名朱梵、宋约。原籍浙江省绍兴市斗门镇，生于广州。1932 年 6 月参加革命。中国民主促进会（简称民进）会员，第二届民进中央理事，民进中央常委，中国电影理论家、剧作家、评论家。

1989 年 9 月，柯灵捐赠个人专著 18 种。2001 年 3 月 24 日，龚天力、朱燕随绍兴市文化局局长黄松保赴上海就设立柯灵作品陈列室征求柯灵夫人陈国容的意见。11 月，陈国容捐赠柯灵主编的文献 10 册。2002 年 7 月 23 日，龚天力、陶金彪赴上海接受王大进教授遗作柯灵铜像一尊。8 月 17 日，龚天力、陶金彪赴上海接受柯灵生前珍贵遗物包括工作桌、衣服等。2002 年 10 月 29 日，绍兴图书馆为纪念名人而建的怀贤堂正式开放，首位陈列者为柯灵，展出其生前遗物及有关作品 100 余种和照片。

b. 丁名楠专柜

丁名楠（1917—1999 年），浙江绍兴人，历史学家。1943 年毕业于西南联合大学历史系。1950 年毕业于清华大学研究院历史系。历任中国科学院近代史研究所助理研究员，中国社会科学院近代史研究所副研究员、研究员，义和团运动史研究会理事长。长期从事义和团和近代中外关系史的研究，主编《帝国主义侵华史》，参加编写《台湾历史概述》。

2000年4月1—3日，绍兴图书馆赴北京接受丁名楠之子丁元所赠先父藏书共5 000余册，其中外文图书1 000余册，多为近代史研究方面的书籍、刊物，另有丁名楠书信、照片若干。2012年，在延安路馆舍五楼成立丁名楠文库，2015年移到乡贤捐赠区。2017年5月，丁元赠送其母亲周妙中（绍兴籍中国戏曲研究专家）著述《清代戏曲史》，以及启功、黄宾虹等知名书画家对其母书画作品点评的再造墨迹1卷，绍兴籍书画家周少白作品选粹集1册。

c. 车越乔专柜

车越乔，别名震宇，1932年生于绍兴，1951年赴港定居，在香港大公书局工作，主管仪器部，1955年独资开设香港科学仪器社有限公司。历任香港科学仪器社有限公司董事长、绍兴旅港同乡会永远名誉会长、香港浙江省同乡会联合会副会长兼秘书长、浙江省政协会员。

2000年8月28日，车越乔以其先父车恂如名义捐资50万元，在绍兴图书馆设立恂如古籍藏书室。2001年2月，车越乔通过绍兴市侨办转来捐款5万元。3月，向绍兴图书馆捐赠画册、书籍32册。5月，捐赠大型画册32册。2008年5月，车越乔向绍兴图书馆捐赠书画类图书20种。2011年，车越乔将拍卖所得《书谱》期刊27册捐赠给绍兴图书馆。绍兴图书馆收到车越乔捐赠的各类藏书以书画类书籍居多，据不完全统计，多达500余册。

d. 陈桥驿专柜

陈桥驿（1923—2015年），原名陈庆均，浙江绍兴人，著名历史地理学家，郦学研究泰斗。浙江大学地球科学系终身教授、中国地理学会历史地理专业委员会主任、国际地理学会历史地理专业委员会咨询委员。

2002年，陈桥驿向绍兴图书馆捐赠《水经注》研究专著多种。至2020年，捐赠文献计80余种，以陈桥驿个人著述、郦学研究为主。

e. 陈鹤琴专柜

陈鹤琴（1892—1982年），浙江上虞人，著名儿童教育家、儿童心理学家，中国现代幼儿教育的奠基人。早年毕业于国立清华大学，留学美国5年，1919年获得哥伦比亚大学硕士学位。五四运动期间回国后，最初担任南京高等师范学校教授，讲授儿童心理学课程。东南大学成立后，任教授和教务主任。后担任中央大学师范学院院长和南京师范学院（现南京师范大学）校长。一生主要从事于开创性的幼儿教育研究与实践，著有《家庭教育》等。

2002年，陈鹤琴子女捐赠《陈鹤琴全集》。2012年2月，陈鹤琴子女陈秀云、陈一飞姐弟向绍兴图书馆捐赠图书21种和陈鹤琴相关资料10种。2014年，陈鹤琴长子陈一鸣捐赠《我的心在高原》。2017年6月，由副馆长廖晓飞带队，去北京接受陈一飞遗孀捐赠《陈鹤琴全集》等多种史料（有照片）共计200多册。至2020年，专柜有文献300余种，多为陈鹤琴著述及研究他的相关书籍。

f. 周恩来专柜

周恩来专题，系在朱夏良捐赠的基础上建成。

朱夏良，1959年出生，绍兴人。绍兴县齐贤镇环保污水处理中心职工，长期热心于社会公益事业，是中国红十字会名誉会员，绍兴市无偿献血志愿队队长，绍兴市、县慈善总会理事，绍兴市慈善会创始会员，荣获过首届绍兴市十大社会慈善活动家称号。1999年12月被中国红十字会、国家卫生部授予无偿献血最高奖——金杯奖。2000年，受到绍兴县委、县政府嘉奖，荣获县长奖励基金，悉数捐赠给慈善协会。

1998年，周恩来总理百年诞辰之际，朱夏良为活动捐款2 000元。在此前后五六年间，朱夏良收集了有关周恩来自传、自述及纪念文集以及部分他的战友们的文稿，计339种471册，总计价值10 913.14元。这批书汇集了全国100多家出版社出版的周恩来同志的文集和200多位学者著作的有关文献，全面详细地记述了周恩来一生的重要思想和业绩。2002年，古越藏书楼诞生100周年。由绍兴市政协文史委主任、绍兴市周恩来研究会理事何信恩牵线，11月8日，朱夏良将这批书籍无偿捐赠给绍兴图书馆。

g. 赵而昌专柜

赵而昌（1921—2005年），名能穑，浙江绍兴人，为晚清金石大家赵之谦的族裔。毕业于上海光华大学，新中国成立后就职于上海人民美术出版社、中华书局上海编辑所、上海古籍出版社，长期从事编辑工作。生前为西泠印社社员、上海文史馆馆员、《上海文史》副主编。

2005年5月12日，由馆长助理任雷带队，到上海赵而昌家中接受捐赠，先生在病榻中将珍藏的一批文史专著及其个人著述共400余种赠送给绍兴图书馆，不久溘然长逝。

h. 高型专柜

高型（1925—2001年），浙江绍兴人，编剧。1948年毕业于厦门大学中文系，1954年毕业于北京电影学校（北京电影学院前身）编剧班，1955年进入上影厂工作。历任上海电影剧本创作所、海燕电影制片厂、上海电影制片厂编辑、编剧。获得过“中国电影终身成就奖”和“夏衍电影荣誉纪念奖”，作品有《等到满山红叶时》《石榴花》《龙嘴大铜壶》《我们心目中的共产党员》等。

2006年12月11日，高型夫人单观雅向绍兴图书馆捐赠高型所编的《无影灯下颂银针》《等到满山红叶时》等近50个剧本稿。2008年4月14日，单观雅又赠送相关资料。

i. 任桂全专柜

任桂全，1945年10月出生，浙江绍兴人，绍兴市委党史研究室主任。1970年毕业于杭州大学中文系，先后在绍兴县平水公社、平水区文化站、绍兴县委对台办和绍兴市委对台办、统战部工作。长期从事文史研究，合作编著出版《古城绍兴》等6种地方文史书籍。1989年起任主编，主持编纂出版的《绍兴市志》在方志领域有许多重大突破和创新，1997年被中国地方志指导小组、中国社会科学院评为全国地方志奖一等奖，享受1998年政府特殊津贴。

2007年底，任桂全向绍兴图书馆捐赠方志10多种。2013年2月，捐赠《任氏柳岙里房孝礼支族谱（追远堂）》。2014年，捐赠个人所藏方志、年鉴3种7册。2016年1月，捐赠《台州市志》等36册。至2020年，专柜有70余种志书。

j. 邵梦龙专柜

邵梦龙（？—2016年），曾任《绍兴日报》总编，编有《绍兴新闻事业九十年》等。生前收集有1984—1992年的《绍兴日报》合订本、文史资料、地方文献3箱文献。2016年邵先生去世后，其家属将邵先生遗留的藏书全部捐赠给图书馆。至2020年，专柜有文献200余种，以绍兴地方文献书籍为主。

k. 李永鑫专柜

李永鑫，1958 年出生，浙江绍兴人，历任绍兴市委宣传部副部长、绍兴市文化广电新闻局局长、绍兴市人民政府副秘书长等职。著有《知识经济导读》《现代化之路》《心灵导师王阳明》《绍兴大师爷》《王阳明在浙江》《名世真才王阳明》《绍兴传》，主编《绍兴通史》《三看绍兴》《绍兴文化丛书》《绍兴名士家世丛书》《绍兴民间文化丛书》《绍兴名士》《绍兴名士评传》等。

2012 年，李永鑫向绍兴图书馆捐献图书 700 余册、期刊 100 余册。2013 年 2 月，捐赠个人藏书 547 种。2014 年，捐赠个人历年所藏的《新华文摘》刊物。2015 年，捐赠地方文献若干。

l. 齐陈骏专柜

齐陈骏，1936 年 8 月出生于浙江省天台县，祖籍上虞。1957 年毕业于复旦大学历史系，分配到兰州大学历史系任教。兰州大学敦煌学学科的创始人、敦煌学研究所前所长，《敦煌学辑刊》主编，享受国务院特殊津贴。出版《河西史研究》、《西北通史》（第二卷）、《枳室史稿》、《五凉史略》（合著）等专著，发表论文和著作约 200 万字。

2017 年 7 月，馆长王以俭和副馆长廖晓飞、鲁先进、赵伟达赴兰州接收齐陈骏捐赠的家藏图书 3 623 种 3 753 册，主要是敦煌研究方面的书籍、刊物。

（二）数字资源

绍兴图书馆数字资源经过多年建设，截止到 2020 年，数字资源对外服务总容量达 1800TB。目前拥有中国知识资源总库、重庆维普中文科技期刊数据库、万方数据知识服务平台、新东方多媒体学习库等 30 余个数据库和 26 个特色数据库资源。此外，还共享国家数字图书馆 17 个数据库资源和浙江省共享工程资源—浙江网络图书馆资源。提供电子图书 600 万余册，以及由资源统一检索及文献传递平台所支撑的 400 万种电子图书、中外文期刊、论文、报纸、工具书和 20 余万部音视频资源供读者下载浏览。与此同时，绍兴图书馆还自建有丰富的绍兴地方特色资源库，包括绍兴黄酒、古桥、兰亭书法节、古越藏书楼与徐树兰、古籍、家谱、老报纸、老照片、地方音像资料、口述历史等。

1. 资源建设

（1）资源采购

随着数字化时代的到来，文献采购形式也发生了一定的变化，图书馆从早期单一的纸质采购向数字资源采购转变，同时兼顾本地音像资源的采购与收集。绍兴图书馆电子图书采购参加浙江省公共图书馆集团采购，享受集团采购的优惠政策。

自 2008 年始，绍兴图书馆逐年购买数据库，免费提供给读者使用，此后购买经费不断增加，数据库采购通过镜像或包库的方式，进行一次性采购或按年支付，从 2008 年的 21 万元到 2020 年的 120 万元，特别是近几年经费数额都达百万元以上。

2012 年 10 月 25 日，“绍兴电视图书馆”互动版正式开通上线。

2014 年，绍兴图书馆与绍兴网络电视台合办“绍兴记忆”栏目，开始向其采购绍兴本地视频资源内容。

2016 年 12 月，随着绍兴图书馆地方音像资料室的成立，绍兴图书馆扩大对地方音像资料的征集和采购力度，征集到绍剧老唱片音频资料 300 余种、新昌调腔视频 27 种以及非常珍贵的平湖调视频 3 种；当年建立了绍兴市公共图书馆地方文献联合征集网。

2018 年 7 月，绍兴图书馆根据专项经费管理办法，向何鸿飞采购了 57 种新昌调腔及新昌地方特色视频资料；向汪嘉宝采购了 86 种绍兴平湖调、莲花落、绍兴词调、绍兴宣卷、绍兴摊簧、绍兴独角戏等地方特色视频资料。

2020 年，又向浙江音像出版社购买反映绍兴本地文化的视频资源内容。绍兴图书馆的数字资源由电子书、数据库、视听资料等组成，数字资源在文献资源中所占比例逐渐增加，已达 20%。

在绍兴图书馆数字资源的采购中，自 2004 年起由信息技术部负责数据库采购工作。2013 年起，信息技术部负责数字资源（包括数据库、电子书、视听、触摸屏等）采购。2015 年起，信息技术部数字资源采购交由采编部负责。

2013 年，绍兴图书馆对绍兴地区县级公共图书馆进行了数字资源概况调研，牵头开展全市公共图书馆数据库资源联合采购工作,建立以绍兴图书馆数字资源为基础的共建共享体系和联合服务机制，使全市各公共图书馆之间的资源建设统一协调和分工合作，探索实现绍兴地区数字图书馆的均衡集群服务。全市各公共图书馆共享联合采购的数字资源，通过授权统一认证、资源统一检索及文献传递平台将数字资源传输到全市各级公共图书馆，为全市读者提供数字资源服务。

（2）数据库建设

绍兴图书馆数字资源建设起步于 1998 年，通过采购、自建、共享等方式获取资源，采取镜像、包库、账号登录等形式为读者提供服务，读者可以登录绍兴图书馆网站（www.sxlib.com）访问。

1）数据库采购

1998 年，绍兴图书馆开启了数字资源建设。至 2001 年，与浙江图书馆达成协议，共享万方数据库等数据库。购光盘数据库人民日报 50 年、中国法律法规大全、中国名城风采写真、环球旅游杂志、看世界、东方家园等。

2002 年，引进中国学术期刊全文数据库和方正阿帕比（Apabi）电子书库。

2003 年 8 月 1 日，方正阿帕比（Apabi）电子书库正式向读者开放。

2008 年开始，逐年购买数据库免费提供给读者使用，其中中国知网期刊全文数据库、万方数据库、博看期刊点击使用率大约占全部数据库的 70% 左右。

2）自建数据库

1997 年 2 月 15 日，绍兴图书馆数字化建设工作正式启动。

1998 年初，绍兴图书馆确定数字资源的建设重点是开发特色信息资源。6 月 18 日，绍兴市文化局及有关单位领导在图书馆召开绍兴戏曲数据库建设的协调会议，由绍兴图书馆计算机部负责建设。

2001 年，绍兴图书馆已建成的特色数据库有：绍兴古桥、绍兴戏曲・绍剧、绍兴方志（越绝书、吴越春秋、嘉泰会稽志、宝庆续会稽志、绍兴地志述略）、绍兴兰花、绍兴名士（历代名人、院士风采、科研第一人）、绍兴风俗、绍兴土特产、绍兴水乡、今日绍兴、绍兴书法、绍兴老照片、绍兴文物、绍兴黄酒、绍兴名胜、城河风采等系列。

2002年，绍兴图书馆完成专题数据库4个——嘉泰会稽志、宝庆续会稽志、沈定庵书法、绍兴名胜，为历代名人数据库增补近代人物278位，在网上发布绍兴文物数据库。至年底统计，共建立专题数据库15个。

2003年，绍兴图书馆完成了《绍兴市志》15卷、《万历绍兴府志》10卷以及绍兴大事记的数字化建设。

2004年，绍兴图书馆新建绍兴书法节资料库，收集到1981—2003年各届书法节文字资料10万字、图片约200张；完善绍兴黄酒节专题资料库，补充收集文字资料2万字。“七艺节”期间，推出中国艺术节专题数据库，介绍各地举办历届中国艺术节的情况。7月，配合全国文明城市评比，编辑一期文明城市建设专题数据库，介绍各地创建文明城市的动态、经验等。当年还完成了新昌调腔、绍兴越剧两个专题数据库建设，建立了赵之谦印谱专题数据库。

2005年，绍兴图书馆对自建特色数据库进行补充和完善。

2006年11月28日，绍兴图书馆建成绍兴图书馆馆藏地方文献碑拓数据库。同年，收集10万余字大禹祭典相关文字资料及100余幅图片。

2007年，绍兴图书馆启动家谱书目数据库的制作，构建了家谱书目数据库平台并做好资料的整理转换工作，完成馆藏家谱书目数据库共计356种383部，涉及姓氏124个。

2008年4月，绍兴图书馆向共享工程浙江省中心申报数字资源建设项目——绍剧数据库，6月12日批准立项，获专项资金5万元。当年建成馆藏善本书目数据库。完善首批“绍兴市非物质文化遗产保护项目”专题资料库，新增省、市级非物质文化遗产申报资料30余种。完成馆藏报纸机读目录数据的输入工作，著录的报纸包括新中国成立以来绍兴图书馆馆藏日报、晚报、商业经济、生活类等大大小小报纸将近400种、近万条数据。至年底，有4个系列、19个地方特色数据库，容量近30 GB。其中特色文献系列有4个：绍兴地方志全文数据库，包括越绝书、吴越春秋、嘉泰会稽志、宝庆续志、乾隆绍兴府志、万历绍兴府志、绍兴地志述略、绍兴市志；绍兴家谱目录数据库，收录绍兴市公藏家谱，以具有家族世系的谱牒为主，兼收家谱考订及家族历史的相关著作，计356种、383部，涉及姓氏124个；绍兴地方碑拓书目数据库，收录绍兴地区秦汉至民国兼具历史、艺术、文物价值的藏碑帖片，计146种，图片500余幅，释文10万余字，附录碑拓目录339种；绍兴图书馆善本书目数据库，依据浙江图书馆《浙江省古籍善本联合目录》著录规则编目，共698种、3 915册。

2009年，绍兴图书馆建成绍剧数据库，11月通过省文化厅的验收。绍剧数据库总容量为76 GB，合图片257张，音、视频资源约70 GB。采用文字、图片、音频、视频多种数据类型记录绍剧的场上艺术，具体展示了绍剧在演艺、装扮、砌末、音乐等方面的特点。

2010年，绍兴图书馆启动“祭禹”特色数据库建设项目，该项目申报后成为省共享工程数字资源建设项目；按照省共享工程中心的要求，对绍剧数据库项目进行二次开发，加工上万文字、300余张图片，10 G视频数据，完成发布模板的制作及数据标引等工作，该库被纳入省共享工程资源统一平台。完成文广局指定的“非遗数据库”建设任务。至年底，共有4个系列、20个地方特色数据库，包括古越文化8个（绍兴古桥、绍兴戏曲、绍兴黄酒、绍兴风俗、绍兴文物、绍兴兰花、绍兴书法、绍兴祭禹）、越州揽胜6个（绍兴水乡、绍兴名胜、今日绍兴、绍兴土特产、绍兴老照片、城河风采）、绍兴名士 2 个（院士风采、历代名人）、特色文献 4 个（绍兴方志、地方碑拓、家谱书目、善本书目）。

图 4-7　绍剧数据库截图

图 4-8　徐树兰与古越藏书楼数据库截图

2011 年 1 月 13 日，绍兴图书馆绍剧数据库通过了浙江省图书馆共享工程资源建设项目组的专家验收。1 月 26 日，“非物质文化遗产数据库”网站获得市文广局、群艺馆的验收通过。8 月，“祭禹”数据库通过了浙江省图书馆共享工程资源建设项目组专家的验收，相关资料进行了数字化加工，数据库纳入省共享工程资源平台统一进行发布。

2012 年 9 月，绍兴图书馆“浙江省人文数字地图——方志”“浙江省人文数字地图——名人”2 个数据库获得了省共享工程中心专家的立项评审通过；当年启动“徐树兰与古越藏书楼”及“中国兰亭书法节”2 个数据库建设项目。

2013 年，绍兴图书馆完成了“中国兰亭书法节”“徐树兰与古越藏书楼”“绍兴名人数据库”“绍兴方志数据库”4 个数据库的建设工作。“中国兰亭书法节”以王羲之、兰亭、《兰亭序》为主线，由书圣王羲之、书法圣地兰亭、历代兰亭雅集、历届书法节、媒体关注、视频资料等 6 部分组成，有 20 多万文字、1 200 多张图片、3 GB 视频，该库于 4 月 12 日正式开通。“徐树兰与古越藏书楼”将书楼介绍、家世生平、事迹贡献、个人著述、研究文献、媒体报道、馆庆活动等资料数字化后纳入馆藏特色数据库中，于 4 月 30 日建设完成。“绍兴名人数据库”“绍兴方志数据库”是我馆向省共享工程申报的数据库建设项目，按照省共享工程办公室的数字化加工标准，对收集的名人、方志资料进行加工，于 10 月递交省共享工程办公室验收。是年，特色数据库共 21 个，容量为 60 GB。

2014 年，绍兴图书馆在原有资料基础上，继续黄酒数据库建设，到古越龙山、市经信委、市节会办、市黄酒协会、黄酒博物馆等处收集黄酒数据库相关资料，并对已有黄酒资料进行查询、文字编撰、图片整理。

2015 年，绍兴图书馆完成“黄酒”“家谱”两个特色数据库的建设工作，参与共享工程方言数据库（绍兴地区）的建设工作，准备各县市方言文本资料，共扫描地方文献近 1 万页。到年底，有 21 个特色数据库。

2016 年，绍兴图书馆完成家谱数据库、绍兴古籍书目数据库建设，参与国家图书馆组织的“数字图书馆推广工程 2017 年度数字资源联合建设（首批）”，上报了“地方图书数字化（1.5 万页）”“地方报纸数字化（0.5 万版）”，并按要求上报了《推广工程数字资源联合建设地方图书数字化项目文献详细信息表》《推广工程数字资源联合建设地方报纸数字化项目文献详细信息表》。与绍兴地方音像资料室建设同步进行“绍兴图书馆地方音像资料数据库”，主要有实物和数字储存两种形式，内容涵盖视频、音频、图像，栏目分为古越长河、越地风情、乡贤名士、绍兴非遗、地方戏曲、影音视听、越文化讲座、往事旧影、口述历史，2016 年底建成并开放使用，有资源 1 000 余种，容量为 610 GB，专门建立了“绍兴地方音像资料平台”。

2017 年，启动馆藏珍贵古籍数字化工作（第一期），完成 48 种古籍（入选国家及浙江省珍贵古籍名录）214 册 25 639 页的拍摄及数字化工作。完成 2017 年数字图书馆推广工程地方报纸和地方图书数字化项目。绍兴图书馆家谱数据库共上传 15 部家谱，绍兴音像资料网络平台上传 50 余部视频。新购地方特色视频资源、浙江音像资料馆地方视频资源、新昌地方特色视频、汪嘉宝戏曲工作室提供的地方戏曲视频 4 个数据库，特色数据库共 25 个。

2018 年，绍兴图书馆自建绍兴市特色文献查阅平台，该查阅平台分为两大数据库 8 个版块。一为目录数据库，包括：地方文献联合目录，收录有 6 个县（市、区）公共图书馆所藏有的地方文献目录；古籍普查目录，收录绍兴市古籍公藏单位所藏古籍普查目录；民国文献目录，收录有绍兴市古籍公藏单位所藏线装民国文献普查目录。二为全文数据库，包括：家谱数据库，收录绍兴家谱 164 部；古籍文献数据库，收录古籍文献 185 部；地方老报纸数据库，收录 20 世纪 50—70 年代部分绍兴日报、绍兴时报、绍兴报、新绍兴报；地方文史资料数据库，收录绍兴文史资料 103 册；地方碑拓数据库，收录先秦至民国地方碑拓及其释文 45 种（共 50 片）。

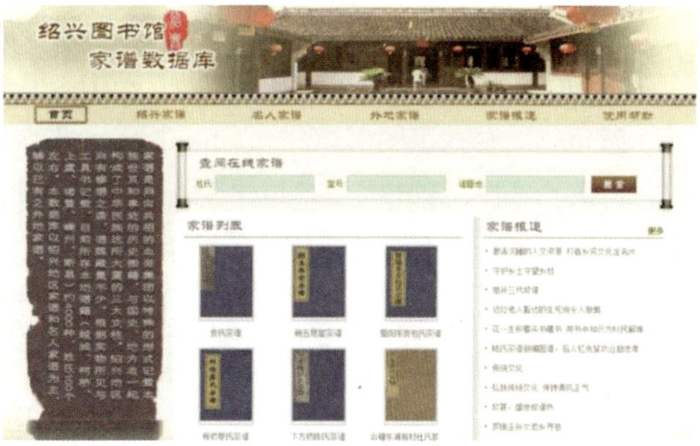

图 4-9　家谱数据库截图

2019 年，绍兴图书馆完成了王阳明专题文献数据库的建设工作，收录古籍 214 种 765 册，民国文献 31 种 79 册。

表 4-11　绍兴图书馆至 2020 年自建特色数据库一览

系列	数量（个）	名称
古越文化	8	绍兴古桥、绍兴戏曲、绍兴黄酒、绍兴风俗、绍兴文物、绍兴兰花、绍兴书法、绍兴祭禹（包括图片 1 461 张，音、视频 185 部）
越州揽胜	6	绍兴水乡、绍兴名胜、今日绍兴、绍兴土特产、绍兴老照片、城河风采（包括图片 442 张）
绍兴名士	2	院士风采、历代名人（绍籍两院院士 49 人，历代名人 509 位）
特色文献	10	绍兴方志、地方碑拓、家谱书目、徐树兰与古越藏书楼、绍兴地方文献联合目录、古籍目录、民国文献目录、古籍文献、地方老报纸（1949—1979 年）、地方文史资料（包括绍兴方志 9 种、地方碑拓 67 种、馆藏家谱书目 356 种、古籍善本书目 698 种 2 915 册）
合计	26	

注：特色数据库除自建外，2017 年采购 4 个特色库（地方特色视频资源、浙江音像资料馆地方视频资源、新昌地方特色视频、汪嘉宝戏曲工作室提供的地方戏曲视频），合计 30 个特色数据库。

2. 数字图书馆

（1）概述和总体框架

文化部、财政部于 2011 年 5 月正式下文实施数字图书馆推广工程。2011 年底，绍兴图书馆开始筹划绍兴数字图书馆。经过近一年的准备，2012 年 12 月 18 日，正式启动绍兴数字图书馆项目建设，项目被列为绍兴市政府 2013 年十大方面民生实事工程之一、国家数字图书馆推广工程绍兴节点。

绍兴数字图书馆整合了全市公共图书馆数字资源和用户数据，全市所有公共图书馆的读者都可以登录使用，与此同时，绍兴数字图书馆还实现了与国家图书馆、浙江图书馆之间的对接，共享数字资源。

到 2020 年底，绍兴数字图书馆已完成了五期建设，为读者提供数字资源总量 1 800 TB，年度总访问量超过 1 800 万次。

（2）硬件和系统平台

1）数字图书馆一期（2012 年 12 月—2013 年 10 月）

在完成国家数字图书馆绍兴分馆建设、绍兴电视图书馆开通之后，2012 年 12 月 18 日，绍兴图书馆成立了绍兴数字图书馆项目建设领导小组及项目组（绍图〔2012〕46 号）。组长为王以俭、廖晓飞，副组长为项元峰、李文学。小组于讨论、制订了《绍兴数字图书馆项目组工作方案》，确定门户网站（包括移动图书馆）、统一用户管理与认证系统、统一检索平台系统（包括元数据仓储平台）3 个小组，明确了各小组工作分工及项目建设总体时间安排。

2013 年 10 月 8 日，绍兴数字图书馆开始试运行。10 月 27 日，在二楼报告厅举行正式开通仪式，国家图书馆副馆长魏大威等领导出席。11 月 29 日，“绍兴数字图书馆”项目验收会议在绍兴图书馆举行，来自浙江图书馆、绍兴市文广局、绍兴市电子政务中心的专家对项目进行了验收。

数字图书馆一期整合了绍兴地区公共图书馆各种数字资源，并与国家数字图书馆、浙江图书馆数字资源门户、浙江网络图书馆实现对接，读者可以通过电脑、数字电视、手机、互联网电视等多种方式登录、访问绍兴数字图书馆，可实现图书的续借预约、书目查询、借阅历史查询、读者证续证和挂失、向图书馆推荐希望阅读的图书，也可以与馆员进行在线实时互动交流。

2）数字图书馆二期（2014 年 9 月—2016 年 12 月）

2014 年 9 月，绍兴图书馆与北京英富森软件股份有限公司继续合作开发数字图书馆二期项目。项目包括数字资源远程访问系统升级和扩容、书目 MARC 数据整合（实现纸质图书的检索功能以及统一检索系统的升级优化）、数字资源访问统计分析系统、区域内图书馆资源门户整合（实现各门户网站的升级改造、系统单点登录到绍兴图书馆、正常访问绍兴图书馆资源、利用统一检索系统）、统一办证及认证升级改造（实现分馆办证模式、各区县图书馆数据统一和统一认证功能）、特色数据库制作系统建设（黄酒、家谱）等几部分内容。

2014 年 9 月 17 日，在绍兴图书馆召开绍兴数字图书馆二期项目工作会议，各区县图书馆技术部主任参加，主要讨论围绕绍兴地区公共图书馆用户数据统一、数字资源共享和门户网站升级改版等问题。

2015 年 8 月 14 日，在全市公共图书馆馆长会议上，通过绍兴数字图书馆二期项目验收工作。

2016 年，为实现市民卡图书馆功能的开通，绍兴图书馆与绍兴市市民卡公司、英富森公司、图创公司联系，签订了三方合作系统改造合同。

3）数字图书馆三期（2017 年 1—12 月）

绍兴数字图书馆三期于 2016 年获得立项，包括门户网站升级改版、读者空间建设、与第三方征信系统对接、OA 系统升级、24 小时自助图书馆建设（RFID）、增加 3D 打印设备、增加核心交换机虚拟化卡、固定资产实物管理系统等 8 个项目。

2017 年上半年，绍兴图书馆成立数图三期实施小组，对项目进行分组，明确各组负责相关项目的洽谈、招标、合同签订、部署安装等实施全过程。4 月 22 日，完成数字图书馆三期 OA 系统升级、核心交换机虚拟化卡、固定资产实物管理系统等 3 个项目的开标工作。10 月初，3D 打印、OA 系统升级、增加核心交换机虚拟化卡、固定资产实物管理系统 4 个项目完成开发部署。11 月，完成读者空间建设、与第三方征信系统对接 2 个项目。12 月，完成 24 小时自助图书馆建设（RFID），绍兴图书馆门户网站全新改版上线。

4）数字图书馆四期（2017 年底—2018 年 10 月）

绍兴数字图书馆四期于 2017 年获得立项，包括全市图书馆业务数据统计分析平台、图书网上借阅、智能咨询、虚拟阅读体验系统、桌面云管理系统、微信小程序、特色文献展示平台、PDF 转换平台、业务系统安全等级测评、网络防火墙采购、LED 屏和投影仪采购等 18 个项目。

2018 年上半年，绍兴图书馆成立数图四期实施小组，对项目进行了分组，明确各组负责相关项目的洽谈、招标、合同签订、部署安装等实施全过程。5 月底，完成标书，进行公开招标。10 月底，完成软件的开发和硬件的采购、安装。 11 月底，完成数图四期的项目验收工作，绍兴数字图书馆四期圆满完成。

5）数字图书馆五期（2018 年—2020 年 9 月）

绍兴数字图书馆五期于 2018 年获得立项，包括图书馆软硬件维保、光纤存储硬盘和审计设备、微信公众号升级（浙里办）、全市图书馆馆员在线教育平台、门禁系统管理平台、自助图书馆、摄录设备采购等 7 个项目。

绍兴图书馆成立数图五期实施小组，对项目进行分组，明确各组负责相关项目的洽谈、招标、合同签订、部署安装等实施全过程。2020 年 6 月底，完成标书进行公开招标。9 月底全面项目实施完成。

（3）数字资源建设

绍兴图书馆纸质文献采选 5 大部类为马列毛邓、哲学、社会科学、自然科学、综合性图书，采选比例为 1：3：70：24：2，数字资源采选则以教育类和科技类为主，主要由电子书、数据库、视听资料等组成，以弥补纸质图书在自然科学大类的不足。

绍兴图书馆馆藏古籍的数字化工作，始于文献整理、出版和读者需要。

2008 年，绍兴图书馆为配合绍兴县志办《绍兴文丛》第二辑出版，对馆藏 56 种古籍地方文献进行数字扫描。

2011 年，绍兴图书馆应香港学者需要，对馆藏善本《屠长卿集》进行扫描。

2013 年，绍兴图书馆配合绍兴水利古文献汇编，对 36 种有关绍兴水利的专著进行扫描。

2014 年，绍兴图书馆对馆藏善本孔云白《印选》进行扫描。同年，为配合新馆数字视窗的需要，对馆藏 4 种元刻本进行了拍摄。

2015 年，绍兴图书馆与浙江大学、杭州大涵图书有限公司联合开发馆藏《抱经堂丛书》，完成 64 册扫描工作。

2016 年 7 月，绍兴图书馆扫描馆藏《沈锡庆日记》，用于凤凰出版社《中国近现代稀见史料丛刊》的出版；11 月，扫描 6 种文献用于浙江图书馆出版《两浙文丛（浙江未刊古籍整理研究）（第一辑）》。

2017 年，分别为中科院、广陵书社提供馆藏《明史历志》《宋词画谱》底本。

2000 年开始，绍兴图书馆对馆藏古籍家谱有计划地进行数字化工作。

2007 年，绍兴图书馆建立家谱目录数据库。

2015 年，绍兴图书馆建立家谱数据库。至 2020 年，数据库共有家谱 164 部。

2017 年，绍兴图书馆委托杭州中元数据科技有限公司启动馆藏珍贵古籍数字化工作（第一期），按标准化进行数字扫描和平台设计，当年完成入选国家及浙江省珍贵古籍名录的 48 种古籍的拍摄及数字化工作，共 214 册、25 709 页，完成数据上传和发布。

2018 年，绍兴图书馆完成浙江省珍贵古籍名录（剩余部分）拍摄及数字化工作，共 244 种、29 488 册。

2019 年完成馆藏古籍地方文献 266 种、37 298 册，2020 年完成 115 种、18 135 册的拍摄及数字化工作。

（4）电视图书馆建设

电视图书馆是在文本、图像、声音、视频、图形等信息进行数字化处理的基础上，通过数字电视这一载体，为读者（用户）提供图书馆的各类服务，是图书馆延伸服务的新模式，也是图书馆数字化服务的一种新载体。绍兴电视图书馆系绍兴市文广局与绍兴广电总台主办，绍兴图书馆与中广有线绍兴分公司具体实施的文化惠民项目。

2012 年 5 月项目启动，10 月绍兴电视图书馆在绍兴市数字电视平台上正式开通。2013 年 10 月，被列为文化部、财政部主办的创建第二批国家公共文化服务体系示范项目。2014 年，绍兴图书馆与绍兴网络电视台合办“绍兴记忆”栏目，开始向其采购绍兴本地视频资源内容。2016 年 5 月通过验收，正式成为示范项目。至 2020 年底，“绍兴电视图书馆”已实现数字电视、电脑、手机、微信等多载体传播，拥有互动版、图文版两种模式。用户覆盖范围从三区延伸到全绍兴市，节目点播浏览量为 1 241 130 次。

2006 年，文化部副部长周和平视察绍兴图书馆，要求利用好数字电视，扩大公共图书馆、共享工程的服务领域。

2010 年 10 月，绍兴图书馆与中广有线绍兴分公司商议开办电视图书馆事宜。

2011 年 6 月，“绍兴市电视图书馆建设研究”（负责人：王以俭）被列为绍兴市哲学社会科学研究“十一五”规划 2011 年度重点课题。10 月，课题论文在《绍兴学刊》2011 年第 5 期发表，并于当月结题。论文对电视图书馆的内涵、功能、建设内容进行了深入的研究，提出了绍兴市建设电视图书馆的对策、建议。

2012 年 3 月 6 日，绍兴市文广局批复同意绍兴图书馆与中广有线绍兴分公司合作开发、建设绍兴电视图书馆项目。5 月 30 日，绍兴图书馆与中广有线绍兴分公司签署协议书，启动实施绍兴电视图书馆项目。经过 4 次对绍兴电视图书馆播出平台进行重大调整和优化，6 月 30 日，绍兴电视图书馆图文版在中广有线绍兴分公司数字平台上试开通。9 月 26 日，互动版试开通。10 月 25 日正式开通。11 月，绍兴图书馆制定《绍兴电视图书馆运行情况监视、推广工作制度》《绍兴电视图书馆节目内容更新工作流程》，各部门责任分块，保证读者正常点击、收看绍兴电视图书馆。同月，与绍兴市科协、司法局等部门商量合作开办科普频道、普法频道等事宜。12 月 13—14 日，国家图书馆数字资源部到绍兴市考察、调研电视图书馆建设情况，介绍了文化部、国家图书馆所建设的“国家数字文化资源统一揭示与服务平台”的相关方案。

2012 年，绍兴电视图书馆被列为国家图书馆“数字图书馆推广工程”数字电视服务示范点和国家科技支撑计划课题“文化资源数字化关键技术及应用示范”项目研究基地之一。该项目先后被评为 2012 年度绍兴市网络传播创新项目和 2012 年度绍兴市文广系统十件大事，荣获 2012 年绍兴市宣传思想工作创新奖、2012 年绍兴市宣传思想文化创新工作成果奖。人民日报海外版、中国文化报、人民网、新华网、新浪网、凤凰网、浙江电视台等 60 多家媒体、网站予以报道。

2013 年 2 月 18 日，绍兴图书馆与中广有线绍兴分公司电视图书馆项目组讨论节目改版事宜。4 月 27 日，在绍兴市第十届全民读书月开幕式上开通了绍兴电视图书馆新版节目。新增百家讲坛、少儿教育、职业培训等方面的视频资源，同时还在地方特色、本土资源上下功夫，增设越剧、绍剧等绍兴戏曲栏目，开设了绍兴名士等节目。4 月，浙江省文化厅下发《关于开展第二批国家公共文化服务体系示范区（项目）创建申报工作的通知》（浙文公共〔2013〕20 号），6 月 20 日，“图书馆数字电视服务绍兴模式”向浙江省文化厅申报创建浙江省公共文化服务体系示范项目。8 月 16 日，文化部召开第二批国家公共文化服务体系示范项目创建资格评审会议，绍兴市文广局局长杨志强、副局长胡华钢，绍兴图书馆馆长赵任飞、副馆长王以俭等赴京参加评审会，经专家评审，绍兴电视图书馆项目入选。10 月 8 日，“绍兴市电视图书馆绍兴模式”获得第二批国家公共文化服务体系示范项目创建资格。

2014 年，“绍兴电视图书馆”主要有以下 5 项工作。

①节目两次改版，内容定位从图书馆服务提升为公共文化服务。

②“两会”建设提案，争取政府支持。在 2014 年两会期间，提交的 2 个提案《大力推广、应用“绍兴电视图书馆”》《关于在全市大力推广“绍兴电视图书馆”的建议》分别列为绍兴市政协七届三次会议第 62 号提案、市人大第 10 号建议案。

③依照项目创建要求，绍兴图书馆成立领导小组和课题组。6 月 19 日，绍兴市文化强市建设领导小组办公室下发《关于印发〈“电视图书馆绍兴模式”创建国家公共文化服务体系示范项目工作方案〉的通知》。8 月 5 日，绍兴市创建国家公共文化服务体系示范项目领导小组印发文件《关于成立〈“电视图书馆绍兴模式”建设、应用与示范〉课题组的通知》，决定成立课题组，并被浙江省图书馆学会立项。9 月，绍兴市文化广电新闻出版局顺利提交创建第二批国家公共文化服务体系示范项目“电视图书馆绍兴模式”创建工作情况汇报材料。

④完成“绍兴电视图书馆”三屏合一平台建设工作。5 月 23 日，完成电视图书馆“三屏合一”服务器、网络配置工作。5 月 27 日，通过电视图书馆“三屏合一”平台开发项目单一来源采购专家论证方案。8 月 2 日，多屏浏览平台开通仪式在绍兴图书馆举行。通过互联网、移动通信网传输数字电视内容，实现电脑、手机等终端都能点击、收看“绍兴电视图书馆”，这在全国还属首创。

⑤加大宣传、交流力度，积极推进创建工作。7 月 30 日，文广局副局长胡华钢、社文处处长范机灵带队，馆长赵任飞、副馆长王以俭以及信息技术部黄蓉、张微平赴常州图书馆联系电视图书馆合作事宜，建立了交流联动机制，双方签订电视图书馆合作协议。8 月，策划、实施爱心童盟“绍兴电视图书馆——电视家教”捐赠活动。9 月 24 日，副馆长王以俭率队参加了在江苏常州举行的国家“十二五”科技支撑计划“文化资源数字化关键技术及应用示范”项目中“基于数字电视的应用示范建设”子项目示范点建设成果汇报会。10 月 10 日，绍兴图书馆与常州图书馆在北京国际饭店会议中心联合举办 2014 年中国图书馆年会学术会议第 9 分会场——“电视图书馆建设的实践与探索”会议，馆长赵任飞作了题为“电视文化超市，百姓精神家园——绍兴电视图书馆建设的实践与思考”的主题报告。这是绍兴图书馆在中国图书馆年会上第一次举办分会场。

图 4-10　绍兴图书馆电视图书馆微信平台开通

2015 年，“绍兴电视图书馆”主要有以下 3 项工作。①“电视图书馆绍兴模式”课题通过专家论证，3 月 28 日，“‘电视图书馆绍兴模式’建设、应用与示范”课题举行论证会。国家公共文化服务体系建设专家委员会副主任、北京大学教授李国新等专家应邀对课题进行论证，对课题报告、制度设计方案进行了点评，并对“绍兴电视图书馆”下一步发展提出意见、建议。②修订电视图书馆工作制度、工作流程，制定工作职责。因节目多次改版，内容增加，馆内设机构调整等原因，为明确职责，保证读者（用户）正常点击、收看，5 月 19 日，绍兴图书馆重新修订了《“绍兴电视图书馆”运行维护、监视、推广工作制度》《“绍兴电视图书馆”节目内容更新工作流程》等相关工作制度。6 月 5 号，项目组成员调整并制定成员工作职责。③开通微信平台，完成第 3 次改版工作。8 月 22 日，“绍兴电视图书馆”微信平台开通仪式在新馆二楼报告厅举行。同年，“绍兴电视图书馆”节目进行了第 3 次改版工作，新增“绍兴记忆”“纪录天地”“电视绘本”等栏目。

2016 年 5 月 13 日，“绍兴图书馆”“绍兴电视图书馆”2 个微信公众号正式合并，实现了图书馆服务统一的“微服务平台”。新版的“绍兴图书馆”微信公众号除了不定期推送信息之外，还具备“服务大厅”“悦读绍图”“活动公告”3 大版块 37 个功能模块。5 月 17—19 日，馆长王以俭随市文广局局长徐之澜、副局长胡华钢，中广有线绍兴分公司副总经理孟祥飚等参加了“电视图书馆绍兴模式”评审会，汇报创建情况并回答专家的提问，顺利通过验收评审，正式成为第二批国家公共文化服务体系示范项目。

2017 年 10 月 20 日，由绍兴市文广局主办、绍兴图书馆与中广有线绍兴分公司承办的《电视图书馆建设管理与服务规范（草案）》评审会在绍兴图书馆举行，会议邀请了绍兴市能源检测院质量负责人陈彩凤、杭州图书馆副馆长龚娅君、常州图书馆馆长侯涤、嘉兴图书馆馆长沈红梅、绍兴文理学院教授郑厚天、绍兴广电总台副总工程师陈大可、中广有线柯桥分公司技术部主任朱勤风 7 位专家作为评审专家，草案获得通过。

2018年10月26日，由绍兴图书馆发起的全国电视图书馆联盟在绍兴图书馆成立，联盟成员包括绍兴图书馆、常州市图书馆、重庆市图书馆、佛山市图书馆、菏泽市图书馆、济宁市图书馆、枣庄市图书馆等共7家单位。绍兴市文广局副局长胡华钢出席会议，并致欢迎辞，馆长王以俭、副馆长廖晓飞等参加。

2019年2月开始，“绍兴电视图书馆”进行了第4次改版，细分了各级子栏目，新增了一级栏目“绍图出品”板块，删除一级栏目的“听书频道”，并入电视阅读，改名为“在线听书”，制定了绍兴电视图书馆自制视频拍摄、上传工作机制，并对微信版电视图书馆“华数内容”也做了部分修改，历时近一年。5月6日，绍兴图书馆印发新修订的《“绍兴电视图书馆”运行维护、监视、推广工作制度》等相关工作文件。

3. 公共文化服务项目

（1）文化信息资源共享工程

全国文化信息资源共享工程是2002年由文化部、财政部共同组织实施的一项国家重大文化惠民工程。它应用现代信息技术，将中华优秀文化信息资源进行数字化加工与整合，依托各级公共图书馆、文化馆（站）等公共文化设施，通过互联网、广播电视网、无线通信网等传播载体，在全国范围内实现中华优秀文化资源的共建共享。

根据文化部、财政部《关于实施全国文化信息资源共享工程的通知》和浙江省文化厅、财政厅《关于实施浙江文化信息资源共享工程的通知》要求，绍兴文化信息资源共享工程自2002年开始实施，市级支中心由绍兴图书馆负责建设及维护。绍兴市文广局根据绍兴市的实际情况，制订了“绍兴地区文化共享工程建设方案”，对全市文化信息资源共享工程建设作了具体规划，以数字资源建设为核心，以基层服务网点建设为重点。

2007年3月，绍兴市人民政府办公室印发了《关于切实加强文化信息资源共享工程建设的通知》。到2007年底，各县（市、区）级中心均建成运行，初步形成了市、县（市、区）、乡镇（街道）和村（社区）四级服务网络，村乡镇（街道）基层中心覆盖率达到100%，村（社区）基层服务点覆盖率达到84%。

2011年，绍兴市村（社区）基层服务点覆盖率达到93%。累计创建“共享工程进企业”示范服务点（职工书屋）563家，向职工书屋赠送电子图书和视频学习资料近170万册，向全市职工赠送“电子阅读卡”5万张。

2012年，绍兴电视图书馆开通，有线电视用户可通过机顶盒，点击收看绍兴图书馆提供的视频与图文等信息服务。

2013年，绍兴数字图书馆开通，以互联网、馆域网、资源镜像等方式，向文化共享工程各级中心和基层点提供服务。

表 4-12 绍兴市各县（市、区）文化信息资源基层点建设一览

县（市、区）	县（市、区）中心	乡镇（街道）级基层点		村（社区）基层点	
		总数	建有数	总数	已建点数
绍兴县	建有	19	19	302	243
上虞市	建有	21	21	446	446
诸暨市	建有	28	19	468	500
嵊州市	建有	22	22	1077	608
新昌县	建有	16	16	427	425
越城区	建有	3	3	115	164

1）网络建设

共享工程绍兴市中心除做好日常技术维护工作外，还向各基层中心提供技术支持和辅导，帮助全市各县（市、区）组建中心，调试安装设备，培训工作人员，根据实际情况拓展共享工程服务网络，充分利用区域性的教育网、广电网、党员现代远程教育网等多种网络平台，传输共享工程资源，提高了工程覆盖面。针对偏远社区、乡村文化站的实际情况，市中心还利用 VPN 技术及时把工程的内容送到基层。

2003 年，共享工程绍兴市中心赴嵊州为分中心（嵊州图书馆）安装调试服务器。

2006 年 3 月 27—29 日，共享工程绍兴市中心安装调试越城区共享工程中心服务器。9 月，利用远程服务技术帮助新昌图书馆安装了共享工程服务器。

2007 年 1 月 8—10 日，绍兴市共享工程中心从浙江省共享工程中心带回 4 套设备（服务器、投影仪、幕布），包含 1 套卫星设备、3 套互联网设备。2 月 3 日，共享工程服务器（卫星接收设备）安装完成。4 月，按照绍兴市文广局要求，制订了《绍兴地区文化共享工程建设方案（草案）》。6 月，市中心开发建设了绍兴市文化信息资源共享工程网，该网站突出绍兴特色文化，集中体现了绍兴水乡、桥乡、酒乡、名士之乡、书法之乡、戏曲之乡等地域特色，同时还融合了电子图书、“越州讲坛”（网上报告厅约 400 G 的数据量）、专业数据库等文化资源，网站还整合了绍兴农村党员干部现代远程教育网的资源，向农村群众提供相关科技知识、市场信息。8 月，在绍兴市农村文化工作会议上开通了绍兴市文化信息资源共享工程网。到年底，市级支中心有共享工程专用服务器 2 台、投影仪 2 台、存储空间 6 TB、光纤带宽 100 M（与图书馆合用），配备了卫星接收设备用于数据的更新。中心还设立共享工程阅览室（与图书馆电子阅览室合二为一），阅览室占地 200 平方米，有计算机 70 余台，配有专职工作人员进行辅导。

2008—2009 年，共享工程绍兴市中心更新了部分设备，主要包括 80 余台电脑（用于电子阅览室）、UPS 电源、交换机、VPN 网关、部分服务器和存储设备。2008 年 4 月，《绍兴地区文化共享工程 VPN 建设方案（草案）》制订。4 月 22 日，新版共享工程安装调试。7 月，在创建文明城市活动中，

帮助越城区建成文化共享工程阅览室。2009 年 6 月，为迎接浙江省共享工程的督导检查，对全市各县中心进行了一次摸底，并提出相应建议。7 月，浙江省文化共享工程督导组 3 人来我市进行文化共享工程支中心规范化建设督导，实地察看了越城区、上虞、诸暨的县级支中心及部分基层点，查阅了各检查点的工作记录、布点建设、培训记录等共享工程档案资料，了解基层服务活动的开展、合作共建以及运行经费投入等方面的情况。2009 年，绍兴图书馆与绍兴县图书馆建立虚拟专网，初步实现数字资源共建共享。

2010 年，支中心采购了部分设备充实和改进了硬件设施，规范与浙江省中心及各县中心的联络员制度和信息报送制度。2010 年 7 月 28—30 日，浙江省文化共享工程领导小组办公室组织专家对绍兴市新昌、嵊州文化共享工程建设情况进行了督查验收，并赴新昌县元岙村、嵊州市南街村的基层服务点对共享工程在基层的服务情况进行实地察看。

图 4-11　浙江省督导组现场检查共享工程建设

2）资源建设

资源建设是整个共享工程建设的核心，绍兴市中心主要抓了三方面工作：一是接收国家中心下发的文化共享工程综合版和农村版系统以及浙江省中心提供的共享工程综合版，其中农村版的内容通过卫星地面站接收更新数据；二是办好绍兴市文化信息资源共享工程网，将绍兴图书馆自建特色数据库、中国戏曲音像资源数据库、电子图书、越州讲坛、专业数据库等文化资源纳入其中，整合绍兴农村党员干部现代远程教育网的资源；三是申报浙江省共享工程资源建设项目。

通过广泛整合公共图书馆、博物馆、美术馆、艺术院团及广电、教育、科技、农业等部门的优秀数字资源，到 2020 年，绍兴市文化共享工程数字资源建设总量达到 136.4 TB，整合制作优秀特色专题资源库 207 个。

2007 年 3 月 25 日，绍兴图书馆越州讲坛新增越文化系列讲座，首场邀请绍兴文理学院王敏红教授主讲“语言的积淀文化的化石——透视绍兴方言”，制成光盘后选送到国家文化部信息共建共享资源处，被录用为全国文化信息共享工程共享资源。

2008 年 4 月，共享工程绍兴市中心申报绍剧数据库，6 月 12 日获得浙江省中心批准立项，获得专项资金 5 万元。本库采用文字、图片、音频、视频多种数据类型，主要记录了绍剧的场上艺术，具体展示绍剧在演艺、装扮、砌末、音乐等方面的特点。

2009 年，绍剧数据库资源总容量约 76 GB，其中图片 257 张，音、视频资源约 70 GB。

2010 年，共享工程绍兴市中心又对绍剧数据库项目进行了二次开发，按照浙江省共享工程中心的要求，对上万文字、300 余张图片、10 G 的视频数据进行了二次加工，完成了发布模板的制作及数据标引，把绍剧数据库纳入浙江省共享工程资源平台统一进行发布。

2011 年初，绍剧数据库通过了浙江省图书馆共享工程资源建设项目组的专家验收通过。

2009 年，共享工程绍兴市中心参加浙江网络图书馆工程建设，及时把绍兴图书馆业务系统与浙江网络图书馆进行对接。2 月 11 日，为浙江省共享工程中心提供馆藏书目数据。

2010 年上半年，绍兴图书馆的祭禹数据库成功申报为浙江省共享工程数字资源建设项目。

2011 年，共享工程绍兴市中心对收集、整理的文字材料、200 余张图片、公祭仪式的视频资料进行数字化加工，完成发布模板的制作及数据标引，这些资源被纳入浙江省共享工程资源平台进行发布。8 月，通过了浙江省共享工程资源建设项目组验收。此外，为丰富数字资源馆藏，我馆联系浙江省图书馆共享工程办公室，安装了“天方有声读物”“国际视频”等数据库镜像，并发布到绍兴图书馆的数据库远程授权访问平台。

2012 年 9 月，绍兴图书馆“浙江省人文数字地图——方志”“浙江省人文数字地图——名人”2 个数据库项目获得共享工程浙江省中心专家立项评审通过。

2013 年 10 月，绍兴名人数据库、绍兴方志数据库递交浙江省图书馆共享工程办公室验收。

2013 年 4 月 27 日，绍兴电视图书馆新版开通，对共享工程版块进行了重新的设计，增加了戏曲、微电影、文明与创造等栏目。

2014 年，绍兴图书馆黄酒数据库获批为浙江省共享工程项目。本库的建设工作早在 2001 年就开始实施。2013 年 5 月，廖晓飞率队赴绍兴黄酒集团有限公司交流绍兴黄酒数据库的构建、资料的合作等事宜。2014 年，在原有资料基础上，到古越龙山、市经信委、市节会办、市黄酒协会、黄酒博物馆等处收集黄酒数据库相关资料加以整理。8 月 18 日，项元峰、毛建灿、戴晓红赴浙江图书馆，汇报数据库建设情况并顺利通过验收。

2015 年，共享工程绍兴市中心参与共享工程方言数据库（绍兴地区）的建设工作，准备各县市方言文本资料，共扫描地方文献近 1 万页。

3）宣传推广

通过走进农村、走进社区、走进校园、走进军营、走进企业、走进机关等宣传推广文化共享工程，初步满足了基层群众“求知识、求富裕、求健康、求快乐”的需求。

2006 年 6 月 18 日，绍兴图书馆文化信息资源共享工程放映队到越城区皋埠镇岑墟村举办了消夏清风电影会。八一建军节前夕，到绍兴武警中队送上共享工程优秀文化资源。同年，文化部副部长周和平及浙江省文化厅副厅长金庚初等，走访了蕺山文化站和越都、罗门、府山社区，考察全国文化信息资源共享工程在绍兴的实施情况，周和平这样评价：“全国文化信息资源共享工程最早是在绍兴策划的，现在再来看，绍兴是全国地级市中做得最好的。”

2007 年 2 月 20 日，文化信息资源共享工程春节影片展播在绍兴图书馆大厅举行。

2008 年 3 月 26 日，绍兴共享工程“汽车图书馆”为劳教人员提供现代化的借阅服务。4 月，启动共享工程“2008 年数字文化乡村行”活动，活动以奥运为主题。5 月 14—16 日，中心工作人员先后到武警绍兴市中队、绍兴市看守所、越城区火车站社区播放奥运视频《同一个世界　同一个梦想》《中国奥运冠军特辑》等，并赠送共享工程资料光盘和奥运宣传光盘。17—22 日，在绍兴图书馆展厅举办“五环旗下——文化共享奥运行”展览，后在全市各县（市）巡回展出。8 月 19—23 日，举办“绍兴共享工程 2008 年暑期少儿动漫电影周”活动。12 月 28 日，绍兴支中心以“以文化人、以文兴企”为目标，在浙江金隆家纺服饰有限公司举行“文化共享工程进企业行动”启动仪式，开通了“绍兴市文化共享工程进企业行动”网络，通过各县市总工会向有关企业发放职工电子读书卡 2 000 张，还命名了首批绍兴市“文化共享工程进企业示范服务点”，参加人员达 5 000 人次。

图 4-12　绍兴共享工程汽车图书馆送书到基层

2009 年 1 月开始，绍兴市中心推出了“共享工程周末视频讲座”服务，于每周六上午在绍兴图书馆多媒体室里进行播放。7 月，绍兴图书馆举办了“浙江网络图书馆暨共享工程”系列宣传活动。7 月 10 日，在越城区火车站社区现场组织开展了“浙江网络图书馆暨共享工程知识竞赛”；网上答题活动于 7 月 10 日同步开展。8 月，绍兴图书馆和绍兴市总工会合作，继续推进共享工程进企业行动，再次向全市 1 万名职工发放“职工电子阅读卡”，职工凭此卡可享受全省共享工程和绍兴图书馆的所有电子资源服务。

2010 年春节期间，绍兴图书馆举办“文化共享工程 2010 新春优秀讲座展播”活动。当年开展了“文化共享助春耕”服务活动，到上虞叶家埭村为村民们播放春耕技术视频并向村民们发放 100 张“文化共享助春耕”光盘资源。

2011 年 1 月 29 日—2 月 17 日，绍兴市支中心在绍兴图书馆网站开展“迎新春，共享工程电影点播”活动。中秋期间，在绍兴外来民工子弟学校——绍兴市群贤小学开展“‘同乡同龄同梦想 共学共享共月圆’——关爱农民工子弟活动”。当年还利用“绍兴图书馆服务进机关”平台，把共享工程的数字资源送到机关。

2012 年春节期间，绍兴图书馆开展“新春电影展播”活动。6 月 1 日，为绍兴市聋哑学校的残障学生送去了无障碍电影。6 月 2 日，在绍兴图书馆大厅开展数据库资源使用宣传推广活动。8 月 10 日，绍兴图书馆信息技术部前往蕺山街道开展“数字资源进社区”——数字资源推广应用活动。

2013 年 12 月 4 日，绍兴市支中心赴岑前村开展文化共享工程服务活动。

图 4-13　绍兴图书馆培训、竞赛活动现场

2014 年春节、元宵节期间，绍兴图书馆组织开展了新年网络有奖问答活动及新年视频播放活动。2015 年 7 月，举办共享工程传统京剧音配像精粹展。8 月 13 日，文化部全国公共文化发展中心启动“家风家教万里行活动”，特邀中央党校家风家教课题组组长、北大家庭文化与家长教育研究所所长齐大辉教授现场授课，通过中国文化网络电视互动播出终端、微信、手机 App 直播，绍兴图书馆共享工程中心特组织人员同步收看直播。9 月 29 日，通过微信直播的形式组织人员参与“中华优秀文化数字化建设与传承计划——戏曲动漫”推广现场会。10—12 日，开展“浙江文化通”“浙江网络图书馆”宣传推广活动。

4）会议、培训、比赛等

2002 年 12 月 19—20 日，绍兴市公共图书馆馆长会议在诸暨召开，会议主题为“文化信息资源共享”。

2003 年 3 月 18—19 日，绍兴市公共图书馆馆长会议在绍兴图书馆召开，会议讨论了全国文化信息资源共享工程演示及辅导。

2004 年 2 月 12—13 日，馆长龚天力、馆长助理任雷及信息技术部有关人员赴温州图书馆考察交流信息资源共享工程建设工作。

图 4-14　开展共享工程技术培训

2009 年 9 月 21 日，绍兴图书馆联合绍兴县中心、诸暨草塔镇基层服务点组成的绍兴代表队荣获“文化共享杯——全国文化共享工程知识与技能竞赛（浙江）”冠军，廖晓飞获得“最佳市级参赛选手”称号。

2010 年 4 月 12 日，绍兴支中心举办了“浙江网络图书馆使用指导”培训班，邀请浙江省共享工程办公室主任詹利华主讲，共计 110 人参加。

2010 年 6—8 月，在由浙江省文化厅主办、文化共享工程浙江省分中心承办的全国文化共享工程少年网页设计竞赛（浙江站）中，绍兴市支中心精选了10个作品参加全省评比，其中钟维正小朋友制作的《我的小站》作品荣获一等奖，另有3个作品获优秀奖，绍兴支中心获得优秀组织奖。10月，联合中国知网对全市各基层中心的工作人员开展“数字资源利用”培训。11月26日，绍兴支中心承办的浙江省共享工程支中心业务工作会议在稽山宾馆召开，各级市县支中心的80余名技术人员参会。

2011年8月，绍兴图书馆被浙江省文化厅授予“全省文化共享工程先进集体”称号。9月，绍兴图书馆组织的绍兴市代表队参加了“第二届文化共享杯——全国文化信息资源共享工程知识与技能竞赛”，代表队荣获组织奖，毛建灿获“十佳选手”称号。

2012年2月28—29日，绍兴图书馆参加了浙江图书馆组织的“省共享工程暨数字图书馆推广工程工作会议”。10月29—31日，绍兴图书馆张微平参加浙江省共享工程业务培训班，涉及电子阅览室建设、数字资源建设推广等内容。

2013年3月12日，绍兴图书馆副馆长廖晓飞率信息技术部2名员工赴杭州参加浙江图书馆举办的共享工程公共电子阅览室、地方特色资源建设及数字图书馆推广工程会议。

2014年，绍兴图书馆组织人员参加浙江省文化共享工程“数字文化讲师团”第三期培训班、浙江图书馆“第二届视障信息无障碍服务技术培训班”。

2016年11月16日，绍兴图书馆馆长王以俭赴温州参加浙江省文化共享工程业务培训班会议。

图4-15 浙江省文化共享工程市县支中心业务工作会议

2017年8月23日，绍兴图书馆在绍兴稽山宾馆举办了绍兴市数字图书馆推广工程暨共享工程技术培训班，全市各公共图书馆负责业务技术的工作人员共25人参加了本次培训。

2018年10月10日，绍兴图书馆在稽山宾馆举办了2018年绍兴市公共图书业务数据分析系统培训班，全市公共图书馆的22名技术人员参加了本次培训，培训介绍了大数据的数据采集方式、数据处理过程、数据展示方式（前台和后台）以及建设过程中的一些经验和启示。

（2）数字图书馆推广工程

数字图书馆推广工程是文化部、财政部在“十二五”期间继全国文化信息资源共享工程、公共电子阅览室建设计划之后的又一个重要的数字文化建设工程。它于2011年5月正式实施推广。

2011年，绍兴图书馆与浙江图书馆、杭州图书馆、宁波图书馆、温州图书馆、嘉兴图书馆入选数字图书馆推广工程实施名单。“绍兴数字图书馆”建设成为绍兴市公共文化服务体系建设的重要项目。

2012年，绍兴图书馆多次派员参加国家图书馆、浙江图书馆举办的“数字图书馆推广工程”培训和会议。2月28—29日，参加了浙江图书馆组织的“省共享工程暨数字图书馆推广工程工作会议”，会议传达了开展公共电子阅览室管理平台建设、地方特色资源建设、数字图书馆推广工程、全省公共图书馆网络技术联盟等工作。6月26日，绍兴图书馆王以俭、毛建灿赴北京参加国家图书馆组织的“数字图书馆馆长培训班”。

2012 年 7 月 2 日，馆长王以俭带领信息技术部人员赴浙江图书馆，与浙江图书馆技术部就数字图书馆建设工作进行了交流。7 月 13 日，绍兴图书馆召开了“绍兴市数字图书馆项目建设咨询会”，浙江省文化厅、浙江图书馆、绍兴市电子政务中心、绍兴市文广局多位领导、专家参加了会议，对超星及英富森两家供应商提供的产品进行论证。又多次与浙江图书馆交流，根据建议，与北京英富森信息技术有限公司进行了磋商，制订了《绍兴图书馆数字图书馆资源服务与管理门户项目实施方案》。8 月 6 日，安装完成浙江图书馆数字图书馆推广工程试点平台。12 月，基本完成“数字图书馆资源服务与管理平台”建设工作，用户数据与浙江图书馆实现同步更新，为读者提供统一服务入口。12 月 18 日，成立绍兴数字图书馆项目建设领导小组及项目组，开始绍兴图书馆一期项目建设。至 2017 年，共完成三期建设。建设期间统筹安排数字图书馆推广工程。

2013 年 3 月 12 日，副馆长廖晓飞率信息技术部 2 名员工赴杭州参加浙江图书馆举办的共享工程公共电子阅览室、地方特色资源建设及数字图书馆推广工程会议。6 月 18—22 日，由国家图书馆主办，浙江图书馆、绍兴图书馆承办的“数字图书馆推广工程”市级图书馆必配系统培训班在绍兴举行，来自全国 31 个省（区、市）的 112 位图书馆馆员参加此次培训。

2014 年，在原有 VPN 虚拟专网的基础上，绍兴图书馆开展了“市县公共图书馆 MSTP 专线联网”建设工作。此外，还与浙江图书馆加强联系，完成省、市 VPN 专线从 2 M 到 10 M 的升级工作。

2016 年 8 月 24—27 日，副馆长廖晓飞赴威海参加数字图书馆推广工程 2016 年省市级馆长培训班。9 月 29 日，绍兴图书馆牵头举办了绍兴市数字图书馆推广工程技术培训班，此次培训是全市图书馆技术人员第一次培训。10 月 14—19 日，由文化部公共文化司和浙江省文化厅指导，浙江图书馆主办的浙江省“十二五”公共数字文化建设展览在浙江图书馆举办，绍兴图书馆精选了“绍兴电视图书馆”典型案例，“祭禹”“黄酒”“徐树兰与古越藏书楼”“兰亭书法节”等特色数据库和绍兴图书馆新馆展示视频等材料参展。

2017 年，绍兴图书馆参与国家馆组织的“数字图书馆推广工程 2017 年度数字资源联合建设（首批）”，实际上报了“地方图书数字化（1.5 万页）”“地方报纸数字化（0.5 万版）”，并按要求上报了《推广工程数字资源联合建设地方图书数字化项目文献详细信息表》《推广工程数字资源联合建设地方报纸数字化项目文献详细信息表》。8 月 23 日，绍兴图书馆举办绍兴市数字图书馆推广工程暨文化共享工程技术培训班，全市各县级公共图书馆等单位负责文化共享工程和数字图书馆工程的技术人员共 25 人参加。培训班邀请浙江图书馆丁华强作“RFID 系统及实施经验介绍”报告，还邀请图创、英富森、远望谷等开发商就图书馆业务系统存在的问题进行深入交流。

2018 年 10 月 10 日，绍兴图书馆在稽山宾馆举办了 2018 年绍兴市公共图书业务数据分析系统培训班，全市公共图书馆的 22 名技术人员参加，培训介绍了大数据的数据采集方式、数据处理过程、数据展示方式（前台和后台）以及建设过程中的一些经验和启示，对各馆建设大数据项目具有较强的指导意义。

（3）公共电子阅览室工程

绍兴图书馆于 1997 年就建立了电子阅览室，2000 年改为网上阅览室，为读者提供网上服务。

2012年2月3日，文化部、财政部在“全国文化信息资源共享工程”“数字图书馆推广工程”的基础上正式发布《公共电子阅览室建设计划》，以计算机技术、网络通信技术为基础，依托文化共享工程各级服务点，提供集互联网信息查询、文化共享工程信息资源服务、数字图书馆服务、素质培训、网络通信、休闲娱乐于一体的现代化多功能公共文化服务场所，它以未成年人、老年人、进城务工人员等特殊群体为重点服务对象。绍兴图书馆按照全省统一部署开展工程的推广工作。

1）早期电子阅览室建设情况

1997年7月30日，绍兴县二建公司（江南建工集团）向图书馆捐款10万元，用以购置电脑8台。9月5日，绍兴图书馆袁涛带领电子阅览室管理人员一行4人赴上海虹口区图书馆、上海图书馆考察学习。10月，电子阅览室开始对外试运行。11月29日，正式向读者开放。

2000年5月，绍兴图书馆延安路馆舍开放，原电子阅览室改为网上阅览室，提供计算机培训、互联网漫游、电子资料阅览等服务。藏有各种光盘1 000余种，设机座40个。

2001年4月，绍兴市青年文明号、青年岗位能手活动指导委员会授予绍兴图书馆计算机部网上阅览室2000年度“青年文明号”称号。5月，绍兴图书馆和浙江托普软件有限公司合作，开发了网上阅览室电子计费系统。6月，绍兴图书馆建立了以电子读物为主的旅游专题阅览室。

2004年，绍兴图书馆针对青少年读者上网，通过屏蔽不健康网站、建立绿色导航，引导他们正确使用网络。

2011年4月23日起，网上阅览室实行免费开放。

2）公共电子阅览室建设情况

2010年11月26日，浙江省文化信息资源共享工程支中心业务工作会议在绍兴市召开，会议传达了文化部关于公共电子阅览室试点工作精神。赵任飞、王以俭、廖晓飞参加会议。

2012年2月28—29日，绍兴图书馆参加了浙江图书馆组织的“省共享工程暨数字图书馆推广工程工作会议”，传达了开展公共电子阅览室管理平台建设等工作。6月，根据浙江图书馆的统一部署，安装了“联创”电子阅览室管理系统。6月21日，召开绍兴市公共图书馆电子阅览室管理系统建设会议，在全市范围内部署新版管理系统更换工作，加快建设省、市、县三级互联体系。10月29—31日。绍兴图书馆张微平参加浙江省共享工程业务培训班，涉及电子阅览室建设等内容。

2013年3月12日，副馆长廖晓飞率信息技术部2名员工赴杭州参加浙江图书馆举办的共享工程公共电子阅览室、地方特色资源建设及数字图书馆推广工程会议。2013年底，绍兴图书馆公共电子阅览室有电脑42台，全部为DELL品牌机，互联网出口带宽100 M，百兆交换机3台，并划分内部独立网段，配有身份证读卡器一台。周二到周日9：00—18：00，每天开放9个小时。

2014年7月17日，绍兴图书馆协调各县市图书馆完成MSTP骨干设备联网、全省IP虚拟地址分配工作，并将本馆网上阅览室IP地址改为全省统一IP地址。

五、信息技术志

绍兴图书馆自动化、网络化与数字化建设起步较早，信息技术随时代发展不断迭代更新：1996 年实现图书馆业务的自动化管理；2000 年建成计算机局域网，并于当年开通绍兴图书馆官网；2003 年正式向读者开放方正阿帕比（Apabi）电子书库；2010 年启用 RFID 图书自助借还系统；2012 年开通电视图书；2013 年建成绍兴数字图书馆；2014 年推出移动图书馆。在 20 余年的数字化建设过程中，绍兴图书馆始终以服务于读者需求为牵引，采取“统一规划、分步实施、边建设、边服务”的实施原则，统筹实施全国文化信息资源共享工程、数字图书馆推广工程、公共电子阅览室建设计划等重点公共数字文化工程，并将数字图书馆、电视图书馆、移动图书馆、数字资源内容、信用借阅、大数据分析等内容列为图书馆数字化建设的主要内容。目前绍兴图书馆已拥有较为完善的软、硬件设施，网络技术应用全面，数字资源库群初具规模，服务模式不断创新，初步构建起了覆盖全市的图书馆数字服务体系，对构建绍兴市现代公共文化服务体系起到了重要的支撑作用。

绍兴图书馆的自动化、网络化与数字化建设目前主要由技术服务部负责实施，最早的信息工作曾经主要由参考咨询部承担。1997 年 11 月，增设计算机部；2001 年 1 月，在计算机部之外，又设立信息部；2003 年 12 月，将原信息部和计算机部合并成信息技术部；2008 年 3 月，信息技术部更名为技术服务部；2010 年 1 月，又改回原名信息技术部；2015 年 5 月，信息技术部一拆为二，分为信息咨询部和技术服务部。分管领导先后有袁涛、王以俭、廖晓飞等。

信息技术志从“网络设备”“系统软件”“信息化建设”3 个主要部分，分别介绍绍兴图书馆 2000—2020 年信息技术及其应用的蓬勃发展过程。

（一）网络设备

2000 年，绍兴图书馆延安路新馆舍开放，以快速以太网技术为基础，采取结构化的设计新建系统化计算机网络，由中心机房及设备、数据交换、互联网连接和光盘检索及 VOD 点播系统 4 部分组成。其主体功能是为业务管理、办公管理自动化及情报检索和电子出版物阅读提供网络环境，并实现 Intranet 与 Internet 的互联，从而提高图书馆业务管理的质量和效率，承担起数字图书馆网站的开发和管理，并向读者提供信息咨询服务。具体设备情况、费用明细等相关情况详见“馆舍设备经费”章节。

2002 年 9 月 18 日，绍兴图书馆接入浙江省电信公司绍兴市分公司光纤 10 M 端口及一条

64 kbps DDN 上网专线。

2002 年，绍兴图书馆为贯彻落实《国务院办公厅转发文化部国家计委财政部关于进一步加强基层文化建设指导意见的通知》和全国基层文化工作会议精神，根据文化部、财政部《关于实施全国文化信息资源共享工程的通知》和浙江省文化厅、财政厅《关于实施浙江文化信息资源共享工程的通知》要求，采购一批设备用于全国文化共享工程。

2003 年，据统计绍兴图书馆共有计算机 98 台，分别用于办公、档案管理、中心机房、网上阅览、借还书、培训报名、办证、装订验收、文印、检索、制作、信息、采编、OPAC 专用等。

2007 年底，绍兴市级支中心有共享工程专用服务器 2 台，投影仪 2 台，存储空间 6 TB，100 M 光纤带宽（与图书馆合用），配备了卫星接收设备用于数据的更新。中心还设立了共享工程阅览室（与图书馆电子阅览室合二为一），阅览室占地 200 平方米，有计算机 70 余台。

2008—2009 年，绍兴图书馆更新了部分设备，主要包括 80 余台电脑（用于电子阅览室）、UPS 电源、交换机、VPN 网关、部分服务器和存储设备。

2010 年，绍兴图书馆启用 RFID 自助借还书系统，购置标签转换装置 7 套、自助借还书机 3 台、室外 24 小时还书机 1 台、RFID 防盗安全门 2 套以及馆员工作站系统软件、键盘仿真系统软件、自助借还系统软件、图书安全检测系统等配套软件。10 月 20 日完成了 UHF RFID（无线射频识别）系统设备跟标项目一批。

图 5-1　数字资源触摸设备

2012 年 6 月，绍兴图书馆与北京方正阿帕比技术有限公司签订《方正阿帕比触摸屏读报系统》，增设触摸屏设备 2 台（单点触控触摸屏一体机 42 寸）。

绍兴图书馆在数字图书馆一期建设（2012 年 12 月—2013 年 10 月）年，增加了数字资源触摸体验系统，可用于阅览 300 种高清电子期刊。更新和添置部分硬件设备 50 万元，用于数字资源门户系统的硬件平台建设，主要包括存储设备、网络设备、服务器设备、安全设备、大屏幕数字电视机等。

2013 年 1 月 22 日，绍兴图书馆经招标，由杭州海福视频技术有限公司提供摄录播设备。5 月，与中国电信绍兴分公司合作完成馆内 WIFI 无线局域网建设，读者到馆后能通过无线网络享受图书查询续借、数据库检索、学术论文下载、电子书刊在线阅读、视频资源在线浏览等服务。

2014 年，绍兴图书馆镜湖新馆舍开馆。采购了 190 万元的 RFID 自助设备，其中门禁 7 套（RFID 双通道门禁 6 套、普通门禁 1 套）、自助借还机 17 台、自助图书馆联动门系统 1 套、24 小时自助还书机1台、数据转换装置20台、RFID智能层、架标6 000张、三维导航软件1套、智能盘点车8台、自助办证机2台、图书自动分拣线1台、自动升降书车20台。采购了3D打印体验系统。特别为广大视障读者购置了电子助视器、盲文刻印机、盲文点显器等先进的视障数字阅读设备，以便更好地开展视障信息无障碍服务工作。

2015年7月，镜湖新馆一楼读者自助图书馆建设完成并投入使用，购入了相应的配套设备。

2016年12月，延安路历史文献馆一楼读者自助图书馆建设完成并投入使用，购入相关配套设施。

2017年5月25日，增加3D打印设备。12月，古鉴湖分馆读者自助图书馆建设完成。

（二）系统软件

绍兴图书馆在数字化建设中十分重视软件的利用与自行开发，当前已开发出的软件如下。

①绍兴图书馆数字化网络信息系统（简称SX-DLIB），该系统由图书馆委托西安交通大学和浙江西安交大龙山软件公司研制，专为建立绍兴数字图书馆服务。

②网上阅览室电子计费系统，该系统于2001年5月由图书馆和浙江托普软件有限公司合作开发，具有操作简便、功能齐全、安全可靠等优点。

此外，当前主要使用的业务系统、OA办公系统以及较为独特的盲人射频系统和随书光盘管理系统均已实现技术更新迭代，逐渐建成数字化的软件系统网络。

1. 业务系统

绍兴图书馆自动化业务系统应用始于1996年。至2020年，先后使用了ILAS、力博、图创三个应用软件，目前使用的是图创软件。

2013年9月1日，开始运行新办证系统。

1）ILAS系统（1996—2010年）

ILAS是文化部于1988年作为国家重点科技项目下达、由深圳图书馆承担并组织开发出来的一套图书馆自动化集成系统。

1996年12月，绍兴图书馆派2名管理人员去杭州图书馆学习ILAS 5.0系统的操作方法，包括采访、编目、流通服务、连续出版物、参考咨询等管理子系统。

1997年2月，绍兴图书馆组织7名人员，着手回溯建库工作。7月，正式发放带有条码的借书证，实行馆内一证通用。

1999年6月28—30日，绍兴图书馆派计算机部、采编部员工去温州市图书馆学习ILAS Ⅱ管理系统。

2000年4月，ILAS 5.0升级为ILAS Ⅱ 1.0网络版。5月上旬，ILAS Ⅱ 1.0正式投入使用。

2001年11月13—14日，绍兴图书馆ILAS Ⅱ 1.0升级至ILAS Ⅱ 2.0，读者可以在网上注册、查询、预约和续借图书等，图书馆传统服务在网络环境下得到了延伸。

2003年，绍兴图书馆为ILAS配置了自动备份功能。

2004年5月17日，绍兴市图书馆学会、绍兴图书馆举办“ILAS规范操作与功能详解”业务讲座，各县（市）图书馆相关人员、本馆全体员工共 80 多人参加。

2005 年，绍兴图书馆 ILAS 2.0 顺利完成升级，真正实现了读者远程登录、网上预约借阅，使图书馆传统服务在网络环境下得到延伸。依靠该系统创建的反映绍兴历史文化的系列数据库，为实现数字化图书馆作了更为切实的探索。文化部副部长周和平两次专程来绍兴图书馆参观、指导工作。3 月召开的全市公共图书馆馆长会议上，要求积极开展数字图书馆的建设，有条件的县以上图书馆应积极应用数字图书馆技术，进行特色馆藏的数字化建设。2005 年，实现建成全省公共图书馆系统数字图书馆的雏形。

2009 年，绍兴图书馆和绍兴县图书馆合作，对各自业务数据进行异地备份。另外，绍兴图书馆还对 ILAS 服务器进行了冷备份，一旦 ILAS 服务器出现故障，可以快速启用备份服务器以保障系统运行。

2）力博系统（2010—2014 年）

力博图书馆管理系统是南京图书馆自主研制的图书馆自动化管理软件，2002 年 12 月正式推出。2005 年在“网络版”的基础上，开发了“联邦版”软件，实现多馆之间以“联邦制”模式共享资源的功能。系统包括采访、编目、流通、典藏、读者、连贯出版物、OPAC（读者网络服务）、阅览室、古籍管理、手机服务、电子阅览室管理等图书馆业务管理功能；提供网上办证、网上采访、网上流通等功能；支持二代身份证；提供 RFID 接口，保证与 RFID 设备无缝数据交换；保证原有系统的数据能完整无损地转换移植到新的系统；实现全市各公共图书馆图书通借通还功能，特别是新颖的智能系统，几秒钟内可同时扫描多本图书，快速完成图书借还手续。

2010 年 3 月 19 日，为确保全市范围内实现“一卡通”和自助借还，绍兴市公共图书馆馆长会议讨论确定力博系统为各馆业务平台。5 月 4 日，该系统在绍兴图书馆安装调试，25 日试运行，7 月 31 日验收通过。

3）图创系统（2014 年起）

Interlib 图书馆集群自动化管理系统是广州图创计算机软件开发有限公司于 2005 年 5 月推出的第三代图书馆自动化系统，它是一个完全采用面向 Internet 技术开发的图书馆系统软件产品。它作为资源共建共享的新的实现形式，打破了各图书馆单位所有，条块分割的局面，将城市图书馆群或高校多个校区的图书馆作为一个整体进行管理，从而达到资源共建共享、合理配置和图书馆之间互相合作的目的。

2014 年 10 月 23 日，绍兴图书馆在二楼会议室召开了业务系统、数字图书馆系统、RFID 系统三方技术协调会，讨论确定了安装方式、相互接口对接等事宜。11 月 25 日，绍兴图书馆业务系统由力博系统正式切换成图创系统。

2.OA 系统

OA 系统是加强内部管理，提升办公效率和办公质量的一个重要手段。

2008 年，绍兴图书馆开始构建 OA 系统。

2009 年 1 月 1 日，绍兴图书馆启用 OA 办公系统，实现无纸化办公，既节约了成本，也保证了职工对馆各项事务的知情权、参与权。系统运行多年来，逐步拓展功能，目前已开通馆内动态、通知通告、日程安排、工作日志、电子邮件、个人文件柜、公共文件柜、投票、工作计划、网络硬盘、薪酬管理、公文收发等功能；馆内各项工作均通过 OA 系统工作流程实现，目前已建立各类 OA 工作流程 24 个，通过 OA 工作进行审批的流程共计 6 706 条；开通了图书馆内部微信企业号，并与 OA 系统进行对接，馆员可通过关注微信企业号及时获取 OA 信息，并进行相应处理。

2008 年 12 月 25 日，绍兴图书馆印发《关于启用 OA 系统（办公系统）的通知》，自 2009 年 1 月 1 日起，正式启用 OA 系统。馆有关文件、通知、通告等文件、材料，除上报主管部门、存档外，原则上都将通过 OA 系统发布。

2016 年 4 月 18 日，绍兴图书馆完成 OA 系统升级工作，工作计划（部门、员工协同工作）、公文管理、各类表单工作流程、考勤、固定资产管理、用车管理、会议室管理、电子签章、OA 微信企业号、在线考试等新功能陆续开发实现，进一步推动办公自动化。

2017 年 4 月 22 日，绍兴图书馆完成数字图书馆三期 OA 系统升级。

3. 盲人读频系统

2007 年 5 月，绍兴图书馆和绍兴市残疾人联合会共同筹建的视障阅览室正式向视障读者开放并提供免费服务，这在浙江省地市级公共图书馆属于首创。阅览室面积为 50 平方米，配备盲文书刊 142 册，有声读物 1 200 张，专用电脑 2 台。

2010 年 10 月 15 日，第 27 届国际盲人节期间，绍兴图书馆与越城区残联联合在馆内视障阅览室推出“让盲人参与社会活动，共享物质文化成果”活动。

2014 年 12 月，绍兴图书馆新馆建成后，特别为广大视障读者购置了电子助视器、盲文刻印机、盲文点显器等先进的视障数字阅读设备。

图 5-2　视障阅览室

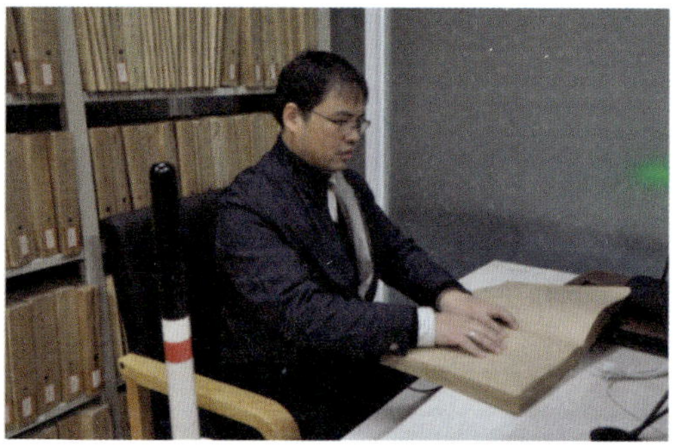

图 5-3　视障读者阅读盲文图书

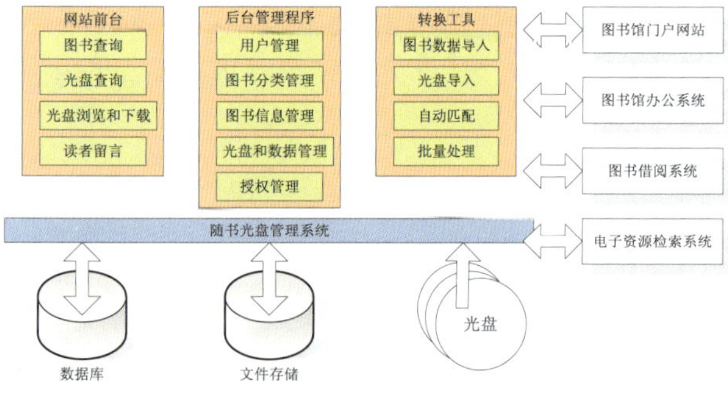

图 5-4　随书光盘管理系统

4. 随书光盘管理系统

（1）用途

绍兴图书馆从 2007 年就开始提供随书光盘网上下载服务，经过几年运作，目前已加工制作随书光盘 4 494 种，数据量近 3 700 GB，每年读者下载次数达 6 万余次，深受读者青睐。

（2）建设内容

随书光盘管理系统能和绍兴图书馆业务系统进行融合，可灵活与其他系统建立接口，进行应用集成；可批量导入随书光盘元数据；支持光盘批量转换和 ISO 文件检验；可自动进行图书信息关联，并完成发布；支持各种格式的光盘和文件；支持多点检索、快速在线浏览和下载；具有良好的后台管理、统计平台。

（3）技术实现

本系统采用 B/S 架构，按照 SOA 技术架构的原则进行设计，可灵活与其他系统建立接口，进行应用集成。

（三）信息化建设

1. 电子阅览室建设

1997 年 10 月 28 日，绍兴图书馆由江南建工集团支持 10 万元的电子阅览室试开放。

2000 年，绍兴图书馆新馆开放时，相关设备和较大项目的费用，均已基本到位。

2002 年 9 月 18 日，绍兴图书馆接入浙江省电信公司绍兴市分公司光纤 10 M 端口及一条 64 kbps DDN 上网专线。

2007 年底，绍兴市级支中心有共享工程专用服务器 2 台，投影仪 2 台，存储空间 6 TB，100 M 光纤带宽（与图书馆合用），配备了卫星接收设备用于数据的更新。中心还设立了共享工程阅览室（与图书馆电子阅览室合二为一），阅览室占地 200 平方米，有计算机 70 余台，配有专职工作人员进行辅导。

2008—2009 年，绍兴图书馆更新了部分设备，主要包括 80 余台电脑（用于电子阅览室）、UPS 电源、交换机、VPN 网关、部分服务器和存储设备。

在数字图书馆一期建设中（2012 年 12 月—2013 年 10 月），绍兴图书馆增加了数字资源触摸体验系统，用于阅览 300 种高清电子期刊，读者只需手指轻触液晶显示屏的图形、文字或按钮，便可使用系统内的数字资源，目前该系统包含了 60 余种电子报纸和 200 余种电子图书，其中电子报纸每天 10：00 之前可以完成当天大部分报纸的更新，电子图书每 2 个月更新一次。更新和添置部分硬件设备 50 万元，用于数字资源门户系统的硬件平台建设，主要包括存储设备、网络设备、服务器设备、安全设备、大屏幕数字电视机等。

2013 年 5 月，绍兴图书馆与中国电信绍兴分公司合作完成馆内 WIFI 无线局域网建设，读者到馆后能通过无线网络享受图书查询续借、数据库检索、学术论文下载、电子书刊在线阅读、视频资源在线浏览等服务。

2014 年，绍兴图书馆镜湖新馆舍开馆。电子阅览室采购了 3D 打印体验系统，包括 3D 打印机（双喷头）、激光三维扫描仪、3D 绘图软件、国产优质 ABS 耗材（390 元 / 千克）、国产优质 PLA 耗材（390 元 / 千克）、项目支持套件（包括展示模型、STL 打印文件、后处理工具）。特别为广大视障读者购置了电子助视器、盲文刻印机、盲文点显器等先进的视障数字阅读设备，以便更好地开展视障信息无障碍服务工作。

2. 网络工程建设

（1）基本情况

2000 年，绍兴图书馆延安路馆舍开放。新建计算机网络系统，其以快速以太网技术为基础，采取结构化的设计，由中心机房及设备、数据交换、互联网连接和光盘检索及 VOD 点播系统四部分组成。其主体功能是为业务管理、办公管理自动化及情报检索和电子出版物阅读提供网络环境，并实现 Intranet 与 Internet 的互联，从而提高图书馆业务管理的质量和效率，承担数字图书馆网站的开发和管理工作，并为读者提供信息咨询服务。同时，绍兴图书馆在数字化建设中还进行软件开发，已开发出的软件如下。

①绍兴图书馆数字化网络信息系统（简称 SX-DLIB）。该系统由图书馆委托西安交通大学和浙江西安交大龙山软件公司研制，专为建立绍兴数字图书馆服务。

②网上阅览室电子计费系统。该系统于 2001 年 5 月由图书馆和浙江托普软件有限公司合作开发，具有操作简便、功能齐全、安全可靠等优点。

2013 年 5 月，绍兴图书馆与中国电信绍兴分公司合作完成馆内 WIFI 无线局域网建设，读者服务区总面积达 4 万多平方米，包括读者借还书地点、读者活动区、读者休闲区、少儿区以及部分藏书区等。各开放区域均部署有 h3c AP 作为读者无线接入点。每个 AP 使用 POE 供电，通过 POE 交换机接入绍兴图书馆整体网络中，并通过中心机房无线控制板卡控制无线 AP 到信号以及相关认证方式。无线接入方式采用 portal 认证机制。读者到馆后搜索到 sxtsg 信号后，点击连接。当信号连接后，会弹出认证网页，请求用户输入绍兴地区图书馆的借书卡账号、密码。在确认账号、密码匹配后，给予相关用户开放访问权限，用户可通过无线网络享受图书查询续借、数据库检索、学术论文下载、电子书刊在线阅读、视频资源在线浏览等服务。

2014 年底，绍兴图书馆搬迁至镜湖新馆。绍兴图书馆大楼共分五层，在三楼设有中心机房，用于整个大楼内网络的集中连接。中心机房到各楼层弱电井采用 2 根 8 芯单模光缆连接（一用一备）；每个楼层设东、西 2 个弱电井，每个弱电井采用 RJ45 模块式配线架和终端模块，再用超五类线将各网络以墙插或者地插的形式连接到每个房间的终端，形成机房集中控制、弱电井分段控制的管理模式。10 月，绍兴图书馆建成核心虚拟化、服务器接入千兆、终端接入百兆的网络体系，并实现馆内读者区域的无线全覆盖。11 月，引入多运营商线路，包括电信、联通、移动、广电等主流运营商，从而为各种运营商接入用户提供快速图书馆服务提供了基础；同时，将运营商线路接入速率从 100 M 提升到 300 M。为了实现各个县市图书馆网络互联、数据共享，通过中广有线专线完成绍兴地区公共图书馆全互联，为以后的全绍兴地区图书馆统一借还打下网络基础。12 月，为保证内部网络安全，提高对抗互联网风险的能力，购置了网络安全设备，引入深信服上网行为管理系统、深信服 AD、绿盟 IPS、绿盟 web 应用防护系统、绿盟堡垒机，提高对内部用户上网的管控以及网站的安全。为了更好地提供移动应用，购置深信服 sslvpn，加强移动应用以及各个社区图书馆接入的管理。

2017 年 8 月，绍兴图书馆完成服务器接入交换机的虚拟化配置，大大提高服务器网络接入可靠性。

（2）建设与发展

图书馆网站是图书馆履行图书馆职能、面向社会提供图书馆服务的专业网站，是图书馆为服务广大读者所搭建的网络平台，是公众在互联网上获取公共文化服务的重要渠道。

1998 年，绍兴图书馆网站（http://www.sxlib.com.cn）创建，开始利用互联网开展读者服务。

2003 年，绍兴图书馆网站作了页面改版，在栏目设置、版面设计上作了进一步创新。

2004 年，绍兴图书馆完成网上订购推荐、网上咨询服务、图书采购查重等项目，采用数据库和 Flash 技术成功开发了少儿馆网站，于 5 月 30 日正式开通。

2005 年，绍兴图书馆网站改版，网上检索资源方式更趋人性化。

2007 年 8 月，绍兴图书馆启动图书馆网站改版项目，9 月 28 日完成改版并顺利开通，分读者服务、少儿天地、特色数据库、动态信息、绍兴市文化信息资源共享工程、培训讲座会展 6 大版块，为读者提供网上预约、网上续借、电子书库等一系列服务手段。

2009 年，绍兴图书馆网站进行改版。

2010 年 8 月 15 日，绍兴图书馆新版网站正式上线。

至 2013 年，绍兴图书馆网站设有百年绍图、读者服务、数字资源、动态信息、讲座会展、少儿天地、共享工程、学会工作等 10 个栏目，栏目内容如下。

①信息发布，主要包括绍兴图书馆简介、信息公（预）告、服务指南、新书推荐等。

②在线自助服务，主要包括书目查询、借阅情况查询、图书续借（预约）、自助续证（挂失）、手机 WAP 网站等服务。

③在线阅读服务，主要包括电子书阅读、在线视频讲座、随书光盘下载、数据库资源浏览（下载）等服务。其中外购数据库采用统一认证平台登录，方便读者使用。此外，自建 4 大类、19 个小类的特色资源数据库，数据量近 30 GB。

④交流互动，主要包括网上咨询、图书订购推荐、馆长信箱、RSS 推送等服务。

绍兴图书馆网站结构：百年绍图、绍图简介、读者服务、数字资源、动态信息、讲座会展、少儿天地（少儿天地首页）、共享工程、学会工作。

2017 年 12 月 1 日，绍兴图书馆新版网站正式启用，新版网站采用滑板模式，根据图书馆网站的发展趋势及读者的使用偏好对页面进行了全新的设计，优化栏目设置，突出服务功能，新增了活动预约、网上办证、智能咨询、扫码看书等在线服务。12 月初，支付宝自助办证和自助缴费功能也正式上线，进一步创新移动服务模式。读者可以在线快速办理借书证，获得一个二维码读者证，凭码即可享受书刊查询、续借、阅览、活动报名、在线缴费等服务。

综上所述，绍兴图书馆网站自 1998 年创建以来，先后经历了 6 次改版。随着网站的不断改进和发展，网站的内容也在不断丰富，网站的访问量也在日趋增加，到 2020 年底，网站的访问量达到 24.5 万人次。改版后的绍兴图书馆网站主要包括如下服务内容。

①资源发现：通过查询系统，读者可根据需求选择馆藏书目、资源检索、古籍书目、地方文献联合目录、站内检索进行查询，获得相应信息。页面还设有活动预告、我的图书馆、少儿天地 3 个子栏目。

②清白泉：绍兴图书馆“清白泉”清廉数字图书馆的网上建设项目于 2019 年落成，主要包括跟习近平总书记一起读书、清风廉旅、廉剧场、绍兴清吏、家规家训等栏目，使读者通过网站平台了解绍兴的廉政文化。“清白泉”图书馆充分挖掘越地文化旅游资源，以“清白泉”清廉文化品牌为引领，

以阅读推广、主题党日、馆外服务为抓手，用清廉因子涵养“书香绍兴”，以阅读平台拓展清廉宣教，助推全市党风廉政建设宣传教育活动深入开展。2020 年，清廉数字图书馆增加“家规家训”“绍兴清吏”2 个板块，现有 5 个板块 3 个专题数据库，通过绍兴文广旅游微信平台推出“绍兴清吏润泽文旅”栏目，全力搭建指尖上的“廉课堂”。

③服务指南：包括读者指南、借阅服务、咨询服务、信息服务、自助服务、移动服务、读者服务、随书光盘、志愿者服务平台等栏目，读者能通过平台全方位地了解绍兴图书馆。

读者指南：通过绍兴图书馆以及各分馆的交通指南、服务时间、入馆须知、无线（WIFI）使用、楼层导航等子栏目，详细介绍图书馆的地理位置、服务规定、馆藏分布、开放时间等，让读者全面了解图书馆资源，知道如何利用图书馆资源。

借阅服务：下设办证指南、借阅规则、好书天天荐 3 个子栏目。通过办证指南，读者可迅速了解办证地点、办证时间、所需费用、借阅密码、挂失与补办、退证与关闭的相关内容；通过借阅规则，读者可掌握图书外借、报刊阅览、历史文献馆查阅、少儿馆借阅的相关规则；通过好书天天荐栏目图书馆可及时了解读者动向，更有针对性地服务于读者。

咨询服务：提供电话咨询和智能在线咨询服务。

信息服务：根据需求，提供馆藏文献推荐服务；针对读者在自然科学、社会科学及人文科学各个学科方面的各种目的的研究课题，以描述课题的主题词、关键词作为检索入口，开展文献检索服务，可提供文献的文摘，部分可提供全文；根据需求，提供部分专利、标准、学位论文检索服务。 读者可通过电话、邮件、到馆、网上咨询平台等多种方式提出代查代检需求。馆员将依据通信地址，将文献信息或原文发送给读者。

自助服务：提供自助核证、密码修改、图书续借、借阅查询、支付宝办证、自助办证机、自助借还书机、自助图书馆、24 小时还书机、电子读报机、随书光盘下载等自助服务。

移动服务：移动服务由微信、微博、App 三部分组成。绍兴图书馆微信公众号包含“服务大厅”“悦读绍图”“活动公告”3 个栏目，读者可方便地享受到绍兴图书馆所提供的书目查询、图书续借、讲座预告、活动报名、美文品读各种便民服务。

志愿者服务平台：为鼓励、规范和促进绍兴图书馆志愿服务的开展，绍兴图书馆推出志愿服务申请平台，为 12~60 周岁的个人和团体志愿者提供志愿申请服务。志愿服务申请审核通过后，志愿者经培训可参与书库管理、图书导借、活动服务等图书馆服务工作。

④馆藏资源：包括阅读推荐、数字资源、馆藏分布、电视图书馆、网上展厅栏目。

绍兴图书馆阅读推荐栏目可实现扫码阅读。

绍兴图书馆数字资源栏目中可提供的数字资源有“外购资源”数据库以及“特色资源”“越州讲坛”“浙江网络图书馆”“浙江数字图书馆”馆藏分布栏目，详细介绍了图书、期刊、古籍、地方文献、参考文献、盲文资料的楼层位置分布，便于读者查阅、借阅资料。

绍兴图书馆电视图书馆栏目系绍兴市文广局与绍兴广电总台主办，绍兴图书馆与中广有线绍兴分公司具体实施的文化惠民项目。绍兴市民只要安装高清机顶盒就可在家免费观看。

2013 年 10 月，绍兴电视图书馆被列为文化部、财政部主办的创建第二批国家公共文化服务体系示范项目。目前，已实现数字电视、电脑、手机等多载体传播。

网上展厅栏目可将举办的展览同步放至网站。

⑤资讯信息：包括公告、本馆动态、活动预告、媒体看绍图、文献捐赠 5 个栏目。

⑥绍图概况：通过绍图介绍、百年历程、数读绍图、组织机构、绍图年报介绍绍兴图书馆的历史沿革、服务、大数据等内容。

3. 数字资源建设

（1）自建特色数据库

至 2020 年，绍兴图书馆已建有 4 个系列 25 个特色数据库（详见“数字资源”章节）。

①用途：特色资源数据库建设是把绍兴特色的文化资源通过数字化加工，形成有地域特色的数字文献资源库。对保护、继承、开发利用本地特色文化具有重要作用，同时也是绍兴图书馆数字资源建设的重要内容。

②建设内容：计划建设绍兴名人、馆藏家谱等特色数据库。

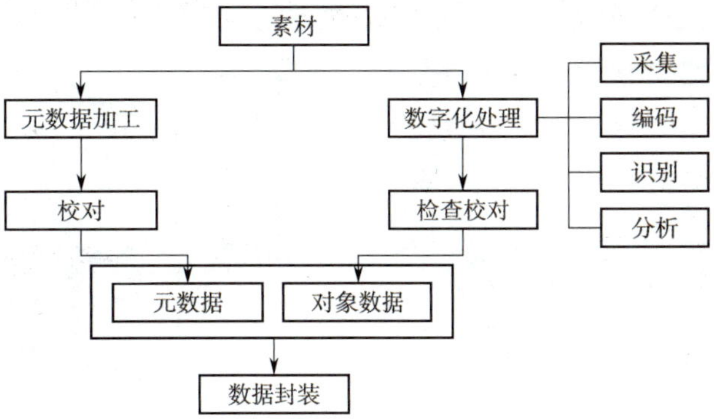

图 5-5 建库业务流程

③技术实现。

绍兴图书馆素材数字化加工遵循《数字图书馆标准与规范建设——数字资源加工标准与操作指南》（2003DEA4T035）。

表 5-1 绍兴图书馆影音图像素材数字化加工规范标准

项目	标准
音频	音频资源按照使用级中较高比特率标准进行加工，相当于 CD 音质，具体标准为：采样率：44.1 kHz；量化级：16 bit；比特率：80~256 kbps；文件格式：mp3
视频	视频资源按照使用级中相当于 DVD 标准进行加工，具体加工标准为：采样方式：352 × 288~720 × 576；帧数（帧/秒）：25~30；视频速率（kbps）：4 000~8 000；音频设定：384 k；音频采样：立体声、48 khz；文件格式：保存采用 MPEG2 格式，发布采用 FLV 格式
图片	图片资源按照复制加工级（P 级）标准进行加工，具体加工标准为：分辨率：500 DPI；色彩位深：8 位灰度 /24 位彩色 /36 位彩色；文件格式：保存采用 TIFF 格式，发布采用 JPG 格式

绍兴图书馆基于 XML 的描述元数据描述标准，遵循《全国文化信息资源共享工程试点工作资源建设指南》要求，主要引用规范包括《基本元数据标准》《中国广播电视音像资料编目规范》。采用省共享工程资源建设平台（WCM 平台）进行建库及发布。

至 2020 年，绍兴图书馆建有 4 个系列 25 个特色数据库（详细情况可参见“数字资源”章节数据库建设部分）。

图 5-6　绍兴图书馆制作的“绍兴记忆”口述历史纪录片

（2）视频讲座

2005 年，绍兴图书馆推出越州讲坛，成为本馆最重要的特色品牌和文化惠民项目之一。绍兴图书馆现场录制视频讲座，读者可通过电视、电脑、手机等进行点播。绍兴图书馆网站馆藏资源下设有越州讲坛版块，有 156 个讲座。

（3）专题片制作

2016 年 12 月，绍兴图书馆音像资料馆正式对外开放，在此基础上开始着手制作口述历史音像。

2017 年，绍兴图书馆与绍兴市乡土文化研究会合作，启动“绍兴记忆”口述历史采访录制工作。采访了绍兴文史专家陈惟于和绍兴辛亥革命研究专家、绍兴文理学院教授钱茂竹，先后就青藤书屋的毁建记忆和禹陵禹庙维修记述、绍兴关于辛亥革命的研究史等口述主题，通过 2 人亲见、亲闻、亲历的回忆追述，为后世留下较为珍贵的音像史料。同时，为纪念我国知名历史学家丁名楠诞辰 100 周年，绍兴图书馆赴北京拍摄丁名楠专题口述节目，采访了丁名楠之子丁元，丁名楠学生、现中国社会科学院近代史研究所王建朗所长以及丁名楠曾经的同事、同乡、知名中美关系研究专家陶文钊（绍兴籍），从亲人、学生、同事的口述中记录丁先生的生平往事。为纪念绍兴历史文化名城命名 35 周年，与绍兴市政协文史委、绍兴日报社联合启动文化名城口述历史节目，以口述采访的方式，录制了一大批曾经参与绍兴历史文化名城规划、建设的决策者、参与者、亲历者，如沈才土、顾仁章、盛鸿郎、任桂全等，从文化、民生、城建等不同角度回忆绍兴 35 年以来的发展变迁和建设得失的音像资料。同时，组织开展地方文化名人专题片的拍摄制作，陆续开展了书法名家沈定庵、曲艺名家汪嘉宝、戏曲名家吴凤花、钱币设计大师陈坚等文化名人专题片拍摄和制作工作。

2018 年，绍兴图书馆与绍兴市新四军研究会合作，开展绍兴老兵口述历史项目。采访制作绍兴老兵 16 人，他们回忆了个人在抗日战争、解放战争和抗美援朝战争中的战斗经历，为后世留下了宝贵的音像资料。同时，启动“越人 · 悦读”地方文献新书微视频推荐视频项目和“越菜”文化视频拍摄制作项目。

2019 年，绍兴图书馆采访了古越藏书楼创始人徐树兰孙女徐明浩、原绍兴鲁迅纪念馆馆长裘士雄和绍兴资深园林工程师葛旭初，先后就古越藏书楼的点滴、绍兴鲁迅纪念馆的变迁历史、绍兴鲁迅研究、鲁迅纪念馆名人接待、鲁迅家人回忆和沈园维修记述等口述主题，通过3人亲见、亲闻、亲历的回忆追述，为后世留下较为珍贵的音像史料。

2020年，绍兴图书馆为纪念越城建区36周年，与越城区档案馆合作启动口述历史项目，以口述采访的方式，录制了一大批曾经参与越城区规划、建设的决策者、参与者、亲历者，如袁长寿、王加兴、陈金夫、金绍轩、徐锡类、叶新法、马民等，从农业、民生、城建等不同角度回忆越城建区36年来的发展变迁和建设得失的音像资料。

（4）移动图书馆

随着智能手机的普及，通过手机阅读报刊、图书成为一种时尚。绍兴图书馆先后开发WAP网站、图书馆微信和手机App等移动图书馆，实现读者个性化服务、数字资源在线阅读、信息公告等3大功能。

图5-7　延安路新阅读体验中心

2008年，绍兴图书馆开始手机WAP网站建设工作。

2013年4月，绍兴图书馆在网上阅览室设立了100平方米的新阅读体验中心，设IPAD 3台，电子书阅读器2台，手机4部，电视机1台，有手机阅读体验、平板电脑阅读体验、有声图书阅读体验、电视图书馆展示等区域。

2014年底，绍兴图书馆体验中心迁入镜湖新馆，面积扩至500平方米。

2014年，绍兴图书馆开发了手机App客户端（安卓App、苹果App两种系统），实现了个性化、数字资源在线阅读、信息公告等3大功能。

2015年1月，开通绍兴图书馆微博（名称：sxlibrary@sina.cn；地址：http://weibo.com/sxlib），每周不定期推送服务信息。8月，开通绍兴图书馆微信公众号（sxlibrary）和电视图书馆微信公众号（sxtvlib），每周五定期推送1次服务信息，每月推送至少4次，两个平台每天向读者推出“美文品读”栏目。

2016年5月13日，“绍兴图书馆”“绍兴电视图书馆”2个微信正式合并，实现了绍兴图书馆服务统一的“微服务平台”。除了不定期推送信息之外，还设置“服务大厅”（设置证（解）绑定、二维码读者证、书目检索、图书续借、我的阅读单、图书荐购、借阅排行榜、开放时间、办证指南等20个功能模块）、“悦读绍图”（设置电子图书、杂志、报纸、原创小说、听书、美文品读、微讲堂、书影时光、书画欣赏、绍兴记忆、新东方等模块）、“活动公告”（实时展现图书馆的公益活动、讲座等信息）3大版块37个功能模块。

图 5-8　镜湖新馆体验中心

2019 年，绍兴图书馆积极完善和拓展微信公众号和小程序功能，在微信公众号中“悦读绍图”下的“电视图书馆”子栏目下新增一个“电视学堂”栏目，为小读者们提供在线学习的学堂。

六、读者服务志

进入 21 世纪，随着延安路新馆舍和镜湖新馆舍的先后开放，绍兴图书馆的办馆条件大大改善，加上全馆员工的积极努力，自然也就使得绍兴图书馆在读者服务工作方面获得巨大发展：读者流通量、文献借阅量快速提高，参考咨询、阅读推广、展览、讲座等活动取得了长足进步，分馆与馆外流通点建设也取得令人瞩目的成绩。

读者服务志主要记述进入 21 世纪后绍兴图书馆在读者服务工作方面所取得的成就，大致分为读者服务工作发展、文献借阅服务、参考咨询与信息服务、阅读推广与读者活动、图书馆知识延伸服务和图书馆空间延伸服务 6 个部分。

（一）读者服务工作发展

进入 21 世纪以后，随着延安路新馆舍的开放，绍兴图书馆在读者服务工作方面取得了不俗的成绩。

2000 年 5 月，绍兴图书馆延安路馆舍开放。提供给读者的活动区域有图书借阅室、报刊阅览室、古籍查阅室、地方文献室、现代资料和工具书查阅室、旅游专题阅览室、网上阅览室、专家研究包厢、自修室等。开放时间为周二至周日的 9 点至 21 点，每周开馆时间为 72 小时。

2002 年 5 月，根据浙江省图书馆文献信息资源共建共享研讨会精神，全省公共图书馆馆际通阅互借在绍兴图书馆正式实施。凡持绍兴图书馆借阅证的读者均可持证进入浙江图书馆、省内各市（地）级公共图书馆阅览室阅览，并可办理外地图书馆文献借阅、复印。6 月，绍兴图书馆又推出过刊外借项目。10 月，绍兴图书馆分馆古越藏书楼恢复书刊借阅服务，同时对外开放为纪念名人而建的“怀贤堂”。

2004 年 5 月，绍兴图书馆少儿网站正式开通，外借部开创了读者会员制。

2005 年，绍兴图书馆旅游专题文献外借室开放。

2006 年 4 月 1 日，绍兴图书馆推行局部免费开放服务，取消了报刊阅览证，报刊阅览室免费开放，取消了地方文献及一般非外借资料的检索收费。6 月 1 日，绍兴图书馆少儿馆新馆开放，增设了亲子活动室、动漫室、多媒体室等活动场所。

2007 年 5 月，绍兴图书馆视障读者阅览室正式开放，这在浙江省内地市级公共图书馆属于首创。6 月，新的网上阅览室正式开放，读者接待面积扩大了一倍。

2008 年 4 月 23 日，绍兴图书馆推出“全民阅读，借阅提速”系列服务，包括借阅增量延时、设立闭馆还书箱、预约图书及时通知、周三新书上架制、“你点书，我买单”以及“读者意见征求月”等6项便民亲民措施。6月28日，绍兴图书馆实行全面免费开放，项目包括免除成人借阅证与少儿借阅证的年度注册费，免除数据库查阅、下载费用，免费开放自修室等。免费开放前两天，办理借阅证新证700余张，接待读者达3 431人次，图书流通达4 485册次。

2009年3月，绍兴图书馆启用新办证中心，为读者提供舒适快捷的服务。8月，在城西武勋坊18号设立了绍兴图书馆少儿分馆，内设小学和初高中两大借阅区。

2010年5月，绍兴图书馆自助借还系统正式运行。

2011年4月23日起，绍兴图书馆网上阅览室免费开放，免费开放的服务项目升至13个。8月，停止图书馆内有偿培训。12月，新开设绍兴地方文献馆。至此，绍兴图书馆除设施设备用房及部分配套设施用房外，免费开放的有成人借阅室、网上阅览室、视障读者阅览室、报刊阅览室、地方文献馆、少儿借阅室、幼儿借阅室、自修室等场所，面积达到14 300平方米，约占图书馆总建筑面积的90%。

2012年1月，绍兴图书馆推出“一卡通”服务，实现了绍兴地区6家公共图书馆文献资源的通借通还和数字资源共享。5月，绍兴图书馆书法文献馆开放，面积达500平方米。

2013年4月，绍兴图书馆推出“邮递还书”新服务项目，设立“新阅读体验中心”。8月22日，进一步加强免费开放力度，突破公益展览传统举办形式，向公众提供公益展览场地，市民在免费观展的同时，还可免费办展。10月，绍兴数字图书馆正式开通。11月，绍兴家谱馆开馆。

2014年12月，绍兴图书馆镜湖新馆开馆，推出“百万图书大家荐”活动，即从全年购书经费中划出100万元，市民可向图书馆推荐馆藏没有的图书，所购图书达到流通部后，第一时间通知选购读者并供选购读者优先借阅。

2015年7月，绍兴图书馆镜湖新馆读者自助图书馆正式开放，分成人图书借阅区、期刊阅览区、自修区等，实行全天自助式借阅服务，读者可凭成人读者证（含一卡通读者证）或身份证（14周岁以上）刷卡进入读者自助图书馆。12月，由延安路馆改造而成的历史文献馆开馆，下设绍兴市古籍保护中心和绍兴市地方文献保护中心。

2016年11月，全市7家公共图书馆同时推出绍兴市公共图书馆通用少儿读者卡，实现通借通还服务。市民卡图书借阅功能试运行，读者开通市民卡图书借阅功能后，可凭市民卡在绍兴图书馆借阅图书。年底，绍兴图书馆U@空间（专题阅览室）建成开放。12月30日，历史文献馆绍兴音像资料室、绍兴图书馆与越城区图书馆联合建设的读者自助图书馆正式对外开放。

2017年5月，全市7家公共图书馆均可通过市民卡实现图书借还。

2019年5月23日起，绍兴图书馆联合越城区、柯桥区、上虞区、诸暨市共5家公共图书馆，减免图书超期费。

表 6-1　绍兴图书馆读者流通人次统计（2000—2020 年）　单位：人

年度	总流通人次	年度	总流通人次	年度	总流通人次
2000	473 000	2007	972 442	2014	1 448 576
2001	720 000	2008	1 263 848	2015	1 973 421
2002	726 996	2009	1 470 356	2016	1 859 880
2003	681 832	2010	1 540 000	2017	1 893 780
2004	685 290	2011	1 580 000	2018	1 926 026
2005	720 000	2012	1 518 763	2019	1 935 323
2006	750 000	2013	1 310 000	2020	1 030 137

注：数据主要来源为历年《公共图书馆基本情况年报》，参照《各部室业务工作汇总表》、第四至六次评估材料、年度总结、《业务统计分析》等，经比较后选取。

（二）文献借阅服务

伴随着 2 个新馆舍的陆续开放，绍兴图书馆读者人次和文献借阅量都大幅增加，文献借阅服务相较以往也有了很大进步。

1. 延安路馆舍开放后的绍兴图书馆文献借阅服务

2000 年 5 月 1 日，绍兴图书馆延安路馆舍开放，当天读者达 3 000 余人次。除古籍以外的图书报刊资料均实现大开间、全开架借阅和计算机管理，增设地方文献查阅室等。电子阅览室改名网上阅览室。姚氏少儿图书馆改名绍兴图书馆少儿馆，面积增至 810 平方米。

绍兴图书馆开放时间为周二至周日的 9 点至 21 点，每周开馆时间为 72 小时。各活动区域具体开放时间如下。

图书借阅室：9：00—18：00（周一馆休）。

报刊阅览室：9：00—21：00（周一馆休）。

网上阅览室：9：00—21：00（周一馆休）。

古籍部、信息部：9：00—11：30、13：30—17：00（周日、周一休息）。

少儿馆：14：00—18：00（周二至周五，周一馆休）；9：00—18：00（双休日、节假日、寒暑假）。

古越藏书楼分馆：14：00—18：00（周二至周五，周一馆休）；9：00—12：00、14：00—18：00（双休日）。

2000 年 5 月 8 日，创办专题阅览室。

2001 年底，绍兴图书馆开放的读者借阅区域如下。

①图书借阅室：分综合图书借阅室和文艺图书借阅室，拥有中文图书 12 万册，设阅览座位 156 个。

②报刊阅览室：陈列有 914 种期刊，200 种报纸，设阅览座位 240 个。

③古籍查阅室：有古籍 16 万余册，其中善本 685 种，计 3 895 册，设阅览座位 8 个。

④地方文献室：藏有包括书、刊、报和非印刷型绍兴地方文献资料 2 800 多种。

⑤现代资料、工具书查阅室：藏有现代工具书及现代资料3万多册，设阅览座位16个。

⑥旅游专题阅览室：藏有国内外旅游及相关学科的书刊、音像制品、电子读物及其他非书资料、数据库千余种，配有计算机供读者上网检索。

⑦网上阅览室：提供计算机培训、互联网漫游、电子资料阅览等服务，藏有各种光盘1 000余种，设机座40个。

⑧少儿馆：有少儿借阅室、幼儿活动室和少儿教育培训中心。藏有各类少儿书、刊、报2万册（种），设阅览座位210个。每年举办各类少儿培训班100多个，培训学生4 000多人次。

⑨专家研究包厢：为具有高级职称的专家学者提供馆藏的各种专题资料，设有6个研究包厢。

⑩自修室：面积达350平方米，供读者自学。

2002年5月，全省公共图书馆馆际通阅互借工作在绍兴图书馆正式实施，凡持绍兴图书馆借阅证的读者均可持证进入浙江图书馆、省内各市（地）级公共图书馆阅览室阅览，并可办理外地图书馆文献的借阅、复印。6月7日，根据绍市计（2002）252号文件精神，绍兴图书馆调整收费项目和标准，改借阅证工本费为借阅证注册费，年每证35元改为30元。6月27日，推出过刊外借新项目。7月9日，为规范财务制度，自修室改由办证处统一收费，并办理证卡手续，自修室凭票进入。10月15日，绍兴图书馆分馆古越藏书楼恢复书刊借阅服务试开放，29日，正式开放。同日，绍兴图书馆为纪念名人而建的“怀贤堂”开放，首位陈列的是著名作家柯灵，展出其生前遗物及有关作品和照片。年底，读者阅览室12个，服务窗口19个，每周开放达75小时。全开架图书有外借、报刊13万册，少儿3.5万册，地献、资料工具书3.6万册，加上电子读物0.3万册，合计20.4万册（不含古籍）向读者开放。

据2003年公共图书馆评估材料，绍兴图书馆有阅览坐席879个，其中报刊部240个、外借部166个（古越藏书楼20个）、少儿部189个（少儿借阅室152个、幼儿借阅室37个）、信息部28个、古籍部24个、自学室192个、网上阅览室40个。2003年8月1日，绍兴图书馆电子书库正式开通。

2004年4月23日，绍兴图书馆服务窗口实行免费阅览。5月30日，绍兴图书馆少儿网站正式开通，在少儿阅览室及网站内开展新书推荐，设立点书箱。6月25日，绍兴图书馆向各部门（单位）机关党组织班子成员、机关工会主席等人赠送电子书阅读卡。外借部开创了读者会员制。古越藏书楼阅览室新增过刊借阅服务，推出“读者推荐书目表”。

2005年，绍兴图书馆向读者开放旅游专题文献外借室。

2006年4月1日，绍兴图书馆推行局部免费开放，取消报刊阅览证，报刊阅览室全免开放，成人图书借阅证年费从30元降至20元，取消地方文献及一般非外借资料检索收费。6月1日，少儿馆新馆开放，增设了亲子活动室、动漫室、多媒体室等活动场所，少儿图书借阅证由20元下调为10元，押金由20元/本调为50元/本。6月6日，自修室由三楼搬迁至一楼原少儿室。6月28日，特种文献部推出戏曲资料专柜。11月，启动读者试行预存超期费业务。

2007年2月10日起，绍兴图书馆亲子活动室免费开放。4月起，旅游类图书不再作为特藏文献采购，馆藏地点由特种文献部改为外借部，供读者借阅。5月16日，视障读者阅览室正式开放并提供免费服务，这在浙江省内地市级公共图书馆属于首创，面积为50平方米，配备盲文书刊142册，有声读物1 200张，专用电脑2台。5月24日，信息技术部机房搬迁、网上阅览室改造基本完工，共投资约122 500元。

6月26日，新网上阅览室正式开放，读者接待面积扩大一倍。

2008年4月23日世界读书日期间，绍兴图书馆推出“全民阅读，借阅提速”系列服务，共有如下6项便民亲民措施。

①增加借阅册次，延长借阅时间（自4月23日起，成人读者外借图书数量由2种5册提高到3种5册，借期由15天延长至20天）。

②设立闭馆“还书箱”（自5月28日起在大厅正门旁设立“还书箱”，以方便读者在闭馆时段内还书；“还书箱”图书第二天9点集中处理）。

③预约图书，即时通知（为快速满足读者的预约需求，同时兼顾其他读者的权益，对读者预约的图书将采取到馆即时通知，读者可在收到通知后72小时内来馆办理借阅手续）。

④周三新书上架日（外借部将周三定为新书上架日）。

⑤你点书，我买单（读者可自由点购100元以内的本馆缺藏的正规出版书籍，由图书馆出资购买）。

⑥读者意见征求月（4月20日至5月20日，外借部开展“读者意见征求月”活动，书面征求读者的意见和建议，并集中反馈）。

2008年6月28日，绍兴图书馆实行全面免费开放，包括免除成人借阅证与少儿借阅证的年度注册费，免除数据库查阅、下载费用，免费开放自修室，等等。7月15日至8月15日，因古籍书库改造，古籍查阅室暂停开放。

2008年，绍兴图书馆开放时间如下。

办证时间：9：00—11：30，13：00—16：30（周一馆休）。

图书借阅室：9：00—18：00（周一馆休）。

报刊阅览室：9：00—21：00（周一馆休）。

网上阅览室：9：00—21：00（周一馆休）。

特种文献部：9：00—11：30，13：30—17：00（周日、周一休息）。

少儿馆：14：00—17：30（周二至周五，周一馆休）；9：00—17：30（双休日、节假日、寒暑假）。

古越藏书楼分馆：13：30—17：00（周二至周五）；9：00—12：00、13：00—17：00（周六至周日）。

2009年1月3日，绍兴图书馆适度调整“有欠费不能借书”的规则，实施逾期费2元内仍可借阅制度。投资10余万元，建造面积达81平方米的新办证中心，新办证中心于3月20日启用。大厅内安装电子显示屏，设5个服务柜台。6月18日起，为倡导健康的阅读导向，预约服务适度调整：“休闲、玄幻类小说”原则上不再预约。8月28日，在城西武勋坊18号设立少儿分馆，面积达3 000多平方米，内设小学和初高中两大借阅区，开放时间：周二至周五14：00—17：30，双休日及寒暑假9：00—17：30，周一馆休。2009年，对少儿馆门面进行了改造，调整了少儿馆二楼阅览室。

据2009年公共图书馆评估材料，绍兴图书馆有阅览坐席956个，其中报刊阅览区228个、成人外借区40个、少儿借阅区150个、古籍地方文献区42个、自修区288个、网上阅览区108个、古越藏书楼分馆20个、北海少儿分馆80个。每周开放72小时。

2010年5月25日，绍兴图书馆自助借还系统正式运行，读者可自己操作直接借还图书。

2011年4月23日起，绍兴图书馆网上阅览室免费开放，免费开放的服务项目升至13个，包括自习、电子阅览、盲文图书借阅、信息咨询、书刊借阅、讲座展览等。8月15日，遵照绍兴市文广局《关于要求绍兴图书馆、绍兴群艺馆停止营业性培训的通知》（绍市文社〔2011〕20号），在停止图书馆内有偿培训的同时，停止了城西少儿分馆的借阅服务。当年对馆内布局进行了调整，将原少儿乒乓球培训室改造为成人“自然科学图书外借区”，二楼外借室调整为“社科、文艺图书外借区”，成人图书借阅区域扩大40%。12月1日，新开设的绍兴地方文献馆正式开馆接待读者，面积达450平方米。

表6-2　绍兴图书馆免费服务项目

免费项目	服务窗口	地点	使用方式
自习	自修室	主楼一楼	免证入室
电子阅览	网上阅览室	主楼一楼	凭有效身份证入室
盲文图书借阅	视障阅览室	主楼一楼	凭成人借阅证借阅
信息咨询	信息技术部	主楼一楼	门户网站网上咨询或上门咨询
成人图书借阅	图书借阅室	主楼二楼南侧	凭成人借阅证借阅
报刊阅览	报刊阅览室	主楼二楼北侧	免证借阅
地方文献、工具书、政府公开信息查阅	历史文献部	主楼三楼	免证登记入室
幼儿图书借阅	幼儿借阅室	附楼一楼	凭少儿借阅证借阅
少儿图书借阅	少儿借阅室	附楼二楼	凭少儿借阅证借阅
书法文献查阅	历史文献部	附楼C一楼	免证登记入室
数据库查阅下载	门户网站	www.sxlib.com	登录门户网站，输入借阅证用户名和密码，进入数据库远程访问系统
公益性讲座	读者活动部	主楼二楼报告厅或一楼学术厅	免费听课（热门讲座提前领票，凭票入场）
公益性展览	读者活动部	一楼展厅或文化长廊	免费参观

2012年1月1日，绍兴图书馆外借部一楼自然科学书库（400多平方米）向读者开放。1月23日，推出“一卡通”服务，实现了绍兴地区6家公共图书馆文献资源的通借通还和数字资源共享，一卡通读者证有效期延长至10年，每次最多可借10册图书（少儿证只有绍兴图书馆和越城区图书馆互通，越城区图书馆在2015年5月1日正式对外开放）。3月25日，书法文献馆（500平方米）开馆，5月6日正式对读者开放。年度免费开放场地扩大近1 000平方米。4月19日，为袍江小学办理团体借阅证846张。10月10日，与绍兴市工商局开展共建服务，为全市工商干部集体办理借书证。

2013年4月2日，推出“邮递还书”新服务项目，读者可自理邮资通过邮寄还书。4月，设立“新阅读体验中心”，读者可以通过手机、IPAD、电视机等设备，体验各类新型阅读方式。10月7日，古越藏书楼因维修暂停图书外借服务。10月27日，绍兴数字图书馆正式开通。11月30日，绍兴家谱馆开馆。

据2013年公共图书馆评估材料，绍兴图书馆有阅览坐席902个，其中报刊阅览区228个、成人外借区40个、少儿借阅区278个、古籍地方文献区42个、自修区246个、网上阅览区48个、古越藏书楼分馆20个。免费开放场地包括展厅、报告厅、学术厅、自修室、网上阅览室、外借室、报刊室、地方文献室、古籍室、少儿馆等，共计14 300.9平方米，约占图书馆总建筑面积的90%。书刊借阅、讲座展览、信息咨询、电子阅览等13个基本服务项目免费提供。全面取消首次办证费，成人借阅证、少儿借阅证年度注册费，以成本价收取读者资料复印费。开放时间为：周二至周日9：00—21：00，周一馆休。每周开放72小时。

2014年5月20日，绍兴图书馆外借部开展了历时3个月的文学书库（13万余册图书）整理工作。12月28日，绍兴图书馆镜湖新馆舍开馆，开放面积达9 680平方米，阅览坐席有1 200个。同时从全年购书经费中划出100万元，将图书订购的选择权交给市民，市民可通过绍兴图书馆官方网站、微信或通过图书馆服务台填写表单等方式向图书馆推荐图书馆没有收藏的图书，图书到馆后第一时间通知选购读者，优先借阅。

2. 镜湖馆舍开放后的绍兴图书馆文献借阅服务

2014年12月28日，绍兴图书馆镜湖馆舍正式对读者开放。

2015年，绍兴图书馆延安路馆部分馆舍划拨用作越城区图书馆。2月4日，延安路馆报刊阅览室闭馆。3月18日，成人图书外借业务和办证业务停止，普通借阅功能由5月1日新开的越城区图书馆承担。7月10日，绍兴图书馆读者自助图书馆正式开放。自助图书馆位于绍兴图书馆镜湖新馆北面一楼，分为成人图书借阅区、期刊阅览区、自修区等，其中成人借阅区包括各大类图书7 000多种10 000多册；期刊阅览区有期刊160多种，过刊800册。读者自助图书馆实行全天自助式借阅服务，读者可凭该馆成人读者证（含一卡通读者证）或身份证（14周岁以上）刷卡进入读者自助图书馆。12月13日，自助图书杀菌机投入使用，读者可自行操作。12月25日，由延安路馆改造而成的历史文献馆开馆，建筑面积为1.2万平方米，下设绍兴市古籍保护中心和绍兴市地方文献保护中心两大中心，设置阅览坐席近200座。二楼南区为地方文献室，北区为参考文献室；三楼南区为古籍查阅室，北区为新版古籍查阅室。

2015年4月23—26日，绍兴图书馆在绍兴市新华书店迪荡店正式启动“百万元图书大家荐”（后改名“好书天天荐”）活动，读者共荐购图书1 620册，办理图书证156张。7月25—26日，第二期活动在新华书店迪荡店、胜利路店举行。8月29日，“百万元图书大家荐”新系统正式上线，活动启动常态化模式。当年参与活动的市民有6 000多人次，荐购图书12 000余册。

2016年5月1日起，绍兴图书馆开放时间延长半小时，调整为每周二至周日9：00—17：30。6月25日至10月31日，绍兴图书馆在绍兴人文书店开通“好书天天荐”第二站，参与读者超过2万人次，共荐图书3.8万余册。11月15日，全市7家公共图书馆同时推出绍兴市公共图书馆通用少儿读者卡，实现通借通还服务。11月30日，市民卡图书借阅功能试运行，读者开通市民卡图书借阅功能后可凭市民卡到馆借阅图书，暂不支持全市公共图书馆图书通借通还功能。年底，U@空间（专题阅览室）建成开放，搭建起读者交流新平台。12月30日，历史文献馆绍兴音像资料室、绍兴图书馆与越城区图书馆联合建设的“读者自助图书馆”正式对外开放。

读者自助图书馆位于延安路565号绍兴图书馆历史文献馆一楼，面积约450平方米，阅览坐席有60余个，设有无线网络，馆藏1万册成人图书；配置电子阅报机、检索电脑、自助借还机等。14周岁以上的市民可凭居民身份证或成人读者证刷卡进入。

绍兴图书馆音像资料室以收藏地方音像资料为主，包括有关绍兴的视频、音频、照片等。音像资料室拥有地方视频光盘、唱片等500余种，另拥有数字化音视频资料近1 000种，这些数字化音、视频资源已纳入“地方音像资料平台”，读者在音像资料室通过电脑上网便可点播收看。音像资料室开放时间：周二9：00—12：00；周四13：30—17：00；周六9：00—12：00，13：30—17：00。

2017年2月14日起，绍兴图书馆少儿馆实行全天开放（馆休日除外）。5月25日，全面开通绍兴市民卡图书馆图书借还功能，全市7家公共图书馆均可通过市民卡实现图书借还。6月23日至10月31日，绍兴图书馆开展绍兴人文图书有限公司第二季“好书天天荐”服务，开通了越城区图书馆读者证参与绍兴图书馆现场荐购服务功能，并先后在嵊州市、诸暨市、柯桥区图书馆试点开展，被评为“绍兴市全民阅读优秀项目”；全年共荐购图书28 398册。

2018年12月20日起，绍兴图书馆借助“互联网+”技术，整合利用邮政快递服务，推出“好书快借”活动，读者在微信端或PC端下单，书籍便可免费邮寄到家。

2019年5月23日起，绍兴图书馆联合越城区、柯桥区、上虞区、诸暨市图书馆共5家公共图书馆，减免图书超期费。

2020年12月12日，首家“近邻书屋”——“灯前书屋”建成开放，该项目是“共享图书馆”理念的成功实践。“近邻书屋”每周为邻居提供开放服务至少1次，平均社区居民往返图书馆借还图书的时间，让馆藏图书达到有效共享，推动社区融合。

到2020年底，绍兴图书馆读者阅览区域周一馆休，每周最长开放时间达到105小时，双休日、法定节假日均向读者开放，并在官网与微信公众号对外公布，自助图书馆全年向读者开放。基本借阅服务全部免费。

表6-3　绍兴图书馆开放时间

区域或功能		开放时间
绍兴图书馆	办证	9：00—17：00（周一馆休）
	成人借阅区	9：00—17：30（周一馆休）
	报刊阅览区	9：00—17：30（周一馆休）
	网上阅览区	9：00—17：30（周一馆休）
	幼儿少儿借阅区 少儿网上阅览区	9：00—17：30（周一馆休）

续表

<table>
<tr><th colspan="2">区域或功能</th><th>开放时间</th></tr>
<tr><td rowspan="4">绍兴图书馆
历史文献馆</td><td>古籍查阅室</td><td rowspan="3">7 月 1 日至 9 月 15 日
9：00—12：00、14：00—17：30
（周一、周日馆休）
9 月 16 日至次年 6 月 30 日
9：00—12：00、13：30—17：00
（周一、周日馆休）</td></tr>
<tr><td>古籍查阅室（新版）</td></tr>
<tr><td>参考文献室</td></tr>
<tr><td>地方文献室</td><td>9：00—17：30（周一馆休）</td></tr>
<tr><td colspan="2">古越藏书楼分馆</td><td>周二至周五：14：00—17：30
周六至周日：8：30—12：00、14：00—17：30
（周一馆休）</td></tr>
<tr><td colspan="2">龙华佛学分馆</td><td>9：00—16：00（周二馆休）</td></tr>
<tr><td colspan="2">镜湖图书馆读者自助图书馆</td><td>7：30—22：30</td></tr>
<tr><td colspan="2">延安路图书馆读者自助图书馆</td><td>7：00—23：00</td></tr>
</table>

表 6-4 绍兴图书馆文献借阅与证件发放统计（2000—2020 年）

年份	借阅读者人次（人）	借阅图书册次（册）	累计发放有效借书证数（个）
2000	200 000	320 000	19 044
2001	330 000	506 000	11 189
2002	340 000	509 515	10 865
2003	244 000	437 078	10 051
2004	487 699	406 437	18 114
2005	278 541	412 764	18 066
2006	270 000	410 000	16 908
2007	617 295	494 054	17 203
2008	558 133	764 527	25 236
2009	662 302	881 826	23 612
2010	980 000	1 020 313	16 183
2011	1 460 000	1 157 484	59 339
2012	660 000	1 091 745	84 984
2013	602 400	1 013 700	92 201
2014	728 405	1 733 203	122 240
2015	818 894	2 051 081	158 057
2016	859 014	1 996 971	195 047

续表

年份	借阅读者人次（人）	借阅图书册次（册）	累计发放有效借书证数（个）
2017	874 333	1 993 300	188 143
2018	866 413	1 956 785	211 129
2019	846 991	1 915 688	234 712
2020	221 800	997 239	202 837

注：本表以《公共图书馆基本情况年报》为基础，参考《各部室业务工作汇总表》、第四至六次评估材料、年度总结、《业务统计分析》等，经比较后选取。

表 6-5　绍兴图书馆阅览室情况统计（2000—2020 年）

项目	2000—2003	2004—2007	2008—2010	2011—2013	2014—2017	2018—2020
公用房屋建筑面积（平方米）	16 216	13 800	16 997	16 997	51 913	51 913
书库面积（平方米）	2 205	2 205	2 205	2 205	3 475	4 365
阅览室面积（平方米）	1 890	1 890	1 890	1 890	10 690	10 690
书刊阅览室面积		350	350	350	7 605	7 650
电子阅览室面积		125	125	125	1 625	1 625
实际拥有产权面积				16 997	16 997	16 997
阅览室座席数（个）	1 000	1 000	1 000	1 000	2 094	2 142
少儿阅览室座席数（个）	200	200	200	200	402	450
盲人阅览室坐席数（个）				6	14	14

注：数据来源为历年《公共图书馆基本情况年报》。2004 年始，增加“书刊阅览室面积”和“电子阅览室面积”两项；2011 年始，增加“实际拥有产权面积”和“盲人阅览室坐席数”两项；2013 年始，“公用房屋建筑面积”改名为“实际使用房屋建筑面积”。

（三）参考咨询与信息服务

绍兴图书馆参考咨询工作的名称、归属部门多次调整，曾承担参考咨询服务的部门主要有信息部（2001—2002 年）、信息技术部（2003—2015 年，一度改名技术服务部）、信息咨询部（2015 年至今）、古籍部（后改名特种文献部、历史文献部），其他部门负责日常咨询工作。

1. 参考咨询

（1）参考咨询服务

2000 年以前，参考咨询服务详见上编。

进入 21 世纪，绍兴图书馆逐步开发电子化、数字化的参考咨询服务。

2000 年，绍兴图书馆与浙江省图书馆信息中心实现资源共享，特别推出万方数据库、中国学术期刊等大型数据库检索业务，并接受特定专题的定向搜索服务。

自 2000 年 5 月开放至 2000 年 7 月，接受 7 个专题的代查服务，提供全文 62 篇，名录 239 条。

绍兴图书馆从2000年下半年起，投资数十万元，筹建信息部，并于2001年1月开始提供信息服务。信息部专职从事网站建设和信息咨询，主要对本馆的图书、报刊、引进数据库及网络信息资料进行开发利用，为读者提供一般性咨询和专题咨询服务。2月27日，充分利用馆藏优势，创办《信息导读》内刊。5月，绍兴图书馆加入上海图书馆倡导的“网上联合知识导航站”平台。5月8日，响应绍兴市委、市政府提出的“三市建设”号召，营造创建“旅游大市”，绍兴图书馆创建了旅游专题阅览室，开设专题咨询服务项目。当年上网阅览的读者达25 072人次。到年底，信息部发展集体用户，提供承诺代查、代借、网络传送等多种形式的特殊服务，先后与17家单位建立有偿服务关系。

2002年5月25日，绍兴图书馆签订《浙江省公共图书馆馆际通阅互借协议》，各参与协议馆承担互询（在接受委托后两天内答复委托馆）、互复（委托复制收费按各馆规定执行）义务。

2004年，绍兴图书馆开辟了网上咨询服务平台，完成了前期软件的开发和技术支持、网上读者参考咨询和网上订购书目推荐。

2006年5月，绍兴图书馆网上咨询、数据库检索等工作转由特种文献部承担。

2008年，根据《绍兴市政府信息查询点设置方案》的要求，绍兴图书馆成为绍兴市政府所设的政府信息公开窗口服务单位。5月1日，在三楼特种文献部参考文献查阅室，增设绍兴市政府信息查询点，配备了检索专用的计算机，设有专人负责政府公开信息的检索、咨询、打印等服务，为市民提供政府信息免费查询。6月28日，绍兴图书馆借阅免费开放，增设咨询台为读者答疑解惑，加强预约承诺责任制。

2011年12月10日，绍兴图书馆开通QQ实时咨询服务平台。读者可以在工作时间内（周二至周六9：00—12：00、14：00—17：00），通过“QQ在线”就馆藏服务、资源利用、信息检索、原文传递等方面的问题与工作人员进行交流，一般问题即时作答，特殊问题在5个工作日内给予答复。

到2013年，绍兴图书馆，建立了以层次化为特点的参考咨询服务机制。一是针对基础性咨询的读者，通过现场指导，借助各窗口参考咨询台、电话、网站、QQ等方式，利用目录系统，为读者提供咨询服务和书目参考服务。二是针对一般咨询的读者，通过文献检索指导讲座、数字资源使用指南，提高他们利用文献的能力，并为其编制各种书目、索引，为他们完善知识结构提供有力支持。比如，将《绍兴图书馆数字资源使用指南》《女性励志好书荐读》《绍兴图书馆外文报刊推荐》《绍兴图书馆成人图书借阅排行》《绍兴图书馆越州讲坛图书》等放在各窗口醒目位置，供读者取阅参考。三是针对重点读者，提供知识服务，通过情报调研、文献检索、定题服务等途径来实现。四是开展跨地区的联合参考咨询，借助馆外力量，弥补本馆资源不足，为读者随时随地通过互联网快捷便利地获得文献资源服务。

2015年5月，绍兴图书馆总服务台推出“站立式服务”：每天早上开馆前后5分钟，服务台全体上岗员工站立迎接读者；双休日全天，咨询台工作人员站立式服务，周日设一个站立式咨询台，以提高服务效率。7月，绍兴图书馆与浙江图书馆签订了《浙江省公共图书馆信息服务联盟协议》，参与全省的联合数字参考咨询工作。

2019年4月21日起，绍兴图书馆首次推出科技信息服务。除了免费为读者提供中国知网、万方数据、重庆维普期刊、国研网等40余个数据库资源，还联合浙大图书馆，面向创新创业人员推出科技查新、查收查引、论文查重等科技信息服务。

（2）编制书目、索引

绍兴图书馆通过编制书目、索引等方式，为读者利用馆藏文献提供方便。

2002年，编制《绍兴市家谱总目》。

2004年，编制《地方文献》《旅游专题》等5本书本式目录，存放在阅览区供读者使用。

2007年，出版《绍兴图书馆馆藏地方碑拓选》。

2009年，出版《绍兴图书馆馆藏古籍地方文献书目提要》。

2012年，编制《绍兴图书馆现存古越藏书楼藏书目录》。

2015年，出版《绍兴家谱总目提要》。

2017年，出版《绍兴图书馆藏珍贵古籍图录》《绍兴图书馆古籍普查登记目录》。

2019年，出版《绍兴图书馆馆藏现当代地方文献书目提要》。

2. 信息服务

（1）编制专题刊物

2000年以前，编制专题刊物详见上编。

进入21世纪，2001年2月27日，绍兴图书馆信息部编印的《信息导读》创刊，宗旨是搜集有关绍兴的各种报道以及对发展本地经济、文化、旅游等有借鉴意义的信息，为绍兴市各级领导决策提供信息情报服务。内容由“外界看绍兴”“专家论坛”“他山之石”和“信息集锦”四部分组成，配有全文电子版网上发布。

2006年7月10日，绍兴图书馆《信息导读》（文化专刊）改版为《文化文摘》；12月10日，《文化文摘》停止编发。

2008年1月15日，《信息导读》由月刊改为半月刊；4月，《信息导读》改名《信息与参考》；从第12期开始升格为局办刊物，由绍兴市文广局和绍兴图书馆共同主办。

2013年，《信息与参考》获浙江省文化厅颁发的浙江省首届公共图书馆信息服务产品优秀奖；《看绍兴》获浙江省文化厅颁发的浙江省首届公共图书馆信息服务产品金参考奖。

2016年，《信息与参考》实现微信平台目录推送，10月起正式出刊《产业专题信息》（月刊），提供给绍兴市委、市政府、产业主管部门相关领导及相关企业，切实发挥图书馆的智库作用。

2017年5月起，绍兴图书馆与绍兴市委办信息处合作开展《每日动态》简报信息固定报送。11月，《信息与参考》获浙江省图书馆学会颁发的“优秀图书馆服务品牌卓越影响奖”。

2014—2018年，《信息与参考》获浙江省文化厅颁发的“全省公共图书馆‘两会’信息服务工作优秀服务奖”和“优秀信息产品（编辑）奖”。

表 6-6 绍兴图书馆《信息与参考》专题一览（2004 年—2020 年）

年度	专题编辑
2004	增加了两月一期的《绍兴文化信息专刊》和每月一期的《城市建设》专题，提供城市建设的动态，专家观点等，为绍兴大城市建设出谋划策；针对“七艺节”推出了两期《中国艺术节》专题，介绍历届中国艺术节的有关情况及各地各类艺术节的有关情况；针对文明城市评比，编辑了一期《文明城市建设》专题，介绍各地创建文明的动态、经验等
2005	《信息导读》制作一期《文明城市建设特刊》
2006	6 月 22 日，《信息导读》推出《新农村建设专题》
2008	《公祭大禹陵特刊》、《绍兴市“两会”特刊》
2009	第 1 期《绍兴建城 2500 周年特刊》
2010	配合绍兴建城 2 500 年和第六届世界合唱比赛活动，编辑三期《绍兴建城 2500 年专题》；为财政局编撰《财税专题信息》，每月定期为财税部门提供资讯参考
2011	为市财政局提供每月一期的《财税专题信息》专题剪报服务；根据社会热点编撰了“两会信息特刊”；在辛亥革命 100 周年之际，收集整理相关资料，推出了“纪念辛亥革命 100 周年”专刊
2012	为市财政局提供每月一期的《财税专题信息》专题剪报服务；参与市委宣传部《绍兴宣传》刊物中“聚焦绍兴”栏目的编辑
2013	为市财政局提供每月一期的《财税专题信息》专题剪报服务；每月为宣传部《绍兴宣传》刊物提供“聚焦绍兴”栏目内容
2014	第 2 期为“两会专刊”
2015	第 2 期为“两会专刊”；第 24 期为“2016 年两会专刊”，其中专题性信息服务之古城保护专题得到了俞志宏市长的高度肯定
2017	第 3 期为《党的建设专刊》；第 6 期为《绍兴市两会专刊》；第 19 期为《党的十大特刊》
2018	5 月出版“数字政府建设”特刊
2019	第 1 期为绍兴市两会特刊
2020	第 2 期出版专刊《抗击疫情暨战时机制下扶持中小企业政策摘编》；5 月出版特刊《出口转内销》

（2）党政信息服务

1）“两会”

绍兴市图书馆为绍兴市“两会”服务起源于 2001 年，是绍兴图书馆为党政领导决策提供信息服务工作的重要组成部分。随着为“两会”服务工作的发展和深入，其内涵和影响力日渐增长，已经越来越多地得到绍兴市委、市政府各级领导的高度重视和积极响应。

2001 年，绍兴图书馆开始向绍兴市“两会”提供咨询服务，为代表委员更好地建言献策提供有效信息。

2002 年 3 月 4—9 日，绍兴图书馆在绍兴国际大酒店、绍兴饭店特设“两会”信息咨询服务处。

图 6-1　馆办刊物《信息与参考》（部分）及“两会专刊”（部分）

2003 年 5 月 24—29 日，绍兴图书馆在绍兴国际大酒店、古越藏书楼设立“两会”信息咨询服务处。

2007 年 3 月1日，绍兴图书馆，为“两会”代表委员参政议政搭建文献信息资源平台。

2008 年起，绍兴图书馆每年针对国家经济、社会发展的热点难点、人民群众关注的焦点，结合绍兴情况，与绍兴市委宣传部共同编印“绍兴市“两会”专刊”。

2011 年 2 月 18 日，绍兴图书馆设立“两会服务热线”，在绍兴图书馆网站上开设“两会”信息服务专栏。紧扣“民生”主题，编辑《绍兴市“两会”专辑》，设“转型升级”“战略性新兴产业”“生态文明建设”“城市公共安全”“城乡一体化”“文化产业”“大城市建设”和“民生热点”等 8 个专题。

从 2011 年起，绍兴图书馆还配合浙江图书馆进行浙江省“两会”信息服务的专题编辑工作，获浙江省文化厅颁发的全省公共图书馆“两会”信息服务工作优秀服务奖。

图 6-2　绍兴图书馆在国际大酒店、古越藏书楼设立“两会”信息咨询服务处

2012 年 4 月 22—23 日，绍兴图书馆在“两会”代表、委员下榻的国际大酒店、咸亨酒店、绍兴饭店等 5 个酒店设立现场服务点，专门推出“一卡通”读者卡免费现场办理项目，办证 298 张。编辑两会专刊，包括“我们的价值观”“宏观经济形势”“经济转型升级”“社会管理创新”“关注中小企业”“公共文化服务”“聚焦浙商回归”和“解析民生热点”等 8 个专题。

2013 年 4 月 14—16 日，绍兴图书馆在代表、委员们下榻的国际大酒店和绍兴饭店设立现场信息服务点，与绍兴市人大、政协合作开通“绍兴图书馆‘两会’信息服务平台”，包括“两会”专刊、在线咨询、信息检索、数字资源等多项度身定制的信息内容，代表和委员可以通过绍兴市人大、市政协、绍兴图书馆的网站直接访问，远程利用。绍兴图书馆编辑的《绍兴市“两会”专刊》，包括“宏观经济”“聚焦绍兴”“生态文明”“新型城镇化”“收入分配”等 8 个专题，受到了绍兴市人大常委会主任谭志桂、市政协主席陈长兴、市委宣传部部长尹永杰、副市长丁晓燕等市委领导及代表、委员的欢迎和肯定。

2014 年 2 月 16—18 日，绍兴图书馆在代表、委员们下榻的国际大酒店和绍兴饭店设立现场信息服务点，为代表、委员们提供多种形式的信息检索服务。编辑包括“全面深化改革”“聚焦绍兴”“经济转型升级”“国有企业改革”“土地制度改革”“城市交通治堵”和“大气污染治理”等 7 个专题的信息简报《2014 绍兴市“两会”专刊》。

2015 年 2 月 2—7 日，绍兴图书馆在代表、委员们下榻的国际大酒店和绍兴饭店设立现场信息服务点，为代表、委员们提供多种形式的信息检索服务，还在国际大酒店摆置了歌德电子书自助借阅机，用手机“扫一扫”就可以把需要的图书带走。

2016 年 1 月 10—12 日，绍兴图书馆在代表、委员们下榻的国际大酒店和绍兴饭店设立现场信息服务点，发放《2016 绍兴市两会专刊》资料。同时还通过 QQ 咨询、表单咨询、电话咨询、邮件咨询等多种方式向代表、委员提供各种参考咨询服务。

2017 年，绍兴图书馆在市“两会”召开前夕，编辑《2017 绍兴市两会专刊》，供代表和委员参阅。4 月 7—11 日，绍兴图书馆在代表、委员们下榻处设立绍兴图书馆两会信息服务点，利用移动图书馆技术，为与会代表和委员提供适时、便利、快捷的多元化信息咨询服务。

2018 年，绍兴图书馆编辑《2018 年“两会”特刊》，供代表委员取阅参考。3 月 25—30 日，绍兴图书馆在代表、委员们下榻处设立绍兴图书馆“两会”信息服务点，积极为与会代表和委员提供适时、便利、快捷的信息咨询服务。本次“两会”期间，绍兴图书馆在驻地设立了“支付宝办证”专区，专门为“两会”配备了触摸式电子屏阅览设备，向代表、委员等赠送绍兴图书馆“扫码阅读手册”。

2019 年 1 月 13—17 日，绍兴图书馆在代表、委员们下榻的国际大酒店和绍兴饭店设立现场信息服务点。同时，将 2019 年绍兴市“两会”期间编写的《2019 年绍兴市“两会”特刊》材料嵌入绍兴“智慧人大”信息服务平台，还根据绍兴市人大的信息服务整体规划，量身打造“绍兴图书馆人大代表信息服务平台”。

2020 年 4 月 26—29 日，疫情防控特殊环境给“两会”信息服务带来新课题、新挑战。绍兴图书馆通过信息“云服务”，从会上延伸到会外，从线下延伸到线上，从会期延伸到日常，并改版升级原有平台，量身打造“绍兴图书馆人大代表信息服务平台”和“绍兴图书馆政协委员信息服务平台”，实现图书馆“两会”信息服务常态化。

绍兴图书馆通过专题文献服务精准打造“两会”专属“智库”，数字化服务推陈出新搭建一站式个性化平台、常态化服务多元融合擦亮公共文化服务名片。此外，绍兴图书馆也充分发挥业界示范引领作用，牵头成立绍兴市公共图书馆参考咨询联盟，已连续第十四年为人大代表和政协委员们履职提供精准信息服务。

2）党代会

2015 年 9 月 18 日，绍兴图书馆主办的“图书馆如何为党委、政府提供决策信息服务”研讨会在中共绍兴市委政研室举行，绍兴市文广局局长徐之澜、市委政研室副主任王力、绍兴图书馆副馆长王以俭出席研讨会。

2017 年 2 月 27 日—3 月 2 日，绍兴图书馆海量信息首次走进绍兴市党代会，为绍兴市第八次党代会的与会代表提供全方位的信息服务：一是开通党代会信息服务平台，平台包括专题信息、数字资源、电子图书等多项信息内容，代表可远程利用绍兴图书馆的特色资源与服务；二是提供文献信息咨询服务，依托文献资料和数字化信息资源，为与会代表提供文献信息咨询服务；三是推出《党的建设》专刊，设有“高层论述”“理论综述”“专家观点”“绍兴党建”“各地党建”“代表微书架”等栏目，为代表提供全面、可靠的深度文献信息支持。

3）其他服务

2005 年，绍兴图书馆为绍兴市政府信息中心发送信息近 80 条。在中国城市生活质量排行榜推出之际，为绍兴市领导编辑《什么样的城市才是最好的城市》（城市生活质量排行榜解读）专题信息。

2007 年 7 月，绍兴图书馆开通“市直机关信息服务绿色通道”，增加“书目查询”“新书点购”“信息快递”等服务项目，为绍兴市机关干部利用馆藏资源创造更为便捷的条件。

2010 年，绍兴图书馆向政府机关推出“市外媒体报道绍兴新闻集成平台”，平台对国内 511 个平面媒体及 800 个新闻网站（含港澳台及 BBS 网站论坛）有关绍兴的新闻报道内容进行实时监测，为政府部门工作人员实时了解外界对绍兴的相关报道提供了十分便捷的途径。

2011 年 6 月，绍兴图书馆在绍兴市政府政务网开通“绍兴图书馆政府服务平台”。平台包括“绍兴图书馆数据库资源”“视频讲座资源”“新书推荐”“《信息与参考》刊物内容”“图书借阅排行榜”“网上书目检索”“网上图书续借”“网上图书订购推荐”8 个项目。

2017 年 7 月 1 日，绍兴图书馆与绍兴市委人才办合作，向绍兴市高层次专业人才免费开放文献信息查询、检索业务；推出“绍兴图书馆高层次人才服务卡”。绍兴图书馆还注重做好专题信息服务工作，提供了湾区经济、绍兴文化、兰亭书法节、公祭大禹陵、剿灭劣Ⅴ类水、“一带一路”、传统产业升级提升等专题信息服务。5 月 20 日起，与绍兴市委办信息处合作开展《每日动态》简报信息固定报送，全年录用信息 122 条。

2018 年，绍兴图书馆为绍兴市文广局提供《修好共产党人的心学——用阳明智慧提升共产党员的修养》课题、“文化自信”等相关资料。完成绍兴市应急办“城市应急管理”专题剪报编辑工作和绍兴市政府办调研处“数字政府建设”专题剪报编辑工作，收集、整理、提交各地数字政府建设政策法规。

2019 年 4 月，绍兴图书馆与绍兴市委组织部人才办和市民卡公司联系对接，做好 2019 绍兴市高层次人才市民卡绍兴图书馆借阅咨询等功能使用服务工作。为绍兴市决策咨询委提供“浙东运河保护开发利用”“文商旅融合”“古城保护开发利用”“研学游”“村庄建设规划”等课题信息资料专题服务；为绍兴市文广旅游局提供“蔡元培等 4 位绍兴籍北大校长”和“绍兴南宋文化”2 个课题相关资料；为浙江依诺威声信息技术有限公司提供有关“工业物联网”“无线专网”“无线数据传输误码率测试软件”专题信息服务。

2020 年 4 月，绍兴图书馆与绍兴市委组织部人才办和市民卡公司联系对接，做好 2020“绍兴市高层次人才市民卡”第八、九、十批绍兴图书馆借阅咨询等功能使用服务工作；与绍兴市委宣传部外宣处合作完成有关“抗疫防控”等 16 个专题资料的收集整理工作；为绍兴市咨询委老领导阮顺泉副主任提供“民宿经济”课题信息专题服务；编辑 5 期《绍兴市文旅消费工作信息专报》。

（3）科研与经济建设等服务

2000年以前，科研与经济建设服务详见上编。

2000年，绍兴图书馆与绍兴县平水镇共建“妇女科技协会”，组织科普下乡活动，根据绍兴农村不同地区的农业特色，组织专题信息与资料，送到广大农民手里。

2001年，绍兴图书馆与浙江柯岩风景区开发股份公司合作，为鉴湖酒岛“壶觞阁”黄酒史料及建“汉柯亭”提供定题服务，共查阅有关史料125种350册，制作出有关黄酒的历史、典故、诗歌、小说等古籍样本70种，并进行陈列设计。

2004年5月20日，绍兴图书馆在服务宣传周期间，组织图书馆科普宣传下乡活动，针对绍兴县最贫困的稽东镇农业特点，组织有关茶叶、竹笋、科学养鸡等农技书籍，编印农科信息送到当地，并接受现场咨询。

2007年2月17日，绍兴图书馆与黄酒博物馆签订《陈列文献资料古籍复制、加工协议》，代为检索，并仿制古籍制作152册。

2008年1月4日—2月24日，绍兴图书馆承接诸暨市图书馆“三贤馆”室内陈列古籍仿制业务，完成《杨铁崖先生文集》《杨铁崖先生古乐府》《竹斋堂》《宝纶堂集》古籍仿制4种16册。编辑《文化大发展大繁荣》《2008公祭大禹陵》等信息专刊，提供专题信息服务。

（4）数据分析和个性化服务

1）建设背景

在国家大力推动文化大发展、大繁荣以及信息技术不断进步的大背景下，公共图书馆的服务体系也得到了进一步的加强，通过建设、引进更多的文化资源和服务方式，为读者提供更加丰富和全面的文化和信息资源服务。绍兴市各级公共图书馆也随之根据自身情况，积聚和提供了相应资源与服务，经过多年的运营，各级公共图书馆在馆藏数字资源及电子资源数据、用户数据及借阅记录、资源及网站访问日志、用户检索及下载记录等方面都积累了相当大的数据量。

在大数据时代，这些数据是图书馆非常重要的信息资源，具有很大的价值可以发掘利用，通过对数据的整合分析，可以发现隐藏在数据背后的规律、趋势和价值，进而对图书馆服务的模式和未来发展趋势提供分析与预测，为实现更加智能化的信息服务提供数据支持。

建设绍兴市公共图书馆数据中心的目的，就是通过接入各级公共图书馆的业务及服务数据，通过对所有数据的收集、整理及分析，确定数据中心的数据整合范围及规范，制定元数据标准，订制开发建设全市图书馆数据中心，实现信息资源的多元化采集及清洗、主题化汇聚、知识化分析、可视化展示，实现绍兴图书馆“用数据说话、用数据管理、用数据决策”，使绍兴图书馆在公共文化服务体系中发挥更大作用，为广大民众更智慧地提供无所不在、无微不至、无所不能的文化服务。

2）建设内容

绍兴图书馆首先制定了数据中心整合规范，通过对全市公共图书馆所有数据的收集、整理及分析，确定数据中心的数据整合范围及规范，制定元数据标准，采集数据及同步规范。

继而订制开发了全市公共图书馆数据中心存储平台，支持海量数据存储及分布式部署，提供数据存储、管理、获取的云服务。

接着开发数据同步采集及清洗工具，目前全绍兴市分为市、区县二级公共图书馆，开发适合各级图书馆、各种应用服务的数据同步及采集工具。

订制开发大数据分析及可视化系统，用户可自定义数据分析主题，支持各种最终分析结果的可视化，从而提供用户体验良好的信息服务，方便领导直观、便捷地了解信息，掌握事物发展的规律。

个性化服务系统根据读者的兴趣爱好、浏览习惯、访问记录、查询历史，主动智能地为读者推送信息资源及服务。

3）具体功能

依托绍兴图书馆及其区县图书馆自动化系统、网站及资源系统、其他业务系统相关数据，通过数据导入、数据同步及采集等手段和工具，将所有数据进行清洗、转换和映射，统一存储在数据中心进行统一管理和维护，建设大数据分析及可视化系统、个性化服务等系统，配以定制开发的算法，为绍兴图书馆提供多维度的关于读者、馆藏、借阅、资源访问等的统计分析及图形化展示，为读者提供个性化的资源、信息推荐服务。

a. 大数据分析及可视化系统

随着用户服务模式和读者阅读方式的变革，绍兴图书馆数据呈现海量（Volume）激增、多类型（Variety）、快速处理（Velocity）和高价值（Value）的大数据 4 V 特征。建设大数据分析及可视化系统，以绍兴图书馆数据中心的全数据为基础，进行数据挖掘、数据分析和数据可视化展现；为读者提供一个全新的数据阅读体验、为管理部门提供新颖的数据发布展示方式、为馆领导提供服务管理的决策支持辅助信息，形成创新公共文化服务的有效尝试，贴合读者的实际需求，从而吸引更多的读者。大数据分析及可视化展示系统包括数据汇聚、数据再清洗、数据分析与挖掘、数据可视化展示等几部分内容。

数据汇聚：根据定义主题，从元数据仓储中挑选和主题相关的所有元数据组成主题数据库。系统提供可视化的不同类型数据挑选功能，帮助管理员轻松实现主题原始元数据库建设。

数据再清洗：为了最终分析结果的准确性，需对主题原始元数据库进行数据再清洗，系统提供常见的数据删选功能，帮助管理员去除异常数据及噪声数据，并可根据数据分析的结果进行多次清洗。

数据分析及导出：基于清洗过的主题元数据库，系统提供多种统计算法，管理员通过选择不同的算法，生成不同维度的统计数据，并将统计数据保存在数据库中。

可视化前端展现：系统提供多种可视化模板，除了常规的柱状图、饼状图、折线图之外，还可以结合地图、色块等方式实现更加直观的展示。系统支持 web 端、移动端和电视端，有效地展现大数据分析的最终结果；支持与图书馆门户网站、移动门户、有线电视门户等进行集成，支持页面的自适应，满足图书馆多元化的信息传播。

b. 个性化服务系统

绍兴图书馆的个性化服务系统，是依托绍兴图书馆数据中心存储平台，以读者行为数据为基础，通过整合自动化系统中的读者借还书数据，门禁系统中的读者进出馆信息，读者利用门户、统一检索系统、远程访问系统中的读者访问、检索、浏览、下载等行为数据，对这些数据进行分析，主动智能地为读者提供多元化的个性化服务。

系统具体为读者提供如下服务：①为读者提供更加精确的关联发现服务；②为读者提供个性化推荐；③为读者提供更加智能的参考咨询服务；④为读者提供具有地方特色的文化服务。

（四）阅读推广与读者活动

绍兴图书馆早期的阅读推广形式主要是以组织读者活动为主，通过教育培训、展览、比赛、读书报告会、交流会等活动，加强图书馆与读者的联系。随着时间的推移与理念的更新，阅读推广服务逐渐成为现阶段绍兴图书馆最主要的工作之一，绍兴图书馆的各项工作也围绕阅读推广展开，通过线上与线下相结合的方式，不断丰富阅读推广的形式和外延。

早在绍兴县立图书馆时期，就设有推广组。中华人民共和国成立后，阅读指导、宣传推广由图书馆内相关部门专职岗位承担，负责阅读指导的组织与策划，开展各类阅读指导活动。

2000 年延安路新馆舍开放后，随着政府加大扶持力度，绍兴图书馆的读者活动的计划性日益增强，绍兴图书馆成立专门部门负责读者活动。2014 年的全国“两会”上，“全民阅读”首次被写入《政府工作报告》，反映了国家战略层面对全民阅读的重视。在此后，绍兴图书馆调整了业务布局，将阅读推广工作作为核心业务展开。除了日常的系列活动，在每年的图书馆服务宣传周、世界读书日、全民读书月、春节、暑假等时间节点，重点策划、集中推出了一系列内容丰富的读者活动，并特别为少年儿童、视障人士、老年读者等群体举办针对性的读者活动，促进阅读理念传播，提升市民阅读热情。同时，还十分注重活动的特色与内涵，创办了众多活动品牌。阅读推广活动越来越受到读者的欢迎，社会合作深度与广度大幅增加。

到 2020 年底，绍兴图书馆以社会教育部为主体负责本馆的讲座、展览、活动等的阅读推广，并在外借部、少儿部设立阅读指导岗，在信息咨询部设立数字资源岗，形成多部门联动配合的服务体系，共同推进阅读推广工作。

1. 日常服务

2000 年 5 月，绍兴图书馆专门设立“科普读物专架”，引导读者走近科学，了解科学。与此同时，还与绍兴市妇女联合会合作，设立了“女性读物专架”。

2001 年，绍兴图书馆外借部开辟“读者天地”，介绍计算机检索图书的方法。5 月 26 日，图书馆与绍兴五中联合成立“新世纪读书俱乐部”，定期举办“沙龙知识竞猜”“好书大家读”“见习作家”等活动。

2002 年，绍兴图书馆网站开通“新书通报”栏目，由采编部负责通报。5 月，结合“百年馆庆”，在全市范围内举办“我与图书馆”的读者征文活动。还利用板报、新书架等形式，宣传新书 8 900 种。

2003 年服务宣传周期间，绍兴图书馆举办以“走进图书馆，了解图书馆”为题的宣传活动，介绍绍兴图书馆部室设置，对外服务方式、服务项目等。

2008 年 4 月，绍兴图书馆报刊部在火车站社区开展“我与图书馆”学习心得交流活动，约 200 人次参加，来自各地的读者通过网络平台发来读书心得、创业感受。5 月 14 日，少儿馆举办“第二课堂活动日”，免费对未成年人开放，周二至周五 15：00 后组织周边学校学生轮流到图书馆来参加活动，每次参加 50 余人。5 月，外借部推出了第一期“好书大家读”图书导读宣传板。还在大厅推出“图书导读宣传廊”，包括“馆长寄语、新书看台、书海撷采、借阅排行”4 大版块，每月更新，年累计宣传图书 910 种。新建文化科普长廊。

2009 年，绍兴图书馆技术服务部组织了电子图书咨询活动，宣传、介绍 Apabi 电子图书。召开“藏书建设请您参与”——读者座谈会，征求读者对本馆纸质图书采购的意见和建议。

2011 年 1 月、4 月、7 月、10 月初，绍兴图书馆每季度推出大厅“宣传导读栏”。

2012 年 8 月 11 日，绍兴图书馆举办“阅读的力量——我的价值观”读者演讲比赛，15 名选手参赛。报刊部推出“每月一荐”活动，配合奥运、金鸡百花奖、重阳节推出体育专刊、电影专刊、重阳节专刊等。外借部开展“绍图为您荐好书”活动。少儿馆制作了“好书推荐”系列展板。

2013 年 5 月 9 日，绍兴图书馆举办浙江越秀外国语学院“校外义工基地”落户仪式活动。联合豆瓣读书网站平台进行新书推荐，馆内的书目数据上传后，读者可以在豆瓣读书网站中的“在哪儿借这本书”栏目中看到本馆书目，并连接到绍兴图书馆网站的数据库中。2013 年，馆内外书刊推广活动有 11 次，媒体报道 62 次。

2014 年 3 月 22 日，绍兴图书馆报刊部专门设立了党的群众路线教育实践活动学习资料专柜。9 月，推出“每月一库推荐”活动，介绍各个数据库的使用方法。11 月 21 日，报刊部联合塔山街道罗北社区共同举办“敞开心扉，放飞梦想”读书倾听会。

2015 年 6 月 18 日，绍兴图书馆文明小督导正式上岗。7 月 30 日，技术服务部、报刊部赴斗门镇洋江村为社区居民介绍了新馆的基本情况，宣传了各项信息资源与服务。2015 年，绍兴图书馆与《绍兴日报》达成图书推荐合作协议，每周三在《绍兴日报》“新周刊”专栏定期向读者推荐优秀图书，引领市民阅读。

2016 年 4 月 16 日，外借部与绍兴文理学院元培学院人文系合作成立“绍兴文理学院元培学院人文系阅读指导基地”，实施阅读指导、图书荐读、读者引导、活动参与、“行走课堂”等教学活动。5 月 29 日至 6 月底，绍兴图书馆开展书博汇——文津图书奖获奖图书荐读活动，设立专题书架。2014—2016 年，组建图书馆使用知识培训的馆员队伍，赴机关、企事业单位开展“如何利用图书馆”知识培训系列讲座。

2017 年 4 月，绍兴图书馆针对中老年读者开展了一次需求调研，发放调查表 58 份，调查结果显示中老年读者对电脑基础、手机端的各种应用、图书馆网络资源的使用等几方面知识比较感兴趣。5 月 22—28 日，在绍兴图书馆一楼少儿借阅区开设经典诗词专架，同时号召全市少年儿童参加 2017 全国少年儿童阅读年活动之经典阅读书法作品征集大赛。5—6 月，绍兴图书馆通过各服务窗口、网站、微信平台进行读者满意度调查。

2018 年 5 月 5 日，绍兴市未成年人课本剧大赛暨浙江省未成年人课本剧大赛绍兴地区选拔赛在绍兴图书馆历史文献馆二楼报告厅举行。暑假，绍兴图书馆开展了针对中学生的暑期阅读推广活动“暑期阅读季”，通过阅读打卡、“书影时光”电影阅读经典、“朗诵配音体验”等活动，激发学生的阅读热情。

2019 年 8 月 28 日，绍兴图书馆“清白泉”清廉图书馆建成开馆，由线上清廉数字图书馆和线下清廉图书室组成，旨在进一步加强绍兴市清廉文化建设。9 月 20 日，“陈坚钱币书法作品展”在绍兴图书馆建成开放。展品由绍兴乡贤、著名钱币设计大师陈坚先生无偿捐赠，绍兴图书馆于 2018 年底启动展厅的建设工作。同年，绍兴图书馆外借部推出 2018 年度好书共品、“文津奖”获奖图书荐读、“茅盾文学奖”获奖图书荐读等活动，向读者推荐优秀图书。

2020 年 4 月 23 日，绍兴图书馆“越读越有味 · 全民读好书”主题活动推进暨绍兴市阅读联盟启动仪式在沈园举行。以绍兴图书馆为首成立绍兴市阅读联盟，建成“绍兴市阅读联盟”公众号，并陆续推出主题征文、领读人培训课程等系列活动。6—7 月，绍兴图书馆、绍兴博物馆、绍兴市文化馆共同推出的“云上唐诗之路”激活工程，内容涵盖云讲座、云展览、云诗词等。8 月 15 日，“方雨的书架”阅读分享会在绍兴图书馆 U@ 空间举行，在凤凰网同步线上直播，即时观看量达 21 万余人次。9 月 19 日，绍兴图书馆组织承办的 2020 年“天籁浙江 · 印象诗路”朗诵大会（决赛）暨“云游兰亭”直播推广活动在绍兴兰亭景区举办。活动打破了常规的舞台表演形式，用实景朗诵直播的形式，呈现来自全省的 27 组朗诵作品，通过 12 个平台在线直播，全网观看人数超过 210 万，这是一次公共文化服务与旅游宣传推广有机融合的成功实践。

2. 系列阅读活动

（1）图书馆服务宣传周活动

1989 年，文化部确定每年 5 月的最后一周为全国图书馆服务宣传周，主要向公众宣传图书馆，开展各种便民、利民活动，目的是密切图书馆与读者和社会公众的联系，提高图书馆自身服务水平，扩大图书馆在社会上的影响，增强全社会图书馆意识，提高图书馆利用率，树立图书馆的良好形象。

绍兴图书馆自 1989 年首届图书馆服务宣传周开展以来，围绕每届主题，结合地方特点，采取丰富多彩的形式，针对性地举办系列读者活动，起到了较好的社会效益。同时，随着图书馆服务理念的逐渐深入，图书馆服务宣传周在近年逐渐淡化，宣传周活动时长也相应扩展。

表 6-7　历年图书馆服务宣传周主题一览（1989—2017 年）

时间	届次	宣传主题
1989	第一届	
1990	第二届	以加强为社会主义精神文明建设服务为重点
1991	第三届	不忘历史屈辱，发扬爱国主义
1992	第四届	为发展科学技术，提高劳动者素质，促进经济建设服务
1993	第五届	图书馆与经济和社会发展
1994	第六届	宣传中华人民共和国成立 45 周年来，特别是改革开放 15 年来取得的巨大成就，教育广大群众，特别是青少年热爱祖国，热爱中国共产党，热爱社会主义，在改革开放新时期奋发进取，建功立业，为祖国的繁荣、昌盛、强大贡献力量
1995	第七届	抓住机遇，做好工作，为 1996 年北京国际图联大会的召开作贡献
1996	第八届	增加全社会的图书馆意识，提高图书馆的优质服务水平，用实际行动迎接 1996 年北京国际图联大会的召开

续表

时间	届次	宣传主题
1997	第九届	宣传知识工程，倡导读书，传播知识，推动社会文明与进步
1998	第十届	积极参与知识工程，做合格的社会主义建设者
1999	第十一届	响应江泽民总书记号召，大兴勤奋学习之风
2000	第十二届	传播科学知识，宣传科学思想，倡导科学方法，弘扬科学精神
2001	第十三届	让科学走进千家万户，用知识造福人类
2002	第十四届	传播先进文化，提高全民素质
2003	第十五届	倡导终身学习，全民学习，创建学习型社会
2004	第十六届	营造学习氛围，倡导读书育人
2005	第十七届	共享文化资源，构建和谐社会
2006	第十八届	倡导全民阅读，构建学习型社会
2007	第十九届	延伸服务、深化服务，提高社会效益
2008	第二十届	保护文化遗产，弘扬民族文化，建设社会主义核心价值体系
2009	第二十一届	庆祝新中国成立六十周年，积极开展全民阅读活动
2010	第二十二届	充分发挥公益性电子阅览室作用，积极推进学习型社会建设
2011	第二十三届	庆祝中国共产党成立 90 周年，推进公共图书馆免费开放
2012	第二十四届	文化强国——图书馆的责任与使命，推进公共图书馆服务规范化
2013	第二十五届	书香中国——阅读引领未来
2014	第二十六届	图书馆——传承优秀传统文化，建设民族精神家园
2015	第二十七届	互联网 + 图书馆，传递阅读的力量
2016	第二十八届	互联网时代图书馆传递阅读正能量
2017	第二十九届	传递阅读正能量

（2）世界读书日全民阅读活动

1995 年，联合国教科文组织宣布 4 月 23 日为“世界图书与版权日”（简称“世界读书日”），主旨宣言为：“希望散居在全球各地的人们，无论你是年老还是年轻，无论你是贫穷还是富有，无论你是患病还是健康，都能享受阅读带来的乐趣，都能尊重和感谢为人类文明作出巨大贡献的文学、文化、科学思想大师们，都能保护知识产权。”自此以后，绍兴图书馆在世界读书日期间，根据各个主题，积极开展相应阅读活动。

2000 年 5 月，举办“绍兴图书馆、塔山中心学校首届读书节”，以“跨越世纪、争做新人”为主题，通过征文、故事大赛、百科知识竞赛、科普讲座等活动，引导学生“好读书、读好书”。同月 27 日，组织“绿色家园”少儿环保征文比赛，近百名小学生参赛。

2001 年，绍兴图书馆举办各类形式的少儿活动 13 项，如宣传科学、反对邪教，百米书画庆国庆等。绍兴图书馆与绍兴五中联合成立中学生“新世纪读书俱乐部”，紧扣读书主题，定期举行学生自助的“沙龙知识竞猜”“好书大家读”“见习作家”等活动，还不断发展会员，使学生们通过多读好书，提高自身素质。

2002年，绍兴图书馆举办了百年馆庆系列活动。2月5日，举办古越藏书楼创建百年暨绍兴图书馆百年馆庆读者恳谈会，近20位学者参加。8月23日，由绍兴图书馆与市教育局、市电教馆联办的“百年馆庆”中学生读书知识竞赛现场竞答决赛在馆报告厅举办，市师范附中夺得第一名。10月17日，“我与图书馆”百年馆庆读者征文活动揭晓，本次活动共有1 500多人参赛征文，王梁《我的天堂》获一等奖。10月29日，举办“开放的图书馆在21世纪的运作和展望”座谈会，近60人参加。11月8日，朱夏良向绍兴图书馆赠送有关周恩来书籍仪式活动在图书馆怀贤堂举行，50人参加。

2004年4月23日世界读书日当天，绍兴图书馆邀请浙江省作协副主席、茅盾文学奖得主王旭烽在报告厅作专题读书报告会，邀请部分老、中、青读者举行读者座谈会，就如何发展图书馆事业进行交流。当天，绍兴图书馆所有图书服务窗口均实行免费阅览。同年，绍兴市第一届全民读书月活动启动。

2005年4月23日，绍兴图书馆组织21名外地来绍建设者和20名本地市民成立了“五湖四海读书联谊会”；举行“阅读改变人生，共建和谐社会”大型读者活动；首次向读者开放“旅游专题文献外借室”；各窗口部门实施免证阅览。在第二届绍兴市全民读书月活动期间，组织联谊会成员及其他外地来绍建设者参加“他乡月也圆”读书联谊活动。

2006年，绍兴图书馆举办绍兴市第三届全民读书月活动，展开“文化援助”活动，将1.3万册图书赠送给偏远山区乡镇、学校、弱势群体和民工子弟学校如市聋哑学校、袍江群贤小学、嵊州王院乡文化中心。举办以宣传社会主义荣辱观和绍兴的历史文化为目的的知识决赛。9月30日—10月5日，在绍兴大剧院举办越都书市，越都书市荣获绍兴市第三届全民读书月先进集体称号。邀请美国前国务卿助理滕祖龙等举办3场讲座。

2007年，在绍兴市第四届全民读书月活动期间，绍兴图书馆以“营造全民读书理念、提升现代服务形象”为主题，举办了丰富多彩的读书活动。9月1日公众服务日当天，免费开放馆内阅览部门，读者可免费查阅数据库；为提高员工的服务质量和技能，邀请有关专家作讲座。国庆期间举办的2007年越都书市以“学习·智慧·创新·和谐”为主题，还举办了图书展览、展销以及文化产品推介宣传、读书娱乐、文学讲座等活动，销售图书近8.6万册，总销售额达126.75万元，近7万人次的市民参与了书市活动。

2008年4月23日世界读书日期间，绍兴图书馆推出“全民阅读，借阅提速”系列服务。自4月23日起，成人读者外借图书的数量由原来的2种5册提高到3种5册，借期由原来的15天延长至20天。同时设立闭馆还书箱、预约图书即时通知、周三新书上架制、你点书我买单以及读者意见征求月6项便民亲民举措。还组织开展了以“让阅读成为‘悦读’”为主题的系列读书活动。

2009年4月，绍兴图书馆举办了以“图书馆——平等共享的精神家园”为主题的第14届世界读书日系列活动。9月5日，绍兴市第六届“全民读书月”活动暨第五届越城读书节启动仪式在绍兴图书馆举行，活动表彰了2009年度学习型组织和学习之星；向外来民工子女、市民、中小学生赠书，向企业职工赠“电子读书卡”；计270人参加。绍兴图书馆获绍兴市第六届全民读书月活动先进单位。

2010年4月，绍兴图书馆举办了第15届世界读书日“阅读、分享、成长”系列活动16个。5月19日—

6 月 16 日，配合第六届“绍兴市未成年人读书节”，举办 9 项活动。9—10 月，配合绍兴市第七届全民读书月举办 11 项活动。绍兴图书馆获绍兴市第七届全民读书月先进单位荣誉称号，馆员蒋替征获活动先进个人奖。

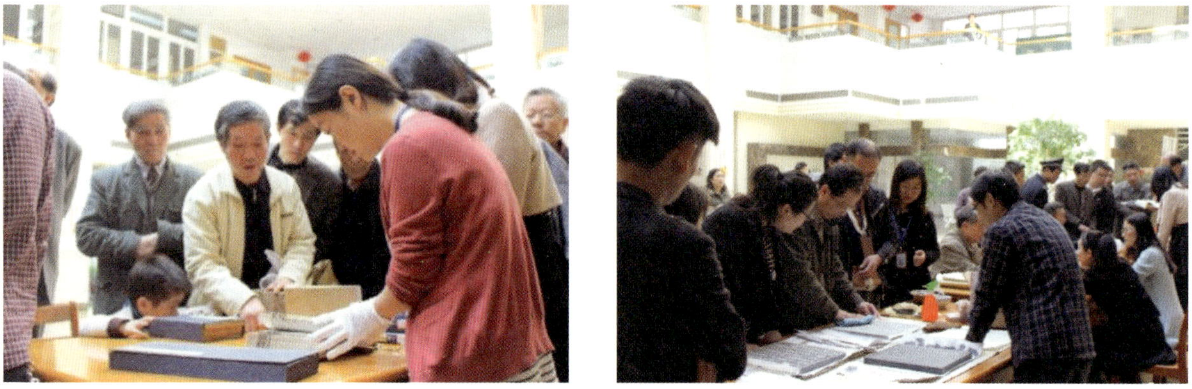

图 6-3　绍兴图书馆服务宣传周活动

2011 年 4—6 月，绍兴图书馆开展绍兴市第八届全民读书月暨第 16 届世界读书日系列活动，以“这是您的图书馆”为主题，共举办 4 大系列 20 项主题活动。绍兴图书馆获绍兴市第八届全民读书月活动先进单位，丁鹏敏荣获先进个人奖。5 月 18 日，绍兴市第七届未成年人读书节开幕式在群贤小学报告厅举行。

2012 年 4 月 23 日，绍兴图书馆开展了“让书乡洋溢书香”为主题的绍兴市第九届全民读书月暨第 17 届世界读书日活动，共开展 4 大系列 20 项主题活动，其中阅读推广 6 项，数字信息服务 5 项，讲座展览 6 项，少儿活动 3 项。5 月 16 日—6 月 13 日，开展第八届绍兴市未成年人读书节，绍兴图书馆以“梦想激发阅读，阅读点燃梦想”为主题举办系列活动。

2013 年 4—10 月，绍兴图书馆开展以“书香为伴 悦读明礼”为主题的绍兴市第十届全民读书月活动暨以“阅读使人生更美好”为主题的第 18 届世界读书日系列活动，举办了 4 大系列 25 项主题活动。当年新推出“诗读绍兴”“我读我秀”等系列读者活动。

2014 年 4 月第 19 届世界读书日期间，绍兴图书馆推出 9 项系列活动。5 月，第十届浙江省未成年人读书节开幕，以“我读书、我快乐、我智慧”为主题，围绕“中国梦”和“社会主义核心价值观”，重点推出“悠悠中华情”全城少儿阅读计划。11—12 月，开展以“文化绍兴，从阅读开始”为主题的绍兴图书馆全民读书月活动，共推出各类主题活动 16 项。

图 6-4　绍兴图书馆世界读书日活动

2015 年 4—7 月，绍兴图书馆开展绍兴市第十二届全民读书月活动，配合“最是书香能致远”主题，开展 4 大类 15 项活动。

2016 年，绍兴图书馆举办了以“图书馆就在我身边”为主题的全民读书月系列活动，包括绍兴图书馆第一届全民阅读节暨第十三届全民读书月活动，共开展 4 个系列 36 项活动。

2017 年，首次经绍兴市文广局发文，在全市范围启动以“图书馆就在我身边”为主题的绍兴图书馆第二届全民阅读节，绍兴图书馆共开展 4 个系列 31 项活动。4 月底，举办绍兴市未成年人朗诵大赛暨浙江省未成年人朗诵大赛绍兴地区选拔赛，绍兴图书馆选送的 3 个作品分别获得省未成年人朗诵大赛两个小学组二等奖、一个中学组三等奖。5 月 17 日，绍兴图书馆执行承办第十二届浙江省未成年人读书节启动仪式暨“戏曲阅读经典”大赛决赛。

2018 年，绍兴图书馆开展以“读书让生活更美好”为主题的第三届绍兴市公共图书馆全民阅读节系列活动， 举办“悦读”嘉年华系列活动，共开展 4 个系列 21 项活动。

图 6-5　绍兴图书馆全民读书月活动

2019 年，绍兴图书馆开展以“阅读越美丽”为主题的第四届绍兴市公共图书馆全民阅读节系列活动， 共开展 4 个系列 20 项活动。3—6 月，绍兴图书馆开展以“我读书、我快乐、我智慧”为主题的第十五届未成年人读书节，包括“树兰书院”少儿国学系列活动、“金苹果”少儿系列活动。

2020 年，在第 25 个世界读书日之际，绍兴市委宣传部牵头绍兴图书馆为主组织成立绍兴市阅读联盟，并重磅推出了“越读越有味·全民读好书”阅读品牌。

3. 特色品牌活动

通过多年实践，绍兴图书馆“金苹果”系列活动“周六英语沙龙”“品读会客厅”“小小修复师”等活动已逐渐成为绍兴图书馆读者活动品牌。

（1）“金苹果”系列活动

绍兴图书馆着力做好未成年人阅读推广工作，创立了少儿活动统一品牌“金苹果”系列活动。“金苹果”少儿系列活动是绍兴图书馆未成年人阅读推广品牌活动，内容涵盖馆员姐姐讲绘本、“闪亮宝贝星”故事会、出彩宝贝才艺秀、巧手乐园、科普小课堂、家长俱乐部等活动。

2003 年始，绍兴图书馆开始摸索开展系统性少儿阅读推广活动。

2013 年，绍兴图书馆特别组织成立了亲子俱乐部、家长俱乐部和少儿英语俱乐部等，“闪亮宝贝星”“故事妈妈讲故事”“小脚丫故事吧”等品牌活动以表演形式为主，辅之以舞蹈、琴艺、配乐等多种才艺表现手段。

2014 年，绍兴图书馆对以往开展的少儿活动进行了整合和分类，推出以“金苹果”为统一品牌的系列少儿活动，初始主要包括故事吧、“闪亮宝贝星”故事会、巧手乐园、亲子乐园、国学讲堂、七彩梦工厂等，并建立 QQ 群以方便工作开展。

2015 年 3 月 28 日，推出首场“金苹果”馆员姐姐讲故事活动，馆员王沈飞讲《我有友情要出租》绘本故事。12 月 18 日，绍兴图书馆“金苹果”少儿系列活动获绍兴市第五届未成年人思想道德建设“希望奖”。

2016 年 4 月 3 日，绍兴图书馆举办首场“金苹果”大学生姐姐双语故事会活动，这是绍兴图书馆少儿馆与绍兴文理学院元培学院外语系共同举办的公益性中英双语故事讲读活动。

2017 年 1 月始，绍兴图书馆与中广有线信息网络有限公司绍兴分公司签订了少儿活动宣传推广合作协议，《上电视吧》栏目选取本馆优秀少儿活动在周五 18：30 的栏目中播出，每月一期，每期 15 分钟，“金苹果”品牌影响力提升。当年“金苹果”少儿系列活动被评为“绍兴市公共图书馆优秀阅读推广品牌”。

2019 年，绍兴图书馆针对学龄前儿童开设的阅读推广活动“金苹果”少儿英语沙龙改名为英语 ABC。

2020 年 2 月，因疫情原因，绍兴图书馆“金苹果”系列活动将线下授课改变为利用云端平台授课，共举办科普小课堂 10 场。绍兴图书馆联合社会多方力量，围绕“培养阅读兴趣、养成阅读习惯”这一目标，举办了 42 场“金苹果”系列活动，参与读者 20 948 人次。

至 2020 年底，共举办“金苹果”少儿系列活动 470 场次。“金苹果”系列活动已成为全市少儿阅读服务品牌，下设国学讲堂、巧手乐园、家长俱乐部等 10 余个常规子项目。

根据活动对象，绍兴图书馆“金苹果”系列活动可分为两类。

1）针对少年儿童的活动

少儿阅读推广类活动：①每年根据浙江省未成年人读书节主题举办读书节系列活动；②“金苹果”故事系列活动，包括“金苹果”故事妈妈讲故事、“金苹果”馆员姐姐讲故事、“金苹果”大学生姐姐双语故事会；③“金苹果”国学讲堂；④“交换好书，分享知识”少儿换书活动；⑤看电影、读名著；⑥利用少儿电子数据库开展的活动；等等。

图 6-6　“金苹果”少儿系列活动

少儿风采展示类活动："金苹果"少儿小主持人选拔赛、"金苹果"出彩宝贝才艺秀、"金苹果"闪亮宝贝星故事会等。

少儿素质拓展类活动："金苹果"巧手乐园、"金苹果"科普讲座、英语 ABC、"金苹果"科普小课堂等。

节庆主题活动类活动：元旦迎新晚会、元宵节猜灯谜活动、六一儿童游园会、国庆节的金秋跳蚤市场等。

馆校联动系列活动：与塔山小学开展的"我与图书馆的约会"活动；与东湖镇中心小学、兰亭镇中心小学、群贤小学等学校共同组织开展学生春游看新馆活动。

图 6-7　少儿金秋跳蚤市场

图 6-8　图书大巴进校园活动

2）针对家长开展的活动

"金苹果"家长俱乐部：由少儿馆小读者的家长所组成的一个沟通交流平台。

故事妈妈志愿服务队：由一批热心家长组成的一支公益绘本讲读队伍，少儿馆会定期对故事妈妈进行绘本讲读培训，并邀请故事妈妈到馆为小朋友们进行绘本讲读。

针对家长开设的各类讲座：家庭阅读指导讲座、儿童心理辅导讲座，以及儿童阅读习惯培养讲座、国学漫谈讲座等。

图 6-9　家庭阅读指导讲座及儿童心理辅导讲座等

（2）周六老年英语沙龙

2009 年世界读书日期间，绍兴图书馆应老年读者的兴趣和爱好，开创了“周六英语沙龙”活动。活动以读者自发组织、自我主导为活动模式，完全免费，除了为老年读者提供场所、师资和相应的联络平台外，所有的活动安排均由老年读者根据自身的兴趣爱好和关注热点自主安排、自主活动。随着读者不断增多，响应老年读者“老有所为、老有所乐”的新需求，以人为本、注重特色，以周六英语沙龙活动为载体，绍兴图书馆以“三个坚持”（坚持活动的多样性、坚持活动的自主性、坚持活动的价值性）为推手，全力打造老年读者放飞青春的新舞台。到 2020 年，周六英语沙龙已成为绍兴图书馆的主要品牌活动之一，活动先后获得了“CCTV 希望之星英语风采大赛”老年组“集体奖”、中国图书馆学会主办的案例征集活动“优秀案例奖”、浙江省图书馆学会举办的“读者主导型文化活动案例赛”三等奖等各项荣誉。

2009 年 9 月 6 日，绍兴图书馆举办了“迎接世界合唱节”英语沙龙，吸引了大批英语爱好者走进图书馆。绍兴电视台、绍兴晚报分别对此次活动进行了专门的报道。

2011 年 1 月 15 日，绍兴图书馆举办了“English Salon for the Spring Festival”（迎新年英语主题沙龙——春节话年俗）活动。5 月，沙龙学员汪佩茵、蒋福祯、黄鲜红、沈悦勤、施宝英等参加了 CCTV“希望之星”英语风采大赛（绍兴赛区决赛），获得老年组“集体奖”，为感谢绍兴图书馆，他们把奖杯留在报刊部。11 月，绍兴选送的“周六英语沙龙”活动，在中国图书馆学会主办、中国图书馆学会阅读推广委员会社区与乡镇阅读委员会承办的“社区乡镇阅读推广活动优秀案例征集”活动中获得“优秀案例奖”。

图 6-10　老年英语沙龙活动

2012 年 10 月 20 日，绍兴图书馆举办“Let's spend Double Ninth Festival happily”重阳节活动。

2013 年 9 月，绍兴图书馆报刊部在延安路馆二楼举行“周六英语沙龙”五周年庆典活动。到此，已举办颇具影响力的大型沙龙活动 20 多场，开展各类小型团体活动 200 多次。其中“外籍老师与读者一起鉴赏中西文化的语言差异”“CCTV 杯英语风采大赛”“I Read and I am happy！（我诵读我快乐）”等活动得到了各级媒体的广泛关注、报道。

2014 年 4 月，绍兴图书馆举办“the World's Reading Day——书香醉人读书最乐！”英语沙龙。本次活动联合树人中学举办联谊活动，老少共同分享学习英语的快乐。

2015 年，绍兴图书馆在周六老年英语沙龙的基础上推出韩语沙龙活动，邀请专业韩语老师为韩语爱好者介绍韩国的人文风貌等。

2016 年 3 月 27 日，绍兴图书馆开展了以“复活节”为主题的户外英语活动。9 月 17 日，举办主题为“绍兴图书馆老年英语沙龙之节日汇”的活动。10 月 14 日，举办“我和老外面对面”老年英语沙龙专场，活动邀请了 EF 教育的外教老师与大家进行互动交流。

2017 年 4 月 22 日，绍兴图书馆在市区稽山公园开展户外老年英语沙龙专题活动，邀请外教老师，为大家表演和一对一交流等。

2020 年度，共招收老年学员 65 人，采取线上线下形式，全年开课 22 周，活动参与人次累计达 880 次。活动为老年英语爱好者们提供了展示自身价值的平台，使老年朋友们可以老有所学、老有所乐，营造了老年读者“快乐阅读，快乐英语”的良好氛围。

（3）品读会客厅

“品读会客厅”是绍兴图书馆外借部于 2015 年初开设的成人读者阅读指导活动，旨在为读者提供一个互相倾听与自由表达的阅读平台，营造一个和谐的阅读思考环境。2016 年更名为“树兰品读”。到 2020 年底，共举办 30 场品书会，主要通过专家解读、读者交流等，引导读者读好书，好读书。

表 6-8　绍兴图书馆“品读会客厅”活动内容一览（2015—2020 年）

日期	内容
2015 年 1 月 18 日	镜湖新馆二楼外借部，《大秦帝国》品书会，以“畅谈英雄风骨，品味他者人生”为主题，重温那个年代的文化与气节
2015 年 4 月 25 日	镜湖新馆二楼会议室，《平凡的世界》品读会，体味艰苦年代坚持的感动，汲取平凡的力量
2015 年 9 月 12 日	镜湖新馆四楼会议室，台湾女作家齐邦媛的《巨流河》品读会，邀请了蔡朝阳、蔡鸿宇与 30 多位读者一起品读《巨流河》这部深沉的家族史著作，交流“台湾文学之母”齐邦媛笔下的两岸人民的生活
2015 年 11 月 15 日	《但得爱书人似我》品读会，邀请作者与读者一起思考浮躁喧嚣的年代中，如何依托阅读追寻内心最深处的渴望
2016 年 1 月 30 日	镜湖新馆四楼影音室，野夫《1980 年代的爱情》品读会，借助影音设备，更多元、更立体全面地感悟作品
2016 年 4 月 24 日	畅叙《1983 年的成长》，绍兴籍作家谢方儿与读者面对面
2016 年 6 月 26 日	历史文献馆，绍兴文理学院人文学院周一农教授带领共品《南渡北归》
2018 年 3 月 17 日	张桂铭艺术馆，读者邓娜带领品读《云雀叫了一整天》
2018 年 4 月 14 日	绍兴图书馆三楼 U 空间，品读《彭大将军》
2018 年 5 月 12 日	绍兴图书馆三楼 U 空间，竺莲君老师带领品读《暖爱》
2018 年 6 月 9 日	荒原书店，周一农教授带领品读《柳如是别传》
2018 年 7 月 8 日	绍兴市稽山中学，徐晓龙带领品读《推理的迷宫》
2018 年 8 月 11 日	绍兴图书馆三楼 U 空间，读者李浩带领品读《乡土中国》
2018 年 8 月 12 日	荒原书店，周一农教授带领品读《艺术哲学》
2018 年 10 月 27 日	灵芝镇林头村菁思草堂，品读克里希那穆提《论恐惧》
2019 年 1 月 5 日	绍兴图书馆三楼 U 空间，品读《禅与摩托车维修艺术》
2019 年 2 月 24 日	绍兴图书馆三楼 U 空间，品读《草木缘情：中国古典文学中的植物世界》
2019 年 3 月 16 日	绍兴图书馆三楼 U 空间，品读《百年孤独》
2019 年 5 月 25 日	绍兴图书馆三楼 U 空间，品读《千秋一寸心》

续表

日期	内容
2019 年 6 月 22 日	张桂铭艺术馆，品读《灵感》
2019 年 7 月 27 日	绍兴图书馆三楼 U 空间，复旦大学蒋益博士带领品读《第四次革命》
2019 年 10 月 19 日	绍兴图书馆二楼“清白泉”清廉图书室，越读会资深书友徐晓龙带领品读《二月河说反腐》
2019 年 11 月 16 日	府山街道树兰书房，周一农教授带领品读《讲理》
2019 年 12 月 7 日	绍兴图书馆二楼“清白泉”清廉图书室，上海市大同中学的陈天琦老师带领品读《世说新语》
2020 年 3 月 12 日	绍兴图书馆微信公众号，品读《政治秩序的起源》，“树兰品读”特请资深书友弥撒（王一秋）通过微信公众号分享他的读书笔记，引领书友随方舱“读书哥”共同阅读和思考
2020 年 6 月 20 日	绍兴图书馆二楼清廉图书室，许继康老师带领品读林语堂《苏东坡传》
2020 年 7 月 25 日	绍兴图书馆二楼清廉图书室，丁纾寒带领品读《寻路中国》
2020 年 9 月 26 日	绍兴图书馆二楼清廉图书室，李夏老师带领品读《非暴力沟通》
2020 年 9 月 26 日	绍兴图书馆二楼清廉图书室，复旦大学蒋益博士带领品读《门外汉的京都》
2020 年 10 月 18 日	绍兴图书馆二楼清廉图书室，曹可扬老师带领品读《郁金香集》

图 6-11　品读会客厅活动

“作家会客厅”是绍兴图书馆外借部于 2016 年联合绍兴市作家协会推出的读书活动，邀请绍兴著名作家以读书会、座谈会、沙龙等形式，就文学欣赏、作品荐读、读书心得等方面与读者进行互动，利用作家在作品鉴赏方面的优势做好阅读推广工作。到 2020 年底，共举办活动 16 场，参与人员 500 多人。

表 6-9　绍兴图书馆“作家会客厅”活动内容一览（2016—2020 年）

日期	内容
2016 年 12 月 17 日	绍兴图书馆三楼 U 空间，绍兴市作协主席马炜主讲“从《七略》到《呐喊》——中国古代小说流变”
2017 年 2 月 18 日	绍兴图书馆三楼 U 空间，绍兴文理学院文化与传播研究所所长周一农教授受邀主讲“时间的河流——说不尽的 80 后”

续表

日期	内容
2017 年 3 月 18 日	绍兴图书馆三楼 U 空间，作家陈文超主讲“过把文学瘾——生活与阅读”
2017 年 4 月 22 日	绍兴图书馆三楼 U 空间，《野草》杂志主编，绍兴市作协副主席斯继东主讲“小说的艺术”
2017 年 6 月 3 日	绍兴图书馆三楼 U 空间，绍兴市女作家协会常务副会长郑休白作“漫谈散文”主题演讲
2017 年 7 月 8 日	绍兴图书馆三楼 U 空间，兰亭景区管理处副主任喻革良老师作“如何让生命之树成长得丰富而好玩”主题演讲
2017 年 9 月 23 日	绍兴图书馆三楼 U 空间，绍兴市作协诗歌创委会副主任何玉宝畅谈从《从诗励志到诗真实》
2017 年 11 月 4 日	绍兴图书馆三楼 U 空间，上虞区委统战部副部长、绍兴市作协副主席陈荣力主讲“微信时代的散文阅读与写作”
2017 年 12 月 16 日	绍兴图书馆三楼 U 空间，绍兴市作家协会副主席东方浩演讲《我在绍兴写诗》
2018 年 4 月 21 日	绍兴图书馆三楼 U 空间，绍兴市文联副主席马炜主讲“第一声呐喊——回望百年前的《狂人日记》”
2018 年 6 月 2 日	绍兴图书馆三楼 U 空间，蔡朝阳老师带着他的新书《孩子，谢谢你带我认识温柔》，分享育儿路上的探索和感悟
2018 年 11 月 17 日	绍兴图书馆三楼 U 空间，中国作协会员、绍兴市公安作协主席朱建平主讲“在小说中探寻人性亮点”
2018 年 12 月 15 日	绍兴图书馆三楼 U 空间，“绍兴好人”、优秀援藏干部谢军帅老师讲述“不得不说的西藏故事——《西藏有缘》”
2019 年 3 月 23 日	绍兴图书馆三楼 U 空间，马立远老师带着他的新书《润物无声》与大家交流创作中的心得
2019 年 4 月 20 日	绍兴图书馆三楼 U 空间，中国作家协会会员、绍兴市作家协会副主席、秘书长谢方儿和大家交流为什么要读经典作品
2019 年 9 月 28 日	绍兴图书馆二楼清廉图书室，斯培光老师主讲“《走读神州》——圆了我的中国梦”

（4）小小修复师

绍兴图书馆为配合中华古籍保护计划的开展，向社会宣扬我国优秀传统文化，于 2013 年 4 月 27 日首次与浙江图书馆联合举办古籍修复体验活动，参与者 60 余人。2014—2020 年，每年举办修复体验，2015 年邀请到国家级古籍修复技艺传习中心浙江传习所导师、国家图书馆资深修复专家胡玉清老师亲临现场指导。

古籍修复体验活动吸引了不少小朋友。2017 年，绍兴图书馆量身定做推出了“小小修复师”古籍修复体验活动。10—11 月，“小小修复师”系列体验活动在历史文献馆成功举办。该系列活动分两期，每期两场。第一期举办于 10 月 21 日、28 日，在一楼音像资料室进行，主要活动内容为仿制线装书体验，包括裁纸、折纸、齐栏、搓纸钉。第二期举办于 11 月 18 日、25 日，在三楼古籍修复体验活动室进行，参加者主要学习碑拓知识和技艺，体验传拓过程。来自塔山中心小学、树人小学等学校的 10 余名中小学生参与了此次系列活动。2018 年 9 月—2019 年 1 月，与塔山中心小学合作开展为期 16 周的“小小修复师之塔小拓展课程”第一期活动。2019 年 9 月—2020 年 2 月，开展“小小修复师之塔小拓展课程”第二期活动。

图 6-12　修复活动现场

图 6-13　“小小修复师”古籍修复体验活动

表 6-10　绍兴图书馆读者活动统计（2000—2020 年）

年份	场次	人次	年份	场次	人次
2000	14	25 000	2011	36	17 000
2001	100	30 000	2012	46	42 773
2002	15	4 900	2013	270	42 773
2003	24	5 313	2014	400	53 377
2004	30	11 607	2015	605	94 377
2006	43	23 356	2016	620	359 301
2007	33	12 860	2017	805	299 260
2008	36	53 148	2018	868	25 000
2009	34	10 595	2019	916	235 000
2010	34	12 500	2020	595	991 000

4. 线上阅读推广活动

绍兴图书馆在自动化、网络化的基础上，结合技术的发展和读者对图书馆的新要求，积极建设数字资源，利用网站、电视、微博、微信、抖音等媒介平台拓展服务内容，指导读者阅读。

1998 年，图书馆网站（http://www.sxlib.com）创建，开始利用互联网开展读者服务。首先对馆藏中最具有地方特色的资料进行整理加工，形成各专题数据库。

2004 年 5 月，绍兴图书馆成功开发了少儿馆网站，用于指导少儿阅读。

2006 年，绍兴图书馆正式建成“绍兴市非物质文化遗产保护网”“中国戏曲网——越剧篇”，融知识性、娱乐性、互动性于一体，分新闻类、知识类、欣赏类、互动类 4 大版块 13 个栏目。

2011 年 4 月 8 日，绍兴图书馆与“绍兴 e 网”“驴行天下”版块合作，建立网上图书室，为驴友提供有关登山等 6 个主题的图书书目。

2013 年，绍兴图书馆联合豆瓣读书网站平台进行新书推荐，把馆内书目数据上传到豆瓣网站中，读者可在网站中的“在哪儿借这本书”栏目中看到绍兴图书馆的书目，并连接到绍兴图书馆网站的数据库。10 月 27 日，绍兴数字图书馆开通，构建了绍兴市图书馆服务的数字传播体系，真正实现了将数字文献信息服务送到市民身边。截至 2020 年底，绍兴图书馆先后 6 次对网站进行改版，改版后网上内容更细化，服务功能更趋人性化，读者阅读体验更舒适。绍兴图书馆网站成为早期线上阅读推广活动的主要途径之一。

2011 年 4 月，绍兴图书馆在新浪网上开通官方认证微博（http://weibo.com/sxlib）。开始通过微博进入线上阅读推广领域。

2012 年 10 月 25 日，“绍兴电视图书馆”在数字电视平台上正式开通。“绍兴电视图书馆”分互动版、图文版两种版式，分别设有共享工程、我的图书馆、少儿读物、精彩讲座、书画鉴赏等 12 个栏目及绍兴图书馆简介、共享工程、服务指南、借阅排行榜等 8 个栏目。全市近 30 万有线电视用户，可享受到绍兴图书馆所提供的文化信息、精彩讲座、书目查询、图书续借、休闲娱乐等服务。

2014 年 8 月 2 日，“绍兴电视图书馆”多屏浏览平台正式开通。

2015 年 1 月，绍兴图书馆推出微信公众号服务平台。新版的“绍兴图书馆”微信公众号除了不定期推送信息之外，还具备“服务大厅”“悦读绍图”“活动公告”3 大版块 37 个功能模块。

2017 年 2 月，绍兴图书馆推出微信“扫码阅读”活动，以电子图书和二维码作为推广内容和阅读方式，每月推送。读者利用智能手机或平板电脑等扫二维码，即可在线阅览或下载电子图书。同时，联合上虞、新昌、嵊州等区县市图书馆，共同开展扫码阅读活动，并制定《各区县市馆扫码阅读活动推广规则》，进一步推广数字阅读资源。4 月 23 日，新版“美文品读”栏目上线，推出“读书、励志、书评、名著赏析、诗歌、家书、国学”7 个子栏目。

2018 年，绍兴图书馆微信公众号改版上线，绍兴图书馆是全省首家推出“小程序”的图书馆。有效发挥了微信在阅读推广中的引领、导向作用，完成微信公众号第 4 次改版，对原有的 3 大栏目进行了更新和完善，大大提高了微信公众号的参与性和互动性。

2019 年，绍兴图书馆拓展、完善微信公众号服务功能，在微信公众号内新增“电视学堂”栏目，为小读者们提供在线学习平台。新增“活动打卡”栏目，“树兰书院”国学班学员可以查看老师发布的音频任务，在线打卡。

2020 年 5 月，新开通绍兴图书馆微信订阅号，实现服务号、订阅号双号并行，全面提升数字移动服务。目前每月保持推送 20 余次，每天推送 2~3 条信息，内容以原创为主。绍兴图书馆还与绍兴市大数据局合作，推出“越行证”，整合读者身份认证、绿码识别和图书借阅等功能，实现一证通用，一码通行。

2020 年 3 月 27 日，“绍兴图书馆”抖音号开通，利用该平台进行新书推荐、活动推广。

2020 年，因新冠肺炎疫情影响，线下活动受一定限制。绍兴图书馆积极利用新媒体平台，以云直播、云展览、云讲座、云导读、云培训等形式，开展了形式新颖、互动性强、参与方便的线上阅读活动。全年通过微信、微博和直播 App 平台举办“越读越有味之漫步云端书香抗疫”主题线上读书，“世界读书日——全民阅读知识有奖问答”“浮光阅影——胶片摄影展”“阅新知不孤读”世界读书日主题活动，“用 21 天遇见最好的自己——21 天打卡活动”“趣品诗词涵养心灵——诗词素养比拼大赛”“指尖技艺拖住岁月流转”主题系列活动，“防疫 · 战疫，致敬英雄”主题征文，“乡音记忆、魅力童谣”

征集，阅读 TA 力量演讲比赛等线上活动。

（五）图书馆知识延伸服务

1. 展览

绍兴图书馆早期展览较少。2000 年延安路馆舍建成后，建有 580 平方米的展览大厅，场次渐多。

2001 年 5 月 14—23 日，为庆祝中国共产党建党 80 周年，绍兴图书馆与湖南韶山毛泽东纪念馆联合举办“毛泽东遗物展”，全市有 260 余家机关、企事业单位和 20 所中小学组织集体参观，观众达 25 000 人次。5 月 20 日，举办“国外服装与时尚画册展”，首次展出绍兴图书馆近两年来收藏的 250 多册国外服装与时尚期刊。9 月 25 日，举办“鲁迅在绍兴”大型图片展。10 月 25 日，举办“王志成漫画作品展”。

2002 年 3 月 4—8 日，绍兴图书馆与绍兴市台办举行《为促进祖国统一大业而继续奋斗——台湾问题》图片展，全市机关事业单位、中小学生、图书馆读者 1.8 万人次参观。3 月 12 日—4 月 13 日，报刊部举办“国外时尚服装期刊展”，参观人员达 500 多人。6 月 26 日—7 月 25 日，举办“铲除社会毒瘤——毒品”图片展，接待读者 3 000 余人次。10 月初，与绍兴图书馆结为友好馆的丹麦欧登塞图书馆图片展在馆内大厅展出，近 1 200 人观看。10 月 10—15 日，为配合百年馆庆，古籍部组织“馆藏家谱、近现代地方文献”展览。10 月份，报刊部举办“百年馆庆画展”，此次画展的展品是读者为感谢图书馆多年来的帮助与支持，值百年馆庆之际赠送的一批他们自己创作的工艺画、漫画、布画、包装盒面等。10 月 29 日，为庆祝百年馆庆，展出“古越藏书楼创建百年暨绍兴图书百年馆庆”宣传专版。

2003 年 6 月 3 日，绍兴图书馆在图书馆大厅举办安全知识大型图片展。10 月 30 日—11 月 3 日，由楚州区人民政府、绍兴市文体局主办，楚州区委宣传部、楚州区文化局、绍兴图书馆承办的楚州区书画精品展在馆展出。同时举办“时尚花语”展，用故事形式介绍十种花卉，观看者达 300 余人。此外，还举办了“绍兴图书馆馆藏碑帖展”。

2004 年 4 月 14—27 日，由绍兴市外侨办、以色列驻上海总领事馆联办的“从创世开始——沙伊·吉诺特摄影展”在绍兴图书馆展厅展出，这是绍兴图书馆首次承办的国外摄影作品展。绍兴市副市长俞永谷，市外侨办主任章光华、副主任谢振江，市文体局副局长金一波，龚天力馆长以及以色列驻上海总领事马奕良先生和副总领事贝理亚先生出席剪彩仪式。4 月 19—27 日，绍兴市党政领导书法作品展在展览厅展出。5 月 31 日，由绍兴市委宣传部、市文体局、市教育局、市总工会、团市委联合主办的《百年小平大型文献图片展》在绍兴图书馆展出，市委常委、宣传部部长谭志桂主持开幕式，市委副书记顾秋麟在开展仪式上讲话。9 月 18 日，绍兴图书馆配合七艺节，举办了“中国戏曲音像展”。11 月 7—11 日，第五个中国记者节书画作品展在绍兴图书馆展厅展出。2004 年 12 月 30 日—2005 年 1 月 21 日，“迎新年——少儿读书作品选”在一楼大厅展出。

2005 年 3 月 16—27 日，宓风光泥塑艺术展在绍兴图书馆展厅举办。为庆祝丹麦著名童话家安徒生诞辰 200 周年，5 月 26 日—6 月 5 日，“安徒生童话”插图展在馆一楼大厅展出。5 月 27 日—6 月 7 日，浙江文化名人展在馆一楼大厅展出。7 月 1—10 日，为庆祝建党 84 周年，绍兴图书馆报刊部举办绍兴英烈事迹展。8月23—28日，举办德国建筑景观展。9月29日—10月30日，由绍兴图书馆组织的“铭记历史·永保先锋”图片展在绍兴市劳教所、鹤池苑等3个社区巡回展出。

2006年7月—8月，绍兴图书馆报刊部在二楼走廊举办“伟人与报头”鉴赏展览，并在其他兄弟图书馆相继展出。9月30日—10月3日，绍兴图书馆举办“馆藏精品书画碑拓展”。绍兴图书馆此项工作得到中国剧协、浙江省文化厅以及绍兴市委、市政府领导的高度肯定。当年另有戏台资料展、全浙书法展、海洋生物展、假冒伪劣产品展等。

2007年3月10—30日，绍兴图书馆举办读者原创漫画展。4月，在报刊部橱窗举办“两会图片展”。4月7—8日，举办太空科普展。4月16—20日，举办老年书画展。6月25日—7月13日，举办“世界纪念日图片展”（从国家图书馆引进）。6月底至7月初，绍兴图书馆在报刊部橱窗举办“香港回归十周年”图片展。8月，在绍兴市武警中队、市看守所举办“喜迎奥运，放飞梦想”——奥运知识专题展览。9月8—13日，举行“上海金山农民画展”（从上海图书馆引进）。11月10—28日，举办“汉字的演变——从甲骨文到计算机”展览（从国家图书馆引进）。12月25日，举办“高举中国特色社会主义伟大旗帜，为夺取全面建设小康社会新胜利而奋斗——庆祝中国共产党第十七次全国代表大会胜利召开”大型宣传图片展览。另外，还举办了“四时花鸟——杨水土花鸟画展“”孙恩道中国画作品展”“鄂浙遗风——中国画名家邀请展”“绍兴市首届迎奥运少儿书画展”等书画作品展。

2008年3月17—20日，绍兴图书馆举办浙江省女花鸟画家作品展。3月22—23日，举办海洋生物展。4月4—6日，举办动物标本展览。4月12—14日，举办两岸书画名家联展——冯宪民书画展。4月28—31日，举办湖畔春晓名家书画展。5月16—19日，绍兴图书馆技术服务部举办“五环旗下——文化共享奥运行”展览。5月，外借部推出了第一期“好书大家读”图书导读宣传板。10月，举办“改革开放30年”图片展和2次科普展。11月3—9日，举办越游越爱画展。

2009年，绍兴图书馆建有文化科普长廊，每年均有展览安排。4月18日—5月31日，绍兴图书馆在二楼报刊阅览室外走廊举办“光辉六十周年图片展”，同时在图书馆大厅举办“纪念绍兴解放60周年”图片展。4月23日，在文化长廊举办第一期“4·23世界读书日——让全球书香弥漫”展览。5月1日，在大厅举办绍兴解放六十周年图片展。5月22日—6月30日，开展“公益文化服务行动之活动篇”，举办由托普学院数字艺术系学生创作的“汽车图书馆主题画展”。6月14日—7月3日，绍兴图书馆明嘉靖年间刻本《乐经元义》作为指定古籍参加在国家图书馆举办的“国家珍贵古籍特展”。6月26日国际禁毒日，绍兴图书馆举办“拒绝毒品　珍爱生命”图片展。6月26日—7月2日，绍兴市文广局在绍兴图书馆组织举办绍兴市直文广系统“颂七一、迎国庆”书法、美术、摄影作品展览活动。6月底，“台湾映像摄影展”在绍兴图书馆展出，共展出当今台湾著名摄影家和新闻记者的110幅摄影佳作。9月22日起，“庆祝中华人民共和国成立60周年”图片展在文化科普长廊展出。10月16日，报刊部举办“祖国，我为你骄傲——共和国成立60周年国庆盛典”图片展。10月27日—11月8日，在图书馆一楼展厅与上海图书馆联合推出第四届“读书乐”全国摄影比赛优秀作品展。11月12日，绍兴图书馆教育培训中心举办“庆祖国六十华诞”学员作品展。12月31日—2010年1月10日，绍兴图书馆举办“千年运河·一脉相承”大运河申遗图片展，该展览继在扬州、上海、杭州等地展出后，亮相绍兴。

2010年3月，绍兴图书馆举办“乘科学发展东风　谋强国富民大计”宣传图片展。4月，举办“文明阅读——请手下留情”宣传海报展。4月15—20日，举办中韩书画作品交流展。 4月22—30日，举办“身边的风景”——河北摄影艺术作品展。9月28—30日，举办中老年书画展。此外，绍兴图书馆还利用文化科普长廊全年推出8场展览。

2011年2月19—25日，由绍兴市志愿援助中心、绍兴图书馆联合举办的“青春暖流——关爱农民工子女”绍兴首届连环画展在图书馆一楼展厅举行，活动结束后参展连环画捐赠给本馆。3月18—27日，由绍兴市文联主办，兰亭书会和绍兴图书馆承办的“谢有才诗翰展”在一楼展厅举行。4月20日—5月3日，由上海图书馆提供的“澳门文化瑰宝——历史城区摄影图片展”在绍兴图书馆一楼展厅展出。6月5日，绍兴图书馆在少儿馆举办红色经典连环画展。9月3—20日，举办西部畅想曲摄影展(宁夏篇)。9月25—28日，与鲁迅纪念馆联合举办“纪念鲁迅诞辰130周年绍兴图书馆、鲁迅纪念馆馆藏文献展”。文化科普长廊推出5场展览。此外，绍兴图书馆还组织巡回下乡展出6场。

2012年1月17日—2月6日， 绍兴图书馆少儿部举办“绍兴名人故事”板画展览。3月1—15日，由上海图书馆提供的“西部畅想曲摄影展（陕西篇）”在图书馆一楼展厅展出。3月25日，绍兴图书馆在绍兴书法文献馆正式开馆之际，举行中国书法图书展，浙江人民美术出版社、浙江古籍出版社等10家单位展出了涉及书法、书画类的图书1 200余种2 000余册。4月21日，举办“百位名人谈读书图文展暨中国现代百位文学家代表作展示”。5月26日—6月3日， 举行“悦读之星”少儿书法作品展暨兰亭少儿流觞书社作品展。6月22日， 推出“我们的节日”系列展览之端午篇。8月18日，推出“我们的节日”系列展览之七夕篇。8月22日—9月2日，在绍兴图书馆展厅和文化长廊举办“凝固的艺术——中国经典电影老海报展”。9月5—10日，举办中国“四大名园”（北京颐和园、承德避暑山庄、苏州拙政园、留园）摄影艺术展，用独特的视角和精美的画面传达中国传统园林之美。9月25—29日， 举办“诗与画的绍兴，我和你的电影”——历届中国电影金鸡奖大众电影百花奖回顾展暨馆藏绍兴籍著名电影编剧高型手稿展。9月29日，推出“我们的节日”系列展览之中秋篇。10月19日，推出“我们的节日”系列展览之重阳篇。11月16—26日，举办绍兴图书馆馆庆110周年馆史图片展。12月11日，推出“庆祝中国共产党第十八次全国代表大会”图片展。绍兴图书馆文化科普长廊推出9期展览。同年在绍兴图书馆、县图书馆、诸暨市图书馆、嵊州市图书馆组织公益巡展活动5次。

2013年2月2日，绍兴图书馆推出“我们的节日”系列展览之春节篇。2月6—26日，在一楼大厅举办了“春节那些事儿——浙江各地春节习俗摄影展”。4月27日—5月26日，在一楼大厅举办绍兴市学习先进典型事迹展，在展厅举办“2013之春惠民图书展”。6月7—18日，由浙江图书馆巡展的《设·想生活——学生小家电创意设计大赛作品展》在一楼展厅展出。7月，举办“诗读绍兴”系列活动之五——“寻找绍兴的诗情画意”读者摄影作品展。9月1—10日，举办赖祖国书画作品展，这是绍兴图书馆当年推出免费展览厅以来首位艺术家前来办展。10月1—8日，举办“美在绍兴——绍兴县优秀书画作品展”。12月6—17日，由浙江图书馆、绍兴图书馆联合举办的“翰墨江南·书圣故里”王羲之特展在一楼展览厅举行。12月14日，在二楼走廊举办“诗情画意”读者摄影作品展。2013年12月20日—2014年1月1日，著名人物画家、美术教育家李继渊创作的“中国崛起——中国画伟人肖像暨当代著名科学家肖像展”在绍兴图书馆展览厅举办。绍兴图书馆文化科普长廊推出2期展览。当年绍兴图书馆推出免费展览厅，即该展览厅免费提供给草根艺术家办展、免费向市民开放观展，真正打造绍兴市民的“百姓展览厅”，全年共举办3场免费展览。

2014年1月5—24日，举办“我们一起走过的2013——绍兴图书馆读者活动剪影展”。1月24—2月16日，由浙江图书馆和绍兴图书馆联合主办的“中国年的回忆——中国民间传统年画展”在大厅举行。1月31日，推出“我们的节日”系列展览之春节篇。2月，举办绍兴市老年摄影家协会第四届“迎新春”老年摄影作品展。3月27日，绍兴图书馆联合兰亭镇中心小学举办“书写经典”少儿书画作品展。4月23—30日，举办“阳光下的书伢儿”未成年人阅读姿态摄影艺术展。5月23—27日，“非白·墨——徐佩瑾山水画展”在图书馆展厅展出。10月1日，推出“诗读绍兴之解读绍兴历史名桥”图文展。10月17日—11月14日，绍兴图书馆和杭州图书馆联合举办“中外名著插图展”。10月24日—12月7日，举办2014“金色之秋”大型惠民图书展。10月31日—11月15日，举办中国大运河·浙东运河绍兴段主要遗产点图片展。11月18—30日，举办绍兴籍名校校长图片展。绍兴图书馆文化科普长廊推出2期展览。

2014年12月，绍兴图书馆镜湖馆舍开放，空间更加开阔。绍兴图书馆利用丰富的馆藏资源，通过图文并茂的形式展示馆藏，或结合时政，或配合省、市级有关部门的大型主题活动，举办各类展览。

2015年1月6—15日，绍兴图书馆新馆四楼视觉艺术中心举办“湘西散记”摄影展。1月9—15日，为民务实清廉——深入开展党的群众路线教育实践活动展在绍兴图书馆文化科普长廊举行。1月17—25日，由绍兴图书馆、绍兴市水文化教育研究会、市鉴湖研究会共同举办的“上善之水——献给中国大运河申遗成功”摄影展在镜湖新馆拉开帷幕。2月7—17日，举办“南亚的微笑·斯里兰卡行”摄影展。2月14日—3月5日，举办“修心正身扬清厉俗——中国家谱家训族规资料联展”，此次联展由上海图书馆发起，绍兴图书馆与全国14个省市28家兄弟图书馆携手于春节期间同步推出。3月20日—4月5日，举办廉政图书推介展。4月10—26日，与绍兴市生态文明促进会、图优网联合举办越·鸟摄影展。4月23日，举办“绍兴历代书法家文献展”。5月展出“最美图书馆”图片展和大学生作品创业展。6月6—16日，展出“话说农具”图文展。6月13—30日，举办绍兴文化遗产著作展。6月16—30日，举办2014年绍兴天气质量切片图展。6月27日—7月6日，举办“禅月艺梦——夏月根诗书画印作品展”。7月1—15日，“我与中华古籍”优秀摄影作品巡展在镜湖馆展出，此次展览由国家古籍保护中心、中国图书馆学会、中国古籍保护协会、浙江省文化厅联合主办，绍兴图书馆承办。7月15日，举办共享工程传统京剧音配像精粹展。7月25日—8月23日，举办“国歌从这里唱响——纪念中国人民日抗战暨世界反法西斯战争胜利70周年展”。7月30日—8月8日，举办“纪念抗日战争胜利七十周年书画作品展”。8月22日，推出“国内知名图书馆图文展”。9月2日，绍兴图书馆报刊部特别推出“纪念中国人民抗战胜利70周年主题老报纸展”。9月6日，由中共绍兴市委党史研究室、绍兴市社科联主办，绍兴市新四军研究会、绍兴博物馆承办的“抗日烽火——纪念绍兴抗日战争胜利七十周年图片展”在馆展出。9月27日—10月9日，举办“爱牙日”口腔科普图片展。10月1—31日，举办绍兴市道德模范事迹展。11月6—31日，由绍兴图书馆主办的“绍兴水利掠影”图片展在绍兴市越城区城南街道凤凰村文化礼堂展出。11月，随汽车图书馆走进柯灵小学、车悔如小学、兰亭镇中心小学、鉴湖镇中心小学作“绍兴籍名校校长图文展”巡回展出。2015年12月18日—2016年1月5日，举办党的十八届五中全会精神解读展。12月25日，举办“文化足迹历史印记——绍兴图书馆馆藏地方期刊‘创刊号’展”。2015年12月25日—2016年1月8日，举办“发现美、创造美”——写生作品展。2015年12月25日—2016年1月15日，举办馆藏古籍精品展。2015年12月26日—2016年1月12日，举办绍兴市第三届大学生摄影竞赛获奖作品展。2015年12月26日—2016年1月31日，举办“绍图心·影”摄影沙龙群友作品展。

2016年1月2日—12日，由绍兴市教育局等共同举办的以“人·自然”为主题的绍兴市第三届大学生摄影竞赛获奖作品展在镜湖新馆四楼展厅举办。1月8—25日，举办“鲁迅的读书生活”展览。1月16—30日，与嵊州市图书馆在嵊州联办绍兴水利掠影巡展。1月21日—2月4日，举办“天人之间——一个水乡的摄影”。1月28日—2月5日，举办“绍兴图书馆新征书画作品展”，展出90位绍兴书画家的书画作品102幅。2月3—23日，举办“中国年的记忆——中国民间传统年画”作品展。2月5—22日，举办春节小知识展。2月5—27日，举办楹联文化展。3月4—12日，举办“心手相牵绘七彩关爱行动五周年主题活动”图片展。3月4—22日，举办中国各朝代女子服饰图片展（5月30日—6月2日在浙江省农业商贸职业学院图书馆展出）。3月4—22日，举办知识女性聚焦“三美”摄影展。3月27—30日，举办2016年春季名家书画邀请展。4月1—10日，举办“宁绍地区传统戏曲”图片展。4月1日—5月10日，举办绍兴酱缸罐头商标集藏展。4月18日—5月15日，在绍兴工业学院图书馆联办绍兴市第三届大学生摄影竞赛获奖作品展。4月18日—5月15日，举办“鲁迅的读书生活”展。4月22日—5月22日，举办“当莎士比亚遇到汤显祖——纪念莎士比亚与汤显祖逝世400周年”展。4月22日—5月22日，举办“鲁迅故乡作家群”展。5月16—21日，举办第十一届浙江省未成年人读书节掠影展览。5月18日—6月17日，举办《赵撝叔印谱》展。5月21日—6月14日，举办绍兴地区未成年人读书节回顾展（2005—2015年）。6月28日—7月30日，举办红色征程——绍兴市社科界庆祝中国共产党建党95周年绍兴党史图片展。7月15日—8月30日，举办“迎接G20，人人讲文明”峰会图片展。9月13—27日，举办战机档案图片展。9月27日—10月25日，绍兴市社会科学界联合会、绍兴市新四军研究会、绍兴图书馆联合举办“伟大的征程——纪念红军长征胜利80周年展”（此展又于9月29—10月3日在诸暨图书馆、于10月25日—11月4日在鲁迅中学图书馆、于11月7—18日在浙江省农业商贸职业学院图书馆举办）。9月28日—10月8日，举办泰隆银行摄影作品展。10月10日，举办纪念鲁迅诞辰135周年——鲁迅书衣撷影展（此展又于12月16日—2017年1月15日在绍兴图书馆孙端分馆展出）。10月25日—11月25日，举办乡土绍兴摄影作品展。11月16—30日，举办绍兴主题文化展。11月16日—12月2日，举办“关爱绍兴 赞美绍兴——摄影作品展”。2016年12月15日—2017年1月15日，举办“艺人绘心——李翔连环画绘画展”。2016年12月16日—2017年1月5日，举办图书馆视觉空间展。

2017年1月，绍兴图书馆举办了党的十八届六中全会图片展、绍兴市第四届大学生摄影竞赛作品展、过年话“越菜”、绍兴年俗展。3月1日，举办了“绍兴印象2”展览（6月1日、10月1日、11月10日依次展出“绍兴印象”3~5）。4月，举办“公共文化服务保障法”展览。5月1日，举办“我的阅读空间”展、书香中国主题展。5月15日，在绍兴职业技术学院举办鲁迅图片展。5月22日—

6月20日，举办绍兴莲花落百年图文展，同时展出“新征嵊州市地方图书展示”60余种100多册。6月16日，举办中国国学经典主题展。8月1—31日，由绍兴市社联、绍兴市新四军研究会主办，绍兴图书馆承办的“爱我中华 扬我国威——庆祝中国人民解放军建军90周年”图片展在绍兴图书馆开展。9月1—30日，举办“撸起袖子加油干 凝心聚力奔小康——迎接党的十九大胜利召开”图片展（此展于10月在绍兴文理学院元培学院展出）。9月1—30日，举办纪念秋瑾烈士英勇就义110周年图片展。10月，举办“中华优秀传统文化——民族的基因”“迎国庆‘一带一路’——开启中华民族伟大复兴之路”图片展。10月19日，在东湖镇中心小学举办“砥砺奋进中的五年”（10月20日在袍江管委会、10月30日—12月20日在柯灵小学展出）。11月1—30日，在绍兴文理学院元培学院展出“诗画绍兴”。11月10日，同时在文化中心馆与沥海分馆展出“砥砺奋进中的五年”（12月29日在历史文献馆展出）。11月30日，举办“中华优秀传统文化——民族的基因展”。12月1日，举办浙江公共图书馆统一标识方案展示。12月5日，举办“夺取新时代中国特色社会主义伟大胜利”（此展于12月在鲁迅中学、兰亭小学、兰亭镇中心小学、东湖镇中心小学、绍兴艺校、袍江小学、鉴湖镇中心小学展出）。12月17日，送展览“诗话绍兴”进海盐张元济图书馆。12月28日，举办二十四节气展。

2018年1月，绍兴图书馆举办《公共图书馆法》专题宣传活动展。2月1日，在孙端镇三条溇村、皇甫庄村、前双盆村、安桥头村、新河村举办“了解文化浙江，共享文化小康”的展览。2月11日、3月15日—4月15日，分别在绍兴图书馆历史文献馆、绍兴图书馆文化中心馆展出“梨园贺岁·百戏昇平”戏曲文化主题展。3月15日—4月15日，举办“文化浙江——文化小康的大美浙江展”，同日展出“春之韵”摄影作品。3月15—31日，举办“知识就是力量”展。4月1—15日，举办2018年“两会”图片展。4月20日，在绍兴职业技术学院举办“诗话绍兴”展。5月，举办“我爱动漫”系列活动展。5—6月，举办改革开放四十周年展、“绍兴印象7”及家风家训展。6月2日，举办2018年全国少年儿童阅读年活动——绘画作品征集展。7月1日，举办“最爱古风”动漫绘画作品展和“阳明的故事”图片展。8月，举办“匠心筑梦 实干兴邦——大力弘扬工匠精神”展。9月，举办“绍兴印象——书院学堂、医疗慈善”展。9—10月，举办“浙东唐诗之路·绍兴篇及探访浙东运河”展。10月，举办小人书里寻“小人儿”——连环画里的童年记忆展。10—11月，分别在绍兴图书馆、东湖镇中心小学、鉴湖镇中心小学、柯灵小学、兰亭镇中心小学、袍江小学、秋瑾小学展出“现实的笔画 历史的魂——纪念改革开放40周年电视剧推荐展”。12月，举办“中国精神——传承中华民族精神 实现中华民族伟大复兴”展、党的十八大以来廉政新规定和绍兴河湖摄影比赛获奖展、治水（河湖长制）漫画作品展。

2019年1月，绍兴图书馆举办走近蔡元培——蔡元培先生诞辰150周年纪念展、2018年绍兴市大学生摄影竞赛获奖作品展。2月，举办时和岁丰，薪火相传——二十四节气儿童画创意大比拼作品展、新春楹联展。3—4月，举办餐花食芳风味无边——故宫中的衣食住行系列展。4月，举办绍兴印象——碑记石刻展。4月17日，举办全国百位高僧和书画名家精品展。5月，举办“五四运动始末”展、“绍兴印象——池、沼、泉”展。6—7月，在绍兴图书馆、嵊州图书馆、诸暨市图书馆举办楷模——优秀共产党员图片展。7月，举办绍兴印象——大树名木展、阅读瞬间摄影展。在新昌图书馆、诸暨市图书馆展出寻访红色足迹——中国共产党革命圣地巡礼展。8月，举办以优异的成绩迎接新中国成立70

周年——新中国成立 70 周年辉煌历程展、绍籍图书馆名人展。9 月，举办腾飞的中国展；在绍兴图书馆、北仑区图书馆、新昌县图书馆、乐清市图书馆展出伟大历程辉煌成就——庆祝中华人民共和国成立 70 周年展。10 月，举办留住民间的“耍货”——民间玩具展、绍兴市道德模范风采展。11 月，举办环保在你身边共建美好家园展、北鼎重器百炼乃成——弘扬宪法精神履行宪法使命展。8—12 月，开展大运河沿线城市阳明心学的文化力量巡讲巡展活动，分别在北京市西城区第一图书馆、南通市图书馆、廊坊市图书馆、常州图书馆、南京图书馆、杭州图书馆、济宁图书馆展出圣贤之道——阳明的故事。

2020 年 1 月，绍兴图书馆举办中国传统佳节展。2 月，举办春节民俗专辑展、书香盈岁月新桃换旧符——2020 年国家图书馆新春年俗展。4 月，举办浮光阅影胶片摄影展、抗战疫情展、我的祖国展。5 月，举办铸就金鼎十二载护鼎加星再出发“平安绍兴展”。6 月，举办五月榴花照眼明——端午诗词特展、习总书记在浙江展。7 月 25 日，举办“决胜全面小康，决战脱贫攻坚”展。7—9 月，“阳明的故事”分别在嘉兴图书馆、徐州图书馆、百色图书馆、南宁图书馆、济南市图书馆等地展出。7—11 月，依次在绍兴银泰城、绍兴图书馆、西双版纳图书馆、诸暨图书馆、嵊州市图书馆、绍兴文理学院元培学院、绍兴文理学院图书馆、上虞图书馆、柯桥区图书馆、浙江工业大学之江学院等地展出“遇见绍兴，向 2 510 周年的古城献礼”展。8 月 1 日，举办廉慎传家政，流芳合古今——中国廉政文化展。8 月 12—31 日，由绍兴图书馆联合云南西双版纳傣族自治州图书馆共同举办的云南少数民族风情风俗摄影展开展。9 月、11 月 12—30 日，分别在绍兴图书馆、浙江工业职业技术学院图书馆展出全民抗战伟大胜利——抗日战争暨世界反法西斯战争胜利 75 周年展。9 月 2—8 日，绍兴图书馆的“中国廉政文化展”在绍兴市政府展出。9 月 27 日，绍兴图书馆的“浮光阅影胶片摄影展”在浙江工业职业技术学院图书馆展出。10 月 1 日，举办家国同庆壮美河山——中国最美自然与人文景观展。10 月 18—31 日、11 月 5—30 日，分别在绍兴图书馆、浙江工业职业技术学院图书馆展出行走的贝叶——西双版纳民族文化巡展。11 月 1 日，举办《中华人民共和国民法典》依法更好保障人民合法权益展。12 月 1—31 日，举办澄怀观道——宋代生活美学展、决战决胜脱贫攻坚全面建成小康社会展。

表 6-11　绍兴图书馆历年展览情况（2006—2020 年）

年份	展览情况
2006	举办展览 15 场
2007	举办展览 10 多场
2008	举办展览 10 场
2009	举办展览 68 场
2010	举办展览 12 场
2011	举办展览 16 场
2012	举办展览 13 场
2013	举办展览 10 场，参观人数 84 000 人次
2014	举办展览 10 场，参观人数 87 000 人次
2015	举办展览 21 场，参观人数 195 300 人次

续表

年份	展览情况
2016	举办展览 33 场，参观人数 435 000 人次
2017	举办展览 39 场，参观人数 75 180 人次
2018	举办展览 68 场，参观人数 101 024 人次
2019	举办展览 42 场，参观人数 10 900 人次
2020	举办展览 86 场，参观人数 103 379 人次

图 6-14　1993 年 6 月，为纪念毛泽东一百周年诞辰举办《毛泽东光辉的一生》展览

图 6-15　为庆祝中国共产党建党 80 周年，与湖南韶山毛泽东纪念馆联合举办“毛泽东遗物展”

2. 讲座

2000 年绍兴图书馆延安路馆舍开放后，设有一个功能齐全、设施完美、面积 450 平方米的现代化报告厅。绍兴图书馆合理利用场馆，紧密联系形势，独家或与外单位联合举办各类知识讲座、学术研讨、专题报告会、大型公益讲座等。

表 6-12　绍兴图书馆讲座、报告会一览（2000—2004 年）

时间	内容
2000 年 5 月 27 日	少儿馆举办“蓝天、碧水、绿地”科普知识讲座，拉开了图书馆服务宣传周的帷幕
2000 年 6 月 4 日	家庭医疗急救知识讲座，绍兴县第二医院主任医师施克文主讲，听众 200 余人
2001 年 5 月 17 日	“中国共产党成立 80 周年”党史讲座，绍兴市委党校副教授王彪主讲
2001 年 9 月 26 日	“鲁迅——中国先进文化前进方向的卓越代表”，绍兴文理学院吴国群教授主讲
2002 年 2 月 5 日	“交通安全少儿讲座”，周钢（绍兴市公安局交巡警支队）主讲
2002 年 2 月 6 日	“文字学——汉字趣谈”，宋允南主讲
2002 年 3 月 4 日	与市台办合作举办“为促进祖国统一大业而继续奋斗——台湾问题图片展讲座”
2002 年 4 月 19 日	大型经济报告会，著名经济学家、北京大学博导董辅礽作报告
2002 年 5 月 5 日	“作文的构思和表达”，管家琪（台湾著名儿童文学作家）作报告
2002 年 5 月 15 日	“WTO 知识讲座”，市委党校副校长叶振东主讲
2002 年 5 月 26 日	举办“少儿杯”幼儿书法大赛并举办少儿书法讲座

续表

时间	内容
2002 年 6 月 5 日	国画讲座，韩界平主讲
2002 年 7 月 10 日	举办青少年维权咨询会
2002 年 7 月 19 日	“当前台湾形势”报告会，李克川（省军区司令部情报处）主讲
2002 年 7 月 21 日	举办“绍籍学子谈大学”报告会二期
2002 年 7 月 26 日	“了解图书馆”辅导讲座
2002 年 8 月 12 日	“走唐诗之路——赏析唐诗”文化讲座
2002 年 9 月 5 日	“三维天然码”讲座，张得一教授主讲
2002 年 10 月 29 日	“藏书楼文化——藏书家、藏书楼”讲座
2002 年 10 月 29 日	“开放的图书馆在新世纪的运作和展望”
2002 年 11 月 11 日	与市教委合办“中小学生素质教育的提高”报告会
2002 年 11 月 30 日	“企业招聘合格人才”报告会
2003 年 1 月 26 日	青少年金融理财讲座，王利明（工商银行个人金融服务处）主讲
2003 年 4 月 5 日	“绍兴乡土文化”，陈桥驿（浙江大学终身教授）主讲
2003 年宣传周	“正确的阅读方法”辅导讲座，绍兴文理学院吴国群教授主讲
2003 年 6 月 3 日	与市交警支队联办“改一改乱穿马路的习惯”交通安全知识讲座
2003 年 7 月 5 日	“儿童与健康”知识讲座，周水翠（二院主任医师）
2003 年 8 月 21 日	“安徒生童话的艺术特色”公益讲座，赵卓青（全国语文教育艺术研究会展示课二等奖获得者）主讲
2003 年 10 月 7 日	本馆教育培训中心与前沿教育培训中心联合举办“抗遗忘英语速记”公益讲座
2003 年 10 月 18 日	“鲁迅作品解读新视角”公益讲座，吴国群（文理学院教授）主讲
2003 年 11 月 17 日	“高中学习生活和家庭支持”，杭州第二中学、省特级教师张永谊主讲
2004 年 4 月 3 日	“如何使用图书馆”公益讲座，李文学主讲
2004 年 4 月 23 日	专题读书报告会，王旭烽（浙江省作协副主席、茅盾文学奖得主）主讲
2004 年 5 月 30 日	“用心和孩子一块成长”公益讲座
2004 年 7 月 12 日	与人文书店在绍兴剧院联合举办“开学重压下的文学阅读与写作”报告会，周锐（著名作家）主讲
2004 年 8 月 28 日	“阅读与人生”报告会，秦文君（中国著名儿童文学作家）主讲
2004 年 12 月 26 日	儿童心理讲座，王一牛（中国科学院博士）主讲

2005 年初，为积极建设绍兴“文化强市”，努力创建学习型城市，全面提高绍兴的学习力、创新力和竞争力，在全体市民中形成勤学、好学、善学的良好风尚，由中共绍兴市委宣传部、绍兴市文广局主办，绍兴图书馆承办的“2005 年度学习型城市系列讲座”活动全面启动。为此，绍兴图书馆成立了讲座中心，邀请国内外知名专家、教授及各领域成功人士担纲主讲。通过努力，最终形成“越州讲坛”这一品牌。

2005年共主办学习型城市系列讲座13期，主讲人有樊纲、周锦尉、葛剑雄、程恩富、王欣欣、张幼文、窦晖、杰里·布莱曼、张志军、胡惠林、叶辛、何占豪、郁鸿胜；举办公益讲座 5 期。

表 6-13　绍兴图书馆 2005 年讲座、报告会一览

时间	内容
2005 年 3 月 17 日	“宏观经济与长江三角洲民营企业的发展”，著名经济学家樊纲教授主讲，本讲为学习型城市系列讲座第一期
2005 年 3 月 30 日	“认清形势任务构建和谐社会”，上海市人大常委会研究室主任周锦尉主讲
2005 年 4 月 19 日	“历史人文资源与旅游”，葛剑雄（复旦大学教授）主讲
2005 年 5 月 19 日	“经济全球化与长三角发展中的新开放观”，张幼文主讲
2005 年 5 月 28 日	“绍兴楼市走向新经济热点力”，胡刚（浙江工业大学教授）主讲
2005 年 6 月 17 日	“成功企业是如何应对全球竞争挑战的”报告会，杰里·布莱曼博士主讲
2005 年 6 月 18 日	“高考志愿填报专题讲座”，孙恒（省招生办副研究员）主讲
2005 年 6 月 19 日	小说《龙骧录》讲座，作者林甸甸（绍兴一中学生）主讲
2005 年 6 月 25—26 日	高考招生咨询会
2005 年 7 月 9 日	“我的零售业体验”，厉玲（“浙江第一职业经理人”）主讲
2005 年 9 月 4 日	读书报告会，杨红樱（著名儿童文学作家）
2005 年 9 月 7 日	“文化与城市竞争力”论坛报告，胡惠林教授主讲
2005 年 9 月 21 日	“寻梦精神家园——阅读与现代生活”，叶辛（著名作家）主讲
2005 年 10 月 17 日	“音乐当使人类精神爆出火花”，何占豪（著名作曲家，《梁祝》主创者）主讲
2005 年 10 月 21 日	绍兴市场竞争力论坛暨首届绍兴民营企业峰会
2005 年 11 月 15 日	“新一轮长三角发展战略规划与绍兴发展”，郁鸿胜（上海城市化发展研究中心主任、博士生导师）主讲

2006 年，绍兴图书馆举办讲座 18 期，听众 6 000 人次。其中，越州讲坛——创建学习型城市系列讲座举办了 11 期，听众近 3 500 人。“越州讲坛——创建学习型城市系列讲座”被列入《绍兴市“十一五”发展规划》。同时举办了高考咨询等公益性讲座 7 期，听众近 2 500 人。3 月 26 日，由刘伟主讲的《中国经济增长与民营经济发展》讲座首次通过网上进行直播并获成功。发展会员 102 家，筹集资金 16 万元，浙江金昌房地产开发有限公司、越红房地产开发有限公司、龙人文化传播有限公司和求实文化传播有限公司参与讲座工作。

表 6-14　绍兴图书馆 2006 年讲座、报告会一览

时间	内容
2006 年 3 月 26 日	“中国经济增长与民营经济发展”，刘伟（北京大学经济管理学院院长）主讲
2006 年 4 月 23 日	“当前房地产形势与未来发展”，易宪容（中国社会科学院金融研究室主任）主讲
2006 年 5 月 5 日	“中国报告文学的基本走向”，卢跃刚（中国青年报主任记者、中国报告文学会理事、中国作家协会会员）主讲
2006 年 5 月 9 日	“中国经济转型与绍兴经济发展”，姚先国教授（浙江大学公共管理学院院长）主讲
2006 年 5 月 27 日	“小学生学习能力培养与潜能开发”，方彩琴主讲

续表

时间	内容
2006年6月6日	“中国经济与中国企业发展的新阶段”，魏杰（清华大学经济管理学院企业战略与政策系主任）主讲
2006年6月18日	2006年大型高考志愿填报专题讲座，董建明（绍兴市招生办主任）主讲
2006年9月30日	“阅读丰富人生　共建和谐社会”，程乃珊（著名作家）主讲
2006年10月20日	“美国民主的乐土还是陷阱”，窦晖（上海外国语大学教授）主讲
2006年10月27日	“美在中东伊朗是下个目标吗”，滕祖龙（美国前助理国务卿）主讲

2007年，绍兴图书馆举办讲座35次，其中学习型城市系列讲座12期，公益性讲座11期，社区公益讲座12期。绍兴图书馆还根据听众的不同层次，将越州讲坛分为形势政策教育系列、越文化系列、市民教育系列等。在吸引市民走进图书馆报告厅的同时，将讲座送到基层社区，“请进来”与“走出去”相结合。年初，讲座中心与越城区委宣传部联合在越城区选择了5个定点社区，作为“学习型城市系列讲座”的基层办讲点，并向社会公开征集了17名素质高、业务强、演讲才能好、热心公益活动的义工讲师。

表6-15　绍兴图书馆2007年讲座、报告会一览

时间	内容
2007年3月25日	“语言的化石　文化的积淀——透视绍兴方言”，王敏红（文理学院教授）主讲，这是新开设越文化系列讲座的首场讲座
2007年3月27日	在蕺山街道举办“饮食与健康”讲座，叶关胜（绍兴市第六医院主治医师）主讲
2007年6月5日	世界环境日举办了以环境保护为主题的市民讲座
2007年6月9日	“学习历史感悟人生”，阎崇年（央视百家讲坛首讲人）
2007年7月23日	“实施自主创新战略　提升区域创新能力”，李健民（上海科学学（院）研究所所长）主讲
2007年9月3日	“读书——改变人生”，叶永烈（著名作家）主讲
2007年9月30日	“中国佛教文化”，钱文忠（复旦大学历史系教授）主讲
2007年10月27日	“股市投资风险分析报告会”，凌如水（海通证券上虞营业部总经理）主讲
2007年11月16日	“和谐新消费‘健康科普’”，吕世平（中国保健全国理事会副理事长、教授）主讲
2007年11月21日	“学习贯彻党的十七大精神报告会”，孙建军（绍兴市委党校党史、党建室主任）主讲

2008年，绍兴图书馆举办讲座、报告会45场，其中越州讲坛讲座13场，社区讲座5场。5月22日，绍兴图书馆主持召开了绍兴市越州讲坛工作领导小组工作会议暨义工讲师座谈会，决定利用网络平台，共享讲座资源，推出周六公益视频系列讲座。

表 6-16　绍兴图书馆 2008 年讲座、报告会一览

时间	内容
2008 年 1 月 12 日	“企业财务状况分析与控制”，朱小平（用友软件绍兴分公司经理）
2008 年 1 月 23 日	“最新会计政策解读”，高明亮（绍兴市地税二分局处长）
2008 年 3 月 1 日	“2008 年上半年投资策略报告会”，陈立方（国泰君安绍兴分公司总经理）主讲
2008 年 3 月 8 日	“2008 年我国货政策及资本市场走势分析”，王欣欣（中国人民银行上海总部金融市场管理部处长）主讲
2008 年 3 月 10 日	“福彩投资策略报告会”，徐文忠（省福彩中心业务）
2008 年 3 月 11 日	“消费与发展”，叶元春（省消保委副秘书长）
2008 年 3 月 26 日	“文化创意产业的发展之路”，金元浦（中国人民大学人文学院教授、博士生导师）主讲
2008 年 3 月 30 日	“高考心理健康”讲座，张国荣（绍兴市人民医院院长）主讲
2008 年 4 月 3 日	“创业创新、文化惠民”，绍兴市文广局
2008 年 4 月 5 日	“会计从业人员职业道德”，陈海钢（中兴会计师事务所注册会计师）主讲
2008 年 4 月 12 日	“音乐与早教”，陆小凡（深圳学知文化公司）主讲
2008 年 4 月 14 日	企业纳税申报专题讲座，傅伟江（绍兴市地税一分局处长）主讲
2008 年 4 月 16 日	“期货投资与展望”，王金玉（南华期货绍兴分公司总经理）
2008 年 5 月 8 日	“心理与健康”，林惠莲（绍兴文理学院教授）主讲
2008 年 5 月 10 日	“大众文化的历史与现状”，朱大可（当代著名的文化批评家，同济大学文化批评研究所所长，教授）
2008 年 5 月 12 日	“课题选择与论文撰写”，王宗义（《图书馆杂志》常务副主编）主讲
2008 年 5 月 21 日	“心理和谐社会和谐”，章建成（浙江大学教授）
2008 年 5 月 24 日	“做智慧父母造天才宝宝”，林美慧（台湾亲子早教专家，上海双美教育集团亲子早教总监）
2008 年 5 月 27 日	“如何搞好家庭教育”，朱棣云（浙江省家庭教育学会副会长，中国家庭教育学会理事）主讲
2008 年 6 月 14 日	“如何利用软件提高学习成绩”，陈建滨（上海学之网有限公司业务经理）主讲
2008 年 6 月 21 日	“如何填报高考志愿（一）”，董建民（绍兴市招生办专家）主讲
2008 年 6 月 22 日	“如何填报高考志愿（二）”，成伟俊（绍兴市招生办专家）主讲
2008 年 6 月 28 日	“通向美国名校的桥梁——SAT 考试”，袁德坤（中美教育专家）主讲
2008 年 6 月 29 日	美国留学专题讲座，茹建平（绍兴市国际教育服务中心）主讲
2008 年 7 月 16 日	“推动科学发展　促进社会和谐”，陈波（绍兴市委党校）主讲
2008 年 7 月 19 日	中医中药中国行专题讲座，李洪（抚湖华信药业特邀医师）主讲
2008 年 7 月 20 日	“如何培养宝宝的生活习惯”，张学兰（小博士幼儿教育专家）主讲
2008 年 8 月 8 日	“学好英语轻松出国”，王朝伟（环球雅思绍兴分校讲师）
2008 年 8 月 17 日	“绍兴外贸形势分析与报关技巧”，李敏芳（绍兴理德企业咨询管理有限公司）主讲
2008 年 9 月 17 日	“读书——文明”，刘砚国（上海市振兴中华读书指导委员会办公室副主任）主讲
2008 年 9 月 19 日	“艺术品拍卖市场的现状与发展”，邹振飞（上海瀚博拍卖公司副经理）主讲
2008 年 9 月 22 日	“如何培育企业文化”，金思宇（著名企业文化研究专家）主讲
2008 年 9 月 22 日	“企业文化与增强企业竞争力”，凌兰芳（丝绸之路控股集团有限公司董事长）主讲
2008 年 9 月 29 日	“睡眠与健康”，季雪芬（绍兴康佰公司特邀健康顾问）主讲

续表

时间	内容
2008年12月（10月？）12日	“2008年四季度投资策略报告会”，刘永行（操盘手软件绍兴分公司经理）主讲
2008年10月19日	“从绍兴民间文化解读鲁迅思想风格”，陈浩（绍兴文理学院人文学院教授）主讲
2008年10月25日	“如何掌握正确的学习方法”，孙晓萍（北京科利华软公司绍兴分公司总经理）主讲
2008年11月2日	“金融危机下的套期保值”，王金玉（南华期货绍兴分公司总经理）主讲
2008年11月3日	同方知网数字资源应用巡回培训，姜晓霞（同方知网培训老师）
2008年11月8日	“营造良好教育氛围专题报告会”，张广强（中国家庭励志教育推广中心副主任）主讲
2008年11月9日	“秋冬季常见病的保健与治疗”，彭放（绍兴市人民医院心内科副主任、心内二科主任）主讲
2008年11月15日	“国际视野下的大地产大营销——以绍兴为例的长三角地产”，华伟（复旦大学金融研究院专职研究员、复旦大学房地产研究中心主任、经济学博士）主讲
2008年11月27日	“乳品安全与婴儿成长”，魏晓军（南京卫岗乳业特邀讲师）主讲
2008年12月6日	“2008年中国资本市场回顾与2009年展望”，瞿丹（山西证券绍兴分公司分析师）主讲
2008年12月15日	“如何提高记忆力”，徐江俊（绍兴七田全脑开发公司特邀讲师）主讲
2008年12月20日	“绍兴市动漫业的起步与发展”，刘超（绍兴动漫爱好者协会）主讲
2008年12月30日	“在成长中感悟”（视频讲座），于丹（北京师范大学教授）主讲
2008年12月30日	“读书与人生”（视频讲座），腾之初（著名音乐家）主讲

2009年，绍兴图书馆共举办“越州讲坛”讲座22场，视频讲座46场次，听众达到4 200多人次，其中名家高端讲座3场，分别邀请了著名学者易中天教授、著名的心理学专家张怡筠博士和百家讲坛讲师孟宪实教授。与此同时，绍兴图书馆还组织专家到绍兴市劳教所、绍兴康云来公司和绍兴市艺校作专题讲座，实现“越州讲坛”进企业、进学校。绍兴图书馆非常注重讲座工作创新，新推周六视频讲座46场和部署中华人民共和国成立六十周年系列讲座5场。10月17日，在浙江省图书馆举行的浙江省第五届未成年人读书节启动仪式暨浙江省未成年人读书节论坛上，“越州讲坛”被评为“浙江省优秀讲座品牌”，绍兴图书馆张玲琳被评为“讲座工作先进个人”。

表6-17　绍兴图书馆2009年讲座、报告会一览

时间	内容
2009年1月8日	“战胜自我，走向未来”，田国强院长（心理咨询专家）主讲，地点为市劳教所
2009年1月16日	“绍兴年俗”，周幼涛（绍兴市社科联副院长）主讲
2009年2月20日	“如何应对金融危机”，宣乐信（绍兴市工贸国有资本经营有限公司副总经理）主讲
2009年3月5日	“情商管理”，张怡筠（著名的心理学专家、美国心理学博士）主讲
2009年3月11日	“消费与发展”，李生校（绍兴文理学院经济学院院长）主讲
2009年3月28日	“鲁迅与先秦诸子”，易中天（厦门大学人文学院教授）主讲
2009年5月19日	“公共卫生危机管理”，李兰娟（中国工程院院士、浙江省科学技术协会主席、传染病诊治国家重点实验室主任）主讲

续表

时间	内容
2009年宣传周期间	“全国少年儿童阅读年——透过书籍看世界”报告会，德国专家罗伯特·埃斯待纳先生和松希尔德·门策女士主讲
2009年6月20日	“如何填报高考志愿”，董建民、成伟俊（市招办）主讲
2009年6月26日	“新中国成立六十年的历程与反思”，朱敏毅（上海市委党校教授）主讲
2009年7月4日	出国留学专题讲座，张志民（台湾籍留美MBA教授）、尹小音（环球雅思一线名师）主讲
2009年7月22日	“中国特色社会主义道路的探索”（新中国成立六十周年系列讲座之一），李俊（绍兴市委党校）主讲
2009年8月6日	“建国六十年绍兴经济发展”（新中国成立六十年系列讲座之一），陈忠瑶（绍兴市人大常委会副主任）主讲
2009年8月12日	“食品安全与消费维权”，叶元春（省消保委副秘书长）主讲
2009年9月5日	“读史何以明智——以唐太宗为例”，孟宪实（百家讲坛知名学者、中国人民大学国学院副院长）主讲
2009年9月23日	“建设文化休闲城，提升文化软实力——绍兴文化强市建设回眸与展望”（新中国成立六十周年系列讲座之一），刘孟达（绍兴市委宣传部副部长）、何信恩（绍兴市政协委员）主讲
2009年10月15日	“王羲之的读书与人生”，徐斌（浙江工商大学人文学院院长）主讲
2009年10月27日	“建国六十周年的主要成就与启示”，蓝蔚青（浙江社联副主席）主讲
2009年10月28日	“小手牵动大手 践行低碳生活”环保知识讲座
2009年11月10日	在绍兴艺校举办《戏曲唱腔的继承与发展》，汪嘉宝（绍兴市著名戏曲家）主讲
2009年12月1日	《认识我国战略优势坚定敢打必胜信心》，邹晓兵（解放军后勤指挥学院教授）主讲

2010年，绍兴图书馆“越州讲坛”在现场讲座、视频讲座、社区讲座基础上，开辟了高校讲座这一新的形式，走进绍兴越秀外国语学院报告厅，为大学师生开展公益讲座。此外，绍兴图书馆还与绍兴市区各大医院、金融机构及社区街道合作，新推出每周四“健康养生与家庭理财”系列讲座。共举办讲座102场，其中学习型城市系列讲座12场、“建城2500周年”讲座3场、周四“越州讲坛——健康养生与家庭理财系列讲座”40场、周六视频讲座47场。

表6-18　绍兴图书馆2010年讲座、报告会一览

时间	内容
2010年1月8日	“面向未来的中美关系与台海前景”，曹景行（著名新闻人）主讲
2010年3月8日	“知人知面知心”，黄步琪主讲
2010年3月11日	“消费与服务讲座”，柴林主讲
2010年4月14日	“古城绍兴与世界合唱节”（绍兴建城2 500周年），李永鑫（市文广局局长）主讲
2010年4月24日	“中国大趋势”，石齐平（香港凤凰卫视时事评论员）主讲
2010年4月25日	“让阅读相伴童年”，潘英主讲

续表

时间	内容
2010年6月9日	在浙江越秀外国语学院举办《羽民、剑心、兰型——越文化的三个面向》，潘承玉（绍兴文理学院越文化研究院副院长）主讲
2010年6月18日	《低碳经济与低碳城市建设》，陈迎主讲
2010年6月19日	《2010年高考志愿填报专题讲座》，成伟俊主讲
2010年8月25日	《绍兴城市发展与展望》（绍兴建城2 500周年），王富更主讲
2010年9月11日	《康熙：读书与教子》，阎崇年（北京社会科学院研究员）主讲
2010年10月23日	《曾国藩成功之道的现代启示》，隋丽娟（央视《百家讲坛》名师，哈尔滨师范大学社会与历史学院教授）主讲
2010年10月30日	《新经济发展态势与企业自主创新》，董锡健（上海市政府决策咨询专家）主讲
2010年12月7日	《“十二五”中的图书馆事业》，李国新主讲
2010年12月18日	《评说末代皇帝溥仪》，喻大华（央视《百家讲坛》名师）主讲

2011年，绍兴图书馆“越州讲坛”举办讲座121场，其中现场讲座73场（“学习型城市系列”24场，“健康养生与家庭理财系列”49场），视频讲座48场（每周六上午在一楼学术厅放映），听众和展览参观者达一万余人次。

表6-19　绍兴图书馆2011年讲座、报告会一览

时间	内容
2011年3月4日	《消费与民生》，陈立峰主讲
2011年3月15日	“‘十二五’中的绍兴文化发展”，李永鑫主讲
2011年4月18—24日	“给你成功的下一代”，周弘主讲
2011年4月21日	在绍兴市职教中心举办《建党九十周年的伟大成就与基本经验》，李俊主讲
2011年4月24日	“中国‘十二五’经济发展的基本思路”，石齐平（香港凤凰卫视著名时事评论员）主讲
2011年5月16日	“解读传统文化中的管理智慧”，赵玉平主讲
2011年5月18日	“公务员心理压力管理的理论与技术”，赵国秋主讲
2011年5月23日	在浙江工业职业技术学院举行《建党九十周年的伟大成就与基本经验》，李俊主讲
2011年5月28日	在浙江越秀外国语学院举行《建党九十周年的伟大成就与基本经验》，李俊主讲
2011年5月28日	“传奇陆游，矛盾人生”，杨雨主讲
2011年6月21日	“2011年高考志愿填报”，成伟俊主讲
2011年6月25日	“健康宣教手册”新书首发仪式暨健康教育讲座，郭航远主讲
2011年8月26日	“地震应可预测”，许绍燮主讲
2011年9月16日	“当前国家发展战略与国防形势分析及对策”，赵耀辉主讲
2011年9月18日	“温暖的鲁迅”，徐东波主讲
2011年9月25日	“鲁迅与现代中国文化”，周令飞主讲
2011年10月12日	“绍兴与辛亥革命”，谢一彪主讲

续表

时间	内容
2011年10月13日	“‘十二五’绍兴住房和城乡建设展望”，张顺建主讲
2011年10月22日	“武则天的领导艺术”，蒙曼主讲
2011年10月23日	“如何让孩子快乐而有效地学习”，袁鸿林主讲
2011年11月19日	“王阳明致良知说的当代意义”，董平主讲
2011年12月7日	“党的十七届六中全会精神解读”，刘孟达主讲
2011年12月9日	“当前经济形势与转变经济发展方式”，李义平主讲
2011年12月24日	“解读大秦政坛双星——吕不韦、李斯”，孙立群主讲

2012年，绍兴图书馆举办讲座127场，其中现场讲座73场（“学习型城市系列”25场，“健康养生与家族理财系列”48场），视频讲座（每周六上午在一楼学术厅放映）54场。同时注重宣传推广和二次传播，将讲座内容通过数字化编辑，及时制作成录音、录像等后续产品，及时上传到图书馆网站，并先后出版了《越州讲坛——学习型城市建设系列讲座选粹》（一）和（二）。

表6-20　绍兴图书馆2012年讲座、报告会一览

时间	内容
2012年1月9日	“感受绍兴文化魅力”，尹永杰（绍兴市委宣传部部长）主讲
2012年1月14日	“蔡骏谈创作”，蔡骏（中国作协会员）主讲
2012年2月15日	“2012年经济走势分析”，魏杰（清华大学经济管理学院教授）主讲
2012年3月5日	“消费与安全”，陶洪（绍兴文理学院副教授）主讲
2012年4月18日	“技术经济学的产生与实际应用”，徐寿波（中国工程院院士）主讲
2012年4月19日	“商圣范蠡成功的启示”，孙立群（南开大学历史学院教授）主讲
2012年5月12日	“我是人间惆怅客——纳兰词与他的情感世界”，杨雨（中南大学文学院教授）主讲
2012年5月17日	“人文哲学指导下的慢性病合理安全用药”，俞朝阳（绍兴文理学院医学院副教授）主讲
2012年5月25日	“加强非物质文化遗产保护 建设中华民族共有精神家园”，周和平（国家图书馆馆长）主讲
2012年5月26日	“中国文化之我见”，梁晓声（著名作家、北京语言大学教授）主讲
2012年5月29日	“当前劳动关系的基本特征及发展趋势”，陈诗达（浙江省公共行政与人才人事科学研究所所长）主讲
2012年5月	“肿瘤预防”，廖辉（绍兴市第六医院副主任医师）主讲
2012年6月5日	“新婚姻法解析”，谢慧琴、余高明（浙江国大律师事务所律师）主讲
2012年6月16日	“2012年高考志愿填报”，周国俊、成伟俊（绍兴市教育局招生办）主讲
2012年6月17日	“父爱如山——走进亲子与家庭教育”，宁波诺丁汉大学诺丁团队
2012年6月27日	“推进社会主义核心价值体系建设”，郑仓元（浙江省委党校副校长）
2012年7月7日	“如何提升孩子学习成绩和抗挫力”，海蓝（国际著名心理学家）主讲
2012年7月21日	“清代官场和绍兴师爷”，鲍永军（浙江大学历史系副教授）主讲
2012年8月25日	“心血管病防治”，彭放（绍兴市人民医院心内科主任）主讲
2012年8月30日	“艾滋病的预防与控制”，屠春雨（市疾控中心主任）主讲

续表

时间	内容
2012年9月27日	“中国电影的现状及其未来畅想”，陆绍阳（北京大学新闻与传播学院教授）主讲
2012年10月12日	“高血压与健康生活方式”，刘慧英（绍兴市第六医院主任医师）主讲
2012年10月13日	“百年航母”，房兵（国防大学副教授）主讲
2012年10月27日	“生于六十年代——60年代作家的精神历程”，艾伟（当代著名作家，中国作协会员）主讲
2012年11月2日	“王阳明和他的心学”，董平（浙江大学教授）主讲
2012年11月7日	“慈善文化价值观与现代大慈善建设”，李刚（浙江省慈善总会副会长兼秘书长）主讲
2012年11月30日	“党的十八大精神解读”，郭亚丁（浙江省委党校党建研究所所长）主讲
2012年12月22日	“福盈则祸至——《资治通鉴》中的处世哲学”，姜鹏（复旦大学历史系讲师）主讲

2013年，绍兴图书馆举办讲座110场，听众达14 730人次。其中高端精品系列9场，“解码越文化”5场，部门联办10场，佛学讲座2场，国学经典1场，健康讲座50场，视频讲座32场，综合系列1场。9月，与绍兴文理学院越文化研究院（浙江省越文化研究中心）联合推出了新的系列讲座——“解码越文化”，邀请绍兴本地的有关专家学者开坛设讲，讲解和绍兴有关的人文历史、风俗文化，当年邀请俞志慧、汪嘉宝、潘承玉、谢一彪、林文彪等5人作了讲座。形式上，注重与越城区妇联、市卫生局等市级有关部门的联办合作，配备先进的录播非编设备实现讲座的二次传播。

表6-21　绍兴图书馆2013年讲座、报告会一览

时间	内容
2013年1月12日	“莫言：来自故乡和大地的说书人”，邱华栋（《人民文学》杂志主编助理兼编辑部主任）主讲
2013年2月23日	“当前中国经济社会转型的一些基本问题”，韦森（复旦大学经济思想与经济史研究所所长）主讲
2013年3月1日	“婚姻家庭的大秘密”，胡剑云（江西卫视《金牌调解》栏目金牌调解员）主讲
2013年3月16日	“中国古代官员选任制度的嬗变与启示”，喻大华（辽宁师范大学历史文化旅游学院教授）主讲
2013年4月12日	“兰亭重要传本评述”，王连起（故宫博物院研究馆员、国家文物鉴定委员会委员）主讲
2013年4月28日	“2013年经济复苏背景下的理财策略与投资品选择”，罗志华（西南财经大学信托与理财研究所副所长）主讲
2013年5月11日	“知行合一与公益助学——金华锋西部支教所见所思”，金华锋主讲
2013年5月24日	“越地长歌——浙江历史文化漫谈”，吕祖善（浙江省原省长）主讲
2013年5月21日	“阅读儿童文学”，梅子涵主讲
2013年5月	“心理压力管理与幸福指数提升”，赵国秋主讲
2013年6月1日	“孩子快乐学习的奥秘”，刘泉主讲
2013年6月8日	“婚姻家庭热点问题”，金列君主讲
2013年6月17日	2013年高考志愿填报专题讲座，周国俊、成伟俊主讲
2013年6月29日	“当前金融形势下的家庭投资理财规划及建议”，洪越栋主讲
2013年7月10日	“发挥宗教正能量，助力共圆中国梦”讲座，贤宗法师（嘉兴市佛教协会会长、香海禅寺监院）主讲
2013年7月17日	“转变工作作风密切党群关系”，徐彬主讲

续表

时间	内容
2013 年 7 月 21 日	“最美激发梦想·最美浙江人”先进事迹报告会
2013 年 8 月 10 日	“孔子思想与孝文化”，骆承烈主讲
2013 年 9 月 7 日	“走进晚明时代”，商传主讲
2013 年 9 月 14 日	“西施只是个传说吗？”，俞志慧主讲
2013 年 10 月 7 日	“禅的智慧与人生境界——以《六祖坛经》为中心”，王雷泉主讲
2013 年 10 月 12 日	“漫谈绍兴地方戏曲”，汪嘉宝（绍兴市曲艺家协会主席）主讲
2013 年 10 月 25 日	“越王勾践大节有亏吗？”，潘承玉主讲
2013 年 11 月 2 日	“康乾盛世新解”，纪连海主讲
2013 年 11 月 9 日	“解密陶成章被杀血案”，谢一彪主讲
2013 年 11 月 19 日	“党的十八届三中全会与新的改革征程”，李义平主讲
2013 年 11 月 30 日	“家谱的当代价值和意义”，任桂全（原《绍兴市志》总纂）主讲
2013 年 12 月 14 日	“兰亭序”赏析，林文彪主讲
2013 年 12 月 21 日	“法眼识骗局”（部门联办讲座），黄新发主讲

2014 年，绍兴图书馆举办讲座 118 场，其中现场讲座 85 场，视频讲座 33 场，听众 13 537 人。“越州讲坛”在讲座内容上作了调整和创新，分时事政策、历史人文、地域文化、科普民生 4 个方面。其中，“历史人文”系列涵盖佛学系列、专题讲座和国学经典系列；“地域文化”系列是与绍兴文理学院越文化研究所联合推出的解码越文化系列讲座，当年主打绍兴十大名士解读。7 月，为进一步提高讲座质量，绍兴图书馆又推出“讲座讲师大家荐”活动，全市市民可通过绍兴图书馆官方网站、微博、微信，推荐喜爱的讲座讲师，也可从绍兴图书馆列出的讲师专家库中进行挑选，参与者达 200 余人次。

表 6-22　绍兴图书馆 2014 年讲座、报告会一览

时间	内容
2014 年 1 月 5 日	“党的十八届三中全会后宏观形势与产业”，杨建龙（国务院发展研究中心产业经济研究部副部长、研究员）主讲
2014 年 1 月 11 日	“刘大白的坎坷人生”（“解码越文化”系列），刘家思主讲
2014 年 2 月 15 日	“音乐欣赏与美育教育”，李光羲主讲
2014 年 2 月 16 日	“佛陀的觉悟之道”（越州讲坛龙华证道佛学专题讲座），修定法师主讲
2014 年 3 月 6 日	“新《消法》新保障新责任”，张严方主讲
2014 年 3 月 11 日	“寻找幸福密码——绽放的快乐”，林华主讲
2014 年 4 月 9 日	“我国面临的资源环境问题和生物技术”，孙万儒主讲
2014 年 4 月 12 日	“圣贤之学与人生之乐”（国学经典系列专题讲座），邓新文主讲
2014 年 4 月 12 日	“心经与心境”（越州讲坛龙华证道佛学专题讲座），邓新文主讲
2014 年 4 月 30 日	“助人为乐、无私奉献”（道德讲堂），钟恒元、吴岩兴主讲
2014 年 5 月 9 日	“重构绍兴产业，重建绍兴水城”，金辉主讲

续表

时间	内容
2014 年 5 月 17 日	“解码王充”（“解码越文化”系列），吴从祥主讲
2014 年 5 月 30 日	“快乐生活，快乐学习”，贾秋美主讲
2014 年 6 月 7 日	“解读王羲之”（“解码越文化”系列），王晓亮主讲
2014 年 6 月 7 日	“心系群众”（道德讲堂），李俊主讲
2014 年 6 月 14 日	“从‘心’开始，脚踏莲花”（越州讲坛龙华证道佛学专题讲座），赵福莲主讲
2014 年 6 月 17 日	2014 年高考志愿填报专题讲座，周国俊、成伟俊主讲
2014 年 6 月 28 日	“明清兴亡的历史感悟”，阎崇年主讲
2014 年 7 月 5 日	“走近陆游”（“解码越文化”系列），高利华主讲
2014 年 7 月 26 日	“不欲令种子断绝——马一浮及其国学教育思想”，宫云维主讲
2014 年 7 月 31 日	“好习惯成就好英语”，熊少波主讲
2014 年 8 月 2 日	“优质的阅读与写作”，朱自强主讲
2014 年 8 月 3 日	“一起去看流星雨”，王彬主讲
2014 年 8 月 16 日	“佛法与生活”（越州讲坛龙华证道佛学专题讲座），了成法师主讲
2014 年 8 月 23 日	“王阳明与阳明洞天”（“解码越文化”系列），张炎兴主讲
2014 年 8 月 30 日	“老百姓身边的法律问题”，胡坚主讲
2014 年 9 月 4 日	“金融消费者权益保护”，陈辉主讲
2014 年 9 月 24 日	“中国的能源问题与可持续发展”，周大地主讲
2014 年 9 月 27 日	“徐渭与《金瓶梅》”（“解码越文化”系列），潘承玉主讲
2014 年 10 月 11 日	“解码秋瑾”（“解码越文化”系列），谢一彪主讲
2014 年 10 月 19 日	“百善孝为先——从儒、释、道三家经典说起”（越州讲坛龙华证道佛学专题讲座），许大平主讲
2014 年 10 月 25 日	“书爱众香薰，知识最乐群——人文经典导读与全民阅读推广”，徐雁主讲
2014 年 10 月 31 日	“运河因文化而‘走运’——关于大运河申遗成功的几点思考”，王水法主讲
2014 年 11 月 1 日	“朗诵艺术漫谈”，陆澄主讲
2014 年 11 月 18 日	“社会治理与社区建设”，陈建义主讲
2014 年 11 月 19 日	“党的十八届三中全会与新的改革征程”，李义平主讲
2014 年 11 月 22 日	“解码徐锡麟”（“解码越文化”系列），谢一彪主讲
2014 年 11 月 30 日	“王羲之、钱太守、徐文长的故事”（“解码越文化”系列），王云根主讲
2014 年 12 月 13 日	“解码徐懋庸”（“解码越文化”系列），李先国主讲
2014 年 12 月 28 日	“孔子：一个人的和谐”，鲍鹏山主讲
2014 年 12 月 30 日	“法眼识骗局”，黄新发主讲

2015 年，绍兴图书馆举办讲座 159 场，其中学习型城市系列高端讲座 12 场，国学经典系列 6 场，解码越文化 11 场，佛学讲座 6 场，健康养生系列 43 场，部门联办类讲座 5 场，视频讲座 61 场，其他综合类讲座 15 场。为扩大讲座的辐射面，当年还推出了送健康养生讲座进村和进校园活动，与多个

文化礼堂和周边高校建立了文化合作关系。在孙端镇新河村、城南凤凰村、沥海舜海村三地举办了讲座，深受村民的欢迎；与高校的联系方面，越州讲坛已成为元培学院和越秀外国语学校的党员活动的学习基地和人文学院的讲座基地。

表 6-23　绍兴图书馆 2015 年讲座、报告会一览

时间	内容
2015 年 1 月 3 日	“把壮美的紫禁城完整地交给下一个六百年”，单霁翔主讲
2015 年 1 月 17 日	“胡愈之在南洋”，朱文斌主讲
2015 年 2 月 7 日	“华夏文明的黄金时代：宋朝那些人那些事”，赵冬梅主讲
2015 年 3 月 7 日	“天工清新说宋瓷”，杨士林主讲
2015 年 3 月 14 日	“走进消费”，张铁军主讲
2015 年 3 月 21 日	“王羲之的生活美学”，刘毅青主讲
2015 年 3 月 27 日	“孙子兵法与国学智慧”，黄朴民主讲
2015 年 3 月 28 日	“国学的前生今世”，黄朴民主讲
2015 年 3 月 29 日	“像唱歌一样说话”，牟家栋主讲
2015 年 4 月 18 日	“嵊州‘强盗’王金发的历史是非”，谢一彪主讲
2015 年 4 月 19 日	“诠释《金刚经》”，释了成法师主讲
2015 年 4 月 24 日	“新常态进程的经济社会发展展望”，杨建龙（国务院发展研究中心产业经济研究部副部长）主讲
2015 年 4 月 25 日	“中国传统文化的传承及其与新常态社会的呼应”，杨建龙主讲
2015 年 4 月 25 日	“我们怎样读散文”，韩小蕙(《光明日报》领衔编辑、中国作协全委会委员、中国散文学会副会长、南开大学文学院兼职教授）主讲
2015 年 4 月 25 日	“相信童话相信爱”，汤素兰（儿童文学作家、中国一级作家、编审、湖南师范大学文学院教授、中国作家协会会员、民进湖南省副主委、全国政协委员）主讲
2015 年 5 月 9 日	“中国霸术——韩非子的治世哲学”，卢守助主讲
2015 年 5 月 23 日	“乐山悦水——传统文化与旅游”，徐之辉主讲
2015 年 5 月 30 日	“我们身边的法律事儿”，沈建祥主讲
2015 年 6 月 13 日	“历史的误读与真相”，郭世佑主讲
2015 年 6 月 17 日	“2015 年高考志愿填报专题讲座”，周国俊主讲
2015 年 6 月 27 日	“决定中国现代化命运的又一次重大抉择”，杨秋宝主讲
2015 年 7 月 4 日	“中国古陶瓷的鉴定与收藏”，王建华主讲
2015 年 7 月 4 日	“佛学智慧与人生困惑”，邓新文主讲
2015 年 7 月 18 日	“写作中的想象——小学生写作指导”，金旸主讲
2015 年 7 月 19 日	“刘大白与辛亥革命时期绍兴的‘反袁运动’”，刘家思主讲
2015 年 8 月 1 日	“浅谈越剧女小生——顾盼生姿”，吴凤花主讲
2015 年 8 月 5 日	“中国的亚太周边形势及对策”，赵干城主讲
2015 年 8 月 5 日	“中印关系及南亚地区安全问题”，赵干城主讲
2015 年 8 月 8 日	“明代绍兴官员的在岗学习风气”，潘承玉主讲

续表

时间	内容
2015 年 8 月 21 日	“宏观视野中的浙江抗战”，袁成毅主讲
2015 年 8 月 22 日	“汉陵寝制度文化”，刘庆祝主讲
2015 年 8 月 22 日	“漫画对孩子想象力的培养”，十九番（原名魏晨耕）主讲
2015 年 8 月 29 日	“亲子全面关系技巧之 0—7 岁心理营养”，柴敏敏主讲
2015 年 9 月 5 日	“从书生到领袖——瞿秋白”，陈铁健主讲
2015 年 9 月 12 日	“晚明文化中的徐渭之‘狂’”，王晓亮主讲
2015 年 9 月 19 日	“与我们息息相关的法律事儿”，汪新主讲
2015 年 9 月 26 日	“教外别传之禅宗系列（一）”，释德澄主讲
2015 年 10 月 10 日	“亲子全面关系技巧（二）”，柴明明主讲
2015 年 10 月 17 日	“竹林七贤与魏晋风度”，刘强主讲
2015 年 10 月 18 日	“永远的诗经”，刘强主讲
2015 年 10 月 24 日	“穿越绍兴水城的历史隧道”，屠剑虹主讲
2015 年 10 月 31 日	“漫谈绍兴方言之美”，王敏红主讲
2015 年 11 月 7 日	“蒋介石日记中的中国共产党”，张太原主讲
2015 年 11 月 8 日	“傅增湘、松丸东鱼、高罗佩之跨界交流——国际汉学交流之佳话”，稻畑耕一郎（日本早稻田大学中国古籍文化研究所所长，越州讲坛第一位日本学者）主讲
2015 年 11 月 14 日	“开启儿童智能的另一把金钥匙”，陈泽铭主讲
2015 年 11 月 21 日	“千古东坡面面观”，莫砺锋主讲
2015 年 11 月 22 日	“汉地早起的禅法”，释德澄主讲
2015 年 11 月 24 日	“‘互联网 +’与文化产业创新发展”，蔡亮（浙江大学计算机科学与技术学院软件技术学院软件工程系系主任）主讲
2015 年 11 月 28 日	“绍兴与中国文化”，朱丽霞主讲
2015 年 12 月 5 日	“百年五四的精神财富”，刘勇主讲
2015 年 12 月 12 日	“禅宗的创立”，释德澄主讲
2015 年 12 月 18 日	“党的十八届五中全会精神解读”，徐彬主讲
2015 年 12 月 24 日	“如何跟孩子说‘性’——儿童性教育家长篇”，徐金亮主讲
2015 年 12 月 25 日	“从王羲之到鲁迅——绍兴名人手迹与中国文人书法传统”，马啸（中国书法家协会学术委员）主讲

2016 年，绍兴图书馆“越州讲坛”举办讲座 106 场，其中高端精品系列 16 场，“解码越文化”9 场，佛学讲座 6 场，家长成长季系列 10 场，健康讲座 40 场，视频讲座 5 场，部门联办 1 场，其他 9 场。

表 6-24　绍兴图书馆 2016 年讲座、报告会一览

时间	内容
2016 年 1 月 9 日	“读书知人论世：鲁迅读书生活漫谈”，黄乔生主讲
2016 年 1 月 17 日	“《中国古代书画鉴定大系》的编撰工作”，褚大为主讲

续表

时间	内容
2016 年 1 月 17 日	“湛湛青天，包拯与包公故事”，朱万曙主讲
2016 年 1 月 30 日	“亲子和谐，为爱加油——爱与未来・助力孩子青春期的成长”，心华主讲
2016 年 2 月 27 日	“大圣来也——猴年说猴戏”，刘建杨主讲
2016 年 3 月 5 日	“新消费我作主——用法律维护自身的消费权益”，徐霄燕主讲
2016 年 3 月 12 日	“名媛闺秀的养成”，淳子主讲
2016 年 3 月 19 日	“智慧人生观”，僧瑞法师主讲
2016 年 4 月 9 日	“阳明心学与绍兴”，潘承玉主讲
2016 年 4 月 16 日	“我与范派——演绎《梁山伯与祝英台》随想”，韩婷婷主讲
2016 年 4 月 24 日	“阅读与人生”，潘知常主讲
2016 年 4 月 25 日	“说红楼人物，学人生智慧——红楼梦漫谈”，潘知常主讲
2016 年 4 月 30 日	“菩萨的四无量心”，释正信主讲
2016 年 5 月 14 日	“走近文学之美”，廖可斌主讲
2016 年 5 月 27 日	“绍兴名人与佛教”，黄公元（浙江省人口学会副会长、宗教研究会理事、《浙江佛教》特邀编辑）主讲
2016 年 5 月 28 日	“家长是孩子最好的英语和国学老师”，梁怀超主讲
2016 年 6 月 3 日	“2016 年中国经济形势分析”，张默含（省委党校教授）主讲
2016 年 6 月 4 日	“越都城的规划与建设”，任桂全主讲
2016 年 6 月 7 日	“从春秋四大国的战略角逐看当今国际形势”，黄朴民主讲
2016 年 6 月 19 日	“2016 年高考志愿填报专题讲座”，周国俊、成伟俊主讲
2016 年 6 月 25 日	“佛学与人生——以《了凡四训》为中心”，王雷泉主讲
2016 年 7 月 9 日	“浅释金刚经”，了成法师主讲
2016 年 7 月 17 日	“与孩子一起‘悦读绘’”，单骅主讲
2016 年 7 月 21 日	“下行中的宏观经济及来自供给侧的增长动力”，石磊主讲
2016 年 7 月 24 日	“译制片值得怀念吗？”，孙渝烽主讲
2016 年 7 月 25 日	“最美好声音”，孙渝烽主讲
2016 年 8 月 6 日	“家有小升初家长如何转型升级”，周玉蓉主讲
2016 年 8 月 7 日	“中学课程特点及如何提高学习力”，俞列娟主讲
2016 年 8 月 13 日	“做孩子的引路人”，单海林主讲
2016 年 8 月 13 日	“绍兴性格——绍兴文化的精髓”，谢善骁主讲
2016 年 8 月 24 日	“文化自信与文化工作者的使命与担当”，阮可主讲
2016 年 9 月 17 日	“从《孙子兵法》看中国式智慧”（鲁迅中学柯桥校区），黄朴民主讲
2016 年 9 月 17 日	“吴越战争新解读”（斗门镇荷湖村文化礼堂），黄朴民主讲
2016 年 9 月 18 日	“《心经》智慧与现代生活”，闻中主讲
2016 年 9 月 24 日	“让我听到你的声音——少儿朗诵讲座”，牛跟莲主讲
2016 年 9 月 24 日	“云门古刹——一座沉睡的博物馆”，谢云飞主讲
2016 年 9 月 25 日	“爸爸的陪伴无可替代——父爱三法和儿童阅读兴趣培养”，李一慢主讲

续表

时间	内容
2016 年 10 月 15 日	“绍兴文化的三精神（胆剑、智性和诗性）”，聂付生主讲
2016 年 10 月 29 日	“和谐婚姻的法律智慧”，徐霄燕主讲
2016 年 11 月 4 日	“全面从严治党——十八届六中全会精神解读”，王侃主讲
2016 年 11 月 12 日	“佛教财富观”，悟法法师主讲
2016 年 11 月 19 日	“故乡的意义——绍兴场域与鲁迅的生命之路”，卓光平主讲
2016 年 12 月 24 日	“孙中山与光复会”，谢一彪主讲
2016 年 11 月 26 日	“赏析名家弘扬越韵”，方亚芬主讲

2017 年，绍兴图书馆《越州讲坛》举办讲座 155 场，参加人数 11 724 人次。其中学习型城市讲座 51 场（含解码越文化），佛学讲座 8 场，金融讲座 9 场，视频讲座 54 场，健康讲座 33 场。

表 6-25　绍兴图书馆 2017 年讲座、报告会一览

时间	内容
2017 年 1 月 7 日	“春节叫你泡一壶好茶”，王坚蕾主讲
2017 年 1 月 14 日	“绍兴年俗漫谈”，裘士雄主讲
2017 年 2 月 11 日	“地方戏曲沙龙——莲花落的前世今生”，王云根主讲
2017 年 2 月 19 日	“佛法与人生观”，了成法师主讲
2017 年 2 月 25 日	“南宋建国之际的内忧与外患”，金纲主讲
2017 年 3 月 11 日	“3·15 消费者权益日特别亲子活动——《消费者维权之道》”，周仙主讲
2017 年 3 月 11 日	“‘放飞梦想’—关爱外来民工子弟、留守儿童家庭教育亲子活动”，周瑶主讲
2017 年 3 月 12 日	“‘家长成长季系列’亲子活动——人生 15 箱重大能力培养”，周瑶主讲
2017 年 3 月 18 日	“阳明心学与绍兴”，钱明（浙江省国际阳明学研究中心主任、浙江省社科院研究员）主讲
2017 年 3 月 19 日	“禅宗漫谈：禅宗历史的几个问题”，冯国栋主讲
2017 年 3 月 25 日	“感受《孙子兵法》的永恒魅力”，黄朴民（中国人民大学图书馆馆长、百家讲坛主讲人）主讲
2017 年 4 月 8 日	“网络与大数据时代的伦理审度”，段伟文（中国社科院哲学所研究员）主讲
2017 年 4 月 8 日	“正思正行·珍爱自己——反邪教是当代青年学生的责任和担当”，秦国平主讲
2017 年 4 月 9 日	“传递健康福音，关爱生态保养——生殖系统疾病产生的原因及如何有效预防”，李玉芬主讲
2017 年 4 月 15 日	“佛陀的一生”，悟法法师主讲
2017 年 4 月 23 日	“唐宋词与中国文化传统”，陶然（浙江大学中文系教授）主讲
2017 年 4 月 23 日	“章钰与《四当斋书目》”，吴格（复旦大学古籍保护研究中心主任）主讲
2017 年 4 月 29 日	“作为‘共名’的西施——西施千古疑案新解”，潘承玉（绍兴文理学院越文化研究院执行院长）主讲
2017 年 5 月 6 日	“提高阅读效率的最佳途径和方法”，严僮伦主讲
2017 年 5 月 6 日	“我们一起走青春”，周瑶主讲
2017 年 5 月 13 日	“堕民漫谈”，谢一彪主讲

续表

时间	内容
2017 年 5 月 20 日	“绍剧起源及其历史演变”，陈顺泰主讲
2017 年 6 月 3 日	“台湾地域文化与当前两岸关系”，李文艺主讲
2017 年 6 月 3 日	“银行支付结算用卡安全”，张君主讲
2017 年 6 月 10 日	“移动金融”，张君主讲
2017 年 6 月 17 日	“浅谈佛教的六和敬”，正涵法师主讲
2017 年 6 月 17 日	“人民币反假防范金融诈骗”，张君主讲
2017 年 6 月 18 日	“2017 年高考志愿填报专题讲座”，周国俊主讲
2017 年 6 月 24 日	“网络安全风险防范”，张君主讲
2017 年 6 月 24 日	“小升初家长如何转型升级”，周玉蓉主讲
2017 年 7 月 5 日	“读懂孩子的教练式沟通”，廖皓璇主讲
2017 年 7 月 8 日	“鉴湖长吟悲秋歌——女侠秋瑾的故事”，金燕主讲
2017 年 7 月 8 日	“家长成长季系列之如何顺利过渡初升高”，沈为民主讲
2017 年 7 月 15 日	“家长成长季系列之幼升小——让我们一起成长”，周毅主讲
2017 年 7 月 15 日	“金融理财系列之老爸老妈卡”，张君主讲
2017 年 7 月 16 日	“浙江地区的观音信仰”，张家成主讲
2017 年 7 月 22 日	“金融理财系列之建行智慧银行”，张君主讲
2017 年 8 月 12 日	“谶书中的大禹”，曹建国主讲
2017 年 8 月 12 日	“绍兴地方戏曲的传承与发展”，汪嘉宝主讲
2017 年 8 月 15 日	“中国文化的根本精神”，楼宇烈主讲
2017 年 8 月 19 日	“抗战雄鹰——中国空军著名抗战英烈故事”，高晓星主讲
2017 年 8 月 26 日	“人民币基础知识与真伪鉴别”，张君主讲
2017 年 9 月 1 日	“传统纸的相关物理化学问题”，杨玉良主讲
2017 年 9 月 9 日	“安全用卡，防范电信网络诈骗”，张君主讲
2017 年 9 月 16 日	“秦望山麓隐瑰宝——佛教三论宗祖庭嘉祥寺”，丁柏恩主讲
2017 年 9 月 22 日	“让文化创意落地结果”，王浩迅主讲
2017 年 9 月 22 日	“特色小镇的建设”，王浩迅主讲
2017 年 9 月 23 日	“纪念张岱诞辰 420 周年专题讲座：张岱的传奇人生”，佘德余主讲
2017 年 9 月 29 日	“文本性与数字化——担当全民阅读推广，创新读者服务工作”，徐雁主讲
2017 年 9 月 29 日	“最是书香能致远——阅读选择与幸福追求”，徐雁主讲
2017 年 10 月 14 日	“中华文化在‘一带一路’国家的传播与发展——以马来西亚为例”，朱文斌主讲
2017 年 10 月 20 日	“中国书画收藏与鉴赏”，张公者主讲
2017 年 10 月 20 日	“家庭沟通的心理艺术”，钱国正主讲
2017 年 10 月 20 日	“经典文化与为学之道”，刘强主讲
2017 年 10 月 21 日	“孔子的智慧”，刘强主讲
2017 年 10 月 21 日	“绍兴乡土精神”，鲁锡堂主讲
2017 年 10 月 22 日	“你对我错”，赵福莲主讲

续表

时间	内容
2017 年 10 月 28 日	“王阳明与《传习录》（第一讲）”，李永鑫主讲
2017 年 10 月 28 日	“存款保险知识”，严金琳主讲
2017 年 10 月 29 日	“世界哲学语境中的功夫儒学”，倪培民主讲
2017 年 11 月 12 日	“国学智慧与德行修养”，周金声主讲
2017 年 11 月 25 日	“王阳明与《传习录》（第二讲）”，李永鑫主讲
2017 年 12 月 3 日	“发现玄奘——取经路上的真实故事”，书云主讲
2017 年 12 月 9 日	“解码越文化：‘越地先贤与中国新文学’——应修人的爱情生活与现代情诗的新开拓”，刘家思主讲
2017 年 12 月 16 日	王阳明与南大吉的“政学合一”，那秋生主讲
2017 年 12 月 17 日	“越女西施真相”（在海盐张元济图书馆），潘承玉主讲
2017 年 12 月 23 日	“王阳明与《传习录》（第三讲）”，李永鑫主讲
2017 年 12 月 26 日	“隋唐英雄志（4）”，梅毅主讲

2018年，绍兴图书馆《越州讲坛》举办讲座121场，参加人员13 022人次。其中“学习型城市系列”34场，“法律系列”11场，“佛学系列”12场，“健康养生系列”22场，视频讲座42场。完成《越州讲坛——学习型城市建设系列讲座选粹》第七册的编辑、出版工作。讲座形式上注重联办和合作，与绍兴市乡土文化研究会合办“乡土绍兴”讲座，与司法局和电台联办律师公益法律讲座，与市妇联联办家庭婚姻类讲座，与社科联举办家长成长系列讲座。

表 6-26　绍兴图书馆 2018 年讲座、报告会一览

时间	内容
2018 年 1 月 13 日	“绍兴地名文化”，屠剑虹主讲
2018 年 1 月 20 日	“月底民间歌谣——家乡最美的歌”，王敏红主讲
2018 年 1 月 21 日	“佛教的正能量”，吴梦宝主讲
2018 年 1 月 27 日	“中国人的心灵导师——王阳明”，李永鑫主讲
2018 年 2 月 3 日	“借钱那些事”，胡伟国主讲
2018 年 2 月 24 日	“佛法与养生”，林歙主讲
2018 年 2 月 25 日	“让我们结婚吧——关于结婚涉及的法律问题”，朱妙主讲
2018 年 3 月 9 日	“妇女维权”，屠诚凯主讲
2018 年 3 月 17 日	“我的征途，光影大地”，贺秋帆主讲
2018 年 3 月 24 日	“心有猛虎细嗅蔷薇：金庸作品中的国学文化”，袁斐主讲
2018 年 3 月 25 日	“阳明著述中的口语文本问题”，永富先生（日文）、陈捷教授（中文）主讲
2018 年 3 月 31 日	“智者大师与中国文化”，俞学明主讲
2018 年 4 月 14 日	“重国漫振复兴”，丁立清主讲
2018 年 4 月 20 日	“谁‘偷’了你的智力成果——知识产权保护漫谈”，吴兆伟主讲

续表

时间	内容
2018 年 4 月 21 日	“抗倭名士徐渭专题讲座”，李永鑫主讲
2018 年 4 月 21 日	“清代版本琐谈”，韦力主讲
2018 年 4 月 21 日	“国学要义”，王秦丰主讲
2018 年 4 月 22 日	“被弱智化的唐高宗和被妖魔化的武则天”，孟宪实主讲
2018 年 4 月 22 日	“怎么看国学——国学的价值”，孟宪实主讲
2018 年 4 月 29 日	“浙江与宋代佛教”，冯国栋主讲
2018 年 5 月 5 日	“大视野下的中国古代历史和文化”，黄朴民主讲
2018 年 5 月 6 日	“从春秋历史看当前国际格局：为多元文化对话找到坐标”，黄朴民主讲
2018 年 5 月 12 日	“家的起点，从装修开始——和你聊聊装修那些事儿”，胡革命主讲
2018 年 5 月 18 日	“劳动纠纷那些事”，蔡炎炯主讲
2018 年 5 月 27 日	“顿悟入道要门浅说：大珠慧海禅师禅法选讲”，张顺平主讲
2018 年 5 月 28 日	“家长成长季系列：今天我们怎样教育孩子”，周中之主讲
2018 年 6 月 10 日	“小升初，家长如何转型升级”，周玉蓉主讲
2018 年 6 月 13 日	“对校园欺凌说‘不’”，夏燕燕主讲
2018 年 6 月 16 日	“2018 年高考志愿填报专题讲座”，周国俊主讲
2018 年 6 月 17 日	“中国书法中的道德精神世界——从阳明先生的书法说起”，倪培民主讲
2018 年 6 月 30 日	“人身、人生、人性——维摩经里探死生”，王雷泉主讲
2018 年 7 月 10 日	“瞿秋白与党的八七会议”，侯涤主讲
2018 年 7 月 20 日	“预售商品房需注意的事项”，张英主讲
2018 年 7 月 29 日	“‘阳光助学，优质就业’考公指导讲座”，王文杨主讲
2018 年 7 月 29 日	“敦煌遗书与中国文化”，许建平主讲
2018 年 8 月 4 日	“萧鸣凤与金瓶梅”，盛鸿郎主讲
2018 年 8 月 11 日	“关爱生命，‘救’在身边”，胡开红主讲
2018 年 8 月 12 日	“心经与心境”，邓新文主讲
2018 年 8 月 18 日	“书房对联谈”，谢权熠主讲
2018 年 8 月 26 日	“唐人的诗和远方——浙东唐诗之路”，俞志慧主讲
2018 年 8 月 26 日	“小心中招——电信欺诈二三事”，沈健翔主讲
2018 年 9 月 8 日	“中国传统社会的家礼”，陆敏珍主讲
2018 年 9 月 12 日	“从九一八到七七事变：中华民族走向抵抗之路”，肖如平主讲
2018 年 9 月 16 日	“夏天摄影系列讲座：手机摄影篇”，夏天主讲
2018 年 9 月 26 日	“孩子，我拿什么保护你”，何霞主讲
2018 年 9 月 30 日	“佛与禅”，时照禅师主讲
2018 年 10 月 13 日	“宋辽澶渊之盟的中国智慧”，金纲主讲
2018 年 10 月 20 日	“新媒体技术与传播思维变革”，何海翔主讲
2018 年 10 月 20 日	“夏天摄影系列讲座：人像摄影篇”，夏天主讲
2018 年 10 月 21 日	“馅饼还是陷阱——老年人理财须知”，王巧燕主讲

续表

时间	内容
2018 年 10 月 28 日	“远方有故事”，曹可扬主讲
2018 年 11 月 3 日	“明朝百年：社会进步与社会问题”，方志远主讲
2018 年 11 月 5 日	“11·11 有话说”，桑成才主讲
2018 年 11 月 10 日	“与经典对话”，刘勇主讲
2018 年 11 月 17 日	“古典诗歌赏析与人文素质提升”，程郁缀主讲
2018 年 11 月 25 日	“成佛与度众生的先后顺序”，然教法师主讲
2018 年 12 月 1 日	“夏天摄影系列讲座：旅途中的摄影”，夏天主讲
2018 年 12 月 1 日	“建设美丽中国”，徐铁光主讲
2018 年 12 月 2 日	“宗教信仰自由的宪法保障”，杨志敏主讲
2018 年 12 月 8 日	“战国时代中国法治思想新传统的形成——以韩非为例”，蒋重跃主讲
2018 年 12 月 22 日	“走进敦煌”，窦怀永主讲
2018 年 12 月 23 日	“弘扬宪法精神，共创法治绍兴——2018 年宪法日专题讲座”，何高峰主讲
2018 年 12 月 23 日	“越地文人的舌尖与笔尖”，周一农主讲

2019，绍兴图书馆“越州讲坛”共举办讲座 142 场，其中“学习型城市系列”42 场，“法律系列”10 场，“佛学系列”讲座 12 场，“健康养生系列”29 场，视频讲座 49 场。新推三大讲座系列：①“阳明文化”中国大运河沿线城市主题巡讲巡展；②“学哲学，用哲学系列”；③“中国历史名家系列”。完成了《越州讲坛——学习型城市建设系列讲座选粹》第八册的编辑、出版工作。

表 6-27　绍兴图书馆 2019 年讲座、报告会一览

时间	内容
2019 年 1 月 5 日	“唐诗之路视阈下的天姥山”，徐跃龙主讲
2019 年 1 月 13 日	“弥勒精神弥勒化身——人间佛教漫谈”，黄公元主讲
2019 年 1 月 20 日	“赋能并激发幼儿的创造力——乐高教育”，裘丹阳主讲
2019 年 1 月 23 日	“套路贷怎么办”，胡坚主讲
2019 年 2 月 16 日	“二胎父母，必须会的‘读心术’”，柴明明主讲
2019 年 2 月 17 日	“佛法的人生智慧”，张家成主讲
2019 年 2 月 23 日	“相邻纠纷那些事”，边倩主讲
2019 年 2 月 24 日	“面对心搏骤停者，你会使用 AED 吗？”，王建英主讲
2019 年 3 月 13 日	“主妇有刑，家庭有泪——家庭刑事法律风险防控指南”，季慧銮主讲
2019 年 3 月 16 日	“绍兴水文化的历史与今天”，邱志荣主讲
2019 年 3 月 23 日	“工阳明心学与文化自信”，刘毅青主讲
2019 年 3 月 30 日	“中华文化与《心经》智慧”，李锋主讲
2019 年 4 月 20 日	“人工智能中的哲学问题”，徐英瑾主讲
2019 年 4 月 21 日	“最是书香能致远——读物选择与幸福追求”，徐雁主讲

续表

时间	内容
2019 年 4 月 22 日	“劳于读书逸于作文”，徐雁主讲
2019 年 4 月 22 日	“阅读名人传汲取正能量”，徐雁主讲
2019 年 4 月 26 日	“知识产权助力私营经济”，徐荐土主讲
2019 年 4 月 28 日	“中国印文化概述”，方栋楚主讲
2019 年 4 月 30 日	“如何与青春期孩子有效沟通”，章燕主讲
2019 年 5 月 10 日	“如果我老了——农村继承”，文松卉主讲
2019 年 5 月 19 日	“我们看到的世界，都是自己内心的世界”，吕峥主讲
2019 年 5 月 25 日	“绍兴与上海——长三角文化圈”，朱丽霞主讲
2019 年 5 月 26 日	“千年古刹云门寺的前生今世”，李永鑫主讲
2019 年 5 月 30 日	“在人生的泥泞中勇敢前行：哲学的智慧与力量”，冯平主讲
2019 年 6 月 13 日	“时代、知识与信仰”，郑召利主讲
2019 年 6 月 15 日	“2019 年高考志愿填报专题讲座”，成伟俊主讲
2019 年 6 月 16 日	“王阳明的文化价值”，朱越民主讲
2019 年 6 月 22 日	“《黄帝内经》与禅”，丁建华主讲
2019 年 7 月 1 日	“今天如何重读《共产党宣言》”，吴猛主讲
2019 年 7 月 6 日	“中华文明的开端——史前与夏王朝”，刘绪主讲
2019 年 7 月 13 日	“北大清华校长与绍兴人”，干春松主讲
2019 年 7 月 13 日	“阳明心学的文化价值”，朱越民主讲
2019 年 7 月 20 日	“儒道思想与佛教的中国化”，韩焕忠主讲
2019 年 7 月 20 日	“谁偷走了我的信息”，杜瑾主讲
2019 年 8 月 17 日	“用朗诵来表达喜怒哀乐”，鲁敏恬主讲
2019 年 8 月 24 日	“甲骨与青铜的王朝——商与西周”，杨博主讲
2019 年 8 月 25 日	“幼小衔接你我他”，张明明主讲
2019 年 8 月 25 日	“《地藏经》学习与观行”，齐云鹿主讲
2019 年 8 月 31 日	“汉语与中国人思维方式”，邵强进主讲
2019 年 8 月 31 日	“爸爸妈妈如何做，让焦虑成为亲子关系中的养分”，柴明明主讲
2019 年 9 月 7 日	“真实的徐渭”，盛鸿郎主讲
2019 年 9 月 22 日	“从争霸到兼并：春秋战国历史演进大势解读”，黄朴民主讲
2019 年 9 月 28 日	“佛教叙事性壁画的构图与意义”，王耘主讲
2019 年 9 月 29 日	“中国文明史格局中的中国共产党：选择、使用与特点”，袁新主讲
2019 年 10 月 4 日	“家长成长季亲子讲座系列”，章燕、周玉蓉、依凡主讲
2019 年 10 月 13 日	“清华大学藏战国竹简与越文化研究”，潘承玉主讲
2019 年 10 月 20 日	“《孝经》与中国的孝文化”，周海生主讲
2019 年 10 月 26 日	“电影中的哲学问题”，郁喆隽主讲
2019 年 10 月 27 日	“新中国 70 年的历史成就及启示”，张太原主讲
2019 年 11 月 21 日	“儒家的人生智慧”，徐洪兴主讲

续表

时间	内容
2019 年 11 月 22 日	“家庭暴力的界定及应对措施”，胡坚主讲
2019 年 11 月 30 日	“传统文化与人生智慧”，刘伟主讲
2019 年 12 月 1 日	“2020 年高考录取及高校自主招生政策与应试策略专题讲座”，吴磊主讲
2019 年 12 月 7 日	“哲学智慧与现代人生”，鲁绍臣主讲
2019 年 12 月 14 日	“原生家庭与亲子关系”，刘禾秋主讲
2019 年 12 月 21 日	“从府山看绍兴古城历史”，屠剑虹主讲
2019 年 12 月 27 日	“佛教对中土孝亲思想的因应之道”，韩焕忠主讲

2020年，绍兴图书馆“越州讲坛”共举办讲座95场，参加者259 962人次。其中“学习型城市系列”35场，健康养生讲座 15 场，佛学讲座 6 场，法律讲座 3 场，视频讲座 20 场，后因受疫情影响，举办在线讲座 12 场。还与绍兴市政协合作新开设了“书香政协委员讲堂”，开启 “浙东唐诗之路 · 云讲座”系列，举办 4 场专题讲座，包括邀请浙江大学教授胡可先，绍兴文理学院俞志慧，台州学院人文学院、唐诗之路研究院副院长高平以及中国计量大学人文与外语学院院长邱高兴等。

面对新冠肺炎疫情，绍兴图书馆推出防疫知识讲座。同时“科学预防，远离流感”等健康养生讲座也以录播的形式在微信号上进行推送。

表 6-28　绍兴图书馆 2020 年讲座、报告会一览

时间	内容
2020 年 1 月 2 日	“科学预防，远离流感”，陈洁主讲
2020 年 1 月 4 日	“舌尖上的绍兴”，谢云飞主讲
2020 年 1 月 9 日	“冬季心血管保健”，铁春苗主讲
2020 年 1 月 11 日	“古诗里的新年”，谢权熠主讲
2020 年 1 月 16 日	“健康饮食，快乐过年”，俞科岚主讲
2020 年 3 月 12 日	“‘硬核教授’张文宏与‘疾控女侠’吴凡谈新冠”
2020 年 3 月 26 日	“防疫生活与营养助力”
2020 年 4 月 2 日	“疫情复工后的心理健康调整”
2020 年 4 月 15 日	“新型冠状病毒防控中您该知道的法律知识”
2020 年 5 月 7 日	“重大疫情环境中的心态和思维调节”
2020 年 5 月 7 日	“阅读的境界——我和图书馆的情缘”，赵丽宏主讲
2020 年 5 月 14 日	“名人手札读想记”，张瑞田主讲
2020 年 5 月 21 日	“睡眠有方法，保健又养生”
2020 年 5 月 28 日	“关注儿童生长发育”，徐金亮主讲
2020 年 6 月 4 日	“幼儿是这样学习的”，应彩云主讲
2020 年 6 月 9 日	“市域社会治理现代化专题座谈会”
2020 年 6 月 13 日	“唐代越州的诗坛风貌”，胡可先主讲

续表

时间	内容
2020 年 6 月 20 日	“晋宋风雅与浙东唐诗——兼及若干相关问题的思考”，俞志慧主讲，1624 人
2020 年 6 月 30 日	“肝炎防治知识”，费迎明主讲
2020 年 7 月 9 日	“王阳明心学的思想渊源”，张家成主讲
2020 年 7 月 9 日	“漫谈中西文化差异”，张家成主讲
2020 年 7 月 14 日	“早期中国书籍的形制与特点”，李学勤主讲
2020 年 7 月 16 日	“2020 年高考志愿填报专题讲座”，成伟俊主讲
2020 年 7 月 17 日	“王阳明心学的思想渊源”，张家成主讲
2020 年 7 月 17 日	“南镇观花——洞见心学的法门”，朱越民主讲
2020 年 7 月 18 日	“浙东唐诗之路与日本汉文学”，高平主讲
2020 年 7 月 18 日	“2020 年高考志愿填报专题公益讲座”，柯晓军主讲
2020 年 7 月 22 日	“助力家长及考生做好 2020 年高考志愿填报攻略”，吴磊主讲
2020 年 7 月 25 日	“一场源自绍兴的宫廷政变与南宋后期政治风云”，范立舟主讲
2020 年 7 月 27 日	“心心相印的秘诀”，周玥主讲
2020 年 7 月 29 日	“骨质疏松的相关知识”，白莉娜主讲
2020 年 7 月 30 日	“民法典婚姻家庭编——对新增及修改条款之解读”，胡坚主讲
2020 年 8 月 1 日	“老兵的故事”，徐志耕、王昌仁、施放、周仁发、朱彪主讲
2020 年 8 月 5 日	“学习民法典走进新时代”，凌国良主讲
2020 年 8 月 7 日	“‘疗愈系’文献资源建设及其阅读推广”，徐雁主讲
2020 年 8 月 8 日	“最是书香能致远——‘六分理念’与全民阅读推广的精细化”，徐雁主讲
2020 年 8 月 11 日	“女性法律保护之葵花宝典”，杜瑾主讲
2020 年 8 月 12 日	“幽门螺杆菌感染与健康”，毛雅琴主讲
2020 年 8 月 16 日	“家长成长季系列：零起点不是零准备——幼小衔接，家长怎么做”，楼秀萍主讲
2020 年 8 月 18 日	“视力小偷”，苏亚丽主讲
2020 年 8 月 22 日	“从卧薪尝胆到绍祚中兴——两代王朝的文化印记”，高利华主讲
2020 年 8 月 23 日	“家国情怀：中国人的信仰”，刘哲昕主讲
2020 年 8 月 28 日	从范仲淹的“三记”谈他的清廉思想
2020 年 8 月 29 日	“浙东唐诗之路的佛道遗风”，邱高兴主讲
2020 年 8 月 30 日	“中学生亲子关系调适”，商兰芳主讲
2020 年 9 月 5 日	“从吴楚喋血到吴越死磕：春秋后期战争历史的重新解读”，黄朴民主讲
2020 年 9 月 6 日	“100 封家书，陪伴孩子快乐成长”，吕瑜洁主讲
2020 年 9 月 17 日	“秋季养生”，傅丹旦主讲
2020 年 9 月 20 日	“一花开五叶——禅宗五家宗派说的形成与发展”，孔雁主讲
2020 年 9 月 24 日	“常见疾病的营养防治”，陈素娥主讲
2020 年 9 月 26 日	“从《钗头凤》解读南宋婚姻制度——兼谈《民法典》相关婚姻制度”，凌国良主讲
2020 年 9 月 27 日	“歌剧《秋瑾》与戏剧文学”，孙禹主讲
2020 年 10 月 1 日	“立志勤学——当代青年阳明心学素养提升”，朱越民主讲

续表

时间	内容
2020年10月11日	“色即是空——浅谈佛教空性论”，朱越民主讲
2020年10月15日	“关节的保养”，沈灏主讲
2020年10月17日	“绍兴古桥：璀璨的越地文化”，屠剑虹主讲
2020年10月22日	“绍兴大先生：徐诵明”，徐冬冬主讲
2020年10月22日	“三高患者的日常保健”，俞科岚主讲
2020年10月25日	“蒙特梭利幼儿教育在家庭生活中有效性表征”，肖鹃主讲
2020年10月25日	“中国地理如何影响了中国历史”，陈志坚主讲
2020年10月28日	“阳明心学与管理素养提升”，朱越民主讲
2020年11月12日	“糖尿病视网膜病变”，苏亚丽主讲
2020年11月13日	“皎然与颜真卿”，彭玉平主讲
2020年11月18日	“‘阳明文化’的当下关怀”，周建华主讲
2020年11月19日	“冬季的养生和保养”，俞科岚主讲
2020年11月21日	“越地文化在中国历史上的地位”，王云根主讲
2020年11月21日	“浅谈海派文化的前世今生”，赵卿峰主讲
2020年11月22日	“王阳明的生活和思想”，董平主讲
2020年11月26日	“与您‘膝膝’相关的那些事”，姜军主讲
2020年11月27日	“聚焦党的十九届五中全会”，沈丽丽主讲
2020年11月29日	“中国佛教核心观念及其现代意义”，韩焕忠主讲
2020年12月3日	“穴位养生”，钱玲琳主讲
2020年12月6日	“强基计划和三位一体招生政策及准备攻略”，吴磊主讲
2020年12月8日	“党的十九届五中全会精神专题讲座”，罗新阳主讲
2020年12月10日	“冬春季呼吸道感染及预防”，李明晖主讲
2020年12月12日	“西汉王侯的地下奢华——海昏侯墓的考古发现与研究”，杨军主讲
2020年12月17日	“心脑血管急症自救”，任疆主讲
2020年12月19日	“镜湖与唐诗”，刘亮主讲
2020年12月26日	“佛教禅学圣地瑞岩山”，王康主讲

3. 培训

从20世纪90年代到21世纪初，绍兴图书馆实行以文补文进行创收，公益、收费培训并行。2011年，根据《关于推进全国美术馆公共图书馆文化馆（站）免费开放工作的意见》精神，绍兴图书馆停办了营利性培训，所办培训全部免费。

（1）特色培训

1）教育培训

2000年，绍兴图书馆成立教育培训中心，策划和组织少儿课外兴趣技能的培训。

至2001年底，举办各类少儿培训213期，学员达5 660人次。

2002年4月4日，绍兴图书馆培训中心新设成人英语培训班，首期开设初级英语班、中级英语班和英语口语班。7 月 8 日，开办暑期日托 5 个班，开设数学、语文、英语、绘画、手工制作 5 个课程。8 月 4—5 日，首次组织暑期夏令营，共 80 余人分赴上海、苏州、无锡进行夏令营活动。12 月，吕江英任绍兴图书馆教育培训中心主任，中心试行产业化运作。

绍兴图书馆教育培训中心常规培训班分春季班、暑假班、秋季班，根据需要增设特种培训班。

2004 年，绍兴图书馆开办了小主持人培训和初中以上高年级的培训教育，并为外来民工子女提供优惠条件和方便措施。

2006 年，绍兴图书馆开设竖笛、吉他等乐器培训课目。

绍兴图书馆教育培训中心除提供培训之外，还经常推出专题讲座、文化展览等活动。

2007 年，绍兴图书馆共举办读者活动 44 次，参与读者 2 万多人次，举办讲座 35 次，展览 10 多次。11 月，绍兴图书馆被列为绍兴市青少年活动基地。

2008 年，绍兴图书馆新设初中预备班、小学预备班和趣味英语、少儿音标、武术、拉丁舞等课程，邀请省级名师进修班学员、市级领雁工程培养对象、市级学科带头人等名优教师执教。组织近百名学员参观绍兴市农科所。组织学员参加“回到远古”2008 年常州中华恐龙园和“跨海大桥、南湖行”夏令营活动。除此之外，还与《绍兴广播电视周报》联合举办“我和数字电视”大型征文活动。举办外语类系列活动，推选并指导学员参加 2008—2009 年度“星星火炬”全国少年儿童英语风采浙江展示活动。

2009 年 8 月 28 日，绍兴图书馆租用绍兴市武勋坊文化传播有限公司场所（武勋坊 18 号）成立培训分部，新增口才与表演、魔术、英语特训等 5 门培训课程，培训课目达到 37 科，实施教育基金赠送活动，自主设计并启用电子化报名系统。

2011 年，根据《关于推进全国美术馆公共图书馆文化馆（站）免费开放工作的意见》精神，绍兴市文广局于 3 月 16 日、5 月 11 日先后发出《关于要求回收出租场地及停止有偿培训的通知》《关于要求绍兴图书馆、绍兴市群艺馆停止营利性培训的通知》，绍兴图书馆撤销了社会教育部，停办营利性培训，培训中心员工分流。

2）老年电脑公益培训

2015 年 6 月 16 日，为了让更多的老年读者感受现代科技给生活带来的便捷，绍兴图书馆开办了老年电脑公益培训活动，参与者年龄从 50 岁到 90 岁。培训内容为使用 QQ、网上挂号、购买火车票、网上购物、五笔输入等实用内容，培训教材免费提供。培训报名通过网站、微博、微信、App、报纸、电台、电视台等渠道宣传。当年开展了 2 期，第 1 期以市区学员为主，第 2 期周边乡镇学员占 50% 左右。至 2020 年，共举办 8 期，每期 4 班，学员约 1 500 人次。

表 6-29　绍兴图书馆老年电脑公益培训情况（2015 年—2017 年）

期次	时间	人数	学习内容
第一期	2015 年 6 月 16 日—8 月 21 日	150	Windows 系统的基本操作、网上娱乐与聊天、网上购物等方面的知识和技能等。
第二期	2015 年 9 月 15 日—11 月 6 日	150	学会五笔——老年电脑培训文字录入

期次	时间	人数	学习内容
第三期	2016 年 3 月 29 日—6 月 3 日	200	文字录入、电脑基础、图片处理、微信使用
第四期	2016 年 10 月 18 日—12 月 23 日	100	基础、图像处理、五笔输入法教学
第五期	2017 年 2 月 28 日—3 月 23 日	200	即时通信（微信班）、即时通信（QQ）、电子相册
第六期	2017 年 4 月 18 日—5 月 18 日	200	即时通信（微信）、即时通信（手机 QQ）、手机电子相册制作
第七期	2017 年 6 月 20 日—7 月 14 日	200	微信教程、电脑基础、公共资源使用教学
第八期	2017 年 9 月 19 日—12 月 1 日	200	手机微信 + 导航、电脑使用基础、智能手机初级、OFFICE 基础

图 6-16　绍兴图书馆老年电脑培训

3）“树兰书院”少儿国学公益培训

2017 年，为贯彻落实中共中央办公厅、国务院办公厅印发的《关于实施中华优秀传统文化传承发展工程的意见》的精神，绍兴图书馆联合绍兴文理学院、绍兴龙华佛学图书馆，共同设立“树兰书院”，旨在弘扬优秀传统文化和越地文化，树立少年儿童的文化传承意识。

2017 年，绍兴图书馆开展全市首个少儿公益性国学培训，首期培训班于 4 月 22 日正式开班，招收 6~8 周岁的学员 40 名，提供为期两年的公益性、系统性的中国传统文化教育和国学经典教学培训，先后举办了春季班、夏令营、秋季班，系统教学了《大学》《中庸》《论语》《弟子规》等国学经典，举办了经典诵读、书法体验课、兰亭游学、暑期夏令营、汇报演出等 90 余场国学课程和活动。

2018 年暑期，将少儿国学公益培训活动改名为“国学诵读班”，并在此基础上新增“国学公开课”“国学体验课”。新增的“树兰书院”国学公开课主要邀请学校老师以及利用电视图书馆、网上视频资源，定期为小读者及家长播放国学视频课程，讲解《学庸论语》《唐诗宋词》《阳明心学》《二十四节气》等国学知识。

2019 年 4 月，绍兴图书馆完成第二届新学员招生，提供为期两年的公益培训。图书馆馆内上课 42 课次，诵读了《大学》《中庸》《弟子规》《兰亭序》等国学经典，组织了暑期夏令营、兰亭游学、诵读“快闪”等活动。国学公开课共举办了 15 期，既有《昭王坠屦》《王质烂柯》《退避三舍》等小古文的赏析，也有许大平老师《国学学习漫谈》、王财贵老师《一场演讲百年震撼》（视频）等引导国学学习的讲座。国学体验课共举办了 11 期，开展了用餐礼仪、快乐剪纸、薄荷的秘密、中秋月饼制作等有趣的国学体验活动。

2020 年，因疫情原因，绍兴图书馆“树兰书院”开展线上复课，确保“云上”国学课程有序开展，加强对学员线上课堂的管理，完善学员线上课堂考勤制，建立了图书馆、书院授课老师、家委会三级管理责任制。“树兰书院”国学公开课、体验课共举办 4 期，开展了越州二十四节气、中秋月饼制作等国学体验活动。

图 6-17　绍兴图书馆“树兰书院”组织公益培训游学活动

图 6-18　绍兴图书馆“树兰书院”开展的公益国学培训活动

（2）其他培训

2001 年，绍兴图书馆开设了青少年（成人）电脑培训班和乒乓球培训班。

2002 年，绍兴图书馆开设电脑培训班。

2007 年，绍兴图书馆配合第十九届服务宣传周，举办五湖四海读者联谊会“外地来绍读者学说绍兴方言”培训班。

2008 年，绍兴图书馆组织“浙江网络图书馆”及“共享工程”资源利用读者培训。

2009 年 4 月 27 日，绍兴图书馆特邀超星数字图书馆讲座老师对读者和绍兴市图书馆学会会员进行“超星数字图书馆”的使用培训。

2012 年 1 月 3 日，绍兴图书馆联合新东方多媒体学习库在图书馆一楼学术厅举办首次数据库培训活动——“新东方欢乐少儿英语游戏闯关”。6—7 月，由读者活动部组织的读者入馆常识培训（第一期、第二期）在一楼学术活动室举行，共有 170 名新老读者参加。

2013 年 1 月 19 日，绍兴图书馆举办“如何使用绍兴电视图书馆”的专题读者培训。9 月 14 日，邀请清华同方公司盛秋敏举办“CNKI 中国知网《中国知识资源总库》产品介绍与使用”培训讲座，50 人参加。

2014 年 6 月 11 日，绍兴图书馆在一楼学术报告厅为塔山中心小学六年级小朋友开展了如何使用数字图书馆的培训。7—8 月，绍兴图书馆在图书馆一楼学术厅举办了 3 期“数字资源推广月系列培训讲座”。10—11 月，在绍兴市委办开展了 2 期机关干部周一学习图书馆利用知识培训。

2015 年 6 月 27 日，绍兴图书馆分别在文化中心二馆楼报告厅和历史文献馆一楼学术厅举办了 4 场数字资源推广活动，主要介绍了墨香数据库、博看期刊数据库、正保多媒体数据库、重庆维普数据库等的使用方法，共计 150 名读者参加。

2016 年 1 月 20 日、3 月 24 日、5 月 30 日，绍兴图书馆先后在馆内、孙端镇等处举办图书馆服务应用辅导。8 月 1 日、9 月 17 日在中成社区、斗门镇荷湖村向居民进行知识推广讲座、百名教授进文化礼堂——黄朴民教授讲座《吴越战争新解读》。

2019 年 6 月，绍兴图书馆联合沥海分馆开展婚姻家庭培训班，各村（居）妇联主席或计生服务员及相关工作者学员 50 名参加本次培训。

2020 年 11 月 28 日，邀请“树兰书院”特聘讲师许大平教授来馆，与家长作国学漫谈分享交流会。

（3）赴机关、企事业单位开展知识培训讲座

绍兴图书馆组建图书馆使用知识培训馆员队伍，推出赴机关、企事业单位开展“如何利用图书馆”知识培训讲座，向各单位工作人员介绍图书馆资源和图书馆服务等知识。

（六）图书馆空间延伸服务

建立分馆、延伸点、自助图书馆、图书流通站和汽车图书馆等，以及为特殊人群服务，是公共图书馆拓展服务、谋求发展的重要途径。中华人民共和国建立后，绍兴县鲁迅图书馆就曾在农村开拓图书室，改革开放以后，绍兴县和绍兴市鲁迅图书馆的服务范围和对象更为广泛，服务制度更为规范，制定相应标准，形成服务网络体系。

2016 年，为更好地开展工作，绍兴图书馆将原由外借部、少儿部、报刊部等多个部门各自发展的馆外服务，统一归流通部管理，设立馆外流通部，2017 年，馆外流通部与读者服务部合署办公。2020 年内部机制改革后，原流通部职能划归借阅部管理。至 2020 年底，绍兴图书馆拥有分馆 13 个、自助图书馆 2 个、图书流通站 94 个、汽车大巴服务站点 10 个。

1. 分馆建设

2002 年 10 月 29 日，绍兴图书馆的第一个分馆——古越藏书楼正式开放，提供借阅服务，一楼为外借区，二楼为报刊阅览区。每年平均接待读者约 15 000 人次，绝大部分为附近老年读者。2013 年 10 月 7 日，古越藏书楼分馆一层东首图书借阅区因年久失修，停止图书借阅业务，改作库房使用。

2008 年 10 月 10 日，绍兴图书馆绍兴艺校分馆成立，为艺校学生提供阅读学习需要的服务。

2009 年 8 月 28 日，绍兴图书馆投资 200 多万元，在城西武勋坊 18 号设立了绍兴图书馆培训分部，作为配套服务，同时成立了少儿分馆，面积为 3 000 多平方米。分馆围绕“我读书、我快乐、我智慧”的主旋律，内设小学和初高中两大借阅区，首批投入青少年课外读物 2 万多册，期刊 150 多种，与总馆借阅实行“一卡通”。

2011 年，绍兴图书馆按照绍兴市文广局《关于要求绍兴图书馆、绍兴群艺馆停止营业性培训的通知》，于 8 月 15 日停止了少儿分馆服务，与租赁单位办理善后工作。

2013 年 7 月 10 日，绍兴图书馆龙华佛学分馆在龙华寺开馆，面积为 100 平方米，图书总藏量设计为 7 500 册。首批送去佛学相关图书 1813 册。除提供文献阅读之外，不定期举办“龙华证道”佛学讲座和越州讲座。12 月 10 日，杭嘉湖绍四地公共图书馆专业分馆工作会议在龙华佛学分馆举行。

2014 年 6 月 4 日，绍兴图书馆镜湖管委会分馆正式开放。分馆藏书 6 500 余册，内容涵盖政治、经济、社会、历史、文化等多个领域，为机关干部提供了便捷的图书借阅服务。

2015 年 12 月 25 日，绍兴图书馆改造完成的延安路历史文献馆正式向读者开放。它是国内首家地市级历史文献主题馆，文献藏量位于全国主题图书馆前列。下分绍兴市古籍保护中心和绍兴市地方文献保护中心。

2016 年始，绍兴图书馆根据中共绍兴市委办公室、绍兴市人民政府办公室《关于加快现代公共文化服务体系建设的实施方案》（2016—2020）的通知，加快了推进公共图书馆总分馆建设工作，充分发挥公共图书馆的资源辐射作用，建立以市图书馆为中心馆，区、县（市）图书馆为总馆，乡镇（街道）为分馆的公共文化服务体系，实现设施成网、资源共享、人员互通、服务联动。

2016 年 4 月 18 日，绍兴图书馆皋埠分馆（皋埠镇中心图书馆）试开放，读者凭绍兴市公共图书馆通用读者卡即可享受图书借阅、报刊阅览等服务。分馆和绍兴图书馆实行文献通借通还。

2016 年 11 月 22 日，制定《绍兴市公共图书馆服务网络规划》，依照《关于构建绍兴市城乡一体化公共图书馆、文化馆总分馆体系的实施意见》，规定了乡镇（街道）图书分馆建设标准：乡镇（街道）图书分馆建筑面积不少于 300 平方米，藏书不少于 10 000 册，期刊、报纸不少于 100 种，计算机不少于 10 台，计算机网络带宽不低于 2 M，阅览座位不少于 50 个，可为读者提供图书借阅（包括少儿借阅）、期刊借阅、电子借阅、读者活动和文化信息资源共享工程服务等功能，配备空调等设施。规模较大的乡镇（街道）分馆应设立培训、讲座、展览等区域。要求为残疾人配备一定的无障碍设施。服务参照《绍兴市乡镇（街道）图书分馆服务标准》，对免费开放、基本业务、读者服务、读者活动、数字服务、馆外服务、支持保障等均有具体规定。

2016 年 12 月 26 日，绍兴图书馆孙端分馆开馆。面积为 400 平方米，藏书 15 000 余册，期刊 70 种，报纸 40 种，电子阅览区配有 20 台电脑。

2017 年 1 月 8 日，由绍兴图书馆与绍兴广源房地产开发有限公司共同设立的绍兴图书馆佳源广场亲子主题馆正式开放。提供 2 000 册图书（以低幼读物为主），适时进行更新补缺，并规定定期举行亲子阅读和绘本推广活动、育儿讲座及展览等，全年举办活动不少于 12 场。

5 月 16 日，绍兴图书馆沥海分馆试开放。

2018 年 10 月 17 日，由绍兴图书馆提供 3 万册少儿读物与新疆阿瓦提县图书馆合作共建的“绍兴图书馆阿瓦提少儿分馆”正式揭牌成立。

2019 年 12 月 18 日，绍兴图书馆“辽源市朝阳村树兰书房（绍兴图书馆辽源市朝阳分馆）”开馆仪式在吉林省辽源市东辽县朝阳村举行。

图 6-19　2020 年 9 月 25 日，“大先生书房”——绍兴图书馆文学主题馆开馆

书房面积为 220 平方米，藏书 2 万册、期刊 40 种，除了提供书刊借阅、休闲服务外，书房还将成为宣传绍兴特色文化和友好城市援建成果的重要窗口。

2020 年 9 月 25 日，“大先生书房”——绍兴图书馆文学主题馆开馆，该书房由绍兴图书馆、绍兴鲁迅纪念馆联合建设，作为绍兴图书馆文学主题分馆，向读者推出纸质文献千余册、电子读物千余种，以及一系列阅读推广主题交流活动。9 月 30 日，位于绍兴市新闻传媒中心的“越牛书屋”绍兴图书馆传媒分馆开馆。10 月 30 日，绍兴图书馆武警分馆（“阳明书屋”）开馆。

表 6-30 绍兴图书馆分馆情况一览

分馆名称	地址	建立时间	面积（平方米）	藏书规模（册）
古越藏书楼	越城区胜利路 503 号	2002 年	115	20 000
绍兴艺校分馆	越城区二环西路 500 号	2008 年	781	5000
龙华寺佛学分馆	越城区都泗门 46 号	2013 年	100	3521
孙端分馆	越城区孙端镇吴融村 391 号	2016 年	600	20 349
陶堰分馆	越城区陶堰镇文化街 1 号	2016 年	300	9885
沥海分馆	上虞区沥海镇环城西路 212 号	2017 年	600	20 388
新疆阿瓦提少儿分馆	新疆阿瓦提县	2018 年		300 000
云南西双版纳绍兴树兰少儿书屋	云南省西双版纳傣族自治州景洪市勐泐大道 43 号	2018 年		50 000
辽源市朝阳村分馆	辽源市东辽县安石镇朝阳村	2019 年	330	28 000
传媒分馆	绍兴市越城区延安东路 241 号	2020 年	250	3 004
文学分馆	绍兴市越城区鲁迅故里 - 鲁迅中路 241 号	2020 年	65	765
武警分馆	绍兴市越城区栖凫路春欣大厦		400	7 880
金融分馆	绍兴市越城区中兴南路 1 号		100	4 528

表 6-31 绍兴图书馆分馆读者情况（2007—2020 年）

年份	服务人次	借阅册次
2007	16 410	5 871
2008	14 509	4 014
2009	25 097	18 743
2010	38 347	54 806
2011	17 628	22 248
2012	11 764	23 808
2013	26 299	38 756
2014	77 704	37 555

续表

年份	借阅人次	借阅册次
2015	112 639	54 065
2016	176 003	106 623
2017	230 382	60 201
2018	515 859	97 973
2019	436 971	93 189
2020	67 234	21 313

2. 自助图书馆

自助图书馆集成 RFID 技术、数据通信技术和数据处理技术等，居民可刷有效证件进入，随时自行借阅图书、办证、咨询、检索、查检各种数据库等，打破了传统图书馆在服务时间上的障碍。绍兴图书馆于 2015 年、2016 年先后建成洋江路、延安路 2 个自助图书馆。2017 年 3 月 30 日，印发《绍兴图书馆自助图书馆建设标准（试行）》。

（1）洋江路自助图书馆

2015 年 7 月 10 日正式开放，位于绍兴图书馆镜湖新馆北面一楼，面积为 325 平方米，是绍兴图书馆第一个自助图书馆。分成人借阅区、期刊阅览区、自修区等。其中成人借阅区包括各大类图书 7 000 多种 10 000 多册；期刊阅览区有期刊 160 多种，过刊 800 册。自助图书馆实行全天自助式借阅服务。当年借阅 1.854 5 万册次。

（2）延安路自助图书馆

2016 年 12 月 30 日开放，此馆为绍兴图书馆与越城区图书馆联合共建，位于延安路 565 号绍兴图书馆历史文献馆一楼，面积为 443 平方米。共有阅览坐席 60 余个，内设无线网络连接。配置 1 万册成人图书，涵盖哲学、社会科学、自然科学、综合性图书等五大部类；设电子阅报机，可实现 100 种报纸及 200 种期刊的数字阅读；配有检索电脑、自助借还机等。

3. 图书流通站

20 世纪 30 年代的绍兴县立图书馆，就有图书馆直属的流通书库存在，民国二十五年（1936 年）有流通书库 14 处，其中小学生文库还巡回各小学。中华人民共和国成立后，绍兴县鲁迅图书馆的馆外流通工作重点是对基层图书馆（室）的建设辅导。直到 1986 年，绍兴市鲁迅图书馆方才设立了第一个馆外流通站。

1986 年 1 月 10 日，绍兴市鲁迅图书馆在绍兴市劳动教养所建立了第一个馆外图书流通站，这也是浙江省地市级图书馆的首家馆外流通站。到 2006 年，累计送书 42 次，捐赠图书 1 万余册。

绍兴图书馆在劳教所取得建站经验后，积极发展图书流通站。1994 年，绍兴图书馆在绍兴市自行车厂、绍兴县织编厂设立图书流通站。1995 年，在绍兴县武警支队建立流通站。1997—1998 年，先后在绍兴市聋哑学校、市消防支队、市武警支队、市交警支队等建立图书流通站。

2001 年 11 月 1 日，绍兴图书馆在府山街道水沟营社区建立市区第一家社区图书流通站。有图书报刊 800 余册。绍兴图书馆按季更换一定数量的图书。同年，还有绍兴市工商局、市水泥厂、市委组织部、市财政局等 30 多家机关、企事业单位与图书馆建立了集体借书关系。至此，图书馆建立起了城区的馆外图书流通网络。

2002 年 2 月 6 日，绍兴图书馆鹤池苑社区图书流通站成立。

2003 年 5 月 30 日，绍兴图书馆在绍兴市智障学校“育才小学”设立图书流通站。7 月 25 日，为迎接“八一”建军节，绍兴图书馆在越城消防大队设立图书流通站，送书 190 册。11 月，建立绍兴图书馆安昌文化站图书流通站，首批捐助图书 200 册，每季度外借 100 册。

2004 年 12 月，绍兴图书馆建立青藤社区期刊流通站，每月提供 20 册期刊。

2005 年 3 月 21 日，绍兴图书馆望花小学图书流通站（即蒲公英书屋）成立，这是绍兴图书馆成立市区外来创业者子女读书基地的第一站。4 月 21 日，成立武警支队绍兴市中队图书流通站，免费为武警官兵提供时政、军事、党史等专业类期刊和书籍。4 月 22 日，绍兴图书馆市直机关图书流通站正式成立，这是第一个机关图书流通站，每月第一个周五下午现场设点为机关干部办理图书的借还手续。5 月，建立北海街道西小路社区少儿图书流通站。9 月 9 日，在外来人员比较集中的火车站社区建立图书流通站，提供首批图书 200 多册。

2006 年 1 月 17 日，绍兴图书馆建立市武警支队教导队图书流通站，送去图书 400 册，杂志 100 册。3 月 28 日是绍兴图书馆与绍兴市劳动教养所合作 20 周年纪念日，绍兴图书馆接收“帮教育新人，携手建和谐”一匾，此后每隔 5 年，均共同举办一次大型庆祝活动。5 月 20 日，绍兴图书馆设立越城公安分局特勤大队图书流通站，每月提供 60 册期刊和 50 册书籍。9 月，在北海小学建立科普读物流通站（与越城区关工委科普指导团合作）。10 月 31 日，建立定向接收民工子弟的稽山小学图书流通站。

2007 年 4 月，绍兴图书馆成立马山镇（政府）图书流通站，首批捐赠图书 2 068 册，每月提供书籍 50 册。7 月 24 日，建立 73681 部队 572 分队图书流通站，每月提供图书、期刊 40 册。9 月 22 日，成立绍兴市群贤小学图书流通站。9 月 24 日，成立马山镇红江村图书流通站。9 月 26 日，绍兴图书馆举行馆外图书流通站评估会议及授牌仪式，共评出一级图书流通站 7 个，二级图书流通站 9 个，三级图书流通站 3 个，至此，共设立了 22 家图书流通站，累计送书达 15 万册。

2008 年 5 月 26 日，绍兴图书馆鹤池苑幼儿园图书流通站成立。7 月 25 日，设立绍兴图书馆少儿馆与群艺馆图书流通站，提供少儿书籍 1 000 册，并定期更新。9 月 4 日，设立绍兴图书馆少儿馆新昌图书馆图书流通站，在新昌图书馆设立少儿读书室，首次送去少儿书籍 5 000 册，杂志 600 册。10 月 10 日，设立绍兴艺校图书流通站。当年还在快阁苑小学成立了第二支科普阅读中队。同年，还帮助“八字桥社区”接受枫桥经验“省检”筹建了图书流通站，配合文明城市创建在越城区 15 个乡镇建立了 15 个图书流通站，赠送图书 3 000 余册。

2009 年 5 月 15 日，绍兴图书馆苗山社区图书流通站成立。9 月 18 日，为配合绍兴市第六届全民读书月活动，绍兴图书馆新建皋埠镇黄泾村、塔山街道文化中心、稽山街道浪港新村、北海街道北海社区 4 家馆外图书流通站。

图 6-20　绍兴图书馆苗山社区、浪港社区流通站

2010年12月20日，绍兴图书馆成立浙江省消防训练基地图书流动服务站，首批送去1 100册图书、140 本杂志。截至年底，共成立 45 个馆外流动服务站。

2011 年 12 月 16 日，绍兴图书馆平铜集团流通站成立（首家全国职工书屋示范点）。当年利用汽车图书馆和馆外图书流通站，坚持开展送书“进农村”“进校园”“进军营”“进社区”等一系列送书下乡、下基层服务。

2012 年 9 月 19 日，绍兴图书馆美东社区流通站建立。10 月 19 日，绍兴图书馆在绍兴市福利中心成立首个老年读者馆外流通点。11 月 30 日，成立中成社区图书流通站。到年底，绍兴图书馆馆外流通站总数达 52 个。

2013 年 4 月，绍兴图书馆成立市机关事务管理局图书流通站。5 月 7 日，成立新民热电厂馆外图书流通站。5 月 8 日，成立绍兴市港航局馆外图书流通站。5 月 29 日，成立龙洲花园社区馆外图书流通站。分别配送了 300~1 000 册图书。12 月 12 日，成立浙江康思特动力机械有限公司馆外图书流通站。12 月，新建王坛镇中心幼儿园和王坛镇中心小学 2 个图书流通站。到年底，绍兴图书馆馆外流通站总计达 66 个。

2014 年下半年，绍兴图书馆在越城区凤凰村建立了图书流通站。

2015年6月4日，绍兴图书馆设立富盛镇诸葛山村图书流通站，首次提供2 000册书籍。6月25日，马山镇直乐施村流通站成立。7 月 30 日，绍兴图书馆“你读报我点赞”活动走进洋江村社区，建立了洋江村流通服务站点。9 月 15 日，绍兴图书馆少儿馆成立孙端镇中心小学图书流通站，首送 1 000 册少儿图书。11 月 19 日，设立沥海镇潭许村图书流通站，首次提供 660 册书籍。当年还新建绍兴海关、绍兴市消防支队特勤中队、武警直属边防支队、民进绍兴市委会文艺支部、绍兴广播电视总台（集团）、浙江汽车仪表有限公司等 6 家流通站。

图 6-21　联创共建签约及送书仪式

2016 年 2 月 3 日，绍兴图书馆成立孙端镇安桥头村图书流通站。外借部首批送书 500 多册，其中包括一批鲁迅作品及鲁迅先生的相关书籍。6 月 23 日，绍兴图书馆报刊部在鲁迅电影城设立“悦读驿站”，首次送期刊 450 多册。7 月 15 日，外借部在绍兴市交投集团设立图书流通站。7 月 22 日，外借部在绍兴市中级人民法院设立图书流通站。11 月 8 日，绍兴市看守所馆外流通站成立，首次提供 800 余册书籍。11 月 23 日，绍兴市用电管理所馆外流通站成立。12 月 1 日，与市残疾人联合会建立盲文图书流通站。到年底，馆外流通站总数达 68 个。

2017 年 7 月 19 日，绍兴图书馆财政（地税）局流通站正式开通，首批送书 1 800 余册。同日，绍兴图书馆在绍兴市档案馆建立流通站。10 月 19 日，绍兴市市场监管局流通站成立，这是绍兴图书馆在机关设立的第二家流通站，藏书 2 000 余册。12 月 8 日，建立孙端镇三条溇村图书流通站。同年，绍兴图书馆新建名贤馆、绍兴市档案馆、车恂如小学、财政局、市场监管局 5 家流通站，累计建成 73 家馆外图书流通站。

图 6-22　绍兴市财政局流通站揭牌仪式

2018 年 4 月 9 日，绍兴图书馆绍兴市福利院流通站成立。7 月 10 日，绍兴图书馆国土资源局流通站成立。9 月 8 日，绍兴市审计局党组成员章朔风和绍兴文广局副局长胡华钢共同为绍兴图书馆绍兴市审计局流通站正式揭牌。同年，新建绍兴市委组织部、宣传部、市咨询委、绍兴市水务产业公司、中国人寿保险股份有限公司绍兴分公司、特立宙动漫园区、浙江大唐国际绍兴江滨热电有限责任公司等 7 家流通站。累计建成 80 家馆外图书流通站。

2019 年 6 月 1 日，绍兴图书馆在沥海镇舜海村、东海村建立流通站。7 月 15 日，绍兴图书馆人防蕺山书屋流通站成立。9 月，绍兴图书馆市镜湖新区开发建设办公室流通站开通。10 月 18 日，绍兴图书馆的绍兴市文旅局流通站成立。同年，新建绍兴市纪委、商务局、市公安局警察培训学校、绍兴市人民政府办公室、锦蓝钻公司等 5 家流通站。累计建成 88 家馆外图书流通站。

2020 年 4 月 10 日，绍兴图书馆市税务局流通站开通。5 月 20 日，绍兴图书馆在市综合行政执法局建立流通站。6 月 3 日，绍兴图书馆市经济和信息化局流通站成立。9 月 10 日，绍兴图书馆在绍兴市公安局建立流通站。10 月 30 日，绍兴图书馆阳明研究院流通站成立。11 月 9 日，绍兴图书馆在天池社区建立流通站。同年，绍兴图书馆新建市公安局滨海分局沥海派出所流通站、清廉馆流通站、绍兴市金融控股有限公司书吧。至 2020 年底，累计建成 94 家馆外图书流通站。

表 6-32　绍兴图书馆 2020 年馆外流通站统计

序号	名称	地址	建立时间
1	育才小学	越城区八字桥直街 25 号	2003 年 7 月
2	聋哑学校	越城区缪家桥河沿 9 号	2004 年 4 月 2 日
3	稽山小学	绍兴经济开发区稽山街道平江南路	2006 年 1 月
4	戒毒所（原劳教所）	越城区九里	2006 年
5	马山镇流通站（含少儿）	马山镇政府	2007 年 4 月 29 日
6	群贤小学	袍江工业区袍中路	2007 年 9 月
7	马山镇红江村	马山镇红江村	2007 年 9 月 24 日
8	73681 部队	袍江	2007 年
9	稽山街道鹤池苑社区	长诏路鹤池宛 8 幢北边（社区内）	2007 年
10	绍兴市武警中队	皋埠镇牌头村	2008 年
11	少儿艺校	绍兴市城东卧龙路 208 号	2009 年
12	艺校图书流通站	绍兴市二环西路 500 号	2009 年
13	迪荡街道流通站（世禾新村，含少儿）	世禾新村	2009 年
14	迪荡街道云东社区少儿文化中心	迪荡盛世名苑旁	2009 年
15	迪荡街道剡溪社区少儿文化中心	卧龙路消防支防旁	2009 年
16	稽山街道苗山社区	涂山花园 3 幢 13 号	2009 年
17	稽山街道东江社区少儿文化中心	涂山东路到底	2009 年
18	袍江小学	袍江工业区马山镇越英路	2011 年 1 月
19	市消防支队	树下王路（越西路）	2011 年
20	稽山街道美东社区	绍兴市鲁迅东路京华新村 11 幢 101 室	2012 年
21	消防高新中队	卧龙路与五泄路交叉口	2012 年
22	平铜集团	平水镇	2013 年

续表

序号	名称	地址	建立时间
23	绍兴市港航局	皋埠镇银城路	2013 年
24	浙江康思特动力机械有限公司	马山镇越英路 187 号	2013 年
25	绍兴市社会福利中心流通站	胜利西路 1239 号	2013 年
26	东湖镇皋北完小	东湖镇小皋埠村	2014 年 6 月
27	绍兴市武警支队机动一中队	会稽路 346 号	2014 年
28	浙江省消防新兵训练基地	袍江新区育贤路 2 号	2014 年
29	绍兴消防镜湖中队		2014 年
30	绍兴联合图书馆	马山镇豆姜小学	2014 年
31	浪港图书流通站	浪港新村社区服务中心	2014 年
32	孙端镇中心小学	孙端镇通海路 29 号	2015 年 1 月
33	绍兴海关	胜利东路	2015 年 2 月 3 日
34	绍兴市消防支队特勤中队	越西路 9 号	2015 年 6 月 3 日
35	富盛镇诸葛山村	富盛镇诸葛山村	2015 年 6 月 4 日
36	民进“文艺之家”图书流通站	凤江路 26 号常青树老年公馆	2015 年 9 月 24 日
37	沥海镇中心小学	沥海镇海峰路 357 号	2015 年 11 月
38	沥海镇潭许村	沥海镇潭许村	2015 年 11 月 19 日
39	浙江汽车仪表有限公司	洋江东路 21 号	2015 年 11 月 26 日
40	武警浙江省边防总队直属边防支队	袍江	2015 年
41	灵芝街道天和社区	灵芝镇天和社区居民委员会	2015 年
42	斗门镇赵墅村	斗门镇赵墅村社区卫生服务站	2015 年
43	斗门镇洋江村村委	斗门镇洋江村社区老年活动室	2015 年
44	皋埠镇黄泾村	沥海镇黄泾村	2015 年
45	孙端镇安桥头村	孙端镇安桥头村	2016 年 2 月 2 日
46	孙端镇三条溇村	孙端镇三条溇村	2016 年 2 月 2 日
47	阳明小学	绍兴越城区鲁迅东路 138 号	2016 年 3 月
48	剑桥二幼	鉴湖前街 498 越西新村	2016 年 3 月
49	绍兴市看守所图书馆流通站	越城区皋埠镇牌口村	2016 年 11 月 1 日
50	国网绍兴供电公司图书流通	营桥河沿 1 号	2016 年 11 月 24 日
51	绍兴市交投集团	凤林西路 135 号	2016 年
52	绍兴市中级人民法院	和畅堂路 109 号	2016 年
53	鲁迅影城	县前街 45 号	2016 年
54	消防袍江中队	袍中路 192 号附近	2016 年
55	绍兴市车恂如小学流通站	马山镇西墅村口	2017 年 6 月 14 日
56	绍兴市档案局流通站	绍兴市袍江世纪东街 278 号	2017 年 7 月 19 日
57	财政（地税）局流通站	凤林西路 151 号局财政大楼 17	2017 年 7 月 20 日

续表

序号	名称	地址	建立时间
58	绍兴市市场监管局流通站	凤林西路 216 号	2017 年 10 月 19 日
59	绍兴市公安消防支队滨海新城大队流通站	沥海镇畅和路和繁荣路交叉口北 200 米	2017 年
60	沥海镇中心幼儿园流通站	沥海镇马欢路 377 号	2018 年 3 月 25 日
61	沥海镇华平村流通站	上虞区沥海镇华平村村民委员会	2018 年 3 月 25 日
62	沥海镇郭渎村流通站	上虞区沥海镇郭渎村村民委员会	2018 年 3 月 25 日
63	沥海镇民生村流通站	上虞区沥海镇民生村村民委员会	2018 年 3 月 26 日
64	沥海镇光荣村流通站	上虞区沥海镇光荣村村民委员会	2018 年 3 月 28 日
65	沥海镇联谊村流通站	上虞区沥海镇联谊村村民委员会	2018 年 3 月 28 日
66	绍兴市社会福利院流通站	越城区城南街道九里新城 358 号	2018 年 4 月 10 日
67	特立宙动漫园区流通站	袍江开发区斗门镇坝头丁（特立宙动漫园区）	2018 年 4 月 20 日
68	中国人寿保险股份有限公司绍兴分公司流通站	绍兴市越城区中兴中路 309 号五楼	2018 年 4 月 22 日
69	浙江大唐国际绍兴江滨热电有限责任公司流通站	沥海镇滨海新城畅和路 21 号	2018 年 4 月 22 日
70	绍兴市国土资源局流通站	绍兴市越城区解放大道 99 号	2018 年 7 月 10 日
71	绍兴市审计局流通站	凤林西路 216 号	2018 年 9 月 8 日
72	绍兴市咨询委流通站	绍兴市越城区中心路	2018 年
73	绍兴市委组织部流通站	绍兴市越城区洋江西路 589 号 1 号楼 8、9 层	2018 年
74	绍兴市委宣传部流通站	绍兴市越城区洋江西路 589 号 1 号楼 6、7 层	2018 年
75	绍兴市水务产业公司流通站	绍兴市越城区解放北路 127 号	2018 年
76	绍兴市纪委流通站（图书角）	绍兴市越城区洋江西路 589 号 4 号楼 7 层 2 个图书角	2019 年 1 月
77	绍兴市商务局流通站	曲屯路 368 号	2019 年 1 月
78	沥海镇舜海村	绍兴市上虞区沥海镇舜海村村委	2019 年 6 月 1 日
79	沥海镇东海村	绍兴市上虞区沥海镇东海村村委	2019 年 6 月 1 日
80	人防蕺山书屋	蕺山公园内	2019 年 7 月 15 日
81	绍兴市镜湖新区开发建设办公室流通站	凤林西路 155 号	2019 年 9 月
82	绍兴市文旅局	洋江西路 530 号	2019 年 10 月 18 日
83	绍兴市公安局警察培训学校	解放南路延伸段	2019 年
84	绍兴市人民政府办公室书吧	洋江西路 589 号 1 号楼 5 层	2019 年
85	锦蓝钻流通站	越城区灵芝街道金时文化创意园	2019 年
86	绍兴市公安局滨海分局沥海派出所流通站	沥海街道东森商业广场	2020 年 1 月 1 日
87	绍兴市税务局	鲁迅西路 55 号	2020 年 4 月 10 日
88	绍兴市综合行政执法局流通站	解放北路 35 号	2020 年 5 月 20 日
89	绍兴市经济和信息化局	洋江西路 589 号 5 号楼 2 层	2020 年 6 月 3 日
90	清廉馆流通站	胜利西路 163 号	2020 年 8 月 6 日

续表

序号	名称	地址	建立时间
91	绍兴市公安局流通站	人民东路 489 号	2020 年 9 月 10 日
92	绍兴市金融控股有限公司书吧	凤林西路 151 号 12 楼	2020 年 09 月 22 日
93	王阳明研究院	人民西路 300 号	2020 年 10 月 30 日
94	天池社区流通站	勾乘路	2020 年 11 月 9 日

4. 汽车图书馆

在绍兴市城区馆外服务网络基本建成之后，绍兴图书馆的馆外服务网络开始面向农村和边远山区辐射。以汽车为载体的汽车图书馆应运而生。绍兴图书馆最早的汽车图书馆服务点建立于 1998 年。汽车图书馆自建立之日起，每月第一周的周三、周四一般会开到偏远乡镇、山区学校，为广大农民和山区孩子送书上门，提供图书借阅、信息咨询服务并开展活动。对特殊的读者群，如老弱病残等，由图书馆工作人员代办借还书手续，送书上门。大山里的农民和孩子把汽车图书馆比作“看世界的窗口”“走出去的桥梁”。

1998 年，绍兴市鲁迅图书馆购车设立“汽车图书馆”。5 月 29 日，六一国际儿童节来临之际，汽车图书馆首次送书到绍兴县浬漓渚镇红星小学，建立第一个汽车图书馆流动站。6 月 9 日，在平水镇建立汽车图书馆流动站。

2000 年 10 月，绍兴图书馆在绍兴县兰亭镇大庆小学设立图书流动站。

2001 年 11 月 19 日，绍兴图书馆购置大众康比面包车一辆，用于流动图书馆送书下乡。

2003 年 11 月，绍兴图书馆在绍兴县兰亭镇贾村小学建立汽车图书馆，每月第一周的星期三为学生提供课外阅读书籍。

2005 年 9 月 9 日，在“全民读书月活动”期间，汽车图书馆载 200 多册图书开进火车站社区，开展为外来读者送书上门服务。

2008 年 8 月 22 日，绍兴图书馆购置一辆价值 70 多万元的 50 座金龙大客车改装成汽车图书馆，内置钢制书架，可容纳图书 5 000 册。配有两台电脑，车载计算机操作系统通过无线网络与总馆联结，可现场办证，提供借还、检索等服务。9 月 17 日，绍兴图书馆在绍兴市第五届“全民读书月”开幕式上发布《书香流动 · 给市民方便——“汽车图书馆”服务宣言》，宣言内容如下。①“汽车图书馆”的图书以流行、热门、实用为主，每月更新。②流动车和绍兴图书馆总馆实现“一卡通”服务，凡持有绍兴图书馆借阅卡的读者均可任意借还流动车图书和总馆图书。每证借图书 2 册，借期 20 天，可续借一次（延长 20 天）。③在总馆和流动车上均可免费办理读者借阅证。读者持身份证并交纳 100 元押金（退证时退还）办理借阅证。④流动车服务点的分布从市中心扩展到市区的东西南北。首期布点以市政府机关大院为中心向城市的东南西北延伸，分别选择一家企业（康云来服饰公司），一所学校（市艺术学校），一个乡镇，一方新区（袍江新区）实行定时定点服务。《浙江日报》《绍兴日报》《绍兴晚报》和绍兴电视台“新闻联播”“今日传真”栏目均对此作了广泛报道。

2009 年 3 月 26 日，绍兴图书馆与劳教所联合开展共建 22 周年暨“汽车图书馆进所”活动，开通第五个“汽车图书馆”服务点。4 月 23 日世界读书日，绍兴图书馆成功开通相约“玛格丽特广场”——汽车图书馆首个市民点，每月 23 日（10：00—15：00）定时服务。至 2009 年底，绍兴图书馆共有汽车服务点 6 个。

图 6-23　绍兴图书馆汽车图书馆进云东社区

2010 年，绍兴图书馆在继续开展图书车巡回服务的同时，新推出图书大巴进校园活动，先后为北海小学、行知小学、元培小学、群贤小学提供服务。

2011 年，绍兴图书馆汽车图书馆先后开进柯灵小学和袍江的苏泊尔公司。

至 2012 年，绍兴图书馆共建汽车图书馆服务点 12 个，有 9 个为固定服务站点。

2013 年 4 月 23 日，绍兴图书馆汽车图书馆开进云东社区为居民服务。年底，绍兴图书馆已建汽车图书馆流动点共 12 个。外借部成人汽车图书馆 4 个：绍兴市委市政府大院、绍兴艺术学校、袍江管委会、玛格丽特广场。少儿部少儿汽车图书馆 8 个：柯灵小学、袍江小学、镜湖小学、群贤小学、鉴湖小学、福全镇中心小学、东湖镇中心小学、亭山小学。

2014 年，绍兴图书馆成人外借汽车图书馆出勤 29 次，汽车大巴文献借阅量为 4.876 4 万册次。

2015 年，绍兴图书馆累计组织“图书大巴进校园”的活动 86 次，借阅小读者近 2 万人次，借阅 7.816 5 万册次。

2016 年，绍兴图书馆组织“图书大巴进校园”活动 69 次。流通图书 11 万余册次。在各学校建立班级图书角 105 个，开展“书缘书香，阅动校园”活动。

2017 年，绍兴图书馆共计汽车送书 81 次，11.6 万余册。

2018 年 1 月，汽车图书馆将展览“夺取新时代中国特色社会主义伟大胜利”送至柯灵小学、兰亭镇中心小学。10—11 月，分别将“小人书里寻‘小人儿’——连环画里的童年记忆”展览和“现实的笔画 历史的魂——纪念改革开放 40 周年电视剧推荐”展览送至东湖镇中心小学、鉴湖镇中心小学、柯灵小学、兰亭镇中心小学、袍江小学、秋瑾小学等。

2019 年 1 月 9 日，绍兴图书馆汽车图书馆开进兰亭镇中心小学举办书春联活动。2 月 23 日，汽车图书馆开进袍江小学马山分校开展“人工智能时代下的青少年编程”讲座和展出“留住民间的‘耍货’——民间玩具”展览。

图 6-24　绍兴图书馆汽车图书馆进校园

到 2020 年，绍兴图书馆已有 10 个汽车大巴服务站点。

表 6-33　绍兴图书馆 2020 年汽车图书馆服务点一览

编号	服务站点	服务时间
1	绍兴艺术学校	每月第一个星期五上午
2	袍江小学	2 周 1 次
3	东湖镇中心小学	1 周 1 次（周四）
4	兰亭小学	每月 1 次
5	兰亭镇中心小学	2 周 1 次（周二）
6	柯灵小学	每月 1 次
7	鉴湖镇中心小学	每月 1 次
8	秋瑾小学（金三角校区）	每月 1 次
9	秋瑾小学（赵家畈校区）	每月 1 次
10	袍江小学（马山校区）	每月 1 次

绍兴图书馆大事记

1900 年（清光绪二十六年）

会稽乡绅徐树兰集议捐资创办古越藏书楼。

1902 年（清光绪二十八年）

4 月　徐树兰向朝廷呈文《为呈明捐建绍郡古越藏书楼恳请奏咨立案事文》，选址绍郡城西购地 1.6 亩（合 1 067 平方米），鸠工营造藏书之所，名为古越藏书楼，并编撰完成《古越藏书楼章程》《古越藏书楼书目》，绘制完成古越藏书楼房屋图。

5 月　徐树兰将家藏经史大部及一切有用之书，悉数捐入藏书楼，又捐资购备近代译本新书、图画、标本、雅训报章。古越藏书楼藏书达 7 万余卷。

6 月 15 日（农历五月十日）　徐树兰逝世，临终前嘱其次子徐尔谷，每年认捐开办经费洋银 1 000 元。继续经营古越藏书楼。

10 月 26 日（农历九月二十五日）　浙江巡抚任道镕具奏《为请奖捐资绍兴府中学堂及藏书楼绅士事片》，光绪朱批"著户部核给奖叙，钦此"。

11 月 23 日（农历十月二十四日）　浙江巡抚任道镕呈《奏报旌表捐款设学之浙江候补道徐尔谷片》，表彰尔谷仰承先志，续办藏书楼之事迹。后尔谷呈《丁忧直隶补用道徐尔谷禀文》，表示建楼之举均系父亲在世时一手完成，自己仅为仰承遗命，认捐常年经费 1 000 元，恳请改奖。光绪朱批"著户部核给奖叙，钦此"。

是年　古越藏书楼在府城绍兴古贡院（今越城区胜利路 135 号）建成，占地 1.6 亩（合 1 067 平方米），建屋四进。

是年　古越藏书楼创建之初，冯一梅即被徐树兰聘为古越藏书楼董事，同时主持编纂《古越藏书楼书目》。

1904 年（清光绪三十年）

4 月 11 日（二月二十六日）　浙江巡抚聂缉规呈《奏报旌表捐款设学之浙江候补道徐树兰片》。为旌表徐树兰创设学堂及藏书楼之义举，清廷恩准赐建"乐善好施"坊。

夏　清末状元、中国近代实业家张謇撰写《古越藏书楼记》。

是年　古越藏书楼正式向公众开放。

是年　冯一梅应邀编制的《古越藏书楼书目》20卷，由上海崇实书局印行。

1906年（清光绪三十二年）

正月　藏书楼董事冯一梅辞职返乡。

1909年（宣统元年）

7月23日至8月20日（六月七日至七月五日）　徐尔谷之婿钱玄同到绍兴探亲，入住古越藏书楼旁徐宅。

1911年（清宣统三年）

徐尔谷游宦离乡，古越藏书楼停办。

1914年（民国三年）

2月15日　《教育周报》第32期载古越藏书楼“计已刊入书目者，约七万八千四百三十一卷。未刊入书目一万五千二百八十卷。……嗣因徐氏眷属迁内，所有书籍逐不借阅。现归墨润堂书庄经理谢天爵君兼管云”。

1915年（民国四年）

10月23日　徐尔谷呈请北洋政府教育部续办古越藏书楼。

1916年（民国五年）

徐尔谷又呈文北洋政府教育部，希望续办古越藏书楼。北洋政府教育部批准。

1917年（民国六年）

7月　绍兴县修志采访处成立，《绍兴县修志采访寄籍条例》规定，修志“所寄之书归入古越藏书楼存储”。

1924年（民国十三年）

春　徐尔谷去世，古越藏书楼再度停办。

1926年（民国十五年）

11月　徐树兰之孙徐世南整理图书，修订《古越藏书楼章程》，古越藏书楼重新开放。

1930 年（民国十九年）

徐世南游皖，古越藏书楼再度停办。

1932 年（民国二十一年）

绍兴县教育局报国民政府教育部批准，将古越藏书楼收为公办，改名绍兴县立图书馆，并遵照“厅令”将流通书库纳入图书馆管理。共接收古越藏书楼旧书 23 000 余册。

1933 年（民国二十二年）

1 月 24 日　绍兴县立图书馆筹备工作开始。

6 月 1 日　绍兴县立图书馆宣告成立，并向社会开放，孙增祺任馆长。

是月　图书馆聘有包括馆长在内的职员 3 人，政府拨给开办经费 1 500 元，常年经费 3 066 元（其中图书馆日常费用 1 530 元，流通书库费用 1 536 元）。

是年　《绍兴教育公报》第 245 期上刊登了《绍兴县立图书馆二十一年度实施报告》及《绍兴县立图书馆二十二年改进计划》。

1934 年（民国二十三年）

1 月　馆藏新旧图书 5 万余册。

秋　文献学家张寿镛赠送绍兴县立图书馆《四明丛书》第二辑一部。

是年　宗先谦编撰的《如何赴县立图书馆阅借图书》见报，《绍兴县立图书馆通常类书目》刊行于世。

1935 年（民国二十四年）

1 月 1 日　宗先谦在《绍兴新闻》报上发表《绍兴县立图书馆之回顾与展望》，该文对绍兴县立图书馆在图书选购、阅览服务、巡回书籍流通、编印馆藏书目方面的工作成绩进行回顾总结，并提出未来工作方向，同时呼吁社会民众的帮助与指导。

3 月 21 日　《图书馆流通儿童读物》刊载于《绍兴新闻》，对应上文《绍兴县立图书馆之回顾与展望》中的流通计划。

6 月 1 日至 25 日　绍兴县修志委员会借址绍兴县立图书馆前楼为临时会所。

6 月 29 日　浙江省教育厅厅长许绍棣签发训令教字第 1319 号，令绍兴县政府案据省督学视察该县教育状况报告抑即切实遵办由：“县立图书馆内部布置整齐；惟查阅览者每日人数不多，平均仅二十余人，应计划举行读书会演讲会等，以鼓励民众读书兴趣。又岁，藏书楼楼板有蛀坏处，及应修理以防危险。”

7 月至 8 月　馆长孙增祺受绍兴县修志委员会之托，对古越藏书楼旧书目录 8 册进行核实，所缺之书以墨点标识。

11 月　绍兴县立图书馆读者自发成立读书会，依托图书馆开展科学研究。

同月　绍兴县修志委员会聘任孙增祺为第十修志采访员。

1936 年（民国二十五年）

1 月 1 日　宗先谦在《绍兴新闻》报上发表《图书馆事业之新希望》一文，竭力弘扬学风，提倡科学。

4 月 19 日　馆长孙增祺参加在杭州举办的浙江省图书馆协会成立大会，向大会提交“图书馆设读书会应如何办理，以收优秀效果”的提案。

5 月 25 日　汪树人致函绍兴县修志委员会常委王子余，寄送徐树兰先生信稿 3 通（共 22 张）。

6 月　图书馆藏书 79 000 册。

11 月 1 日至 18 日　浙江省教育厅委托浙江省立图书馆举办浙江省文献展览会，绍兴县立图书馆选送《二十四孝笺》（稿本，钱塘唐咏裳著）参展。

1937 年（民国二十六年）

3 月下旬　马涵叔接替孙增祺任馆长。图书馆职员人数（3 人）与经费（3 066 元）保持不变。

4 月 25 日　浙江省图书馆协会在绍兴举行年会，同时举行图片书籍展览。

5 月 20 日　绍兴县修志委员会转存葛云飞遗盔遗甲遗物至古越藏书楼保管。实物由葛云飞之孙葛静澜提供。

是月　绍兴县立图书馆当选浙江省图书馆协会第二届常务理事馆。

8 月 22 日　浙江省教育厅教字第 321 号颁发《浙江省战时各级图书馆工作大纲》。

1939 年（民国二十八年）

2 月 4 日　浙江省教育厅召开战时社会教育工作检讨会，讨论决定各地图书馆及民教馆应汇编战时文库一组或数组，定期巡回于各村。

是年　馆长马涵叔在《浙江战时教育文化月刊》第 4 期发表《一年来之绍兴图书馆》一文。

1941 年（民国三十年）

2 月　傅召沛任馆长，图书馆职员增至 9 人。其中，馆长 1 人、主任干事 2 人、干事 3 人、会计 1 人、工友 2 人。

4 月 17 日　日军侵占绍兴，图书馆遭到严重破坏，图书损失惨重。

1943 年（民国三十二年）

5 月前　图书馆职员：先为馆长李士铭，馆员任云从；后为馆长陈东皋，职员胡家俊、邹余庆。

5 月　馆长朱涧南，馆员胡家俊、邹余庆。

1945 年（民国三十四年）

8 月前　馆长陈炳煌，馆员胡家俊、邹余庆。

8 月 16 日　馆长陈伊思，馆员胡家俊、邹余庆。

9 月　傅召沛被调离图书馆，叶树芳接任馆长，图书馆职员 4 人。

10月1日　绍兴县立图书馆在惠兰桥聚训馆分设报刊阅览室。

1946年（民国三十五年）

9月　叶树芳被调离图书馆。

10月　傅召沛再任馆长，并向旅沪同乡与当地社会各界募集图书经费250万元，从沪选购一批新书。

12月5日　绍兴县立图书馆在《绍兴新闻》报第二版开辟《图书园地》，栏目有“园丁的话”“新书介绍”“陈列杂志”“绍兴县立图书馆书目录”“图书馆讯”和图书管理人员文章等。

12月12日　绍兴县政府向图书馆增拨购书经费40万元，以供增添新书。

1947年（民国三十六年）

1月15日　绍兴县立图书馆在《绍兴新闻》报第二版开辟的《图书园地》停办，共出版3期。

5月6日　馆长傅召沛在《青锋报》上刊登启事，向社会各界广泛征集新旧图书、杂志、报纸。

6月26日　馆长傅召沛在《越声报》上发表《介绍县立图书馆》一文，从沿革、重要设施、图书分类、组织、借书办法、工作困难、现有藏书、现有日报、现有杂志等9个方面对绍兴县立图书馆进行全方位介绍。

7月14日　经征集、购买，图书馆藏书增至16 652册，其中古籍11 475册，杂志20种，报纸16种。

1948年（民国三十七年）

1月1日　沈鼐接替傅召沛任馆长。

10月　沈鼐辞职，余廉堂接任馆长。图书馆聘有职员12人（含兼职人员），其中馆长1人、组主任3人、会计员1人、干事5人、工役2人。

8月16日　绍兴县立图书馆开办儿童阅览室。

1949年

5月7日　绍兴解放。

6月11日　绍兴市军事管制委员会派员接管绍兴县立图书馆，并清点图书馆资产，制成《绍兴县立图书馆概况表》，收入《绍兴概况调查》一书。馆舍及馆产有：阅览室3间，儿童阅览室3间，藏书楼3间，门房、会客室、寝室、餐室、厨房、草间共11间；桌椅用具共计433件，藏书29 440册；聘有职员6人。图书馆封存藏书，停止借阅服务。

9月　绍兴地区建立绍兴鲁迅文化馆。

1950年

1月　绍兴鲁迅文化馆改称浙江省立鲁迅文化馆，接收绍兴县立图书馆的资产。

10月19日　浙江省立鲁迅文化馆图书室举办“鲁迅文物、照片、书刊展览”活动，以纪念鲁迅逝世 14 周年。

1951 年

12 月　中央人民政府副主席刘少奇来绍兴视察，由中共浙江省委书记谭启龙陪同，参观鲁迅文化馆阅览室。

是年　浙江省立鲁迅文化馆图书室将原有的鲁迅文库改为鲁迅阅览室。

1952 年

5 月 16 日　上海市市长陈毅、中央劳动部部长李立三夫妇一行 20 余人，在绍兴视察，并参观鲁迅文化馆阅览室。

11 月 8 日　浙江省立鲁迅文化馆并入绍兴市文化馆。

1956 年

6 月 18 日　绍兴县人民委员会发布《关于本县成立“图书馆”机构的通知》（绍文字第 2634 号），宣布绍兴县图书馆成立，启用绍兴县图书馆印章，馆址在绍兴市新建路 93 号。有工作人员 4 名。

12 月　年底统计数据显示，绍兴市文化馆图书室藏书 33 445 册。

1957 年

2 月 28 日　中华人民共和国文教部指示，做好原绍兴县立图书馆图书资料入藏工作，并抓紧整理古越藏书楼藏书，以利学术研究应用。

8 月 16 日　绍兴市人民委员会公布，古越藏书楼为首批文物保护单位之一。

12 月　年底统计数据显示，绍兴市文化馆图书室藏书 55 901 册。

1958 年

2 月 21 日　中共浙江省委决定，绍兴县与绍兴市合并为绍兴县。

4 月　绍兴市文化馆（含图书室）并入绍兴县文化馆。

6 月下旬　中共绍兴县委决定，筹建绍兴县鲁迅图书馆。

12 月　年底统计数据显示，绍兴县鲁迅图书馆藏书 66 121 册。

1959 年

7 月 1 日　绍兴县鲁迅图书馆成立并开放。

9 月 20 日　绍兴县举办“绍兴十年成就展”，经绍兴县鲁迅图书馆挑选出一批书刊资料参展。

1960 年

4 月　绍兴县鲁迅图书馆从后观巷迁入周家老台门。

5月　绍兴县鲁迅图书馆挂牌对外开放。

10月19日　在纪念鲁迅逝世24周年座谈会上，绍兴县鲁迅图书馆汇报“围绕党的中心工作开展纪念鲁迅活动的情况和效果”。

12月　年底统计数据显示，绍兴县鲁迅图书馆有干部1名，年度外借读者20 000多人次，年度阅览读者84 000人次。

1961年

2月25日　根据中共绍兴县委决定，绍兴县鲁迅图书馆从周家老台门迁往周恩来祖居（百岁堂），在大厅设阅览室，在退堂间设借书室。

5月　浙江省文化局副局长徐律带队一行5人到馆调研馆藏古籍。

8月29日　绍兴县人民委员会公布古越藏书楼为县级重点文物保护单位。

11月　北京图书馆善本部主任赵万里来馆考察。

12月　年底统计数据显示，绍兴县鲁迅图书馆藏95 500册，其中古籍69 324册，期刊72种，报纸11种，开展图书宣传活动10次，帮助建立农村图书流通站16个。

1962年

3月5日　浙江省文化局分配给绍兴县文化事业的预算指标为：图书馆机构1个，人员3人，经费4 900元（含业务费2 880元）。

12月　年底统计数据显示，绍兴县鲁迅图书馆干部3名，期刊90种，报纸22种，开展图书宣传活动8次，外借读者9 708人次，阅览读者78 719人次。

1963年

1月1日　绍兴县鲁迅图书馆办理借书证实行“保证金”制度（每证1元）。

1月28日　绍兴县鲁迅图书馆与鲁迅纪念馆等单位合作成立绍兴鲁迅研究小组，合编《鲁迅研究资料索引》。

2月28日　绍兴县文教局决定，绍兴县鲁迅图书馆划归绍兴县文化馆领导和管理，对外单独挂牌，人员编制、事业经费单列。

3月　绍兴县鲁迅图书馆调整购书比例：文学艺术类图书从过去的66%调整为40%；自然科学类图书从过去的13%调到30%，适当提高农业科技图书资料的比例；社会科学类图书的比例从过去的21%调到30%。对新书做到“四随”：随采购、随登记、随分编、随流通。

4月　绍兴县鲁迅图书馆开辟为读者查阅图书资料的服务。

5月1日　绍兴县鲁迅图书馆依据《中小型图书馆图书分类表草案》对馆藏图书进行分编，并建立图书分类目录和书名目录各一套。部分图书实行半开架借阅。

5月17日　绍兴县鲁迅图书馆与鲁迅纪念馆联合在绍兴一中举办“鲁迅的治学精神”讲座。

7月10日　绍兴县鲁迅图书馆与鲁迅纪念馆、县文化馆发起成立“绍兴鲁迅研究小组”，有业余作者和一些鲁迅研究学者参加。

8 月 11 日　绍兴县鲁迅图书馆收到郭沫若“鲁迅图书馆”手迹，随即制成鲁迅图书馆馆牌。

12 月　绍兴县鲁迅图书馆编印《饲养家禽和疫病防治书目索引》。

是月　年底统计数据显示，绍兴县鲁迅图书馆藏 101 188 册，期刊 116 种，报纸 30 种。馆藏古籍的史部、地方资料和部分丛书的分类编目基本结束，采用分类排架法。2 691 册脱线的线装书装订完毕。外借读者 26 904 人次，外借图书 33 979 册次，阅览读者 59 826 人次。帮助建立农村图书流通站 65 个；开展图书宣传活动 25 次。

1964 年

1 月　绍兴县鲁迅图书馆开展送书下乡活动，大批文艺小说、科技书、连环画被送往乡村，在农村建立图书流通站 61 个，满足 180 个大队农民读者借阅图书。

12 月　绍兴县鲁迅图书馆从周恩来祖居（百岁堂）迁到都昌坊口周家老台门。

是月　年底统计数据显示，绍兴县鲁迅图书馆藏书 114 893 册，期刊 142 种，报纸 40 种，全年购书经费 3 135.98 元，举办各种形式的图书宣传活动 15 次，建立农村图书流通站 65 个，全县农村图书流通站增至 225 个。

1965 年

9 月中旬　在浙江图书馆支持下，绍兴县鲁迅图书馆全体工作人员到齐贤区试点开展图书流通站建站工作，先后建立起图书流通站 71 个。

12 月　年底统计数据显示，绍兴县鲁迅图书馆有干部 6 人，全年经费 7 332 元，藏书约 12 万册，其中古籍 87 600 册。

1966 年

2 月　绍兴县鲁迅图书馆先后建起 27 个公社图书室。

8 月　绍兴县鲁迅图书馆外借、阅览书刊搬入东街县文化馆内，古籍图书仍留在周家老台门。

1967 年

1 月　绍兴县鲁迅图书馆的正常工作开展困难，农村图书流通网络几近瘫痪。

1968 年

绍兴县革命委员会政治工作组要求各工厂、学校图书馆、文化单位图书馆要进行一次清查，绍兴县鲁迅图书馆日常开放受到严重影响。

1969 年

1 月　绍兴县鲁迅图书馆全体工作人员去绍兴县海涂“五七”干校劳动。

4 月　绍兴县鲁迅图书馆古籍图书 4 568 册被调走。

11 月　相关部门发出通知，要求抓紧做好文物的清理保护工作。先后有 3 名工作人员被调到绍兴县鲁迅图书馆，开展馆藏图书期刊的清理工作。

1970 年

1 月 1 日　绍兴县鲁迅图书馆恢复开放。设外借室 1 个，供流通的图书达 4 570 种，首批办理借书证 1 126 个。设综合阅览室 1 个，陈列图书、报纸、杂志，供读者室内阅览。每星期一至星期六下午开放。

6 月 23 日　绍兴县鲁迅图书馆接收移交图书 94 125 册。

1971 年

绍兴县鲁迅图书馆正常开放，工作重心偏向对旧书、旧杂志、旧报纸的整理。绍兴县鲁迅图书馆有干部 5 人，全年经费 21 222. 20 元。

1972 年

5 月 15 日　绍兴县鲁迅图书馆新开辟“鲁迅著作学习室”，陈列鲁迅著作及鲁迅研究资料。

7 月　鲁迅纪念馆从绍兴县鲁迅图书馆调拨有关研究鲁迅的资料及其他书刊。

9 月 26 日　绍兴县鲁迅图书馆整理旧报纸、旧杂志工作基本结束。从 1971 年起，共整理报纸 78 种 19 656 册（合订本），杂志 669 种 168 588 册。

11 月 10 日　绍兴县鲁迅图书馆建立报纸目录、期刊目录各一套。

12 月　年底统计数据显示，绍兴县鲁迅图书馆有干部 7 人，全年经费 23 960.20 元，借阅读者 27 000 人次，借阅图书 33 706 册次，办理集体借书证 14 个。

1973 年

1 月 1 日　绍兴县鲁迅图书馆工作重点在农村，3 位干部分片包干，经常下乡辅导。

7 月 1 日　绍兴县鲁迅图书馆精选图书，建立资料室，设书名目录一套。

7 月 5 日　绍兴县鲁迅图书馆与绍兴鲁迅纪念馆合编《鲁迅研究资料选辑 2》。

10 月 10 日　绍兴县鲁迅图书馆负责人赵钜清任绍兴县文化馆党支部委员。

12 月　绍兴县鲁迅图书馆在农村建立图书室 36 个、图书流通站 260 个。

是月　年底统计数据显示，绍兴县鲁迅图书馆全年经费 15 560.20 元，接待读者 6 500 人次。

1974 年

11 月 1 日　绍兴县鲁迅图书馆从馆内各部门调集图书，建立农村流通书库。

12 月　年底统计数据显示，绍兴县鲁迅图书馆全年外借读者 48 783 人次，外借图书 50 043 册次，阅览读者 32 000 人次，全年经费 17 000. 20 元。

1975年

3月1日　绍兴县鲁迅图书馆派3名干部对绍兴县农村社队图书室进行全面深入调查，并撰写调查报告。

12月　年底统计数据显示，绍兴县鲁迅图书馆全年经费15 400.20元。

1976年

3月　绍兴县鲁迅图书馆确定钱清、夏履、袍谷、灵芝、青陶、樊江、合作等公社的农村图书室为重点辅导单位。

6月　绍兴县鲁迅图书馆调查组正式完成调查报告《创办公社图书室的情况调查》的撰写工作，送交绍兴县文教局审阅。

8月26日　根据图书馆所提交的调查报告，相关部门下达《迅速地建立起一个完整的农村图书流通网》的文件，要求以普及大队图书室为重点，同时积极创办公社一级图书馆。

12月　年底统计数据显示，绍兴县鲁迅图书馆全年经费14 780.20元。

1977年

5月　由绍兴县鲁迅图书馆统筹协调，全县32个公社先后建成图书流通站。

7月1日　由绍兴县鲁迅图书馆主办的《绍兴图书通讯》创刊号试刊发行。

是月　在绍兴地区文化工作会议上，绍兴县鲁迅图书馆代表作《大力普及农村图书室，为实现大寨县作贡献》的发言。

12月19日　338册古籍归还移交绍兴县鲁迅图书馆，保存在古籍书库。

是月　年底统计数据显示，绍兴县鲁迅图书馆全年经费17 285.45元，杂志93种，报纸39种。

1978年

4月10日　绍兴县鲁迅图书馆制定《鲁迅图书馆规章制度》，在所属各部门贯彻执行。

8月26日　664册古籍归还移交绍兴县鲁迅图书馆，保存在古籍书库。

1979年

2月14日至19日　绍兴县鲁迅图书馆馆员卢香霄参加省文化厅在杭州召开的古籍善本书目编辑工作会议。

4月　馆藏善本鉴定和著录工作结束，上报全国古籍善本编目委员会的善本书为196种。

7月1日　即日起绍兴县鲁迅图书馆报刊阅览室每天开放。

7月23日　古越藏书楼被重新公布为县重点文物保护单位。

8月14日　北京图书馆副馆长丁志刚、浙江省文管会图书馆处处长赵佃忝等由绍兴地区文化局副局长江浩陪同，来馆视察。

是月　绍兴县鲁迅图书馆资料书库（13间328平方米）完成防潮地面施工，并购置消防器械，新建石池 4 口，以防火患。

8 月 30 日　统计数据显示，绍兴县农村中 566 个大队开办图书室。

10 月 21 日至 25 日　浙江省图书馆学会成立暨第一次学术讨论会在绍兴召开，绍兴县鲁迅图书馆负责人赵钜清出席会议，并被选为学会理事。

10 月 26 日　浙江省文管会副主任张英田、省文化局图书馆处处长赵佃岙来馆视察指导工作。

是月　年底统计数据显示，绍兴县鲁迅图书馆有工作人员 9 人，期刊 183 种，报纸 42 种，全年外借读者 42 792 人次，外借图书 133 616 册次（含农村 55 715 册次），全年经费 19 672.99 元，其中购书经费 9 196 元。

1980 年

1 月 4 日　绍兴县鲁迅图书馆单独建制。

3 月 28 日至 31 日　绍兴县鲁迅图书馆组织召开绍兴县首届农村社队图书室先进集体、先进个人代表会议，到会代表 35 名，县委宣传部部长赵锋作报告，县文化局副局长崔琴华主持会议，袍谷公社党委等 8 个先进集体、先进个人分享如何办好农村图书室的工作经验。

5 月 2 日　赵钜清被任命为绍兴县鲁迅图书馆副馆长。

6 月 27 日至 7 月 1 日　绍兴县鲁迅图书馆举办绍兴地区图书馆管理员培训班，61 人参加学习，培训活动为期 5 天。

11 月 8 日　浙江省文化局图书馆处处长苏尔启来馆考察并指导工作。

11 月 25 日至 12 月 13 日　副馆长赵钜清参加浙江省文化局在绍兴举办的全省市（县）公共图书馆馆长讲习会。馆管理人员听取业务讲授。

12 月 25 日至 30 日　绍兴县鲁迅图书馆举办“科技期刊、情报资料展览”，展出资料 277 种，接待读者 755 人次。

是月　年底统计数据显示，图书馆有干部 8 人、职工 9 人，全年经费 15 206. 85 元，新增借书证 2 812 本，接待外借读者 215 097 人次，外借图书 395 379 册次，阅览读者 164 750 人次，举办各种读者活动 11 次，建立农村图书流通站 193 个，帮助建立公社图书室 34 个、大队自办图书室 124 个。

1981 年

1 月 1 日　绍兴县鲁迅图书馆改进借书证办理办法，采取按单位分配与读者申领相结合的做法。

3 月 7 日至 10 日　馆领导和采编组全体人员去浙江图书馆、嘉兴图书馆学习参观，交流“中国图书馆图书分类法”的使用情况。

3 月 12 日　文化部图书馆司司长杜克等一行 3 人来馆视察。

3 月 23 日　绍兴县鲁迅图书馆协助市教育局召开教育系统图书馆网络工作会议，稽山中学、绍兴五中代表分享如何办好学校图书馆的工作经验。

4 月 1 日至 4 日　绍兴县鲁迅图书馆馆员董礼彬、蒋替征、丁鹏敏参加浙江省文化局在宁波召开的图书馆读者工作座谈会。

5月20日　绍兴县鲁迅图书馆正式接收移交图书、报刊、碑帖等125 140册（件）（其中碑帖4 529件）。

5月26日至31日　绍兴县鲁迅图书馆馆员林华彬、陈启中、龚杏娟参加浙江省文化局在嘉兴召开的图书分类、编目研讨会。

7月19日至21日　英国牛津大学总图书馆东方图书部主任科泽茨来馆查阅明末祁彪佳的相关图书资料。

9月1日　绍兴县鲁迅图书馆正式采用“中国图书馆图书分类法”对67 319册图书进行分编。

9月20日至10月2日　绍兴县鲁迅图书馆举办纪念鲁迅诞辰100周年的大型图书资料展览，展出各种版本的鲁迅著作和研究鲁迅的专著596种1 280册。

10月13日至18日　绍兴地区文化局在嵊县召开本地区农村文化中心建设经验交流会，绍兴县鲁迅图书馆代表向大会作“帮助办好农村图书室，促进农村文化生活的发展”经验分享报告。

是月　绍兴县鲁迅图书馆成立有32位读者参加的读者书评小组，以书评形式推荐新书、好书，以指导读者的阅读工作，并不定期出版“读者园地”板报6期。

12月　绍兴县鲁迅图书馆开展评选读者积极分子活动，共在读者中评选出31名积极分子。

是月　年底统计数据显示，图书馆全年办理借书证3 758本，接待城镇外借读者48 429人次、阅览读者188 500人次，农村外借图书189 876册次、读者178 911人次，帮助建立大队图书流通站530个，公社图书室40个，大队自办图书室220个，举办各种图书活动21次，参加者计2 248人次。

1982年

2月23日　绍兴县鲁迅图书馆外借室、报刊阅览室增加夜间开放服务。同时，新开辟少年儿童借阅处。

5月1日至4日　绍兴县鲁迅图书馆馆员黄伟参加省文化局在慈溪召开的浙江省县（市）图书馆农村辅导工作座谈会，并代表图书馆作题为“努力帮助办好农村图书室”的发言。

6月4日　绍兴县鲁迅图书馆报刊阅览室实行开架阅览。

6月23日至30日　绍兴县鲁迅图书馆举办“中国四十年来优秀文学作品展”。

7月7日　绍兴县鲁迅图书馆制定《鲁迅图书馆业务工作细则》，并贯彻执行。

8月10日至16日　省文化局在舟山定海县召开浙江省县（市）图书馆工作经验交流会，馆员董礼彬代表绍兴县鲁迅图书馆作《我们是怎样做好读者服务工作的》经验介绍。在这次会议上，绍兴县鲁迅图书馆馆被评为省图书馆工作先进集体。

9月1日　绍兴市文化局领导李月兔、张天锄召集市文管会负责人金经天、绍兴县鲁迅图书馆副馆长赵钜清开会研究图书馆馆舍建设问题。

9月15日　绍兴市市长王余良和8位局办负责人开会研究绍兴县鲁迅图书馆新馆舍定点等问题。

10月14日至15日　受绍兴地区文化局委托，绍兴县鲁迅图书馆举办绍兴地区图书馆干部业务培训班，39名干部参加学习，浙江图书馆项弋平等4位专业干部应邀来培训班授课。

11月　绍兴县鲁迅图书馆分别向绍兴地区文化局、省文化局呈报《关于中央〈图书馆工作汇报提纲〉贯彻情况的调查报告》。

12月11日至30日　绍兴县鲁迅图书馆馆员丁鹏敏参加浙江省文化局、省教育厅和共青团浙江省委在杭州联合举办的少儿图书馆（室）工作讲习会。

1983年

1月17日　绍兴县鲁迅图书馆试行《鲁迅图书馆岗位责任制和考勤评奖暂行规定》，建立考勤、考核制度。5月14日，浙江省《文化工作简报》对此作了报道。

2月3日　绍兴县鲁迅图书馆在土谷祠新辟“寒假少年儿童阅览室”并对外开放。

3月27日　绍兴县鲁迅图书馆建立新馆基建班子，并着手在城区选址。

4月25日　绍兴县鲁迅图书馆会同绍兴师专图书馆、工人文化宫图书室研讨图书馆业务建设、协作网构建和馆际互借等事宜。

4月27日　绍兴县鲁迅图书馆开展“全国红领巾读书读报知识竞赛”活动。

5月1日　绍兴县鲁迅图书馆采编部试行定额管理。

5月9日至14日　绍兴县鲁迅图书馆邀请杭州大学图书馆副研究馆员洪湛侯为图书馆主办的“中文工具书使用法讲习班”授课，有50多人听课。

6月19日　浙江省文化厅图书馆处处长苏尔启来馆参加市县图书馆馆长座谈会，研讨专业职称评审工作。

7月6日至20日　绍兴县鲁迅图书馆开始使用“中国图书馆图书分类法”改编原采用“中小型图书馆图书分类法”分类的图书5 627册。

9月1日至21日　绍兴县鲁迅图书馆馆员冯华中参加省文化局在金华召开的浙江省市（地）、县图书馆藏书建设研讨会，并代表本馆先后作“我们是怎样搞图书剔除工作的”“我们是怎样进行藏书清点的”经验报告。

9月30日　绍兴市城乡建设局同意绍兴县鲁迅图书馆选择的都昌坊口15—17号新馆舍定点位置。

11月1日　绍兴县鲁迅图书馆馆员沈大晟去杭州参加文化部举办的古籍修复培训班，学习期限1年。

11月7日　浙江省文化厅副厅长毛昭晰来馆视察，重点考察古籍管理工作。

11月13日　绍兴县鲁迅图书馆举行“全国红领巾读书读报知识竞赛”授奖大会。

12月15日　绍兴县鲁迅图书馆新址都昌坊口新馆舍建筑工程破土动工。

12月27日至30日　绍兴县鲁迅图书馆派员参加省文化厅在杭州召开的浙江省少年儿童图书馆（室）先进集体、先进工作者代表会议，并被评为先进集体。

12月28日　绍兴县鲁迅图书馆升格为绍兴市（地）馆，隶属于绍兴市文化局。市文化局副局长江浩和绍兴县文化局副局长崔琴华等商议图书馆移交工作。

是月　年底统计数据显示，图书馆有干部7人、职工11人，藏书356 543册，其中新购图书14 667册，期刊33 219册（合订本），全年接待外借读者60 203人次，外借图书67 715册次，阅览读者92 836人次（含少儿读者6 239人次），全年经费27 544元，其中职工工资11 641.34元，购书经费 15 903.66 元。

1984 年

1 月 1 日　绍兴市鲁迅图书馆少年儿童阅览室重新开放，每星期六下午、星期日、节假日开放。

1 月 2 日至 6 日　根据绍兴市、县文化局长协议，绍兴市鲁迅图书馆将其农村书库的 18 只书架 55 774 册图书（其中连环画 24 965 册）移交给绍兴县文化馆。

4 月 5 日　中共绍兴市委书记章耀德来馆视察。

5 月 8 日　浙江省图书馆学会绍兴会员小组在绍兴成立，副馆长赵钜清和绍兴师专图书馆副馆长魏仕良任正、副组长。会员小组决定与图书馆合办会刊《图书馆工作》。绍兴市文化局副局长江浩出席。

5 月 23 日　华东师范大学马兴荣副教授应邀来馆作“怎样学习古典文学”的讲座。

6 月 14 日至 18 日　副馆长赵钜清参加在绍兴召开的浙江省图书馆学会第二次代表大会，并再次当选学会理事。

6 月 28 日　赵钜清任绍兴市鲁迅图书馆副馆长。

是月　浙江省图书馆学会、浙江图书馆主办的《图书馆研究与工作》第 2 期刊登以绍兴市鲁迅图书馆署名的特约稿《改善读者工作，促进读书活动的发展》。

7 月 15 日　绍兴市鲁迅图书馆为百余名来绍兴度假的大中专师生办理临时借阅证。外借处对教师实行开架借阅。

7 月 19 日　绍兴市政府发文，委托绍兴市鲁迅图书馆负责辅导全市公共图书馆业务。

7 月 20 日至 24 日　蒋替征参加浙江省文化厅在宁波召开的全省公共图书馆系统为科研和生产服务研讨会，并提交论文《图书馆要为科研和生产服务》。

是月　绍兴市鲁迅图书馆举办绍兴市振兴中华职工读书活动有奖知识竞赛，参赛职工近 2 万名，共 423 名获奖。

8 月 7 日　绍兴市鲁迅图书馆协助成立青年自学协会。

8 月 25 日　绍兴市鲁迅图书馆创办以经销书刊为主，独立核算，集体性质的振华文化服务社，服务部设在馆内。

8 月 31 日　赵钜清任绍兴市鲁迅图书馆党支部副书记。

9 月 7 日至 25 日　蒋替征参加文化部在湖南长沙举办的静电复印技术培训班。

9 月 17 日　绍兴市鲁迅图书馆收回鲁迅纪念馆从馆调拨的书刊 92 册。

10 月 19 日　经绍兴市文化局同意，实施《鲁迅图书馆业务工作试行方案（初稿）》，将业务机构由原来的 4 个组改为 3 个部，即采编部、借阅部、辅导部，对业务工作人员实行考核、考绩记分制。

10 月 24 日　杭州大学教授卢盛忠来馆作“管理心理学”学术报告。

11 月 21 日至 24 日　绍兴市鲁迅图书馆召开全市农村图书馆（室）管理干部座谈会，到会代表 20 余人。市文化局副局长顾颂恩作会议总结。

12 月 20 日　冯华中、郭红云参加省文化厅在杭州举办的“文献标准化著录”讲习班。

是月　高学安在省级专业刊物《图书馆研究与工作》第 4 期发表《从古越藏书楼到鲁迅图书馆》，

以纪念古越藏书楼开放80周年。

是月　年底统计数据显示，图书馆有干部9人、职工14人，新购图书13 256册、期刊327种、报纸60种，全年接待外借读者99 434人次、阅览读者87 500人次。

1985年

1月1日　绍兴市鲁迅图书馆面向社会开放办理借书证。

1月4日　绍兴市副市长陈祖楠视察都昌坊口新馆建筑工地，市文化局副局长陈阳陪同。

2月7日至8日　绍兴市、县图书馆馆长会议在馆召开。

2月11日　绍兴市鲁迅图书馆召开迎新春读者茶话会，有文教、科技、厂矿等系统的25位读者参加，着重研讨如何改进图书馆读者工作和开展信息服务等问题。

3月9日　绍兴市鲁迅图书馆创办《经济信息文摘》刊物。

4月11日　绍兴市鲁迅图书馆自筹资金1 940元，购买日本三洋牌录音机1台。

4月22日　曾在馆工作的袁子环先生捐赠存放于馆内的古籍389册。

6月15日　美籍华人沈家桢赠送存放于馆内的其先父手稿《沈钧业日记（1928—1949年）》一部62册。

6月23日至24日　上海大学文学院图书馆学系王景天、庄虞盐来馆拍摄电视科教片《古越藏书楼》。

7月30日　绍兴市鲁迅图书馆召开市、县图书馆馆长会议，由省图书馆项弋平传达全国图书馆工作会议精神，并交流图书馆改革情况。

9月1日　从本年度教师节起，每月第一个星期日，对教师实行图书开架借阅。

11月3日至10日　绍兴市鲁迅图书馆举办“科技信息报刊展览”。

11月12日至15日　副馆长赵钜清参加在新昌召开的浙江省图书馆学会二届二次理事会暨第三次学术讨论会。

12月23日至28日　绍兴市鲁迅图书馆举办图书分类编目培训班，参加学习的有市县图书馆、大专院校、厂矿企事业单位图书馆（室）的工作人员39名。

是月　绍兴市鲁迅图书馆获绍兴市文明单位称号。

是月　年底统计数据显示，图书馆有干部、职工21人，藏书35万册，全年新购图书13 964册，新增借书证7 400本、阅览证4 500张，接待借阅读者172 879人次，借阅图书达458 539册次。

1986年

1月10日　绍兴市鲁迅图书馆在市劳动教养所设立图书流通点。

3月27日至30日　省文化厅在海宁召开全省公共图书馆工作会议，绍兴市鲁迅图书馆被评为省图书馆先进集体，馆员董礼彬被评为省先进图书馆工作者。

3月至8月　绍兴市鲁迅图书馆收到“文化大革命”清退图书48 099册，其中善本书18册。

6月20日　绍兴市副市长陈祖楠和市文化局局长金兴华等来馆调研都昌坊口新馆平面布局，要求调整外借书库面积，改两层楼为三层楼。

7月1日　绍兴市鲁迅图书馆主办的《信息参考》创刊号正式发行。此刊为内部旬刊，摘编外地对绍兴市改革开放的反馈信息及外地改革动态和经济信息，主要供绍兴市、县领导参考。

7月7日　绍兴市鲁迅图书馆创办《科技信息》刊物，出版周期为半月刊，主要供绍兴市、县有关领导和乡镇企业参考使用。

8月16日　绍兴市鲁迅图书馆购置静电复印机1台，价格16 900元。

9月20日　美国马里兰州公共图书馆馆长、美籍华人英惠奇女士应邀在市政协礼堂作“今日美国公共图书馆”学术报告，次日来馆考察。

10月18日　绍兴市鲁迅图书馆展出鲁迅著作及研究鲁迅论著427种。

10月18日至28日　绍兴市鲁迅图书馆举办“沈定庵纪念鲁迅书法作品展览”。展览收到著名书法家沙孟海、作家黄源等的贺幅13件。

10月24日至29日　高学安参加浙江省文化厅在龙泉召开的全省公共图书馆地方文献工作研讨会，并于会上作图书馆地方文献工作建设经验方面的报告。

11月5日至25日　王燕飞参加浙江图书馆在湖州南浔举办的古籍整理培训班。

11月29日　市人事局批准绍兴市鲁迅图书馆编制为35人。

12月　年底统计数据显示，图书馆有干部、职工20人，藏书346 832册，报纸169种，期刊490种，新购图书14 216册，购书经费35 191.91元，新增借书证8 068本，接待借阅读者61 315人次，外借图书70 292册次，举办各种读者活动8次。

1987年

1月22日　绍兴市鲁迅图书馆建立档案室。

2月12日至17日　绍兴市鲁迅图书馆组织力量对新昌、嵊县、诸暨、绍兴等县的乡镇图书馆（室）进行全面调查。

2月18日　《鲁迅图书馆业务工作细则》修改稿经全馆职工讨论通过，正式实施。

3月　《鲁迅图书馆考勤、评奖及医药费使用暂行规定》开始实施。

4月5日　绍兴市鲁迅图书馆被市政府命名为市级文明单位，并被评为“三优一学”优胜单位。

4月17日　绍兴市鲁迅图书馆完成面向全市中小学图书馆（室）的问卷调查报告——《绍兴市中学图书馆（室）现状和对策》，并送交副市长陈祖楠及相关部门。

5月25日至26日　绍兴市鲁迅图书馆召开绍兴市县图书馆馆长、信息员会议。

5月27日至29日　全省公共图书馆信息咨询服务协作网会议在绍兴召开。

6月24日　市文化局决定，绍兴市鲁迅图书馆为文化系统职称评聘工作试点单位。

是月　绍兴市鲁迅图书馆向浙江省文化厅上报“园林管理处青年职工黄河清利用图书馆自学成才”等7项服务成果，这些成果均被列入“浙江省公共图书馆服务成果展览”展出。

7月7日　赵钜清任绍兴市鲁迅图书馆党支部书记。

10月13日　绍兴市鲁迅图书馆向市劳动教养学校赠送图书200册，并帮其筹建图书馆。

10月23日至30日　绍兴市鲁迅图书馆阅览厅展出“浙江省公共图书馆服务成果展览”，参观者达 4 223 人。

是月　馆藏古籍线装书按四部分类法分编完毕，共 87 734 册，并编制书本式分类目录和卡片式分类目录各 1 套。

是月　年底统计数据显示，图书馆有干部、职工共 26 人，古籍 87 734 册（其中善本 3 897 册），新购图书 12 750 册、报纸 274 种、期刊 562 种，征集资料 1 406 册，办理借书证 4 220 本、阅览证 2 250 张，图书流通达 107 718 人次，借阅图书达 222 135 册次，接待阅览读者 42 827 人次。

1988 年

2 月 20 日　绍兴市鲁迅图书馆学习浙江省文化厅《关于开展创“文明图书馆”活动的通知》，并开展以优质服务为中心内容的创“文明图书馆”活动，制订计划，落实措施。

2 月 23 日至 25 日　绍兴市鲁迅图书馆召开市县图书馆馆长会议，重点研究如何开展创“文明图书馆”活动。

5 月 27 日至 29 日　副馆长赵钜清参加浙江省文化厅和省教委、省科委在杭州联合召开的全省图书馆工作座谈会。

6 月 16 日至 25 日　绍兴市鲁迅图书馆受市经委、市文化局职改办委托，举办为期 10 天的图书馆基础理论知识培训班，共 47 人参加。

10 月 11 日至 26 日　副馆长赵钜清参加省文化厅在海盐举行的浙江省市县图书馆馆长研讨会。

11 月 14 日至 16 日　绍兴市图书馆学会成立大会暨首届学术讨论会在馆举行。大会选出理事会，绍兴市文化局副局长陈阳任名誉理事长，赵钜清为理事长，陈淑文为秘书长。浙江省文化厅图书馆处处长苏尔启代表省图书馆学会致辞。

12 月 2 日至 4 日　绍兴市副馆长赵钜清出席在乐清召开的省图书馆学会第二次会员代表大会，当选为第三届理事。

12 月 15 日　副市长俞国行、副秘书长金维红由市文化局局长金兴华陪同视察图书馆。

12 月　绍兴市鲁迅图书馆预订影印本《四库全书》1 部，计 1 500 册。

是月　年底统计数据显示，图书馆有干部、职工 23 人，新购图书 10 452 册、报纸 218 种、期刊 606 种，征集图书资料 170 种 827 册，办理借书证 4 840 本、阅览证 4 079 张，借阅读者达 80 293 人次，借阅图书达 173 341 册次。

1989 年

1 月 13 日　绍兴市鲁迅图书馆收到丹麦驻华使馆寄赠的《丹麦概况》《安徒生》和英文版《丹麦历史》等图书。

1 月 26 日至 28 日　馆领导与全体部室主任赴湖州市图书馆参观学习。

2 月 15 日至 18 日　浙江省文明图书馆验收小组朱韦辛等 4 人来馆验收。

4 月 11 日至 12 日　绍兴市鲁迅图书馆召开市县公共图书馆辅导工作会议。

4 月 27 日　绍兴市图书馆学会会刊《图书馆工作》改名为《绍兴图苑》。

5月2日　台湾成功大学语文中心教授潘锦夫来馆考察。

5月28日至6月3日　绍兴市鲁迅图书馆开展首个“全国图书馆服务宣传周”活动，组织人员到绍兴市文化局门前、鲁迅电影院及厂矿单位办理借书证，并开展咨询服务。

5月29日至30日　绍兴市鲁迅图书馆举办4次“学习鲁迅的读书精神”系列讲座，听众达452人。

6月10日　绍兴市鲁迅图书馆举行都昌坊口新馆舍落成典礼，新馆即日起对外开放。绍兴市副市长俞国行和浙江省文化厅图书馆处处长苏尔启为新馆舍剪彩，共60多人参加。

7月31日　绍兴市鲁迅图书馆与市劳动教养学校联合召开失足青年读者座谈会，绍兴市人大常委会主任张文传和市司法局、总工会、妇联、团委、教委的领导应邀出席。

8月22日至25日　副馆长赵钜清出席由浙江省文化厅在杭州召开的省创建文明图书馆活动经验交流会，绍兴市鲁迅图书馆获得省文化厅颁发的“文明图书馆”称号。蒋替征被评为省文明图书馆先进工作者。

9月10日　《信息参考》从第83期开始改为铅印四开版旬报，侧重经济、科技信息的发布，每期发行量为1 000份。

9月11日　绍兴市鲁迅图书馆制定“鲁迅图书馆馆藏书刊使用的几项规定”。

9月22日至23日　绍兴市鲁迅图书馆召开市县图书馆辅导工作会议，重点研究建设乡镇万册图书馆问题。

9月25日　全国图书馆文献缩微中心14位同志由浙江图书馆副馆长张翼翔陪同，来馆参观考察。

9月30日　绍兴市市长王贤芳、副市长俞国行来馆视察。市长王贤芳对做好外借室、阅览室工作作出指示。

10月9日至10日　绍兴市鲁迅图书馆召开绍兴市公共图书馆馆志编写座谈会。

同日，市委副书记沈雷、市文化局副局长陈阳来馆视察，重点查看阅览室和古籍书库。

10月20日　绍兴籍部队作家、南京军区政治部文艺创作室副主任徐志耕上校向本馆赠送自己创作的《南京大屠杀》等7部文艺作品。

11月16日至18日　陈淑文赴临安参加省文化厅和省图书馆学会联合举办的浙江省乡镇图书馆建设研讨会。

11月27日至28日　绍兴市鲁迅图书馆召开市县（区）图书馆辅导干部会议。

12月12日　古越藏书楼遗址被浙江省人民政府批准为省级重点文物保护单位。

12月18日至21日　绍兴市鲁迅图书馆协助市文化局和市总工会在诸暨召开全市基层图书室工作经验交流会，市总工会主席杨忠鲁、市文化局副局长陈阳参加。

12月25日至27日　绍兴市图书馆学会第二次理事会暨学术交流会在馆召开，围绕13篇论文作大会交流。

是月　年底统计数据显示，图书馆有干部、职工31人，新购图书8 103册，报纸177种，期刊549种，新增借书证6 377本、重点读者借书证100张、阅览证1 681张，接待外借读者135 067人次，外借图书234 322册次，举办各类读者活动14次。

1990 年

1 月 20 日　市政协副主席陈惟于、市委宣传部副部长陈敏尔、市文化局副局长陈阳等审看“鲁迅图书馆馆藏地方文献展览”预展。

同日　浙江省文化厅副厅长毛昭晰、图书馆处处长苏尔启等来馆视察，并观看“鲁迅图书馆馆藏地方文献展览”。

1 月 27 日　绍兴市鲁迅图书馆主办的“鲁迅图书馆馆藏地方文献展览”正式对外开放，共陈列文献 2 000 多册，市委宣传部部长戴本妥参观展览并题词。展览持续至 2 月 20 日，累计接待读者 1 150 人次。对此绍兴电视台进行了实况直播，《绍兴日报》《绍兴经济报》《中国文化报》等进行了报道，省文化厅《工作简报》也作了通报。

2 月 21 日至 23 日　绍兴市鲁迅图书馆召开绍兴市各级公共图书馆馆长和辅导干部会议。

3 月 31 日　绍兴市鲁迅图书馆召开重点读者座谈会，讨论图书馆如何更好地开展读者服务工作，以实现政府制定的科技兴市发展目标。

4 月 17 日　绍兴市鲁迅图书馆邀请知情人士座谈、回忆从古越藏书楼到鲁迅图书馆的历史沿革。

4 月 25 日　绍兴市鲁迅图书馆制定《中国图书馆图书分类法（第三版）》实施方案，馆藏图书开始据此分类。

4 月 27 日　绍兴市鲁迅图书馆召开市县公共图书馆及师专、高专、党校图书馆采编人员座谈会，就学习、实施《中国图书馆图书分类法（第三版）》进行深入讨论。

5 月 9 日至 10 日　绍兴市鲁迅图书馆召开市县公共图书馆辅导干部会议，研究部署开展全国第二个图书馆服务宣传周活动事宜。

5 月 17 日至 6 月 23 日　绍兴市鲁迅图书馆举办“我爱绍兴，我爱图书馆”知识问答有奖竞赛，并在馆召开授奖大会。

5 月 23 日至 25 日　绍兴市鲁迅图书馆举办绍兴农村基层图书室管理员培训班。

5 月 27 日　绍兴市鲁迅图书馆在市区主要街道巡回展出“鲁迅图书馆在改革开放中前进”的大型宣传牌，向读者宣传图书馆的历史沿革、服务设施、服务项目和服务成果等。

6 月 1 日至 3 日　绍兴市鲁迅图书馆举办“学习鲁迅的读书精神”“如何利用图书馆”“怎样进行科技文献检索”等讲座，听众累计达 570 余人次。

6 月 10 日　绍兴市鲁迅图书馆开放一周年之际，将 6 月 10 日定为本馆的“爱馆日”。

6 月 23 日　绍兴市“五四三”办公室授予绍兴市鲁迅图书馆“创三优争一流”红旗单位称号。

8 月 9 日　绍兴市鲁迅图书馆与上海科技出版社联合召开科技读者座谈会。

8 月 15 日至 29 日　绍兴市鲁迅图书馆举办绍兴市中学图书馆管理员培训班。

10 月 1 日至 18 日　绍兴市鲁迅图书馆举办“馆藏科技文献资料展览”，将文献资料分 12 个类别，累计展出书刊 1 427 册，接待读者 661 人。

10 月 4 日至 5 日　绍兴市鲁迅图书馆召开市县图书馆馆长会议，交流农村图书室创办经验，并研究乡镇万册图书馆建设工作。

11 月 1 日　绍兴市鲁迅图书馆树人读书社成立，正式对外开放。

12月3日至6日　绍兴市图书馆学会一届二次年会暨学术交流会、市乡镇万册图书馆工作研讨会同时在嵊县召开。

是月　年底统计数据显示，图书馆有干部、职工共33人，藏书386 523册（其中古旧图书164 781册，内有善本685种3 895册，碑帖4 929件），新购图书9 348册、报纸170种、期刊579种，办理借书证7 709本、阅览证2 055张、重点读者借书证110张，接待外借读者147 846人次、阅览读者40 648人次，外借图书237 205册次，举办各类活动13次，共有10 196人次参与。

1991年

1月24日　绍兴市鲁迅图书馆向市文化局呈报《关于加强绍兴市少年儿童图书馆工作五点建议》。

2月15日至3月5日　绍兴市鲁迅图书馆举办“社会主义在中国的胜利”图片资料展。

2月22日　绍兴市鲁迅图书馆向市文化局呈报《绍兴市鲁迅图书馆发展规划》。

2月26日至7月2日　绍兴市职工中等专业学校聘任龚天力讲授“图书馆学概论”课程。

3月6日至7日　绍兴市鲁迅图书馆全体工作人员参观宁波市图书馆。

3月7日　市政协傅允真等14位委员来馆视察。

3月28日　绍兴市鲁迅图书馆整理存放在古籍书库中的有关民国时期纂修绍兴县志的资料，并完成造册，共计1 132种。

4月12日至13日　绍兴市鲁迅图书馆召开市县公共图书馆辅导干部会议。

4月17日　《绍兴鲁迅图书馆规章制度》（第四次修改稿）贯彻执行。

4月18日至20日　绍兴市鲁迅图书馆协助越城区文化局举办图书馆管理员培训班。

5月6日至11日　省文化厅在桐庐召开浙江省第二次公共图书馆工作会议，绍兴市鲁迅图书馆被评为省文明图书馆，周岚岚被评为省文明图书馆先进工作者。

5月16日至18日　绍兴市公共图书馆采编工作研讨会在新昌举行。

5月22日　文化部图书馆司副司长鲍振西等18人由浙江省文化厅图书馆处副处长陶月彪陪同来馆视察。

5月27日至6月2日　绍兴市鲁迅图书馆会同市经委等7个部门联合举行中外科技资料、产品信息发布会，共展出资料400余种，最新技术转让项目200余条，国内新产品实物样品、样本400余种。共接待观众2 000余人次，接受咨询177项，达成技术转让意向的产品有35项，产品引进项目71项，复制声像18部，复印资料400余件。

6月1日至9日　绍兴市鲁迅图书馆举办“没有共产党就没有社会主义中国”图片、文献资料展览，共接待观众2 617人次。

7月1日至3日　绍兴市鲁迅图书馆举办庆祝“中国共产党成立七十周年，弘扬爱国主义，振奋民族精神”系列讲座。

7月8日　绍兴市鲁迅图书馆购置一套CWS桌面印刷系统。

7月13日　在绍兴市“满意杯”劳动竞赛经验交流会上，绍兴市鲁迅图书馆代表作题为《满意在图书馆，奉献在岗位上》的发言，分享开展社会主义劳动竞赛的经验。

7月17日　由绍兴市文化局副局长陈阳陪同，副市长沈才土来馆视察。

8月12日至22日　绍兴市鲁迅图书馆举办绍兴市第二期中学图书馆业务培训班，共26人参加。

9月2日　绍兴市职工中等专业学校聘任馆员陈启中、周岚岚分别讲授“图书分类”“图书馆编目”等课程，授课时间持续至1992年1月2日。

9月11日　绍兴市鲁迅图书馆组织全体工作人员学习图书馆知识，并开展“图书馆学概论”知识竞赛。

9月13日至14日　绍兴市鲁迅图书馆召开市县图书馆馆长会议，交流图书馆工作经验。

10月16日　古越藏书拨创办人徐树兰之孙徐世燕来馆参观。

10月24日至26日　在绍兴市公共图书馆首届业务知识竞赛中，绍兴市鲁迅图书馆代表队获团体第一名，陈启中、郭红云、汪丽华分别获得“图书分类”“图书编目”“中文工具书使用”3个单项第一名。

12月4日至6日　浙江省公共图书馆业务知识竞赛中，陈启中、郭红云、汪丽华等组成的绍兴市公共图书馆代表队获“图书馆学概论”项目的团体第一名，郭红云获“图书馆编目”个人第三名。

12月12日至14日　副馆长赵钜清等7人出席在上虞图书馆召开的绍兴市图书馆学会第二次代表大会，大会选举市文化局副局长张关鑫为学会理事长，赵钜清、魏仕良为副理事长，龚天力为秘书长。

是月　年底统计数据显示，图书馆有干部、职工32人，新购图书5 985册、报纸176种、期刊586种，办理借书证4 855本、科技借书证975本、重点读者借书证83张、阅览证1 851张，接待读者156 201人次，外借图书272 888册次，举办各类活动15次。

1992年

1月10日　绍兴市鲁迅图书馆党支部举行换届选举，成立图书馆支部委员会，支部委员会由马岁发、钟成贤组成，马岁发任书记。

1月29日　龚天力任绍兴市鲁迅图书馆副馆长，赵钜清为正科级协理员。

3月4日至7日　副馆长龚天力、裘式言赴平湖参加浙江省市（地）级公共图书馆馆长联席会议。

3月12日至13日　绍兴市图书馆工作会议在馆举办，市文化局副局长王本清及各县（市）文化局领导和图书馆馆长参加。

3月15日至20日　绍兴市鲁迅图书馆党支部书记马岁发率13名职工赴上海静安区、嘉定县图书馆参观学习。

3月22日至27日　副馆长龚天力率领15名职工赴苏州、无锡市图书馆参观学习。

4月1日　绍兴市鲁迅图书馆振华文化服务社东街门市部（为图书馆所办经营性创收实业）开业。

4月4日　增补龚天力为绍兴市鲁迅图书馆党支部委员。

4月17日　绍兴市文化局局长鲍贤伦陪同文化部部长助理一行4人来馆视察。

4月19日　绍兴市文化局副局长张关鑫陪同衢州市文化局局长郑时宏等12人来馆考察。

5月3日　由市人大、市政协、市委宣传部、市文化局等9家单位发起，绍兴市鲁迅图书馆承办的绍兴市“赠书献爱心”活动仪式在人民剧院广场举办。

5月5日至6日　绍兴市鲁迅图书馆与马山镇文化站联合举办“科技书展览”。

5月15日　《信息参考》复刊。

5月30日至31日　陈启中、郭红云赴奉化参加浙江省图书分类编目学术研讨会。

6月17日至19日　副馆长龚天力赴义乌参加浙江省公共图书馆地方文献工作会议。

6月22日　绍兴市鲁迅图书馆组织全市县图书馆及部分乡镇图书室管理干部共15人，赴苏南地区考察乡镇万册图书馆建设。

6月30日　绍兴市文明办主任杨大明一行3人来馆考察，推荐图书馆参评省级文明单位。

7月8日　绍兴市鲁迅图书馆制定并执行《鲁迅图书馆关于创收工作若干问题的决定》。

7月29日至31日　副馆长龚天力参加市文化局召开的发展多业助文会议，并赴湖州市考察。

9月21日　绍兴市委副书记成志伟来馆视察，并赠送个人专著和参与编撰的著作共20种。

9月23日至24日　副馆长龚天力率赵钜清、裘式言赴嵊县参加市图书馆学会理事会议。

9月24日至10月10日　绍兴市鲁迅图书馆举办“迎国庆、迎十四大”馆藏名贵画册展览，浙江省电视台对该展览进行了报道。

10月8日　由绍兴市鲁迅图书馆创办的绍兴图书公司成立，裘式言任公司经理。省、市相关领导参加开业仪式。

10月15日　副馆长龚天力、蒋替征参加市劳教学校建校5周年庆典，并代表图书馆向学校赠送图书。

11月26日至29日　绍兴图书公司在人民剧院广场举办“金秋书市”，省、市各主流媒体都作了报道。

12月7日至11日　副馆长龚天力赴海盐参加浙江省文化厅图书馆处召开的馆长会议。

12月14日至15日　绍兴市鲁迅图书馆召开绍兴县（市）图书馆辅导干部工作会议。

是月　年底统计数据显示，图书馆有干部、职工35人，藏书339 995册，其中古籍166 281册，报纸合订本11 442册，期刊合订本13 223册，采购新书7 557册，办理借书证7 744本、阅览证2 081张、集体借书证54本，接待读者175 576人次，借阅图书达303 767册次。

1993年

1月1日　副馆长龚天力参加在安徽铜陵召开的全国中小型图书馆建筑设计学术研讨会。

2月5日　马岁发任绍兴市鲁迅图书馆馆长。

3月3日至6日　副馆长龚天力参加在桐庐召开的浙江省第二次市（地）级公共图书馆馆长联席会议。

4月19日　绍兴市鲁迅图书馆举办“纪念毛泽东诞辰100周年画册展”，并在绍兴县的福全、兰亭、陶堰、柯桥、钱清等乡镇的11所学校巡回展出。

6月10日　绍兴市委副书记成志伟、市政协主席戴本妥、市纪委书记顾秋麟、副市长沈才土等领导干部，一同观看馆内举办的“纪念毛泽东同志诞辰100周年大型画册图片资料展览”之预展。

6月12日至26日　绍兴市鲁迅图书馆举办的“纪念毛泽东同志诞辰100周年大型画册图片资料展览”，共接待观众2万余人，省、市等主流媒体都作了报道。

7月5日　绍兴市鲁迅图书馆创办的图兴商行开业，王燕飞任经理。

7月6日　绍兴市鲁迅图书馆党委会决议增补裘式言为图书馆党支部宣传委员。

7月25日　浙江省文化厅图书馆处处长陶月彪来馆，征求对《市级图书馆定级达标考核标准（试行稿）》的修改意见。

8月16日　绍兴市委副书记成志伟来馆视察。

9月3日　绍兴市委副书记成志伟和浙江古籍出版社总编辑萧欣桥、副总编辑王翼奇等一行6人，来馆了解古籍开发、利用情况。馆长马岁发、副馆长龚天力分别介绍馆藏古籍的基本情况。

9月13日至18日　绍兴市文化局副局长张关鑫，绍兴市鲁迅图书馆馆长马岁发、副馆长龚天力赴嵊县图书馆参加全省公共图书馆馆长培训班开学典礼。龚天力作“图书馆任期目标管理”专题讲座。

9月27日　陈健任绍兴市鲁迅图书馆党支部副书记。

10月15日　绍兴市人民政府发布《关于建立绍兴市地方文献征集领导小组的通知》。领导小组由9人组成，绍兴副市长沈才土任组长，市委宣传部副部长黄文泽、市文化局副局长张关鑫任副组长。成员有市社科联副主席朱顺佐、市委宣传部副部长朱楚庭、市政协副秘书长阮庆祥、市档案局副局长章红林、市文联副主席朱元桂。领导小组下设办公室，由绍兴市鲁迅图书馆副馆长龚天力任办公室主任。

10月28日　绍兴市人民政府办公室转发市文化局《关于征集绍兴市地方文献资料的意见》的通知。

11月16日　绍兴市地方文献工作会议在馆召开，浙江省省文化厅图书馆志编纂办公室主任苏尔启、绍兴市地方文献领导小组成员及地方文献征集联络员70余人参加。

11月30日至12月4日　由龚天力、陈淑文、郭红云、汪丽华、王红霞等组成的绍兴市公共图书馆代表队参加在宁波举行的浙江省公共图书馆业务知识竞赛，获团休总分第二名，郭红云、汪丽华分获文史知识、图书馆知识单项第三名，王红霞获综合笔试单项第六名。

12月10日　绍兴市鲁迅图书馆档案室被确认为市一级档案室。

12月13日　市政协派出部分委员来馆视察，并详细询问馆藏古籍的保管情况，馆长马岁发陪同并解答有关古籍保管的问题。

1994年

1月7日　绍兴市鲁迅图书馆接收浙江图书馆技术部赠送的缩微阅读机1台，同时向其购置民国时期绍兴地方报纸缩微资料11种75卷。

1月27日至2月1日　副馆长龚天力出席浙江省文化厅图书馆处在德清举行的公共图书馆定级评估标准研讨会。

3月2日至5日　副馆长龚天力率龚杏娟、高学安赴嘉定县图书馆考察地方文献工作。

3月25日至28日　副馆长龚天力随绍兴市委宣传部副部长黄文泽、市文化局局长鲍贤伦等赴广东佛山市图书馆参加石景宜先生赠书仪式，共接收赠书6 645册。

5月6日　绍兴纺织机械集团公司出资3万元，资助图书馆筹建少儿图书室。

5月27日　绍兴市鲁迅图书馆在演讲厅举行少儿图书室开放仪式，市人大常委会副主任章天祥，市政府副秘书长费水根，市委宣传部副部长黄文泽，市文化局局长鲍贤伦、副局长张关鑫，绍兴纺织机械集团公司董事长谢如炎等到场祝贺。

7月11日至12日　浙江省文化厅图书馆定级评估考核小组苏尔启一行3人来馆考核，绍兴市文化局副局长张关鑫参加。

8月10日至11日　由浙江图书馆副馆长林祖藻陪同，全国政协委员、香港汉荣书局董事长石景宜一行3人来馆视察。

8月17日　绍兴市鲁迅图书馆分批组织职工赴北京、厦门考察学习。

9月14日至17日　副馆长龚天力赴杭州参加全国图书馆学会管理研讨会。

9月26日　绍兴市鲁迅图书馆举办“爱祖国、爱家乡”图片画册展览，并在绍兴县部分乡镇巡回展出。

10月11日　台湾之江出版社社长郑竞来馆赠送其专著两种。

10月25日　绍兴市鲁迅图书馆在市劳教所举办“爱祖国、爱家乡”画册展，副馆长龚天力代表图书馆向市劳教学校赠送图书315册。

11月15日　浙江省创建文明城市竞赛检查团来馆考察，绍兴市副市长顾仁章、市文化局局长鲍贤伦陪同。

11月23日至26日　副馆长龚天力参加在宁波召开的浙江省第三次市（地）级公共图书馆馆长联席会议。

11月24日　龚天力任绍兴市鲁迅图书馆馆长，袁涛为副馆长。

11月26日　绍兴市鲁迅图书馆购置照相机1台、除湿机2台。

12月13日　龚天力任绍兴市鲁迅图书馆党支部书记，陈健任副书记兼组织委员，袁涛任宣传委员。

12月19日　绍兴市鲁迅图书馆又一次获得省级文明单位称号。

是月　绍兴市鲁迅图书馆制作樟木书柜70只、樟木书夹板1 000副。

1995年

3月9日　参加全省“三馆一站”改革会议的图书馆代表17人，来馆参加关于图书馆改革的座谈会。

4月19日　绍兴市鲁迅图书馆向市文化局报送《绍兴市鲁迅图书馆至2000年及2010年总体目标和实施对策》。

5月5日　绍兴市鲁迅图书馆开始实行双休日制度。

5月17日　全国各省自治区直辖市单列市图书馆馆长56人来馆考察。

5月29日　全市第二次地方文献工作会议在绍兴市鲁迅图书馆召开，与会68人，副市长、市地方文献征集领导小组组长庄惠春，市委宣传部副部长、市地方文献征集领导小组副组长黄文泽，市文化局局长鲍贤伦等出席。

5月30日至6月7日　绍兴市鲁迅图书馆举办“绍兴市地方文献展览”，共展出文献1 500种。

6月12日　钱江电视台播出反映绍兴市鲁迅图书馆的专题片《古城多有读书人》。

6月18日　馆长龚天力等11人赴西安考察学习。

8月1日　绍兴市鲁迅图书馆与市委宣传部等7部门联合举办纪念抗日战争胜利50周年知识竞赛。

8月2日　绍兴市鲁迅图书馆少儿图书室组织少儿读者参加在武警中队举办的“留下惊喜在军营”的夏令营活动。

10月10日　田秀英代表绍兴市文化局党委来馆传达在绍兴市鲁迅图书馆开展“凝聚力工程”试点的决定。

10月26日　绍兴市鲁迅图书馆举办市属学校第二期图书馆工作人员业务培训班，为期5天，共培训学员36名。

11月7日至9日　浙江图书馆古籍部副主任余子安来馆指导碑帖整理工作。

11月17日　浙江大学图书馆副馆长夏勇代表美籍华人姚诗凯来馆签订协建少儿图书馆的协议书。

11月20日至22日　馆长龚天力赴湖州参加浙江省第四次市（地）级公共图书馆馆长联席会议。

11月29日　馆长龚天力率赵钜清、裘式言、袁涛、龚杏娟等赴诸暨参加绍兴市图书馆学会第三届代表大会暨学术研讨会。龚天力当选本届学会副会长，裘式言为秘书长。馆员陈启中、龚杏娟分获论文一、二等奖。

12月12日　绍兴市鲁迅图书馆公布并执行《关于实施本馆综合配套改革的意见》。

12月28日　绍兴市鲁迅图书馆为姚氏少儿图书馆购置彩电2台、VCD机及功放机各1台、音箱4只。

1996年

1月15日　绍兴市鲁迅图书馆制定1996年全市群众读书活动方案，确定读书活动名称为“奔向新世纪知识工程——96读书活动”。

2月10日　绍兴市鲁迅图书馆姚氏少儿图书馆开放。

3月9日至15日　绍兴市鲁迅图书馆领导及部主任一行11人，到南京市金陵图书馆、上海市静安区图书馆、南市区图书馆考察学习。

4月4日　馆长龚天力等2人去嵊州市图书馆参加1996年度绍兴市公共图书馆馆长联席会议。

4月7日至17日　馆长龚天力赴黑龙江省牡丹江市参加图书馆建筑评估标准审定会。

4月15日　绍兴市鲁迅图书馆与鲁迅纪念馆联合举办“馆藏历代碑拓精品展”，浙江图书馆古籍部副主任余子安莅临参观指导，并对图书馆碑拓整理实践工作进行指导。

4月30日　由绍兴市文化局局长鲍贤伦陪同，市委书记鲁志强来馆视察，并对新馆建设工作作出指示。

5月18日　绍兴市教委、市文化局联合主办全市小学生纪念红军长征胜利60周年暨建党75周年读书演讲比赛，在图书馆少儿图书室举行，市区21所小学的21名小选手参加。

5月21日　绍兴市鲁迅图书馆举行姚氏少儿图书馆揭牌仪式。美籍华人姚诗斌、姚诗凯、姚诗训三兄弟从美国专程来馆参加。市政协副主席陈惟于和市政府秘书长沈震元、市委宣传部副部长杨大明、市侨办主任董武勋、市文化局副局长张关鑫等到馆祝贺。

5月31日　馆党支部副书记陈健和裘式言到延安路居委会落实“96读书系列活动”事宜。

6月17日　馆长龚天力赴杭州参加浙江省文化厅组织的图书馆现代化建设馆长讲习会。

6月20日　副馆长袁涛参加绍兴市文化局党委组织的“凝聚力工程”考察团，并赴上海考察学习。

8月23日至9月1日　馆长龚天力赴北京参加第62届国际图联大会。

8月23日　副馆长袁涛和黄国平等代表图书馆到市劳教学校向劳教学员赠送图书550册。

同日　绍兴市市长纪根立来馆视察，同意由市政府拨款购置价值36万元的《四库全书存目丛书》，并就图书馆新馆建设作出重要指示。

8月27日　美籍华人姚诗凯向绍兴市鲁迅图书馆姚氏少儿图书馆赠送计算机1台。

9月7日　浙江省文化厅拨给图书馆专项经费3万元，以支持计算机管理项目建设。

9月14日至15日　绍兴市鲁迅图书馆选派20名馆员到市人民剧院广场参加市委宣传部举办的“读书看报”活动月开幕式，并举办大型书市，开展现场发证、咨询等服务工作，用大型展板展出图片资料《发展中的绍兴鲁迅图书馆》。

9月26日　馆党支部副书记陈健代表图书馆向绍兴县官田头村图书室赠送图书400册、阅览椅12把。

10月10日　陈启中、沈大晟和裘式言赴绍兴县钱清镇文化站参加绍兴县乡镇文化站干部图书业务知识培训班，并讲授业务辅导课。

10月14日　浙江省政府副秘书长杨丽英等5人由绍兴市政府副秘书长李露儿陪同来馆视察，并重点察看少儿图书馆。

同日　市长纪根立听取馆长龚天力关于建造新馆设想的汇报后，即率市土管局局长赴延安路十三亩头踏看新馆馆址。

10月15日　馆长龚天力去舟山市普陀县参加全省第五次市（地）级公共图书馆馆长联席会议。

10月29日　馆党支部副书记陈健参加市思想道德建设窗口服务行业“三个一”活动经验交流会，并就图书馆开展“三个一”活动的情况在会上作书面交流。

11月15日至18日　绍兴市鲁迅图书馆举办“伟大的征程——纪念红军长征胜利60周年”图片、画册巡回展，先后在绍兴县的齐贤、斗门等地展出。

11月28日　绍兴市鲁迅图书馆新馆设计方案、设计草图送交市政府办公室审阅。

11月30日　绍兴市鲁迅图书馆龚天力、蒋替征、黄国平、陈启中、周岚岚在全省“做‘四有’公民宽鼎杯”知识竞赛中获三等奖。

12月2日　裘式言、陈启中参加绍兴市总工会主办的直属厂矿图书馆（室）图书业务知识培训班，并讲授业务辅导课。

12月10日　馆党支部副书记陈健获全国党规党纪知识竞赛三等奖。

12月11日　市财政局拨给鲁迅图书馆计算机管理设施费10万元。

1997年

1月21日　馆员裘式言参加绍兴市文化局组织的“东海明珠工程”考核验收组，先后赴新昌、嵊州参与验收。

1月22日　绍兴市鲁迅图书馆向绍兴县稽东乡官田头村赠送图书698册。姚氏少儿图书馆向市聋哑学校免费赠送少儿借书证30本。

1月23日　绍兴市公共图书馆馆长联席会议在馆召开。

2月4日　党支部副书记陈健参加市劳教学校举办的警民联谊会。

2月15日　绍兴市鲁迅图书馆计算机数据库建设工作正式启动。

3月4日　绍兴市鲁迅图书馆9人赴市劳教学校参加馆校共建文明10周年纪念大会。

3月17日　馆长龚天力参加绍兴市文化系统先进表彰会，并代表图书馆在会上以《上下同欲求发展，齐心协力创事业》为题作经验交流。

3月23日　馆长龚天力率部室主任等10人赴山东省图书馆、大连市公共图书馆等考察学习。

4月2日　《鲁迅图书馆少儿馆工作简况》送浙江省文化厅社文处。

4月15日　绍兴市鲁迅图书馆少儿馆延长开放时间，周二至周五下午对外开放。

4月18日　副馆长袁涛率采编部人员赴嘉兴图书馆参观学习。

4月19日　浙江大学图书馆副馆长夏勇来馆联系姚氏少儿图书馆1997年的涉外事宜。

5月8日　馆长龚天力和裘式言赴绍兴县马山镇参加全省乡镇图书馆研讨会。

5月9日　浙江图书馆项弋平、沈春樵，临安图书馆馆长金福环，萧山图书馆馆长张炬，东阳市图书馆馆长王德荣等来馆考察。

5月16日　绍兴市鲁迅图书馆邀请绍兴城区各文化站站长商谈图书馆业务发展问题。

5月31日　绍兴市鲁迅图书馆姚氏少儿图书馆参加塔山、北海街道开展的社区“庆六一、献爱心”街头服务活动。

6月1日　绍兴市鲁迅图书馆对相关部室服务区域进行调整，以便实施计算机管理。

6月11日　馆长龚天力随绍兴市文化局局长黄松保向纪根立市长汇报新馆筹备工作进度。

6月20日　副馆长龚杏娟参加绍兴市少儿艺校社区教育委员会成立大会，并被聘为市少儿艺校社区教育委员会委员。

是月　绍兴市鲁迅图书馆与塔山街道联合举行“庆七一，迎回归”知识竞赛。

7月4日　市政协教科文卫委员会委员20余人来馆视察。

7月8日　绍兴市鲁迅图书馆计算机管理已进入实施阶段，先在少儿图书馆试行。

7月16日　塔山中心学校三（3）班学生周倍龙，为新馆建设捐款100元。

7月25日　绍兴市鲁迅图书馆外借部迁入原报刊阅览室，实行全开架借阅。图书馆服务方式作重大调整，用条码卡取代借书证，并实施“一卡通用”。

7月30日　馆长龚天力列席市政府常务会议，汇报有关新馆建设事宜。

同日　绍兴县二建公司（江南建工集团）向馆捐款10万元，协助建立电子阅览室。

8月9日　根据绍市府办发〔1997〕71号文件，绍兴图书馆新馆筹建领导小组成立，组长李露儿，副组长杜世大、黄松保，成员陈君铨、钟华华、常建华、陈长林、赵泽良、蒋其华、张关鑫。

8月13日　河南省图书馆副馆长冯南然一行4人来馆考察。

8月14日　绍兴市鲁迅图书馆向诸暨璜山镇文化站赠送图书200册。

9月1日　馆长龚天力列席绍兴市委常委会议，汇报新馆建设工作。绍兴市计委〔1997〕185号文件，批复同意建设绍兴图书馆。

9月4日　绍兴市鲁迅图书馆少儿图书馆管理人员走访塔山中心学校、成章小学、鲁迅小学、望花小学，并将这4所小学列入少儿图书馆的馆外服务点。

9月5日　副馆长袁涛带领电子阅览室管理人员一行4人赴上海虹口区图书馆、上海图书馆考察学习。

9月17日　新馆筹建领导小组第一次协调会议在馆召开，副市长李露儿主持会议。

9月28日　馆长龚天力到金华参加全省第六次市（地）级公共图书馆馆长联席会议。

10月1日　馆长龚天力参加金华严济慈图书馆开馆典礼。

10月10日　新馆规划方案论证审定会在越城大酒店召开，邀请市政府、市计委、市文化局、市城建委、市消防支队及规划处设计院的领导专家与会，还特邀省内图书馆业界专家林祖藻、夏勇和李明华等出席。

11月17日　绍兴市文化局局长黄松保、副局长张关鑫，市城建委副主任吉振海及拆迁办领导来馆参加新馆建设拆迁工作协调会议。

11月24日　绍兴市总工会、市文化局联合表彰市直文化系统10家“优秀服务窗口”，绍兴市鲁迅图书馆名列其中。

11月29日　绍兴市鲁迅图书馆的电子阅览室正式向读者开放。

12月8日　新馆拆迁安置工作正式开始。

12月11日　绍兴市鲁迅图书馆向上虞市沥海镇文化中心赠送图书1 200册。

12月13日　绍兴市委书记沈跃跃和市城建委主任钟华华、市文化局局长黄松保一行5人考察延安路新馆馆址。

12月14日　绍兴市鲁迅图书馆购置三星太空旅行车一辆。

12月15日　甘肃省文化厅图书馆处处长赵方伦来馆考察。

1998年

1月22日　绍兴市档案馆对馆综合档案室进行浙江省二级档案室达标验收。

同日　绍兴市文化局党委批复同意馆支部换届选举结果，新一届支部委员会成员为龚天力、袁涛、周岚岚，龚天力为书记。

1月27日　馆长龚天力随绍兴市文化局局长黄松保到浙江省计委、浙江图书馆、省设计院联系新馆建设事宜。

2月23日至3月3日　绍兴市鲁迅图书馆举办“纪念周恩来诞辰100周年图片画册展”。

4月21日　副馆长袁涛参加在义乌召开的浙江省地方文献工作经验交流会。

5月18日　新馆奠基暨开工典礼举行。全国人大常委会委员毛昭晰、全国政协常委沈祖伦、省文化厅副厅长沈敏，市领导董君舒、阮顺泉、杨明志、李露儿、陈惟于等出席典礼。

5月29日　汽车图书馆首次送书到绍兴县漓渚镇红星小学，这也是图书馆建立的第一个汽车图书馆流动站。

6月9日　汽车图书馆平水镇流动站建立。

6月10日　由浙江省文化厅社文图书馆处处长郑永富带队的省图书馆评估小组对馆进行定级评估。

7月7日　绍兴市鲁迅图书馆支持市社区教育办公室在市区5个街道1个区设置图书流通站的工作，赠送图书2 000册，赠书仪式在塔山街道举行。

7月16日　绍兴市市长董君舒及市有关部门领导在市文化局局长黄松保陪同下视察新馆建筑工地。

7月25日　周岚岚赴北京参加北京图书馆举办的“图书分类主题一体化标引”培训班。

10月6日　馆长龚天力赴杭州参加省图书馆学会换届选举会议，并当选第五届省图书馆学会理事。

10月21日至22日　中央美术学院韩国留学生李兴东特赠图书馆《李兴东书帖》一册。

11月11日　西安交通大学郑庆华博士在馆会议室作“数字图书馆”讲座。

11月23日至27日　馆长龚天力赴温州参加浙江省第七次市（地）级公共图书馆馆长联席会议。

12月26日　馆长龚天力赴杭州参加浙江图书馆新馆试开馆典礼。

1999年

1月13日　副馆长袁涛随同绍兴市文化局领导到诸暨乡镇验收万册图书馆建设情况。

1月16日　绍兴市市长冯顺桥、副市长李露儿和副秘书长邵田田等在市文化局局长黄松保陪同下视察延安路新馆建设工地。

1月19日　绍兴市人大代表视察新馆建设工地，市文化局局长黄松保向代表们介绍新馆建设情况。

2月11日　绍兴市鲁迅图书馆召开有11位老文化工作者参加的座谈会，以便准确考证建馆时间，为编写馆史铺路。

3月19日　新馆大厅、报告厅装修工程设计方案评审会议召开。

4月10日　西安交通大学图书馆馆长李人原、深圳图书馆馆长沈迪飞、中国图书馆学会副秘书长丘东江先后来馆参观计算机数据库建设情况。

4月24日　由绍兴市委宣传部、市文化局等单位联合发起，市鲁迅图书馆承办的“奔向新世纪读书系列活动”在人民剧院广场举行开幕式，图书馆举办图书馆信息宣传、书目书讯介绍及“发展中的鲁迅图书馆”图片展。

5月6日　绍兴市鲁迅图书馆面向离休干部、70岁以上老人、30年以上教龄的教师实行免费借阅。

6月18日　绍兴市文化局及相关单位的领导在馆召开“绍兴戏曲”数据库建设协调会。

6月28日至30日　绍兴市鲁迅图书馆计算机部、采编部工作人员赴温州市图书馆学习ILAS Ⅱ管理系统。

7月7日　副馆长袁涛赴大连参加中国图书馆学会成立20周年暨1999年年会。

8月12日　绍兴市鲁迅图书馆邀请浙江省国美建筑设计院、中国美术学院、市文化局等单位的7名专家，评选图书馆馆徽设计方案，《绍兴日报》广告部徐公朴获得馆徽设计一等奖。

8月17日　绍兴市委书记董君舒、副市长马忠和市计委主任谢鑫泉、市城建局局长钟华华等一行，视察新馆工程，详细了解工程建设情况，并要求确保主体工程于9月底竣工。

9月17日　绍兴市领导董君舒、冯顺桥、瞿素芬、袁长寿、陈章方、沈云姑、吴鹏飞、阮顺泉、马忠等检查新馆工程建设。

10月4日　《中国图书馆图书分类法（第四版）》正式实施，馆采编部依照新版调整需要变动的类目。

10月8日　绍兴图书馆工程落成典礼暨授牌仪式举行，参加仪式的有全国政协常委沈祖伦，省政府副秘书长蒋泰维，省文化厅副厅长沈敏，市领导董君舒、沈云姑、阮顺泉、李露儿、蒋耀根、郑淳理及有关部门负责人等。仪式由市委常委、宣传部长阮顺泉主持，李露儿副市长代表市委、市政府对绍兴图书馆工程顺利落成表示热烈祝贺，市文化局局长黄松保汇报工程建设情况，副市长李露儿为绍兴图书馆授牌。

10月11日　绍兴市长冯顺桥视察新馆。

10月15日　市政协副主席陈雪樵、原市政协主席戴本妥及政协委员们视察新馆建设。

11月9日　馆延长开馆时间，实行天天夜间开放，时间为18：30—20：30。

11月9日至11日　副馆长袁涛赴金华参加浙江省情报信息咨询服务学术研讨会，并作主题发言。

11月15日　浙江省第八届市（地）级公共图书馆馆长会议在绍兴召开。省文化厅助理巡视员郑永富、社文处处长尤炳秋、市文化局副局长张关鑫等参会。

11月28日至30日　副馆长袁涛率周岚岚参加由市文化局组织的对绍兴市各县图书馆的评估工作。

12月9日　绍兴市市长冯顺桥、副市长李露儿视察图书馆。

2000年

3月3日　馆长龚天力率朱燕、龚杏娟赴余姚图书馆考察图书馆改革工作。

3月14日　绍兴图书馆馆徽确定。

3月24日至27日　深圳图书馆ILAS Ⅱ软件人员来馆，图书馆业务系统由ILAS 5.0升级至网络版。至此，绍兴图书馆计算机局域网构建完毕。

4月1日　文化部办公厅主任邢志良、省文化厅厅长沈才土由副市长李露儿和市文化局局长黄松保陪同，视察延安路新馆。

4月1日至3日　馆长龚天力赴北京，接受丁元先生所赠其先父、中国社会科学院资深研究员丁名楠的藏书。

4月7日　全国人大常委会委员毛昭晰由绍兴市人大常委会副主任杨明志、副市长李露儿陪同，视察延安路新馆。

4月16日　绍兴市市长冯顺桥、副市长李露儿及各有关部门领导视察新馆，在听取新馆建设和开办经费使用情况汇报后，决定本年度追加基建经费1 000万元。

4月20日　文化部副部长潘震宙由浙江省文化厅厅长沈才土和绍兴市副市长李露儿陪同，视察延安路新馆。

4月22日　由市政协等9家单位联合发起的全市为绍兴图书馆赠书捐款活动在市人民广场拉开序

幕。本次捐款赠书活动累计捐款37万元，赠书7 000余册。

同日　原市政协副主席陈惟于陪同台胞陈佩曾女士等参观延安路新馆。陈先生捐款1 000元人民币，陈女士捐款5 000美元给图书馆。

5月1日　绍兴图书馆新馆试开放，当天接待读者3 000余人次。

5月3日　国家计委社会发展司司长杨庆蔚、综合处处长苏国由副市长李露儿陪同，视察绍兴图书馆。

5月4日　国家计委主任曾培炎一行由绍兴市市长冯顺桥等陪同下，视察绍兴图书馆。

5月8日　绍兴图书馆举行新馆开馆典礼，全国人大常委会委员毛昭晰、文化部社文司图书馆事业处处长刘小琴、浙江省文化厅副厅长沈敏及市领导袁长寿、杨明志、李露儿、郑淳理等出席典礼。浙江图书馆及各地（市）图书馆和绍兴市所属各市（县）图书馆负责人参加开馆仪式。

5月11日　浙江省计委副主任、原绍兴市市长纪根立视察绍兴图书馆。

5月20日　绍兴图书馆与塔山中心学校联合举办首届“读书节”，在图书馆报告厅举行开幕式。

5月27日　绍兴图书馆少儿馆举办“蓝天、碧水、绿地”科普知识讲座，拉开了图书馆服务宣传周的序幕。

8月23日　浙江省委副书记周国富、省公安厅厅长俞国行由绍兴市委书记董君舒、市长冯顺桥陪同，视察绍兴图书馆。

8月28日　车越乔先生以其先父车恂如名义捐资50万元，用于图书馆新馆建设。

9月16日　周岚岚赴北京参加北京图书馆联合编目中心举办的《中文图书计算机著录规则》培训班学习。

9月27日　馆长龚天力赴浙江省新闻出版局接收赠书50箱，计4 200余册。

10月9日至13日　馆长龚天力赴丽水参加全省第九次市（地）级公共图书馆馆长联席会议。

10月21日　馆改革领导小组成立。组长龚天力，组员袁涛、周岚岚、朱燕、龚杏娟、裘式言、钮国江。

10月23日至27日　馆长龚天力率馆改革领导小组部分成员赴江苏金陵图书馆、张家港图书馆及嘉兴图书馆参观学习。

11月6日　浙江省委书记张德江由绍兴市委书记董君舒、市长冯顺桥陪同，视察绍兴图书馆。

11月6日至8日　绍兴市图书馆学会第四次代表大会在绍兴文理学院召开，与会代表40人。会议选举产生绍兴市图书馆学会第四届理事会。

11月18日　国家图书馆副馆长周和平来馆视察。

同日　文化部社会文化图书馆司副司长周小璞由浙江图书馆馆长程小澜陪同，来馆视察。

11月24日　北京大学吴慰慈教授由杭州市图书馆馆长诸树青陪同，来馆考察。

12月11日　绍兴图书馆工会召开职工大会，表决通过《绍兴图书馆全员聘任制与分配制度实施细则》。

12月18日　《中国文化报》报道全国百家“读者喜爱的图书馆”评选结果揭晓，绍兴图书馆榜上有名。

2001年

1月3日　馆长龚天力率朱燕及社教部有关人员一行4人赴省图书馆参观。

1月9日　市政协主席沈云姑、副主席沈震元率政协委员20多人由市文化局局长黄松保及市政府副秘书长邵田田等陪同，来馆视察。

1月26日至28日　绍兴图书馆少儿馆举办“寒假献真情，欢乐加开心”春节游园活动，参加者近2 500人次。

2月1日　收到一位未留名读者的120元捐款。

2月2日　收到绍兴市侨办转来的车越乔先生的第二笔捐款5万元。

2月6日至7日　馆领导龚天力、袁涛一行5人赴湖州图书馆、德清图书馆考察，交流图书馆改革经验及地方文献征集工作。

2月16日至17日　副馆长袁涛及信息部一行5人赴上海参观学习南市区图书馆开办专题阅览室的经验，为绍兴图书馆开办旅游专题阅览室做好前期准备。

2月20日　接到绍市爱卫〔2001〕3号文件，绍兴图书馆达到市级“爱国卫生先进单位”标准。

2月24日　港澳人士章传信、韩永信一行由绍兴市副市长李露儿、市政府副秘书长邵田田等陪同，来馆参观。

2月27日　绍兴图书馆信息部编印《信息导读》创刊号，送中共绍兴市委、市政府、军分区和市人大、市政协的主要领导及有关部委局办负责人阅读参考。

3月16日至18日　副馆长袁涛赴京参加中国基本古籍库光盘首发式以及中国基本古籍库光盘演示暨图书馆数字化研讨会。

3月20日　中共浙江省委、省政府下达浙委发〔2001〕13号文件，绍兴图书馆保持省级文明单位称号。

3月22日至23日　绍兴市公共图书馆馆长会议在新昌县图书馆召开。会议通报了《市文化局2001年主要工作安排以及2001—2005年公共图书馆信息化建设规划草案》稿。

3月24日　由常州市委常委、宣传部长张晓霞带队赴浙江考察团一行13人在绍兴市文化局局长黄松保、副局长张关鑫等领导陪同下，来馆考察。

同日　馆长龚天力、馆长助理朱燕随绍兴市文化局局长黄松保赴上海探望柯灵夫人，并征求她对图书馆设“柯灵作品陈列室”的意见。

3月26日　车越乔继捐资55万元人民币给图书馆后，又捐赠画册、书籍32册。

4月初　绍兴市青年文明号、青年岗位能手活动指导委员会授予绍兴图书馆计算机部网上阅览室2000年度“青年文明号”称号。

4月26日　无锡市文化局局长一行11人来馆考察。

5月4日　车越乔再次捐赠给绍兴图书馆大型画册32册。至此，车先生已向图书馆捐赠书籍64本。

5月8日至11日　中文图书机读目录格式培训班在图书馆学术活动室举行。培训班由浙江省文化厅、全国图书馆联合编目中心主办，绍兴图书馆承办，全国图书馆联合编目中心、国家图书馆采编部研究馆员周升恒主讲，来自全国各地的近70人参加。

5月14日至23日　由绍兴市委宣传部和市文化局、市教委、团市委联合主办，绍兴图书馆承办的“毛泽东遗物展”在图书馆展览厅举行，两万余人参观展览。

5月19日　馆长龚天力赴杭州参加浙江省图书馆学会理事会议。

5月29日　浙江少年儿童出版社向绍兴图书馆赠书仪式在图书馆大厅举行。市政府副秘书长邵田田、市文化局副局长张关鑫、浙江少年儿童出版社社长陈纯跃等参加。这次捐赠的少儿书籍共计5 850册，价值4.3万元。

6月13日　绍兴市副市长俞永谷和市侨办副主任张海龙在参加《绍兴历史地理》《鲜膏随笔》两书首发式后视察图书馆。

6月15日　全省图书馆学会秘书长会议在图书馆召开，各地（市）级学会秘书长及浙江省图书馆学会负责人等共13人参加会议。

6月15日　台北市富之江出版社发行人兼总编辑郑竞将由该社出版的《众香词》《小檀栾室汇刻闺秀词》《艺术三钥》3种书赠予本馆。

6月27日　馆长龚天力赴省图书馆参加浙江省文化厅举办的《浙江省公共图书馆管理办法》专家论证会。

7月4日　绍兴图书馆古籍部按照《中国家谱总目》浙江省编纂工作小组的要求，举办由全市主要图书馆派人参加的家谱著录培训班。

8月2日　澳门图书馆、澳门大学图书馆等一行10人由浙江大学图书馆夏勇教授陪同来馆参观，交流工作经验。

8月17日　绍兴图书馆制订对职工进行专业知识教育的轮训计划，并为此发文。

8月17日至19日　馆长龚天力率裘式言等专程赴云和县探望古越藏书楼创办人徐树兰之孙徐世燕先生，并征集到部分徐树兰家史资料。

8月28日至31日　馆长龚天力赴湖州参加全省数字化信息资源与知识仓库建设研讨会。

9月1日至10日　副馆长袁涛等一行13人赴山西各地图书馆参观、考察。

9月5日至8日　副馆长袁涛应邀赴山西五台山参加由清华大学、光盘国家工程研究中心、清华同方光盘股份有限公司、中国学术期刊（光盘版）电子杂志社主办的2001年数字化信息资源与知识仓库建设标准国际研讨会。

9月19日　绍兴文理学院党委书记、院长费君清教授和该院图书馆馆长寿永明等一行5人来馆考察。

9月22日　绍兴图书馆外借部开设“纪念鲁迅诞辰120周年”图书专架，除陈列馆藏的千余种鲁迅著作及鲁迅研究专著外，还新购了百余种有关鲁迅的图书资料供读者选读。

9月25日　绍兴图书馆在大厅举办“鲁迅在绍兴”大型图片展。

9月26日　绍兴图书馆举办“纪念鲁迅诞辰120周年专题讲座”，邀请享受国务院特殊津贴的绍兴文理学院吴国群教授作“鲁迅——中国先进文化前进方向的卓越代表”的学术报告。

10月22日　以省委特约督查员项有绍为组长的浙江省文化大省检查组一行4人对图书馆文化设施建设情况进行检查。

10月27日　文化部副部长周和平和文化部计财司司长吕章申、财政部教科文司司长张少春等一行10人由浙江省文化厅厅长沈才土，省财政厅副厅长钱巨炎，市文化体育局局长邵田田、副局长陈华忠等陪同，来馆视察。

10月27日　市政府外事与侨务办公室印发〔2001〕5号文件《关于同意绍兴图书馆与丹麦欧登塞市图书馆建立友好交流关系的批复》。

11月1日　绍兴图书馆在府山街道水沟营社区建立市区第一家社区图书流通站，并举行对外开放暨授牌仪式。

11月5日至8日　浙江省图书馆学会第八次学术研讨会在杭州召开。馆长龚天力和馆长助理龚杏娟等学会代表共4人参加此次学术研讨会。

11月12日至13日　副馆长袁涛率计算机部廖晓飞、项元峰、翁映赴杭州参加全省公共图书馆计算机应用知识竞赛，获团体二等奖。廖晓飞获个人二等奖，项元峰、翁映获个人三等奖。

11月13日至14日　绍兴图书馆 ILAS Ⅱ 1.0 升级为 ILAS Ⅱ 2.0。

11月18日　中共绍兴市委书记冯顺桥，市委副书记、代市长王永昌在市区进行工作调研时，实地察看图书馆的设施和数字化建设情况等。

11月22日至23日　中央电视台“走近科学”摄制组来馆拍摄绍兴图书馆的发展历史。

同日　馆长龚天力、馆长助理朱燕等一行6人赴上海探望柯灵夫人，接受柯灵夫人捐赠的由柯灵主编的文献10册，后赴上海图书馆学习。

11月30日　绍兴图书馆与丹麦欧登塞市中心图书馆建立友好交流关系签约仪式在本馆大厅举行。

12月6日至8日　廖晓飞作为浙江代表队成员参加在北京举行的全国公共图书馆计算机应用知识大赛。浙江队荣获第一名。

12月19日至21日　馆长龚天力赴衢州市参加全省第十次地（市）级公共图书馆馆长联席会议。

2002年

1月6日　馆长龚天力随绍兴市委副书记袁长寿、绍兴市文体局局长邵田田等领导赴北京向文化部副部长周和平等领导汇报绍兴图书馆工作和百年馆庆筹划情况，并与中国图书馆学会商讨馆庆方案、活动主题，确立主题定位。

1月20日　清华大学教授高翼声，中国科学院文献情报中心副主任戴利华等4人就馆舍建设问题参观图书馆。

2月1日　副馆长袁涛率陶金彪赴省文化厅，向副厅长鲍贤伦汇报绍兴图书馆百年馆庆的筹备情况，并征询举办绍兴籍书画家书画作品展的意见。

2月5日　古越藏书楼创建百年暨绍兴图书馆百年馆庆策划恳谈会在馆二楼会议室举行，绍兴市政协副主席陈雪樵、老领导陈惟于及何信恩、裘士雄等市政协委员和文史专家近20位学者参加。

2月6日　绍兴图书馆鹤池苑社区图书流通站成立。

2月12日至13日　绍兴图书馆少儿馆在春节期间举办“百年馆庆”系列——少儿春节游乐活动，近3 000人次参加。

3月4日　由浙江省政协常委、省委宣传部副部长、省政协文卫体委员会副主任何福清带队，省政协“七艺节”筹备工作调研组一行8人来馆考察，并对图书馆创建的特色文化数据库进行工作询访。

3月15日　《绍兴图苑》首期少儿馆专刊出刊。

3月19日　馆长龚天力、副馆长袁涛及有关部室主任一行赴宁波考察、学习宁波图书馆在社区图书馆建设方面的成功经验。

3月22日　副馆长袁涛等赴杭州就全省开展网站建设及优秀网站评比活动与省文化厅社文处领导及省图书馆专家进行深入探讨。

3月29日　馆庆活动之一《“百年回眸”系列文章征文座谈会》在馆接待室举行，陈惟于、何信恩、裘士雄、任桂全、章玉安等5位政协老领导、文史专家参加。

4月4日　绍兴图书馆教育培训中心新设成人英语培训班，首期开课有：初级英语班、中级英语班和英语口语班。

4月14日至21日　《常州市当代书画作品展》在馆展出。浙江省文化厅副厅长鲍贤伦，常州市市长周亚瑜、市委副书记徐峻范，绍兴市委副书记袁长寿、副市长李露儿等参加、市委宣传部部长阮顺泉为开展式剪彩。

4月15日　馆长龚天力列席参加市政府常务会议，汇报百年馆庆的活动方案和工作筹备情况，活动方案原则通过。

4月18日至19日　馆长龚天力率王燕飞赴杭州参加浙江家谱编纂工作会议。

4月19日　我国著名经济学家、北京大学博导董辅礽先生来馆做经济理论专题讲座。

4月27日　绍兴图书馆邀请市有关文史专家、省文化厅老领导和省图书馆学术咨询专家委员等8人对图书馆馆史进行评审。

5月2日　《绍兴日报》整版报道“百年沧桑——从古越藏书楼到绍兴图书馆”，详细叙述了图书馆近百年的发展历程。

5月5日　台湾著名儿童文学作家管家琪在馆报告厅发表《作文的构思和表达》演讲。全市中小学生中作文爱好者和家长近500人参加。

5月15日　馆长龚天力随市文体局局长邵田田赴省文化厅向沈才土厅长汇报《古越藏书楼创建百年纪念活动》方案。

5月17日　人民日报、新华社、中央人民广播电台等中央和浙江省联合报道记者团一行10余人参观绍兴图书馆，采访本馆数字化建设工作情况。

5月26日　由绍兴图书馆与越城区文教局联合举办的越城区首届“少艺杯”幼儿书画大赛在馆举行，来自越城区各学校的242位参赛小选手现场献艺，共收到作品700余件。

5月30日　全市文体系统信息工作座谈会在绍兴图书馆召开。

6月3日　绍兴市文体局组织的部分市文化界人士“文化名市”建设座谈会在图书馆召开。

6月4日　根据绍兴市文体〔2002〕27号文件，朱燕被任命为绍兴图书馆副馆长。

6月9日至21日　馆领导龚天力、袁涛与市文体局副局长陈华中等一行6人赴欧洲对丹麦、意大利等国进行为期12天的文化交流、考察。

6月11日　绍兴市文体局有关领导茹福君、胡慧娟对绍兴图书馆上半年目标责任制完成执行情况进行考核，副馆长朱燕向市局领导汇报了近半年来图书馆围绕目标责任所开展的工作情况。

6月13日　江西省文化厅学习和文化考察团一行12人由副厅长曹国庆带队来馆参观考察。

6月21日　黑龙江省图书馆馆长王海泉一行10人来馆参观交流。

6月24日　绍兴图书馆与绍兴市图书馆学会联合在馆学术活动室举办第二期图书馆专业知识培训，由省图书馆采编部主任刘露讲授“文献编目工作”专业课程，市各学会小组均派员参加。

6月24日　上饶市委宣传部部长熊良华率10余人参观本馆。

6月25日　绍兴图书馆邀请市老领导及文史专家对徐树兰雕像方案进行小样评审，绍兴市文体局陈华忠副局长等参加。

7月4日　馆领导龚天力、朱燕赴杭州与浙江人民出版社商谈《从古越藏书楼到绍兴图书馆》《绍兴籍院士风采》《馆藏绍兴籍书画家书画作品集》《“开放的藏书楼，开放的图书馆”——纪念古越藏书楼创建百年研讨会论文集》等书籍出版事宜。

7月17日　丽水市文体广电局副局长刘程远带队一行11人来馆考察调研。

7月19日　馆长龚天力赴杭州与浙江省文化厅学术老前辈苏启尔、省图书馆有关专家李性忠、袁逸等就“开放的藏书楼，开放的图书馆”征集论文进行评审。

7月23日　馆长龚天力率陶金彪赴上海，对为绍兴图书馆设计制作柯灵铜像的作者王大进教授去世表示哀悼，敬献花篮，同时接收王大进教授遗作——柯灵铜像一尊。

7月24日　馆领导龚天力、袁涛、朱燕参加绍兴市文化体育局组织的招商投资报告会。

7月29日　广东省茂名市人民政府副秘书长朱其祥、文化局副局长梁济等一行8人来馆参观考察。

7月31日　馆领导龚天力、袁涛、朱燕等参加市政府召开的全市文化工作会议。

8月10日至11日　馆长龚天力参加由市文体局组织的市直文体系统领导干部读书会。

8月15日　绍兴图书馆邀请市有关文史专家及书画艺术家何信恩、朱元贵、陈力农，与馆长龚天力、副馆长朱燕，由市文化局陈华忠副局长带队赴杭州对徐树兰雕像进行审定。

8月17日　馆长龚天力率陶金彪等赴上海华东医院探望柯灵夫人，并接受其捐赠的柯灵生前珍贵遗物。

8月21日　按照绍兴市文体党〔2002〕23号文件要求，绍兴市文体局胡慧娟、周培浩来馆指导选拔局管青年干部有关事项和要求，馆全体党员、班子成员、中层干部、工、青、妇代表共19人参加。

8月23日　由绍兴图书馆与绍兴市教育局、市电教馆联办的“百年馆庆”中学生读书知识竞赛现场竞答决赛在馆报告厅举行，市区15个中学代表队参加，经过笔试及现场竞答决赛环节，最终绍兴市师范附中夺得第一名。

8月23日　馆领导袁涛、朱燕、龚杏娟等对古越藏书楼旧地进行踏勘，对旧址开放的改造、布局进行论证。

9月3日　浙江省省文化厅档案处李嘉玲来馆对档案管理升级工作进行初查。

9月6日　绍兴图书馆与市劳教所在“共建精神文明”15周年之际举办“读好书、扬公德、庆共建”读书知识竞赛。

9月11日　文化部社文司、计财司领导共6人来馆视察。

9月17日　浙江省档案管理验收组对绍兴图书馆的档案目标管理工作进行达标考核验收，经考评总得分为98分，符合省一级档案目标管理要求，同意晋升省一级。

9月17日　绍兴荣誉市民、香港同胞章传信先生偕夫人来馆参观，并表示愿尽微薄之力为徐树兰雕像的制作捐款。

9月18日至19日　山西省图书馆馆长李小强等一行18人来馆参观交流。

9月21日　徐树兰雕像运抵绍兴图书馆，进行定位安装。

9月27日　绍兴图书馆向稽东霞堡小学捐赠馆藏图书559册，其中书籍342册，期刊217册。

9月28日至30日　馆长龚天力赴北京，就“百年馆庆”活动筹备情况向中国图书馆学会和文化部有关领导汇报。

10月9日　绍兴市政府领导李露儿、陆鹰及市文体局领导陈华忠等来馆就百年馆庆筹备情况进行工作指导。

10月10日　方正阿帕比数字图书馆设备系统进入安装阶段。

10月11日　文化部副部长周和平发来贺电，祝贺绍兴图书馆百年华诞，古越藏书楼重新开放。

10月10日至15日　《馆藏家谱、近现代地方文献》在馆展览厅展出。

10月15日　绍兴图书馆分馆——古越藏书楼恢复书刊借阅服务，即日起试开放。

10月16日　文化部纪检组组长常克仁等由省文化厅领导柳河陪同来馆视察。

10月17日　“我与图书馆”百年馆庆读者征文活动揭晓。本次活动共收到征文100多篇。经专家评审，共评出一等奖1名，二等奖2名，三等奖3名。

10月19日　由西藏那曲地区文化局副局长、浙江省文化厅援藏干部戴言带队一行6人来馆参观。

10月20日　浙江省委常委、副书记梁平波发来贺电，对绍兴图书馆百年华诞、古越藏书楼创建百年，代表浙江省委致以祝贺。

10月24日　《中国文化报》以“传承百年　再创辉煌”为题，刊登“古越藏书楼创建百年暨绍兴图书馆百年馆庆”宣传专版。

10月24日　《浙江日报》第一版发表题为“从古越藏书楼到绍兴图书馆——一支唱了百年的歌”专文。

10月25日　浙江省政协主席刘枫发来贺电，祝贺绍兴图书馆百年华诞。

10月29日　由中国图书馆学会、浙江省文化厅、绍兴市人民政府主办，绍兴市文化体育局、绍兴图书馆承办的“古越藏书楼创建百年纪念暨绍兴图书馆百年馆庆”典礼在绍兴图书馆举行。文化部、中国图书馆学会、浙江省、绍兴市各级领导，图书馆界近千人参加。

同日　绍兴图书馆分馆——古越藏书楼重新开放仪式在本馆大厅举行，绍兴市长王永昌与徐树兰曾孙徐道祥一起为藏书楼重新开放揭牌。

同日　浙江省文化厅厅长沈才土、绍兴旅港同乡会永远名誉会长章传信先生为徐树兰雕像揭幕。

同日　绍兴图书馆为纪念名人而建的“怀贤堂”正式对外开放。首位陈列的是著名作家柯灵先生，展出其遗物及有关作品和照片。

同日　浙江省第十一届地市级公共图书馆馆长联席会议在馆召开。会议交流、探讨图书馆现代化建设和文化信息资源共享工程建设。浙江省文化厅副厅长沈敏作重要讲话。

11月4日至6日　副馆长袁涛赴杭州参加浙江省文化厅举办的数字图书馆和知识管理馆长讲习会。

11月7日　贵州铜仁地区文化局党组书记、局长段连超带队一行13人来馆参观考察。

11月8日　朱夏良赠书仪式在绍兴图书馆“怀贤堂”举行。将近10年间收集的有关周恩来的自传、自述及纪念文集等共计339种471册无偿捐赠给图书馆。

11月25日　绍兴市图书馆学会、绍兴图书馆联合举办“图书馆专业论文写作指导讲座”，原浙江医科大学图书馆馆长周子荣研究馆员、浙江图书馆数字资源部主任赵大雄研究馆员作专题演讲。

12月3日　由绍兴图书馆承建的中国第七届文化艺术节绍兴分会场（闭幕式）暨网站开通仪式在馆举行，市委副书记袁长寿参加并按下网站开通钮。

12月6日　浙江省副省长盛昌黎来馆视察，浙江省文化厅厅长沈才土、绍兴副市长李露儿等领导陪同视察。绍兴市文体局领导邵田田向省领导汇报了中国“七艺节”绍兴分会场筹备工作情况。

12月6日　镇江市文化局局长姚元龙带队一行33人来馆参观，并进行文化产业调研。

12月9日　馆长龚天力赴省文化厅参加全省高级职务任职资格评审委员会职称评审工作。

12月19日至20日　绍兴市公共图书馆馆长例会在诸暨召开，会议主题为“文化信息资源共享”。绍兴市文体局领导邵田田、陈华忠莅临并作重要讲话。

12月27日至28日　馆领导朱燕、馆长助理龚杏娟赴云和，代表绍兴市人民政府向身患白血病的徐树兰后人徐芳捐赠救济款。款项由绍兴图书馆、绍兴一中、绍兴市红十字会、市慈善总会共同出资捐助。

2003年

1月22日　经绍兴市文体局党委决定，龚杏娟被任命为绍兴图书馆副馆长。

1月26日　绍兴图书馆少儿馆在报告厅组织举办“青少年金融理财”讲座，并邀请工商银行个人金融服务处王利明主讲。

1月28日　丹麦客人欧登塞技术学院部门领导 Ole Bech Kristensen 等两人来馆参观。

1月24日　绍兴图书馆与鲁迅故里草签拆迁协议，鲁迅路老图书馆被拆迁。

2月2日　绍兴图书馆少儿馆与市福利院联办“手拉手、献真情”活动。

同日　绍兴图书馆少儿馆与越城区教育委员会、绍兴晚报联办大型春节游园活动，近2 000名中小学生及读者参加游园。

2月20日　经绍兴图书馆党政领导班子研究决定调整图书馆行政班子，新行政班子成员由龚大力、袁涛、龚杏娟、任雷、陶金彪5人组成。

2月22日　绍兴图书馆教育培训中心开办的培训班全面开课。

3月18日至19日　全市公共图书馆工作会议在本馆召开。绍兴市文体局领导陈华忠、蒋建中等及县（市）文化行政部门分管局长、各县（市）公共图书馆馆长等15人参加。

3月28日　浙江省文化厅厅长杨建新等省厅领导由市文体局领导邵田田、陈华忠陪同来馆考察。副馆长袁涛汇报图书馆建设发展情况，并作“七艺节”网站演示。

4月5日　浙江大学终身教授陈桥驿先生在馆报告厅作“绍兴乡土文化”专题讲座。绍兴旅港同乡会永远名誉会长车越乔与有关文史专家、学者和社会各界及城区中学生近250人到馆听讲。

4月9日　绍兴市图书馆学会第四届理事会第三次工作会议在馆举行，14位学会理事参加。

4月10日至11日　全省地方文献业务细则意见会议在绍兴召开。本次会议由浙江省文化厅主办，浙江图书馆、绍兴图书馆协办。浙江省文化厅、浙江图书馆领导，全省公共图书馆有关专家、学者共13人参加会议。

4月17日至19日　副馆长龚杏娟作为特邀代表赴常州、上海，参加由民进绍兴市委会与市政协教文卫体委员会联合组成的“建设学习型城市”课题的调研活动。

4月23日　绍兴图书馆发文，成立“非典型肺炎防治工作领导小组”，馆长龚天力任组长，陶金彪、裘式言任副组长，陶金彪兼任领导小组办公室主任。

5月9日　经绍兴图书馆领导班子集体研究，向凉山彝族自治州彝文图书馆资助人民币5 000元整。

5月20日　经浙江省文明委复评，绍兴图书馆继续保留“省级文明单位”荣誉称号。

5月26日　绍兴图书馆新馆入选由绍兴市委宣传部、市发展计划委员会举办的“绍兴市最受欢迎的十大实事工程（1998-2002）”。

同日　绍兴图书馆开展了以“倡导终身学习、全民学习，创建学习型社会”为主题的图书馆服务宣传周活动。

5月30日　绍兴图书馆在绍兴育才小学建立图书流通站，“六一”期间为残障学生送去爱心。

6月3日　绍兴图书馆少儿馆与市交警支队联办“改一改乱穿马路的习惯”交通安全知识讲座，同时在馆大厅举办安全知识大型图片展。

6月12日　浙江图书馆副馆长贾晓东等3人来馆就开展两馆间文献联合编目一事进行磋商并签约。

6月24日　浙江图书馆副馆长贾晓东、馆长助理徐洁等4人来馆进行工作交流，对图书馆定级评估工作给以指导。

7月10日　绍兴市公共图书馆评估考核小组成员在绍兴图书馆二楼会议室召开会议，就2003年县（市）级公共图书馆评估定级工作中的有关问题展开讨论。

7月15日至19日　馆领导龚天力、龚杏娟、任雷、周岚岚等作为绍兴市公共图书馆评估考核小组成员赴各县（市）图书馆进行评估考核。

7月25日　绍兴图书馆在越城消防支队新设图书流通站。

7月29日至30日　浙江省公共图书馆评估考核小组对绍兴图书馆进行全面考核评估。

8月1日　绍兴图书馆电子书库正式开通。

8月5日　山东省淄博市委副书记岳长志等一行9人由绍兴市政府、市文体局领导陆鹰、徐光照等陪同，来馆参观考察。

8月14日　浙江图书馆副馆长刘晓清、黑龙江省图书馆夏国栋及专家李明华等5人来馆进行工作交流。

8月15日　由馆长龚天力带队一行8人赴宁波图书馆，就文化信息网建设等问题进行交流与探讨。

8月21日　绍兴图书馆举办“安徒生童话的艺术特色”公益讲座，特邀全国语文教育艺术研究会展示课二等奖获得者赵卓青老师主讲。

8月21日　安徽省马鞍山市文化局副局长王平、马鞍山市图书馆馆长等6人来馆参观考察。

8月21日　江苏省连云港市政协主席及文化局局长等由市政协主席谷祥德陪同，来馆参观。

8月22日　馆长龚天力与裘式言代表绍兴图书馆参加由市文化旅游投资公司、绍兴市委党校三方的协调会议，就鲁迅故里工程中图书馆老馆的拆迁补偿工作进行最后的协调，绍兴市副市长谢卫星参加。

9月2日　长沙市文化局欧阳副局长及图书馆张馆长等一行6人来馆参观交流。

9月8日　绍兴市图书馆学会和绍兴图书馆联合举办图书馆业务知识培训，特邀浙江图书馆地方文献部主任、研究馆员袁逸作“地方文献和地方文献工作”专题讲座。

9月20日　绍兴图书馆第三轮改革工作小组成立。成员由龚天力、施金虎、龚杏娟、任雷、陶金彪、周岚岚、赵伟达、丁鹏敏、鲁先进9人组成。

9月29日　副馆长龚杏娟、助理任雷等6人赴杭州，参加由浙江图书馆、浙江大学图书馆联合举办的信息技术对图书馆的冲击和影响、电子信息资源建设与利用学术报告会。

10月11日至20日　副馆长龚杏娟等赴广东佛山，参加由中国图书馆学会主办的“第三首届全国图书馆新书展示博览会”。

10月13日　馆长龚天力参加由绍兴市委组织部举办的为期1周的“绍兴市拔尖人才，高级知识分子”培训班。

同日　馆长龚天力参加由绍兴市委组织部举办的为期1年的领导干部出国培训英语预科班。

10月24日　广东茂名市副市长林日娣带队一行40人由绍兴市副市长李露儿、市文体局副局长金一波陪同，来馆参观考察。

10月30日　由楚州区人民政府、绍兴市文体局主办，楚州区委宣传部、楚州区文化局、绍兴图书馆承办的楚州区书画精品展在馆展出。

11月17日　绍兴图书馆和绍兴市图书馆学会联合举办图书馆业务知识培训班，邀请浙江省图书馆副馆长、研究馆员刘晓清主讲“公众利用图书馆文献的最佳途径”。

11月19日至28日　副馆长龚杏娟参加由绍兴市委党校举办的第10期党外干部培训班。

11月26日　绍兴市委副书记顾秋麟、绍兴市委宣传部长谭志桂及相关部门领导来馆视察，馆长龚天力向市领导汇报图书馆建设发展现状。

2004年

1月2日　由绍兴图书馆承建的绍兴文化体育信息网开通仪式在图书馆会议室举行。

1月3日　馆长龚天力等赴杭州与中国图书馆学会秘书长汤更生商谈2004年中图学会第二届青年论坛举办事宜。初步商定第二届青年论坛在本馆举行。

1月11日　《中国大运河》大型电视纪录片拍摄组对绍兴图书馆进行踩点拍摄，古越藏书楼入选。

1月22日　绍兴图书馆举办春节游园活动。

2月12日至13日　馆长龚天力率任雷及信息技术部有关人员就信息资源共享工程建设工作赴温州图书馆考察交流。

2月24日至28日　馆长龚天力作为市政协委员出席市政协五届二次会议。

3月1日　副馆长龚杏娟、工会主席周岚岚参加绍兴市庆祝“三八”国际妇女节代表大会，周岚岚在会上被授予“绍兴市巾帼建功标兵”。

3月11日　《中国文化报》载文《为社会发展提供智力支持，绍兴百年藏书楼焕发生机》。

3月13日至14日　“安利”杯少儿故事大王比赛在绍兴图书馆举行，这次活动由图书馆教育培训中心与绍兴电视台联合组织举办，全市各中小学、城区幼儿园共1 000多人报名参加。

3月15日至16日　馆长龚天力率任雷赴杭州，参加EBook产业年会。

3月18日　绍兴市图书馆学会第四届理事会在绍兴图书馆举行。

3月21日　副书记施金虎，副馆长龚杏娟率中层干部7人赴昆明，对云南省图书馆进行工作考察。

4月6日　丹麦奥登塞市政府议员Stine Willumwen女士和外办主任Henrik Poulsen先生来馆参观。

4月6日至11日　馆长龚天力率中层干部6人赴湖南长沙，对湖南省图书馆进行工作考察。

4月8日　江苏省淮安市文化局副局长张谨一行3人来馆参观考察。

4月14日　绍兴市文体局领导方丽、茹福军、胡慧娟等来馆就有关人才工作在图书馆具体落实情况进行调研。

4月14日至27日　由绍兴市外侨办、以色列驻上海总领事馆联办的《从创世开始——沙伊·吉诺特摄影展》在本馆展厅展出。

4月19日　馆长龚天力率裘式言赴杭州参加浙江省图书馆学会第六届会员代表大会。龚天力被推选为浙江省图书馆学会第六届理事会常务理事。

4月19日至24日　副馆长何青率中层干部一行6人赴大连对大连图书馆等进行工作视察。

4月19日至27日　绍兴市党政领导书法作品展在图书馆展览厅展出。

4月20日　绍兴图书馆成为中国图书馆学会事业团体会员。

4月23日　绍兴图书馆邀请浙江省作协副主席、茅盾文学奖得主王旭烽老师在报告厅作专题读书报告会。

同日　图书馆所有图书服务窗口均实行免费阅览。

4月26日　绍兴市规划局、市土地局、市发计委等5部门就绍兴图书馆“关于增建少儿馆土建工程的报告”联合进行现场勘查。

4月30日　馆长龚天力率陶金彪赴上海接收夏丏尊之孙，原工商银行上海市分行副行长夏弘宇先生赠书。本次赠书包括《晋唐宋元书画国宝特集》《淳化阁贴最善本》《世界传世名画》等有关书画、金融、散文书籍共45册。

5月11日　副馆长何青与绍兴市文体局文艺处副处长吴海明赴京，就“中国地方戏曲展（播）”征询中国剧协意见，以确定具体实施方案。

5月12日　馆长龚天力参加市政协教文卫体专委会议。

5月17日　绍兴市图书馆学会、绍兴图书馆举办“ILAS规范操作与功能详解”业务讲座。

5月17日至18日　馆长龚天力参加海宁图书馆建馆百年纪念活动。

5 月 18 日　绍兴市图书馆学会网站正式开通。网址：www.sxlib.com/stxh/index.htm。

5 月 20 日　馆长龚天力赴杭州参加浙江省图书馆学会学术委员会工作会议。

同日　副馆长龚杏娟带队各部门赴绍兴县稽东镇举办科技宣传活动。

同日　任雷赴杭州参加由浙江省文化厅社文处举办的全省公共图书馆信息化工作会议。

5 月 25 日至 28 日　馆长龚天力赴宁波参加全省公共图书馆馆长联席会议。

5 月 27 日　副馆长龚杏娟参加市文体局召开的文化项目推介工作会议。

5 月 30 日　绍兴图书馆少儿网站正式开通。

同日　绍兴图书馆举办"用心和孩子一块成长"公益讲座。

5 月 31 日　由绍兴市委宣传部、市文体局、市教育局、市总工会、团市委联合主办的"百年小平大型文献图片展"在馆展出，市委宣传部部长谭志桂主持开幕式，市委副书记顾秋麟在开展仪式上讲话。

6 月 4 日　副书记施金虎率吕江英赴上海参加长三角 18 城市学术资源共建共享会议，并签订合作协议。

6 月 5 日至 12 日　馆长龚天力赴山西太原参加江、浙、沪、晋公共图书馆中青年论坛会议。何焱作为征文获奖代表一并前往。

6 月 8 日　绍兴市规划局（绍规条字 55 号）批文"少儿图书馆地块规划设计条件书"。

6 月 12 日　副书记施金虎率陶金彪赴杭州参加全省人才交流大会。

6 月 26 日　国家图书馆培训中心在绍兴举办图书馆业务系列互动培训班，绍兴市图书馆学会 4 人参加。

7 月 6 日至 10 日　绍兴图书馆与鹤池苑社区联合举办为期一周的暑期青少年社会实践活动，此次活动以"馆区共携手、关爱下一代"为主题，通过亲情调查、征集学生习作等形式，丰富青少年暑期生活。

7 月 7 日　绍兴图书馆被列为绍兴市"青少年安全教育基地"，授牌仪式在图书馆报告厅举行。

7 月 8 日　馆长龚天力参加全市文化示范镇（乡）创建座谈会。

7 月 12 日　由绍兴图书馆与人文书店联合举办的著名作家周锐"开学重压下的文学阅读与写作"报告会在绍兴剧院举行，共有 700 余名中小学生聆听。

7 月 16 日　副馆长龚杏娟参加市文体局组织召开的"示范镇（乡）考核细则"讨论会。

同日　绍兴市图书馆学会秘书长裘式言参加浙江省图书馆学会秘书长工作会议。

7 月 21 日　龚天力、龚杏娟、周岚岚参加市群文图书资料系列初评委职称评审会议。

7 月 23 日　绍兴图书馆赠送部分期刊给绍兴外来务工子女。

7 月 26 日至 29 日　馆长龚天力、副馆长何青等 4 人就中国戏曲光盘展有关事宜赴北京参加专家论证会。

7 月 27 日至 30 日　副馆长龚杏娟参加民进绍兴市主委组织举办的暑期读书会。

8 月 18 日　绍兴图书馆召开党支部换届会议，选举结果新产生支委成员 5 人：龚天力、施金虎、何青、周岚岚、王燕飞。

8 月 19 日　经绍市计中心〔2004〕56 号文件批复，同意绍兴图书馆少儿图书馆扩建项目申请，予以立项。

8 月 28 日　由绍兴市教育局、绍兴图书馆、绍兴晚报小记者协会主办的秦文君“阅读与人生”报告会暨绍兴市中小学生文学创作颁奖典礼在图书馆报告厅举行。

9 月 8 日　副馆长何青赴杭州参加省文化厅社文处召开的“七艺节”群文活动组织工作会议。

9 月 10 日　第七届中国艺术节正式开幕。第十三届“群星奖”评奖活动暨优秀书法作品展开幕式在图书馆举行，文化部副部长周和平、社会文化司司长张旭等文化部领导以及市领导王永昌、沈云姑、顾秋麟、阮顺泉、谭志桂、李露儿等出席。

9 月 11 日　南昌市文化局局长黄中平，图书馆馆长胡才高等 3 人来馆参观。

9 月 13 日　湖南省文化厅社会文化处处长邹健等 3 人来馆参观。

9 月 18 日　由中国剧协，“七艺节”绍兴分会场（闭幕式）组委会主办，绍兴市文体局、绍兴图书馆承办的“中国戏曲音像展”开幕式在馆举行，文化部社会文化司司长张旭，中国剧协党组副书记季国平，绍兴市委常委、宣传部部长谭志桂，市人大常委会副主任车晓端，副市长李露儿，市政协副主席齐宽明，以及浙江图书馆馆长程晓澜，市文体局局长邵田田和著名戏剧家刘厚生、沈达人等领导、专家出席。

9 月 20 日　上海东方电视台来馆拍摄“中国戏曲音像展”，并采访馆长龚天力。

10 月 6 日至 10 日　副书记施金虎率陶金彪等 16 人赴海南考察学习。

10 月 10 日至 14 日　副馆长何青等 20 人赴港澳考察学习。

11 月 5 日至 9 日　中国图书馆学会第二届青年学术论坛在绍兴图书馆举行，论坛以“新青年　新理念　新秩序——知识传播与图书馆变革”为主题，来自全国 26 个省市代表共 74 人参加。

11 月 7 日至 11 日　第五个《中国记者节书画作品展》在我馆展厅展出。

11 月 11 日　由绍兴市文体局妇委会组织的女性健康知识讲座在馆报告厅举行，全市文化体育系统女性干部职工参加此次讲座。

11 月 13 日　香港人文图书馆馆长、香港图书馆协会会长彭仁贤率香港图书馆协会一行来馆参观交流。

11 月 14 日至 16 日　馆长龚天力与 6 位论文入选代表赴嘉兴参加全省图书馆学会第九次学术研讨会。

11 月 16 日　绍兴图书馆少儿图书馆扩建项目开始进行地质勘探。

11 月 19 日　馆长龚天力赴长兴，对长兴图书馆新馆建设作进行技术指导。

同日　副馆长何青等 4 人赴张家港、苏州等地图书馆交流考察培训、会展等有关工作。

12 月 5 日至 8 日　馆长龚天力率陶金彪赴嘉兴参加嘉兴市图书馆百年庆典。

12 月 14 日　绍兴图书馆被评为绍兴市区十大明星建筑之一。

12 月 18 日　浙江中成集团向绍兴图书馆捐赠人民币 50 万元。

12 月 24 日　馆长龚天力率陶金彪赴上海，参加长三角洲城市图书馆发展论坛暨上海市图书馆学会 2004 年学术年会。

12 月 26 日　中国科学院博士王一牛教授在图书馆报告厅举办关于儿童心理的讲座。

2005年

1月20日　绍兴图书馆在长三角城市图书馆合作交流的《合作交流意见书》上签字。

2月10日　绍兴图书馆举行“新春欢乐总动员”，约有1 200名小读者参加。

2月25日　副馆长龚杏娟等8人赴海南考察学习。

3月10日至11日　绍兴市公共图书馆馆长联席会议在嵊州召开。馆长龚天力等5位领导班子及办公室主任陶金彪参加。

3月17日　著名经济学家樊纲教授在馆报告厅作“宏观经济与长江三角洲民营企业的发展”专题讲座。

3月21日　绍兴图书馆在望花小学增设图书流通站，即蒲公英书屋，这是绍兴图书馆成立市区外来创业者子女读书基地的第一站。

3月30日　上海市人大常委会研究室主任周锦尉在馆作“认清形势任务　构建和谐社会”专题讲座。

4月10日　温州、绍兴书法联展在馆展出。浙江省文化厅副厅长、省书法家协会副主席鲍贤伦，绍兴市人大常委会副主任沈焕根，副市长谢卫星等领导出席。

4月19日　复旦大学教授葛剑雄来馆主讲“历史人文资源与旅游”。

4月21日　绍兴图书馆武警支队绍兴市中队图书流通站成立。

4月22日　绍兴图书馆市直机关图书流通站成立。

4月23日　绍兴图书馆组织21名外地来绍建设者和20名本地市民成立了“五湖四海读书联谊会”。

同日　绍兴图书馆举行“阅读改变人生，共建和谐社会”大型读者活动，首次向读者开放“旅游专题文献外借室”。

同日　绍兴图书馆各窗口部门向读者实施免证阅览。

5月16日　绍兴市委书记王永昌、市委副书记顾秋麟、市委宣传部部长谭志桂等领导在图书馆就文化强市建设工作作专题调研。

5月19日　上海社会科学院世界经济研究所所长张幼文教授来馆举办“经济全球化与长三角发展中的新开放观”讲座。

5月25日　绍兴图书馆举办迎“六一”爱国主义影片展映周活动，蒲公英书屋共600名学生读者参加了此次活动。

5月26日　《安徒生“童话”插图展》在馆一楼大厅展出。

5月27日　浙江文化名人展在馆一楼大厅展出。

5月28日　浙江工业大学胡刚教授作“绍兴楼市走向新经济热点力”报告。

6月18日　绍兴图书馆邀请省招生办副研究员孙恒在二楼报告厅作“高考志愿填报专题讲座”。

6月29日　绍兴市市长张金如一行10人来馆就硬件配套、服务水平、运作模式等进行调研。

7月11日至12日　绍兴图书馆学会组织100名全市各中小学校图书馆教师参加图书馆业务培训。

7月25日　在第三次县以上公共图书馆评估中，绍兴图书馆被授予“一级图书馆”称号。

8月23日至28日　绍兴图书馆举办德国建筑景观展。中国美院、浙师院、文理学院绍兴设计院的有关专家和学者参观。

9月7日　绍兴图书馆邀请胡惠林教授在“文化与城市竞争力”论坛上作报告。

9月21日　著名作家叶辛来图书馆作“寻梦精神家园—阅读与现代生活”报告。

9月29日　由绍兴图书馆组织的《铭记历史·永保先锋》图片展在市劳教所、鹤池苑等3个社区巡回展出。

10月14日　绍兴图书馆成立文献建设指导委员会。委员会由本市社会科学和自然科学界的专家学者代表和热心读者组成。

10月17日　著名作曲家、《梁祝》主创者何占豪先生在馆举办“音乐当使人类精神爆出火花”讲座。

10月18日　馆长龚天力等5位班子领导参加全市文化强市建设工作会议。绍兴图书馆被浙江省文化厅，省档案局授予《浙江家谱总目提要》编纂工作先进集体。

10月21日　绍兴市场竞争力论坛暨首届绍兴民营企业峰会在图书馆举行。数百名绍兴纺织企业家与中国纺织品进出口商会的专家及有关经济学家对话。

11月15日　上海城市化发展研究中心主任、博士生导师郁鸿胜作“新一轮长三角发展战略规划与绍兴发展”讲座。

11月30日　绍兴市文化体制改革试点单位动员大会在馆举行，市委副书记顾秋麟、市政府副市长李露儿等领导参加。

2006年

1月7日至11日　馆长龚天力赴海南参加中国图书馆学会馆长会议。

1月17日　绍兴图书馆成立武警支队教导队图书流通站。

1月18日　绍兴图书馆与皋埠镇岑墟村共同组建的“岑墟村图书室”正式开放。

3月8日　上海图书馆书记邵敏华一行6人来馆考察。

同日　绍兴图书馆少儿部被评为市级巾帼文明示范岗。

3月13日至14日　馆长龚天力带队赴温州图书馆考察。

3月15日　俞苗荣任绍兴图书馆馆长（绍市文〔2006〕11号）。

3月25日　何青任中共绍兴图书馆支部委员会副书记（绍市文党〔2006〕06号）。

3月26日　北京大学经济学院院长刘伟举办“中国经济增长与民营经济发展”讲座。

3月27日至29日　绍兴图书馆技术人员安装调试越城区“共享工程”中心服务器。

3月29日　绍兴市委常委、军分区政委仇金楼率11位市人大代表由市委宣传部部长谭志桂陪同，来馆考察。

4月1日　绍兴图书馆报刊阅览室免费开放。

4月11日　副馆长何青率社教部成员赴四川成都图书馆考察培训讲座等情况。

4月22日　绍兴图书馆举办“世界读书日·五湖四海读书联谊会”活动。

4月29日　俞苗荣任中共绍兴图书馆支部委员会书记（绍市文党〔2006〕06号）。

5月12日至16日　丹麦欧登塞图书馆馆长来纳来馆考察。

5月18日至24日　副馆长何青带部分中层干部赴新疆、甘肃考察。

5月20日　绍兴图书馆越城公安分局特勤大队图书流通站成立。

6月1日　绍兴图书馆少儿馆举办馆庆10周年暨新馆正式对外开放仪式，浙江省文化厅副厅长金庚初、绍兴市委宣传部部长谭志桂和副市长楼继伟、市政协副主席陈伯怀等出席。

6月16日　《浙江省古籍善本联合目录》绍兴地区工作正式启动。

6月27日　"五湖四海"读书联谊会会刊《悦读》创刊号出版。

6月28日　副馆长何青赴北京与剧协协商"中国戏曲网"联办事项。

7月5日　绍兴市公共图书馆馆长会议在诸暨召开，市文广局副局长金一波和全市公共图书馆馆长及有关人员共18人出席。

7月10日　《信息导读》（文化专刊）改版为《文化文摘》。

7月16日　市文广局纪委书记方丽等来馆进行党风廉政建设调研。

8月18日　馆长俞苗荣率团赴金华严济慈图书馆进行学术专题调研。

9月1日至2日　馆长俞苗荣率社教部、少儿部赴温州图书馆及温州少儿图书馆考察。

9月4日　王以俭任绍兴图书馆副馆长（绍市文〔2006〕53号）。

9月6日　副馆长龚杏娟代表图书馆参加"绍兴市第三届全民读书月"开幕式，并与皋埠镇岑墟村签订结对协议，同时为东湖镇东龙山村"农家书园"捐赠图书1 000多册。

9月13日　副馆长何青、龚杏娟率有关人员赴嵊州市王院乡，送上4 000余册各类文化书籍。

9月26日　绍兴图书馆与越城区委宣传部联合举办"来绍创业者风采"知识竞赛。

9月30日　绍兴图书馆承办由绍兴市委宣传部和绍兴市文广局主办的"2006年越都书市"，同时启动"用图书馆的钱，买自己喜欢的书"活动。

10月13日　"绍兴再造古籍珍本工程"第二期《越谚》《于越先贤传》《越绝书》再造出版。

10月17日　绍兴图书馆"中国戏曲网——越剧篇"开通，中国戏剧家协会分党组副书记季国平、浙江省文化厅助理巡视员赵和平、浙江图书馆馆长程小澜，绍兴市领导顾秋麟、车晓端、郑继伟、郑淳理等出席，市委副书记顾秋麟点击开通"中国戏曲网"。"中国戏曲音像巡回展"同时开幕。

10月18日　以"我读书、我快乐、我成长"为主题的第二届少年儿童读书节在绍兴图书馆开幕。

10月26日至31日　绍兴图书馆馆长俞苗荣参加浙江省图书馆举办"中国戏曲音像巡回展（杭州站）"。

10月31日　绍兴图书馆稽山小学图书流通站成立。

同日　馆长俞苗荣率龚杏娟、施金虎、陆晓樱随绍兴市文化考察团赴丹麦欧登塞中心图书馆进行文化交流考察。

11月2日　绍兴市委宣传部长谭志桂率市委宣传部、市文广局等相关部门领导一行8人来馆调研。

11月17日　绍兴图书馆成立绍兴图书馆学术委员会，并召开第一次全体会议。

11月28日　绍兴图书馆完成"绍兴地方碑拓"特色数据库建设。

11月28日至30日　馆长俞苗荣率市公共图书馆界一行16人，赴嘉兴图书馆、无锡图书馆参观考察公共图书馆服务联盟建设情况。

11月30日　绍兴图书馆成为鹤池苑小学校外教育实践基地。

12月2日　《绍兴图书馆馆藏地方文献碑拓选》首发式在绍兴图书馆举行，绍兴市政协文史委主任何信恩、市文广局副局长金一波参加。

12月4日　绍兴市市长张金如、副市长郑继伟及市有关部门负责人来馆考察调研。

12月11日　单观雅女士向绍兴图书馆捐赠其丈夫、已故著名编剧高型先生的50个剧本手稿。

12月15日　绍兴市人大常委会主任黄秋芳一行40人由副市长郑继伟陪同，来馆参观视察。

12月18日　绍兴图书馆少儿馆荣获绍兴市未成年人思想道德建设先进集体。

12月19日　馆长俞苗荣出席浙江省公共图书馆馆长联席会议。

12月21日　绍兴市委副书记史济锡在市文广局局长邵田田陪同下来馆调研。

12月26日　馆长俞苗荣、副馆长龚杏娟参加浙江省首届馆长论坛。

2007年

1月8日至10日　张微平赴杭州参加省共享工程培训，带回4套设备（服务器、投影仪、幕布），包含1套卫星设备、3套互联网设备。

1月16日　《绍兴图书馆馆藏地方拓片选》正式出版。

1月23日　绍兴图书馆“五湖四海读书联谊会”联合“夕阳红环保宣传队”在馆报告厅举办以“创建和谐社会　营造生态绍兴”为主题的元旦联欢活动。

2月1日　绍兴图书馆举办《绍兴图书馆馆藏地方碑拓选》首发式。

2月3日　绍兴图书馆共享工程服务器（卫星接收设备）安装完成。

2月10日　绍兴图书馆亲子活动室免费开放。

2月17日　绍兴图书馆与黄酒博物馆正式签订《陈列文献资料古籍复制、加工协议》。

2月20日　文化信息资源共享工程春节影片展播在馆大厅举行。

3月1日　绍兴图书馆推出“两会”信息服务，为两会代表委员参政议政搭建文献信息资源平台。

4月29日　绍兴图书馆“马山镇图书流通站”成立，并向该站捐赠图书2 068册。

5月16日　绍兴图书馆视障读者阅览室正式开放。

5月30日　馆长俞苗荣等一行4人赴上虞印刷厂进行地方文献征集。

6月1日　绍兴图书馆举行“知识进山区”活动，送书至皋埠镇上蒋村。

6月9日　中央电视台“百家讲坛”首讲人阎崇年教授来馆举办“学习历史，感悟人生”讲座。

6月26日　绍兴图书馆网上阅览室改造工程完工，正式开放。

6月30日　绍兴图书馆“中国戏曲网——绍剧篇”网站制作完成。

同日　《浙江省古籍善本联合目录》中馆所藏善本部分著录完成，共计466种。

7月18日至20日　副馆长王以俭等赴温州永嘉参加浙江省公共图书馆研修会。

7月23日　上海科学院研究员李健民来馆作“实施自主创新战略　提升区域创新能力”讲座。

7月24日　绍兴图书馆成立73 681部队572分队图书流通站。

8月3日　全国古籍保护试点工作会议在京召开，绍兴图书馆成为57家古籍保护试点单位之一。

8月17日　绍兴图书馆火车站社区图书流通站成立。

9月3日　著名作家叶永烈来馆作“读书——改变人生”讲座。

9月11日至13日　以中国社会科学院教授史金波为组长的全国古籍普查工作督导小组对绍兴图书馆古籍保护试点工作进行检查指导。

9月18日　绍兴图书馆公众服务日，免费开放馆内阅览部门，免费查阅数据库。

9月20日　绍兴图书馆完成《重点古籍保护单位》及《国家珍贵古籍名录》申报工作，上报珍贵古籍23种。

9月22日　绍兴图书馆绍兴市群贤小学图书流通站成立。

9月24日　绍兴图书馆红江村图书流通站成立。

9月27日　绍兴图书馆举行《绍兴潭底俞氏家谱》赠书仪式。

9月29日　绍兴市委宣传部长陈岩参观馆古籍书库，听取关于古籍保护以及古籍再造的工作汇报。

9月30日　复旦大学历史系教授钱文忠来馆举办“中国佛教文化”讲座。

10月18日至28日　绍兴图书馆举办“第三届未成年人读书节”活动。

10月23日至27日　绍兴图书馆在绍兴市首届文化产业博览会上设摊展示古籍再造成果，推介古籍仿制工作。

11月16日　中国保健全国理事会副理事长、教授吕世平来馆举办“和谐新消费“健康科普””讲座。

11月19日至20日　绍兴图书馆派员出席湖南双峰曾国藩故居富厚堂举行的第四届中国现存藏书楼联谊会。

11月27日　馆领导及馆工会带着部分捐助，看望慰问残障读者颜浩岚，并为颜浩岚向市慈善总会申请到补助款5 000元。

12月4日　代馆长张仁忠调离绍兴图书馆，新任馆长赵任飞调入。

12月8日至10日　馆长赵任飞率何青、龚杏娟、吕江英等4人赴南京参加“长江三角洲城市图书馆发展论坛”。

12月14日　副馆长王以俭率黄蓉等就《信息导读》改版工作开展调研，实地走访市委市府办，就《信息导读》内容取舍、栏目设置、改进意见等方面广泛征求意见。

12月26日　绍兴图书馆成立绍兴地方文献联络员队伍，邀请浙江图书馆袁逸老师作辅导报告。

2008年

1月31日　大型古籍丛书《四库未收书辑刊》入藏绍兴图书馆古籍书库；大型丛书《全宋文》入藏现代书库。

2月8日　绍兴图书馆举办“新春灯谜会”，参加读者达3 000多人次。

2月16日　《增订四部备要》数据库在绍兴图书馆开通试用。

2月25日　杨军参加由国家古籍保护中心的“第二届古籍修复培训班”。

是月　绍兴图书馆外借部被省巾帼建功和“双学双比”活动协调小组认定为“省巾帼文明岗”。

3月8日　中国人民银行上海总部金融市场管理部处长王欣欣来馆举办“2008年我国货政策及资

本市场走势分析”讲座。

3月10日至13日　张微平赴省馆参加全省共享工程技术培训班。

3月15日　绍兴图书馆与国家古籍保护中心签订《古籍保护试点工作责任书》。

3月26日　国家古籍保护中心公布首批2 383部《国家珍贵古籍名录》，绍兴图书馆的《唐柳先生集》《诸儒鉴解古文真宝》等11部入选。

3月26日　中国人民大学人文学院教授、博士生导师金元浦来馆举办“文化创意产业的发展之路”讲座。

4月14日　地方文献捐赠者高型夫人一行来考察赠品入藏图书馆情况，同时赠送相关资料。

是月　绍兴图书馆《信息导读》从2008年第7期开始进行了改版，刊物名称改成《信息与参考》，封面图案为绍兴市花——兰花。

5月1日　绍兴图书馆在馆内增设市政府信息查询点，为市民提供政府信息免费查询。

5月10日　当代著名文化批评家朱大可来馆举办“大众文化的历史与现状”讲座。

5月14日　中央文明办局长张英伟来绍兴图书馆少儿馆视察指导，听取关于少儿馆成立第二课堂活动日的情况。

5月14日至16日　绍兴图书馆开展共享工程“2008年数字文化乡村行春季篇”活动——送数字文化资源到武警绍兴中队、劳教所、火车站社区。

5月19日至23日　项元峰参加第二期全省图书馆数字化网络化培训班。

5月20日　绍兴市委宣传部部长杨志强考察绍兴图书馆古籍书库，听取书库改造方案汇报。

5月22日　绍兴市“越州讲坛”——学习型城市系列讲座举办工作领导小组工作会议暨义工讲师座谈会，市委宣传部处长周南、绍兴图书馆馆长赵任飞、市社科联主任陈雅顺等领导小组成员及汪嘉宝、王本清、田国强等义工讲师共25人参加。

5月24日　台湾亲子早教专家林美慧来馆举办“做智慧父母　造天才宝宝”公益讲座。

5月26日　绍兴图书馆鹤池苑幼儿园图书流通站成立。

5月27日　浙江省家庭教育学会副会长朱棣云来馆举办“如何搞好家庭教育”讲座。

同日　绍兴图书馆“越州讲坛”短信发送平台建立。

同日　王燕飞参加国家古籍保护中心举办的第一期全国古籍鉴定与保护高级班。

5月30日　绍兴图书馆接受车越乔先生赠书20余册。

5月31日　绍兴图书馆与市文明办、报社等联合举办以“共享城市阳光”为主题的征文活动颁奖仪式。

同日　绍兴市文广局领导李永鑫、方丽考察《地方文献书目提要》编辑出版情况。

6月12日　绍兴图书馆共享工程数字资源建设项目“绍剧数据库”获得浙江省中心批准立项。

6月28日　绍兴图书馆实行免费借阅服务，项目包括免除成人借阅证与少儿借阅证的年度注册费，免除数据库查阅、下载费用，免费开放自修室等。

7月30日　绍兴市委书记张金如来馆调研文化惠民工作。

8月1日　山东省莱芜市宣传部副部长、文化局局长陈君业等4人来馆考察。

8月26日　江苏泰州宣传部一行来馆参观考察。

9月2日　绍兴市委宣传部部长尹永杰一行由宣传部副部长陈岩、文广局局长李永鑫陪同，来馆调研文化工作。

9月4日　绍兴图书馆在新昌县图书馆设立少儿流通站。

9月17日　绍兴市第五届“全民读书月”开幕式活动在馆举行。绍兴图书馆图书大巴正式启动。

9月18日　经中国图书馆学会科普与阅读指导委员会评选研究决定，绍兴图书馆荣获“2007年度全民阅读先进单位奖”，颁奖仪式于2008年10月28日“2008中国学会年会开幕式”举行。

10月7日　浙江省图书馆副馆长贾晓东等人来馆了解未成年人读书节开幕式筹备工作。

10月18日　由绍兴图书馆承办的“第四届浙江省未成年人读书节”开幕式在绍兴大剧院举行。浙江省文化厅厅长杨建新到会，会后视察图书馆。

10月24日　全国古籍保护工作专家委员会主任李致忠来馆考察古籍保护情况。

10月27日至31日　馆长赵任飞率龚杏娟、吕江英赴重庆参加2 008中国图书馆学会年会。

11月12日　浙江省图书馆学会第十一次学术研讨会在绍兴县图书馆召开，馆长赵任飞及龚杏娟、王以俭、张玲琳、何焱参会。

11月13日至14日　绍兴图书馆学会承办省图学会第七次代表大会、学会理事会换届会议。

11月18日至19日　馆长赵任飞参加杭州图书馆50周年馆庆暨新馆开放庆典。

12月1日至4日　馆长赵任飞参加2008年度浙江省公共图书馆馆长培训班。

12月2日至4日　副馆长龚杏娟率李文学参加省馆培训中心举办的“新技术条件下图书馆发展战略”高级研修班。

2009年

1月20日　国家古籍保护中心赠送绍兴图书馆的《首批国家珍贵古籍名录》一书入藏。

1月29日　大型古籍丛书《四库未收书辑刊》入藏绍兴图书馆新版四库特藏专室。

2月16日　鲁先进赴上海参加国家古籍保护中心举办的第一期碑拓鉴定培训班。

2月24日　馆长赵任飞参加绍兴市文广局组织考察团，赴东莞、厦门及深圳龙岗图书馆考察图书馆建设情况。

是月　绍兴图书馆教育培训中心洪恩英语口语班学员单章阳获得“星星火炬”全国少年儿童英语风采大赛全国总决赛银奖。

3月5日　著名心理学专家、美国心理学博士张怡筠做客《越州讲坛》，举办“情商管理”讲座。

3月6日　绍兴图书馆召开“公益文化服务行动”志愿者座谈会，并对12名志愿者进行上岗培训。

3月16日至20日　馆领导赵任飞、俞斌参加中图学会组织的“图书馆建设标准”专题培训班，并参观香港中央图书馆。

3月18日　绍兴市委副书记、市长钱建民到馆视察。

3月26日　绍兴图书馆与市劳教所联合开展共建22周年暨“汽车图书馆进所”活动，开通第五个“汽车图书馆”服务点。

3月28日　中国知名作家、厦门大学教授易中天做客《越州讲坛》，举办“鲁迅与先秦诸子”讲座。

4月9日　国家古籍保护中心专家组来馆检查工作。

4月11日至14日　馆长赵任飞列席在嘉兴召开的全国农村图书馆服务网络建设工作经验交流会。

4月23日　绍兴图书馆成功举办2009年世界图书日主题活动：相约“玛格丽特广场”——汽车图书馆首个市民点开通。

4月28日　绍兴图书馆举办“‘透过书籍看世界’——与德国专家面对面”活动。

5月15日　绍兴图书馆苗山社区图书流通站成立。

5月19日　中国工程院院士、浙江省科协主席、传染病诊治国家重点实验室主任李兰娟做客《越州讲坛》，举办“如何应对突发公共卫生危机”专题讲座。

是月　根据《中国文化报》公示名单，绍兴图书馆入选第二批国家古籍重点保护单位推荐名单，5部古籍入选第二批国家古籍珍贵名录。

6月1日至8日　廖晓飞等4位一线员工赴国家图书馆学习1周。

6月1日　绍兴市文广局领导李永鑫等一行4人来馆调研。

6月3日至5日　核心期刊主编、宁夏图书馆张欣毅馆长，天津图书馆杨慧漪老师等人由浙江省图学会吴荇培同，来馆交流。

6月8日至14日　翁映等8位一线员工赴厦门图书馆、厦门少年儿童图书馆学习1周。

6月11日　副馆长王以俭率陈琦赴杭州参加文化部、国家文物局组织召开的关于召开全国非物质文化遗产保护、古籍保护暨文博事业杰出人物表彰、颁证、授牌电视电话会议。

6月14日　“国家珍贵古籍特展”在国家图书馆隆重举办。绍兴图书馆明嘉靖刻本《乐经元义》作为指定古籍晋京参展。

6月16日至17日　安徽省铜陵市文化局等9人来馆考察图书馆建设和管理经验。

6月19日　馆长赵任飞参加浙江省公共图书馆馆长会议。

6月26日　上海市委党校教授朱敏毅做客越州讲坛，举办“建国六十年的历程与反思”讲座。

6月30日　馆长赵任飞参加市人大文化旅游看西藏考察团。

同日　丁鹏敏等7位一线员工赴上海图书馆学习1周。

7月2日　绍兴市公共图书馆评估定级动员会在馆召开，绍兴市市文广局社文处副处长金渭鑫、绍兴图书馆馆领导及各县市图书馆馆长出席会议。

7月8日至9日　绍兴图书馆暑期培训达到历年来最大的规模和培训人次。首次使用教育培训中心成立15年培训基金券。

7月10日　绍兴图书馆在火车站社区举办“资源淘宝”活动，副馆长王以俭参加。

7月11日　绍兴图书馆领导班子成员去杭州图书馆考察新馆建设情况。

同日　《企业家高峰论坛》在绍兴图书馆报告厅举行。

7月23日　绍兴市直文广局系统领导干部会议在图书馆召开。

8月6日　馆长赵任飞率王以俭、鲁先进、唐微等4人参观考察扬州市图书馆。

8月10日　绍兴图书馆开始“古越藏书楼藏书聚散考”课题工作。

同日　绍兴图书馆编制《馆藏现存古越藏书楼书目》。

8月12日　浙江省消费者保护委员会副秘书长叶元春来馆举办“食品安全与消费维权”讲座。

8月28日　绍兴图书馆少儿分馆培训分部成立。

9月5日　绍兴市第六届全民读书月开幕式在图书馆召开，《百家讲坛》知名学者、中国人民大学国学院副院长孟宪实教授来馆举办“读史何以明智——以唐太宗为例”专题讲座。

9月10日至12日　馆长赵任飞赴玉环县参加浙江省市级公共图书馆馆长联席会议。

9月18日　绍兴图书馆新建皋埠镇黄泾村、塔山街道文化中心、稽山街道浪港新村、北海街道北海社区4家馆外图书流通站。

同日　浙江省新闻出版局局长钟桂松由绍兴市文广局领导陪同，专程赴绍兴图书馆“汽车图书馆”袍江服务点，专题调研“汽车图书馆”服务工作。

9月21日　廖晓飞率绍兴代表队获“文化共享杯——全国文化共享工程知识与技能竞赛（浙江）”冠军。

9月23日　浙江省文化厅副厅长陈瑶由绍兴市文广局副局长金一波陪同，来馆视察。

10月15日　浙江工商大学人文学院院长徐斌教授来馆举办“王羲之的读书与人生”讲座。

10月27日　浙江省社科联副主席蓝蔚青做客越州讲坛，举办“建国六十周年的主要成就与启示”专题讲座。

10月28日　绍兴图书馆举办“小手牵动大手 践行低炭生活”环保知识讲座。

11月2日至12日　唐微赴浙江图书馆参加浙江古籍保护中心举办的第一期浙江省古籍普查培训班。

11月14日　馆长赵任飞率龚杏娟、宋嵩去宁波远望谷公司考察RFID无线射频图书自助借还系统。

11月23日　新书《绍兴图书馆馆藏地方文献书目提要》首发式在绍兴图书馆举办。

12月1日　解放军后勤指挥学院教授邹晓兵做客越州讲坛，举办“认识我国战略优势　坚定敢打必胜信心”专题讲座。

12月2日　上海图书馆书记穆端正等9人来馆学习调研。

12月2日至12日　鲁先进参加省古籍保护中心举办的第二期浙江省古籍普查培训班。

12月16日　馆长赵任飞参加浙江省公共图书馆馆长培训班。

12月21日　浙江省公共图书馆地方文献工作研讨会在兰溪召开，馆长赵任飞出席并作主题演讲。

12月28日　绍兴市图书馆学会主办“图书馆员工队伍建设的思考与实践”讲座，由上海图书馆副馆长周德明主讲。

2010年

1月8日　著名媒体人曹景行做客越州讲坛，举办“面向未来的中美关系与台海前景”讲座。

3月11日　馆长赵任飞率王以俭、吕江英赴上海少儿图书馆考察。

3月19日　绍兴市公共图书馆馆长会议在馆召开。绍兴图书馆、浙江各县市图书馆馆长及相关人员参加会议，绍兴图书馆全体中层干部列席会议。

3月23日　馆长赵任飞赴永康参加浙江省图书馆学会地方文献专业委员会2010年度专题研讨会。

3月27日至28日　绍兴职业技术学院计算机系百余名党校学员来图书馆外借部开展“党员之家”主题读书活动。

3月28日　馆领导赵任飞、俞斌、龚杏娟、王以俭赴国家图书馆参观学习，商讨国家图书馆在绍兴成立国家数字图书馆绍兴分馆事宜。

4月12日　绍兴图书馆举办“浙江网络图书馆使用指导”培训班，邀请浙江省图书馆詹利华老师主讲。

4月24日　香港中文大学及亚太研究所研究员石齐平做客越州讲坛，举办“中国大趋势”讲座。

4月26日　绍兴图书馆《绍图论坛》首场报告会在一楼学术厅举行，馆长赵任飞主讲“徐树兰与古越藏书楼”。

4月28日　绍兴图书馆联合上虞图书馆赴上虞市叶家埭村开展“文化共享助春耕”服务活动，发放光盘90张。

5月7日　馆长赵任飞参加2010年省学会学术委员会分委会主任会议。

5月26日　四川省图书馆司建华副书记等4人来馆学习调研。

同日　馆领导赵任飞、俞斌受上海图书馆邀请，参观世博会及上海浦东新区图书馆。

6月8日　馆长赵任飞参加长三角城市图书馆讲座工作会议。

6月26日　绍兴图书馆社会教育部举行“世界少年奥林匹克数学竞赛（亚洲精英赛）”。

7月16日　河北沧州市文化广电新闻出版局局长王生辉等人来馆参观交流。

7月25日　馆长赵任飞赴吉林长春参加中图学会年会。

8月2日　馆长赵任飞赴慈溪参加浙江省公共图书馆馆长培训班。

8月26日　首都图书馆馆长倪晓健来馆考察。

9月11日　中央电视台《百家讲坛》首讲人阎崇年作客《越州讲坛》，举办“康熙：读书与教子”讲座。

9月15日至16日　杭州电视台来馆拍摄电视专题片《浙江藏书楼》古越藏书楼专集。

10月15日　绍兴图书馆与越城区残联联合推出“让盲人参与社会活动，共享物质文化成果”活动。

10月22日　绍兴市文广局党委发文，免去俞斌绍兴图书馆副馆长、副书记的职务，任命廖晓飞为绍兴图书馆副馆长，试用期1年。

10月23日　哈尔滨师范大学社会与历史学院副院长、硕士生导师隋丽娟做客越州讲坛，举办“曾国藩成功之道的现代启示”讲座。

10月26日　市长钱建民转赠绍兴市顾问、韩国前副总理赵淳《纪念文集》一套。

同日　上海人大代表樊芸等2人专程至馆赠送4套《绍兴齐贤镇西徐巷村（下方桥）樊氏家谱》。

11月26日　国家共享工程绍兴支中心承办浙江省共享工程支中心业务工作会议。

12月5日至6日　绍兴市图书馆学会第六次代表大会在馆举行。

12月7日　北京大学教授李国新做客《越州讲坛》，举办“‘十二五’中的图书馆事业”讲座。

12月13日至18日　绍兴图书馆员工外出学习三年计划第二年活动之一：第一批共10人赴上海

图书馆、浦东图书馆、虹口区图书馆，参加为期 1 周的业务培训。

12 月 18 日　辽宁师范大学教授喻大华做客《越州讲坛》，举办“评说末代皇帝溥仪”讲座。

12 月 18 日　绍兴市家谱协会成立大会召开，馆长赵任飞当选副会长。

12 月 19 日　绍兴图书馆“数据库授权访问系统”正式上线。

12 月 20 日　浙江省消防训练基地绍兴图书馆流动服务站成立。

12 月 22 日至 27 日　绍兴图书馆员工外出学习三年计划第二年活动之二：第二批共 10 人赴杭州图书馆参加为期 1 周的业务培训。

2011 年

1 月 21 日　绍兴图书馆团支部慰问残障读者严浩岚等特殊读者，送书上门。

1 月 26 日　绍兴图书馆“非物质文化遗产数据库”网站经市文广局、群艺馆检查验收，获得通过。

是月　绍兴图书馆开通“两会”服务热线并编制《2011 绍兴市两会专辑》。

2 月 17 日　馆长赵任飞与副馆长龚杏娟、王以俭、廖晓飞等班子成员到古越藏书楼勘测，向文广局提交关于藏书楼的相关方案。

同日　绍兴图书馆组织的元宵灯谜会在城市广场举行。

2 月 19 日至 25 日　绍兴图书馆举办“青春暖流—关爱农民工子女”绍兴首届连环画展。参展连环画 20 部 162 册，由市民虞琦与刘鑫提供，活动结束后全部捐赠绍兴图书馆，入藏历史文献部。

3 月 1 日　国家古籍保护中心赠送设备到馆，计 3 件：古籍文献除尘修复工作台、中国字画拷贝修复工作台、中国字画超声乳化修复仪。

3 月 2 日　绍兴市公共图书馆馆长会议在绍兴县召开。交流各馆 2011 年工作思路及“十二五”规划，商讨“一卡通”工程进展事宜。

同日　绍兴市图书馆学会第六届理事会召开 2011 年第一次会议 。

3 月 3 日　绍兴市文广局局长李永鑫一行来馆调研。

3 月 4 日　绍兴图书馆根据市文广局领导意见，完成《信息与参考》改版方案，并编写完成《2011 绍兴市“两会”专辑》。

3 月 12 日　鲁先进参加萧山临浦自由孔村圆谱与庆典仪式，接受捐赠《觉山孔氏宗谱》一套。

3 月 15 日　同庆寺同修向绍兴图书馆捐赠《乾隆大藏经》一套（121 册）。

3 月 18 日　副馆长廖晓飞与市政府信息中心网站处朱俊处长会面，就“为市政府政务网提供服务”一事进行商谈，确定了提供服务的内容（8 个）及页面位置等事宜。

3 月 23 日　馆长赵任飞等与市文广局社文处、市财政局相关领导去苗山社区、袍江开发区调研流通站及分馆建设事宜。

3 月 23 日至 24 日　绍兴图书馆“图书大巴进校园”——柯灵小学（办证 198 张、借书 204 册、还书 53 册），共享优质图书资源。

3 月 28 日　绍兴图书馆联合绍兴市团市委、市志愿者协会在元培中学分部举行“青春暖流—关爱农民工子女”特制借阅卡首发式，首发 893 张。

4月8日　绍兴图书馆与e网《驴行天下》合作建立网上图书室，为驴友提供有关登山等6个主题的图书书目。

4月9日　绍兴图书馆获著名学者陈桥驿手稿《民国绍兴县志资料序》。

4月10日　绍兴图书馆在市残联成立首个残疾人图书“爱心漂流驿站”。

4月16日　鲁先进、唐微赴浙江图书馆参加国家图书馆李致忠、王红蕾主持的古籍分类、普查工作及分省卷编纂等方面座谈会。

4月23日　即世界读书日，绍兴图书馆联合数据库厂商，在图书馆大厅进行“绍兴图书馆数据库资源”现场咨询活动。

同日　绍兴图书馆网上阅览室自即日起实行免费开放。

4月24日　香港中文大学及亚太研究所研究员石齐平做客《越州讲坛》，承办“中国‘十二五’经济发展的基本思路”讲座。

4月27日至28日　施国权赴国家图书馆参加“地方志文献的采访编目与服务”培训。

4月28日　副馆长龚杏娟参加全省基层文化队伍培训工作会议。

是月　绍兴图书馆完成第四批《国家珍贵古籍名录》的申报工作，共计申报14种，其中3种为古越藏书楼旧藏。

是月　馆长赵任飞赴山东泰安参加中图学会阅读推广委员会举办的“图书馆阅读的影响因素”学术研讨会。

5月5日　绍兴图书馆安装浙江省共享工程“国际视频数据库”镜像。

5月12日　绍兴图书馆每周三、五（连续两周）在馆内一楼学术活动厅举行无障碍电影展播，放映无障碍电影4部，共有150多位听障读者观看。

同日　绍兴图书馆受赠《上虞管溪徐氏宗谱》（20册）、《剡北王氏宗谱支系》（4册）。

5月18日　绍兴图书馆第七届绍兴市未成年人读书节在袍江外来民工子弟学校——群贤小学举行，市委宣传部副部长刘孟达、越城区宣传部长徐获等领导出席，馆长赵任飞致开幕词，刘孟达宣布活动启动。

5月28日　绍市文明办印发〔2011〕16号文件，绍兴图书馆通过省文明单位复评。

同日　绍兴图书馆实施爱心助读“农民工子女”计划，特制借书证启用。

同日　中南大学文学与新闻传播学院教授杨雨做客《越州讲坛》，举办“传奇陆游，矛盾人生”讲座。

是月　绍兴图书馆党支部委员会换届选举大会举行，通过“公推直选”方式选举产生新一届支部委员会成员，赵任飞任支部书记。

6月18日　绍兴市副市长丁晓燕一行由市政府副秘书长邵田田、市文广局局长李永鑫等领导陪同，到馆督查文明城市创建工作。

7月25日　绍兴图书馆引进数字资源触摸体验系统，在大厅安装两台电子阅报机。

是月　绍兴图书馆接受市民吴传来赠送《绍兴民间文化丛书》两套20册，袁世平赠书《知青回忆录》。

8月2日　绍兴图书馆接受车越乔先生赠送《书谱》期刊，共计27册。

8月26日　中国工程院院士、地震学专家许绍燮做客《越州讲坛》，举办“地震应可预测”讲座。

9月1日　副馆长龚杏娟赴金华参加浙江省公共图书馆馆长联席会议。

9月2日　由浙江省古籍保护中心主办的《浙江省古籍普查手册》研讨会暨古籍普查培训班在图书馆召开。来自全省各图书馆的40余位古籍工作者参加。

9月5日　绍兴图书馆组织员工6人赴上海图书馆、上海浦东图书馆学习。

9月7日　绍兴图书馆创建工作得到绍兴市文广局、市文明办等充分肯定，局长金一波、处长傅可文、处长范机灵带领全市各媒体对馆创建工作进行集中采访。

9月13日　绍兴图书馆9位员工赴厦门图书馆学习。

9月16日　北京大学中国经济研究中心经济学教授赵耀辉做客《越州讲坛》，举办“当前国家发展战略与国防形势分析及对策”讲座。

9月24日至27日　绍兴图书馆举行纪念鲁迅诞辰130周年绍兴图书馆、鲁迅纪念馆馆藏文献展。

9月25日　鲁迅长孙周令飞做客越州讲坛，举办“鲁迅与现代中国文化”讲座。

9月28日　馆长赵任飞赴萧山参加中图学会阅读文化研究专业委员会2011年工作会议。

10月17日　国家古籍保护中心专家杜伟生、梁爱民在浙江省古籍保护中心徐晓军、童圣江陪同下对馆古籍保护工作进行实地调查。

10月18日　馆长赵任飞赴北京参加《中国图书馆藏古籍珍本丛刊》编纂座谈会，并与国家图书馆联系国家数字图书馆在绍兴图书馆设立分馆事宜。

10月22日　中央民族大学教授蒙曼做客《越州讲坛》，举办“武则天的领导艺术”讲座。

10月23日　被媒体称为中国“现代私塾第一人”的袁鸿林做客《越州讲坛》，举办“如何让孩子快乐而有效的学习”讲座。

10月24日　绍兴图书馆6名员工赴国家图书馆业务学习，本年度共22名员工参加员工外出学习。

10月25日　新疆阿克苏地区文体局党组成员、博物馆馆长杜美菊等10人来馆考察访问。

11月14日　浙江图书馆学会副理事长、浙江图书馆馆长应长兴在馆举办“公共图书馆职业漫谈”讲座；绍兴文理学院图书馆研究馆员钱斌作“地方文献整理工作的体会”学术报告。

11月15日　馆长赵任飞赴杭州参加2011年公共图书馆馆长培训班。

11月19日　浙江大学哲学系教授董平做客越州讲坛，举办“王阳明致良知说的当代意义”讲座。

11月20日　馆长赵任飞随中国图书馆学会代表团赴台湾参加海峡两岸公共图书馆服务研讨会。

11月25日　副馆长王以俭率地方文献工作人员去余姚图书馆、阳明纪念馆等调查阳明心学的研究情况。

是月　绍兴图书馆举办的“闪亮宝贝星”荣获“2011年浙江省未成年人读书节优秀活动案例”。

12月1日　绍兴图书馆新开设的绍兴地方文献馆正式开馆接待读者。

12月9日　中国人民大学经济学院教授、博导李义平做客《越州讲坛》，举办“当前经济形势与转变经济发展方式”讲座。

12月10日　绍兴图书馆开通QQ实时咨询服务平台。

12月13至14日　馆长赵任飞率王以俭、鲁先进赴扬州，与广陵书社商洽《绍兴县志资料》出版事宜。

12月15日　绍兴图书馆配合浙江省消防新兵训练基地2012新训工作，精选1 000册图书，开通第二期“新兵图书馆”服务。

12月16日　绍兴图书馆第31个成人馆外流通站平铜集团流通站成立(首家全国职工书屋示范点)。

12月21日　新华网报道：贯彻全会精神，推进文化育警——新训团联合绍兴图书馆成立流动阅览室。

12月24日　著名秦汉史、魏晋南北朝史专家孙立群做客《越州讲坛》，举办“解读大秦政坛双星——吕不韦、李斯”讲座。

12月30日　馆长赵任飞赴嘉兴海盐参加浙江省市级公共图书馆馆长座谈会。

2012年

1月1日　绍兴图书馆一楼自然科学书库正式向读者开放。

同日　绍兴图书馆启动“服务社会·关爱老人”服务。

1月23日　绍兴图书馆正式推出“一卡通”服务，绍兴地区6家公共图书馆实现了文献资源通借通还和数字资源共享。

2月13日　绍兴图书馆数字资源走进市文广局专题讲座在市文广局会议室举行。

2月14日　浙江省人大教科文代表来馆调研工作。

2月17日　绍兴图书馆在地方文献馆举行民国《绍兴县志资料》首发新闻发布会。

2月28日至29日　绍兴图书馆派员参加浙江省图书馆组织的“省共享工程暨数字图书馆推广工程工作会议”，会议传达开展公共电子阅览室管理平台建设、地方特色资源建设、数字图书馆推广工程、全省公共图书馆网络技术联盟等工作精神。

2月29日　绍兴市公共图书馆馆长会议在新昌图书馆召开。

3月13日至15日　浙江省公共图书馆地方文献工作研讨会在绍兴稽山宾馆召开，浙江省图书馆袁逸作“浙江省公共图书馆地方文献资源建设考核规范”及“考核细则”专题报告，布置落实考核工作。

3月25日　绍兴图书馆书法文献馆正式开馆，其间向全市30余名书法家寄发作品征集函，收到书法作品6件、书籍36种

3月29日　金陵图书馆书记曹娅卿一行16人来馆参观交流，重点了解数字图书馆及读者服务工作。

4月7日　吉林省图书馆副馆长宋艳等10人来馆交流。

4月18日　绍兴图书馆启动第二批“青春暖流——关爱农民工子女”活动。

4月21日　馆长赵任飞赴郑州参加中图学会举办的图书馆科学管理与服务创新研讨班。

同日　包头市图书馆馆长高晓红、吉林通化市图书馆馆长高锦荣来馆交流考察。

4月22日至23日　绍兴图书馆一卡通走进“两会”，开展现场信息服务，设服务点4个，办证298张。

4月26日　张微平赴杭州参加浙江省图书馆“数字图书馆推广工程”培训。

4月27日　云南省图书馆副馆长王水乔等人来馆交流考察，主要了解数字图书馆建设情况。

5月2日　台州市副市长叶海燕一行8人专程来绍兴考察地方典籍编纂工作，双方就各自地方典籍编纂工作进行交流。

5月4日　绍兴市文广局局长李永鑫、副局长胡华钢、办公室主任茹万传、社文处主任范机灵一

行来馆调研工作，实地察看少儿馆。

5月15日　绍兴市副市长丁晓燕由副局长胡华钢、处长范机灵陪同，来馆调研工作。

5月16日　副馆长龚杏娟赴温岭参加浙江省第八届未成年人读书节开幕式。

同日　绍兴市第八届未成年人读书节开幕式在城西小学举行，并成立城西小学图书流通站。

5月22日至26日　赵伟达赴河南参加由中国图书馆学会学术委员会地方文献研究专业委员会主办的“全国首届地方文献研究与工作高级研修班”。

5月25日　国家图书馆馆长周和平做客《越州讲坛》，举办“加强非物质文化遗产保护 建设中华民族共有精神家园”讲座。讲座后视察馆古籍室、地方文献馆、书法文献馆，并对新文化中心建设工程提出指导性意见。

5月28日　王伟赴国家图书馆参加“连续性资源编目与管理”培训。

6月1日　绍兴市文广局局长杨志强、办公室主任茹万传来馆调研工作。

6月6日　绍兴市公共图书馆地方文献工作研讨会在馆举行，参会成员有绍兴图书馆、上虞图书馆、诸暨图书馆、新昌图书馆、嵊州图书馆、绍兴县图书馆6家单位11名代表。浙江省图书馆学会秘书长、地方文献分委主任袁逸出席会议并指导。

6月11日至15日　李文学、宋嵩、钮国江赴苏州图书馆参加中图学会组织的“公共图书馆服务规范”培训。

6月14日　馆长赵任飞参加由市文广局组织的绍兴市文化中心管理使用筹备工作领导小组会议，局长杨志强主持。

6月15日　副馆长龚杏娟及陈琦、陆丽茵赴国家图书馆参加信息时代图书馆读者服务工作培训班。

6月22日　绍兴图书馆推出“我们的节日” 中国传统节日小知识展第一期端午篇，与广大读者一同庆佳节、话民俗（持续性系列活动）。

6月26日　副馆长王以俭率毛建灿赴北京参加国家图书馆组织的数字图书馆馆长培训班。

6月29日　王雪锋赴杭州参加浙江省档案干部教育培训中心组织的全省档案工作目标管理认定培训班。

7月10日至14日　鲁先进、夏飞凤、王雪峰赴烟台参加“公共图书馆服务规范”培训。

7月13日　绍兴图书馆召开绍兴市数字图书馆项目建设咨询会，浙江省文化厅、省图书馆、市电子政务中心、市文广局多位领导、专家参加会议。

8月3日　绍兴图书馆组织绍兴市公共图书馆馆长共11人赴包头市图书馆考察新馆建设工作，赵任飞、王以俭、龚杏娟等3位馆长参加。

8月7日至10日　由绍兴市文广局副局长胡华钢、社文处副处长金渭鑫、绍兴图书馆副馆长王以俭、历史文献部鲁先进、戴晓红、赵伟达组成的绍兴市地方文献工作考评小组分别对新昌县图书馆、嵊州市图书馆、上虞市图书馆、绍兴县图书馆进行了地方文献资源建设工作考评。

8月11日　绍兴市家谱协会第二次会长会议在绍兴图书馆召开，市家谱协会常务副会长兼秘书长郭欢裕，副会长丁怀新、刘侃、赵任飞出席。

8月17日　副馆长王以俭、龚杏娟一行7人赴上海图书馆学习。

8 月 21 日　萧山长巷沈氏宗谱续修委员会成员沈明奎、沈元德赶赴绍兴，向绍兴图书馆赠送《萧山长巷沈氏宗谱》一套，四函 38 册。

8 月 22 日　袁世平先生向绍兴图书馆捐赠自己制作的《绍兴粮油票证集萃》图册一套。

9 月 7 日　湖州市人大调研组来馆专题调研公共文化服务体系建设工作。市人大相关人员、文广局社文处范机灵陪同视察。

9 月 19 日　绍兴图书馆美东社区流通站成立。

10 月 8 日至 28 日　绍兴图书馆开展新一轮员工业务学习计划，40 名馆员分 4 批前往深圳、重庆、吉林、陕西各馆进行深入业务学习和交流。

10 月 10 日　绍兴图书馆与市工商局开展共建服务，为全市工商干部集体办理借书证。

10 月 19 日　馆长赵任飞参加第 21 届浙江全省市级公共图书馆馆长联席会议。

同日　绍兴图书馆在市福利中心成立首个老年读者馆外流通点。

10 月 24 日　山东省菏泽市文化广电新闻出版局副局长胡玉彬率一行 4 人来馆考察交流。

10 月 29 日至 31 日　张微平参加浙江省共享工程业务培训班，涉及电子阅览室建设、数字资源建设推广等内容。

11 月 10 日　古越藏书楼创建暨绍兴图书馆馆庆 110 周年庆典仪式在绍兴图书馆举行。市领导车晓端、陈伯怀、丁晓燕和来自全国的 200 余名业界专家出席。随后举行馆庆 110 周年展览和“百年回眸——公共图书馆与社会阅读”研讨会，来自全国各地专家、学者及市图学会成员 100 余人参加。

11 月 15 日　副馆长龚杏娟率何焱参加浙江省“图书馆发展论坛——2 012”研讨会暨“图书馆服务提升”讲习班。

11 月 24 日　天津理工大学图书馆馆长张建一行 3 人来馆考察交流。

11 月 26 日　副馆长王以俭及古籍普查员丁瑛、沈钊亮、倪海青等 4 人参加浙江省第 3 次古籍普查培训。

12 月 13 日至 14 日　国家图书馆数字资源部副主任李春明一行 4 人到我市考察、调研“电视图书馆”建设情况。市文广局副局长胡华钢、馆长赵任飞、副馆长王以俭等与调研组进行交流。

12 月 14 日　绍兴图书馆被列为文化部电视图书馆建设示范点。

12 月 26 日　2012 年上海图书馆网上知识联合导航站年会由绍兴图书馆承办，在稽山宾馆召开。

2013 年

1 月 12 日　著名作家、《人民文学》杂志主编助理兼编辑部主任邱华栋做客越州讲坛，作“莫言：来自故乡和大地的说书人”专题讲座。

1 月 15 日　绍兴市档案局副局长梁国灿一行来馆审查档案省一级复查工作，绍兴图书馆通过复查。

1 月 24 日至 25 日　馆长赵任飞率陈琦参加浙江省第 5 次公共图书馆评估定级工作培训班。陈琦在培训会议上就绍兴图书馆第四次评估工作作交流发言。

1 月 28 日　2012 年度总结表彰会暨 2013 年首届绍图论坛在绍兴图书馆一楼学术厅举行，市文广局副局长胡华钢到会并讲话，馆长赵任飞总结馆在 2012 年各方面工作，局处室相关领导参加。作为2013年首届绍图论坛的内容，2012年度外出学习的员工代表在会上交流学习体会。

2月1日　绍兴图书馆少儿部组织开展“温暖童年”新年音乐会在馆二楼报告厅举行。新年音乐会主要由器乐歌舞表演、年度“少儿阅读人物”颁奖、少儿图书流通站授牌仪式等三个环节构成。

同日　在绍兴市科协的大力支持下，绍兴图书馆在馆内科普长廊推出《绍兴籍院士风采》展，简要介绍钱三强、竺可桢、范文澜、马寅初、潘家铮等64位院士经历。

2月10日　馆长赵任飞在馆大厅及少儿馆开展新春慰问活动，为100位读者赠送馆庆110周年纪念邮册。

2月23日　复旦大学经济思想与经济史研究所所长韦森做客《越州讲坛》，举办“当前中国经济社会转型的一些基本问题”讲座。

2月27日　《绍兴市家谱总目提要》专家论证会在馆二楼会议室召开，馆长赵任飞主持会议，主要对该书的出版工作方案、编纂方案、条目著录等进行论证。《绍兴市志》总编纂任桂全、浙江省古籍保护中心童圣江等10人出席。

3月1日　2013年绍兴市公共图书馆馆长会议在市文广局会议室召开，馆长赵任飞主持会议，全市各公共图书馆馆长及评估工作负责人参加，绍兴市文广局副局长胡华钢到会并讲话。

同日　江西卫视《金牌调解》栏目金牌调解员胡剑云做客越州讲坛，举办“婚姻家庭的大秘密”讲座。

3月2日至14日　馆长赵任飞随市文广局组织的考察团赴法国等地考察。

3月6日　浙江工业职业技术学院讲师葛松涛来馆举办“食品安全与防范”讲座。

3月8日　绍兴市文广局副局长胡华钢、社文处长范机灵、副处长金渭鑫到馆，调研新馆筹备等工作。

同日　副馆长廖晓飞率信息技术部两名员工赴杭州参加浙江省图书馆举办的“共享工程公共电子阅览室、地方特色资源建设及数字图书馆推广工程会议”。

3月14日至16日　那艳赴杭州参加“巾帼文明岗”授牌及培训，浙江省巾帼建功和双学双比活动协调小组下发文件，授予绍兴图书馆少儿部2013年省“巾帼文明岗”荣誉称号。

3月16日　辽宁师范大学历史文化旅游学院教授、硕士生导师喻大华做客“越州讲坛”，举办“中国古代官员选任制度的嬗变与启示”讲座。

3月18日　副馆长龚杏娟赴杭州参加全省公共图书馆评估工作商讨会。

3月21日　《绍兴市家谱总目提要》著录培训班在绍兴图书馆召开。全市公共图书馆、绍兴文理学院图书馆等单位共13人参加。副馆长王以俭出席会议并发言。

4月2日　绍兴图书馆“邮递还书”新服务项目开通自理邮资，通过邮寄还书，免除“跑路”之苦，也不用担心图书超期。

4月12日　绍兴图书馆设计制作的“中国兰亭书法节”特色数据库正式开通。绍兴市副市长丁晓燕、中国书协主席陈振濂、中国书协秘书长陈洪武、市文广局杨志强局长等出席。

同日　绍兴图书馆“越州讲坛”邀请故宫博物院研究馆员、国家文物鉴定委员会委员王连起作“兰亭重要传本评述”讲座。

4月14日至16日　绍兴市七届人大三次会议、市政协七届二次会议期间，绍兴图书馆分别在代表委员下榻的国际大酒店和绍兴饭店设立现场信息服务点，为“两会”代表委员提供快捷、便利的信息咨询服务。市政协委员、副馆长龚杏娟参加会议。

4月18日　香港卫视副台长王明青女士由市侨联副主席胡青蓝女士陪同，来馆参观。

4月23日　绍兴图书馆新阅读体验中心正式开放。中心设立了手机阅读体验、平板电脑阅读体验、有声图书体验、电视图书馆展示等区域。

4月25日　绍兴市评估工作小组成员赵任飞、龚杏娟、陈琦、周岚岚、鲁先进、那艳赴绍兴县图书馆进行现场考评。

4月27日　绍兴市第十届“全民读书月”活动暨第九届“越城读书节”2013之春惠民图书展启动仪式在馆二楼报告厅举行。市委宣传部部长尹永杰，市人大常委会副主任吕斌，市政协副主席陈伯怀，市人民政府副秘书长李永鑫等领导出席。本次启动仪式由绍兴图书馆承办，启用新近采购的影像采集制作系统，并与绍兴网络电视台合作，通过绍兴图书馆网站、绍兴网络电视台，对启动仪式进行网络现场直播。

4月28日　西南财经大学信托与理财研究所副所长王建华、罗志华做客《越州讲坛》，举办“2013经济复苏背景下的理财策略与投资品选择”讲座。

4月30日　绍兴图书馆设计制作的“徐树兰与古越藏书楼”特色数据库建设完成。数据库包括徐树兰生平、徐树兰一生对绍兴的贡献、古越藏书楼、徐树兰所著书籍、他人评价徐树兰文章等，更有大量徐树兰及古越藏书楼的相关视频资料。

5月7日　绍兴图书馆新民热电厂馆外图书流通站成立。

5月11日　《图书馆报》刊登《浙江省绍兴图书馆少儿馆“少儿趣味国学”让孩子受益一生》专文报道。

5月15日　馆长赵任飞赴湖州南浔参加第九届浙江省未成年人读书节开幕式。

同日　绍兴图书馆第九届绍兴未成年人读书节开幕式在柯灵小学举行，市委宣传部副部长马立远等领导出席。

同日　国家图书馆邀请绍兴图书馆参加国家图书馆组织的“数字图书馆移动阅读平台推广”活动，并被列入首批分站建设名单。

5月16日　绍兴图书馆召开《浙江通志.·艺文卷（下）》、《浙江通志·图书馆卷》编纂会议，会议由副馆长王以俭主持，全市5个县（市）级公共图书馆代表及绍兴图书馆相关人员共15人出席。

5月24日　浙江省原省长吕祖善做客《越州讲坛》，举办“越地长歌——浙江历史文化漫谈”主题讲座，并受聘为绍兴图书馆客座教授。

5月29日　绍兴图书馆龙洲花园社区馆外图书流通站成立。

5月30日　绍兴市评估工作小组成员赵任飞、龚杏娟、陈琦、周岚岚、鲁先进、那艳随绍兴市文广局副局长胡华钢、社文处处长范机灵赴新昌进行评估考察。

6月3日　绍兴市图书馆学会举办2013年继续教育培训班近200人参加。

6月7日　绍兴市机关党工委来馆指导“三型”党组织创建工作。馆支部书记赵任飞作工作汇报。

6月15日　绍兴图书馆完成浙江名人库绍兴版块资料收集整理工作，文字资料1 052条，图片

1 089张。

6月18日至22日　由国家图书馆主办，浙江图书馆、绍兴图书馆承办的“数字图书馆推广工程”市级图书馆必配系统培训班在绍兴举行。来自全国31个省（自治区、直辖市）的112位馆员参加。

6月20日　馆长赵任飞赴上海图书馆参加上图讲座35周年“长三角城市图书馆讲座工作座谈会暨讲座图书馆”开通仪式。

6月22日　《绍兴通史》首发式在绍兴图书馆一楼会议室举行。

6月22日至23日　绍兴图书馆在馆一楼展厅举办高校招生咨询会，有33所高校机构参加。

6月29日　绍兴图书馆在少儿馆三楼多功能厅举办“周末英语沙龙”成立5周年庆祝活动。

6月至10月　绍兴图书馆举办的“绍兴籍院士风采展”先后在5县市公共图书馆、街道、中小学巡展。

7月10日　绍兴图书馆佛学分馆在南朝古刹龙华寺举办开馆仪式。绍兴市佛教协会会长净芳大和尚、杭州图书馆佛学分馆馆长金燕女士、绍兴市文广局副局长胡华钢、浙江省佛教协会会长怡藏大和尚等出席。绍兴市副市长徐明光、浙江省民宗委副主任陈振华为佛学分馆揭匾。龙华寺邀请18位书法家进行佛教作品义展，嘉兴市佛教协会会长、香海禅寺监院贤宗法师举办“发挥宗教正能量，助力共圆中国梦”佛学专题讲座。

7月10日至12日　宋嵩参加省图学会组织的阅读推广培训班。

7月27日　绍兴图书馆历史文献部派员参加国家古籍保护中心举办的第七期古籍鉴定与保护高级研修班。

8月9日　绍兴市文广局局长杨志强来馆调研工作。

8月14日至17日　绍兴市文广局局长杨志强、副局长胡华钢、绍兴图书馆馆长赵任飞、副馆长王以俭赴京参加由文化部召开的第二批国家公共文化服务体系示范项目创建资格评审会。

8月22日　绍兴图书馆向公众提供公益展览场地，市民可免费办展。

8月23日　馆长赵任飞赴杭州参加浙江省图书馆学会第七届六次常务理事会。

8月28日至29日　绍兴图书馆全体中层以上干部赴舟山市图书馆学习考察，了解新馆布局等内容。

8月30日　接绍兴市文广局文件，免去龚杏娟绍兴图书馆副馆长职务，任命那艳为绍兴图书馆副馆长。

9月11日至12日　馆长赵任飞、副馆长王以俭赴上虞图书馆参加绍兴市古籍普查工作会议。浙江图书馆副馆长徐晓军、绍兴市文广局副局长胡华钢等出席。

9月12日　中国艺术研究院图书馆周利辉馆长等4人来馆，就戏曲资料数字化问题进行调研。

同日　绍兴图书馆接受绍兴书画院本地画家赖祖国捐赠的书画作品两件。

9月17日　绍兴市县公共图书馆“一卡通”例行工作会议召开。全市各公共图书馆分管业务的副馆长、外借部门及技术部门工作人员共19人参加。

10月1日　绍兴图书馆少儿部举办第三届中小学生闲置用品跳蚤市场，500余名小朋友参与。

10月10日至15日　绍兴图书馆举办“敬老月”系列活动，赴火车站社区、塔山社区等对100名左右老年人宣传老年法、老年保健等相关内容。

10月13日至16日　李文学、宋嵩、钮国江等赴苍南图书馆参加浙江省图书馆主办的浙江省公共图书馆读者服务研讨班。在读者服务工作形象展演环节中，绍兴图书馆诗歌朗诵“快乐老年、快乐生活”荣获优胜奖。在读者服务工作案例交流 PK 环节，绍兴图书馆的“老年爱心卡”服务案例获得三等奖。

10 月 16 日至 17 日　馆长赵任飞随市文广局考察团赴厦门文化中心考察。

10 月 23 日　绍兴电视图书馆获批文化部第二批国家公共文化服务体系示范项目。

10 月 24 日　馆长赵任飞赴温岭参加首届浙江省公共图书馆信息服务产品创作大赛入围作品评审会。

10 月 27 日　绍兴数字图书馆开通仪式在馆二楼报告厅举行，国家图书馆副馆长魏大威等领导出席。开通仪式结束后，魏大威为读者作了有关数字图书馆的主题讲座。

同日　绍兴图书馆联合国家图书馆在馆一楼大厅开展“网络书香、芬芳越州”的数字图书馆演示、体验、咨询等活动。

10 月 28 日至 30 日　副馆长王以俭赴宁波参加 2013 年度全省公共图书馆馆长培训班。

10 月 29 日至 31 日　馆长赵任飞率龚杏娟、那艳赴北京参加“中国古籍珍本丛刊”编纂出版座谈会暨《天津图书馆卷》首发式并参观首都图书馆。

11 月 2 日　绍兴图书馆通过评估定级，继续保持国家一级图书馆荣誉称号。

11 月 11 日至 16 日　绍兴图书馆员工两年外出学习计划（第二年）启动，第一批 10 人赴重庆图书馆学习。

11 月 19 日至 22 日　馆长赵任飞随市文广局考察团赴苏州考察公共文化服务工作。

11 月 22 日　绍兴文理学院元培分院副院长宣仁钱一行来馆洽谈学生社会实践事宜，副馆长王以俭与龚杏娟接待，接受“教学实习基地”铜牌。

11 月 25 日至 28 日　馆长赵任飞赴舟山出席浙江省未成年人思想道德建设微电影大赛暨信息服务产品大赛决赛，并担任评委，绍兴图书馆组织入围作品选手参赛。

11月25日至26日　浙江省文化厅组织的首届浙江省公共图书馆信息服务产品创作大赛,《看绍兴》作品获“金参考奖”，《信息与参考》作品获“优秀奖”，并获“组织奖”。

11 月 25 日　绍兴图书馆员工两年外出学习计划第二批员工 11 人赴云南图书馆学习。

11 月 29 日　“绍兴数字图书馆”项目验收会议在馆举行，来自浙江省图书馆、市文广局、市电子政务中心的专家组对项目进行验收。

11 月 30 日　绍兴家谱馆开馆仪式在馆二楼学术报告厅举行。绍兴市文广局局长杨志强、副局长胡华钢参与，馆长赵任飞介绍绍兴家谱馆的筹建过程及馆藏情况。来自越城区、柯桥区、上虞区、诸暨市、嵊州市、新昌县等家谱收藏者现场捐赠家谱。开馆仪式后，原《绍兴市志》总编纂任桂全举办“家谱的当代价值和意义”专题讲座。

12 月 2 日　周岚岚参加由浙江省图书馆举办的浙江省公共图书馆文献资源建设工作培训班，并举办“重视馆藏发展政策 提升资源建设质量”发言。

12 月 2 日至 6 日　绍兴图书馆员工两年外出学习计划第三批员工赴首都图书馆、国家图书馆学习。

12 月 3 日　绍兴市副市长冯建荣视察绍兴图书馆家谱馆。

12月5日至8日　馆长赵任飞随市文广局组织考察团赴北京、重庆考察新馆筹备工作。

12月10日　杭嘉湖绍四地公共图书馆专业分馆工作会议在绍兴图书馆龙华佛学分馆举行。

12月11日至12日　馆长赵任飞受国家图书馆邀请赴京，参加第十四届全国省、自治区、直辖市、较大城市图书馆馆长联席会议，并在会议上就我市公共图书馆服务体系建设作典型经验发言。

12月12日　绍兴图书馆浙江康思特动力机械有限公司图书流通站成立。

12月17日　绍兴市公共图书馆信息技术联盟工作会议在市委党校召开，副馆长廖晓飞主持会议。

12月20日　老画家李继渊向绍兴图书馆捐赠名人肖像画5幅，包括4幅周恩来肖像画和1幅朱德肖像画。

12月26日至27日　第二十二届浙江省市级公共图书馆馆长联席会议在绍兴市召开，浙江省图书馆馆长应长兴主持会议，浙江省文化厅副厅长柳河、公共文化处处长任群、绍兴市文广局副局长胡华钢到会并讲话。

12月26日至27日　全市公共图书馆少儿服务工作联合会议在绍兴图书馆召开。

2014年

1月9日　龚杏娟参加市政协界别活动“考察新文化中心功能布局 共商新城市中心文化繁荣”。

1月14日　绍兴市委政法委副书记、市枫桥经验研究会副会长马永定向绍兴图书馆捐赠枫桥经验50周年资料，计10余种。馆长赵任飞接受捐赠。

1月17日　绍兴市文广局领导杨志强、金一波、胡华钢一行对绍兴图书馆镜湖新馆进行实地勘查，并对新馆公共区域布局提出建议。

同日　宁夏文化厅副厅长王正儒、图书馆馆长韩彬等14人来馆参观交流。

1月20日　台湾大学教授潘美月、台北大学教授杨果霖、博士王国良等10余人到馆参观，了解古籍存藏情况。

2月18日　绍兴图书馆分别在市两会代表、委员下榻的国际大酒店和绍兴饭店设立现场信息服务点，并精心编辑7个专题信息剪报《2014绍兴市两会专刊》，供“两会”代表和委员参阅。

同日　绍兴市水利局副局长邱志荣来馆视察，重点了解《绍兴水利古文献点校汇编》进展状况。

2月20日　龚杏娟参加市政协第七届委员会第三次会议。

3月5日　绍兴市第一次全国可移动文物普查领导小组办公室成员陈娟等2人来馆进行文物登记工作。双方就普查范围、工作步骤等进行了交流。确定2013至2015年为普查实施阶段，2016年为验收阶段。

4月3日　副馆长王以俭、廖晓飞赴中广有线绍兴分公司参加“绍兴电视图书馆”工作协调会议，双方商议“电视图书馆”下一步工作。

4月10日　副馆长王以俭赴杭州参加浙江省基层公共文化服务评估暨绩效考核工作培训班。

4月17日　副市长丁晓燕视察文化中心绍兴图书馆新馆，听取中心家具及环境设计等方案的汇报，给予好评。

4月24日　由绍兴市文广局杨志强局长带队，针对文化中心绍兴图书馆新馆自查中发现的安全问题，进行现场勘查。副局长胡华钢，馆长赵任飞一起陪同汇报。

4 月 25 日　绍兴市文化中心建设项目顺利通过竣工验收，参与的五方责任主体单位、使用单位及市级质量技术监督单位等相关人员共 50 多人参加。文化中心顺利通过项目竣工验收，标志着历时 3 年的建设工作全部完成。

4 月 29 日　国家图书馆给绍兴图书馆赠寄《第四批国家珍贵古籍名录图录》1 套 6 册，内有绍兴图书馆两部古籍图片。

同日　袁长寿先生向绍兴图书馆捐赠两幅近作：（宋）华镇《会稽咏古》、（清）李慈铭《初秋夜还柯山村寓》。

5 月 7 日　馆长赵任飞赴山东临沂参加中国图书馆学会阅读推广委员会青少年阅读推广委员会 2014 年工作会议。

5 月 12 日　副馆长王以俭、廖晓飞赴北京参加移动数字图书馆建设与服务专题研讨班。

5 月 19 日　由绍兴市文广局主办，绍兴图书馆与市图书馆学会共同承办的全市图书馆业务人员培训班在市委党校举行，来自全市 215 名图书馆工作人员参加。

5 月 20 日　龚杏娟参加民进全市议政骨干座谈会。

5 月 25 日　副馆长廖晓飞率钮国江赴温州参加浙江省未成年人阅读推广论坛。

5 月 27 日　馆长赵任飞率徐国洪参加文化中心绍兴图书馆新馆查验会。

5月29日　徐树兰曾孙徐道平先生来馆访问，随行的有徐明浩女士女儿崔海燕、女婿陈小南等5人，馆长赵任飞、副馆长王以俭接待徐先生一行。徐先生此行主要表达两个意向：一是收集散失在外的徐氏家族资料；二是借助他在我国台湾有区以及在美国的人脉关系，为绍兴图书馆做些公益事业。

6 月 4 日　绍兴图书馆镜湖管委会分馆正式开放，馆长赵任飞出席开放仪式。

同日　副馆长王以俭受浙江省古籍保护中心邀请，参加第一批“浙江省古籍重点保护单位和保护达标单位”考察工作。

6 月 12 日　市鉴湖研究会《汤氏族谱》捐赠仪式在绍兴图书馆地方文献馆举行。鉴湖研究会会长邱志荣、市家谱协会郭欢裕及绍兴图书馆馆长赵任飞等出席。

7 月 2 日　绍兴图书馆美东社区图书流通站成立。

7 月 9 日　绍兴日报“新周刊”定期推出以“绍兴图书馆推荐”命名的新书推荐栏目。

同日　副馆长廖晓飞率项元峰赴浙江图书馆参加“浙江省公共图书馆数图推广工程技术培训”。

7 月 16 日　绍兴市公共图书馆馆长会议在嵊州召开，全市各公共图书馆馆长参加。绍兴市文广局副局长胡华钢、社文处处长范机灵，嵊州市文广局副局长李茂林、文化科科长袁洪波出席，赵任飞馆长主持会议。

7 月 17 日　副馆长王以俭参加浙江省公共文化服务体系示范区（项目）创建工作培训。

同日　绍兴图书馆信息技术部协调绍兴各县所属市图书馆，完成 MSTP 骨干设备联网、全省 IP 虚拟网地址分配工作，并将图书馆网上阅览室 IP 地址改为全省统一 IP。

7 月 28 日　副馆长廖晓飞赴内蒙古参加图书馆多媒体资源创新服务研讨会。

7 月 30 日　市文广局副局长胡华钢带队，馆长赵任飞率王以俭、黄蓉、张微平赴常州图书馆联系电视图书馆合作事宜，双方签订电视图书馆合作协议。

8月1日　全国人大图书馆馆长张兰一行4人来馆了解古籍保护与管理情况。

8月2日　“绍兴电视图书馆”多屏浏览平台开通仪式在绍兴图书馆举行。馆长赵任飞介绍“绍兴电视图书馆”多屏浏览平台相关情况。这在全国属首创。

8月7日　副馆长王以俭率鲁先进、唐微一行赴杭州参加浙江省古籍普查工作会议。全省共34家古籍公藏单位70余人参加。

8月13日　由省文化厅社文处副处长包飞燕、浙江图书馆数字资源部副主任吕波、省文化共享办公室主任詹利华、舟山图书馆副馆长鲁凯一行组成的省督导组来馆进行“数字文化重点工程建设督导”检查工作。

8月22日　嘉兴市文广新局副局长陈云飞、图书馆馆长章明丽一行8人来馆考察学习电视图书馆建设经验。

9月12日　浙江省古籍保护中心委派宁波天一阁王金玉、省古籍修复中心王洁2位专家来馆检查“省级古籍修复中心”申报情况。

9月20日　副馆长王以俭赴苏州参加苏州图书馆成立百年“公共图书馆与社会进步”国际学术座谈会。

9月23日　副馆长王以俭率队参加在江苏常州举行的国家“十二五”科技支撑计划“文化资源数字化关键技术及应用示范”项目中“基于数字电视的应用示范建设”子项目示范点建设成果汇报会。会后参观了广电网络常州分公司和常州市图书馆，实地了解常州电视图书馆的建设情况。

9月24日　省委宣传部副部长、省文明办主任龚吟怡由市委宣传部部长何加顺陪同，来馆调研家谱馆。

同日　绍兴图书馆与市文广局李斌代表文广局参加市政府“智慧城市”规划调研。

10月9日　馆领导赵任飞、王以俭、廖晓飞等赴北京参加中国图书馆学会年会，绍兴图书馆在京开设分会场，专门介绍“绍兴电视图书馆”作为第二批创建国家公共文化服务体系示范项目的建设经验。文化部公共文化发展中心将“绍兴电视图书馆”列为全国公共文化网络电视服务试点。这是绍兴图书馆历史上第一次在中国图书馆年会上举办分会场。

10月14日　馆长赵任飞赴杭州参加浙江省公共图书馆馆长联席会议。

11月25日　绍兴图书馆业务系统由“力博系统”正式切换成“图创系统”。

11月30日　浙江省委宣传部与省文化厅联合主办，绍兴市委宣传部、绍兴市文化广电新闻出版局、浙江图书馆承办，绍兴图书馆与越城区委宣传部、越城区文化旅游局执行承办的2014年浙江省公共图书馆百场中华优秀传统文化故事走进文化礼堂启动仪式在绍兴市越城区凤凰村文化礼堂举行。省委宣传部副部长唐中祥，省文化厅厅长金兴盛、副厅长柳河，市人民政府副市长丁晓燕，浙江图书馆馆长徐晓军，市委宣传部副部长何俊杰，市文化广电新闻出版局局长杨志强，越城区委常委、宣传部部长金海燕，越城区人民政府副区长陈红珠等领导出席。

12月22日　文化部公共文化发展中心主任李宏、主任助理罗云川，文化部公共文化司社会监督处处长白雪华，国家图书馆数字资源部副主任李春明，省文化厅公文处副处长阮可一行来馆考察电视图书馆项目，并参观即将开放的文化中心绍兴图书馆新馆。

12月28日　绍兴图书馆新馆开馆仪式在绍兴市洋江西路530号绍兴图书馆举行。浙江省文化厅公共文化处处长任群，浙江图书馆馆长徐晓军、党委书记雷祥雄，市领导何加顺、车晓端、丁晓燕、陈伯怀等出席。

12月29日　市委书记钱建民、市委副书记尹永杰、市人大常委会副主任车晓端、副市长丁晓燕一行视察绍兴图书馆新馆。

是月　屠福浪先生向绍兴图书馆赠送《剡北鹿山屠氏宗谱》（线装八册）和《嵊州市屠家埠村志》（一册）。

2015年

1月5日　浙江省文化厅印发《关于公布第一批省级古籍修复中心和古籍修复站的通知》（浙文公共〔2015〕1号），确定绍兴图书馆与杭州图书馆为第一批省级古籍修复中心。

1月7日　绍兴图书馆举办“作家面对面”——快活·慢读读书沙龙，绍兴作家协会主席马炜，副主席谢芳儿、斯继东出席。

同日　绍兴市委、市政府迎接省长李强来绍兴市调研专题会议在馆会议室召开。

1月15日　副市长冯建荣由市文广局局长杨志强陪同，视察绍兴图书馆新馆。

1月16日　文化部公共文化司周广莲副司长一行由市文广局局长杨志强、副局长胡华钢陪同，来馆实地考察。

1月21日　绍兴文史专家、《绍兴县志》主编傅振照一行来绍兴图书馆历史文献部，就《绍兴图经》资料收集与编写与历史文献部进行探讨。

同日　市政协文艺界别活动到绍兴图书馆新馆视察，政协委员龚杏娟参加视察。

是月　绍兴图书馆事业编制10个名额划转给越城区图书馆，帮助其建馆，并向越城区图书馆移交馆舍，包括少儿馆、办公用房A楼（绍兴书法文献馆、家谱馆撤销）。

2月2日至7日　绍兴图书馆分别在市两会代表、委员下榻的国际大酒店和绍兴饭店设立现场信息服务点，为代表、委员们提供多种形式的信息服务。

2月4日　市政协七届四次会议安排与会的市政协特邀港澳台和海外人士视察绍兴图书馆镜湖新馆。

2月6日　绍兴图书馆收到绍兴市马鞍村村民朱张根捐赠的1951年“土地房产所有证”一份。

2月9日至11日　馆长赵任飞率王以俭、鲁先进赴北京联系筹建绍兴图书馆古籍地方文献馆事宜。

2月13日　复旦大学图书馆研究馆员、资深古籍保护专家吴格教授在绍兴图书馆延安路馆作“古籍馆员的使命及地方文献整理”学术讲座。

3月5日　扬州市委宣传部常务副部长李广春率扬州市委宣传部考察团一行考察绍兴市文化中心和绍兴图书馆。

3月6日　浙江省文化厅副厅长蔡晓春来馆视察。

3月11日　馆长赵任飞率王以俭、鲁先进、唐微赴浙江大学图书馆参观，了解古籍、基本典藏、民国文献等情况。

3 月 28 日　绍兴图书馆“电视图书馆绍兴模式”课题论证会在馆召开，国家公共文化服务体系建设专家李国新、巫志南、杨永恒、阮可到会并发言。市文广局局长杨志强主持会议，副局长胡华钢介绍课题基本情况，馆长赵任飞及其他馆领导、课题组其他成员参加。

4 月 8 日至 10 日　馆长赵任飞赴北京参加中国图书馆学会第九次代表大会。

4 月 15 日　河南省现代公共文化服务体系建设培训班一行 60 人来馆参观。

4 月 17 日至 20 日　馆长赵任飞赴海南参加万方数据 2015 信息内容与技术创新大会。

4 月 23 日至 26 日　绍兴图书馆在新华书店迪荡店举办“百万元图书大家荐”活动：从购书经费中划出 100 万元，专项用于购买读者所推荐的图书。共荐购图书 1 620 册，办理图书证 156 张。

4 月 24 日　市文广局局长杨志强、副局长胡华钢来绍兴图书馆延安路馆进行实地勘查。馆长赵任飞汇报延安路馆整体布局，局领导对布置方案提出指导性意见。

5 月 5 日　副馆长王以俭在绍兴图书馆会议室与市文物局可移动文物普查组成员商讨绍兴图书馆可移动文物认定对象、件数、图片要求及今后的操作方式。

5 月 14 日　安徽省六安市文广新局一行 6 人由市文广局陪同，到文化中心参观。

5 月 22 日　馆长赵任飞，副馆长王以俭、廖晓飞及相关人员等在绍兴图书馆延安路馆二楼会议室开会商讨，确定历史文献馆的总体规划方案，决定按资金到位情况进行分步实施，并对具体任务进行分工落实。

5 月 27 日　副馆长王以俭率相关工作人员到市人大机关，与市人大代表工委主任鲁孟河商谈绍兴图书馆为市人大提供信息服务事宜。

同日　副馆长王以俭赴市科技局，与市科技局副局长王法根、市科技信息研究院院长钱纪明等商谈绍兴图书馆与市科技局信息合作、资源共享事宜

5 月 31 日　由浙江省图书馆古籍修复中心和绍兴图书馆联合举办的古籍修复技艺展示和体验活动在绍兴图书馆新馆一楼大厅举行。

6 月 2 日　绍兴图书馆市消防支队特勤中队图书流通站成立。

6 月 10 日　副馆长王以俭赴诸暨图书馆，与诸暨图书馆馆长郑永一起进行县（市、区）图书馆数字资源宣传巡讲活动，60 余人参加此次巡讲。

6 月 15 日　绍兴图书馆古籍再造工程方案论证会在绍兴图书馆历史文献馆二楼会议室召开，馆长赵任飞、副馆长王以俭以及 5 位专家潘承玉、娄国忠、陈民、方俞明、李能成等出席，副馆长王以俭主持会议。

6 月 16 日　即日起，绍兴图书馆技术服务部定期开展老年读者电脑公益培训活动。

6 月 18 日　由绍兴市文明办、绍兴市文广局主办，绍兴图书馆承办的“国风家训，诗韵端午”“我们的节日·端午节”经典诵读展演在延安路馆举办。市政协副主席解晓波、市文广局副局长胡华钢、市文明办城市文明创建处副处长李建华、图书馆馆长赵任飞等多位领导观看展演。

6 月 23 日　国家图书馆出版社殷梦霞、王帅、李强来馆进行业务交流学习。

6 月 25 日　绍兴图书馆马山镇直乐施村流通站成立。

7月1日　绍兴图书馆历史文献馆改造工作会议在老馆二楼会议室召开，文广局副局长胡华钢、馆长赵任飞、副馆长王以俭等领导出席，相关部室工作人员参加。

7月7日　副省长郑继伟由副市长丁晓燕、市文广局局长徐之澜陪同，来绍兴图书馆新馆视察。

7月10日　绍兴图书馆读者自助图书馆正式开放。读者自助图书馆位于绍兴图书馆镜湖新馆北面一楼，分为成人图书借阅区、期刊阅览区、自修区等。

7月14日　《抱经堂丛书（外七种）》（16开精装全22册）2套入藏绍兴图书馆。

7月16日　市文广局局长徐之澜到馆调研工作，副局长胡华钢、局办公室主任茹万传、社文处处长范机灵陪同。绍兴图书馆全体领导班子成员参与，分别汇报近期工作。

7月19日　朱仲夫先生字画作品捐赠仪式在绍兴图书馆镜湖新馆二楼报告厅举行，此次共向绍兴图书馆捐赠6幅作品。

7月25日至26日　绍兴图书馆第二期“百万元图书大家荐”活动在市新华书店迪荡店、胜利路店举行。

7月27日　绍兴市图书馆学会业务培训在稽山宾馆举行，此次培训由绍兴图书馆承办。市文广局副局长胡华钢到会并讲话。北京大学教授王子舟与华东师范大学教授范并思分别作“图书馆读者资源开发与建设”与“基于图书馆核心价值的阅读推广”专题讲座。

7月28日　赵任飞馆长赴舟山市图书馆参加第二十四届浙江省市级公共图书馆馆长联席会议。

7月30日　绍兴图书馆“你读报我点赞”走进洋江村社区，向社区居民宣传新馆各项信息资源与服务。同时建立洋江村流通服务站点。

7月31日　上海市政协考察组来馆参观调研。

8月11日　市残联组织市残疾人协会一行20余人来馆参观。

8月14日　全市公共图书馆馆长会议在馆召开，文广局副局长胡华钢到会并讲话。

8月21日　宜兴市文广新局党委书记、局长许夕华一行来绍兴图书馆考察。

8月22日　绍兴电视图书馆微信平台开通仪式在新馆二楼报告厅举行。

8月25日　馆长赵任飞、副馆长那艳一行到皋埠镇分馆了解分馆建设情况。

8月26日至28日　绍兴图书馆组织的第三届视障信息服务工作培训班举行。

8月29日　绍兴图书馆“百万元图书大家荐”活动启动常态化模式，即日起，绍兴图书馆将长期进驻新华书店迪荡书城，市民可在此归还所借图书。

9月2日　香港敦煌文化弘扬基金会王胤会长一行由市领导舒炳炎、胡周祥等陪同，到馆考察。

同日　副市长徐明光参观绍兴图书馆。

9月10日　省新闻出版广电局局长寿剑刚由副市长丁晓燕、文广局副局长胡华钢陪同，来馆调研。

9月15日　浙江图书馆副馆长贾晓东、采编部主任俞月丽一行来馆指导工作，对绍兴图书馆开展的书店现场荐书活动进行探讨，并指导该项目在中图学会年会开设分会场的筹备工作。

同日　市文广局局长徐之澜、副局长胡华钢一行来馆调研，对绍兴图书馆信息咨询工作的开展表示充分肯定并提出下一步发展指导性意见。

9月15日至16日　副馆长王以俭率毛建灿参加在宁波市图书馆举行的现代图书馆与科技融合研

讨班。毛建灿代表绍兴图书馆在研讨班上作“主动顺应科技发展新趋势，努力满足读者阅读新需求”专题发言，系统介绍“绍兴电视图书馆”建设情况、建设经验与体会。

9 月 18 日　“图书馆如何为党委、政府提供决策信息服务”研讨会在中共绍兴市委政研室举行，市文广局局长徐之澜、市委政研室副主任王力、绍兴图书馆副馆长王以俭出席研讨会。

9 月 20 日至 25 日　馆长赵任飞参加市文化教育交流团，赴台湾进行文化教育交流考察活动。

10 月 13 日至 14 日　市文广局副局长胡华钢带队，馆长赵任飞，副馆长王以俭、那艳及相关部室 8 人一行组成的学习组赴上海图书馆交流学习。

10 月 21 日　绍兴图书馆和浙江省图学会资源建设与共享分委会联合承办的 2015 年浙江图书馆学会学术年会“互联网 + 时代图书采访从封闭走向开放”学术分会场在海宁图书馆召开，来自全省的 60 多位同行参加。馆长赵任飞作“互联网 + 时代图书采访从封闭走向开放”主题报告。

同日　副馆长王以俭率绍兴图书馆相关部室工作人员参加全省公共图书馆地方文献资源建设工作研讨会，会上主要针对考评标准的修改进行了讨论。

11 月 30 日　绍兴市图书馆学会召开第七次会员代表大会，76 名会员代表出席。大会选举产生 19 名第七届理事会理事。随后召开的七届一次理事会议上，确定王以俭等 11 人任绍兴市图书馆学会第七届常务理事，赵任飞任理事长，顾利萍、舒炎祥任副理事长，陈琦任秘书长，秘书长提名陈淼任副秘书长。

12 月 14 日至 17 日　绍兴图书馆派员参加中国图书馆学会年会，并于 16 日在广州市白云国际会议中心举办的 2015 中国图书馆年会学术会议“图书采访在‘互联网 + 时代’的创新模式”分会场。上海图书馆副馆长周德明、上海社会科学院研究员巫志南、中山大学资讯管理学院教授等领导、专家及 200 多位代表参加。会议由浙江图书馆副馆长贾晓东主持。

12 月 25 日　绍兴图书馆历史文献馆开馆仪式在延安路老馆二楼报告厅举行。仪式结束后，中国书法家协会学术委员马啸作“从王羲之到鲁迅——绍兴名人手迹与中国文人书法传统”专题讲座。

12 月 25 日　绍兴市地方文献工作座谈会在绍兴图书馆历史文献馆召开，傅振照等 12 名嘉宾出席。会后，与会嘉宾实地参观绍兴市地方文献保护中心和古籍保护中心。

2016 年

1 月 10 日　《绍兴市志》主编任桂全先生向馆捐赠个人藏书《台州市志》等 36 册。

1 月 10 日至 12 日　绍兴图书馆走进“两会”开展信息服务，分别在代表、委员下榻的酒店设立现场信息服点，为代表、委员们提供多种形式的信息检索服务。同时还通过 QQ 咨询、表单咨询、电话咨询、邮件咨询等多种方式向代表、委员提供各种参考咨询服务。

1 月 12 日　常州市文广新局党委书记王亦农带领该市图书馆新馆建设团队一行 15 人，来馆参观考察。

1 月 21 日　扬州市文联主席刘俊、扬州市都江区文广新局局长王声等一行 7 人，到馆参观考察。

2 月 3 日　绍兴图书馆在孙端镇安桥头村成立安桥头村图书流通站。

2 月 3 日至 4 日　绍兴图书馆接收市文广局移交的 86 件书画作品，拍照存档，入藏历史文献馆古籍书库。

3 月 2 日　荆州市文广新局副局长张大香女士带领一行 5 人，来馆参观调研。

3 月 8 日　绍兴图书馆召开中层以上干部会，市文广局副局长杨坚祥主持会议，局长徐之澜讲话。会议宣布绍兴图书馆新一届馆领导班子成员为：王以俭任绍兴图书馆馆长、党总支书记，许金辉、廖晓飞、那艳、陈琦任副馆长。赵任飞、龚杏娟改任协理员。

3 月 10 日　董大寨先生向绍兴图书馆捐赠《中医学基础》《盲文学读本》《正常人体解剖学》等盲文图书 20 种 46 册。

3 月 16 日　浙江省检查组来馆实地检查“电视图书馆绍兴模式”创建情况。

3 月 21 日至 24 日　馆长王以俭随市文广局领导赴国家图书馆、国务院发展研究中心等单位参观学习。

3 月 29 日　吉林市公共文化服务理论研究专题培训班一行 42 人，在文化部公共文化司、中央文化干部管理学院组织下，参观绍兴图书馆镜湖新馆。

4 月 5 日　项元峰参加国家信息中心“智慧城市”调研会。

4 月 8 日　柬埔寨参议会图书馆全体人员和当地部分图书馆研究人员组成的柬埔寨图书馆管理研修班一行 20 人，在文化部公共文化司、中央文化干部管理学院的组织下，参观绍兴图书馆镜湖新馆。

4 月 11 日　常州市文广局、常州市图书馆、江苏有线常州分公司等一行 10 余人，在常州市文广局局长陈建带领下，来馆参观交流电视图书馆项目建设经验。

4 月 12 日至 13 日　馆长王以俭随市文广局考察团赴北京西城区考察。

4 月 12 日至 15 日　副馆长廖晓飞与采编部相关人员参加“馆藏研究与学术典籍建设”研讨会和浙江省第十一届馆藏图书展示会。

4 月 23 日　绍兴图书馆出版图书《越风》。

4 月 29 日　馆长王以俭率廖晓飞、陈琦、黄蓉等一行 6 人随市文广局局长徐之澜赴上海图书馆参观学习。

5 月 11 日　马蹄疾夫人薛贵岚在市政协何信恩夫妇陪同下，来馆了解马氏所赠藏书情况和保存条件。

5 月 12 日　绍兴图书馆与市家谱协会签订《〈绍兴家谱总目提要〉图书分配协议》的 300 册图书到馆入库。

5月16日　由绍兴图书馆承办的浙江省第12届未成年人读书节暨浙江省未成年人“戏曲阅读经典”大赛决赛启动仪式在市文化中心拉开帷幕。省文化厅副巡视员任群，省图书馆馆长徐晓军、副馆长贾晓东，市文广局副局长胡华钢、文艺处处长袁巍，馆长王以俭和来自全省各地的 300 多名人士参加。

5 月 18 日至 20 日　由国家图书馆、中国图书馆学会、浙江省文化厅主办，浙江省图书馆学会、绍兴图书馆承办的 2016 年全国图书馆未成年人服务提升计划——浙江站暨开展“少儿阅读推广人”培育行动（基础级）在绍兴图书馆举办。来自全国图书馆行业的 400 余人参加。此次培训邀请范并思、薛天、席居哲、王志庚、新月、宋卫 6 位国内未成年人服务领域的专家授课。

5 月 17 日至 19 日　馆长王以俭随市文广局局长徐之澜、副局长胡华钢，中广有线绍兴分公司副总经理孟祥飚等参加“电视图书馆绍兴模式”评审会，汇报创建情况并回答专家的提问，“电视图书馆绍兴模式”顺利通过验收评审，正式成为第二批国家公共文化服务体系示范项目。

5月24日至27日　馆长王以俭赴宁波参加全省公共图书馆馆长培训班。

5月25日　北京西城区来绍挂职干部一行3人由市文广局副局长许雪雁陪同，来馆参观调研。

6月4日至5日　唐微、丁瑛赴浙江图书馆参加全省古籍普查数据统校工作会议。

6月7日至8日　副馆长陈琦率黄蓉、孙祝丽3人赴苏州学习考察苏州独墅湖图书馆企业信息服务工作。

6月13日　浙江省古籍保护中心在杭州举办“浙江省古籍保护成果展”，借调绍兴图书馆《新校注古本西厢记》2册送展，展览持续到27日结束。

6月21日　馆长王以俭率廖晓飞、鲁先进、夏飞凤、唐微、韩如凤、包瑜萍一行7人赴浙江图书馆参观“浙江省古籍保护成果展”。

6月23日　绍兴图书馆2001—2012年的文书档案移交至市档案局，并进行电子化扫描工作。

同日　绍兴图书馆决定筹备成立“绍兴图书馆理事会”，向社会发布理事会代表理事招募公告。

6月23日至24日　绍兴图书馆在鲁迅电影城设立“悦读驿站”，首次送出期刊450多册。

6月28日至29日　馆长王以俭率陈琦、黄蓉在市文广局领导徐之澜、茹万传、梁志渊、袁巍等带领下赴天津泰达图书馆参观学习。

7月7日至8日　鲁先进、丁瑛赴河北沧州图书馆参加由国家图书馆、中国图书馆学会、河北省文化厅主办，河北省图书馆学会、沧州市图书馆共同承办的民国时期文献编目工作研修班。

7月8日　绍兴图书馆召开第一届职工代表大会第一次会议，37名职工代表出席。会议审议通过《绍兴图书馆章程（草案）》，通过无记名投票选举宋嵩为职工理事。

7月12日　鲁先进、唐微和丁瑛赴浙江图书馆递交《绍兴图书馆古籍普查结题申请》《普查目录》。

7月12日至13日　馆长王以俭、副馆长那艳在市文广局局长徐之澜带领下赴北京西城区文化委员会参观学习。

7月14日　副馆长廖晓飞率鲁先进、丁瑛、韩如凤赴国家典籍博物馆参加“国家珍贵古籍特展”。

7月15日　绍兴图书馆市交投集团图书流通站成立。

7月22日　绍兴图书馆市中级人民法院图书流通站成立。

7月25日至26日　馆长王以俭带队，组织中层以上干部18人赴温州图书馆学习交流。

8月5日　东台市政协、东台市文广新局、东台市图书馆等一行9人由政协主席鲍宇陪同，来馆参观调研。

8月12日至13日　馆长王以俭赴杭州参加公共图书馆试评估工作研讨培训班。

8月13日　绍兴图书馆地方文献室举办乡贤谢善骁著作捐赠仪式暨“越文化与绍兴性格”讲座。

8月15日　《绍兴图书馆珍贵古籍图录》现场招标，四家单位参加，最后由广陵书社中标。

8月19日　馆长王以俭率廖晓飞、鲁先进、夏飞凤赴市乡土文化研究会拜访副会长何信恩，讨论专题资料室、公益拍摄、活动、文献保护开发和人才培养等诸多问题。

8月21日　绍兴图书馆与凤凰出版社正式签订《〈沈锡庆日记〉底本征用协议》。

8月23日　绍兴图书馆入藏凤凰出版社邮寄的《中国近现代稀见史料丛刊》第1~2辑，计26册。

8月24日至27日　副馆长廖晓飞赴威海参加数字图书馆推广工程2016年省市级馆长培训班。

9月12日　绍兴市图书馆学会举行全市图书馆业务培训，200余名图书馆从业人员参加。中国图书馆榜样人物、原安徽省太湖县图书馆馆长曾玉琴来馆作“读者的需要就是我的追求”讲座，绍兴文理学院林慧莲教授作“快乐工作 幸福生活——塑造阳光心态”心理健康讲座。

9月12日至14日　绍兴图书馆完成《珍贵古籍图录》拍摄工作，共拍摄156种近700张。

9月19日　2016年绍兴市公共图书馆馆长会议召开，全市7家公共图书馆馆长、副馆长等21人参加会议，市文广局文艺处处长袁巍、副处长张彩霞出席会议并讲话。

9月20日至24日　副馆长那艳率施国权、钮国江、陈哲予赴青岛市图书馆、曲阜市图书馆、济南市图书馆等地参观学习。

9月22日　文化部第七期西藏文化管理干部培训班一行44人来馆进行现场教学。

9月23日　由市文广新局、市图书馆牵头，新昌县文广新局、新昌县图书馆联合举办的绍兴市公共电子阅览室基层骨干培训班在新昌举行。参与听课的学员、骨干达120余人。

9月24日　绍兴图书馆与市越文化研究会联合主办的《千年云门文化》首发仪式暨“云门古刹——一座沉睡的博物馆”专题讲座在历史文献馆举行。

9月25日　绍兴图书馆申请成为中国古籍保护协会普通会员，办理入会手续。

9月27日至28日　馆长王以俭率宋嵩赴衢州参加衢州市儒学馆开馆仪式。

10月14日　《中华古籍保护计划专题片》摄制组一行5人在浙江省古籍保护中心张素梅陪同下到馆拍摄，重点拍摄馆古籍书库保护条件、古籍修复成果并对全国古籍保护工作先进个人唐微进行采访。

10月17日至19日　馆长王以俭率项元峰等赴杭州参加公共数字文化国际（浙江）论坛，馆长王以俭在论坛分会场上作题为“有屏幕的地方就有图书馆服务——绍兴图书馆数字服务体系建设情况介绍”发言。

10月20日　市文广局副局长胡华钢，市社科联副局级党组成员叶红军，市乡土文化研究会会长孙祉光、副会长何信恩，馆长王以俭、副馆长廖晓飞等领导出席绍兴图书馆与合作协议签字仪式。签字仪式在历史文献馆举行，由何信恩副会长主持，仪式上11位资深文史专家、学者被聘请为历史文献馆名誉馆员，馆长王以俭向他们颁发聘任证书。市乡土文化研究会会长孙祉光也向图书馆赠送一批乡土文化研究方面的书籍。双方就进一步开展合作进行座谈。

10月23日　副馆长廖晓飞赴美参加由浙江图书馆组织的为期21天的现代公共阅读服务培训学习。

10月24日　馆长王以俭、副馆长陈琦及相关部室一行7人赴安徽省图书馆就地方特色文化资源建设、视频拍摄制作、图书馆综合管理等方面进行学习考察。

10月25日至28日　副馆长陈琦带队赴安徽铜陵参加中国图书馆学会2016年年会，张东雄代表华东地区图书馆学会参加“信息时代　数字未来——2016年数字图书馆业务技能菁英决赛”，获华东地区三等奖。

10月26日　文化部第七期新疆文化管理干部培训班一行36人来馆进行现场教学活动。

11月8日　绍兴图书馆推出志愿服务申请平台，为年满12~60周岁的个人和团体志愿者提供志愿申请服务。

同日　绍兴图书馆看守所馆外流通站成立。

11 月 14 日　馆长王以俭率宋嵩、项元峰、毛建灿、张东雄一行 5 人赴杭州参加“互联网 +”环境下图书馆知识空间建设学术研讨会。

11 月 15 日　即日起，全市 7 家公共图书馆同时推出绍兴市公共图书馆通用少儿读者卡，实现少儿图书通借通还服务。

11 月 16 日　馆长王以俭赴温州参加浙江省文化共享工程业务培训班会议。

11 月 18 日　浙江图书馆馆长徐晓军来绍兴图书馆历史文献馆，重点考察地方文献室、民国文献书库、古籍修复中心和正在建设中的音像资料馆。

同日　《中国文化报》在头版以“浙江绍兴图书馆数字化建设样本”为题，报道绍兴图书馆数字服务体系建设情况。国家数字文化网等网站予以转载。

11 月 21 日至 22 日　馆长王以俭分别与越城区图书馆馆长沈萍萍、越城区文广局局长蒋金耿商谈共建自助图书馆事宜。

11 月 22 日至 26 日　副馆长陈琦率宋嵩、徐国洪、黄蓉赴广州图书馆、东莞图书馆、深圳图书馆等学习考察。

11 月 23 日　绍兴图书馆用电管理所馆外流通站成立。

11 月 26 日　绍兴图书馆技术服务部基本完成音像资料平台系统开发工作，视频转换上传 1 309 条。

11 月 30 日　绍兴图书馆市民卡图书借阅功能试运行，读者开通市民卡图书借阅功能后可凭市民卡借阅图书。

12 月 4 日至 8 日　副馆长廖晓飞率李文学、鲁先进、项元峰、王伟、徐勇赴四川省图书馆、重庆图书馆等地参观学习。

12 月 6 日　温州市委副秘书长张洪国、市委政策研究室副主任周建强等一行 6 人来馆参观考察。

12 月 10 日至 12 日　馆长王以俭、副馆长陈琦赴杭州参加馆长联席会议和浙江省公共图书馆服务规范与评估工作培训班。

12 月 12 日　绍兴市公共图书馆办公室主任会议召开，全市 7 家公共图书馆分管办公室工作的馆领导、办公室主任等 21 人参加会议，馆长王以俭、副馆长陈琦出席会议并讲话。

12 月 14 日　市长马卫光来馆参观考察，馆长王以俭，副馆长廖晓飞、陈琦接待。

同日　副馆长廖晓飞率杨敏赴嘉兴参加浙江省社会科学信息学会 2016 年度学术年会。

12 月 15 日　绍兴市图书馆学会 2016 年理事会议在绍兴举行。会上选举了常务理事，馆长王以俭为理事长，副馆长廖晓飞为秘书长，并同意越秀外国语学院图书馆理事人选变更为俞晓凡。

12 月 23 日　绍兴图书馆、绍兴市文化馆首届理事会成立大会在绍兴图书馆召开。

12 月 25 日至 27 日　副馆长廖晓飞率鲁先进、唐微、丁瑛赴省馆参加浙江省古籍保护工作座谈会。

12 月 26 日　绍兴图书馆孙端分馆正式开馆。市委宣传部副部长黄伟英、市文广局副局长胡华钢、袍江管委会副书记何洪亮、绍兴图书馆馆长王以俭、市文化馆馆长吴双涛、孙端镇党委书记吕钢强等领导出席。孙端分馆面积为 400 平方米，有藏书 15 000 余册，期刊 70 种，报纸 40 种，电子阅览区配有 20 台电脑，免费向群众开放。

12 月 28 日　市文广局局长徐之澜、副局长胡华钢专程考察位于延安路上的读者自助图书馆、绍兴音像资料室开放准备工作情况。

同日　绍兴市公共图书馆信息服务技能培训班在绍兴举行。浙江图书馆信息中心主任徐进作“图书馆信息服务现状及发展”专题讲座。绍兴图书馆信息咨询部相关人员就如何开展图书馆信息服务工作及绍兴新闻集成平台使用情况等业务知识进行介绍。

2017 年

1 月 5 日　馆长王以俭一行 4 人赴杭州图书馆考察学习图书馆基金会相关事宜。

1 月 6 日至 10 日　副馆长廖晓飞、那艳、陈琦等分别带队赴越城区图书馆、柯桥区图书馆、上虞区图书馆、诸暨市图书馆、嵊州市图书馆、新昌县图书馆等进行绍兴市公共文化服务体系建设 2016 年度考核。

1 月 8 日　绍兴图书馆佳源广场亲子主题馆正式对外开放。

1 月 19 日　绍兴图书馆与中广有线信息网络有限公司绍兴分公司签订少儿活动宣传推广合作协议，从 1 月份开始，《上电视吧》栏目将选取绍兴图书馆优秀少儿活动在周五 18：30 分播出。

2 月 7 日　市文广局副局长葛波儿带队对读者密集场所进行安全检查并指导工作。

2 月 14 日　绍兴图书馆少儿馆实行全天开放（馆休日除外）。

2 月 8 日至 17 日　馆长王以俭、副馆长廖晓飞、办公室主任宋嵩一行 3 人分别赴新昌图书馆、嵊州图书馆、柯桥图书馆、诸暨图书馆、上虞图书馆调研。征求各县（市、区）图书馆对馆工作、学会工作的意见与建议。

2 月 20 日　馆长王以俭率廖晓飞、那艳、陈琦、宋嵩、徐国洪一行赴越城区图书馆调研。

2 月 23 日至 24 日　馆长王以俭参加市第八次党代表大会会议培训。

2 月 27 日　绍兴图书馆海量信息首次走进党代会，为市第八次党代会的与会代表提供全方位的信息服务。

2 月 28 日　馆长王以俭参加市第八次党代表大会，并提交《关于进一步加强文化设施配套建设的建议》提案，建议完善并加快绍兴市科技中心、绍兴市文化中心道路、公共交通配套建设。

3 月 8 日　市文明办毛永伟处长带队对馆进行省级文明单位复评，副馆长陈琦接待并汇报文明单位创建工作，本馆顺利通过复评验收。

3 月 10 日　馆长王以俭率那艳、宋嵩、翁映赴浙江图书馆参观学习，联系全民阅读节等读者活动。

3 月 13 日　副馆长廖晓飞代表馆长王以俭赴杭州参加第二十七届全省市级公共图书馆馆长联席会议。

3 月 25 日　袁世平先生向馆赠送《军垦岁月总是情——纪念支疆五十周年画册》《绍兴县粮食志（续）1 990—2013 年》二套书籍。

3 月 29 日　省文化厅副厅长叶菁来馆视察公共文化服务体系建设工作。

3 月 31 日　绍兴图书馆理事会第二次会议在绍兴图书馆历史文献馆召开。首届理事会全体理事出席；副馆长廖晓飞、那艳、陈琦，主办会计陆丽茵，理事会秘书屠静琪列席。

同日　项元峰参加由浙江省图书馆组织的“浙江省公共图书馆数据中心建设讨论会”。

4月1日　2017年绍兴市公共图书馆馆长会议召开，全市7家公共图书馆馆长、副馆长等20余人参加。市文广局副局长胡华钢出席会议并讲话。会议由馆长王以俭主持。

4月7日至10日　馆长王以俭、副馆长廖晓飞赴北京参加北京融合大数据发展论坛。

4月7日至11日　绍兴图书馆信息咨询部为2017市两会提供现场信息服务。

4月11日至15日　副馆长陈琦率宋嵩、李文学赴郑州参加第六次全国县以上公共图书馆评估定级培训班。

4月14日　副馆长廖晓飞率黄蓉参加在杭州举办的2017年中国数字阅读大会·图书馆高峰论坛。

4月18日　安顺市文广局局长吴为一行来馆学习考察公共文化服务体系建设情况。

4月22日　绍兴图书馆“树兰书院”揭牌暨少儿国学公益培训开班仪式在馆二楼报告厅举行，市文广局副局长胡华钢主持开班仪式，各界来宾共约150人出席。

4月23日　绍兴图书馆以第二届全民阅读节暨“世界读书日”为契机，开展以“图书馆就在我身边”为主题的阅读系列活动。相继开展了“图书馆之夜”“唐诗宋词与中国文化传统”讲座，作家会客厅，古籍修复技艺展示和体验活动，阅读马拉松挑战赛，书香中国主题展，“树人书院”国学开班等系列阅读推广活动。

4月29日　绍兴市未成年人朗诵大赛暨浙江省未成年人朗诵大赛绍兴地区选拔赛在馆举行。全市各级公共图书馆选送的共21个节目参与角逐。

5月3日　市文广局局长陈泉标在副局长胡华钢、局办公室主任茹万传陪同下，来馆实地调研。

5月6日至8日　馆长王以俭、副馆长廖晓飞等赴北京拜访北京大学哲学系教授楼宇烈、知名历史学家丁名楠之子丁元先生。丁元先生曾将其父丁名楠家藏书籍约4 000册捐赠给绍兴图书馆。此次北京之行丁先生又向绍兴图书馆赠送了其母亲周妙中女士（绍兴籍中国戏曲研究专家）著述的《清代戏曲史》，以及启功、黄宾虹等知名书画家对其母书画作品点评的再造墨迹一卷，另外还赠送绍兴籍书画家周少白作品选粹集1册。在京期间，还赴文化部全国公共文化发展中心洽谈关于要求提供中国文化网络电视的有关视频资源，更新上传到绍兴电视图书馆等事宜。

5月15日　市长马卫光在文广局局长陈泉标陪同下，实地考察延安路历史文献馆，并参观绍兴图书馆与越城区图书馆联合建设的自助图书馆。

5月16日　中国索引学会副理事长兼秘书长杨光辉、浙江省高校图工委副秘书长郑江平来馆商谈筹备2017年中国索引学会年会事宜。

同日　绍兴图书馆沥海分馆进行试开放。

5月19日　馆长王以俭率黄蓉赴市委政研室、市委办信息处商议信息合作事宜。

5月22日　副市长顾涛一行来馆进行实地调研，市政府副秘书长周宝林、市文广局局长陈泉标和馆领导王以俭、廖晓飞、那艳、陈琦等陪同调研。

6月2日至3日　馆长王以俭率廖晓飞、宋嵩赴杭州参加新一代图书馆生态服务应用研讨会。

6月6日至9日　馆长王以俭赴衢州参加2017年全省公共图书馆馆长培训班。

6月6日　副馆长廖晓飞带队赴北京拍摄我国知名历史学家丁名楠专题口述节目。

6月7日　市团市委副书记赵浪平、办公室主任史永军一行到馆调研志愿工作。

6月15日至16日　馆长王以俭赴杭州参加浙江图书馆“十三五”规划咨询会和杭嘉湖绍四市图书馆馆长联席会议。

同日　副馆长廖晓飞参加浙江省图书馆学会举办的图书馆新业态研讨会。

6月23日　绍兴图书馆在绍兴人文图书有限公司开设“好书天天荐”服务。

7月1日　绍兴市委人才办与绍兴图书馆联合推出的“绍兴图书馆高层次人才信息服务卡”正式开通使用，首批共发放70张。

7月5日　馆长王以俭率廖晓飞、唐微等赴西泠印社联系《古越藏书楼书目》古籍拍卖相关事宜。

7月12日　市文广局印发《关于申请参加拍买〈古越藏书楼书目〉手稿的回复》（绍市文〔2017〕31号）。馆长王以俭率廖晓飞、唐微赴杭州联系古籍拍卖专家鉴定相关事宜。

7月13日　温岭市文广局局长李东飞带队温岭市文广局、温岭市博物馆、温岭市文化馆、温岭市图书馆等一行7人来馆，参观并考察文化中心建设经验。

7月17日　绍兴市图书馆学会举行全市业务培训，200余名会员参加培训。东莞图书馆副馆长蔡冰和北京高校图书馆研究会理事长姜爱蓉分别作“读者活动的创新及案例”和“图书馆的功能演变和未来发展”专题讲座。

同日　馆长王以俭率唐微赴杭州参加《古越藏书楼书目》拍卖，在西泠印社古籍善本拍卖专场竞拍得《古越藏书楼书目》一套（4册30卷）。

7月19日　绍兴图书馆财政（地税）局流通站成立。

同日　绍兴图书馆市档案馆流通站成立。

7月20日至24日　馆长王以俭率廖晓飞、鲁先进、赵伟达一行4人赴兰州接收绍籍专家、兰州大学齐陈骏教授赠书及手稿等。

7月22日　全市公共图书馆评估定级工作会议在馆召开，全市各区（市、县）图书馆长及评估定级成员参加了会议。

同日　由浙江图书馆、绍兴图书馆、张元济图书馆联袂举办的“相约海盐·仲夏之夜——三地吟诵，涉园雅集”主题朗诵会在海盐张元济图书馆涉园举行。副馆长那艳带队参加，绍兴图书馆朗诵团的3个节目亮相涉园。

7月26日　副馆长廖晓飞赴杭州参加第六次全国县级以上公共图书馆评估定级专家组会议。

7月28日　由市文广局副局长胡华钢带队，文艺处副处长金渭鑫、副馆长陈琦及区（县、市）公共图书馆评估专家组成的评估工作组一行，赴6个区县馆就第六次全国县级以上公共图书馆评估工作进行实地访查座谈。

8月1日　《绍兴图书馆藏珍贵古籍图录》正式出版发行，该书是绍兴图书馆第一部馆藏精品图录集，是古籍普查的重要成果之一，从馆藏古籍中精心挑选了156种珍贵古籍制作而成。

8月7日至11日　副馆长廖晓飞受馆长王以俭委托，参加省文化厅组织的全国第六次县级以上公共图书馆评估定级专家组，对桐庐、平湖、嘉兴、长兴、湖州等公共图书馆进行评估。

8 月 19 日　由浙江图书馆党委副书记徐洁、温州市图书馆馆长胡海荣、丽水市图书馆馆长季彤曦、湖州市图书馆副馆长陈敏、浙江图书馆办公室主任胡东组成的全国第六次县级以上公共图书馆评估定级专家组一行 5 人莅临绍兴图书馆，开展实地检查。

8 月 23 日　绍兴图书馆举办绍兴市数字图书馆推广工程暨文化共享工程技术培训班，全市各区县公共图书馆等单位负责文化共享工程和数字图书馆工程的技术人员共 25 人参加。培训班邀请浙江图书馆丁华强作“RFID 系统及实施经验介绍”报告。

8 月 29 日　浙江省人大教科文卫工委副主任邵中一行由市人大、市文广局领导陪同，来馆参观考察。

9 月 1 日　中国科学院院士杨玉良做客绍兴图书馆“越州讲坛”，作“传统纸的相关物理化学问题”专题讲座。

9 月 19 日　《中国文化报》第二版以“浙江绍兴图书馆阅读推广服务见成效”为引题，以“让好书成为孩子们的良师益友”为主题，宣传本馆所开展的系列活动及“树兰书院”少儿国学经典培训等阅读推广活动。

9 月 20 日至 21 日　绍兴图书馆理事会由理事长陈显明带队，理事会 7 名成员赴温州市图书馆学习考察温州城市书房及温图理事会建设等工作。

9 月 26 日　副馆长廖晓飞率毛建灿、鲁铁骏、陆丽茵等一行 4 人赴德清图书馆参观学习。

9 月 28 日　绍兴图书馆理事会理事长陈显明在文化中心与市文广局局长陈泉标、副局长胡华钢探讨理事会相关工作，馆长王以俭陪同。

9 月 29 日　绍兴图书馆举办“全市图书馆业务骨干培训班”，中国图书馆学会阅读指导与阅读推广委员会副主任、南京大学教授徐雁，德清县图书馆馆长慎志浩分别作“文本性与数字化——担当全民阅读推广，创新读者服务工作”和“基层图书馆如何推销自己”专题讲座。

10 月 13 日　绍兴图书馆召开绍兴市公共图书馆评估工作研讨会，各区、县（市）文广局分管局长，绍兴图书馆班子成员，市评估专家组人员参加会议。市文广局副局长胡华钢出席会议。

10 月 18 日　绍兴图书馆古籍数字化加工服务和加工系统验收会，经过专家评审，一致通过验收。

10 月 19 日　绍兴图书馆绍兴市市场监管局流通站成立。

10 月 20 日　由绍兴市文广局主办、绍兴图书馆与中广有线绍兴分公司承办的《电视图书馆建设管理与服务规范（草案）》评审会在馆举行。会议评审专家一致同意通过评审。

10 月 22 日　副馆长那艳赴德国参加现代公共阅读服务培训。

10 月 25 日　馆长王以俭赴浙江省图书馆参加浙江省公共图书馆标识系统咨询会。

10 月 27 日至 29 日　馆长王以俭赴诸暨参加全省图书馆进文化礼堂活动及全国民间读书会年会。

10 月 31 日　馆长王以俭参加市阳明学会成立仪式，当选为理事。

同日　副馆长廖晓飞率徐国洪赴丽水参加浙江省图书馆学会年会及分委会会议。

11 月 1 日至 3 日　馆长王以俭率宋嵩赴宁波参加宁波图书馆 90 周年馆庆及相关活动。

11 月 2 日至 3 日　副馆长廖晓飞率翁映赴宁波参加第三届浙江省全民阅读节活动。

11 月 4 日　由绍兴图书馆和绍兴电台共同举办的“文化惠民 书香礼堂——浙江省公共图书馆‘琅

琅书声'走进文化礼堂活动"在斗门镇璜山北村文化广场举行。

11月8日至10日　中国索引学会第五次全国会员大会暨学术研讨会在浙江绍兴顺利举行。会议由中国索引学会、复旦大学图书馆主办，浙江大学图书馆、绍兴图书馆承办，133位会员代表以及日本索引学者松浦崇出席。

11月15日至17日　副馆长陈琦带队一行7人赴湖南省图书馆、长沙图书馆进行中层外出考察学习。

11月20日　绍兴市图书馆学会举办2017年第二期专业继续教育培训班，230余名学会会员参加。绍兴市第七人民医院党委书记田国强主讲"快乐工作，幸福生活"，浙江图书馆副书记徐洁主讲"公共图书馆服务规范编制与解读"，绍兴图书馆副馆长那艳对《绍兴市公共图书馆窗口服务规范》进行解读，周轶雷主讲"浅谈智慧图书馆"。

11月21日至22日　国家图书馆副馆长张志清在馆长王以俭陪同下参观历史文献馆，并与市委宣传部领导商谈委托绍兴图书馆向国家图书馆捐赠鲁迅像事宜。

11月22日至23日　馆长王以俭率唐微陪同国家图书馆副馆长张志清赴嵊州考察嵊州图书馆古籍工作、剡藤纸制造等工作。

11月22日至24日　副馆长那艳带队一行7人赴厦门图书馆、厦门市少年儿童图书馆进行中层外出考察学习。

11月25日　浙江大学哲学系主任、王阳明研究院院长董平教授来馆与馆长王以俭商谈绍兴图书馆与王阳明研究院开展相关项目合作事宜。

12月1日　绍兴图书馆新版网站正式启用，新版网站采用滑板模式。支付宝自助办证和自助缴费也正式上线。

12月4日　市文广局召开市直文广系统优秀调研文章表彰暨成果交流会，馆长王以俭、副馆长那艳及部分中层干部参加。副馆长那艳在大会上交流《绍兴图书馆阅读推广工作现状调查与研究》，该文获一等奖。

12月6日　绍兴市公共图书馆信息服务及年报编纂工作会议在新昌顺利召开。市及各区、县（市）公共图书馆分管馆长、信息服务和年报编纂工作业务骨干等近30人参加会议。

12月7日至9日　馆长王以俭赴广州佛山参加中国图书馆学会阅读推广委员会举办的《阅读推广人系列教材》（第三至六辑）主编会议。

12月8日　绍兴图书馆在孙端镇三条溇村举办"文化共享 结伴礼堂——绍兴图书馆文化资源服务礼堂行"活动，三条溇村图书流通站建成开放。

12月18日　馆长王以俭，副馆长那艳、陈琦及中层干部一行10人，赴杭州参加浙江省图书馆举办的"公共图书馆法"宣讲班。

12月22日　绍兴图书馆首届理事会第四次会议顺利召开。

2018年

1月3日　市文广局局长陈泉标在副局长胡华钢、局办公室主任袁巍、社文处处长周波等陪同下来馆调研。

1月10日　副市长顾涛到古越藏书楼进行调研。

1月10日至12日　副馆长陈琦带队赴6个区县馆进行绍兴市公共文化服务体系建设2017年度考核。

1月11日　市政协副主席冯建荣来馆调研，听取古越藏书楼复建工作情况汇报。

1月18日　市长马卫光专程到古越藏书楼进行调研，并对周边情况实地踏看。

同日　中国图书馆学会阅读推广委员会主办、图书馆与社会阅读专业委员会和绍兴图书馆联合承办的茶文化特色资源建设暨《中国茶文化资料集成》编纂工作第一阶段工作会议在馆举行。

1月20日　“树兰书院”2017年度颁奖典礼暨少儿国学亲子诵读活动在馆二楼报告厅举行。

1月24日　馆长王以俭赴浙江省图书馆参加省图书馆学会八届四次常务理事会会议。

2月1日　绍兴图书馆召开市文广局关于选拔直属部分事业单位领导干部动员大会。经民主推荐，文广局党委研究，确定那艳为正科级领导干部考察对象。

2月3日　由绍兴市司法局、绍兴市普法办、绍兴图书馆、绍兴广播电视总台绍兴之声和绍兴市律师协会联合举办的越州讲坛“法润绍兴·越州律师公益讲堂”正式启动。

2月12日　2017年度市直文广系统总结表彰会在绍兴市文化馆举行。绍兴图书馆党总支荣获2017年度市直文广系统优秀基层党组织荣誉称号。表彰会上，馆长王以俭代表先进集体在会上作《认真学习贯彻〈公共图书馆法〉，积极拥抱新时代，尽力谋求新作为》的发言。

2月22日　市文广局副局长胡华钢等一行3人，专程到馆看望、慰问全体职工，致以新春祝福。

2月27日　市文明办副主任王玉标携城市创建处处长毛永伟来绍兴图书馆实地考察，听取馆开展全国文明单位申报工作情况汇报。

同日　市档案局监督指导处副处长何莉来图书馆对馆档案管理工作进行达标验收，本馆通过档案工作目标管理省一级认定和数字档案室的创建工作。

3月1日　省委宣传部意识形态检查组一行莅临检查指导。实地察看图书馆各开放窗口，认真听取馆公共文化服务与读者接待工作相关情况介绍。

3月5日　副馆长廖晓飞赴浙江图书馆参加浙江省公共图书馆信用服务建设研讨会。

3月7日至9日　馆长王以俭率廖晓飞、李文学、翁映一行4人赴6个区县馆调研，征求各区、县（市）图书馆对馆工作、学会工作的意见与建议，并就文献资源共建共享、读者活动多方联动、古籍普查成果联展等事项达成合作意向。

3月13日　绍兴市图书馆学会理事长王以俭，副理事长舒炎祥、顾丽萍，秘书长廖晓飞，理事俞晓凡等一行7人先后走访了绍兴文理学院图书馆、浙江越秀外国语学院图书馆、绍兴文理学院元培学院图书馆、浙江工业职业技术学院图书馆。对本市公共图书馆与高校图书馆两大系统间的书日资源共享、地方文献共建、数字资源共享、讲座展览互动等方面开展合作进行调研。

3月16日　绍兴市公共图书馆馆长会议在柯桥召开，全市7家公共图书馆馆长、副馆长等26人参加。市文广局副局长胡华钢，柯桥区文广局副局长胡兴林、区文化发展中心主任季承人等出席。

同日　绍兴市图书馆学会第七届理事会第四次全体会议在柯桥区文化发展中心召开。学会理事长王以俭、副理事长舒炎祥以及在绍兴理事和秘书处工作人员共 18 人参加。

3 月 20 日　馆长王以俭、副馆长廖晓飞等一行 5 人赴上海联系拍摄陈坚大师专题片、举办钱币艺术展等事宜。

3 月 21 日至 22 日　馆长王以俭、副馆长陈琦在市文广局副局长胡华钢的带领下，赴上海市浦东新区文化艺术指导中心考察“午间文化一小时”服务项目。

3 月 22 日至 24 日　馆长王以俭、副馆长廖晓飞等一行 4 人赴国家图书馆与副馆长张志清洽谈王阳明专题文献、鲁迅铜像捐赠仪式等相关事宜。

同日　副馆长陈琦带队一行 3 人赴浙江省图书馆参加“浙江经验专辑”工作会议。

3 月 25 日至 30 日　绍兴图书馆在 2018 年市“两会”代表、委员下榻地现场设立“绍兴图书馆‘两会’服务点”，为代表和委员们撰写提案、议案提供多种形式的信息服务。

3 月 26 日至 29 日　馆长王以俭列席市政协第八届委员会第二次会议。

3 月 29 日　副馆长廖晓飞赴萧山图书馆参加省图书馆学会理事会议。

3 月 31 日　馆长王以俭、副馆长廖晓飞陪同市委宣传部、市文广局等领导赴国家图书馆商谈相关工作。

4 月 1 日至 2 日　馆长王以俭、副馆长廖晓飞赴杭州参加全省公共图书馆馆长联席会议。

4 月 9 日　绍兴图书馆绍兴市福利院流通站成立。

4 月 22 日　以“读书让生活更美好”为主题的绍兴图书馆第三届阅读节正式启动。

4 月 22 日至 28 日　馆长王以俭赴北京参加文化和旅游部举办的全国基层文化队伍示范性培训——第三期地市级图书馆馆长培训班。

5 月 7 日　国家图书馆副馆长陈力一行 8 人来绍兴图书馆历史文献馆参观考察。

5 月 8 日至 12 日　副馆长廖晓飞带队一行 6 人赴贵州省图书馆、贵阳市图书馆、修文县图书馆收集王阳明相关资料，商讨成立王阳明之路图书馆联盟、王阳明论坛等相关事宜。

5 月 9 日　馆长王以俭率陈琦、黄蓉赴浙江大学图书馆学习图书馆为科技服务相关举措，商讨在科技查新方面可合作事宜。

5 月 11 日　纪念马蹄疾先生座谈会在绍兴图书馆历史文献馆召开。绍兴市乡土文化研究会会长孙祉光、绍兴市鲁迅研究会会长徐东波、绍兴市乡土文化研究会副会长何信恩、绍兴鲁迅纪念馆前馆长裘士雄、马蹄疾遗孀薛贵岚及馆长王以俭等 18 人参加。

5 月 14 日　绍兴市图书馆学会举办 2018 年首期专业继续教育培训班，270 余名会员参加本次培训。

同日　浙江图书馆首席专家、浙江图书馆原副馆长刘晓清与《图书馆研究与工作》编辑部主任朱小燕分别作“智能时代与图书馆创新发展”和“学术论文的写作与投稿”讲座。

5 月 15 日至 19 日　馆长王以俭带队一行 6 人赴赣州市图书馆、南昌市图书馆、吉安市图书馆收集王阳明相关资料，商讨建立王阳明之路图书馆联盟、王阳明论坛等相关事宜。

5 月 16 日　市文广局副局长胡华钢带队，市文广局社文处处长周波、副馆长廖晓飞等一行 5 人赴杭州国际城市学研究中心参观、交流，商讨“绍兴书房”设置相关事宜。

5 月 23 日　玉环市文广新局副局长王慧慧，玉环市图书馆馆长胡之江、副馆长余李红等一行 5 人到馆考察图书馆智能化建设和馆办活动开展情况。

5 月 30 日　副馆长廖晓飞率徐国洪、钮国江、毛建灿一行 4 人赴河北廊坊参加中国图书馆学年会。

5 月 31 日　张掖市文广新局副局长雷成、图书馆馆长黄岳年等一行 6 人来馆考察学习。

6 月 3 日　云南省图书馆馆长王水乔来绍兴参加绍兴发展大会，云南省图书馆学会秘书长金美丽等随行人员到馆参观学习。

6 月 5 日　浙江省委党校图书馆副馆长唐章林等一行 4 人来馆参观学习。

6 月 13 日至 14 日　馆长王以俭率廖晓飞、毛建灿等赴杭州参加图书馆数据分析与应用培训班。

6 月 15 日　浙江图书馆原馆长徐晓军来馆考察“两浙文丛”事宜。

同日　副馆长廖晓飞赴杭州城市研究中心对接“绍兴书房”事宜。

6 月 17 日至 18 日　馆长王以俭参加“第二届阳明高峰论坛绍兴论坛”。

6 月 17 日　馆长王以俭、副馆长陈琦接待参加论坛的山东图书馆副馆长李西宁，并商谈“树兰书院”与尼山书院合作事宜。

6 月 21 日　绍兴图书馆、贵州省图书馆、贵阳市图书馆、贵阳孔学堂图书馆、修文县图书馆、南昌市图书馆、赣州市图书馆、吉安市图书馆、余姚市图书馆 9 家图书馆组建成立王阳明之路图书馆联盟。联盟成立仪式暨第一次联盟工作会议在绍兴图书馆举行，市文广局副局长戚建刚到会并致辞。

6 月 24 日至 27 日　馆长王以俭赴新疆阿瓦提参加绍兴市文广局组织的文化润疆活动，并与阿瓦提县图书馆签订战略合作协议。

6 月 29 日　“微纳等离子体纸张脱酸技术专家鉴定研讨会”在馆召开。国家图书馆副馆长张志清、国家古籍保护中心办公室主任林世田等 10 余位专家学者参加研讨。

7 月 10 日　绍兴图书馆国土资源局流通站成立。

同日　由绍兴市文广局主办，绍兴图书馆承办的“瞿秋白和党的八七会议”党建专题报告在馆二楼报告厅举行，常州文化艺术研究所党支部书记、瞿秋白纪念馆原馆长侯涤主讲。

7 月 11 日至 18 日　绍兴图书馆中层以上干部 22 人参加市直文广系统领导干部培训班学习。

7 月 15 日　北京大学绍兴校友会阅读基地在馆成立，馆长王以俭、副馆长陈琦及北京大学绍兴校友会徐庆华等 15 位校友参加阅读基地揭牌仪式。

7 月 19 日　馆长王以俭、副馆长廖晓飞等一行 5 人，随同市委宣传部常务副部长何俊杰等，赴国家图书馆联系共同主办近代文献保护工程，商讨立法决策服务、电视图书馆等事宜。

7 月 20 日　市政协召开城市书房建设民生圆桌会议，市政协主席魏伟、副主席胡少云及课题组相关人员出席。市文广局副局长胡华钢作专题发言，副馆长陈琦就城市书房建设实际工作提出建议。

7 月 30 日　市文联艺术团在越城区文化馆举行“到人民中去——绍兴地方曲艺传承发展汇报演出”活动，馆长王以俭参加，并接收汪嘉宝向绍兴图书馆捐赠绍兴地方曲艺、戏曲音像资料，共计 60 余 GB。

8 月 22 日至 25 日　副馆长廖晓飞赴兰州参加“大数据与人工智能时代的学术信息智慧服务——暨 2018 年浙甘信息内容与技术创新论坛”。

8 月 22 日　王阳明专题文献数据库征求意见座谈会在绍兴图书馆历史文献馆举行。市王阳明研究会会长张校军、市人民政府办公室调研员李永鑫、绍兴文理学院教授张炎兴、文史专家方俞明等专家学者出席会议。馆长王以俭主持会议，副馆长廖晓飞介绍数据库栏目设置、资料整理和收集及馆所做的工作等情况。

8月29日至31日　副馆长陈琦随市文广局副局长胡华钢、社文处处长周波赴金华开展浙江省公共文化“十百千”工程督查。

9月8日　市审计局党组成员章朔风和市文广局副局长胡华钢共同为绍兴图书馆审计局流通站正式揭牌。

9月15日　由上海图书馆牵头，长三角地区21个公共图书馆共同参与的首届长三角地区阅读马拉松大赛在相关图书馆举行，绍兴市选手包揽本次大赛前三名，并取得大赛团体第一的好成绩。

9月16日　绍兴图书馆、绍兴鲁迅纪念馆、绍兴博物馆、绍兴市第一中学4家单位中华优秀传统文化实践基地授牌暨“书香绍兴”读经典活动启动仪式在绍兴隆重举行。国家图书馆副馆长、国家古籍保护中心副主任张志清，绍兴市委常委、宣传部部长丁如兴等领导出席仪式。

9月16日至17日　馆长王以俭率陈琦、夏飞凤参加由市委、市政府主办的近代文献保护工程推进仪式暨学术研讨会。

9月25日至26日　馆长王以俭赴温州参加浙江省文化和旅游厅举办的馆长培训班。

9月27日　副馆长廖晓飞率夏飞凤等一行11人赴余姚市图书馆参观交流王阳明专题文献建设事宜。

9月30日　市委宣传部部长丁如兴在副部长黄伟英，市文广局局长陈泉标、副局长胡华钢等陪同下视察绍兴图书馆。

10月10日　绍兴图书馆举办绍兴市“公共图书馆业务数据分析交流会”，全市各公共图书馆相关技术人员近30人参加。

10月11日　“点亮心灯 文化服盲”绍兴市盲人数字阅读推广工程启动仪式在馆举行。

10月17日　由绍兴图书馆与新疆阿瓦提县图书馆合作共建的绍兴图书馆阿瓦提少儿分馆正式揭牌成立。副馆长陈琦出席，绍兴图书馆行政后勤、业务管理、少儿服务和技术保障等多部门人员对阿瓦提少儿分馆工作人员进行专业化培训。

10月18日至19日　由浙江省文化和旅游厅主办，浙江图书馆及绍兴图书馆承办的“绍兴地区阅读推广志愿者培训班”成功举行。

10月18日　华东师范大学段宇峰教授一行4人来馆考察交流电视图书馆项目建设经验。

10月20日　副馆长陈琦等一行6人赴新疆维吾尔自治区图书馆参观学习。

10月22日至24日　馆长王以俭随市政府副秘书长周宝林、市文广局副局长胡华钢等赴上海参加由浙江省文化和旅游厅与上海市文广局、江苏省文化和旅游厅、安徽省文化和旅游厅等联合主办的长三角地区国家公共文化服务体系示范区和示范项目合作机制启动大会暨首届长三角地区公共文化服务发展论坛。

10月26日　由绍兴图书馆发起的全国电视图书馆联盟在绍兴图书馆成立，联盟成员包括绍兴图书馆、常州市图书馆、重庆市图书馆、佛山市图书馆、菏泽市图书馆、济宁市图书馆、枣庄市图书馆共 7 家单位。

10 月 28 日　绍兴图书馆联合市青少年活动中心、东浦街道办事处以及本土动漫企业浙江特立宙动画影视有限公司，在东浦街道南村文化礼堂开展“百幅画卷颂乡村——图书馆进文化礼堂”活动。

11 月 1 日　市委宣传部部长丁如兴在市文广局局长陈泉标等陪同下，调研古越藏书楼，副馆长陈琦接待并介绍相关情况。

11 月 7 日　吉林省长白山保护开发区党群工作部副部长、文明办主任贾东朝等一行 7 人由市委宣传部副部长、市文明办主任徐荻陪同，来馆考察。

11 月 11 日　绍兴书房在杭州市国际城市研究中心揭牌。

11 月 15 日　绍兴图书馆赴西双版纳开展“文化和旅游部 2018 年春雨工程——绍兴文化志愿者西双版纳行”活动。馆长王以俭代表绍兴图书馆向西双版纳州图书馆捐赠图书 5 万册，并与西双版纳州图书馆签订友好馆协议，在西双版纳州图书馆设立的“绍兴树兰少儿书屋”揭牌开放。绍兴图书馆王以俭、廖晓飞、翁映、黄蓉、夏飞凤、鲁铁骏 6 人还对西双版纳州公共图书馆 80 余名馆员进行业务培训。

11 月 18 日　由国家图书馆（国家古籍保护中心）、绍兴市人民政府主办，绍兴市文化广电新闻出版局承办的“册府千华——绍兴市古籍保护成果展”在绍兴图书馆历史文献馆开幕。国家图书馆副馆长张志清、绍兴市副市长顾涛、浙江图书馆馆长褚树青等领导出席并致辞。绍兴市人大常委会副主任丁晓燕向全市 11 家古籍公藏单位赠送了《绍兴图书馆古籍普查目录》，国家图书馆副馆长张志清和国家图书馆出版社总编辑殷梦霞向绍兴市 4 家“中华优秀传统文化实践基地”单位赠送《国学基本典籍丛刊》。

11 月 28 日至 30 日　馆长王以俭率王伟赴厦门参加“依法办馆 创新发展”学术研讨会暨“闽浙论坛”座谈会。

11 月 29 日　副馆长陈琦率黄蓉赴海宁参加 2018 年度长三角地区“网上联合知识导航站”年会活动。

12 月 5 日　浙江省公共图书馆与 OCLC 合作座谈会在馆举行。温州、湖州、绍兴、金华、衢州、舟山、台州、丽水等 8 个地市图书馆分别与 OCLC 签订合作协议。

12 月 12 日　绍兴图书馆首届理事会召开第五次会议。

12 月 13 日至 14 日　副馆长陈琦带队一行 8 人赴海盐张元济图书馆、浙江图书馆、嘉业堂图书馆学习考察。

12 月 23 日　馆长王以俭、副馆长廖晓飞等一行 6 人赴嘉兴图书馆开展讲座、展览等交流活动。

12 月 24 日　由绍兴市图书馆学会主办，绍兴图书馆、柯桥区图书馆承办的 2018 年绍兴市图书馆馆员业务知识竞赛在柯桥区图书馆举行。

同日　副馆长陈琦带队一行 5 人，赴浙江大学图书馆开展图书馆为科技服务交流活动。

12 月 27 日至 28 日　馆长王以俭、综合办公室主任宋嵩参加宁波图书馆新馆开馆庆典活动。

2019年

1月4日　市文化广电旅游局局长何俊杰、副局长杨坚祥、办公室主任袁巍、社文处处长周波等一行，来馆实地调研。

1月13日至17日　绍兴图书馆在2019年市“两会”代表、委员下榻地现场设立“绍兴图书馆‘两会’服务点”，为代表和委员们提供综合性文献信息服务。

1月14日至17日　馆长王以俭列席市政协第八届委员会第三次会议。

1月28日　馆长王以俭、副馆长廖晓飞等一行5人赴浙江越秀外国语学院网络传播学院商讨合作事宜。

2月24日至26日　馆长王以俭、副馆长廖晓飞等一行3人随市文广旅游局局长何俊杰、副局长杨坚祥赴北京联系“文献之邦·绍兴”展览、鲁迅铜像捐赠等北京绍兴周相关工作。

3月1日　绍兴图书馆与浙江越秀外国语学院网络传播学院签订合作协议，开展讲座展览、读者活动、地方文献、志愿服务等交流合作。

3月5日至7日　馆长王以俭、副馆长陈琦等一行5人赴上海图书馆、复旦大学哲学学院联系开展智库建设、科技查新和讲座等事宜。

3月22日　绍兴市图书馆学会第七届理事会第五次全体会议在浙江越秀外国语学院图书馆举行。学会理事长王以俭，副理事长舒炎祥、顾利萍及绍兴市图书馆学会理事和秘书处工作人员共20人参加。

同日　馆长王以俭赴浙江省图书馆参加省学会理事会议。

3月26日　绍兴市公共图书馆馆长会议在上虞召开，全市7家公共图书馆馆长、副馆长等26人参加。

4月17日　市纪委书记陈灿一行由市文广旅游局局长何俊杰等陪同，到馆参观调研。

4月18日　馆长王以俭、副馆长廖晓飞及市奥体中心主任徐东良等一行7人赴杭州图书馆学习交流运动主题分馆建设经验。

4月19日　《浙江禹迹图》赠书仪式在馆举行。市文广旅游局副局长杨颂周、省测绘资料档案馆副主任葛为燎、日本治水神大禹研究会会长植村善博、市鉴湖研究会会长邱志荣，青海省玉树藏族自治州人民政府副秘书长多杰、水利局局长才多杰、旅游局局长阿夏永红，馆长王以俭、副馆长廖晓飞等参加仪式。

4月20日　绍兴图书馆启动科技信息服务。联合浙大图书馆，面向创新创业人员提供包括科技查新、查收查引、论文查重（学术不端检测）等科技信息服务。

4月21日　“书香绍兴”系列活动启动仪式暨“图书馆之夜”活动在绍兴图书馆历史文献馆举行。市新闻办副主任马晔军、市委统战部副部长丁新潮及各相关机关、学校、团体和读者等共200余人参加。

4月23日　绍兴市公共图书馆2018年度阅读报告发布。

4月24日　馆长王以俭、副馆长廖晓飞陪同市文广旅游局局长何俊杰赴龙华寺佛学分馆考察。

4月24日至26日　副馆长廖晓飞、陈琦一行7人随市文广旅游局副局长杨坚祥、公共服务处处长周波等赴各区、县（市），对城市书房布点选址及旅游厕所进行实地调研。

5月5日至7日　馆长王以俭、副馆长陈琦赴杭州参加中国图书馆学会举办的新时代公共图书馆文旅融合发展浙江现象研讨会。

5月8日　市长盛阅春在绍兴旅港同乡会新会所成立仪式上，向绍兴旅港同乡会赠送了一批绍兴地方特色文献。这批文献由绍兴图书馆精心挑选组织，共455册。

5月16日　馆长王以俭随市委宣传部副部长魏建东等赴衢州市学习考察书市工作。

5月19日　王阳明专题文献数据库建设启动仪式在第三届中国阳明心学高峰论坛闭幕式上举行。市文广旅游局局长何俊杰在会上介绍了王阳明专题文献数据库的建设目的、栏目设置、资源构成等情况。

5月21日至22日　馆长王以俭参加国家图书馆召开的2019年古籍保护宣传工作专家研讨会，并赴北京市西城区第一图书馆商议联合举办“阳明文化”的讲座巡讲与展览巡展活动等事宜。

5月23日　绍兴图书馆联合越城区、柯桥区、上虞区、诸暨市共5家公共图书馆推出免除图书超期费举措。

5月25日　由上海图书馆、浙江图书馆、安徽图书馆、南京图书馆和阅读马拉松组委会牵头组织的长三角联动阅读推广项目——2019年长三角地区阅读马拉松大赛开幕。绍兴图书馆组织12支队伍，60名选手参加。最终获得个人第二、第三和团体第二的优异成绩。

5月27日　绍兴市图书馆学会举办2019年首期专业继续教育培训。邀请南京图书馆副馆长许建业以及高级心理咨询师陈吉良老师分别主讲“全媒体时代图书馆多元阅读的实践与思考”和“职工心理保健”课程，来自全市的300余名馆员参加。

5月29日　浙江省图书馆学会第九届学术委员会图书馆评价与社会合作分委会第一次分委会在馆召开。

5月31日　国家图书馆马琳、徐慧、许宁、李屹东4位同志到绍兴图书馆历史文献馆参观。

6月6日　绍兴市图书馆学会正式推出面向绍兴地区图书资料专业技术人员的继续教育在线平台——“绍兴市图书馆馆员在线学习平台”。

6月13日　由绍兴图书馆承办的浙江省图书馆学会第九届学术委员会分委会主任会议在绍兴召开。会议由浙江大学公共管理学院信息资源管理系主任傅荣校主持，浙江图书馆馆长褚树青，浙江图书馆书记徐洁，各学术委员会主任、副主任，各分委会主任副主任共53人参加。

6月14日　由浙江省图书馆学会主办，绍兴图书馆、上海万方数据有限公司承办的第四届“浙思享”学术研讨会在绍兴召开。

6月17日至18日　馆长王以俭，副馆长廖晓飞、陈琦等一行8人赴宁波市图书馆、温岭市图书馆学习文旅融合实践案例。

6月26日至27日　馆长王以俭、副馆长廖晓飞等一行6人赴新昌县图书馆、史志办和天台县图书馆查阅相关地方文献资料，商议“六朝王氏文化研究”相关事宜。

7月9日至10日　由市文广旅游局副局长杨坚祥带队，馆长王以俭、副馆长廖晓飞及越城区佛教协会会长、龙华古寺方丈释了成等人组成的学习考察团，赴无锡图书馆祥符禅寺佛学分馆、开原寺佛学分馆、常熟市图书馆兴福禅寺佛学分馆。

7月10日　浙江省文化和旅游厅副厅长许澎来馆考察。副市长栾国栋在市文广旅游局局长何俊杰等陪同下到馆视察。

7月13日　由绍兴市文广旅游局、绍兴图书馆、绍兴市王阳明研究会、绍兴博物馆、绍兴市文化旅游集团联合开展的“阳明文化”主题巡讲巡展活动在馆正式启动。市文广旅游局局长何俊杰，市王阳明研究会会长张校军等出席。

7月15日　绍兴人大服务平台正式上线“绍兴图书馆人大代表信息服务平台”专栏，助力代表参政议政，为参会代表参政议政提供文献信息保障。

7月17日　广东省文化和旅游厅副厅长梅其洁一行在市文广旅游局副局长杨坚祥陪同下来馆参观考察。

7月19日　馆长王以俭、副馆长廖晓飞与市奥体中心副主任尹铁雄等一行7人赴诸暨考察学习运动分馆建设。

7月24日　“2019年浙江高质量发展新城（新区）”专家组一行在镜湖新区开发办接待人员陪同下，来馆参观考察。

7月26日　馆长王以俭赴浙江图书馆参加中国索引学会浙江站会议。

7月27日至30日　馆长王以俭率鲁先进赴西安参加由国家图书馆出版社召开的图书馆资源建设与阅读推广座谈会。

7月30日　由绍兴市盲人协会、绍兴图书馆和绍兴市阳光爱盲助行公益服务队联合社会爱心组织共同举办的“残健融合，携手同行——致敬最可爱的人”诗歌联欢活动在馆举行。

8月8日至11日　馆长王以俭随市文化代表团赴辽源市考察调研。

8月16日　河南驻马店市文广旅游局副局长吴东升等一行8人，到绍兴市考察图书馆馆藏资源及城市书房建设等相关工作。

8月20日至27日　浙江图书馆组织省内公共图书馆业务骨干赴希腊参加第85届国际图联大会，副馆长陈琦随团前往。

8月21日　副馆长廖晓飞带队赴北京市西城区第一图书馆学习考察，举办“阳明文化”中国大运河沿线城市首场巡讲巡展活动，并赠送馆藏古籍《世说新语》一册参加国家图书馆古籍大展。

8月28日　“清白泉”清廉图书馆开馆仪式在馆举行。市纪委书记陈灿出席开馆仪式并为清廉图书馆揭幕，市文广旅游局局长何俊杰主持仪式。

9月6日至7日　馆长王以俭赴北京参加国家图书馆承办的“中华传统文化典籍保护传承大展”开幕式。绍兴图书馆馆藏珍贵古籍《世说新语》应邀参展。

9月11日　绍兴市人民政府举行绍兴市文史研究馆成立仪式，市领导马卫光、盛阅春、魏伟等出席，市长盛阅春颁发聘书。馆长王以俭、原馆长赵任飞等被聘为首批馆员。

9月20日　“陈坚钱币书法作品展”在馆正式开展。中共绍兴市委常委、宣传部部长丁如兴，市政府副市长顾涛，著名钱币设计大师、高级工艺美术师陈坚等出席开展仪式，并为展览。

9月23日　绍兴市公共图书馆信息服务工作和政务信息工作会议在绍兴顺利召开。绍兴市本级及各区、县（市）公共图书馆信息服务和政务信息相关工作人员参加会议，副馆长陈琦出席会议。

9月24日　馆长王以俭参加市政协八届十二次常委会会议，并在会上作《关于启动我市历史文献整理出版工作的建议》发言。

同日 由国家图书馆馆长饶权带领的调研组6人，在浙江图书馆馆长褚树青、浙江图书馆党委书记徐洁等陪同下，到馆进行调研，先后考察文化中心新馆、古越藏书楼。

9月26日 “浙江省图书馆学会第十六次（2019年）学术年会”在宁波图书馆举办，绍兴图书馆承办《信息与文献·公共图书馆影响力评估的方法和流程》标准解读专题分会场。

10月9日至11日 馆长王以俭、副馆长廖晓飞随市文广旅游局领导赴国家图书馆商议举办“文献名邦书香——绍兴越地历史文脉展”事宜。

10月12日至14日 馆长王以俭率唐微赴上海参与《宛委琅嬛——越地文献精粹》一书的校稿、审订及付印工作。

10月21日至23日 副馆长陈琦赴杭州参加2019年知识创新驱动文旅发展论坛。

10月22日 全市城市书房建设工作交流会议在馆召开，全市各公共图书馆馆长及相关人员参加会议。

10月27日 馆长王以俭、副馆长廖晓飞等一行5人赴国家图书馆参与“文献名邦 书香绍兴”越地历史文脉展相关工作。

11月4日 由中共绍兴市委、绍兴市人民政府，国家图书馆（国家典籍博物馆）主办，绍兴市文化广电旅游局承办，浙江省古籍保护中心协办、绍兴图书馆执行承办的文献名邦 书香绍兴——越地历史文脉展”开幕仪式在国家典籍博物馆举行。国家图书馆馆长饶权，国家图书馆副馆长张志清，绍兴市人民政府市长盛阅春，中共绍兴市委常委、宣传部部长丁如兴，绍兴市人民政府副市长顾涛，绍兴市人民政府秘书长章长胜等领导出席。

11月12日至15日 由浙江省图书馆主办，绍兴图书馆承办的浙江省公共数字文化阅读推广创新服务暨案例分享培训班在绍兴举行。本次会议有15位决赛案例项目演讲人和来自全省各市、县（区）级公共图书馆的近百名业务骨干参加。

11月16日至18日 副馆长廖晓飞率翁映、王雪锋赴杭州、济宁开展大运河沿线城市阳明心学的文化力量巡讲巡展活动。

11月18日至19日 馆长王以俭率夏飞凤、李文学、蔡彦赴萧山参加浙东运河沿岸文旅融合路径暨地方文献开发研讨会。

11月19日至21日 馆长王以俭随局领导赴铜陵参加第二届长三角国家公共文化服务体系示范区（项目）合作机制大会。

11月20日 由绍兴市图书馆学会主办，绍兴图书馆、新昌县图书馆承办的2019年（第二届）绍兴市图书馆馆员业务知识竞赛在新昌举行。最终，绍兴图书馆、新昌县图书馆、嵊州市图书馆荣获团体一等奖。

11月22日至23日 馆长王以俭率陈琦、李文学赴嘉兴参加“弘扬运河文化·传承棹歌之美”大运河阅读行动计划浙江站活动。

11月27日至28日 馆长王以俭、副馆长廖晓飞等一行5人赴台州图书馆，开展“六朝王氏文化研究”课题调研相关工作。

12月6日 研究绍兴重返“30强”短板项目公共图书馆藏书量专题会议在市文广旅游局召开，

副馆长陈琦作全市公共图书馆藏书量提升对策分析报告。

同日　馆长王以俭、副馆长廖晓飞等赴天台县开展“六朝王氏文化研究”课题调研。

12 月 8 日至 12 日　副馆长陈琦带队一行 5 人赴四川省图书馆、重庆图书馆、成都图书馆、巴南区图书馆进行中层外出考察学习。

12 月 12 日至 13 日　馆长王以俭赴杭州参加全省图书馆馆长会议及杭州经济圈馆长会议。

12 月 15 日至 19 日　副馆长廖晓飞带队一行 4 人赴佛山市图书馆、苏州图书馆进行中层外出考察学习。

12 月 18 日　“辽源市朝阳村‘树兰书房’（绍兴图书馆辽源市朝阳分馆）”开馆仪式在东辽县朝阳村举行。绍兴市人大常委会主任谭志桂、辽源市人大常委会主任李兆宇、东辽县委书记仇景锐、绍兴市文广旅游局局长何俊杰共同为“树兰书房”揭牌。

12 月 25 日　绍兴图书馆首届理事会第六次会议顺利召开。

12 月 26 日至 29 日　馆长王以俭率廖晓飞、戴晓红等赴赣州参加王阳明之路图书馆联盟会议。

2020 年

1 月 24 日　根据“新型冠状病毒感染的肺炎疫情防控工作”要求，绍兴图书馆所有场馆关闭，春节期间文化活动延期举办。

3 月 11 日　绍兴图书馆印发《关于印发 < 绍兴图书馆助力“两手硬，两战赢”十项措施和“致敬医务工作者”十项服务项目 > 的通知》（绍图〔2020〕7 号）。《绍兴图书馆关于恢复开放的请示》（绍图〔2020〕8 号）。

3 月 13 日　绍兴图书馆恢复开放。开放范围为少儿馆、成人文献借阅区、U 空间、数字阅览室、历史文献馆。实行在馆人数总量管控，读者入馆实行体温检测、健康码或通行证查验准入制。

4 月 22 日　馆长那艳、副馆长李弘等一行 6 人赴徐树兰故里鉴湖镇栖凫村，实地勘察有关历史遗迹和文物，并与徐氏后人徐道元作交流。

同日　绍兴图书馆邀请市文广旅游局文物处副处长马峰燕在馆召开座谈会，商讨栖凫村文物遗迹保护事宜。馆起草《关于“树兰故里”栖凫村保护工作的建议》信息专报，提交市委办。

4 月 23 日　“越读越有味·全民读好书”主题活动推进暨绍兴市阅读联盟启动仪式在沈园举行。馆长那艳代表绍兴市阅读联盟，向全社会发出“全民读好书”阅读倡议。启动仪式前，绍兴市阅读联盟第一次联盟委员会会议在绍兴图书馆历史文献馆举行。

4 月 26 日至 29 日　绍兴图书馆馆为市人大代表和政协委员参政议政、建言献策提供信息服务与保障。

4 月 29 日　浙江省文史研究馆秘书综合处处长徐有鸿等一行 3 人专程来馆捐赠《马一浮全集》《张宗祥文集》《浙江文化简览》等文史类图书，共计 22 种 39 册。

5 月 9 日　市文广旅游局局长何俊杰，副局长杨坚祥等一行到馆开展工作调研。

5 月 26 日　绍兴市图书馆学会第七届理事会第六次全体会议在馆召开。会议同意王以俭辞去学会理事长职务的申请，推选绍兴图书馆馆长那艳担任新任理事长，增选绍兴图书馆副馆长李弘、宋嵩为理事。

同日　绍兴图书馆印发《关于中共绍兴图书馆总支部委员会关于换届选举工作的请示》（绍图党〔2020〕2 号）。

6 月 10 日　馆长那艳率李弘、鲁先进赴浙江图书馆学习交流古越藏书楼、古籍保护等相关事宜。

6 月 29 日至 30 日　馆长那艳赴安吉参加第三十届浙江省市级公共图书馆馆长联席会议。

7 月 6 日　副市长顾涛、副秘书长周宝林、市文明办副主任俞继抗一行，到馆督查全国文明城市复评迎检工作。

7 月 10 日　绍兴图书馆党总支下设三个党支部完成换届，产生新一届支部委员会。

7 月 14 日　馆长那艳率李弘、钮国江、屠静琪等赴嵊州市图书馆、新昌县图书馆调研全市公共图书馆服务大提升相关情况。

7 月 15 日　馆长那艳率李弘、廖晓飞、钮国江、屠静琪等赴上虞区图书馆、诸暨市图书馆调研全市公共图书馆服务大提升相关情况。

7 月 17 日　绍兴市文广旅游局主办，绍兴图书馆、绍兴市王阳明研究会、绍兴博物馆承办，绍兴市文化旅游集团协办的“阳明文化”巡讲巡展活动在馆正式启动。

同日　绍兴图书馆印发《中共绍兴图书馆总支部委员会关于三个党支部委员分工的批复》（绍图党〔2020〕6 号）。

7 月 20 日至 21 日　副馆长廖晓飞、宋嵩赴杭州参加全省公共图书馆服务大提升专家研讨会；施国权、鲁先进、毛建灿、黄蓉、李文学、夏飞凤赴杭州参加全省公共图书馆服务大提升协调推进会。

7 月 24 日　馆长那艳率李弘、廖晓飞、钮国江、屠静琪等赴柯桥区图书馆调研全市公共图书馆服务大提升相关情况。

7 月 25 日　绍兴市文广旅游局主办，绍兴市文化馆、绍兴博物馆、绍兴图书馆联合举办的“云上唐诗之路”第二站——“诗路佛缘”解码天衣寺活动举行，馆长那艳参加。

7 月 27 日　绍兴市公共图书馆馆长会议暨全市公共图书馆服务大提升协调推进会议召开。全市 7 家公共图书馆馆长、副馆长等 36 人参加会议。

7 月 30 日　绍兴图书馆 20 000 册少儿图书运往西双版纳州图书馆“绍兴树兰少儿书屋”，积极响应全国文化和旅游志愿服务工作。

8 月 8 日至 9 日　副馆长廖晓飞率夏飞凤、吴春宏赴徐州图书馆开展“阳明文化”巡讲巡展活动。

8 月 15 日　绍兴图书馆和浙江之声联合推出的“方雨的书架”阅读分享会在馆举行。分享会上，“浙江之声”知名主播方雨和绍兴籍知名小说家、编剧海飞，浙江大学出版社总编辑袁亚春，浙江特立宙动画影视有限公司董事长丁立清等嘉宾，进行深入对话互动和交流分享。

8 月 14 日至 16 日　副馆长李弘率鲁先进、赵伟达赴赣州图书馆开展“阳明文化”巡讲巡展活动。

8 月 18 日至 22 日　绍兴图书馆文化志愿者走进西双版纳州图书馆，“遇见绍兴”——绍兴建城 2 510 年特展在西双版纳州图书馆开幕。馆长那艳代表绍兴图书馆向西双版纳州图书馆援助少儿图书 20 000 册，绍兴王阳明研究会朱越民老师在西双版纳州图书馆作“越文化里的中华精神”和“绍兴名士与近代中国”主题讲座。

8月22日至25日　副馆长李弘率丁瑛、许武智、王雪锋赴贵阳孔学堂图书馆、修文县图书馆开展“阳明文化”巡讲巡展活动。

8月28日　“清白泉”清廉图书馆建馆一周年主题活动在馆一楼大厅举行。市纪委书记陈灿，市文广旅游局局长何俊杰等领导出席。

9月4日至8日　副馆长李弘率李文学、夏飞凤、黄蓉、毛建灿、葛安凤赴广西南宁图书馆、百色图书馆开展“阳明文化”巡讲巡展活动。

9月14日至18日　副馆长宋嵩赴杭州参加全省公共图书馆馆长培训班。

9月19日　由浙江省文化和旅游厅主办，绍兴市文化广电旅游局、浙江图书馆承办，绍兴图书馆、绍兴市兰亭景区管理有限公司执行承办的2020年“天籁浙江·印象诗路”朗诵大会(决赛)暨“云游兰亭”直播推广活动在绍兴兰亭景区举办。省文化和旅游厅党组成员朱海闵、市人大常委会副主任丁晓燕、浙江图书馆馆长褚树青、市文化广电旅游局局长何俊杰等领导参加。

9月20日至21日　副馆长李弘率周岚岚赴安徽马鞍山参加2020年长三角公共图书馆信用服务年会、长三角公共图书馆战略合作年会。

9月22日至26日　副馆长宋嵩率鲁先进、王雪锋、王伟、孙祝丽等赴曲阜市图书馆和济南市图书馆开展“阳明文化”巡讲巡展活动。

9月25日　“大先生书房”——绍兴图书馆文学主题馆开馆，市文广旅游局局长何俊杰和鲁迅长孙周令飞先生一起为书房揭牌。

9月29日　副馆长廖晓飞率夏飞凤、李文学等赴杭州参加“浙江省文化和旅游创新团队”陈述和答辩。

9月30日　“越牛书屋”绍兴图书馆传媒分馆开馆。

10月13日至14日　馆长那艳率廖晓飞、鲁先进、唐微、徐国洪、屠静琪等6人前往国家图书馆联系“北京·绍兴周”期间蔡元培铜像赠送揭幕仪式、“蔡元培与古越藏书楼”主题展示等相关事宜。

10月15日至17日　馆长那艳率钮国江赴丽水参加公共图书馆提升服务效能学术研讨会。

10月18日　“行走的贝叶——西双版纳民族文化巡展”在馆开幕。绍兴图书馆馆长那艳与西双版纳州图书馆馆长周杨鑫互赠图书。

10月22日至23日　市文广旅游局公共服务处处长周波、绍兴图书馆馆长那艳、副馆长廖晓飞等5人前往诸暨市图书馆、柯桥区图书馆、新昌县图书馆、嵊州市图书馆、上虞区图书馆调研公共图书馆服务大提升重点改革项目清单落实情况。

10月30日　“阳明书舍”正式开馆。市委宣传部部长丁如兴和浙江省稽山王阳明研究院院长董平为“阳明书舍”揭幕，市文广旅游局局长何俊杰、市委宣传部常务副部长徐获出席并致辞。

同日绍兴图书馆武警分馆（“阳明书屋”）开馆。

10月31日　副馆长李弘率鲁先进、唐微赴江西吉安市图书馆开展“阳明文化”巡讲巡展活动。

11月7日至9日　副馆长李弘赴苏州参加苏州国际旅游博览会之“大运河生态圈合作论坛”。

11月18日至20日　副馆长宋嵩率杨敏赴大连参加第五期全国古籍保护工作管理人员研修班开班仪式暨中华经典传习所、大连图书馆白云书院传习所、大连连海书院传习所颁牌仪式。

11 月 19 日　市委宣传部部长丁如兴等一行赴绍兴图书馆历史文献馆作专题调研。

11 月 24 日至 26 日　副馆长廖晓飞赴北京参加中国图书馆学会代表大会。

11 月 28 日　馆长那艳赴嘉兴参加国家公共文化服务体系示范区公共图书馆创新发展研讨会（嘉兴图书馆二期开馆仪式）。

11 月 30 日　副馆长李弘赴萧山参加浙东运河流域刻书、藏书与佛教文献对外传播研讨会。

12 月 1 日至 3 日　市文广旅游局举办全市基层公共文化队伍培训班，绍兴图书馆 8 名馆员参加。

12 月 3 日　金华市文广旅游局副局长祝继荣与金华市图书馆馆长陈丰松等一行 15 人就全省公共图书馆服务大提升工作来馆交流学习。

12 月 7 日　浙江省民族宗教事务委员会公布第三批省级民族团结进步重点培育单位名单，绍兴图书馆作为全省唯一的一家公共图书馆榜上有名。

12 月 25 日至 26 日　市文广旅游局公共服务处副处长金渭鑫、副馆长李弘、宋嵩及全市公共图书馆服务大提升工作小组负责人等一行 9 人赴绍兴市各区、县（市），对 2020 年各公共图书馆服务大提升工作进行综合考核。

12 月 29 日　绍兴图书馆、绍兴市文化馆理事会换届大会在馆举行。市文广旅游局副局长杨坚祥，两馆代表等近百人参加大会。大会聘任那艳、任桂全、陈永明、邱志荣、余珍、陈显明、宋嵩等 9 人为绍兴图书馆第二届理事会理事，聘任陈显明为理事长，那艳为执行理事，任期 3 年。

后记

绍兴是一座有着数千年璀璨历史的文化名城，人文荟萃。绍兴图书馆自徐树兰创建“古越藏书楼”起，已走过120年光辉历史。

以史鉴今，徐氏“存古开新”、“变一人书为万人书”的创建理念一直激励着后人。秉着传承文明，服务社会的理念与宗旨，1996年3月，绍兴市鲁迅图书馆召开馆内会议，讨论编写《从古越藏书楼到鲁迅图书馆》一书，并落实人员撰写初稿。后因古越藏书楼前期资料收集匮乏一度停滞。2000年，“绍兴市鲁迅图书馆”更名为“绍兴图书馆”。为迎接2002年百年馆庆，在前书基础上，编辑出版了《从古越藏书楼到绍兴图书馆》一书以飨读者。

岁月流转，随着2014年镜湖新馆的开放，绍兴图书馆事业迈上新台阶，服务理念、方式和水平有了新的发展，需要编撰一部新的馆史予以记载。2017年6月，“绍兴图书馆志（1902—2017年）”编撰工作正式启动，专门成立了馆志编撰办公室。2020年5月，考虑到临近百廿馆庆，决定延长记载至2020年，并作为纪念建馆120年的出版物之一。

馆志编撰工作也得到了南开大学徐建华教授团队和吴汉华教授的支持，2021年9月，根据本书的写作特点和内容侧重，决定改书名为《绍兴图书馆史》，并以“史志结合，以史为主，一史六志，以史命名”为原则进行编修。是书也得到了褚树青、徐雁、苏全有、姚伯岳、王蕾、赵长海、刘洪等诸多专家学者的帮助和指导，得以在绍兴图书馆120周年华诞之际将此书呈现。

《绍兴图书馆史》的编写，得到了市文广旅游局、市档案馆以及社会各界的关心和帮助，也得到了前后几任馆长的重视，以及图书馆全体同人的支持，特别是原浙江省文化厅副厅长、省文物局局长、著名书法家鲍贤伦欣然为本书题签，浙江图书馆馆长褚树青和绍兴市委宣传部副部长、市文广旅游局局长何俊杰两位领导倾情作序，在此一并表示感谢！

由于我们水平有限，加之资料档案匮乏，此书少不了存在缺陷和不足，敬请馆内外专家同人不吝赐教，以便日后重修时完善。

《绍兴图书馆史》编撰委员会

2022年10月